JN310712

縄文時代の交易と祭祀の研究

―― 主に出土遺物観察を中心として ――

澁谷昌彦

六一書房

序

　昭和46年4月に大正大学「考古学概説」の授業の後，一人の一年生が尋ねてきた。その学生は尖石考古館長の宮坂英弌さんからの紹介状と，高校時代に作った『縄』というガリ版刷りの雑誌をたずさえていた。それが，澁谷君との出会いであった。私は尖石遺跡の指定にかかわり，宮坂英弌さんや虎次さんと親しくしてきたので，大変なつかしく感慨深いものがあった。澁谷君は，最初寺院から通学していたが，途中から私の住む練馬区春日町に下宿をすることになった。

　学部の卒業論文は，「中部地方の石棒の研究」を提出し，その一部が「石棒の基礎的研究」として『長野県考古学会誌』に発表された。その後は，縄文土器の型式学や編年学研究に向かい，縄文時代の早期と前期の境について，花積下層式土器，木島Ⅲ式土器，下吉井式土器の成立をもって前期が始まると考えられている。さらに，仲道A式土器，木島式土器，神之木台式土器，花積下層式土器，下吉井式土器，中越式土器，神ノ木式土器など多くの縄文土器型式研究をおこなっている。その研究の底流には，縄文土器の型式学と編年学の重要性だけではなく，土器自体が交易品であり，そこに縄文人の行動の足跡をたどることができるとの考えからであろう。

　また，澁谷君は，石棒などの祭祀の研究をあきらめたのではない。縄文中期の土器文様や後・晩期の石剣・石刀の使用のあり方が，縄文人の祭祀と関係するとの考えから，祭祀に関するいくつかの論文も書いている。こうした視点での研究も，今後さらに続けるはずである。

　ここに『縄文時代の交易と祭祀の研究』を出版し，今後さらなる縄文人の交易と祭祀研究を進展させることを，心より期待するものである。

平成21年3月吉日
大正大学名誉教授　斎藤　忠

はしがき

　縄文時代の研究は集落の研究，埋葬の研究，土器・石器・骨角器など遺物の研究，生業・生産の研究，食生活の研究，自然環境の研究，衣服と装身具の研究，精神文化の研究など多岐にわたっている。こうした多方面の研究を有機的にとらえ，組み合わせて初めて縄文時代の文化内容や社会の構造が明確になるものと考えられる。

　さて，筆者は長野県茅野市豊平南大塩に生まれて，尖石考古館の近くで育った。小学生，中学生の頃から周辺の尖石遺跡，神ノ木遺跡，上ノ段遺跡で表面採集をし，旧尖石考古館の展示品を見て育った。表面採集した土器や石器を尖石考古館長宮坂英式，宮坂虎次先生に見ていただき，時期や用途について教えを受けた。こうした中で，縄文時代の年代を決める土器型式の研究に惹かれていった。

　この土器型式の研究については研究者によってさまざまな考え方がある。また，「いつまで土器型式，土器編年研究を続けるのか，もっと文化を語るべきだ」との批判もある。一方，近年「高精度編年」による実年代が提示された（この「高精度編年」に対する筆者の考え方は第Ⅰ部の「はじめに」で詳述する）。ただ，炭素14年代測定法による「高精度編年」によって実年代が出されたとしても，筆者は縄文土器の型式学的研究や編年学的研究の重要性がなんら変わるものではないと考えている。この考え方にたち，本論文では土器の型式研究と編年研究をさらに深めていくつもりである。また，縄文時代の人びとの祭祀や交易の問題についても重要と考えており，この問題も論じることとしたい。

　第Ⅰ部「縄文土器型式学と編年学からみる交易の問題」では，筆者の研究分野である縄文時代草創期および早期末から前期中葉の土器群に編年学的な検討を加える。この場合次の点が重要となろう。

　①土器型式の系統的変化の中で，どのように文様が変わり新型式が形成されていくか。
　②同時期の異型式土器研究で，本来の土器型式分布圏を超えて，客体として異型式土器がどのように入るか。
　③土器型式よりみる交易の状況はどのようになっているか。

　以上の三点を念頭に置きながら，各章で検討する項目を列記しておく。

　第1章「縄文時代草創期土器」

　縄文時代から弥生時代へ受け継がれ，一部に古墳時代まで残る土器文様としての「縄文」の発生期が草創期の多縄文土器の段階である。この多縄文土器について，静岡県仲道A遺跡出土土器と新潟県小瀬が沢洞窟，同室谷洞窟，埼玉県宮林遺跡などの土器と比較検討して，縄文原体の回転押捺手法の発生について考える。また，仲道A遺跡出土土器と小瀬が沢洞窟出土土器や室谷下層式土器などと型式的に比較して，仲道A式土器を型式設定する。

　第2章「縄文時代早期末・前期初頭土器」

　本章では土器研究史の整理，型式設定と細分，編年学的な併行関係を明らかにし，分布域を示して広域編年を完成させる。この場合以下の点について検討を加える。

　①東海地方を中心に分布する木島式土器の型式細分をおこない，それに基づく分布範囲について明らかにする。また，木島式土器が山陰・近畿・北陸地方にも分布することを明らかにし，木島式土器のどの段階がどこの遺跡から出土しているか検討する。

②相模地方を中心とする神之木台式土器と下吉井式土器の編年的位置付けを考えて，この時期の土器研究史をまとめる。また，神之木台式土器と下吉井式土器の型式細分を検討する。

③東北地方から関東地方を中心に分布する花積下層式土器の研究史をまとめ，この型式細分を検討し同時期異型式土器を明らかにする。

④縄文時代早期最終末と前期最初頭の編年的な境をどこで区切るかを明確にする。

などである。

また，筆者は花積下層式土器の成立をもって前期の始まりと考えている。この点については随時触れることにする。

第3章「縄文時代前期中葉土器」

①長野県の一部の研究者が縄文時代早期末の土器型式と考えてきた中越式土器の編年的位置を明らかにし，中越遺跡と阿久遺跡などの出土土器を例に型式細分を検討する。さらに，関山式土器や木島式土器などの異型式土器との編年的併行関係を明らかにする。

②中越式土器と神ノ木式土器の編年的な関係を考える。

③神ノ木式土器の型式細分の可能性と分布圏を明らかにする。

④東北地方に分布圏の中心をもつ大木2a式土器が関東地方・中部地方・北陸地方に分布することを明らかにして，交易についても考える。

⑤相模地方に分布する上の坊式土器について，この型式の重要性と併行関係を考える。

第Ⅱ部「縄文時代の出土遺物からみた祭祀の研究」では，縄文時代の信仰に関係する遺物である石棒・石剣・石刀，釣手土器，「物語文様土器」などに検討を加え，祭祀の実態を考察する。以下，各章の概要を列記する。

第1章「石棒・石剣・石刀の祭祀」

①石棒の研究史と石棒の型式分類や用途の問題，石棒祭祀について検討する。

②福島県七社宮遺跡や山梨県金生遺跡出土例を参考にして石剣・石刀の祭祀を検討する。

第2章「土器・アワビの祭祀」

釣手土器と石棒や立石などの出土状況の類例を検討する。これらの遺物が祭祀の中でどのような関係にあるのかについて考察する。次いで，縄文中期の釣手土器の文様を比較検討し，その特徴からどのような祭祀がおこなわれていたかについても考察する。これらの考察を進めるために，以下にあげた項目の検討をおこなう。

①中期の釣手土器の変遷過程における文様の変化について検討する。

②文様変化から考えられる祭祀の形態について検討する。

③釣手土器を使用する祭祀の発生と終焉の状況を考える。

以上の各項目の検討を通じて祭具としての釣手土器を使用する祭祀の目的について考察していく。

福島県いわき市周辺の遺跡では縄文時代中期の「アワビ特殊遺構」が検出されている。この特殊遺構の分析と祭祀の目的についても考えていく。

第3章「縄文土器文様からみた祭祀」

縄文中期の勝坂式土器や藤内Ⅰ式土器から曽利Ⅰ式土器の「物語文様」について次の点に検討を加える。

①物語文様をパターン化して，この文様について分析する。

②パターン化した物語文様の意味するところについて考える。

③他地域と比較して物語文様の地域性について検討する。

この「物語文様土器」は長野県伊那地方，諏訪地方から山梨県を中心に一部関東地方にも分布している。

　また，「鳥形文様の縄文土器」では，鳥形文様の付く縄文土器の類例を調べ，鳥形文様や鳥形把手と祭祀との関係を考え，この文様の系譜について検討する。そして，中国の鳥形文様との比較をしながら，河姆渡文化や大汶口文化の鳥神，「太陽鳥」などの信仰との関係も考察する。

　こうした祭祀の研究では従来の学問的常識から一歩踏み出して，広い視野からの検討が必要になってくると考えられる。

　上記したように，本論文は土器型式の研究とその交易を明らかにすること，祭具とされる遺物を通じて祭祀の実態と内容がどのようなものだったのか，等々の問題について検討を加え，考察を進めていこうとするものである。資料の制約などにより，充分に語りつくせない部分もあるが，現状での到達点として理解をいただきたい。

… 目　次 …

序　（斎藤忠）

はしがき

凡　例

第Ⅰ部　縄文土器型式学と編年学からみる交易の問題

序　章 ………………………………………………………………………………………………………(11)

第1章　縄文時代草創期土器 ……………………………………………………………………………(15)

　　第1節　静岡県仲道A遺跡出土草創期土器における回転押捺方向の研究　(15)

　　第2節　仲道A遺跡草創期土器の編年学的研究　(44)
　　　　　　　　　―新潟県小瀬が沢洞窟，室谷洞窟出土土器との比較を中心として―

第2章　縄文時代早期末・前期初頭土器 …………………………………………………………………(63)

　　第1節　木島式土器の研究 ―木島式土器の型式細分について―　(63)

　　第2節　山陰・近畿・北陸地方を中心とする木島式土器の研究　(79)

　　第3節　神之木台・下吉井式土器の研究 ―その型式内容と編年的位置について―　(96)

　　第4節　花積下層式土器の研究 ―側面圧痕文土器を中心として―　(133)

　　第5節　花積下層式土器研究史と福島県内資料の型式分類　(155)

　　第6節　下吉井式土器・木島式土器・花積下層式土器　(188)

第3章　縄文時代前期中葉土器 ……………………………………………………………………………(229)

　　第1節　中越式土器の研究 ―中越遺跡，阿久遺跡出土土器を中心として―　(229)

　　第2節　前期中葉の土器編年について ―中越式土器と神ノ木式土器を中心として―　(243)

　　第3節　神ノ木式土器の動態 ―その新旧の型式分類―　(267)

　　第4節　関東・中部・北陸地方の大木2a式土器の研究　(276)
　　　　　　　　　―土器型式から見た周辺地域との交流―

　　第5節　上の坊式土器と有尾式土器について(305)

終　章 ………………………………………………………………………………………………………(329)

第Ⅱ部　縄文時代の出土遺物からみた祭祀の研究

序　章 ………………………………………………………………………………………………………(335)

第1章　石棒・石剣・石刀の祭祀 …………………………………………………………………………(339)

　　第1節　石棒の基礎的研究　(339)

　　第2節　"汝，砕かれしもの，免れしもの" 石刀・石剣　(365)
　　　　　　　　　―福島県七社宮遺跡と山梨県金生遺跡などの出土状況―

第2章　土器・アワビの祭祀 ………………………………………………………………………………(383)

　　第1節　釣手土器・石棒・石柱などの出土状況について　(383)

第2節　縄文時代中期の釣手土器における女神信仰の様相について　(394)

　　第3節　アワビ特殊遺構の検討 ―大畑貝塚E地点の場合―　(406)

　第3章　縄文土器文様からみた祭祀……………………………………………………………(415)

　　第1節　「踊る」・「抱える」・「平伏す」土器　(415)

　　　　　　―半人半蛙文・半人半蛇文・半人半鳥文―

　　第2節　鳥形文様の縄文土器　(433)

　終　章………………………………………………………………………………………………(441)

結語

あとがき

初出一覧

凡　例

* 本書は大正大学に提出した学位請求論文『縄文時代の交易と祭祀の研究―主に出土遺物観察を中心として―』を基礎としているが，出版に際し，内容に変更を加えない範囲で文章の加除をおこなった。
* 学位請求論文に対して大正大学から 2007 年 10 月に学位が授与された。
* 註，参考文献について。学位論文では各節ごとに個別の番号を付して節末に掲載したが，本書では各章ごとに通し番号を付し，各章末にまとめて掲載した。
* 年号表示についてはすべて西暦に統一した。
* 第Ⅰ部第 1 章の縄文の施文の方向について。発表時は方向を記号で示したが，より正確を期するため具体的な角度を表記した。
* 文中の遺跡所在地などの地名表記は論文発表時のもので，現在は異なっている場合がある。

第Ⅰ部　縄文土器型式学と編年学からみる交易の問題

序　章

　筆者は縄文土器型式の分類と土器編年の研究を長くおこなっている。それは文献資料の研究の中で，古文書などの資料の吟味をし，実年代を求め，それぞれについて古い段階から新しい段階へと一点一点資料を整理し，それを前提に歴史事象を構築していく研究方法に似ている。考古学の場合の多くは，絶対年代がわからない資料を扱う場合が多い。近年，理化学的方法をもちいた炭素14測定の「高精度編年」[1]が発表されているが，その年代について肯定する研究者と否定する研究者がある。考古学研究者の中でも賛否[2]が分かれるところである。そうした点について，筆者も2005年に『日本考古学年報』の「縄文時代の動向」[3]で触れたことがある。放射性炭素による測定年代も過去何度か改訂されてきた。理化学的な年代測定の原理は，主に文科系の学科を専攻する考古学研究者にとって理解することが難しい。また，データ処理の方法について疑問を投げかける考古学研究者もいる。こうした状況にあって，炭素14年代を無警戒に信じる訳にはいかないのである。

　一方において縄文土器の型式学的研究法や編年学的研究法，層位学的研究法で明らかにできるのは，相対年代であり，その相対年代で重要な時間軸を構築してきた。考古学における型式学的研究，編年学的研究，層位学的研究は考古学を構成するもっとも基本的かつ重要な方法論であり，この方法なくして考古学は学問として成立しないのである。高精度編年は理化学上の理論を基礎に成立している。私たち考古学研究者は，理化学的な年代測定理論上の問題点や，そこから導き出された数値やデータについて，また，こうしたデータをなんらの検証なしにセンセーショナルに取り上げるマスメディアなどの動向について今後も冷静に注意深く見守る必要がある。

　さて，筆者は前述したように，縄文時代土器編年の研究に携わってきた。本論に入る前にここで使用する用語の概念について，少し説明しておく必要がある。

　まず，型式の概念について説明しなければならない。オスカル・モンテリウスは『考古学研究法』[4]の中で，

　　　進化の過程―換言すれば其系統―を知り，且型式がその特有の標準に由って判断した場合に，如何なる順序によって前後してゐるかを知らんが為め，武器・道具・装飾品・容器などを，その紋様と共に一つ一つ幾つかの重要な組列に私自ら順序してみた。

と型式学的方法について規定した。型式の組列は形の内的特徴によって組立てる。その組列には他の組列より進化の早い場合があり，留針（衣服針）のように型式的に「鋭感的」で形の変化し易い品物より成っている。変化性は各組列で程度が違うが，すべての組列に共通なことは，各々の型式すなわち連鎖の各鐶が，次に位置する部分に比べて，余り変化を示していない。しかし，組列の最初の型式と最後の型式は，一見して関係がないと思われる程似ていない特色がある。そして，ある組列の型式が鋭感で変わりやすければ，一定の期間に相応する型式の数も多くなる。しかし，一連鎖の始めと終りを取違えないように注意することが重要であり，

　　　考古学者の型式学的研究で―自然科学者の同様の研究に於けるが如く―特別に注意しなければならないのは，「失能的」（rudimentar）成體である。即ち嘗て機能を有してゐた器具の或る部分が，次第々々にその実用上の意義を失ってしまうことである。昔の「器官」（organ）がもはや働きを要しなくなった

為に変化して，辛うじて認めうる程になってしまふのである。斯くの如き失能的成體は，それ自身興味のある現象であるが，それが如何なる方向に変化してゐるかの問題に関して大きに意義を有するものである。

モンテリウスは，生物の進化論的視点で各系列内での個体の変化に型式という概念を設定した。この個体の変化や型式変化はある時間をかけて進む。そこに「失能的」な部分があり，その失能的部分を注意して観察し，組列の前後を組立てる必要があることを指摘する。また，この型式的関係をしても，新旧を判定するのが不可能な場合に，

> なほ如何なる型式学の研究に於いても発見物の相互関係（fundverhatisu）を非常に注意して研究することが大切である。

として，発見物の相互関係を注意することが重要であるとする。

> 尚型式学の研究に際してけしてわすれてならないことは，一の型式から二つ或いはそれ以上の異なった組列が出来ることに依って進化が屡々分岐することである。それで一つの型式の組列（typen-serie）は枝の分かれのない樹，眞直ぐにのびる椰子の樹に譬えることは出来ない。寧ろ屡々多くの枝のある樫の樹，或いは系譜学的の系統樹に似たものである。

として，型式学的研究法が動物学や植物学の系統樹に似た考え方であることを示している。

このモンテリウスの型式学的研究法は，ヨーロッパに於いて，ヴィア・ゴードン・チャイルドなどの研究『考古学の方法』[5]に受け継がれる。日本においてもモンテリウスの『考古学研究法』を日本語に訳し，その型式学的研究法を日本の考古学研究に導入した濱田耕作氏は，その著『通論考古学』[6]でもこの研究法を紹介している。こうした型式学の概念に近い文様帯系統論は，松本彦七郎氏の影響を受けた山内清男氏の「日本遠古之文化」の「Ⅲ　縄紋土器の終末」(1932)[7]や「所謂亀ヶ岡式土器の分布と縄紋式土器の終末」[8]などの文様帯系統論へ発展した。その後，この山内清男氏の研究法と概念は，さらに，佐藤達夫氏の「土器型式の実体―五領ヶ台式と勝坂式の間―」[9]などの「多数型式土器の共存」と一個の土器における「異系統紋様の結合」[10]という新しい視点を加えた土器文様の型式学的研究へと発展した。この視点から当時の人びとの交流や交易の一端を説明できる可能性がある。

筆者はモンテリウスの示した型式学的研究法と山内清男，佐藤達夫両氏の示した縄文土器の型式学的研究法を基礎にしたうえで，筆者独自の型式学的研究法を考案した。本書では，その方法論に基づいて縄文時代草創期や早期末から前期中葉にかけての東北地方，関東地方，中部地方，北陸地方，東海地方の土器型式の研究を進めていこうと考えている。

さらに，この論文で使用する文化の概念についても述べておく必要がある。筆者は考古学の中で導かれるこの概念について，チャイルド『考古学の方法』で示されている定義が重要であると考える。このチャイルドの概念は1960年代後半に盛んになった《ニューアーケオロジー》の学派から批判をうけているが…。この点については後に少し触れることにする。チャイルドの定義する社会や文化と関係が深い概念が前述した「型式」である。チャイルドは「社会と標準型式」[11]の中で，考古学が扱う社会は，抽象の世界に閉じこめられ，研究対象のデータも抽象的である。

> …考古学者が思想と目的の具体化としての人間行動の産物を扱うということは主張されるべきである。では誰の行動であるか。役者は誰なのか。いうまでもなく「社会」，つまり共通の目標と必要によってはげまされ共通の伝統に安んじ導かれている諸個人の集合としての社会である。

とする。人びとの共通の目標や必要性に力付けられ，共通の伝統の中で安心して生きるように導く諸個人の集合体が社会であるとする。そして，人びとはこの社会で容認された「標準型式」を何千例となく生み出

してきた。考古学の「型式」は個々人の試行錯誤による私的経験の産物が，社会の他の成員に伝えられ，採用され繰り返されてきた概念と考えられる。したがって，チャイルド[12]の考えでは，社会と標準型式の概念を関係付けているところに特色がある。

> 考古学のデータが型式であるというのは，それが社会の成員によって提示され認められ採用され繰り返されてきた発明あるいは思想の産物であり，それゆえ，何を為すべきかということも，いかになすべきかということも，共に社会的伝統に規定されている，という簡単明瞭な理由による。

としている。筆者はチャイルドの考古学においては，社会が「採用した標準型式の集まり」であるとの考え方が有効な概念であると考える。このような視点は縄文社会の復元に役立つ考え方であろう。この型式的変遷のもっとも良く現われる遺物が縄文土器である。

この視点で筆者は縄文土器の型式学的研究を進めようとするものである。そして，この型式学的研究に，出土土器の層位，一括廃棄された状態で住居跡から出土する土器の出土状況や組成あるいは同時性の検討などをとおして，土器編年の研究をおこなうことにしたい。

さて，チャイルド以降の考古学の方法で近年《ニューアーケオロジー》と呼ばれる学派とその方法論がある。この方向について安斎正人氏は『無文字社会の考古学』[13]の中で，1968年アメリカでビンフォード夫妻編著『考古学の新しい視覚』，イギリスでデヴィッド・クラークの『分析考古学』が発刊され，後の考古学の考え方に多大な影響を及ぼしたとする。この《ニューアーケオロジー》について，安斎氏は，

> 《ニューアーケオロジー》は当初，上の世代の考古学者が目指してきた文化史の構築目標とする伝統的考古学のパラダイムに対するに，ビンフォードを筆頭に，ウイリアム・ロングエーカー，ジェイムズ・ヒル，スチュアート・ストルーヴァー，ロバート・ウェイロン，ケント・フラナリーらシカゴ大学に籍を置く若い研究者たちが一体となって行おうとした，文化の安定と変化のプロセス及びそれを促すメカニズムの研究を標榜する，考古学におけるパラダイム返還運動という性格を持つものであった。

とし，さらに，

> 彼らは，それ以前の歴史主義的考え方の枠組み，例えば，一括出土遺物によって時間・空間軸上に《文化》を同定し，各軸上にそれと類似したものを探し出し，それぞれの程度に応じて民族移動・伝播・影響等の社会的交流をそこに想定する。チャイルドの《文化》の定義に顕著に見られるような伝統的な文化の解釈法を《規範的》考古学と呼んで批判を加えた。そしてそれに代わって，先史文化あるいは考古遺物の組成の多様性を機能の問題として提示した。

とした。安斎正人氏は，「人類学としての考古学」[14]の中で，チャイルドを代表とする伝統的考古学とビンフォードの《ニューアーケオロジー》の差について，

> …考古学で伝統的に行われてきた文化要素を集めることよりも，文化の全体システム―技術的システム・社会的システム・観念的システムの三つの下位システムから成る―の変化プロセスを社会と自然環境への適応の脈絡でとらえるべきであると主張した。

とした。伝統的考古学とビンフォードの《ニューアーケオロジー》の差として，安斎氏は，

> ビンフォードは言う。技術・生業側面に限らず，社会・政治制度や信仰・精神システム内に働くすべてのダイナミックな相関関係の変遷過程を追究することに研究戦略を置く考古学と，文化史及び過去の人びとの日常生活の復元，あるいは文化の段階的発達の叙述を目的とする伝統的考古学との間にみられる，方法と理論の主な対立点は次の4点である。（1）文化を相似現象でみるか相同現象でみるか，（2）文化をシステムとみるか要素群の和とみるか，（3）考古資料を理論を検証する分析の単位とするか，事実を描き出す観察の単位とするか，（4）演繹法か帰納法か，

としている。こうした 1962 年以降の《ニューアーケオロジー》の方法論の台頭がある。安斎正人氏[15]はさらに，

> 放射性炭素年代法とその年輪補正による《長期編年》によって，ヨーロッパの先史諸文化は相互の相対編年をそのままに，すべてが一団となって数百年ないし数千年古くなってしまった。西アジア側の歴史年代は動かなかったために，先進地帯の古代オリエントに発する文明の光に啓発された未開のヨーロッパを前提にチャイルドが構築したヨーロッパ先史時代の伝統的構図は大幅な修正が必要となった（角田 1974）。問題はヨーロッパ先史時代の編年上の矛盾にとどまらなかった。

としている。

たしかに《ニューアーケオロジー》の方法論や考え方は，今後の考古学にとって有効であると考える。筆者は，一括出土遺物によって時間・空間軸上に《文化》を同定して，各軸上にそれと類似したものを探し出し，類似の程度に応じて民族移動・伝播・影響などの社会的交流を想定するチャイルドの方法論を考えながらも，今後は，社会進化論やシステム的考えに代表される《ニューアーケオロジー》の方法論も導入することが重要かつ，現時点では有効な方法と考える。したがって筆者は，今後もチャイルドの型式・文化の概念を踏襲しつつ，さらに《ニューアーケオロジー》の方法論をも加味したうえで研究を進めていこうと考えている。

註

1) 小林謙一・今村峯雄・西本豊弘・坂本 稔 2003「AMS14C 年代による縄紋土器型式の変化の時間幅」『日本考古学協会第 69 回総会研究発表要旨』日本考古学協会
2) 鈴木正博 2005「「較正曲線推定年代」の破綻と「加地屋園式」の再吟味─年代推定「一σのウソ」と「南九州隆帯文系土器群」の編年的位置─」『日本考古学協会第 71 回総会研究発表要旨』日本考古学協会
3) 澁谷昌彦 2005「5 縄文時代研究の動向」『日本考古学年報』56 日本考古学協会
4) O. モンテリウス・濱田耕作訳 1932『考古学研究法』岡書院
5) V. G. チャイルド・近藤義郎訳 1972『考古学の方法』河出書房
6) 濱田青陵 1948『通論考古学』全国書房
7) 山内清男 1932「第 1 日本遠古之文化 Ⅲ 縄紋土器の終末」『ドルメン』1-6
8) 山内清男 1930「所謂亀ヶ岡式土器の分布と縄紋式土器の終末」『考古学』1 巻第 3 号
9) 佐藤達夫 1974「土器型式の実態─五領ヶ台式と勝坂式の間─」『日本考古学の現状と課題』吉川弘文館
10) 前出 9) に同じ
11) 前出 5) に同じ
12) 前出 5) に同じ
13) 安斎正人 1995『無文字社会の考古学』六一書房
14) 前出 13) に同じ
15) 前出 13) に同じ

第1章　縄文時代草創期土器

第1節　静岡県仲道A遺跡出土草創期土器における回転押捺方向の研究

1　はじめに

　静岡県田方郡大仁町三福字仲道に所在する仲道A遺跡出土の縄文草創期土器[1]（多縄文系）は約1300点におよぶ。これ等の土器群の整理作業，報告書の作成作業が進むにしたがい出土土器の文様，施文方法がかなり多様であることがわかってきた。この多様な施文方法，文様についての分析は報告書に記載している。報告書ではこうした多様な施文方法をとった土器群が，他の遺跡出土土器群と比較して，どのように位置付けられ，編年学上でどのような関係になるのかまとめることができなかった。この点は今後もう一度考えたい。

　さて，報告書[2]では仲道A遺跡出土草創期の土器群を次のように分類している。

第Ⅰ群　爪形文
　1　爪形文
第Ⅱ群　多縄文
　1　自縄自巻
　　a　自縄自巻
　　b　自縄自巻＋縄文
　　c　自縄自巻＋原体側面圧痕
　　d　自縄自巻＋絡条体圧痕
　　e　自縄自巻端部の圧痕＋絡条体圧痕
　　f　自縄自巻＋絡条体圧痕＋縄文
　　g　自縄自巻＋半置半転
　2　絡条体圧痕
　　a　絡条体圧痕
　　b　絡条体圧痕＋縄文
　　c　絡条体圧痕＋自縄自巻
　　d　絡条体圧痕＋自縄自巻＋縄文
　　e　絡条体圧痕＋自縄自巻＋原体側面圧痕
　　f　絡条体圧痕＋原体側面圧痕
　　g　絡条体圧痕＋原体側面圧痕＋縄文
　　h　絡条体圧痕＋原体端部の圧痕
　3　原体側面圧痕（縄文）
　　a　原体側面圧痕
　　b　原体側面圧痕＋縄文

　　　　c　原体側面圧痕＋自縄自巻
　　　　d　原体側面圧痕＋絡条体圧痕
　　4　半截竹管文
　　　　a　半截竹管文
　　　　b　半截竹管文＋縄文
　　　　c　半截竹管文＋自縄自巻
　　　　d　半截竹管文＋縄の端部圧痕
　　5　半置半転
　　　　a　半置半転
　　　　b　半置半転＋沈線
　　　　c　半置半転＋自縄自巻
　　6　縄文
　　　　a　L
　　　　b　R
　　　　c　L，R
　　　　d　LR
　　　　e　RL
　　　　f　LR，RL
　　　　g　RLR
　　　　h　L$\{^L_R$
　　　　i　L$\{^L_R$，R$\{^L_R$
　　　　j　縄文＋沈線文
　　7　撚糸文
　　8　底部

　上記の分類は施文された原体と施文方法の差に注目しておこなったものである。これを見れば仲道A遺跡出土の土器群の施文方法，施文原体の多様性が理解できると思う。これ等の多様な土器群はもちろん編年的に一時期と理解すべきではなく，時間差があると考えることが妥当であると思っている。この点については報告書の中でも少し述べた。さて，本論文では縄文の施された土器のうち報告書の分類の

　第Ⅱ群　1-b　自縄自巻＋縄文
　　　　　1-f　自縄自巻＋絡条体圧痕＋縄文
　　　　　2-b　絡条体圧痕＋縄文
　　　　　2-d　絡条体圧痕＋自縄自巻＋縄文
　　　　　2-g　絡条体圧痕＋原体側面圧痕＋縄文
　　　　　3-b　原体側面圧痕＋縄文
　　　　　4-b　半截竹管文＋縄文
　　　　　5-a　半置半転
　　　　　5-b　半置半転＋沈線
　　　　　5-c　半置半転＋自縄自巻
　　　　　6　　縄文

について，原体回転押捺の方向，使用している縄文原体の撚りにどのような特色があるのかを検討するのが目的である。報告書刊行に向けての原体の観察は，約1年6ヶ月にわたって主として筆者がおこなってきた。観察と分析には可能な限り正確を期しているが，もし誤りがあればその責任は筆者にある。

さて，原体回転押捺の方向，縄文原体の撚りの分析は，縄文草創期の土器の文様として，縄文（縄文原体回転押捺）の手法がどのように発生してきたかを考えるためにも重要であり興味深い問題である。それとともに，山内清男氏[3]が「縄紋はその後，地方，時代による消長はあるが，長期に亘って存在し，大体に於て盛行したと言ってよい。縄紋土器の名称が肯定される所以である。その後時代は弥生時代に変わっても，東部では縄紋は引き続き残存し，古墳時代直前まで続いて居る」[4]とされたように，文様としての縄文が縄文時代草創期に発生して以降ほぼ全時期に存在し，やがて，弥生時代にも残存する事実がある。土器に施されたいろいろな文様の中にあって，継続時間が長くその変化の多様な点は驚きであり，今風に言えばギネスブックに掲載されても良いといえるかも知れない。したがって，縄文草創期における縄文原体回転押捺の手法の分析は，発生期における縄文施文技法を考えるのに，大変重要な方向であるばかりでなく，その後，長く施される縄文を位置付けていくためにも研究しなければならないであろう。

2　研究史

さて，縄文原体押捺方向の研究と方法については，すでに山内清男，芹沢長介，佐原眞氏などの諸先学により示されている。ここではまず，これ等の研究を振り返り，この論文で扱う仲道A遺跡，宮林遺跡出土の縄文草創期土器の縄文原体押捺方向の観察方法について考えておきたい。

山内清男氏は「斜行縄紋に関する二三の観察」[5]の中ですでに，原体観察の基礎的方法について示されている。ことに論文中の「単節斜縄紋の根本的二種」の中では，「若し原体に条が右傾するものと左傾するものの二種があるとすれば，そして事実あると認められるのであるが，押捺は夫々右傾するものと，左傾するものの二種の縄紋を与えることになる。したがって縄紋原体の種類及び押捺の縦横を判別するのは一見困難となる。併し，幸い縄紋原体の二種は条及び節，更に節に於ける繊維の走行を異にして居り，そしてそのために存在が知られたものであるから，与えられた縄紋を観察してこの二種に分類することが出来る。したがって同時に押捺の方向も判定することも可能である」とされ，（第1図）に示したように，押捺方向，撚糸の根本的2種，復節斜縄文の2種について図化し示されている。

この論文が書かれた1930年の時点で山内清男氏は縄文が縄文原体回転押捺により施された文様であることに気付いていない[6]のであるが，もうすでに縄文原体押捺方向の観察の基礎が示されている点は重要である。ここで注意したい点は（第1図）に示した条と節の図である。これは撚りの分析，原体の回転方向の観察に大切な視点で，すでにこの点が図示されていることを忘れてはならないだろう。

芹沢長介氏の「縄文と撚糸文について」[7]では，夏島貝塚出土土器の説明に先立って，「縄文および撚糸文の原体と施文法，さらにその鑑別方法についての，予備的な問題を明確にさせておく必要があるであろう。とくに，夏島Ⅰ式，Ⅱ式土器を取り扱う場合には，縄文と撚糸文についての詳細な観察が最も重要な意味をもってくる」とされ，さらにその条と節の関係，節について（第2図）のように図示し説明されている。そして「一般的にいえば，条に対して節は右傾または左傾することが予想され，その傾きによって原体における撚りの状態を推定できそうである。しかし，実際問題として個々の土器片にあたるとき，条に対する節の傾きは，容易に判定できないことの方が多い。これは，押捺の力が弱い場合，あるいは押捺されたあとでなかば消し去られた場合，土器面が硬化して圧痕が明らかでない場合，押捺に際して特殊な方向に力が加えられた場合などに，その原因を求めることができよう。したがって，条に対する節の傾きよりも，節の内部に

第1章 縄文時代草創期土器

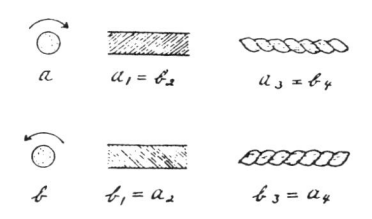

1　撚糸の根本的二種
右撚りb左撚り1繊維束の表面
2同圧痕3撚糸の表面4同圧痕

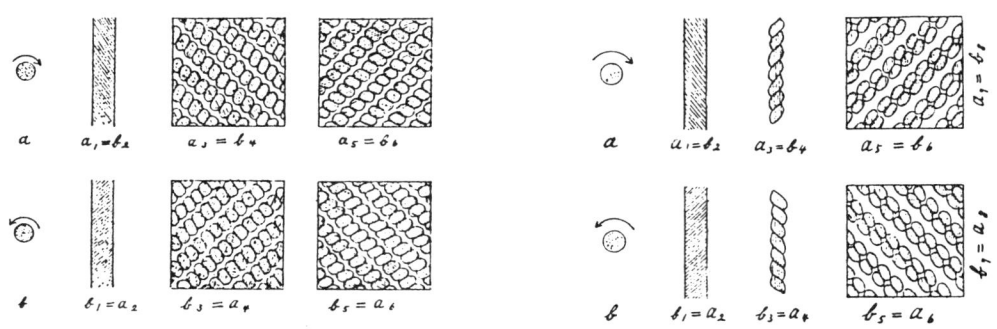

2　単節斜縄紋の根本的二種及び押捺方向a右撚りb左撚り　1繊維束外面　2同圧痕　3横位　4同（圧痕）5縦位　6同（圧痕）

3　複節斜縄紋の二種及び押捺方向a右撚りb左撚り　1繊維束の走行　2同圧痕　3撚糸　4同圧痕　5横位　6同圧痕　7縦位　8同圧痕

第1図　撚糸の根本的二種（山内清男1930年より）

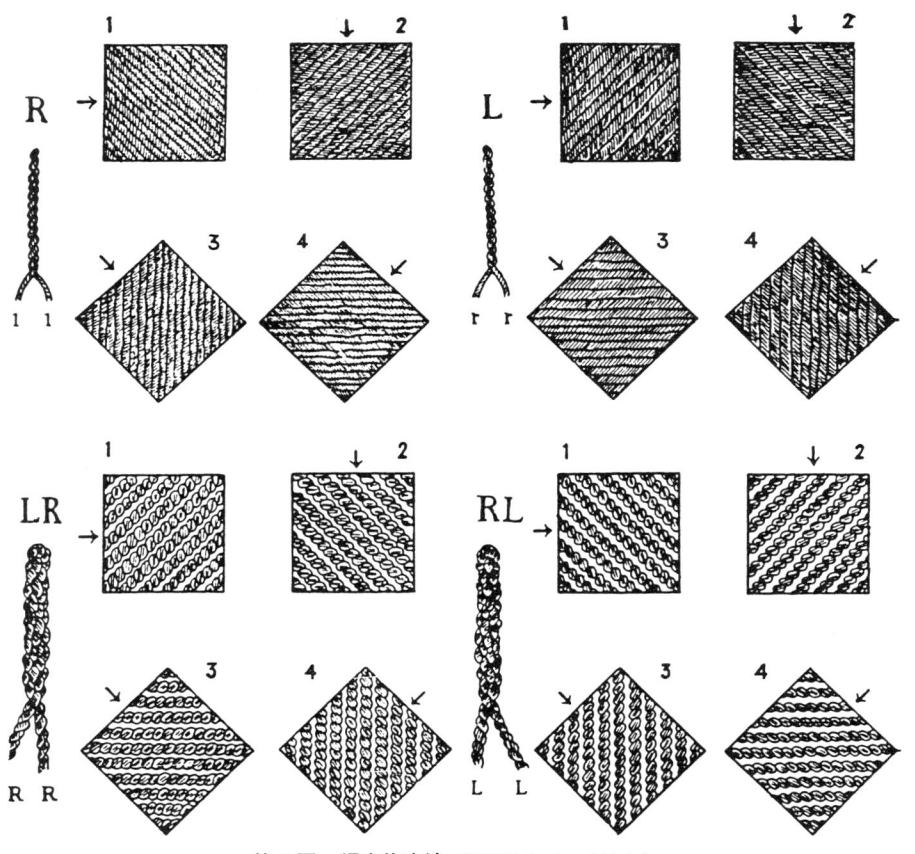

第2図　縄文施文法（芹沢長介1957年より）

のこされる繊維の走向と条との関係が，より重要な判定の基準とされるのである」と述べておられる。

押捻回転の手法と回転方向の視点として，節の内部にのこされた繊維の走向と条の関係を示し，わかりやすく説明されている。また，縄文原体を斜位において回転押捻した図も示されている。

その後，山内清男氏は，「縄紋土器の技法」[8]の論文中の「原体の変化」で，回転手法について「回転の方法に若干の変化があるが斜行縄紋についていうと，一．原体をたてにおいて左右に転がす（横位），二．原体を横において上下に回転する（縦位）が普通で，別に斜めにおいて斜に回転するなどの方法がある。一般には横位が多く早前期，後晚期及び弥生時代は大体このやり方である。縦位は主として中期にみられる（ただし関西の中期は別である）。斜において転がすのは関東早期の古い部分，北海道の所謂綱文土器にもあるが，津軽方面，北海道の晩期土器後半に多少みられ，北海道の続縄紋土器に於いて甚だ多数出現する」と説明された。ここで縄文回転手法と，それが流行する時期について説明されたことは重要であろう。また，原体回転押捻手法について写真で示された。

1962年小林達雄氏は「無土器文化から縄文文化の確立まで」[9]で室谷洞窟第3次調査についてふれ，「最下層の土器には爪形文，絡条体圧痕文，撚糸の圧痕文があり，廻転施文の羽状縄文があり，西谷の土器に近い。上層に行くにしたがって爪形文や絡条体圧痕文など押圧施文のモチーフが失われ，僅かに撚紐の先端を押圧した文様を残して廻転施文の斜行縄文や羽状縄文が主体となる」とされ，室谷洞窟第一群土器について，さらに，「こう見ると室谷第一群土器は隆起線文土器や爪形文土器と同じように全国に渉って，その系列が求められる可能性を含むものである。室谷第一群土器は前の時期に爪形文土器と器形や文様の上に大きな差異があるが，室谷最下層，西谷の土器を介在させることによって，その脈絡を辿ることが出来る」と述べておられる。この室谷第一群土器の位置付けは大変重要な点である。

その後，1964年に山内清男氏は「縄紋式土器・総論」[10]を発表された。ここでは，「側面圧痕」の中で半置半転の施文技法について説明されている。半置半転を側面圧痕の項で説明されている点は重要である。山内氏はさらに半置半転が回転縄文への第一歩の可能性もあることを述べている。また，「押捻方向の変化」の項では，羽状縄文が草創期の室谷下層式に出現していることも記されている。

1979年に山内清男氏の『日本先史土器の縄紋』[11]が出版された。これは，1961年に京都大学に提出された学位論文である。この論文では重要な点が随所に存在するが，特に41頁に「附表Ⅰ　日本先史時代の縄の撚り方の癖（要旨）」が掲載されており，最古段階関東地方はR縄が多く，陸奥地方はLの縄が多いことが示されている。そして「二　装飾としての回転縄紋」では，縄文の変化は原体の変化だけでなく，押捻方法の工夫によるところも多いとされ，49頁では「附表Ⅱ　縄紋押捻方向の消長（要旨）」も示されている。この表により縄文原体，施文方向が時期，地域を異にして変化することがわかり重要である。また，本ノ木遺跡，小瀬が沢洞窟，日向洞穴などの出土土器を1/1の写真で掲載し，施文原体について説明されている。

1981年佐原眞氏は「縄文施文入門」[12]を発表された。ここでは縄文施文方法全般を，わかりやすく示されている。論文中では，半置半転や巻紐[13]の側面圧痕についても説明され写真で示されている。縄文原体の作り方，それぞれの文様効果を学ぶうえに大変重要な論文である。縄文原体回転施文の方向について，「42　横位のL$\{^R_R$」，「43　縦位のR$\{^L_L$」，「44　縦位のL$\{^R_R$」，「45　横位のR$\{^L_L$」，「46　異方向縄文L$\{^R_R$横位，縦位，横位，縦位」，「47　異方向縄文R$\{^L_L$横位・縦位・横位・縦位」，「48　縦走の縄文L$\{^R_R$の斜位」，「49　縦走の縄文R$\{^L_L$」，「50　縦走の縄文R$\{^L_L$指移動」，「51　横走の縄文R$\{^L_L$斜位」，「52　半置半転」などが写真で示されている。ことに縦走の縄文を示されており，「異方向縄文」という用語が使用されていることも注意される。

1983年に戸田哲也氏は「縄文」[14]において，縄文回転施文についてくわしく述べておられる。その中で

「施文の方向と回転のくせ」では，縦走する縄文が室谷下層～関東草創期後半・井草～稲荷台式などにあること，縦方向の縄文文様の出現について撚糸文との関連を推定されている。横走する縄文については，使われる時期が少なく，関東以西の中期最終末・後期前半期の特徴とされている。このうち，横走する縄文については後述するが，仲道A遺跡草創期段階にすでに施文されており注意を要する。

さて，この論文中で重要な点は，〈縄文の発生と地域的展開〉の中で草創期の縄文施文土器群について細分の方向を打ち出しているところである。まず「本ノ木式土器」をあげ「短い縄文原体を用いて器面全体に縦位に押圧施文されることを特徴とする」とされ，これと同時期，あるいは多少古いものとして，山形県日向洞穴，一ノ沢洞穴，新潟県小瀬が沢洞窟，長野県石小屋洞穴出土の，側面圧痕による押圧縄文，半転縄文をあげている。そして，本ノ木式のあとは，「室谷下層式土器」の回転あるいは押圧手法の縄文が開花し，「縄文晩期まで連綿と使用される回転縄文の定着した時期」とされている。

室谷下層式の新しい時期はRL，LRの縄文でやや乱れた羽状縄文（異方向縄文）で口縁部付近に菱形文を構成[15]するとし，鳥浜貝塚下層の室谷下層式土器群の特色として，「押捺手法の認められる口縁部文様と胴部以下に縦走する二段の縄文が顕著」と注意されている。そして戸田氏は「始原期の縄文手法は本ノ木式のわずかな試行期間を経て，ただちに変化を求め，広範囲に展開を示していることが特徴としてとらえられるのである。室谷下層式以降の草創期段階は，岐阜県椛ノ湖遺跡，栃木県大谷寺洞窟などに見られる「表裏縄文土器群」に続いていく。この時期は，単純な2段の縄文が主体となり，縄文施文の流れの起伏を感じさせる」[16]とされている。

これ等の指摘は大変重要である。しかし，仲道A遺跡出土の土器群を観察すると，戸田氏は「縄文施文について本ノ木式のわずかな試行期間のあと，ただちに変化した」と述べられているが，そうは言いがたいように思う。始原期の縄文手法の展開は，戸田氏の示されたように単純なものではないのかも知れない。この点は仲道A遺跡の出土土器の縄文施文方向の中で述べてみたい。ともあれ，発生期の縄文の手法について，乏しい資料の中から，これだけ多くの重要な問題点と，現段階での考え方をまとめられた。この論文は縄文施文発生期の研究方法と，研究方向に新しい視点をあたえている。

さて，前述したように縄文施文技法の研究は諸先学によりなされてきている。研究史の中では扱えなかったが，この他の研究として，小林達雄[17]，可児通宏[18]氏の重要な研究もある。

このように研究史を振り返ると，縄文施文方向観察の基本は，すでに山内[19]，芹沢[20]両氏により，図化され文章で説明されていたことになる。そして，その後は山内[21]，佐原[22]両氏の研究により，縄文施文技法，型式との関係などについて詳細な研究がなされている。これ等の研究は縄文施文全般にわたって大変くわしく述べられている。

また，草創期の縄文施文技法の考察として戸田氏[23]の研究がある。今後の縄文施文技法研究は研究史の中で示したような方向を踏まえておこなわれなければならないであろう。

3 縄文回転押捺の方向について

研究史で縄文原体回転施文の研究がどのようになされてきたか振り返った。ここでは，仲道A遺跡出土縄文施文土器の回転押捺方向の分析について記載しておきたい。

研究史の中で明らかにしてきたが，縄文原体の撚りと，縄文原体回転の方向を調べるためには，まず条と節，さらに節の中の繊維走行について注意，観察することが必要であることを山内清男，芹沢長介両氏は述べておられる。（第1図）は山内氏の「斜行縄紋に関する二三の観察」の論文中に示された図である。（第1図2）では条の中の節の現われ方を示しており，たとえば，（第1図2）のa_3では，条の中の節が立ってお

り，節の中の繊維も斜位に立っている。それに比較して，a_5では，条に対して節が横に倒れており，その中に現われた繊維も斜位に寝ている。(第1図3)では，複節斜縄文の場合を図示している。条に対し節の中に細節が2個現われていることを示し，その細節の中に繊維の走行を書き入れている。

芹沢氏の「縄文と撚糸文について」では，(第2図)のように，縄文原体回転押捺の方向について図示されている。ここではR，L，LR，RLの縄文原体について，回転方向を示しており，

1　器面に縄文原体を縦位におき，原体を横位に回転した場合
2　器面に縄文原体を横位におき，原体を縦位に回転した場合
3　器面に縄文原体を右上がりの斜位におき，原体を斜位に回転した場合
4　器面に縄文原体を左上がりの斜位におき，原体を斜位に回転した場合

について，原体の回転方向を矢印を入れ説明されている。そして，各原体はそれぞれの回転方向の違いで，条の走りも4種類できることも図でもわかりやすく示されており，「条および繊維束の走行を知れば，施文原体の置かれた位置と回転方向とを，適確に認定することができるわけである」と述べておられる。

こうした先学の研究を踏まえて，原体の撚りの観察と，その回転方向について研究していきたい。

なお，以下では縄文原体の施文方向の角度を数値で表示する。度数の数値は，水平を0度として左から右(時計回り)方向への測定を原則としている。この点に留意されたい。

さて，(図版1-1〜5)では，Lの縄文原体の回転方向とそれによって顕われる条の走行と節を模型で表わしている。

(図版1-1)　Lの縄文原体を縦位の90度におき，原体を横位に回転押捺している。条の走行は右から左に傾斜し，その中に現われる繊維は条の走行に対して立っている。記号[24]はLの原体のおかれた位置を棒線で表わし，原体回転押捺の方向は矢印で表わす。したがってこの場合はL⊢となる。

(図版1-2)　Lの縄文原体を横位の180度におき，原体を縦位に回転押捺している。この場合条の走行は左から右に傾斜し，その中に現われる繊維は，条の走行に対して水平に現われている。これを記号で表わすとL⊤となる。

(図版1-3)　Lの縄文原体を右に傾斜させ，斜位の約130度に回転押捺している。この場合条の走行は横位になり，その中に現われる繊維は右から左に傾斜している。これを記号で表わすとL人となる。

(図版1-4)　Lの縄文原体をわずかに右に傾斜させ，斜位の約100度に回転押捺している。(図版1-3)の原体が約45度右に傾斜させたのに比べて，傾斜の角度を増すと，条の走行は右から左に傾斜し，条の中に現われる節も立つ。これを記号で表わすとL⊢となる。

(図版1-5)　Lの縄文原体を水平左から右に40〜45度傾斜させている。この場合条の走行は縦位になり，その中に現われる繊維は条の走行に対して左から右に傾斜する。これを記号で表わすとL入となる。

(図版1-6)　Rの縄文原体を縦位の90度に置き，横位に回転押捺している。この場合条の走行は左から右に傾斜し，その中に現われる繊維は条の走行に対して立つ。これを記号で表わすとR⊢となる。

(図版1-7)　Rの縄文原体を横位の180度に置き，縦位に回転押捺している。この場合条の走行は右から左に傾斜し，その中に現われる繊維は条の走行に対して横位に走る。これを記号で表わすとR⊤となる。

(図版1-8)　Rの縄文原体を斜位に約135度右に傾斜し回転押捺している。この場合条の走行は縦位になりその中に現われる繊維は条の走行に対して右から左に傾斜している。これを記号で表わすとR人となる。

(図版1-9)　Rの縄文原体を約110度に傾斜させ，回転押捺を施している。この場合の走行は左から右に傾斜して走る。その中に現われる繊維は条の走行に対して立つ。これを記号で表わすとRの⊢となる。

(図版1-10)　Rの縄文原体を約55度に傾斜させ，回転押捺を施している。この場合条の走行は横位に走

22　第1章　縄文時代草創期土器

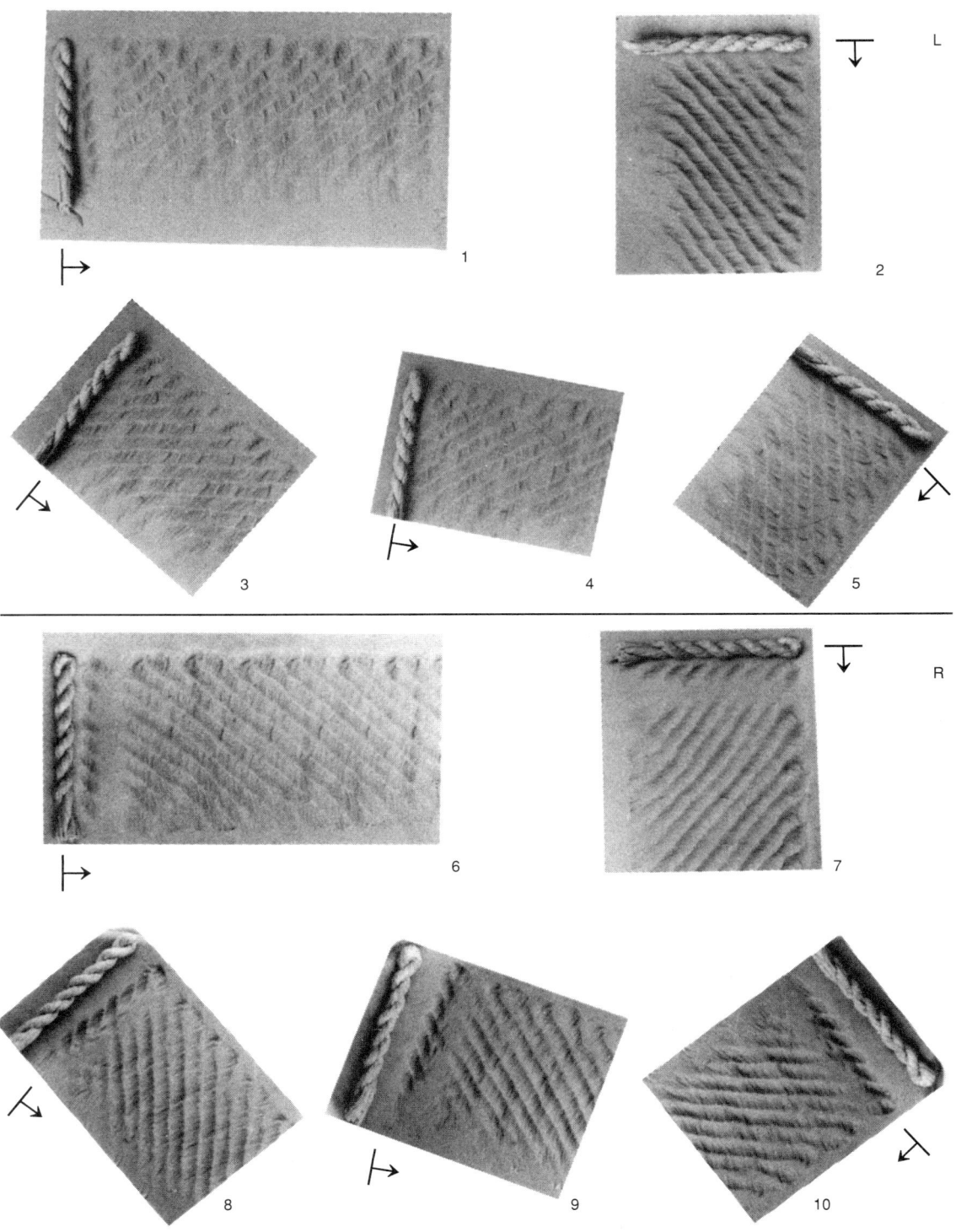

図版1　Lの原体回転方向(1〜5)　Rの原体回転方向(6〜10)

第1節　静岡県仲道A遺跡出土草創期土器における回転押捺方向の研究　23

図版2　LR の原体回転方向(1〜5)　RL の原体回転方向(6〜10)

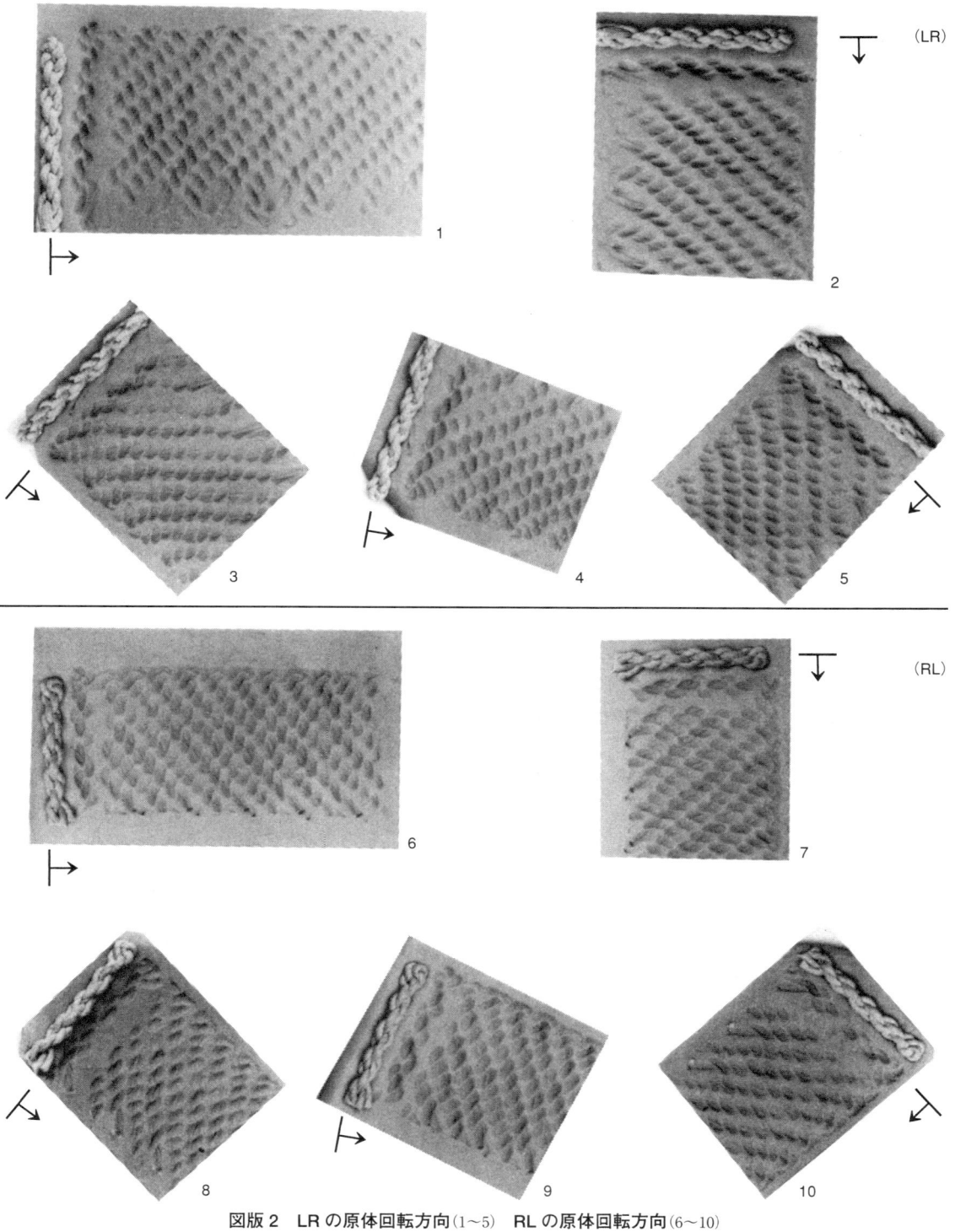

24　第1章　縄文時代草創期土器

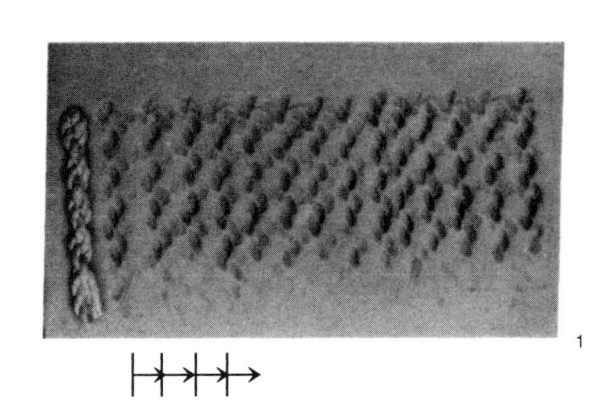

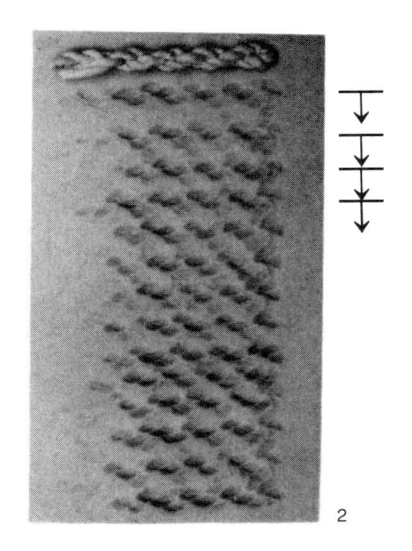

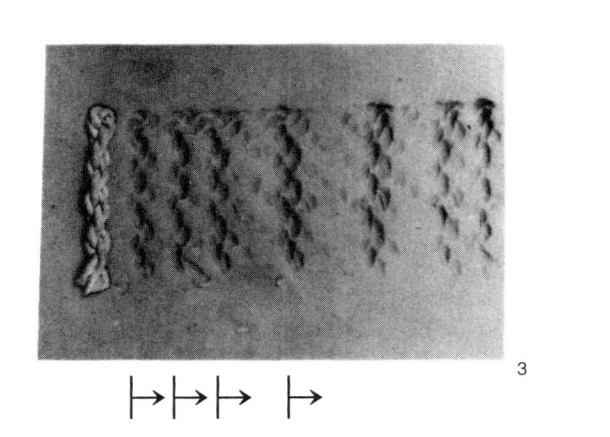

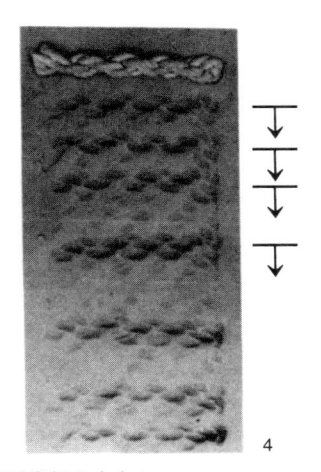

図版3　LR原体の半置半転の方向(1, 2)　RLの原体の半置半転の方向(3, 4)

り，その中に現われる繊維は条の走行に対して左から右に傾斜して走る。これを記号で表わすとR↗となる。

(図版2-1)　LRの縄文原体を縦位の90度に回転押捺を施している。この場合条の走行は右から左に傾斜して走り，条に対して節が立っている。節の中の繊維は右から左に傾斜する。これを記号で表わすとLR↦となる。

(図版2-2)　LRの縄文原体を横位の180度に回転押捺を施している。この場合条の走行は左から右に傾斜して走り，条に対して節が転んでいる。節の中の繊維は左から右に傾斜する。これを記号で表わすとLR↧となる。

(図版2-3)　LRの縄文原体を約135度に傾斜させて，斜位に回転押捺を施している。この場合条の走行

は水平に走り、条に対して節が右から左に傾斜する。節の中の繊維も横位に走っている。これを記号で表わすとLR↙となる。

（図版2-4）　LRの縄文原体を約110度に傾斜し、縄文原体を、斜位に回転押捺施文を施している。この場合条の走行は右から左に傾斜しており、条の中の節も左から右に傾斜しており、節の中の繊維は右から左に傾斜する。これを記号で表わすとLR↗である。

（図版2-5）　LRの縄文原体を45度に傾斜し、縄文原体を斜位に回転押捺施文している。この場合条の走行は縦位に走り、条の中の節も倒れている。節の中の繊維は左から右に傾斜している。これを記号で表わすとLR↘となる。

（図版2-6）　RLの縄文原体を縦位の90度におき、横位に回転押捺を施している。この場合条の走行は左から右に傾斜して走り、条の中の節も立っている。節の中の繊維は左から右に傾斜しており、これを記号で表わすとRL↦となる。

（図版2-7）　RLの縄文原体を横位の180度におき、縦位に回転押捺を施している。この場合条の方向は右から左に傾斜して走り、条の中の節は条に対して寝ている。節の中の繊維は、右から左に傾斜している。これを記号で表わすとRL↧となる。

（図版2-8）　RLの縄文原体を約135度に傾斜させ斜位におき、斜位に回転押捺を施している。この場合条の方向は縦に走り、条に対して節も寝ている。節の中の繊維は右から左に傾斜して現われている。これを記号で表わすとRL↙となる。

（図版2-9）　RLの縄文原体を約120度におき、右から左に傾斜させて、斜位に回転押捺を施している。この場合条の方向は左から右に傾斜して走り、条に対して節も右に傾斜している。節の中の繊維は左から右に傾斜して現われており、これを記号で表わすとRL↦となる。

（図版2-10）　RLの縄文原体を45度に傾斜しておき、斜位に回転押捺している。この場合条は水平に走り、条に対して節も左に傾斜している。節の中の繊維は左から右に傾斜して現われており、これを記号で表わすとRL↘となる。

縄文原体L、R、LR、RLについて、回転押捺した場合の条、節などの観察方法を模型により説明した。

このほかに仲道A遺跡で半置半転の縄文が施されている。研究史の中でも触れたが山内清男氏は、半置半転を縄文原体の側面圧痕の中であつかっておられる。

（図版3-1）　LRの縄文原体を縦位の90度において、横位に半置半転を施している。これを記号で表わすとLR⊮の半置半転となる。

（図版3-2）　LRの縄文原体を横位の180度において、縦位に半置半転を施している。これを記号で表わすとLR≢の半置半転となる。

（図版3-3）　RLの縄文原体を縦位の90度において、横位に半置半転を施している。これを記号で表わすとRL⊮の半置半転となる。

（図版3-4）　RLの縄文原体を横位の180度において、縦位に半置半転を施している。これを記号で表わすとRL≢の半置半転となる。

さて、こうした諸点を踏まえて、仲道A遺跡出土草創期土器、宮林遺跡出土草創期土器の縄文原体回転押捺の方向について分析したい。

4　仲道A遺跡出土土器の原体回転押捺方向について

前項で縄文回転押捺の方向について記したが、仲道A遺跡出土縄文草創期土器の縄文の回転手法と方向

について分析してみたい。

出土土器は（第3図〜第6図）に示したように，縄文に加え縄の原体をさまざまにもちいた多種多様な文様が組み合わされている。これ等の土器群について，縄文の撚り，縄文回転押捺の方向などについて検討してみたい。なお，縄原体の回転押捺の方向は（図版1〜3）の記号[25]により表わした。紙幅の関係から出土資料のすべてを図版化し，表にすることが困難なため（第3図〜第6図）に掲げた資料の回転押捺の傾向について（表1，表2）に示した。

さて，仲道A遺跡出土土器の場合，（第3図1〜5）と（表1）に示しているように，自縄自巻Aと縄文が施されている土器がある。この場合はLR，RLの撚りの原体を┠，┰方向の回転だけでなく，人，入に回転させている。施された縄文の回転方向にも特色があり，（第3図1）は縦位の自縄自巻Aを施したあと，LR┰の原体を約175度におき，RL入を約180度におき，縄文が施されており，縄文は縦の羽状縄文が施されている。また，内面にもRL人約80度におき縄文が施されている。

（第3図2）は自縄自巻Aの0段*l*の条を，縦位，横位に施しLRの縄文を人，┠方向に約75度，約35度，約160度におき回転させている。LRの縄文を横位と斜位に走らせ，縦の羽状縄文的な文様効果をだしている。これは（第3図4）も同様である。

（第3図5）は0段*l*の条の自縄自巻AとLRの縄文を┰方向約160度においてに回転している。

自縄自巻Aと絡条体圧痕と縄文の施されている土器の場合は，（第3図7）のようにLRの縄文を┠方向に90度におき回転押捺している。

自縄自巻Aと半置半転の施された土器では，（第3図6）がRL閉端環の半置半転を┠┨方向に施しており，（第3図8）は口唇部にRL┠約65度におき，以下にLR閉端の半置半転と，0段*l*の条の自縄自巻Aが，横位，斜位に施される。内面は，RLの縄文を┠と┰に約90度と約65度におき回転押捺している。

絡条体圧痕と自縄自巻Aと縄文の場合（第3図9）は，LRの縄文を┠方向に約110度におき回転押捺し，縄文を意識的に斜位に帯状施文している。（第3図10）は自縄自巻Aと絡条体圧痕を施している。ことに自縄自巻Aを⌐状に圧痕している点は注意されるが，LRの縄文を入方向に約45度におき回転押捺し，縦位に走る縄文を施している。

絡条体圧痕と原体側面圧痕と縄文を施している場合（第3図11）では，LR┰に約20度におき回転押捺を施す。（第4図12）はLRの縄文を┰，入，┠方向に約20度，約40度，約130度において回転押捺させ，やはり，⌐＼状の異方向縄文を施している。

原体側面圧痕と縄文が施されている場合（第4図13）では縄文原体RとLを交互に横位圧痕し，縄文の節を≫状に施しており，縄文をRL人方向に約155度に回転押捺し縦位に走らせている。

（第4図14）はRLの縄文原体を側面圧痕させており，RLの縄文を口唇部約85度の方向，側面圧痕の下にRLを約5度と約50度において回転させ〜状に異方向縄文の羽状縄文を施している。

半截竹管と縄文が施されている場合は，（第4図15）のようにRの縄文を約110度において回転押捺している。

半置半転が施されている場合は，（第4図16）のようにLRの縄文を口唇に施し，LRの閉端原体を┠方向に約90度反転している。

（第4図17）は口唇部にLRの縄文を┠方向に約90度施し，LRの縄文を┠┨に半置半転している。

（第4図18）は口唇部にRLの縄文を┠に約90度において施し，側面圧痕RとLRを付け，縄文LRを約10度と約95度において回転押捺し，横位の羽状の異方向縄文を施している。内面にもLRの縄文を約10度，約20度，約70度に回転押捺している。

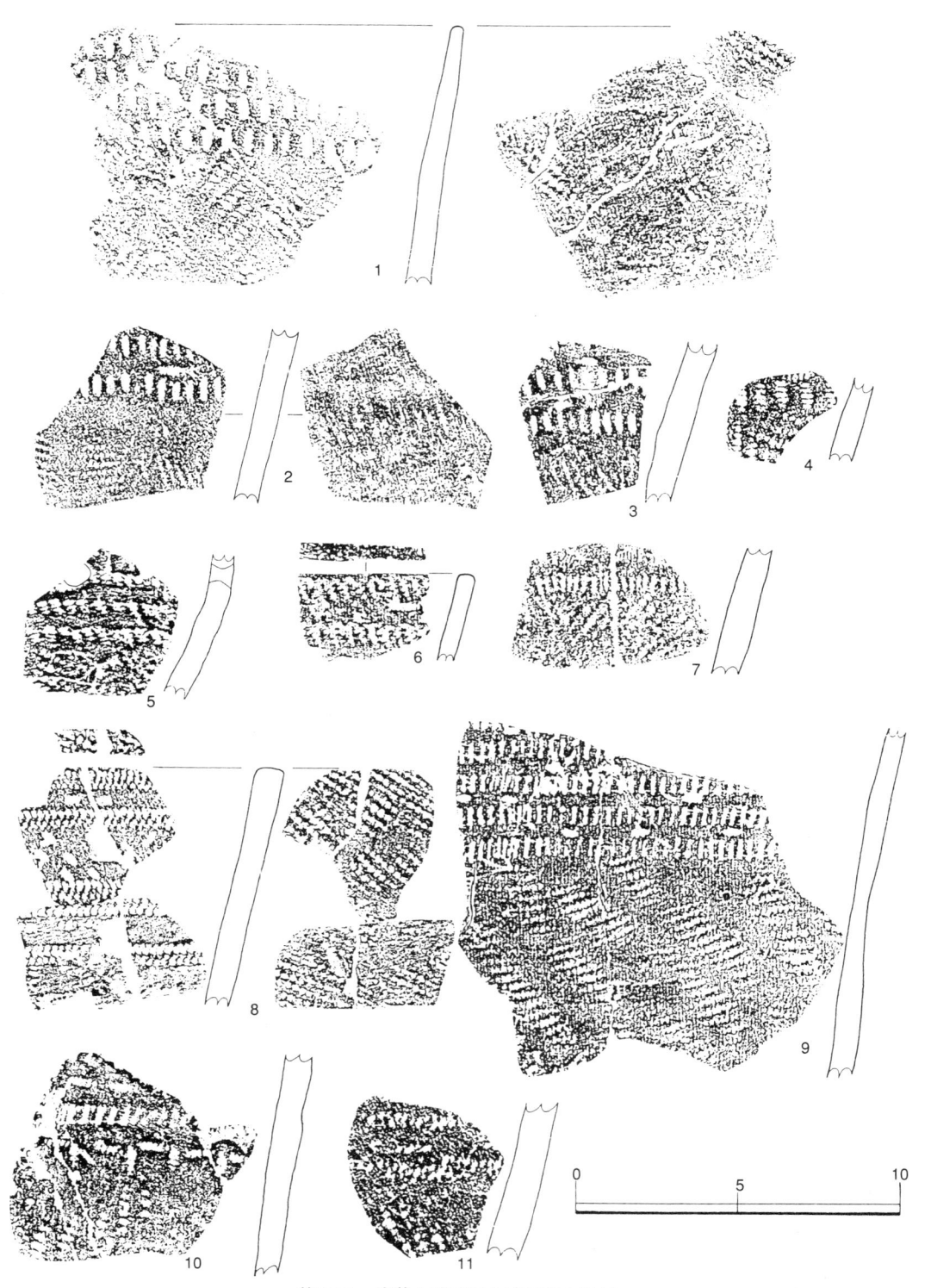

第1節　静岡県仲道A遺跡出土草創期土器における回転押捺方向の研究　27

第3図　仲道A遺跡出土草創期土器(1)

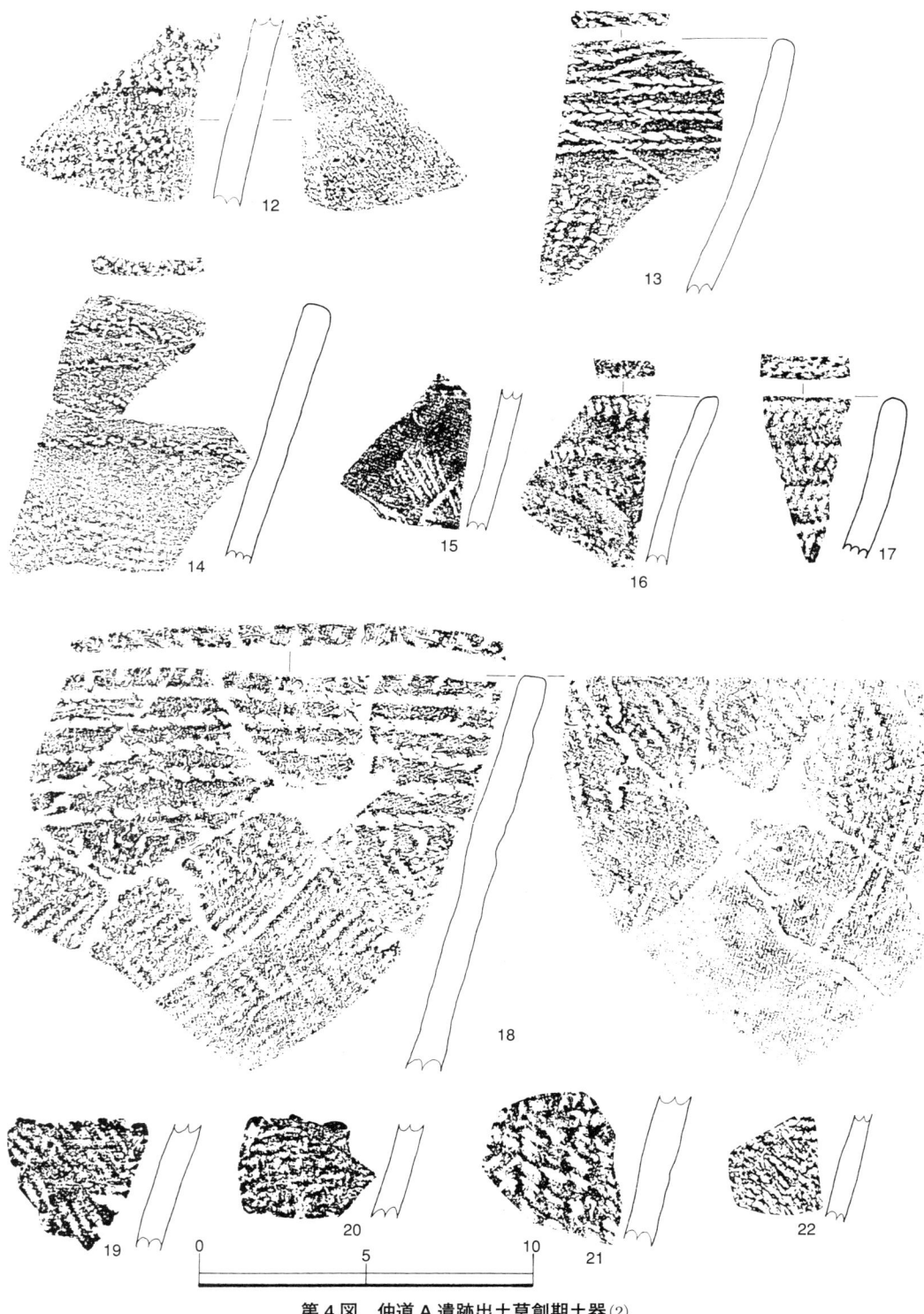

28   第1章　縄文時代草創期土器

第4図　仲道A遺跡出土草創期土器(2)

次に縄文施工のみの土器の原体の撚りと，回転押捺方向について調べると，(第4図19～22)は，LやLRの縄文原体を回転押捺している。

(第4図19)はLRを約30度において回転押捺している。(第4図20)はLRを約130度において回転押捺させ，横位に走る縄文を施している。(第4図21)はLを約40度において回転押捺させ，縦位に走る縄文を施している。原体の繊維が堅く太いことも特色である。

(第4図22)はLRを約140度と約180度に回転押捺させており，縄文が横位と縦位に走っている。

また，(第5図23～25)はRの縄文原体を回転押捺している。(第5図23)はRを約95度と約120度において回転押捺している。(第5図24)はRを約135度に回転押捺しており，縄文が縦位に走る。

(第5図25)はRを約120度と約135度に回転押捺し縄文が縦位に走る。これは見方を変えるとRの縦位に施文した羽状縄文の効果もある。(第5図26)はRを約70度，Lを約70度に回転押捺した羽状縄文で，縦位に施された羽状縄文である。LRの縄文の回転押捺方向については，(第5図27～第6図40)と(表1，表2)に示したように，多様な回転方向に施されている。(第5図27)は口縁部にLRを約100度に回転しており，仲道A遺跡では，この回転方向の土器片が28点以上存在する。

(第5図28)はLRを約5度に回転押捺を施している。仲道A遺跡ではこの方向に回転押捺した土器が10点以上存在する。これは，条の走行から見ると，RLを約90度と同様の文様効果をもつ。(第5図29)はLRを約150度に回転押捺し，横位に走る縄文を施している。

(第5図30)はLRを約80度に回転押捺し，横位帯状に走る縄文を施している。仲道A遺跡ではこうした縄文原体をわずかに倒して回転押捺を施している。LRの縄文は13点出土している。

(第5図31)は，口唇部にlの自縄自巻Aを圧痕して，lの自縄自巻Aを約70度回転押捺して横位に走る縄文を施している。仲道A遺跡ではLR┣方向の縄文は13点出土している。(第5図32, 33)はLRの原体を約15度と約40度に回転押捺し縦位に走る縄文を施している。仲道A遺跡では，LR⌉方向の縄文は10点出土している。

(第5図34)はLRを約80度と約170度に回転押捺して縦位の羽状の異方向縄文を施している。仲道A遺跡ではLRの⊤，┣の異方向縄文が12点出土している。

(第5図35)はLRの原体を約90度と約120度に回転押捺している。(第5図38)は口唇部にLR約95度に施し，口唇部直下にLRの縄文を約90度に回転押捺し，さらにLRの縄文を約105度に回転させて，斜位に帯状の縄文を施文している。

(第5図36)は口縁部にLRを約70度，約110度，約150度に回転押捺しており，〉状に異方向縄文を施している。これは〉状であるが縦方向羽状縄文を意識している。

(第5図37)はLRの縄文を約70度，約85度に回転押捺して，縦走する羽状の異方向縄文を施している。この異方向縄文は文様効果として，菱形の縄文になり，室谷洞窟で中村孝三郎氏[26]の指摘されている菱形状の縄文に近い文様効果をもっている。

(第6図39)はLRの縄文を約20度，約70度，約140度に回転押捺して，_|状の異方向縄文を施している。

(第6図40)はLRの縄文を約120度，約140度に回転押捺して，横走する縄文を縦位に帯状に施している。

次にRLの縄文だけを回転押捺している場合の回転方向は，(第6図41～48)に示したように施文されている。(第6図41)は口縁部にRLの縄文を約80度に回転押捺している。口唇部に自縄自巻Aが圧痕されており，口唇部直下にもRLを約80度の縄文が施文されているが磨消されている。

30 第1章 縄文時代草創期土器

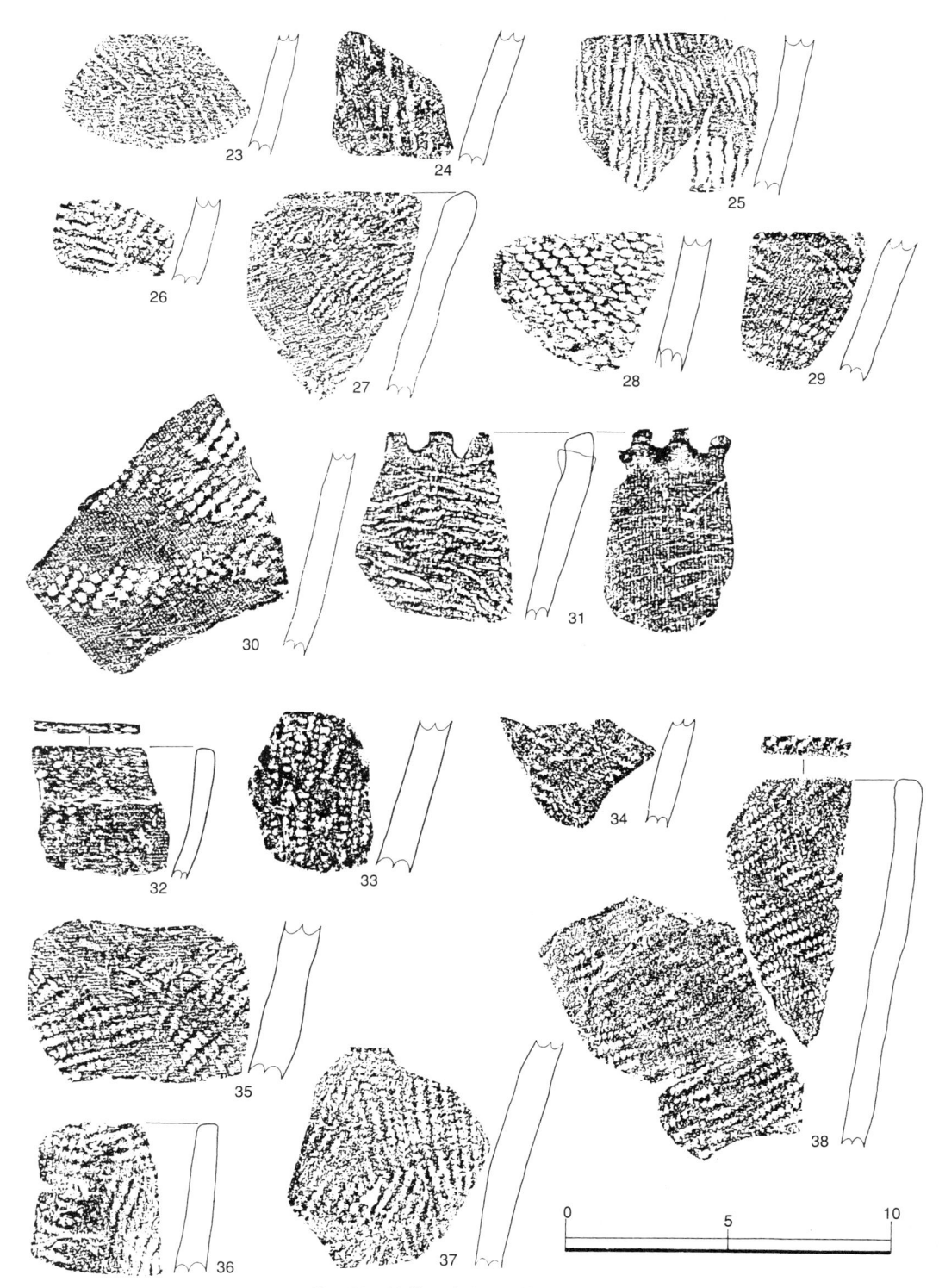

第5図 仲道A遺跡出土草創期土器(3)

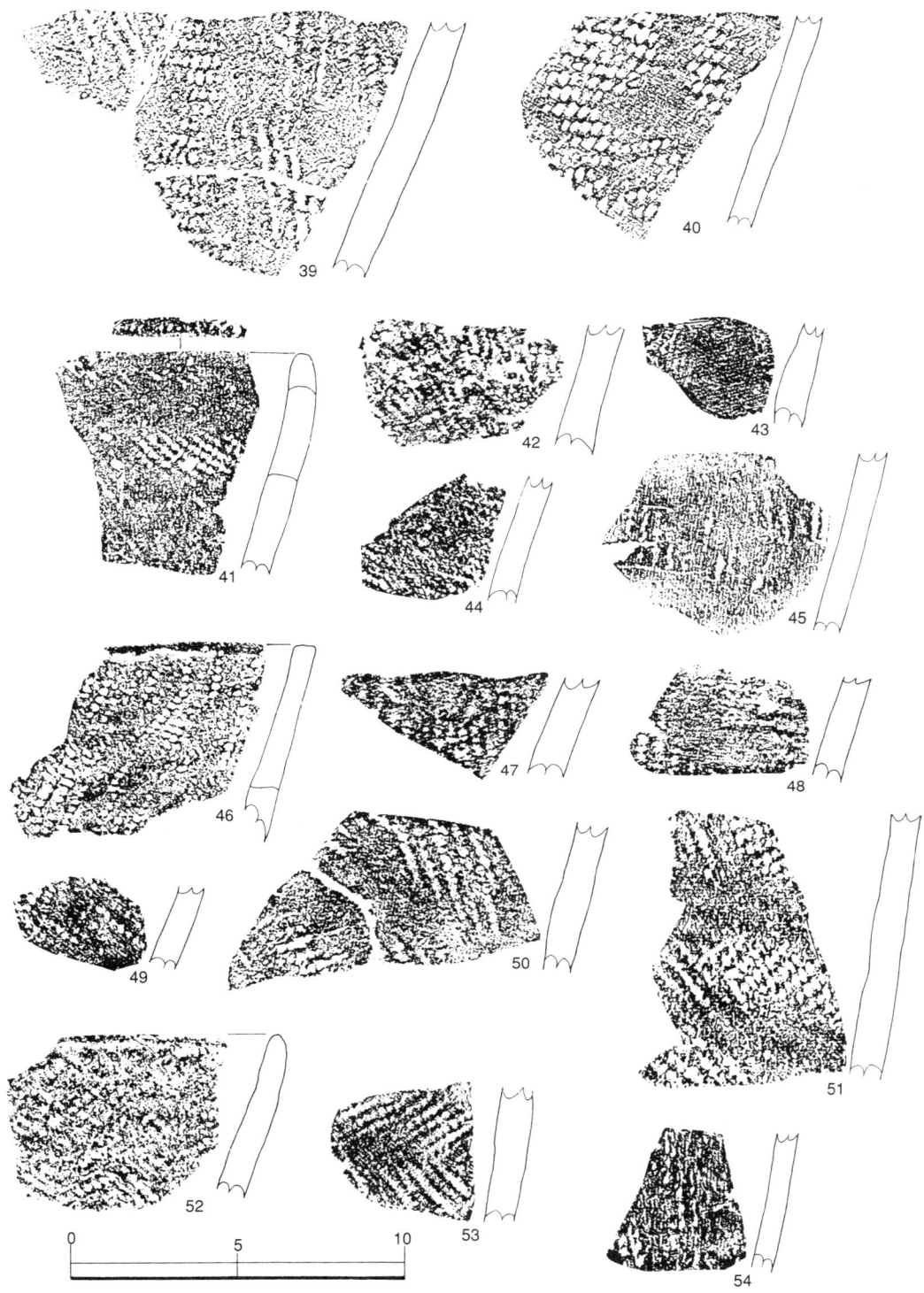

第1節　静岡県仲道A遺跡出土草創期土器における回転押捺方向の研究　31

第6図　仲道A遺跡出土草創期土器(4)

(第6図42)はRLの縄文を約100度と約140度に回転押捺しており斜位と縦走の縄文に近い。

(第6図43)はRLを約150度に回転押捺させており，縦走の縄文の文様効果を施している。(第6図44)はRLの縄文を約60度に回転押捺している。縄文は横走する縄文に近い。仲道A遺跡ではRL入の縄文が5点出土している。

(第6図45)はRLの縄文を約140度に回転させ縦走する縄文を施している。土器面の粘土が固くなって施文されたものか，一度縄文を軽く消したものと見られる。

(第6図46)は口縁部にRLの縄文を約130度，約170度に回転させ，縦走する縄文に近似した文様を施している。

(第6図47)はRLの縄文を約130度に回転させ，縦位の縄文を施しているが，一部が約160度に回転しているようにも見え，異方向縄文による羽状縄文の文様効果を狙っているようにも見える。

(第6図48)はRLの原体を約45度，約140度に回転し，横位と縦位の異方向縄文を施しており，羽状縄文の文様効果を狙っているものと思われる。

羽状縄文については，(第6図49～51，53)のように施文されている。(第6図49)はLRが約70度に，RLが約80度に羽状縄文を施している。

(第6図50)は，LRが約120度，RLが約110度に回転押捺している羽状縄文を施している。

(第6図51)は，横位に施されている羽状縄文で，LRが約90度，とRLが約90度に羽状縄文を施文しており，模様効果として横位に帯状の羽状縄文になっている。

(第6図52)は口縁部からL{$\frac{R}{L}$が約90度，R{$\frac{R}{L}$が約90度に回転した羽状縄文である。縄文は羽状を縦に施したようになり注意される[27]。(第6図53)は，LRが約145度，RLが約85度に回転押捺した羽状縄文であり，横位の羽状縄文になっている。

このほかに(第6図54)のようにRLRの縄文も回転押捺されている。この資料の場合は約45度に回転押捺しており，縦走する縄文が施文されている。

以上，仲道A遺跡出土草創期の縄文の撚りと，その回転方向について記してきたが，これ等の施文傾向について述べておきたい。

①縄文原体の撚りについては，L，R，LR，RL，RLRなどの撚りがあり，この他に室谷洞窟の第9層，10層より出土している，L{$\frac{R}{L}$，R{$\frac{R}{L}$の縄文なども回転押捺施文されている。

②回転押捺施文の方向については，大きくわけて ⊢，⊤，人，入 があるが，これ等の中間的な方向の回転を施されている土器も多い。(第1表・第2表)でわかるように，こうした縄文の中で，羽状縄文的文様効果を持つ，異方向縄文の羽状も(第3図1)に代表されるように，縦位に羽状縄文が付けられるものと，(第4図18)に示されるような，横位に羽状縄文が施される異方向縄文が存在する。この中で比較的多いのは，縦位の羽状のようである。これ等の内で(第5図37)はLRの異方向縄文であるが菱形に縄文が走る可能性があり，室谷洞窟において，中村孝三郎氏が指摘されたように，菱形を構成する縄文と比較することができる。仲道A遺跡出土の異方向縄文の羽状には 八状，＞状などがあるが，案外目立つものとして 八状，〈状，⁻／状の羽状がある。土器作りをした人びとの，これ等羽状縄文に対するこだわりがかなり強く，計算して施文したと考えられる。

また，胴部に斜位の帯状に走る縄文(第3図9・第5図38)，横位に帯状に施される縄文(第5図30・第6図51)も特色がある。(第6図51)は横帯を意識した羽状縄文になり，回転方向などかなり計算されていることを示す。この他に，横走する縄文，縦走する縄文も施文されている。

③他の文様要素と縄文が関わっている場合についても，やはり，異方向縄文との関係が強い。自縄自巻

Aと縄文が施される場合の縄文は異方向縄文が多いようであり，原体側面圧痕と縄文が施文されている場合も異方向縄文が目立っている。

④内面に縄文が回転押捺施文されているものには，（第3図1,8）と（第4図12,17,18）などがある。仲道A遺跡出土資料では表裏縄文がほとんどなく，この点も特色といえると思われる。それとは別に（第3図1）は，自縄自巻Aを施したものの内面に縄文が施されている。（第3図8）は半置半転と自縄自巻Aが施されているが，内面にRL⇔方向の縄文が施文されている。また，（第4図17）は復元土器で，RLの↦の方向に半置半転して，内面にも縄文が施されている。（第4図18）では，側面圧痕が施されている土器の内側に，LRの縄文が約15度・約35度・約60度に施文されている。このように土器内面に縄文が回転押捺されていることを根拠に新しいとは必ずしも言えない。

前述したように，仲道A遺跡出土の縄文回転押捺を施した土器の特色は，異方向縄文が多いことである。この回転押捺手法の回転方向はきわめて精緻に計算されており，文様効果もあげている。この時期の縄文回転押捺について，発達段階で安定性のない縄文が施文されていると指摘する研究者もいるが，仲道A遺跡出土の縄文施文土器の回転押捺方向を分析してみると，この指摘は正当なものとは言いがたい。

5　宮林遺跡出土土器の原体回転押捺方向について

埼玉県大里郡宮林遺跡[28]出土の縄文草創期土器のうち，縄文回転押捺された土器について，その撚りと回転方向を分析してみたい。宮林遺跡出土土器は実見しているが，この論文のための観察をしていない。報告書の原体記号の記述をもとに分析し，回転方向を復元した。このため，誤って復原したものもあるかも知れない。

宮林遺跡出土の草創期縄文土器は，4号住居跡出土の縄文施文土器と，グリッド内出土の縄文施文土器について検討することにした。（第7図55～61）は4号住居跡出土の縄文施文土器の一部であり，（第7図62～69）と（第8図70～96），（第9図97～105）はグリッド内出土土器の一部である。これ等の縄文回転押捺された土器の原体と，その回転方向を分析すると（第3表・第4表）のようになる。宮林遺跡4号住居跡出土土器は，爪形文，側面圧痕文，絡条体圧痕文，縄文原体刺突文，沈線文，無文土器とともに，（第7図55～61）のように，縄文原体回転押捺文が出土している。これ等の土器は（第3表）に示したように，R，LR，RLなどの撚りの原体を回転押捺している。

（第7図55）は底部付近でLRの縄文を約105度，約120度，約130度に回転押捺し，その下にLRの絡条体圧痕を施している土器である。絡条体圧痕とLRの原体の異方向縄文が施されている点が注意される。

（第7図56）は口縁からRの縄文原体を約100度に回転押捺している。このRを約100度に回転押捺している土器は3点出土している。

（第7図57）はLRの縄文を約160度に回転押捺している。条の走りからすると，RL↦と文様効果を同じくする。LRが約160度の縄文は2点出土している。

（第7図58）はLRの縄文を約135度に回転押捺して，横走りの縄文を施している。

（第7図59）は口縁からRLの縄文を約65度に回転押捺している。

（第7図60）はRLの縄文を約75度に回転させて，斜位の縦走の縄文を施している。したがって異方向縄文になる可能性もある。

（第7図61）はRLの縄文を水平に回転押捺している。条の走りからすると，LRが約90度と同様の文様効果をもつ。

4号住居跡出土土器の縄文回転方向について検討してみると，異方向縄文が施されている点が指摘できる

であろう。この点は（第7図55，60）の資料より考えられる。

さて，グリッド内出土遺物は（第7図62〜69・第8図70〜96・第9図97〜105）であり，（第3表・第4表）に示したとおりである。

（第7図62）は口縁からLRの縄文を約60度に回転押捺している。

（第7図63）はLRの縄文を約95度に回転押捺しており，直角に近くおいている。

（第7図64）はLRを水平に回転押捺している縄文で，文様効果としての条の走りはRLを90度と同方向になる。

（第7図65）はLRの縄文を約10度に回転押捺している。

（第7図66）はLRの縄文を，LRを約135度に回転押捺を施している。条が横走する縄文であり，LR約135度に回転押捺された土器が5片出土している。

（第7図67）はLRを約35度に回転押捺している。縄文は縦走する縄文である。

（第7図68）はLRを約15度，約100度に縄文を回転押捺している。異方向縄文で羽状縄文を施している。

（第7図69）はLRの縄文を口縁直下で約120度に回転押捺し横走する縄文を施し，以下に約165度に回転押捺している異方向縄文を施している。

（第8図70）は口縁からLRの縄文を約85度に回転押捺している。

（第8図71）はRLの縄文原体を約85度に回転押捺している。

（第8図72）はRLの縄文原体を約10度に回転押捺している。

（第8図73）はRLの縄文原体を約175度に回転押捺している。このRLを約175度の回転押捺は原体が180度にほとんど近い。

（第8図74）は口縁からRLの縄文原体を約45度に回転押捺している。条が横走しており，横走する縄文は3点出土している。

（第8図75）はRLの縄文原体を約115度に回転押捺している。条が縦走しており，縦走する縄文が3点出土している。

（第8図76）はRLの縄文原体を約135度に回転押捺している。条が縦走する。

（第8図77）はRLの縄文を約120度に回転押捺し，条が縦走する異方向縄文を施している。

（第8図78）はRLの縄文を約35度において回転押捺して，横位に近い条の走る縄文を施している。

（第8図79）はRLの縄文原体を約65度において回転押捺しており，斜位に条の走る縄文を施している。

（第8図80，81）はRLの縄文を約100度において回転押捺を施している。

（第8図82）はRLの縄文を約105度と約175度において回転押捺しており，異方向縄文の羽状縄文を施している。

（第8図83）は口縁からLの縄文を約120度において回転押捺を施している。

（第8図84，85）はLの縄文を約160度において回転押捺を施している。

（第8図86）は口縁からRの縄文原体を90度において回転押捺している。

（第8図87）はRの縄文原体を約110度において回転押捺している。

（第8図88）はRの縄文を約150度において回転押捺し，条が縦走する縄文を施している。

（第8図89）は口縁からRの縄文を約155度において回転押捺し，条の縦走する縄文を施している。

（第8図90）はRの縄文を約50度において回転押捺し，条の横走する縄文を施している。

（第8図91，92）はRの縄文を約85度において回転押捺している。

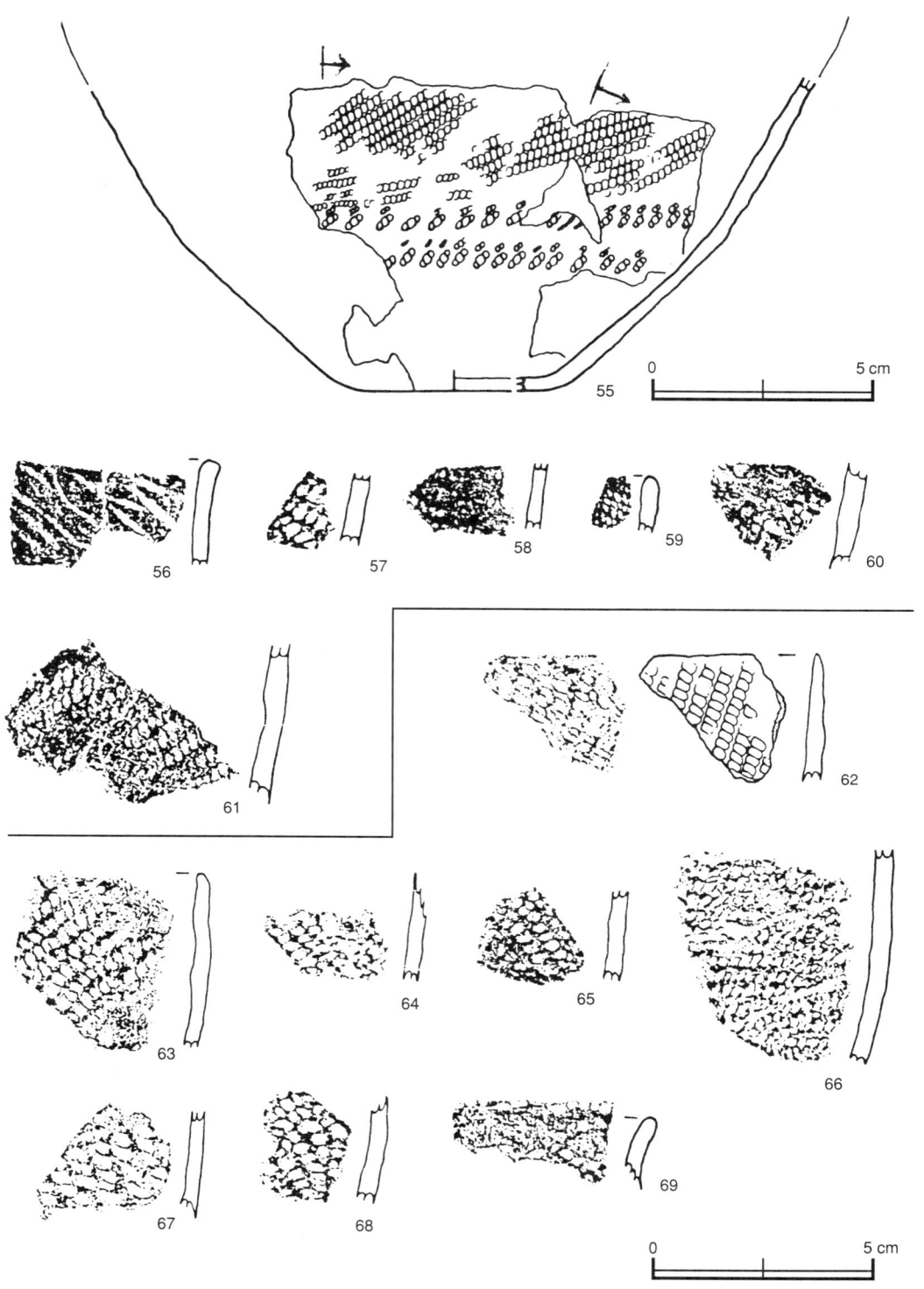

第1節　静岡県仲道A遺跡出土草創期土器における回転押捺方向の研究　35

第7図　宮林遺跡出土草創期土器(1)（宮井 1985 より）

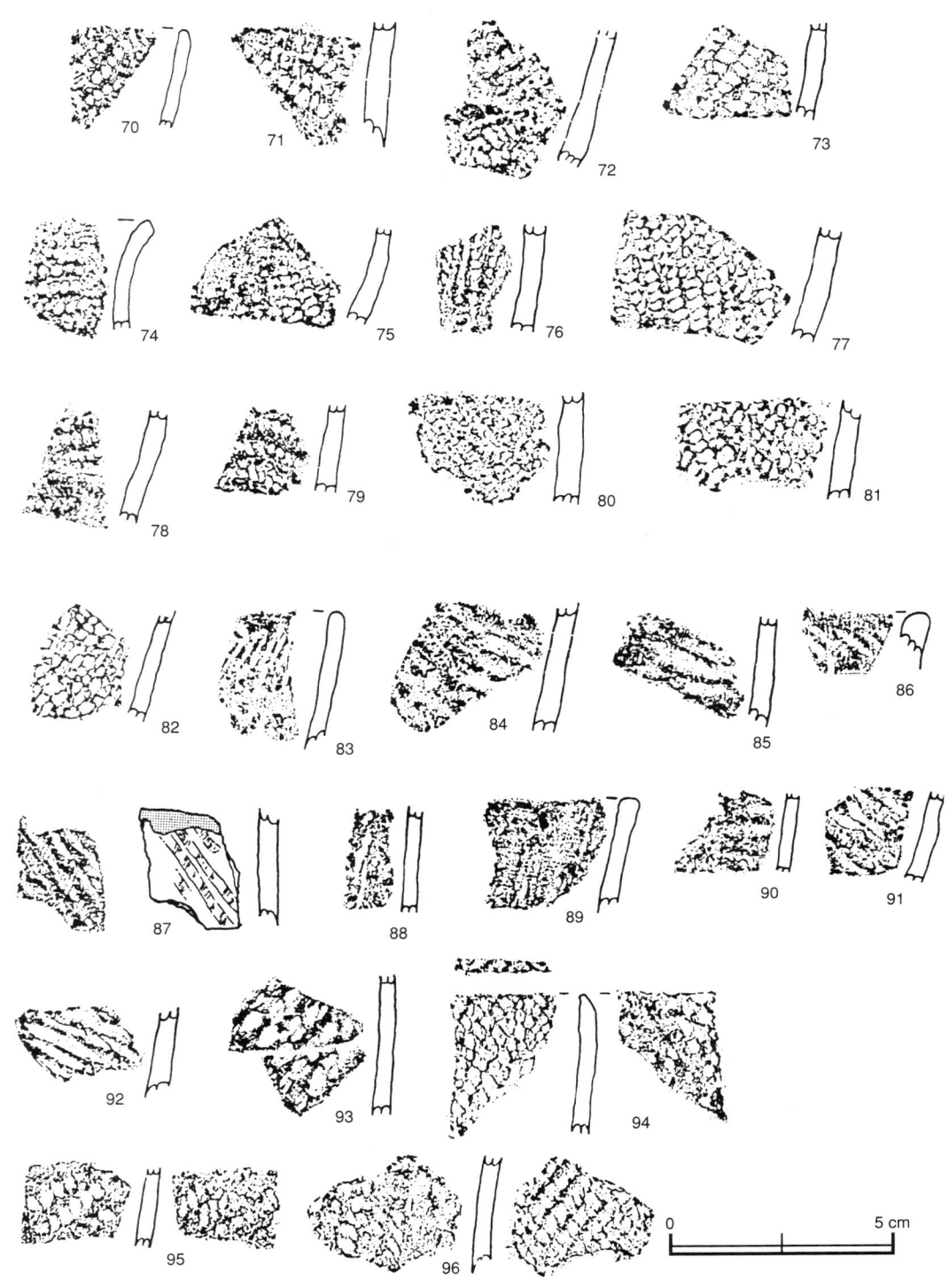

36 第1章 縄文時代草創期土器

第8図 宮林遺跡出土草創期土器(2)（宮井 1985 より）

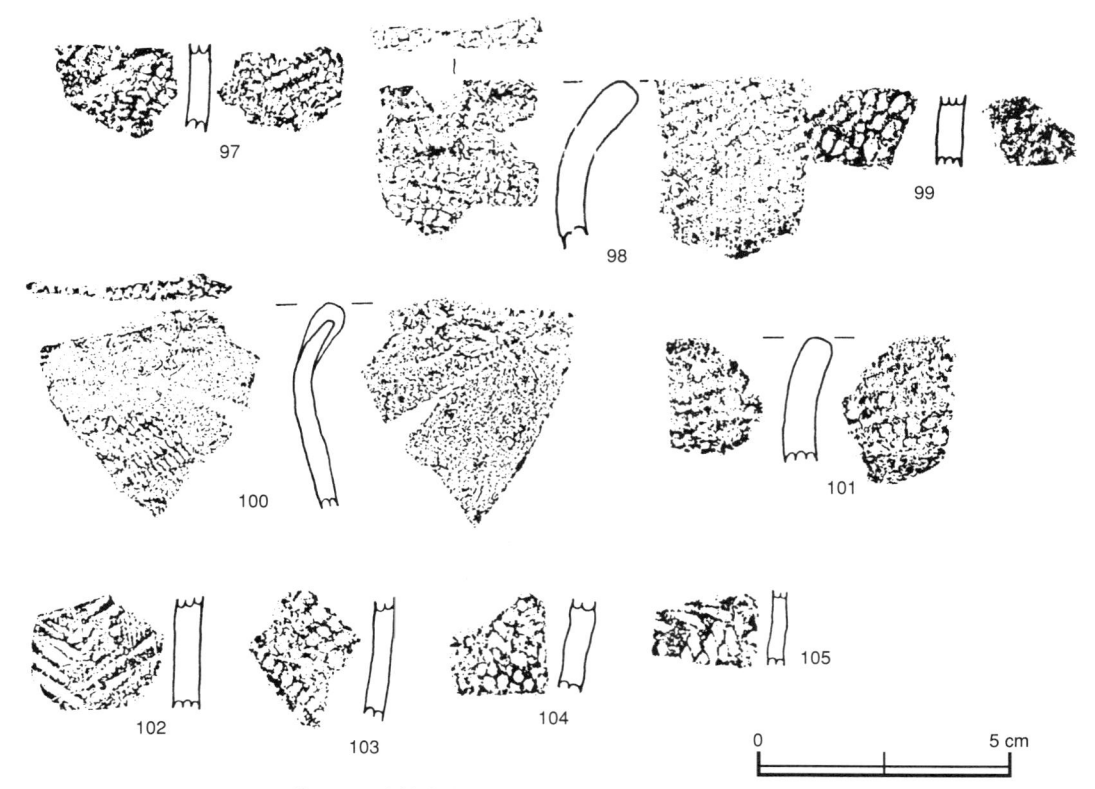

第9図　宮林遺跡出土草創期土器(3)（宮井 1985 より）

　（第8図93）はLRLの縄文を約45度において回転押捺している。
　以下は表裏縄文である。本遺跡に表裏縄文土器が存在することも重要である。
　（第8図94）は口唇部にLR┠方向に約90度縄文を施し，表面にはLRの縄文を┠方向に約90度，内面にはRLの縄文を┠に約90度施している。
　（第8図95）はLRの縄文を表面と内面に施しており，表面には┠方向に約100度，内面には┠の方向に約100度において縄文を施している。
　（第8図96）はLRの縄文原体を表面に↘方向に約55度において回転押捺し，内面にはLRの縄文原体を┠方向に約85度において回転押捺を施している。
　（第9図97）はLRの縄文を表面に┠方向に約80度において回転押捺し，内面にはLRの縄文を┠方向に約110度において回転押捺している。
　（第9図98）は口縁部からLRの縄文を┳方向に約150度において回転押捺し，内面にはLR┠方向に約100度において回転押捺しており，口唇部にもLR┠の縄文が施されている。
　（第9図99）は表面にRLの縄文を┠方向に約100度において回転を施しており，内面にはLRの縄文を┳方向に約120度において施している。
　（第9図100）は口縁部からLRの縄文を表面に┠方向に約100度において回転を施し，内面にはLRの縄文を┠方向に約110度において回転押捺している。
　（第9図101）はRLの縄文を表面に施し，内面にはRLの縄文を↘方向に約35度回転押捺している。
　（第9図102）はLの縄文を┠と┳方向に約95度と約160度に回転押捺し，異方向縄文の羽状縄文を施している。

（第 9 図 103, 104）は LR ⊢方向，RL ⊢方向に 90 度において回転施文し，羽状縄文を施している。

（第 9 図 105）は LR の縄文原体を ⊢方向約 75 度と ⊤方向に約 180 度横位において回転押捺させて，異方向縄文の羽状縄文を施している。

さて，宮林遺跡出土草創期土器の縄文原体の撚りと，回転押捺方向の特色は，

①使用されている縄文原体の撚りは，L，R，LR，RL，LRL の縄文原体などで，これ等を回転押捺している。

②（第 7 図 55）は底部付近で LR の縄文約 105 度，約 120 度に回転と，LR の絡条体圧痕とが施されているが，他には縄文回転押捺手法と，別の文様要素の組み合う土器片は出土していない。

③（第 7 図 56・第 8 図 86, 87, 91, 92）のように，R の原体を約 85 度〜約 110 度に回転押捺の多い点は，たとえば 4 号住居跡より，R の側面圧痕土器が多く出土していることと共通すると思われる。このほかに，回転押捺に使用されている原体で圧倒的に多いのは，（第 7 図 63・第 8 図 70）で LR の原体を約 85 度〜約 95 度に回転させている。また，グリッド内出土資料の中に，（第 8 図 94 〜 101）のように，表裏縄文が存在することも注意される。

④縄文原体の回転押捺方向については，条が横走する縄文（第 7 図 55, 66・第 8 図 74, 90・第 9 図 101）などがあり，条が縦走する縄文は（第 7 図 60, 67・第 8 図 75, 76, 88, 89, 96）などがある。これ等は，縄文原体回転押捺のさい，縄文原体を約 45 度，約 135 度方向に回転することにより生じている。

⑤異方向縄文の多い点も注意される。これは羽状になる文様効果があり，（第 7 図 68, 69・第 8 図 77, 82・第 9 図 102, 105）が異方向縄文である。この異方向縄文とは別に（第 9 図 103, 104）のように羽状縄文が存在する。異方向縄文では横位の羽状を作るものが圧倒的に多く，縦位に羽状を作るものは（第 9 図 102）のみのようである。

6 両遺跡における原体回転押捺方向の比較

仲道 A 遺跡，宮林遺跡出土の草創期縄文土器回転押捺について述べてきたが，両遺跡出土の縄文施文土器の原体，回転方向について共通点と相違点を記したい。両遺跡の縄文施文法の比較をする場合，共通点と相違点のどちらか一方だけを取り上げて考えることはできない。また，施文法をより深く検討していくと，ある部分までは共通していても細部では相違点が多くなってくる。

まず，両遺跡の縄文回転押捺された土器についての位置付けで忘れてはならない点は，仲道 A 遺跡出土土器の場合，爪形文が 1 片出土してはいるものの，そのほかは多縄文系土器群といわれるように，縄文に加えて縄の原体をさまざまにもちいた多種多様な文様が施されている点が見のがせない。これは出土土器に時間差があるものとして考えていくべきであろう。その点では，宮林遺跡 4 号住居跡からは，爪形文，縄文原体側面圧痕文，絡条体圧痕文，縄文原体端部の刺突文，沈線文，縄文回転押捺文，無文などの土器が出土してはいるものの，仲道 A 遺跡の場合とは逆に時間幅が限定できる。これは時期を限定した一定の時間幅の中での縄文回転押捺技法のあり方を考えるのに良好な資料となるであろう。こうした問題はあるが，前述したような点を頭において，まずは両遺跡資料の比較をおこないたい。

①原体の撚りについての比較であるが，両遺跡から無節斜縄文 L，R，単節斜縄文 LR，RL，複節斜縄文の回転押捺された土器が出土している。このほかに仲道 A 遺跡では，$L\{^R_L$，$R\{^R_L$ の縄文原体の使用や，半置半転などの多様な土器群が出土している。

②使用されている原体と，その回転方向の頻度の高さをみると，仲道 A 遺跡の場合は，LR の縄文原体を回転押捺しているものが 97 点存在するのに，RL の原体は 48 点で，LR の原体使用が RL の原体使用数

第1節　静岡県仲道A遺跡出土草創期土器における回転押捺方向の研究　39

第1表

	仲道A遺跡出土土器				
図版土器番号	原体の撚り	回転押捺方向 表	回転押捺方向 裏	土器片数	備考
仲道A遺跡出土, 自縄自巻＋縄文					
第3図1	0段1条自縄自巻とLR, RL	LR↓, RL↓	RL↗	1	羽状縄文
第3図2	0段1条自縄自巻とLR	LR↗, ↙		1	異方向縄文
第3図3	0段条不明, 自縄自巻とRL	RL→		1	
第3図4	0段1条自縄自巻とLR	LR↘,↗		1	異方向縄文
第3図5	0段1条自縄自巻とLR	LR↓		1	異方向縄文
仲道A遺跡出土, 自縄自巻＋絡条体圧痕＋縄文					
第3図7	0段1条自縄自巻とrの絡条体とLR	LR→		1	
仲道A遺跡出土, 自縄自巻＋半置半転					
第3図6	0段r条自縄自巻とRLの半置半転	RL→→→		1	
第3図8	口唇部RL, 1条自縄自巻と半置半転LR	LR→→→	RL→	1	
仲道A遺跡出土, 絡条体圧痕＋自縄自巻＋縄文					
第3図9	0段1条自縄自巻, 絡条体1, 縄文LR	LR↗		1	斜の帯状
第3図10	0段1条自縄自巻, 絡条体1, 縄文LR	LR↘		1	縦走
仲道A遺跡出土, 絡条体圧痕＋原体側面圧痕＋縄文					
第3図11	絡条体r, 縄文原体側圧RL＋縄文RL	LR↗		1	
第4図12	絡条体r, 縄文原体側圧RL＋縄文LR	LR↗↓↘		1	異方向縄文
仲道A遺跡出土, 原体側面圧痕＋縄文					
第4図13	縄文原体側面圧痕R, L, 縄文RL	RL↗		1	縦走
第4図14	縄文原体側面圧痕RL, 縄文LR	LR→,↗,		1	異方向縄文
第4図18	縄文原体側面圧痕R, LR, 縄文LR	LR↓,→,	LR↘,↓,↙	1	異方向縄文
仲道A遺跡出土, 半截竹管文＋縄文					
第4図15	半截竹管文＋縄文R	R↙		1	
仲道A遺跡出土, 半置半転					
第4図16	半置半転LR	LR,→→→		1	
第4図17	半置半転RL	RL⇊		1	
仲道A遺跡出土　縄文					
第4図19	縄文　L	L↓		2	
第4図20	縄文　L	L↙		1	横走
第4図21	縄文　L	L↓		1	縦走
第4図22	縄文　L	L,↙,↖		1	異方向縄文
第5図23	縄文　R	R,→,↗		2	
第5図24	縄文　R	R,↗		2	縦走
第5図25	縄文　R	R,↙,↗		1	異方向縄文
第5図26	縄文　R, L	R,↘, L,→		1	羽状縄文
第5図27	縄文　LR	LR,→		28	

第1章 縄文時代草創期土器

第2表

図版土器番号	原体の撚り	回転押捺方向 表	回転押捺方向 裏	土器片数	備考
第5図28	縄文LR	LR↧		10	
第5図29	縄文LR	LR↧,↧			異方向縄文
第5図30	縄文LR	LR↦		13	
第5図31	縄文LR	LR↗		13	横　　走
第5図32,33	縄文LR	LR↘		10	縦　　走
第5図34	縄文LR	LR↦,↧		12	異方向縄文
第5図35,38	縄文LR	LR↗,↦,		6	
第5図36	縄文LR	LR↗,↗↧		1	異方向縄文
第5図37	縄文LR	LR↗,↘		2	異方向縄文
第6図39	縄文LR	LR↘,↗		1	異方向縄文
第6図40	縄文LR	LR↗,↗		1	横　　走
第6図41	縄文RL	RL↦		25	一部磨消
第6図42	縄文RL	RL↗		9	縦　　走
第6図43	縄文RL	RL↖		3	縦　　走
第6図44	縄文RL	RL↘		5	
第6図45	縄文RL	RL↗		1	縦　　走
第6図46	縄文RL	RL↗,↖		3	
第6図47	縄文RL	RL↗		1	異方向縄文
第6図48	縄文RL	RL↧,↖		1	異方向縄文
第6図49	縄文LR,RL	LR↦,RL↦		2	羽状縄文
第6図50	縄文LR,RL	LR↗,RL↗		1	羽状縄文
第6図51	縄文LR,RL	LR↦↗,RL↦↦		1	羽状縄文
第6図52	縄文L{L R, R{L R	L{R L↧,R{R L↧		2	羽状縄文
第6図53	縄文LR,RL	LR↦,RL↗	内面にも縄文を施している。	1	羽状縄文
第6図54	縄文RLR	RLR↗		2	縦　　走

の約2倍存在する。これを、さらに回転方向でみると、LR約90度回転押捺は28点、RL約90度回転押捺は25点とあまり差がない。したがって、LRの原体回転押捺方向の多様な点が指摘できる。そのLR原体の多様な回転方向として注意されるのは、LRの横位約135度、約70度、約45度、約90度、↧方向の回転押捺が多いことであり、これは異方向縄文の多い点と関連が深いのであろう。

　次に宮林遺跡出土土器について考えてみたい。4号住居跡ではLRが3点、RLが3点である。グリッド内出土資料についてみると、LRが約48点、RLが約32点であり、LRがやや多い。これ等に回転押捺方向を考慮すると、LRの約90度が約33点、RLの約90度が約6点となり、LRの約90度方向はRL約90度方向の回転押捺土器の約5倍存在することになる。これは、LR原体の0段の条がlとなり、原体を撚った人に右利きの人が多いことが考えられる。

　さて、異方向縄文は両遺跡に存在し、この時期の特色となる可能性があるが、さらに問題となるのは羽状縄文よりも異方向縄文の類が両遺跡とも圧倒的に多いことである。しかも異方向縄文については、仲道A遺跡の異方向縄文は縦位に施されるものが多いのに対し、宮林遺跡の異方向縄文は横位に施されるものが多い点が問題である。縦の異方向縄文と横の異方向縄文の違いがなにに起因するのかについては今後の研究を待ちたい。また、この点は文様効果という点からも注意されるべきであろう。

第3表

図版土器番号	原体の撚り	回転押捺方向 表	回転押捺方向 裏	土器片数	備考
\multicolumn{6}{宮林遺跡4号住}						
第7図56	R	↦		3	
第7図57	LR	↧		2	
第7図58	LR	↙		1	横走
第7図59	RL	↦		1	
第7図60	RL	↙		1	縦走
第7図61	RL	↧		1	
\multicolumn{6}{宮林遺跡グリット}						
第7図62,63,70	LR	↦		33	
第7図64,65	LR	↧		6	
第7図66	LR	↙		5	横走
第7図67	LR	↗		1	縦走
第7図68	LR	↦↧		2	異方向縄文
第7図69	LR	↗↧		1	異方向縄文
第8図71,72	RL	↦		6	
第8図73	RL	↧		8	
第8図74	RL	↗		3	横走
第8図75,76	RL	↙		3	縦走
第8図77	RL	↙↧		5	異方向縄文
第8図78	RL	↧		1	
第8図79	RL	↗		1	
第8図80,81	RL	↙		4	
第8図82	RL	↙		1	異方向縄文
第8図83	L	↦		3	
第8図84,85	L	↙		3	

42　第1章　縄文時代草創期土器

第4表

図版土器番号	原体の撚り	回転押捺方向 表	回転押捺方向 裏	土器片数	備考
第8図86	R	↦		3	
第8図87	R	↗		1	
第8図88	R	↖		1	縦　走
第8図89	R	↖		1	縦　走
第8図90	R	↙		1	横　走
第8図91	R	↙		2	
第8図92	R	↗		1	横走に近い
第8図93	L R L	↦		1	
第8図94	L R, R L	L R ↦	R L ↦	1	
第8図95	L R	L R ↦	L R ↦	1	
第8図96	L R	L R ↗	L R ↦	1	表面縦走
第9図97	L R	L R ↦	L R ↖	1	
第9図98	L R	L R ↧	L R ↦	1	
第9図99	R L, L R	R L ↦	L R ↖	1	
第9図100	L R	L R ↦	L R ↗	1	
第9図101	R L	R L	R L ↗	1	横　走
第9図102	L	L ↧		1	異方向縄文
第9図103, 104	L R, R L	L R ↦ / R L ↦		3	羽状縄文
第9図105	L R	L R ↧		2	異方向縄文

③表裏縄文の施されている土器が、宮林遺跡グリッド内から出土している点も注意される。仲道A遺跡出土土器には表裏縄文はほとんどない。表裏縄文を抜きにして、内面に縄文を回転押捺する施文技法が新しいとする考え方については、今後検討する余地もあるのではないだろうか。

7　まとめ

以上述べてきたように、この時期の原体回転押捺の特色として、異方向縄文の存在があげられる。羽状縄文があるにも関わらず異方向縄文による羽状的な文様効果を狙っているらしい。こうした点は、仲道A遺跡（第3図2, 4・第4図12, 14, 18）などに見られるし、宮林遺跡（第7図55, 69）でもわかる点である。また、「器面横位の帯状縄文」（第5図30・第6図41, 51）などの縄文も特色であり、室谷洞窟10層出土土器（報告書　図版19の4）に存在する。また、「斜位帯状縄文を回転押捺」した仲道A遺跡（第3図9・第5図38）

も特色がある。これ等とは別に、「縦走りする縄文」も仲道A遺跡（第3図10・第4図13）などにあり、「横走りする縄文」も仲道A遺跡（第6図40）、宮林遺跡（第7図66）ともにある。これ等の縄文原体回転押捺の方向と撚りの問題については本稿で検討したとおりである。

撚りについては、LRの約90度回転が多いようである。また、この時期の撚りの特色として注意されている「正反の合」による異条斜縄文については、（第6図52）のように仲道A遺跡にも存在する。新潟県室谷洞窟、長野県石小屋洞穴[29]、栃木県大谷寺洞穴[30]、福井県鳥浜貝塚[31]からも出土している。

仲道A遺跡では（第3図1～4）のように自縄自巻Aと縄文回転押捺が施されている土器が存在するが、室谷洞窟第10層からも自縄自巻Aの下に縄文が施文され、内面にも縄文が施された土器（報告書　図版20-3，4）が出土しており、仲道A遺跡（第3図1）と近似した文様である。また、小瀬が沢洞窟[32]（報告書　図版18～41）にも類例がある。

宮林遺跡4号住居跡出土の絡条体圧痕と縄文が施文されている（第7図55）の土器は、仲道A遺跡に類例があり注目される。

こうして考えてみると、戸田哲也氏[33]が、「始原期の縄文手法は本ノ木式のわずかな試行期間を経て、ただちに変化を求め、広範囲に展開を示していることが特徴としてとらえられるのである」とされた重要な指摘は、より慎重に検討されなければならないであろう。この問題は、室谷下層期の古い段階における、縄文回転施文のあり方を考える中でも論じられなければならないのであろう。そのためには、半置半転の技法からどのように縄文の回転押捺が発生するのか詳細な検討が大切であり、土器1片1片の細かな観察が必要となる。そして、新潟県本ノ木遺跡[34]、静岡県仲道A遺跡、山形県一ノ沢岩陰遺跡[35]、同日向第一洞穴遺跡[36]、新潟県小瀬が沢洞窟（第1溝3層・第4層・第5B溝2層・3層）、同県室谷洞窟（第10・12・13層）、長野県石小屋洞穴、埼玉県西谷遺跡[37]、同県宮林遺跡、栃木県大谷寺洞穴、岐阜県椛の湖遺跡[38]、同県九合洞窟[39]、福井県鳥浜貝塚の各遺跡から出土した土器の1片1片の文様施文原体と、その手法についての観察と比較検討がなされなければならないであろう。

縄文時代草創期の土器文様の中における縄文回転技法の発生がどこまでたどれるかは、1つの文様要素としての縄文の発生という問題だけで片付けるのは、あまりに一面的な見方であるといえるのかも知れない。これは、人間の生活史の中で繊維状のものに撚りを加えて作る縄を発見し、それを圧痕したり、棒状のものに巻きつけて圧痕したり、回転押捺したりして、土器の文様をこれで施文するという点にまで止揚していった人類の技術的変革であり、またその結果でもある。ここまでにたどりつく間の人間の技術的向上は著しく、縄はただ単に土器の文様をつけるための原体という役目だけではなく、用途に応じて作る種類や使用法、そのための植物の選択、撚り方などの多様な発達をとげたのである。

今後こうした縄文原体の技法的な研究が、より盛んになり、確実な方法を背景に進んでいくことを祈念したい。また、草創期の縄文原体の角度については別の機会にまとめる所存である。

第2節　仲道A遺跡草創期土器の編年学的研究
―新潟県小瀬が沢洞窟，室谷洞窟出土土器との比較を中心として―

1　はじめに

　筆者は静岡県田方郡大仁町三福字仲道A遺跡出土縄文草創期土器についてすでに報告書[40]，論文など[41]を発表してきた。昨年（1986年）12月に埼玉考古学会主催のシンポジウム「縄文草創期，爪形文土器と多縄文土器をめぐる諸問題」[42]でも，仲道A遺跡出土土器を資料としてとりあげ，編年的な位置についても論じた。仲道A遺跡の報告書では，土器の文様について施文原体をできるだけ観察し，復元することを目的にしたが誤認もあると思う。また，原体の回転押捺方向については，『丘陵』[43]の誌上で分析をおこなった。しかし，報告書をはじめ，これまで発表してきた論文などでは編年的位置，型式分類などについて充分に論じることができなかった。本論では仲道A遺跡出土土器と，小瀬が沢洞窟，室谷洞窟を主として他遺跡の土器を加えて比較検討することにより，編年学的，型式学的位置付けをおこなうことを目的としている。

　さて草創期多縄文系土器の口縁部文様帯をみると，遺跡ごとに文様が多様である。たとえば，室谷下層式土器では，口縁部文様帯，胴部文様帯が菱形に区画されている例が多いし，仲道A遺跡の土器は，自縄自巻A種，絡条体圧痕，縄文原体側面圧痕などによる，横位文様（口縁部を横位に区画するような文様）が特色であり，水久保遺跡では菱形文に近い鋸歯状の文様，西谷遺跡では絡条体圧痕などによる〈状の文様などがあり，それぞれ特色があるように考えられる。仲道A遺跡出土土器は，こうした遺跡ごとの土器の文様の特色と共通点を対比しながら，編年学的，型式学的に位置付けなければならない。

2　室谷下層式土器・仲道A遺跡出土土器の層位

　室谷下層式土器については，中村孝三郎[44]，小林達雄[45]，佐藤達夫氏[46]などの研究がある。まずこれら先学の研究を振り返りたい。

　中村孝三郎氏は『室谷洞窟』[47]の中で，第6層から第14層にわたって出土した土器を室谷下層土器群とされた。この中で絡条体圧痕の土器は，9層〜10層と，13層に存在し，9層〜10層に存在する絡条体圧痕文は8層以上の上層にはみられない。絡条体圧痕文は室谷下層1群土器の様式内で，より古い時期の特徴的な文様とされた。また，6層〜8層出土土器は，ほとんど有段帯で，13層下層では段帯が痕跡的か無帯のものが多い。しかし，有段帯を意識しているためか頸部に刻目状連点，撚紐先端の列点圧痕が施される。そして，第13層の梯子状連続菱形文や，10層出土の工字的図文土器の特殊性などを述べられた。

　小林達雄氏は「室谷第1群土器に関する覚書」[48]の中で，室谷洞窟第1群土器上位層（6〜8層），中位層（8〜10層）と下位層（10〜13層）の3段階に分けておられる。上位層は横位回転による整然とした羽状縄文が主体，撚紐の先端を突き刺す押捺手法のほかにはまったく押捺施文はない。中位層は「正反の合」の羽状縄文と2本歯状の櫛目文が特徴。下位層は絡条体圧痕文や押圧縄文による装飾的な口縁部文様帯が顕著で，爪形文の存在が特徴的であり，回転施文の縄文は横位回転の羽状縄文のほか，斜位回転によって条が縦あるいは横に近くなるとされた。この論文で小林達雄氏は室谷下層が3時期に分類できることを示されている。

　佐藤達夫氏「7　室谷下層式土器」[49]は，6〜8層を上層部，9・10層を中層部，11〜13層を下層部の3期に分け，下層部を室谷下層1式，中層部を室谷下層2式，上層部を室谷下層3式とされた。

　室谷下層1式土器は，有段の帯状口縁は顕著でなく，もしくは無帯でこの点は本ノ木式に近いとされてい

る。また，菱形文は室谷下層式全体の主要な文様で，絡条体圧痕の梯子状の圧痕を施すものには，爪形文を配するものがあり，口縁部に左下がりの爪形圧痕を施すものがある。これは爪形文の強い伝統を思わせる。そのほかに，頸部に本ノ木式的な縦位の縄の側面圧痕文，胴部に回転縄文をもつものがある。

　室谷下層2式土器は，口縁部文様帯の文様が長い撚糸の圧痕によって作られ，菱形文のほかに口縁に並行する数条の直線的撚糸圧痕文や工字文様をおき，撚糸圧痕文間に撚糸先端の刺突を施す異条縄文と異段の縄文がある。

　室谷下層3式土器は，絡条体圧痕文，撚糸圧痕文がなくなる。口縁部文様帯の菱形文は羽状縄文の組み合わせによる。異条縄文はなく，8層に附加条が現われる。反の縄もあるとされた。

　また，本ノ木式土器について，縄の側面圧痕文のある土器，縄の側面圧痕文と爪形文を併用する土器，ハの字形爪形文土器，無文土器，沈線文土器などに分けて説明された。本ノ木式土器の重要性について，施文原体としての縄の定着と，隆起線文土器以来の伝統を受け継いでいると指摘されたほか，本ノ木式の近似例として，一ノ沢岩陰，卯ノ木遺跡，石小屋洞窟出土土器をあげておられる。

　これら先学の研究があるが，筆者は室谷下層式土器について，下部層13層～11層，中部層10層～9層，上部層8層～6層とし，室谷下層1式（13～11層），室谷下層2式（10～9層），室谷下層3式（8～6層）に細分できると考えている。

　室谷下層1式：（第14図82～85）のように，RLの縄文原体を約60度[50]に回転し，口縁部と胴部の境にRLの縄文原体を）状に圧痕して，以下もRL縄文原体を┣方向に回転している。内面はRLの縄文原体を約130度に回転して，縦走する縄文を施している例。また，（第15図86）のように口縁部を無文にし，胴部と口縁部の間に長さ13㎜のLの縄文原体を縦位に側面圧痕し，以下にLRの縄文を┣方向と，ノ方向に回転させている例。（第15図87，88）のように，口唇部直下から側面圧痕が付き，その下にRの縄文原体による異方向縄文が施され，Rの縄文による菱形文様を施している例。（第10図1～7）のように梯子状の絡条体圧痕で菱形を作り，以下に爪形や縄文などが施されている例。（第11図30～32）のように，絡条体圧痕を施す例。（第10図11～14）のように，自縄自巻Aを縦位に圧痕している例などに代表され，

　①縦位，横位の縄文原体の側面圧痕と縄文の回転を施すもの
　②絡条体圧痕（梯子状）と爪形文，撚糸の閉端部の圧痕，以下縄文の回転と，絡条体を横位に圧痕するもの
　③自縄自巻Aなどの圧痕を縦位に何段か施すもので，帯状の圧痕を作るもの
　などの特徴がある。

　室谷下層2式土器：（第17図97）の正反合の縄文原体を回転押捺している室谷型注口土器。（第18図107）のように段帯部をもち，口縁部の帯状の部分にLRの縄文を回転押捺し，段部に撚紐の端部と考えられる原体を圧痕し，下部にも縄文を施す例。（同図109，110）のようにLRかLの縄文原体を菱形状に圧痕し，口縁部と胴部の境に自縄自巻Aと思われるものを圧痕している例。また，側面圧痕により工字文をつくり，自縄自巻Aと思われるものを圧痕している例などがある。室谷下層2式土器は帯状の口縁部をもち，縄文原体の圧痕や自縄自巻の圧痕，縄の閉端部の圧痕という押圧手法が一部に残るが，縄文原体の回転による菱形文様などが主体をなしている。また，正反合などが多く使用される点も特徴的である。

　室谷下層3式土器：（第18図108）のように段帯部を有し，帯部にRLとLRの縄文原体を回転させ羽状縄文をつくり，菱形文様にする例や，口縁部に幅の狭い有段帯を2段つくり，段状の屈曲点に縄状の先端で刺突を施す例などがある。室谷下層2式に比較して，段帯部の幅が狭くなり，屈曲点の刺突が省略化され，文様はほとんど縄文の回転押捺だけになる特徴がある。これ等の点により，室谷下層1式～室谷下層3式土

器に細分でき，前述のような特徴を有すると考えられる。本論の今後の室谷下層式に関する記載は，こうした点を前提に進めていきたい。

次に仲道A遺跡縄文草創期出土土器の基本的な層位について説明したい。報告書「第51図 仲道A遺跡層序模式図」[51]に示すように，仲道A遺跡第Ⅱ次調査では，第Ⅰ層〜第Ⅶ層に分けられている。

第Ⅴa層：暗茶褐色土層で基本的には第Ⅳb層と同じであったが，遺物は少なく本層の下部から，第Ⅴb層の上面にかけて，縄文早期の遺物が含まれる。層の厚さは30〜35cmである。

第Ⅴb層：茶褐色土層で，ソフトロームの漸移層であり，赤色スコリアを若干含んでいる。中位および下部に草創期の遺物が見られる。層の厚さは20〜30cmである。

第Ⅵa層：黄茶褐色土層。ソフトローム層である。草創期の遺物包含層となっており，g2区内，h1区内のトレンチにおいて顕著である。粘性がありしまっている。層の厚さは25〜30cmである。

第Ⅵb層：暗灰褐色土層。鉄分を含んだ層によって寸断されている。粘性がありしまっている。草創期遺物包含層である。層の厚さは25〜30cmである。

第Ⅶ層：黄褐色土層で硬質のローム層である。遺跡の地山となっている。25〜30cm掘り下げたが，湧水が甚だしく礫層にかかったので中止した。

このうち，草創期土器の多くは前述したように，Ⅴb層，Ⅵa層，Ⅵb層，Ⅶ層付近から出土している。この中で重要な点は草創期土器の多くが，ソフトロームやローム層中から出土していることにあろう。土器の出土層位のわかるものは，層位を記載して説明したい。次に文様要素，技法について仲道A遺跡と他遺跡と対比していくが，室谷下層1式〜3式土器の理解と仲道A遺跡草創期土器の出土層位については，前述したとおりである。

3　絡条体圧痕

絡条体圧痕を施した土器は，室谷洞窟[52]下層12・13層より出土して，梯子状と呼ばれている土器が特徴的である。これは，(第10図1〜7)に示したもので，口唇直下に1条の撚糸押点が並列し，その下に梯子状の絡条体圧痕2条により，幅2cm前後の菱形文がつくられ，下部には縄文が施されている。絡条体圧痕は幅3mmくらいのようである。(同図3)では下部に爪形が施されている。これ等室谷下層1式の絡条体圧痕は爪形，縄文の回転と組み合わさっているが，絡条体圧痕と爪形が付いた菱形文に特色がある。

この梯子状の絡条体圧痕と共通する資料が(同図8〜10)のように仲道A遺跡より出土している。(同図8)はrの条を幅2mmの軸に左方向に巻きつけている。梯子状の絡条体圧痕を横位に2条施し，その間に，自縄自巻Aを横位に圧痕している。(同図9)はG2 Ⅵb層出土で，口唇直下にlの条の自縄自巻Aを横位に施したのち，梯子状の絡条体圧痕で幅3mmの軸にrの条を時計と逆回りの左回りにからげ，2条横位に施している。その間に，縦位にlの条の自縄自巻Aを10mm施して，長方形（横6mm，縦10mm）の連続区画を付している。(同図10)はⅥb層から出土しており，梯子状の絡条体圧痕と，縦位の自縄自巻Aの圧痕を組み合わせて長方形を作る。下にlの条を斜格子状に圧痕している。このほかにも仲道A遺跡では，梯子状にならず絡条体の軸の圧痕が片面だけ付いている土器が存在する。

上述した室谷下層1式の梯子状の絡条体圧痕と，仲道A遺跡出土の梯子状の絡条体圧痕を比較する。室谷下層1式の梯子状は菱形文を構成し，縄の端部，爪形，縄の回転などと組み合わされている。仲道A遺跡の場合は，横位文様，長方形の格子状区画をなし，自縄自巻Aや0段の条の圧痕などを組み合わせている。しかし，梯子状の絡条体圧痕の施文という点よりみると，現在のところ梯子状施文については，この2遺跡のほかはないようである。したがって，仲道A遺跡の梯子状絡条体圧痕については，室谷下層1式土

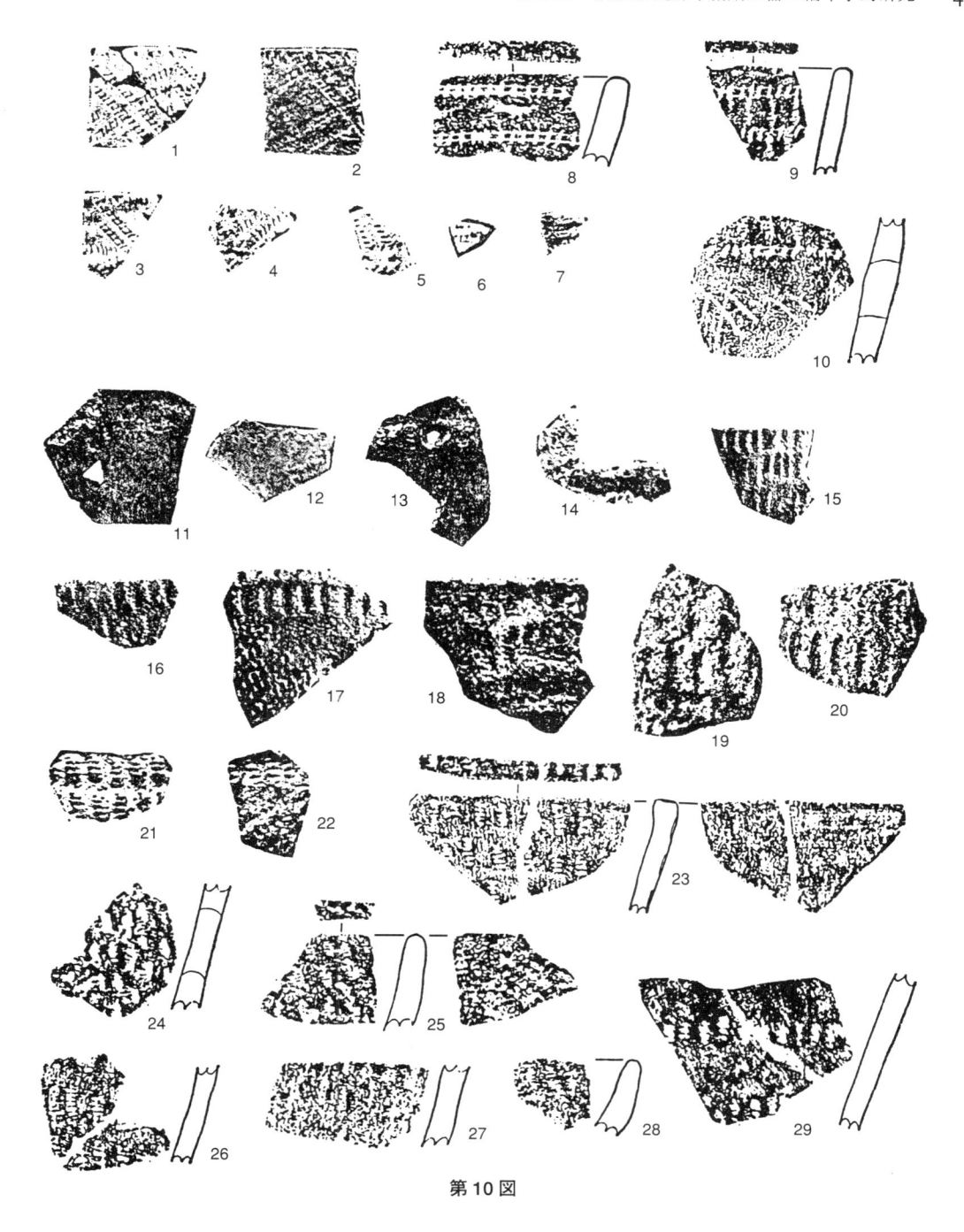

第 2 節 仲道 A 遺跡草創期土器の編年学的研究　47

第 10 図

器と編年学的に並行にしておきたい。

　次に、やはり絡条体圧痕土器として室谷洞窟下層（12〜13層）出土土器（第11図30〜32）をあげなければならない。これ等も同一個体と思われるが、器厚5mmで暗灰褐色を呈し、口縁から3段以上の絡条体圧痕を横位に施している。絡条体の長さ5mm、幅1mmで、条があまりしっかり撚れていない。（同図33、34）は小瀬が沢洞窟[53]出土の絡条体圧痕である。（33）は横位に絡条体を6段施しており、（34）も絡条体圧痕を器面横位に施している。（同図35〜43）は仲道 A 遺跡出土の絡条体圧痕である。（35）はⅥb層より出土し、複合口縁部破片である、rの条の絡条体と思われるものを横位に圧痕している。（36）はⅥb層より出土しており、複合口縁化する絡条体圧痕の破片である。lの条の絡条体が横位に5段施されている。（37）はやは

48　第1章　縄文時代草創期土器

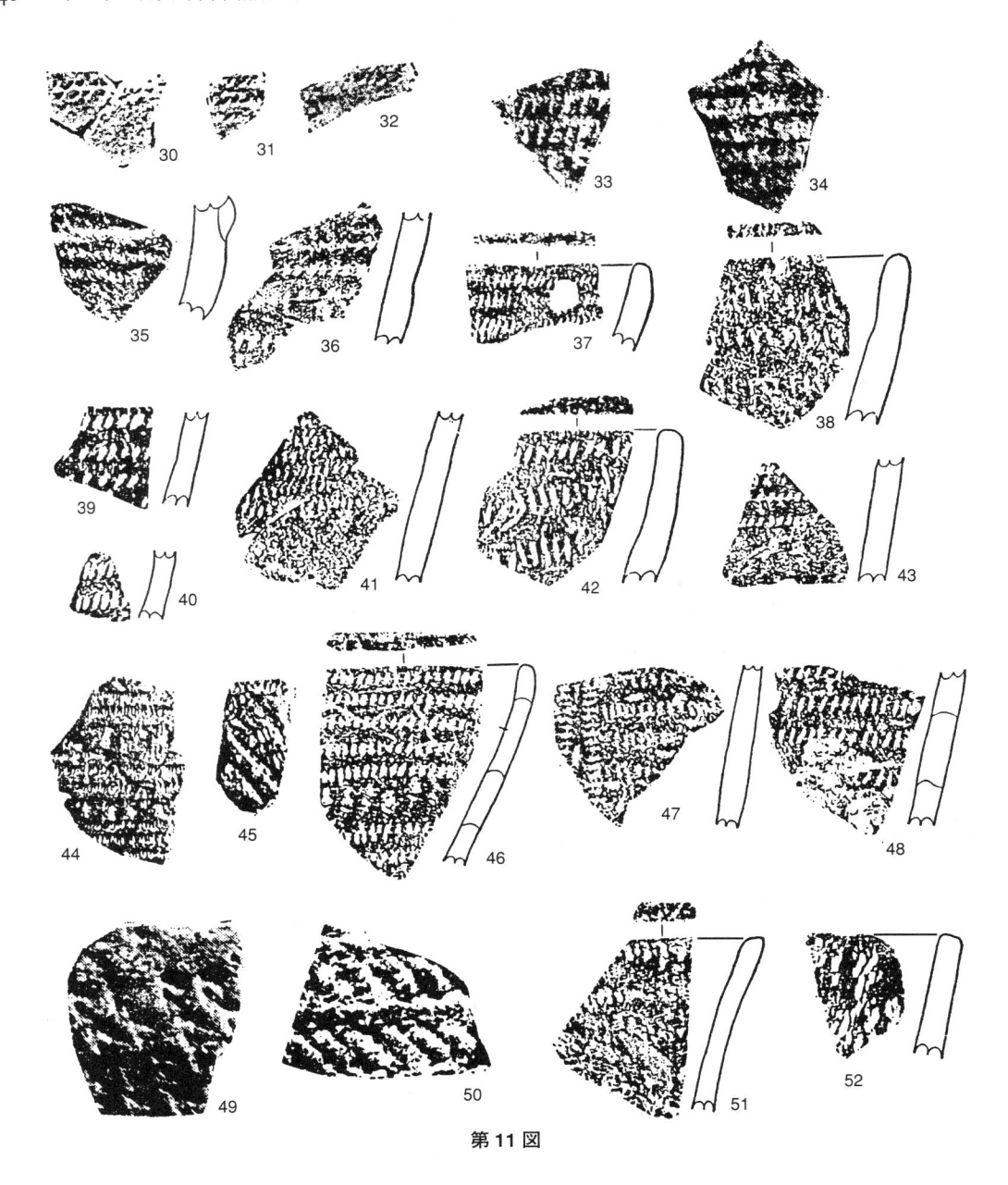

第11図

り l の条の絡条体圧痕が横位に4段施文されている。(42) はⅥa層より出土し l の条の絡条体でハ状に圧痕を施している。(43) はⅥb層より出土し、(36) 同様に絡条体の軸の片方が圧痕されている。(39) はⅥa層より出土している。(48) は仲道A遺跡出土の絡条体圧痕であるが、横位に施された4段以上の絡条体圧痕の間に、自縄自巻Aを横位に圧痕している。Ⅵb層より出土している。

また、(第11図44, 45) の一ノ沢岩陰T地点[54]出土第Ⅳ類土器は、線状縄文の押捺または、自縄自巻AやBの圧痕を施した土器である。(44) は条の細い自縄自巻Aと自縄自巻Bを横位と縦位に圧痕している。(45) は条の細い自縄自巻Aと自縄自巻Bを横位と斜位に圧痕している。一ノ沢洞窟出土の線状縄文はコイル状のように条が細く、精緻な点に特色がある。自縄自巻Bは絡条体圧痕と同様な文様効果がある。

(第11図46) は仲道A遺跡Ⅵb層より出土し、r の絡条体圧痕を横位に5段施したあと、l の条の自縄自巻Aを縦位に施している。(45) が斜位に施文されているが、(47) は絡条体圧痕を縦位に2条、横位に5

段施している点に特色がある。絡条体圧痕の間には自縄自巻 A が圧痕されている。(48) は l の条の絡条体を縦位と横位に圧痕し，絡条体圧痕にそって，自縄自巻 A を縦位と横位に施している。これ等の文様では山形県一ノ沢岩陰出土土器[55]の絡条体が自縄自巻の圧痕であるのに対し，仲道 A 遺跡は自縄自巻 B か絡条体圧痕と思われ，文様が近似している。この資料は室谷下層 1 式より古く，本ノ木式に近い編年的位置[56]を考えておきたい。

4 自縄自巻

自縄自巻の圧痕は，室谷洞窟 12 層出土土器[57]，小瀬が沢洞窟出土土器に存在する。室谷洞窟 12 層出土土器（第 10 図 11 ～ 14）は，0 段の条の原体は不明であるが，器厚 5 mm で自縄自巻 A の長さ 7 mm，幅 3 mm が縦位に施されている。(同図 13，14) は複合口縁で，複合部に自縄自巻 A を圧痕している。縦位に施された 2 段の自縄自巻 A の間に 18 mm の無文部がある。このように，縦位に施した自縄自巻圧痕を，密に施している例と，自縄自巻 A の間隔をあけて施す例，粗に施す例があり，(同図 13，14) は粗に施す例といえる。密から粗に変化するのかも知れない。

(同図 15 ～ 20) は，小瀬が沢洞窟出土[58]の自縄自巻 A の圧痕土器である。縦位に圧痕された自縄自巻 A と自縄自巻 A の間が接近して施されており，密に施されている例である。(同図 17) は器厚 6 mm，縦位に圧痕した l の条の自縄自巻の下に，LR の縄文原体を約 90 度に回転押捺している例である。(同図 15，16，18) も自縄自巻 A を縦位に密にしている。(同図 21，22) は石小屋洞窟出土土器[59]で，(21) は自縄自巻 A をやはり密に施している例。(22) は自縄自巻 A の圧痕の下に縄文原体を回転押圧している。(同図 23 ～ 29) は仲道 A 遺跡出土土器である。(23) は口唇部に自縄自巻 A の圧痕を施し，長さ 10 mm，幅 3 mm の l の条の自縄自巻 A を縦位に 2 段圧痕し，1 段目の自縄自巻 A の圧痕と，2 段目の自縄自巻圧痕との間に 5 mm の無文部をおいている。(同図 24，26 ～ 28) は接近して自縄自巻 A を圧痕する例。(25) は VIb 層より出土し，縦位に自縄自巻 A を密に圧痕する例で，内面に RL の縄文を回転施文している。(29) は Vb ～ VIa 層より出土しており，縦位の自縄自巻 A の圧痕と，下の段の自縄自巻 A の圧痕の間に無文帯をもうけている。粗に圧痕している例である。仲道 A 出土土器には，小瀬が沢洞窟（同図 17），石小屋洞窟（同図 22）のように，自縄自巻 A を施した下に縄文を回転施文する例が多い。

(第 12 図 61 ～ 65) では，(61) は VIa 層より出土し，縦位圧痕の自縄自巻 A を横帯状に 5 段圧痕し，RL と LR の縄文原体を土器面に対し ↓ 方向に回転し，縦位の羽状縄文を施している。また，内面には，RL の縄文原体を ↙ 方向に回転施文している。(64) は VIb 層下部より出土しており，l の条の自縄自巻を縦位に 3 段以上施し，LR の縄文を ↓ 方向に回転している。

(53，54) は石小屋洞窟出土の自縄自巻 A が圧痕された土器で，〈状の矢羽根に自縄自巻 A が圧痕されている。(55) は千葉県漆谷津遺跡出土土器[60]で，同じく \／状の矢羽根に自縄自巻 A が圧痕されていると思われる。(同図 56 ～ 60) は仲道 A 遺跡出土土器である。(56) は l の条の自縄自巻 A を横位と斜位，縦位に連続圧痕している。(58) は自縄自巻 A の圧痕を斜位に施し，LR の縄文原体の半置半転を施している。(60) は VIa 層下部から出土しており，自縄自巻 A の圧痕を縦位と横位に施している。

(第 13 図 73) は小瀬が沢洞窟第 1 溝 3 層より出土しており，自縄自巻 A を圧痕したあと，沈線を横位に施していると思われる。(同図 66 ～ 72) は仲道 A 遺跡出土土器で，沈線で自縄自巻 A の圧痕の割付をするような手法が施されている。こうした例は仲道 A 遺跡に多い。(66) は Vb 層～ VIa 層より出土しており，縦位に施した自縄自巻 A の間に横位沈線を施し，横位に施した沈線の間に，自縄自巻 A を器面に横位に圧痕している。また，内面には，RL の縄文原体を約 100 度，約 130 度に回転している。(68) は口縁部と胴

第12図

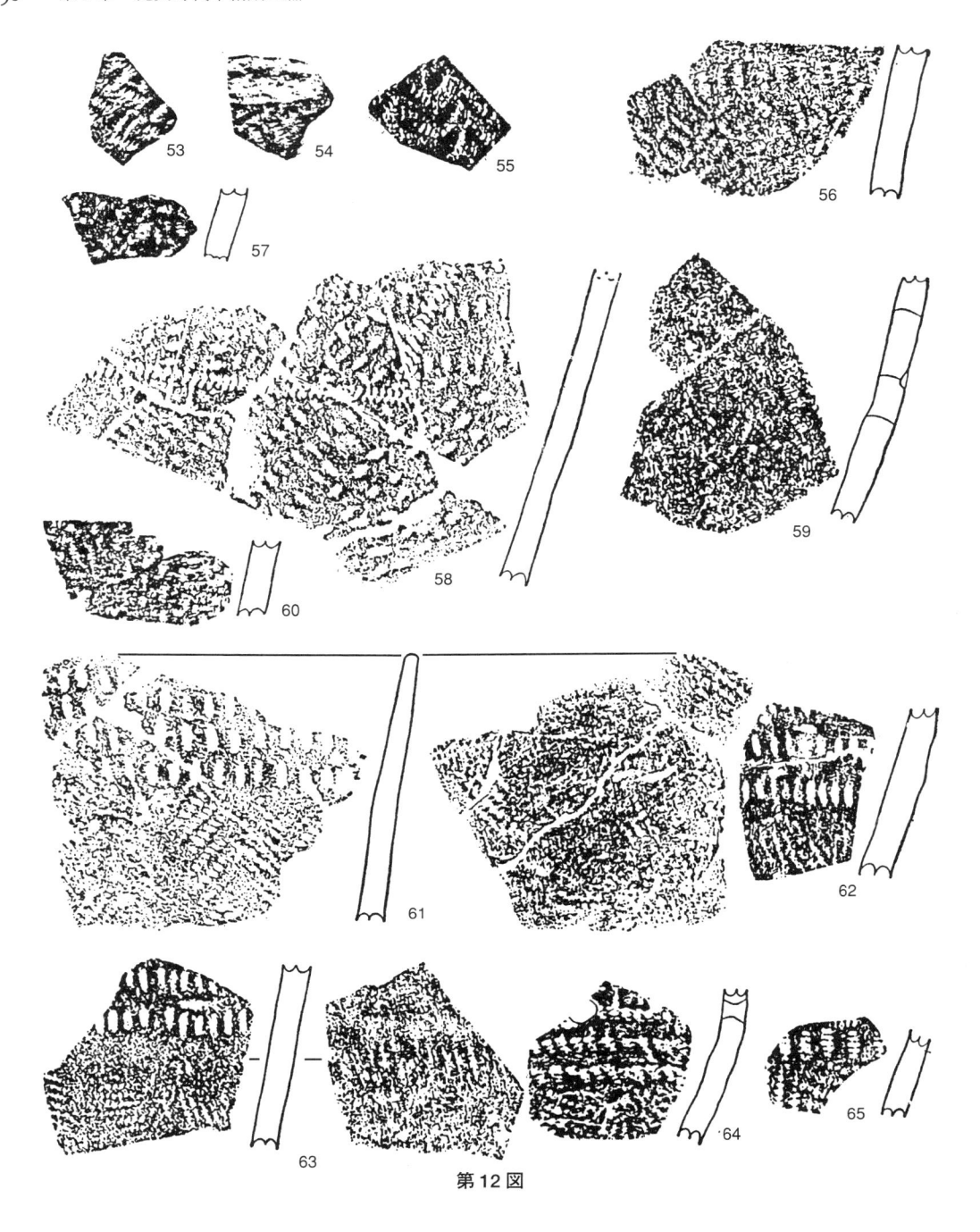

部の境を〉の字状に内反させている。こうした例とは別に、仲道A遺跡からは（同図74〜80）のようにあまり沈線の割付を施さずに、自縄自巻Aを縦位に何段か施し、その間に自縄自巻Aを横位に圧痕している例もある。(74)はⅥb層より出土しており、口唇部にLRの縄文を施し、1の自縄自巻Aの縦位圧痕を横帯状に4段以上施し、その間に自縄自巻を横位に圧痕している。1段目の横位圧痕は、普通の横位圧痕と⊥状の圧痕を交互に施している。(75)は器厚が5mmと薄手で口縁部から大きく内反する。口唇部にも1の条の自縄自巻を圧痕している。(77, 78)も口唇部に自縄自巻Aを圧痕している。

これ等の自縄自巻Aの圧痕を縦位に何段も圧痕している土器については、小瀬が沢洞窟の第1溝3層出土（第10図16）、第5B溝3層出土（同図15）、室谷洞窟第12層出土（同図11〜14）、石小屋洞窟出土（同図

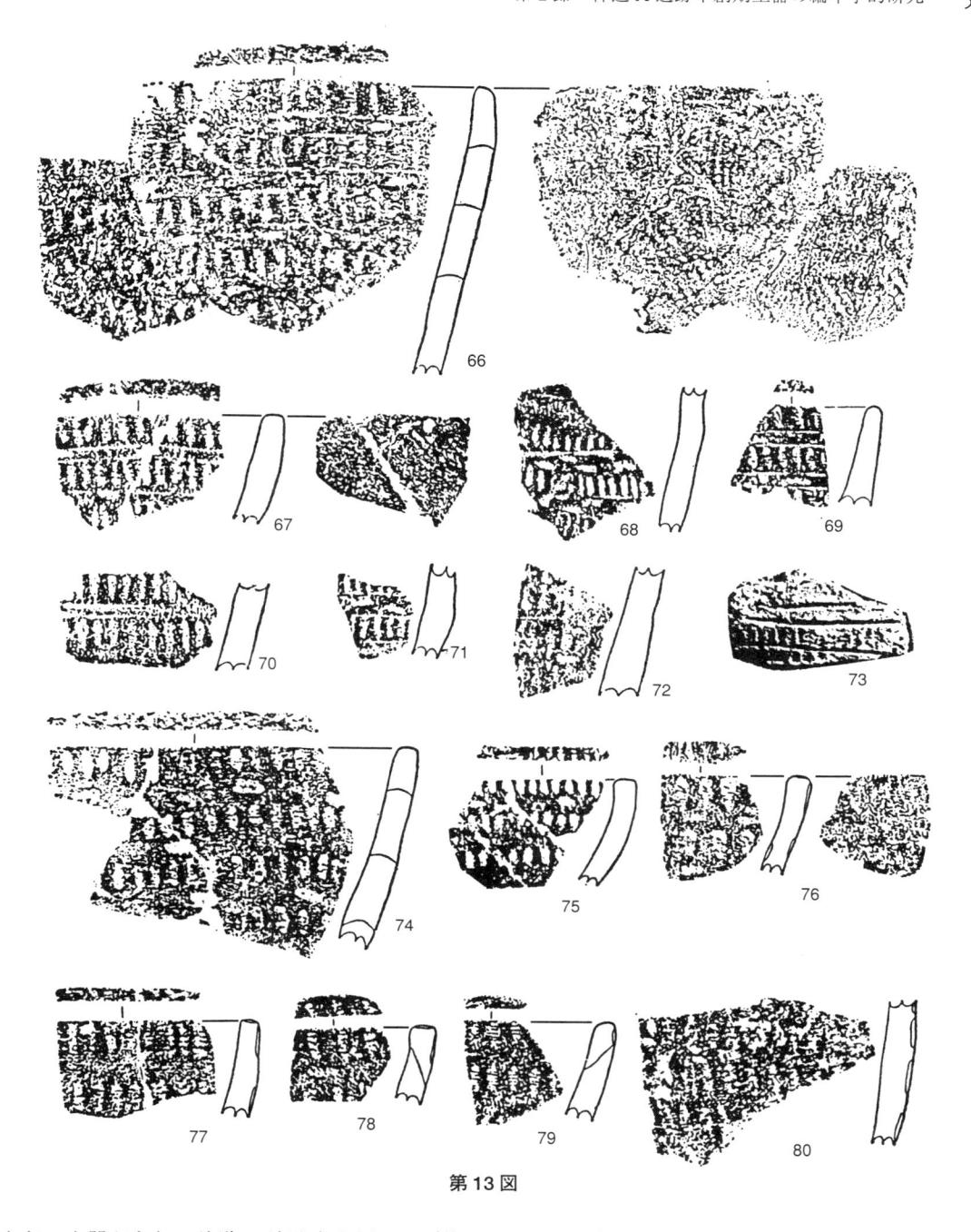

第 2 節　仲道 A 遺跡草創期土器の編年学的研究　51

第 13 図

21) などの土器があり、仲道 A 遺跡出土例では（第 10 図 23 ～ 29）がある。

　この中で（25）は Vlb 層より出土し、(29) は Vb 層と VIa 層より出土している。これ等の資料では、(第 12 図 58) が自縄自巻 A の圧痕を鋸歯状に施し、LR の縄文原体の半置半転を施していることから、編年学的には室谷下層 1 式より古く位置付けられると考えられるが、他の資料は、室谷下層 1 式に併行すると思われる。また、＞状に自縄自巻の圧痕を施す例は、石小屋洞窟（第 12 図 53、54）、漆谷津遺跡（同図 55）、仲道 A 遺跡（同図 56 ～ 60）があり、(60) は VIa 層下部から出土している。これ等についても、編年学的には、現在のところ室谷下層 1 式より古い段階と考えておきたい。自縄自巻 A の圧痕の下に縄文を回転押捺している土器は、小瀬が沢洞窟第 5B 溝 2 層（第 10 図 17）、石小屋洞窟（同図 22）、仲道 A 遺跡（第 12 図 61 ～ 65）などがある。このうち、(61) は VIa 層より出土し、(64) は VIb 層下部より出土している。これ等の土器に

ついても，編年的に，室谷下層1式土器と併行か，より古い位置におかれると考えられる。

次に自縄自巻Aの圧痕の間に，横位沈線を施した土器については，(第13図73)のように，小瀬が沢洞窟(第1溝3層)出土土器，仲道A遺跡出土土器(第13図66～72)があり，(66)はVb層とVIa層より出土している。これ等の資料についても，編年学的には室谷下層1式土器に併行するか，より古い段階と考えられる。さらに，自縄自巻Aの縦位圧痕と横位圧痕を交互に施し，ことに横位圧痕については，各段とも交互に施している例，仲道A遺跡出土の(74～80)については，(74)がVIb層より出土している。これ等の土器の編年的位置付けは，室谷下層1式より古いと考えられる。

5 縄文原体の側面圧痕

縄文原体の側面圧痕手法は，縄文原体の回転押捺と組み合わされて，施文される場合が多い。(第14図82～85)は，室谷洞窟13層より出土しており，同一個体の破片で段帯部をもたない。表面にRLの縄文原体を約98度，約120度に回転し，口縁部と胴部の境にRの環付閉端の圧痕を)状に側面圧痕を施しており，内面にもRLの原体で約140度に回転し縦走する縄文を施している。(第15図86)は，室谷洞窟13層より出土しており，口唇部から約34mm無文部をなし，段帯部に長さ約10mmのLの縄文原体を側面圧痕し，その下にLRの縄文を回転している。(87, 88)も室谷洞窟8B層より出土しているようであり，この土器も段帯部をもたない。口唇部直下から，縄文原体を横位に側面圧痕し，その下にRとLの縄文原体を├，┬方向に回転し，菱形縄文を施している。これ等に近似する土器も仲道A遺跡から出土している。(第14図82～85)のように，口縁部と胴部の境に)状の原体を側面圧痕し，内面にも縄文が施文されている例がある。また(81)は，仲道A遺跡Vb層の最下部より出土しており，口唇部に縄文を施文させており，口唇直下からRの原体を縦位に側面圧痕し，その下にLRの縄文原体を5段横位に側面圧痕し，口縁部と胴部との境にRの縄文原体で)状に側面圧痕し，以下にLRの縄文原体を約5度と約90度に回転して，異方向縄文を施している。また，裏面部にはLRの縄文を約30度と約65度に回転している。室屋洞窟出土の(第15図86)の縦位の側面圧痕を施し，以下に縄文を回転押捺する文様は，仲道A遺跡では(89)のように，VIb層より出土しており，口唇部にLRの縄文を約90度に回転し，口縁部文様帯に，Rの自縄自巻Aの巻きのあまい原体かLRの縄文原体の撚りのほどけたものを縦位に7.3cm圧痕しており，その下にLRの縄文を約70度と約110度に回転している。また，(87, 88)は室屋洞窟8B層より出土し，縄文原体の側面圧痕を器面に対して横位に施し，その下に縄文原体を回転押捺している土器は仲道A遺跡[61]に出土例は多い。ただし，8B層出土(87, 88)は横位の側面圧痕が接近して施されているし，縄文の回転押捺も菱形を意識して異方向縄文が施されている。これに対し，仲道A遺跡の場合は，横位に施される側面圧痕は室谷下層出土例ほど接近して施されていない。たとえば，R，L，R，Lのように撚りの方向の違う原体の側面圧痕を交互に施して，節が≫状になるように施文されている例がある。

仲道A遺跡出土の(第16図90)は口唇部にLRの縄文を約90度に施し，LRの縄文原体を器面横位で弧状に4段施し，以下にLRの縄文原体を約105度，約115度，約145度に回転し異方向縄文を施している。口縁部は約28cm，33cmの隅丸方形で，底部は11cm，12.5cmの隅丸方形に復元されている。これ等の土器についても，編年的には，室谷下層1式か，それよりわずかながら古い段階に位置付けられる。

また，(92)は仲道A遺跡VIb層より出土しており，口縁に約12mmの段帯部をつくり，Rの原体の絡条体圧痕か，Rの原体の側面圧痕を施している。この土器の口縁部の断面形は蛇の頭状になっており，(95)の小瀬が沢洞窟出土土器で，RLの縄文原体を圧痕している。(92)は断面形から考えて，室谷下層1式より古い位置に編年される可能性が強いと考えられる。(94)は仲道A遺跡VIb層より出土しており，口唇部に

第14図

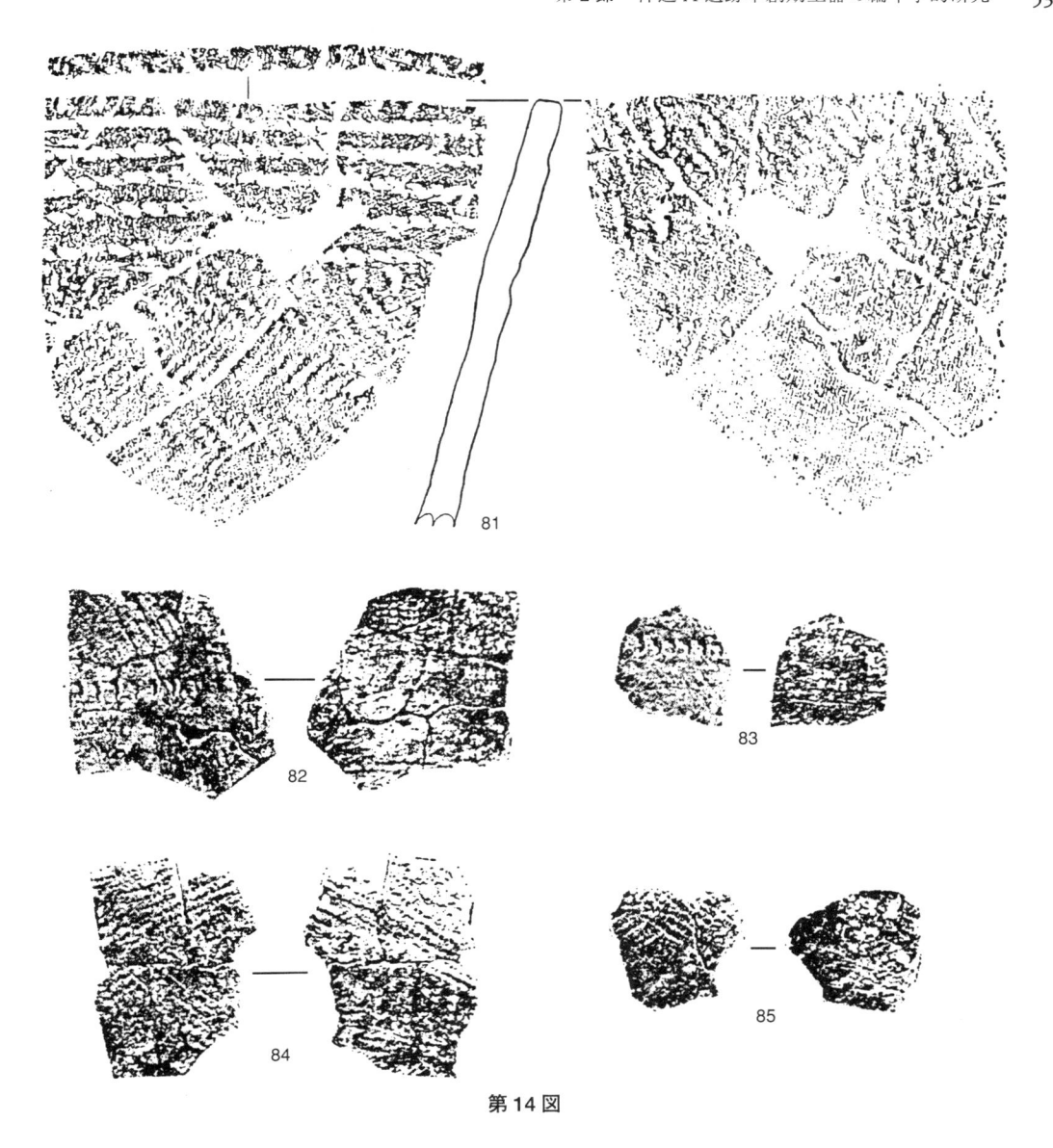

自縄自巻Aを圧痕しており，口縁部直下よりRの原体の絡条体圧痕か，Rの原体の側面圧痕を施している。この土器の断面形は)状に内反しており，(96)の水久保遺跡出土資料と断面形が近似する。この点について，土肥孝氏より御教示を得たが，編年的に水久保遺跡出土土器併行と考えておきたい。

6 縄文原体の回転押捺

仲道A遺跡出土土器の縄文原体の回転押捺の方向については，『丘陵』[62]であつかったことがある。

室谷下層2式の縄文原体回転押捺土器では，正反合の縄文原体の回転押捺された土器の存在する点は重要であろう。(第17図97)は室谷洞窟9層より出土しており，口縁部が2段内反し，R$\begin{Bmatrix}R\\L\end{Bmatrix}$の縄文原体を回転押捺させている。また，屈曲部に撚紐の先端か，自縄自巻Aの端部を圧痕しており，注口土器になっている。(98)は小瀬が沢洞窟出土の土器で，L$\begin{Bmatrix}L\\R\end{Bmatrix}$とR$\begin{Bmatrix}L\\R\end{Bmatrix}$を羽状に回転押捺している。(99，100)は石小屋洞穴出土の正反合の施された土器でR$\begin{Bmatrix}R\\L\end{Bmatrix}$を施している。このほかに大谷寺洞窟[63]，鳥浜貝塚[64]からも出土している。

86

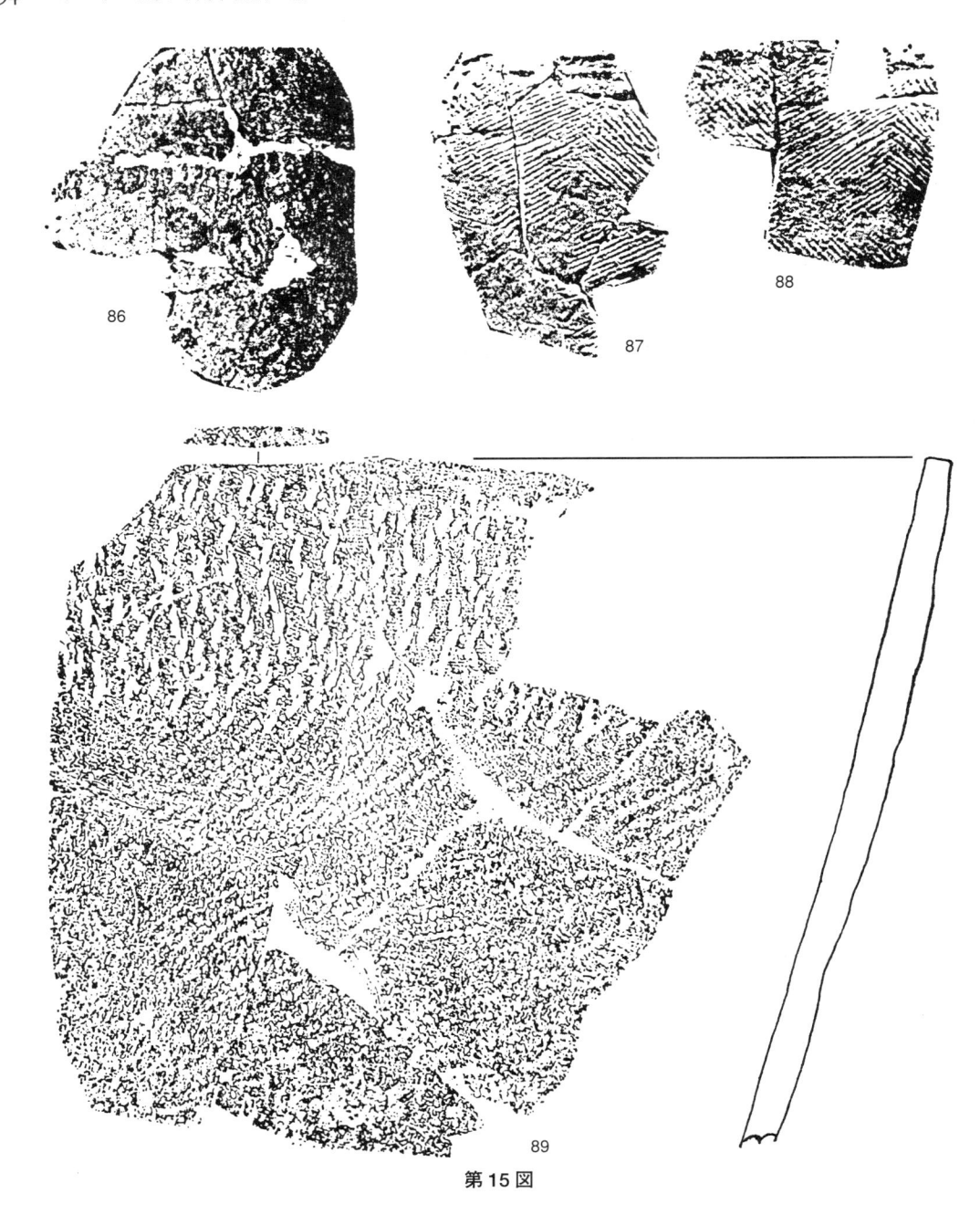

87

88

89

第15図

　(同図 101〜104) は仲道 A 遺跡より出土の正反合の土器で，(101) は L{L/R} の原体を約 50 度，R{L/R} の原体を約 30 度に回転している。(102) は Vb 層の最上部から出土しており，L{L/R} の縄文原体を約 120 度に回転している。(103) は L{L/R} の原体を約 160 度に回転している。(104) は口縁部破片で，L{L/R} の原体を約 105 度と L{L/R} の縄文の原体を約 180 度に回転押捺して羽状縄文を施している。内面には L{L/R} を約 80 度に施文している。これ等の仲道 A 遺跡出土の正反合の施文された土器では，(102) が Vb 層の最上部より出土している点などより，編年的には室谷下層 2 式と併行関係に位置付けておきたい。

　(第 11 図 49, 50) は縄文原体の閉端の環を回転押捺した例であり，小瀬が沢洞窟より出土している。閉端の環の回転押捺をきれいに施すには，半置半転のように施文しなければならない点に注意したい。(50) は R の原体の閉端の環を約 100 度に回転押捺している。(51) は仲道 A 遺跡出土土器で，口唇部に LR の縄

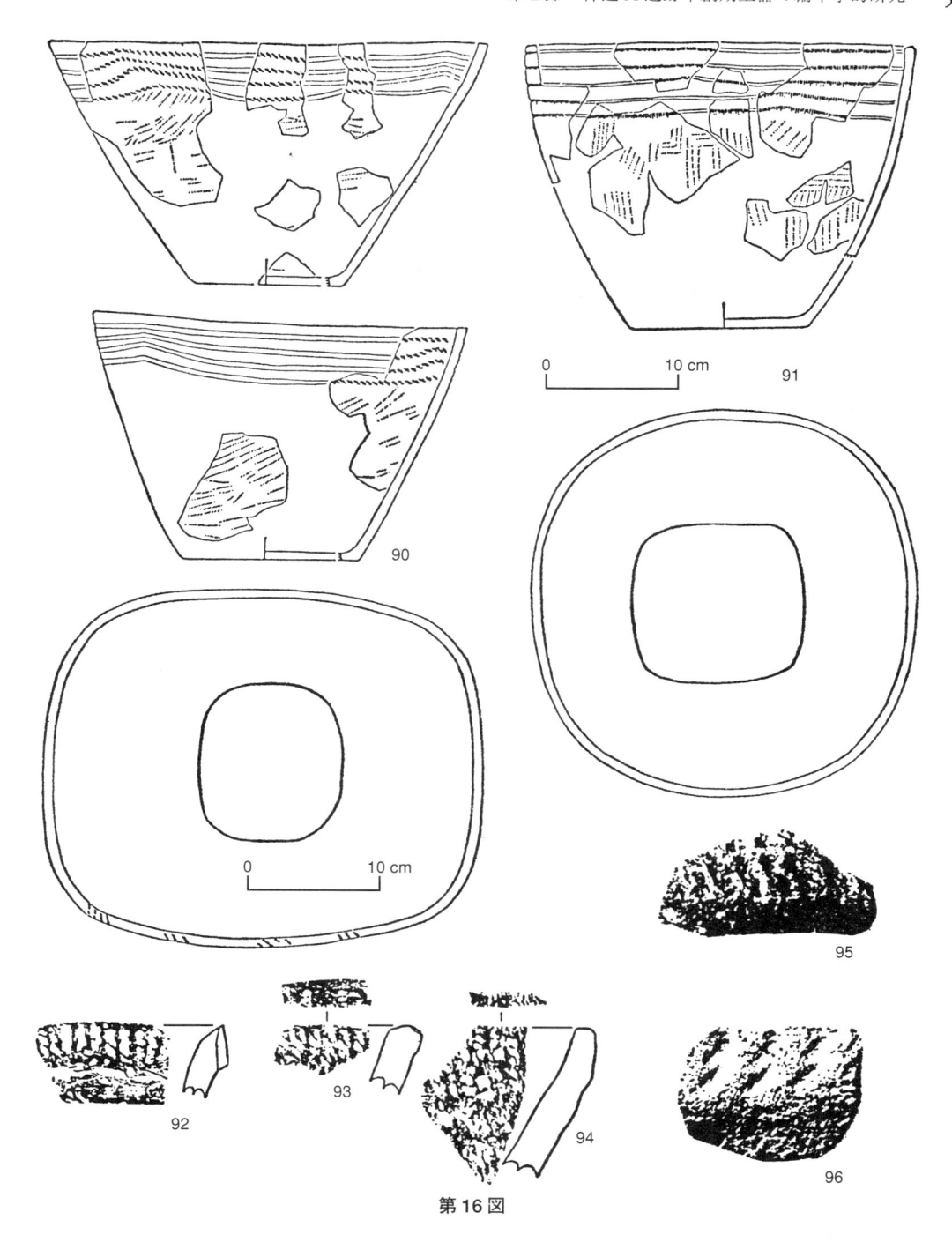

第2節　仲道A遺跡草創期土器の編年学的研究　55

第16図

文を約80度に回転し，口唇直下からLRの縄文原体の閉端の環[65]を約45度に回転押捺している。(52)はVIb層より出土しており，LRの縄文原体の閉端の環を，半置半転のように約50度に回転押捺している。これ等の資料の編年的位置については，室谷下層1式に原体を縦位にした半置半転の資料がない。このため，むしろ，一ノ沢岩陰T地点出土の一ノ沢Ⅲ類土器[66]の縄文原体閉端の環を圧痕した土器などの関連から，本ノ木式土器と室谷下層1式土器との間に入る資料として，一ノ沢式に位置付けておきたい。

　(第16図91)は，仲道A遺跡出土の半置半転土器で，Vb層下部とVIa層下部から出土している。文様は口唇部にLRの縄文原体で約85度に回転し，口唇部直下からLRの縄文原体を，器面に対して横位におき

56　第1章　縄文時代草創期土器

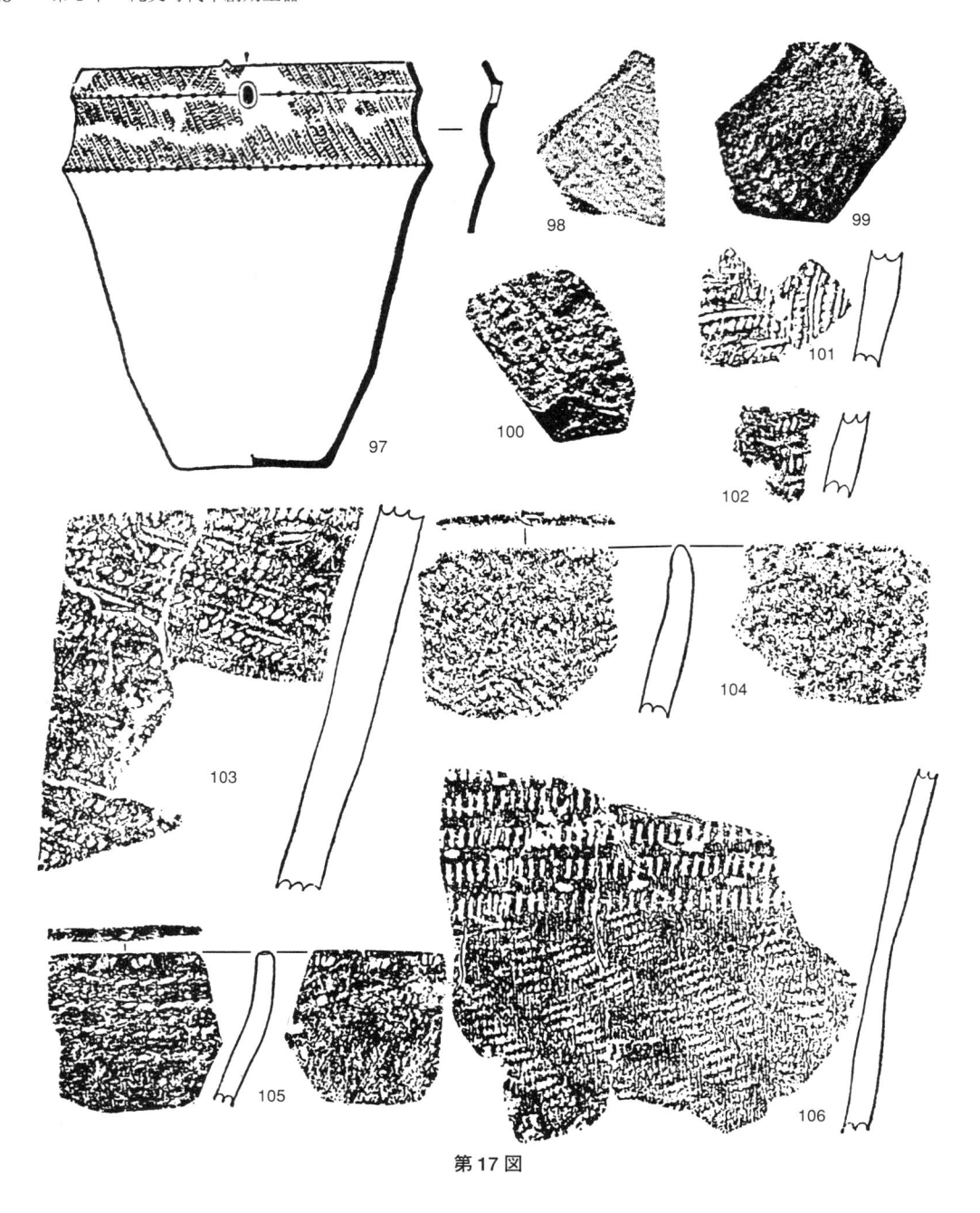

第17図

半置半転を約180度に回転し，胴部にも約45度と約90度に回転している。内面にも縄文が施されていたようである。編年的にはやはり一ノ沢式に位置付けておきたい。

　（第18図 107，109）は室谷洞窟出土土器である。（107）は室谷洞窟第10層出土土器で，段帯部を有しLRの縄文を施している。段部の境に撚紐の先端を圧痕している。（109）は室谷洞窟10層より出土しており，段帯部にだけLRの縄文原体を側面圧痕し，（110）のように菱形文様をなしている。段部に自縄自巻の先端と思われるものを圧痕している。胴部にはLRの縄文原体を回転押捺している。これ等は室谷下層2式になる。（同図112，113，115〜117）は仲道A遺跡出土土器である。（112）は複合口縁をつくる。口唇部に文様を施しているが原体は不明である。口縁部にRLの縄文を約50度に施している。（113）はVa層より出土しており，口唇部に擦痕を施し，口縁部にLRの太い原体を約75度に回転している。（114）はVII層よ

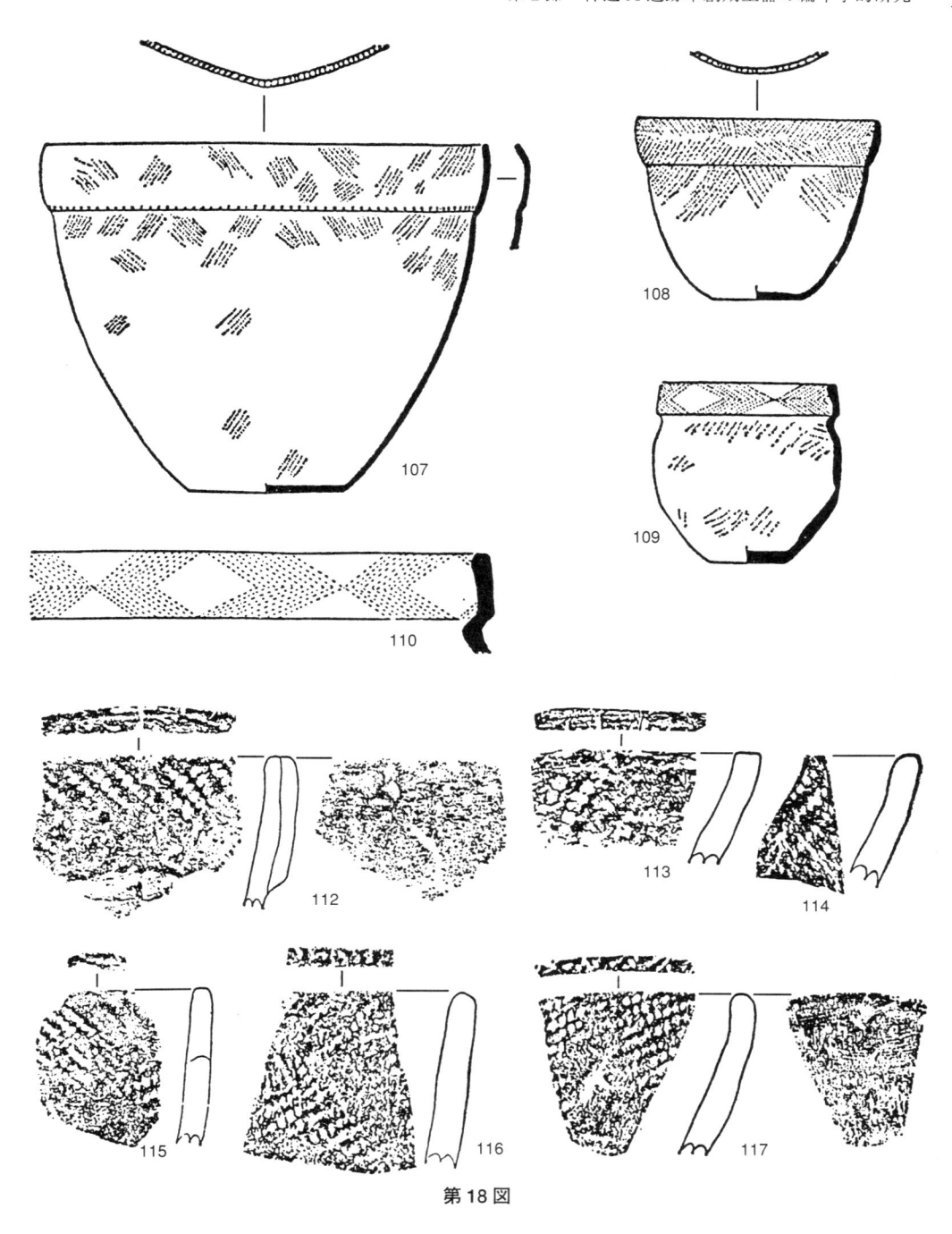

第2節　仲道A遺跡草創期土器の編年学的研究　57

第18図

り出土しており，口唇部にLRの縄文を付け，口縁部LRの縄文を約85度に施している。(115)は口唇部にRLの縄文を施し，口縁部にRLの原体を約15度と約85度に回転して異方向縄文を施している。(116)は口唇部に縄文を施し，口縁部にはLRの縄文原体を約90度と約110度に回転している。(117)は口唇部にLRの原体を約90度に付け，口縁部にLRの原体を約110度に回転している。これ等の仲道A遺跡出土資料は，(112)が複合口縁になっており，また，他の資料は口縁部は複合化してはいないが異方向縄文が多い。ここでは，室谷下層2式土器に併行するものと考えておきたい。

7 編年学的位置，型式学的位置

仲道A遺跡出土草創期の編年的位置付けについて考えたい。前述したように，仲道A遺跡出土草創期土器は，大きく分けて3時期に分類できると思われる。

第1期 一ノ沢段階に編年的に位置付けられると考えられる土器である。

第2期 室谷下層1式段階に編年される土器で，この段階には，室谷下層1式より編年的に，わずかに古い段階の可能性のある土器も第2期に入れておきたい。

第3期 室谷下層2式段階に編年される土器である。

このように，仲道A遺跡出土草創期土器は，第1期より第3期に編年的に位置付けられると思われるが，この中で，第1期，第2期が資料的に多いように考えられる。

第1期の一ノ沢段階に編年されると考えられる土器は，（第11図46～48）のように，絡条体圧痕と自縄自巻Aの圧痕の組み合わされた文様の土器。（第12図58）のように，自縄自巻Aの圧痕と半置半転を組み合わせた文様の土器。（第16図92）のように，押圧縄文の施された文様の土器。（91）のように，半置半転を施した文様の土器などをあげることができる。

第2期は，室谷下層1式段階もしくは，それよりわずかに古い段階に編年される土器で，（第10図8～10）の梯子状の絡条体圧痕の施された文様の土器。（第11図35～43）の絡条体圧痕の文様の施された土器。（第12図61～65）の縦位の自縄自巻Aの圧痕の下に，縄文が施されている文様の土器。（第13図66～72）のように自縄自巻Aの縦位の圧痕と沈線と自縄自巻の横位の圧痕の文様が施されている土器。（第10図23～29）のように，縦位に自縄自巻Aを圧痕している文様の土器。（第14図81）のように縄文原体の側面圧痕と，）状の閉端の側面圧痕，縄文の回転押捺を施した文様の土器などである。

第3期は，室谷下層2式土器の段階に編年される土器で，（第18図112）のように段帯部をもち，縄文が施文されている土器。（第18図113，115～117）のように，段帯部はもたないが，口唇部に施文しており，口唇部以下に異方向縄文を施している土器。編年的位置は確定しないが，室谷下層2式に併行させておきたい。（第17図101～104）は正反合の縄文を施しており，室谷下層2式併行と考えられる。

さて，編年的位置付けについて述べてきたが，ここでは型式学的な位置について考えておきたい。報告書[67]の「第V章，縄文時代草創期の土器について」でも述べたが，仲道A遺跡出土草創期土器の特色は，何と言っても器厚の厚い，厚手土器ということにあろう。器厚が厚いことにより，土器が細かく割れることを防いだ。したがって，仲道A遺跡出土草創期土器の土器片は，ほかの遺跡出土の草創期土器に比較して大きい。この点は，土器片に施された文様を観察し，土器全体に施された文様を想定する場合に良好な条件といえよう。

このほかにも，仲道A遺跡出土草創期土器の特色はいろいろあるが，胎土についても注意しておきたい点がある。それは，土器の胎土に黒曜石を含んでいると考えられる土器片の存在であり，これ等のうちには，熱で溶けたような状態のものと，あまり熱の変化を受けていないものもある。いずれも指で撫でていると剥落してしまう。また，石英を多量に含んでいる土器片もある。このような点は，土器をどこで焼いているかという問題の手掛かりとなるかも知れない。

仲道A遺跡出土の草創期土器の文様をみていくと，施文原体が多様であることに気付く。たとえば，自縄自巻Aの圧痕，絡条体圧痕，縄文原体側面圧痕，半截竹管の沈線文，縄文原体の半置半転，縄文原体の回転押捺など，さまざまの施文原体を組み合わせて文様を構成している。しかし，これ等の複雑な文様について施文具の転換を考慮すると，いくつかの文様パターンに分類することができる。報告書で述べた仲道A段階，仲道A式土器を設定することにより，室谷下層1式をより整理することができると述べた点につ

いては，現在も考え方は変わっていない。

　佐藤達夫氏が本ノ木式土器[68]について，施文原体としての縄の定着という意義を述べられているが，本ノ木式から室谷下層1式への型式変化を考える場合，型式的に大きな断絶がある。したがって，やはり一ノ沢式[69]を介在させなければならないと思われる。こうした流れの中で型式変化をとらえると，仲道A遺跡出土草創期土器は，大変重要な位置におかれることがわかる。

　これ等の土器の編年的位置付けについては前述したが，第1期として一ノ沢式併行と考えた（第11図46～48）の絡条体圧痕と自縄自巻Aの圧痕とを組み合わせている土器。（第12図58）のように半置半転と自縄自巻Aの圧痕を組み合わせて鋸歯状の文様を施す土器。第2期として室谷下層1式併行か，室谷下層1式よりわずかながら古い位置に編年されると考えた土器で（第10図23～29）の縦位の自縄自巻Aを圧痕した土器。(25)は内面に縄文を施している。（第12図59，60）の自縄自巻Aの圧痕を施す土器。（第12図61～65）の自縄自巻Aの圧痕を縦位に施し，以下に縄文を回転押捺している土器。(61)は内面にも縄文を施している。（第13図66～80）のように自縄自巻Aの圧痕を器面に縦位と横位に施す土器と，沈線を施している土器。(66)は内面に縄文を施している。（第17図105）のように自縄自巻Aの圧痕と縄文原体の側面圧痕を施す土器。(106)のように絡条体圧痕と自縄自巻Aの圧痕，縄文の回転押捺を組み合わせている土器。第3期は室谷下層2式段階に編年される土器で（第18図112，113，115～117）の縄文土器，（第17図101～104）の正反合の縄文土器などである。

　これらを仲道A式土器として型式設定したい。仲道A式土器の特色として，自縄自巻Aの圧痕の多い点と，ほかの施文原体と自縄自巻圧痕が組み合わせられて施文される特色をあげておきたい。編年的位置については，前述したように一ノ沢式土器併行から室谷下層2式土器の間に位置付けられるので，一定の時間幅を有する。

8　まとめ

　仲道A遺跡出土草創期土器について編年的な位置を考えてみた。その結果として，一ノ沢式土器から室谷下層2式土器の間に編年される資料が多いことが明らかになった。また，型式学的な面から検討すると自縄自巻Aの圧痕を中心に，他の原体による施文と組み合わせて文様を構成している土器の比重が高い。ほかの遺跡と比較してこうした土器の出土比率は，仲道A遺跡が現在のところ圧倒的に多いことがわかってきた。そして，仲道A段階に単節縄文を口縁部や胴部以下に回転押捺したり，内面に縄文原体を回転押捺している土器も存在し，異方向縄文[70]を多用することも明らかとなった。したがって仲道A式の段階の資料は，文様としての単節縄文回転押捺手法の定着する時期の様相を考えるのに大変重要であり，仲道A式土器として型式設定[71]すべき内容を含んでいると考えた。

　仲道A遺跡出土の草創期土器は器厚の厚い点に特色があるが，器厚が4㎜～5㎜の土器も存在する。したがって，仲道A式土器の設定は器厚の厚い点にあるのみではなく，あくまでも文様としての自縄自巻Aの圧痕を中心とし，他の施文要素と組み合わせて構成される文様パターンにあり，その施文要素として縄文回転押捺手法の占める位置も大きい。

　仲道A式土器とそれに関連する資料の分布は現在のところ，新潟県小瀬が沢洞窟，埼玉県一二番耕地遺跡[72]，同県西谷遺跡[73]，同県水久保遺跡[74]，同県宮林遺跡[75]，千葉県漆谷津遺跡[76]，長野県石小屋洞穴[77]，静岡県仲道A遺跡[78]などをあげることができ，これらの遺跡から出土している。今後類例が増加していくものと考えている。資料の増加を待って改めて仲道A式土器について検討していきたい。

註・参考文献

1) 澁谷昌彦・漆畑　稔　1985「仲道A遺跡出土の縄文草創期の土器について」『静岡県考古学研究』17
2) 澁谷昌彦・漆畑　稔　1986「第5章　仲道A遺跡出土の草創期土器について」『仲道A遺跡』
3) 山内清男　1979「2　装飾としての回転縄紋」『日本先史土器の縄紋』
4) 土器に施された縄文を文様として扱うか，ただ単に文様の要素として扱うかは論議の分かれる点であると思う。たとえば，学生時代によく，「縄文は文様となりうるか，なりえないか」とか，土器の文様の記述をする時に我々がよく使用する「地文に縄文を施している」，「第一文様帯以下には縄文が施されている」という場合など，縄文を独立した文様として扱うことに否定的であるような気がする。これは，文様帯系統論の中での縄文の施された部分の扱い方とも関連するところである。縄文の系統について山内清男氏は，「縄紋の原体の種類を全国各地の土器型式について調べてみると，一番単純なものが長く続き，途中で色々の変化を生じてはいるが，皆偶発的で系統は引いていない。後程発達しているとは決していえない。その押し方を考えてみても途中色々変化を生ずるが，大概短時間で終り，何等一貫した系統的発達はみられない。縄紋は永く日本各地に続き，縄紋土器を最も特徴づけるものではあるが，それは例えてみれば色とか香のようなもので，そこには系統はない。」（山内清男「縄紋土器の技法」『世界陶器全集第一巻』1958）と述べられており，縄文の文様としての系統性について否定的である。縄文についての原体の分析の研究は進んでいるかも知れないが，山内清男氏の前述した論文以来，文様からみた縄文の研究はあまりなされていないのが残念である。筆者は縄文について，ただ単に文様の要素というだけでなく，文様として独立した市民権をあたえても良いような気がする。また，そうした視点からの縄文研究があっても良いのではないかと考えている。縄文の文様としての待遇改善と地位の向上を訴えたい。
5) 山内清男　1930「斜行縄紋に関する二三の観察」『史前学雑誌』第2巻第3号
6) この点について，佐藤達夫「学史上における山内清男の業績」では，「縄紋土器の紋様以外の部分は多く縄紋が施される。この縄紋は世界の先史土器の中でも特異な地位を占めるが，モース以来その正体は久しく不明であった。博士も資料を集積して観察を続けられたが，「磐城国三貫地貝塚発見土器の撚糸紋」大正14年，「斜行縄文に関する二三の観察」昭和5年，なかなかその秘密を明らかにすることができなかった。ところが昭和6年—1931年偶然の機会に斜行縄文が撚り紐の廻転圧痕であることを発見された」とされ，さらに，「一旦秘密の扉が開かれると，複雑を極めた縄紋の変化も，またたく内に謎が解けてしまった。それも発見前にすでに土器面の縄紋について綿密な分析を行われていたからであろう。」（佐藤達夫「学史上における山内清男の業績」『日本考古学選集21　山内清男集』1974年）と記されている。
7) 芹沢長介　1957「縄文と撚糸文について」『明治大学文学部研究報告　考古学第2冊　神奈川県夏島における縄文文化初頭の貝塚』
8) 山内清男　1958「縄紋土器の技法」『世界陶器全集』第1巻
9) 小林達雄　1962「無土器文化から縄文文化の確立まで」『無土器文化から縄文文化の確立まで創立80周年記念若木祭展示目録』
10) 山内清男　1964「縄紋式土器・総論」『日本原始美術』1
11) 山内清男　1979『日本先史土器の縄紋』
12) 佐原　眞　1981「縄文施文法入門」『縄文土器大成後期』第3巻
13) この「巻紐（まきひも）」については，昨年（1983年）奈良国立文化財研究所埋蔵文化財センターにうかがった時，芹沢長介，佐原眞両先生より，「自縄自巻」という名称はあまり適当でないと御教示をいただいた。小林達雄先生はこの原体を「自縄自巻（じじょうじまき）」と呼ばれている。この原体を発見されたのは岡本東三氏とも聞いており，岡本氏がどのような名称をつけられているか，まだうかがっていない。筆者としては，縄文原体を一度撚ったものを，さらにしごいて作っているので，「自縄自巻」という名称で良いような気もする。とりあえず「自縄自巻」と呼んでおきたい。
14) 戸田哲也　1983「縄文」『縄文文化の研究5　縄文土器Ⅲ』
15) この点については，すでに中村孝三郎氏が1964年『室谷洞窟』の中で室谷下層式の特色の1つとして，明言されている。

16) 文章の横の点は筆者がつけた。
17) 小林達雄 1979「縄文の歴史」『日本の原始美術1　縄文土器1』
18) 可児通宏 1979「縄文土器の技法」『世界陶磁全集1　日本原始』小学館
19) 前出5)および前出8)に同じ
20) 前出7)に同じ
21) 前出10)および前出11)に同じ
22) 前出12)に同じ
23) 前出15)に同じ
24) 縄文原体の回転押捺の技法を考える場合に、縄文原体を土器面においた角度や、回転方向の記号化が重要であるが、あまりなされていない。記号化の方法として、たとえば、「R⊢の縄文を施す」とし、まず撚りの記号を入れ、その後原体をおいた角度を棒線で、回転押捺の方向を矢印で表現したら良いと考えている。また、この方法で半置半転も記号化できるものと思う。
25) 縄文回転押捺の方向について、たとえば記号で⊢と表わした場合、かならずしも⊢方向だけでなく⊣の可能性もある。⊤の記号の場合も⊥の方向も考えられ、人の場合もゝの方向に回転したこともありえるし、ゝの記号の場合もゞに回転したことも考えられる。しかしながら、その点の吟味は、土器片がかなり風化していることからも困難であり、この論文では⊢、⊤、人、ゝの記号に統一して表わすことにした。
26) 前出15)に同じ
27) 中村孝三郎・小片　保 1964『室谷洞窟』
28) 宮井英一 1985「2　遺構と出土遺物」『大林Ⅰ・Ⅱ宮林　下南原』
29) 永峯光一 1967「4　長野県石小屋洞穴」『日本の洞穴遺跡』
30) 塙　静夫 1979「2　縄文土器の変遷」『宇都宮市史』第1巻
31) 網谷克彦 1979「2　土器1」『鳥浜貝塚―縄文前期を主とする低湿地遺跡の調査―』1
32) 中村孝三郎 1960『小瀬が沢洞窟』
33) 前出14)に同じ
34) 小林達雄 1983「本ノ木遺跡」『新潟県史資料編1　原始・古代1』
35) 佐々木洋治 1971「一ノ沢岩陰遺跡」『高畠町史別巻　参考資料編』
36) 佐々木洋治 1971「日向洞穴遺跡」『高畠町史別巻　参考資料編』
37) 栗原文蔵・小林達雄 1961「埼玉県西谷遺跡出土の土器群とその編年的位置」『考古学雑誌』47-2
38) 原　寛 1974「3　土器」『岐阜県恵那郡坂下町椛の湖遺跡調査報告書』
39) 安達厚三 1967「3　遺物（土器）」『日本の洞穴遺跡』
40) 澁谷昌彦・漆畑　稔ほか 1986『仲道A遺跡』
41) 澁谷昌彦 1986「仲道A遺跡出土草創期土器における縄文回転押捺方向の研究」『丘陵』12
　　および前出1)に同じ
42) 澁谷昌彦 1988「多縄文土器の位置付けをめぐって」『埼玉考古』24
43) 前出41)の澁谷 1986に同じ
44) 前出27)に同じ
45) 小林達雄 1968「室谷第一群土器に対する覚書」『歴史教育』16-4
46) 佐藤達夫 1974「1　縄紋草創期前半の編年について」『日本考古学の現状と課題』日本歴史学会編
47) 前出27)に同じ
48) 前出45)に同じ
49) 前出46)に同じ
50) 縄文回転押捺方向の表記方法は、拙稿『丘陵』12号の註24、25にしたがう。しかし、回転押捺方向が明確につかめているものもある。
51) 前出40)に同じ

52) 前出 27) に同じ
53) 前出 32) に同じ
54) 佐々木洋治 1973「山形県における縄文草創期文化の研究Ⅰ」『山形県立博物館研究報告』1
　　佐々木洋治 1975「山形県における縄文草創期文化の研究Ⅱ」『山形県立博物館研究報告』3
　　および前出 35) に同じ
55) 前出 35) に同じ
56) 文様のモチーフとしては，一ノ沢岩陰出土土器と近似している。
57) 前出 27) に同じ
58) 図版は，山内清男『日本先史土器の縄紋』(1979) から引用させていただいた。
59) 前出 29) に同じ
60) 前出 42) に同じ
61) 前出 40) に同じ
62) 前出 41) に同じ
63) 前出 30) に同じ
64) 前出 31) に同じ
65) 閉端の環の縄文をきれいに施すためには，半置半転風に縄文原体を押圧しなければならない。
66) 前出 35) に同じ
67) 前出 40) に同じ
68) 前出 46) に同じ
69) 中束耕志 1986「縄文時代草創期における押圧・廻転縄紋土器の編年―群馬県佐波郡境町神谷遺跡の土器―」『群馬県立歴史博物館紀要』第 7 号
70) 前出 41) の澁谷 1986 に同じ
71) 前出 40) に同じ
72) 前出 42) に同じ
73) 前出 37) に同じ
74) 小林達雄・安岡路洋 1979「縄文時代草創期における回転施文縄文への一様相―埼玉県大里郡岡部町水久保遺跡」『埼玉県史研究』4
75) 前出 28) に同じ
76) 前出 42) に同じ
77) 前出 29) に同じ
78) 前出 40) に同じ

第2章　縄文時代早期末・前期初頭土器

第1節　木島式土器の研究―木島式土器の型式細分について―

1　はじめに

　筆者は縄文時代早期末より前期初頭の土器型式に関心を持ち，資料集成を始めて数年たった。ことに昨年（1981年）は，木島式土器の標式遺跡である静岡県庵原郡富士川町木島遺跡第4次発掘調査の出土土器の分類をおこない，その報告書において木島Ⅰ式～木島Ⅷ式までの型式を設定するとともに分布について概略を記載した。その後型式学的，編年学的に検討を加えた結果，関東地方の二ツ木式と併行する型式として木島Ⅸ式を，関山Ⅰ式と併行する型式として木島Ⅹ式を木島Ⅷ式以降に設定する必要性を感じている。本稿では木島Ⅰ式～木島Ⅷ式に加え，あらたに設定した木島Ⅸ式，木島Ⅹ式について型式学的研究と，編年学的研究，分布について現在の考えを記し，関連諸型式についても編年学的に位置付けたい。

　資料が限られている中での検討であり，今後改訂する必要が生ずるかもしれないが，その場合は随時改訂していきたい。また，関連する諸型式についての検討は別の機会に譲ることにし，今回は概略にとどめた。

　拙論に対して先学，同学の方々のご叱正，ご批判をいただくことで縄文時代早期末より前期初頭の土器型式，土器編年の研究が進展するならば望外の喜びである。なお，本稿を記するにあたり，加藤賢二，瀬川祐市郎，渡辺康弘の諸氏に大変お世話になった。衷心よりお礼を申し上げたい。

2　木島式土器の型式細分について

木島Ⅰ式土器（第9図）

　木島Ⅰ式土器は，関東地方の茅山上層式にみられるような口縁部に断面三角形の隆帯を横位，縦位に貼付し上部に刺突を施す手法と東海地方の天神山式の櫛歯状工具による波状沈線文の手法とを受けて成立した型式である。時期は縄文時代早期末に編年され，関東地方の仮称神之木台Ⅰ式（第10図・第1表）[1]と併行する。現在，木島Ⅰ式の資料は乏しいが，広義の木島式の成立する過程の過渡的な時期を画する型式である。

　口縁部は波状口縁と平口縁をなし，器形は尖底の深鉢を呈すると考えられる。焼成は良好で，色調は暗褐色，褐色を呈し，胎土に長石，石英を含むが無繊維の土器が多い。器厚は口唇部で5～8mm，粘土紐貼付部で7～12mmである。裏面に指痕を残すものや，無文のものなどがある。文様は（第9図1）の木島Ⅰ式のように粘土紐を貼付し，上部に貝殻背圧痕文を施す例や上部を無文にする例がある。また，（第9図3）の木島Ⅰ式のように，粘土紐を貼付して上部に刺突を施している例などがあり，隆帯貼付部以下には，櫛歯状工具で波状沈線を施している例と施さない例もある。波状口縁をなす（第9図1）は波状口縁より幅7mmの粘土紐を縦位に貼付しており，裏面部には指頭圧痕が残されている。木島Ⅰ式の分布は現在のところ，長野県カゴタ遺跡，静岡県内では富士川町木島遺跡や駿東郡長泉町中峰遺跡などである。

木島Ⅱ式土器（第9図）

　木島Ⅰ式（第9図1，3）の粘土紐を貼付した隆帯文が定着するとともに口縁部に施されていた櫛歯状工具による波状沈線が消滅する。この型式は（第1図1～6）に示したように，木島遺跡3号土壙より神之木台

64　第2章　縄文時代早期末・前期初頭土器

Ⅱ式（第1図5・第10図）と供伴して出土している。また，神奈川県神之木台遺跡から木島Ⅱ式（第9図7）が出土しており，神之木台Ⅱ式（第10図・第1表）と併行している。

　この時期と関係する型式に仮称塩屋式がある。塩屋式は型式設定にあたり，研究史や他型式との検討がなされなかったため，木島Ⅱ式と木島Ⅲ式を含んでいると思われる。磯部，杉崎，久永氏の塩屋遺跡上層土器の報告以降，現在ではその内容がさらに混乱し，最近では塩屋式という型式名さえ使用されている。筆者は広義の木島式の細分にあたり，塩屋式の型式名を用いないことにした。前述したように木島Ⅱ式は，関東地方の神之木台Ⅱ式（第10図）と編年的に併行する型式で，時期は縄文時代早期の最終末に位置する。

　文様は口唇部直下より粘土紐を横位に貼付し，その間にさらに粘土紐による波状，三角，菱形文を施し，粘土紐の上部に貝殻背圧痕などを施している。粘土紐の幅は2～3㎜で，器厚は口唇の粘土紐の貼付部で4～10㎜，他の部分は3～7㎜である。焼成は良好であり色調は暗褐色，褐色を呈する。胎土には繊維を含まず，細砂，石英，長石を多く含んでいる。口縁部の形態には波状口縁（第9図4）と平口縁（第9図5～7，9，11）があり，器形は尖底の深鉢形である。裏面部は指痕が残される例と無文の例とがある。（第1図1～4）は朱が塗られている。分布は，愛知県天神山遺跡，塩屋遺跡，長野県カゴタ遺跡，伊勢並遺跡，静岡県木島遺跡，神奈川県神之木台遺跡，富山県極楽寺遺跡などである。

木島Ⅲ式土器（第9図）

　木島Ⅱ式が粘土紐を貼付した上に貝殻背圧痕を施したのに対し，木島Ⅲ式は粘土紐を貼付した上に貝殻条痕を施す。木島Ⅲ式は，長野県宮の原遺跡7号住居より単純な形で出土し，花積下層式と考えられる縄文の土器と伴出している。また，長野県北高根A遺跡9号住居床面直上より木島Ⅲ式（第1図15，16）と花積下層式の古い時期と思われる土器（第1図19），下吉井式土器（第1図17）が伴出している。さらに埼玉県打越遺跡53号住居（第2図1～16）では，下吉井式（第2図2～4，8）と木島Ⅲ式（第2図1）のほかに羽状縄文と条痕文土器（第2図9），Rの原体の45度回転縦走縄文（第2図11），貝殻条痕文土器（第2図6，7），花積下層式の古い段階で口縁に粘土紐を隆帯状に貼付し，無節の縄文で羽状に施している土器（第2図10）や貝殻背圧痕文，無文などが出土している。この資料の中で（第2図9）の縄文条痕文土器と（第2図11）は重要である。また，神奈川県下吉井遺跡では木島Ⅲ式の土器片が3片出土している。

　前述した宮の原遺跡，北高根A遺跡，打越遺跡，下吉井遺跡の出土例により，木島Ⅲ式は花積下層式の古い段階，下吉井式と併行関係にあり，これらの型式をもって縄文時代前期の最初頭に位置付けたい。

　木島Ⅲ式の口縁部の形態は波状口縁（第9図12，13，17～19）と平口縁（第9図14～16）とがあり，波状口縁を呈するものが多いようである。器形は尖底の深鉢形で，頸部で外反する例とまっすぐ立上がる例がある。焼成は良好で器厚は口唇隆帯部で5～6㎜のものが多く，他の部分は3～4㎜のものが多い。色調は灰褐色，黄褐色，褐色であり，口唇部には貝殻背圧痕文，貝殻条痕文を施している。胎土には石英，長石，雲母を混入している。裏面部には指痕が残され底部より上部へ，右ききの人が左回りに土器を作っていることがわかる。また，輪積みで作っていると考えられ，表面，裏面を観察すると細かいひびの入り方から，幅25～30㎜に粘土紐を板状に延ばし，時間をかけて薄い粘土紐を積み上げていったものと思われる。

　文様は（第9図）の木島Ⅲ式に示したように木島Ⅱ式と近似しているが，（第9図16，19）のように粘土紐を貼付した波状の文様が発達する。前述したように木島Ⅱ式では隆帯上部に貝殻背圧痕を施したが，木島Ⅲ式では隆帯上に貝殻条痕を斜位に施している。木島Ⅱ式の口唇部より隆帯を垂下する例（第9図4，5）は，木島Ⅲ式に継続して（第9図12，13，19）となる。木島Ⅱ式の横位に粘土紐を貼付する例（第9図6）は木島Ⅲ式（第9図14）に継続する。また，木島Ⅱ式の粘土紐を波状，三角，菱形に貼付する例（第9図7～10）は，木島Ⅲ式（第9図15～19）に系統的に変化する。分布は愛知県天神山遺跡・塩屋遺跡，長野県宮の原遺

第1節 木島式土器の研究 65

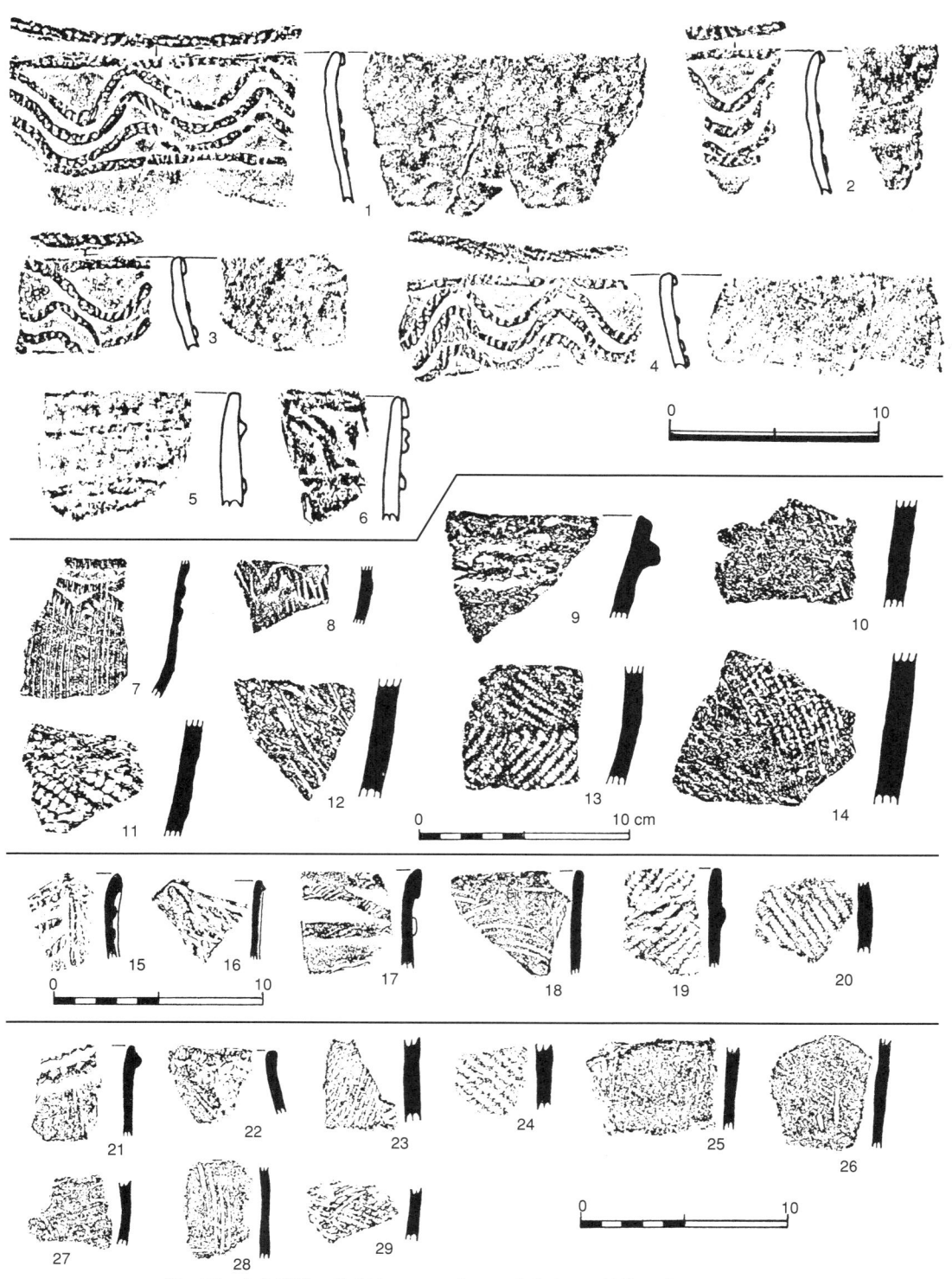

第1図 木島遺跡3号土壙(1〜6) 十二ノ后遺跡127号住居跡(7〜14)
北高根遺跡9号住居跡床面(15〜20) 北高根遺跡9号住居跡(21〜29)

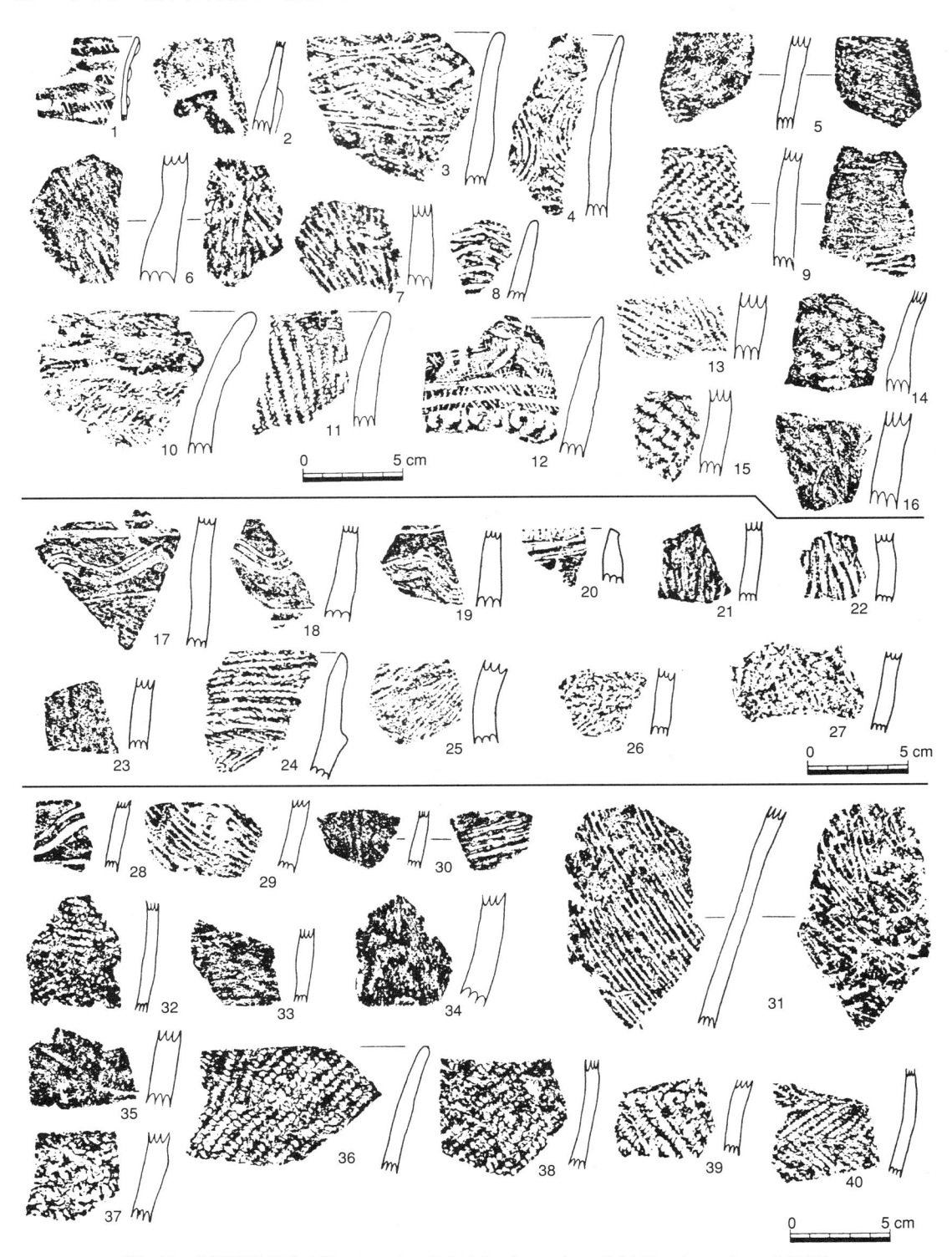

66　第2章　縄文時代早期末・前期初頭土器

第2図　打越遺跡出土土器　（1〜16）53号住居跡　（17〜27）114号住居跡　（28〜40）125号住居跡

跡 1 号住居・7 号住居・カゴ田遺跡・北高根 A 遺跡 10 号住居・舟山遺跡・千鹿頭社 8 号住居・十二ノ后遺跡 12 号住居・15 号住居・16 号住居・19 号住居・52 号住居・56 号住居・125 号住居・駒形遺跡 1 号住居・下ノ原遺跡・神之木遺跡，静岡県中峰遺跡・木島遺跡，神奈川県神之木台遺跡・下吉井遺跡，富山県極楽寺遺跡など広範囲にわたっている。

木島Ⅳ式土器（第 9 図）

木島Ⅲ式土器が隆帯上部に貝殻条痕を施しているのに対し，木島Ⅳ式（第 9 図木島Ⅳ式）では 3 ～ 4 本単位の櫛歯状工具により，縦位や斜位に沈線を施している。木島Ⅲ式の施文具が貝殻であったのに対して，木島Ⅳ式では櫛歯状工具に転換されている。この木島Ⅳ式は，十二ノ后遺跡 127 号住居（第 1 図 7 ～ 14）より出土している。このうち木島Ⅳ式は（第 1 図 7，8）で，そのほかに下吉井式（第 1 図 9）や花積下層式と思われる縄文土器（第 1 図 11 ～ 14），無文土器（第 1 図 10）などが発見されている。また，木島遺跡 1 号住居（第 3 図）より，下吉井式（第 3 図 1 ～ 10）や花積下層式で口唇部に隆帯を貼付し，その上に棒状工具で沈線を施し，以下にL｛⁊の原体を渦巻き状に施している（第 3 図 10）や，木島Ⅴ式（第 3 図 16 ～ 23）も出土している。ことに下吉井式の渦巻き沈線文（第 3 図 10）と花積下層式撚糸側面圧痕文（第 3 図 11）が伴出していることは，同時期異型式間での施文具の転換の問題としておもしろい。これらの伴出例から木島Ⅳ式と花積下層式，下吉井式は併行関係にある。

口縁部の形態は（第 9 図 20，21）に示したごとく，波状口縁と平口縁をなすものがある。器形は深鉢で丸底を呈する。焼成は良好で色調は暗褐色，褐色である。胎土に長石，石英，雲母を含む。器厚は口唇粘土紐貼付部で 7 mm くらい，他は 4 mm のものが多い。隆帯上部に施文している櫛歯状工具は 3 ～ 4 本のものを使用しており，口唇部には櫛歯状工具で沈線を施すもの，同一工具で刺突を施すものがある。裏面部には横位の左回りに指痕が残され，底部から上部にかけて土器が作られている。

文様は（第 9 図 21）のように粘土紐を横位に貼付したもの，（第 9 図 22 ～ 24）のように粘土紐を波状に貼付したものがある。また，（第 9 図 20）のように波状口縁の裏面部より表面にかけて粘土紐を垂下して貼付しているものなどがある。さらに，木島Ⅲ式からの文様の系統的変化は以下のようになろう。（第 9 図 12，13）から（第 9 図 20）のように変化する。（第 9 図 14）は（第 9 図 21）に変化する。木島Ⅲ式（第 9 図 15，16）は木島Ⅳ式（第 9 図 22）に変化し，木島Ⅲ式（第 9 図 17 ～ 19）は，木島Ⅳ式（第 9 図 23，24）に系統的に変化している。木島Ⅳ式の分布は，愛知県鉾之木貝塚，大河原摺遺跡，清水之上貝塚，長野県北高根遺跡，静岡県木島遺跡，神奈川県下吉井遺跡，埼玉県内畑遺跡，打越遺跡などである。

木島Ⅴ式土器（第 9 図）

前述したように木島Ⅴ式は，木島遺跡 1 号住居より下吉井式・花積下層式（撚糸側面圧痕文）・木島Ⅳ式と伴出している。しかしながら，長野県十二ノ后遺跡 127 号住居（第 1 図 7 ～ 8）のように木島Ⅴ式を伴っていない例がある。また，木島Ⅳ式が粘土紐貼付部に櫛歯状工具により，縦位，斜位に沈線を施しているのに対して，木島Ⅴ式（第 3 図 13 ～ 16，18，19，23）ではそれにあらたに横位沈線が施されている。したがって，これをもって木島Ⅴ式としたい。

木島Ⅴ式は，（第 9 図 25 ～ 30）のように波状口縁と平口縁とがある。器形は深鉢で丸底を呈する。文様は口唇部直下に幅 10 ～ 12 mm の粘土紐を貼付し，その 35 ～ 45 mm 下に幅 5 mm の粘土紐を横位に貼付し，縦位に櫛歯状工具で沈線を施したのち，新しい文様要素として粘土紐と粘土紐貼付部の間に横位に櫛歯状沈線を施している。（第 9 図 26，30）は，胴部に櫛歯状工具により菱形，波状，鋸歯状の沈線を施し，口唇部には櫛歯状工具により沈線・刺突を施している。また，人間の爪による爪形文，指頭によるつまみ痕を施すものも多い。焼成は良好で色調は暗褐色，灰褐色，黄褐色である。胎土に長石，雲母，石英を含む。器厚は口唇

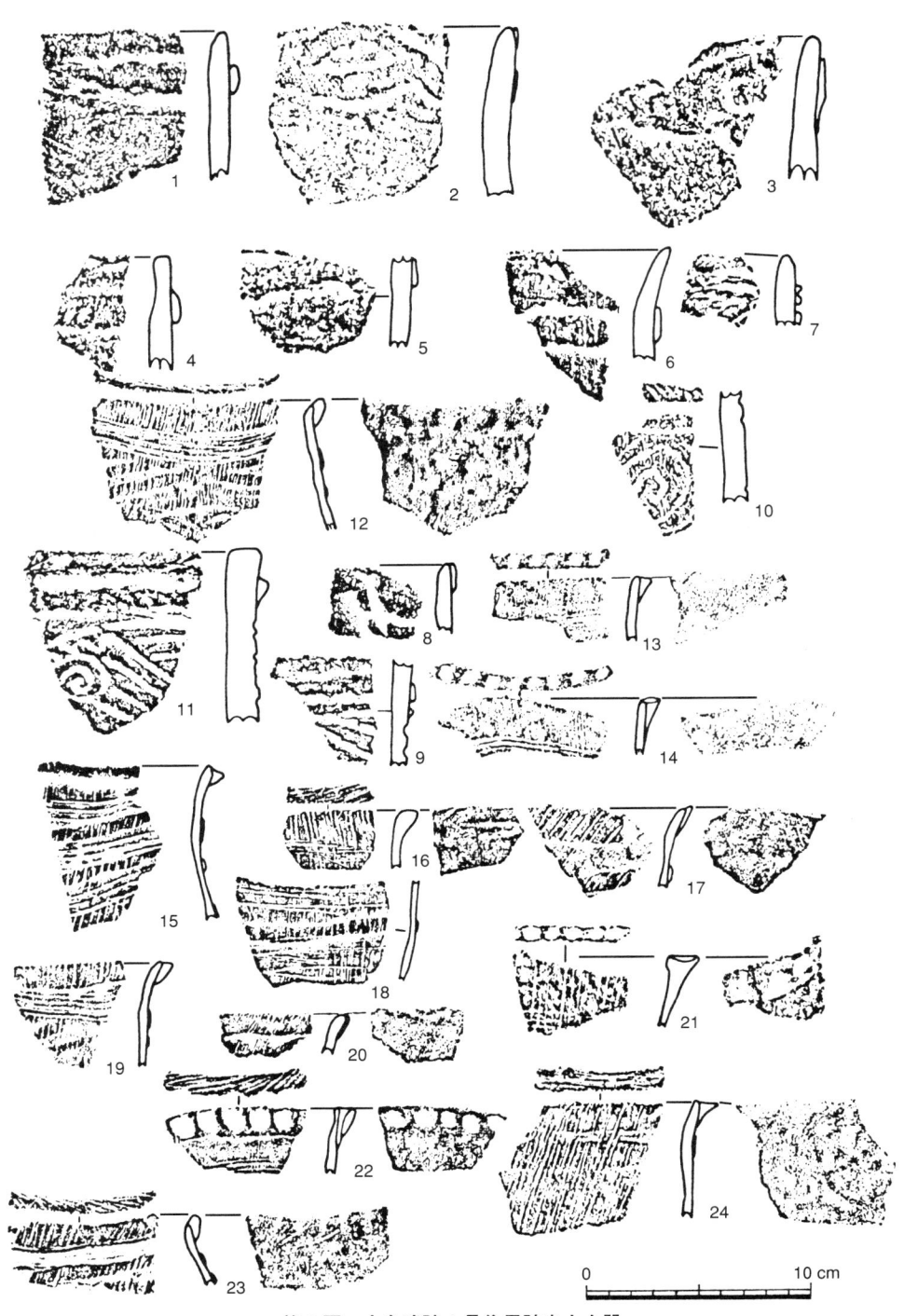

68 第2章 縄文時代早期末・前期初頭土器

第3図 木島遺跡1号住居跡出土土器

帯部で8mm前後，下部で5mm前後である。裏面には指痕が底部から上部にかけて左回りに施されている。分布は愛知県鉾之木貝塚・清水之上貝塚，静岡県木島遺跡，神奈川県菊名貝塚などである。

木島Ⅵ式土器（第9図）

この型式は口唇直下より粘土紐を横位に貼付し，指頭により横位につまみ痕を施している。また口縁部に粘土紐を1段貼付け，指頭によるつまみ痕を横位に施している場合もある。この型式は埼玉県天神山遺跡などより出土している。併行する型式については不明であるが，下吉井式（第10図の下吉井式D-g）が同遺跡より出土しているので，下吉井式D類（第10図）と併行する型式であろう。

この木島Ⅵ式の口縁部形は平口縁が多いようで，器形は頸部で括れる丸底形深鉢である。文様は（第9図31～33）のように口唇部に指頭によるつまみ痕や櫛歯状工具による沈線を施している。また，口縁直下に指頭によるつまみ痕を横位に施し，以下に粘土紐を横位に貼付したり，縦位沈線・横位沈線を施している類がある。また，（第9図34）のように口縁部つまみ痕以下を無文にしている場合がある。

木島Ⅴ式（第9図27，28）は，木島Ⅵ式（第9図31，32）に変化する。これは木島Ⅴ式の波状文・菱形文を櫛歯状工具により施したものである。木島Ⅴ式（第9図29，30）は，木島Ⅵ式（第9図33）に系統的に変化するものと考えられる。また，口唇部直下のつまみ痕以下を無文にする木島Ⅵ式（第9図34）が発生する。焼成は良好で色調は暗褐色，褐色を呈し，器厚は口唇隆帯部の最大厚10mm前後，つまみ部の厚さ5mm前後，他は5～6mm，胎土に長石・石英・雲母を混入している。分布は愛知県大河原摺遺跡，静岡県木島遺跡・滝ノ上遺跡，神奈川県菊名貝塚，埼玉県打越遺跡などである。

木島Ⅶ式土器（第9図）

木島Ⅶ式は口唇部より幅20～50mmの口縁帯をつくり，口縁部と胴部の接点に指頭によるつまみ痕をつくっている。口縁部をくの字状に内側に折り曲げている。口縁帯には（第9図35～39）のように櫛歯状工具により，斜位・矢羽根・格子状の沈線を施している。口縁部形態は波状口縁と平口縁があり，器形が丸底の深鉢である。

木島Ⅵ式（第9図33）は木島Ⅶ式（第9図35）への系統的変化が考えられ，木島Ⅵ式（第9図31，32）は木島Ⅶ式の（第9図36）へ，木島Ⅵ式（第9図33）は木島Ⅶ式（第9図37，38）へと文様の系統的変化があったと思われる。木島Ⅵ式（第9図34）は木島Ⅶ式（第9図39）と文様の系統的変化があると思われる。木島Ⅴ式・木島Ⅵ式で波状・菱形の沈線を胴部に施しているが，木島Ⅶ式（第9図35，37，38）の胴部にも系統的に変化している。

器形は深鉢形の丸底で，口縁形は波状口縁（第9図35）と平口縁（第9図36，39）がある。裏面部には左回りに指痕が施されている。焼成は良好で色調は暗褐色・茶褐色であり，胎土に長石・石英を含む。木島Ⅶ式と伴出する他の土器型式は今のところ不明である。分布は，静岡県木島遺跡，神奈川県菊名貝塚，埼玉県天神山遺跡などである。

木島Ⅷ式土器（第9図）

愛知県清水ノ上貝塚（同報告書，清水ノ上Ⅰ式，第1類A1，B，11～23）の清水ノ上Ⅰ式の一部と，神奈川県菊名貝塚，埼玉県打越遺跡71号住居（第4図1）を木島Ⅷ式と考えている。ことに打越遺跡71号住居からは，口縁部に有段口縁風に口縁帯をつくり，そこに矢羽根状に沈線を施し，以下に貝殻背圧痕により斜縄文の文様効果を出している花積下層式（新田野期）（第4図2）。有段口縁に同じく矢羽根状の沈線を施し以下に斜縄文を施している花積下層式（新田野期）（第4図3）。同じく口縁部を有段風につくり単節の羽状縄文の花積下層式（新田野期）（第4図4）。単節の斜縄文（第4図35），無節の縄文（第4図8）を施している例。撚糸側面圧痕（第4図6，7）を施している例。無文（第4図9）の例などがある。そのほかに貝殻背圧痕文土器（第4

図10, 14, 16～23), 貝殻条痕土器（第4図11, 13), 円形竹管を刺突した土器（第4図15), 無文土器（第4図24～28), 縄文土器（第4図29～34) が出土している。そうした土器と木島Ⅷ式が伴出している。また, 同じく打越遺跡79号住居（第5図1～19）は新田野期の資料（第5図1～7, 10～18) と二ツ木式（第5図8, 9) との前後する2時期の土器を出土している。この打越遺跡79号住居の花積下層式の中の新田野期の土器（第5図1, 2) と（第5図3～7）が一時期であると考えられる。したがって, 打越遺跡71号住居（第4図）と打越遺跡79号住居（第5図）の関係により, 木島Ⅷ式と花積下層式新田野期の土器とが併行すると考えられる。この点は打越遺跡71号住居（第4図1) の木島Ⅷ式の口縁部文様と（第4図2, 3) の花積下層式新田野期の口縁部文様との共通性からも首肯できると思われる。

　木島Ⅶ式と木島Ⅷ式の文様を比較してみると木島Ⅶ式の（第9図35), 木島Ⅷ式の（第9図40) との比較でわかるように, 波状口縁の波頂部粘土紐を垂下した系統は残るが, 口縁部文様帯の幅が木島Ⅶ式よりも木島Ⅷ式では広くなる。口縁部と胴部に施されてきた指頭によるつまみ痕が簡略化され, 清水ノ上貝塚の例木島Ⅷ式の（第9図41) のように爪形を施したようになる点, また, 口唇部の器厚が木島Ⅵ式・木島Ⅶ式より薄くなると共に, 口唇部に文様があまり施されなくなる点が指摘できる。

　この口縁部文様帯の文様を比較した場合, 木島Ⅷ式（第9図42) のように簡略化がされている。また, 木島Ⅶ式（第9図36～38) は木島Ⅷ式（第9図42～45) に変化し, 木島Ⅶ式（第9図39) は木島Ⅷ式（第9図46) に系統的に変化している。焼成は良好で色調は暗褐色・褐色を呈し, 胎土に長石・石英が混入する。器形は頸部でいくぶん外反する丸底の深鉢形である。口縁部文様帯には, 櫛歯状工具で格子文を施すもの木島Ⅷ式（第9図46), 同一工具で斜位・矢羽根・刺突などの文様を施すもの（第9図45) などがある。器厚は口唇部で約4mm, 以下は3～4mmである。分布は愛知県清水ノ上貝塚・乙福谷遺跡, 長野県千鹿頭社遺跡8号住居, 静岡県木島遺跡・清水柳遺跡・滝ノ上遺跡, 神奈川県菊名貝塚・下組西貝塚・野川遺跡, 東京都清水坂貝塚・多摩ニュータウンNo.27遺跡, 埼玉県内畑遺跡・池田遺跡・天神山遺跡, 千葉県幸田貝塚などである。

木島Ⅸ式土器（第9図）

　木島Ⅷ式から木島Ⅸ式に系統的に変化する過程で, 口縁部文様の簡略化が進む。木島Ⅷ式で施されていた口縁部と胴部の境に付けた指頭によるつまみ痕は, 木島Ⅸ式は半截竹管状工具による爪形文に変化し, つまみ痕をもたない例も出てくる。木島Ⅷ式で櫛歯状工具の施された沈線文は継続して木島Ⅸ式に残るが, 半截竹管状工具やヘラ状工具の施文に簡略化が進む。

　木島Ⅸ式は東京都多摩ニュータウンNo.27遺跡17号住居（第6図）より出土している。ここでは花積下層式新田野期に近いと思われる撚糸側面圧痕土器（第6図1, 2), 二ツ木式と思われる土器群（第6図3～10, 14～23), 口縁部が無文で口縁部と胴部の間に刺突を付けた木島Ⅸ式（第6図11～13) が伴出している。また, 長野県田村原遺跡2号住居・5号住居（第7図1～18＝5号住居, 19～35＝2号住居）より木島Ⅸ式土器が出土している。多摩ニュータウンNo.27遺跡17号住居, 田村原遺跡2号・5号住居の出土例により木島Ⅸ式は, 関東地方二ツ木式と併行する土器型式である。

　木島Ⅸ式には波状口縁（第9図47) と平口縁（第9図53, 54) が存在し, 器形は丸底風の深鉢形の形態をとるものと思われる。文様は木島Ⅷ式の波状口縁の波頂部より粘土紐を垂下した（第9図47～49) の, 木島Ⅸ式では粘土紐を波頂部より垂下せずに口縁部を内側に折り曲げて, 木島Ⅷ式の粘土紐垂下の文様効果を出している。焼成は良好で色調は褐色・暗褐色であり, 胎土に長石・石英・雲母を含む。器厚は2～5mmであり, 特に3mm程度のものが多いようである。木島Ⅷ式の波状口縁（第9図40) は, 木島Ⅸ式（第9図47) に変化し, 木島Ⅷ式（第9図45) は（第9図51, 52) に変化する。（第9図46) は木島Ⅸ式では口縁部や胴部

第1節 木島式土器の研究 71

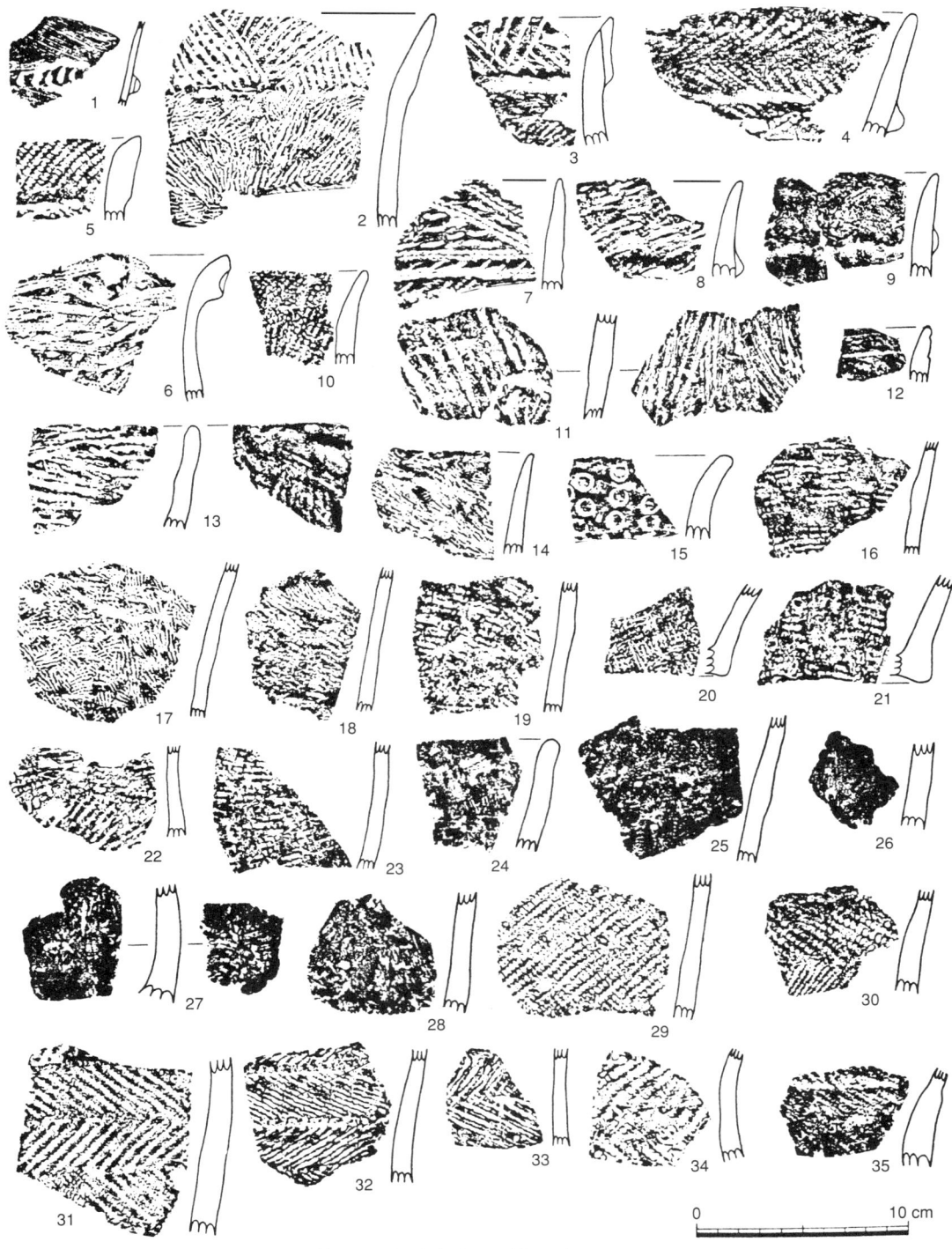

第4図 打越遺跡71号住居跡出土土器

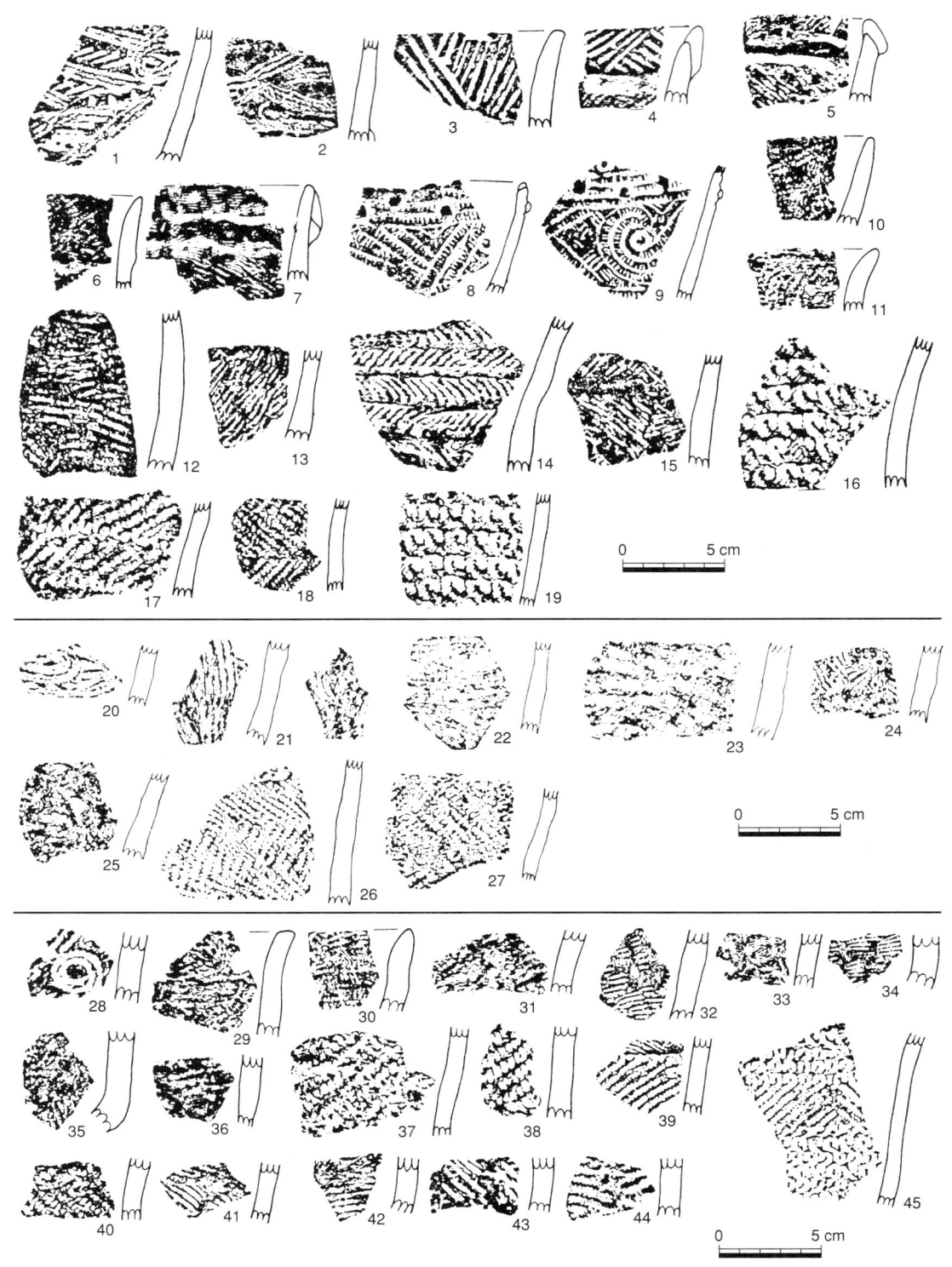

72　第2章　縄文時代早期末・前期初頭土器

第5図　打越遺跡出土土器　(1～19) 79号住居跡　(20～27) 42号住居跡　(28～45) 20号住居跡

第1節 木島式土器の研究 73

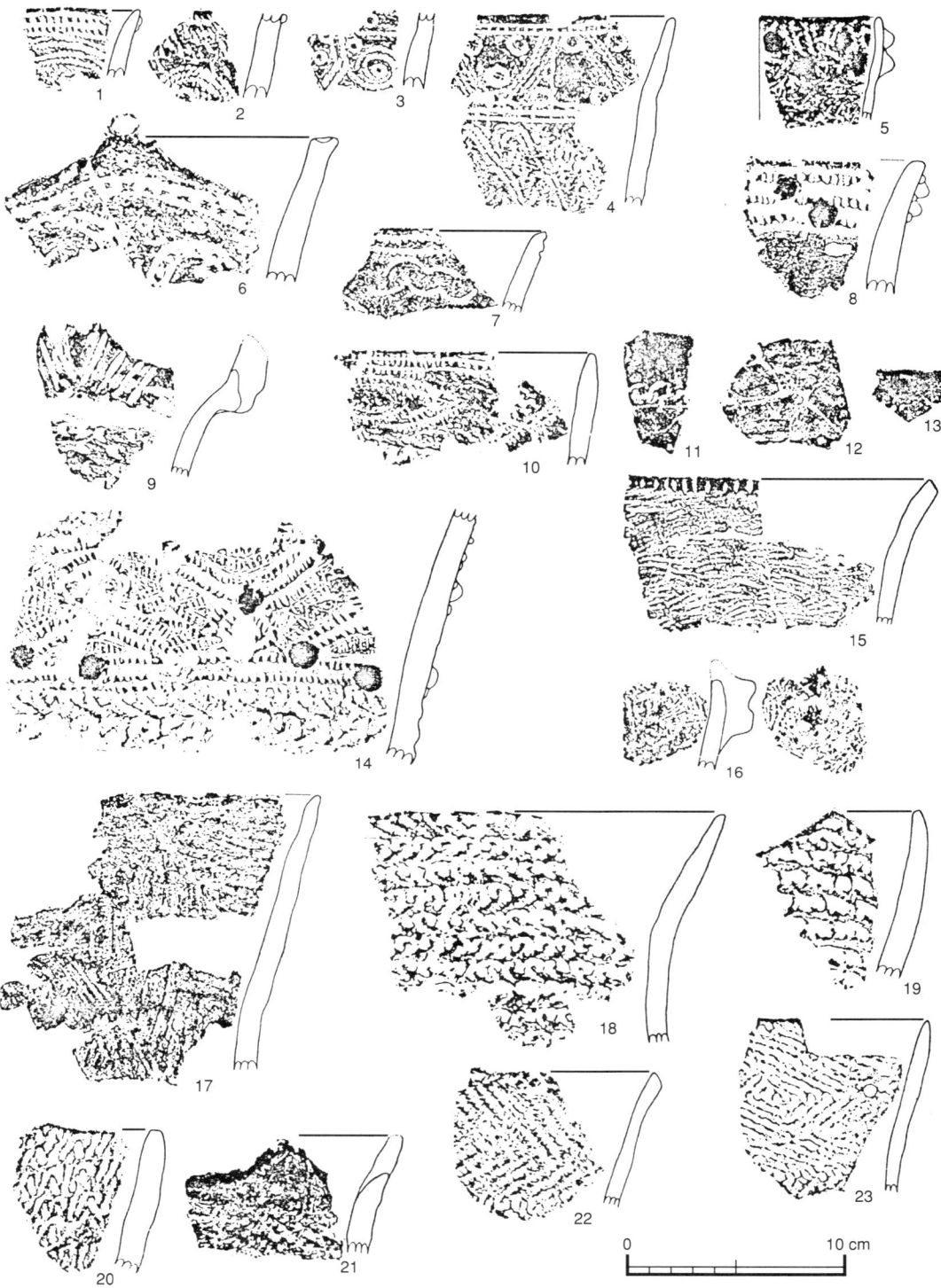

第6図 多摩ニュータウン No27 遺跡 19 号住居跡出土土器

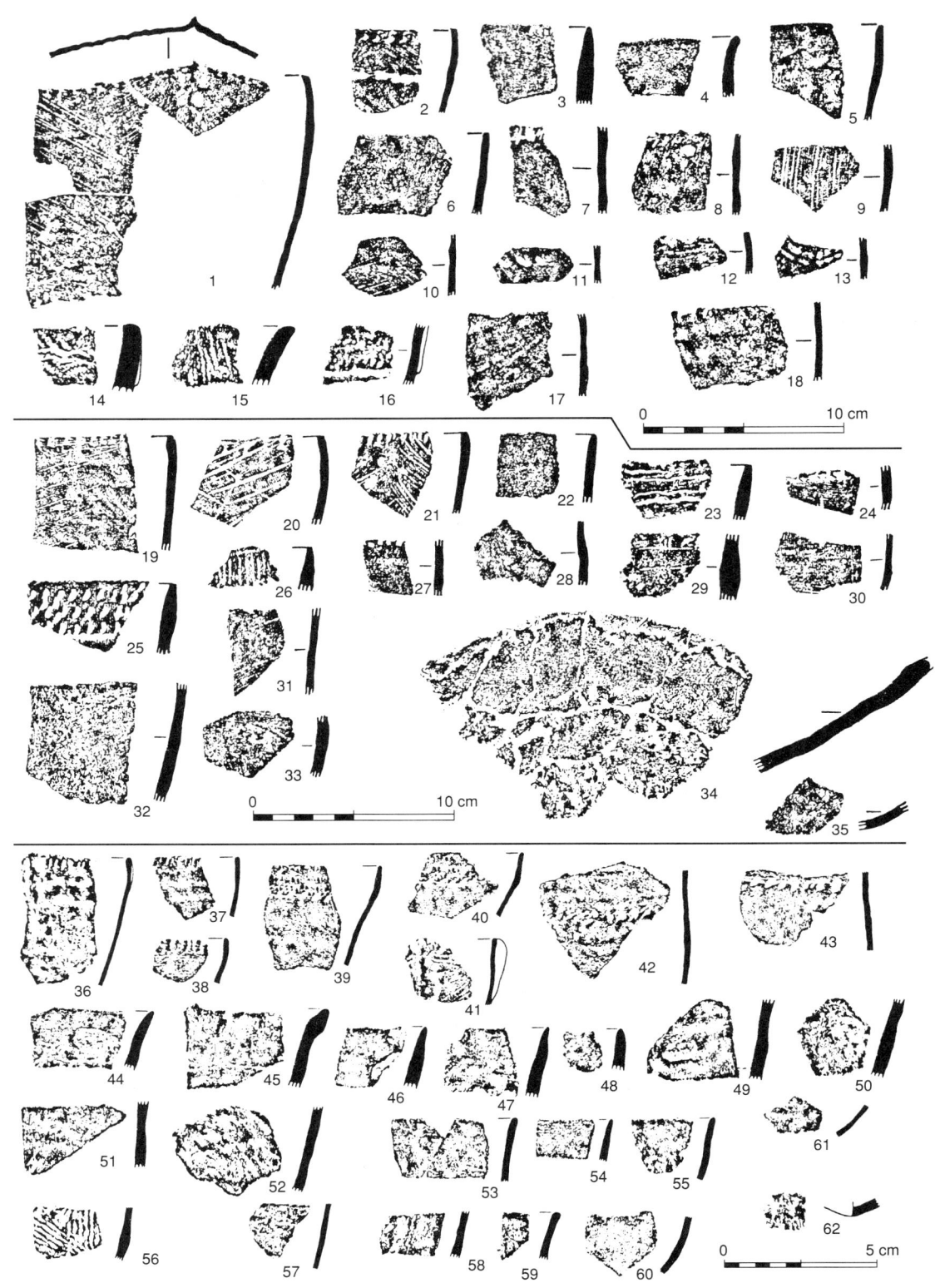

74　第2章　縄文時代早期末・前期初頭土器

第7図　田村原遺跡出土土器　（1〜18）5号住居跡　（19〜35）2号住居跡　（36〜62）8号住居跡

第1節　木島式土器の研究　75

第8図　梅の木平遺跡1号住居跡出土土器

第1表　東海・相模・関東における早期～前期の編年表(案)

	東 海 地 方	相 模 地 方	関 東 地 方
縄文時代早期(末)	木島Ⅰ式 木島Ⅱ式	神之木台Ⅰ式 神之木台Ⅱ式	
縄文時代前期(初)	木島Ⅲ式 木島Ⅳ式・木島Ⅴ式 木島Ⅵ式・木島Ⅶ式 木島Ⅷ式 木島Ⅸ式 木島Ⅹ式	下吉井式 下吉井式 下吉井式 ？	花積下層式 花積下層式（渦巻き状の撚糸側面圧痕） 花積下層式 花積下層式（新田野期） 二ッ木式 関山Ⅰ式
前　期			

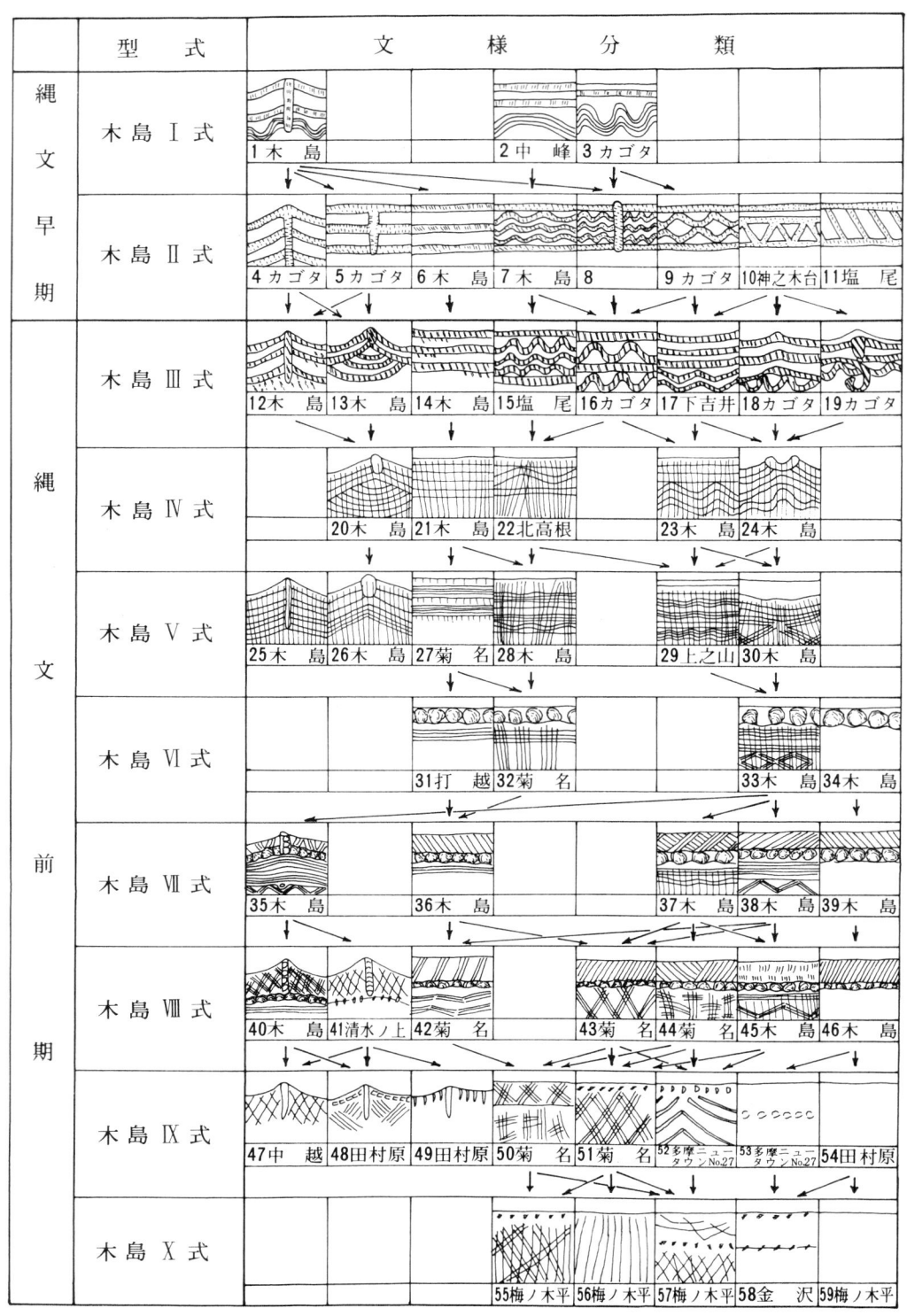

76　第2章　縄文時代早期末・前期初頭土器

型　式	文　様　分　類
縄文早期　木島Ⅰ式	1 木　島　2 中　峰　3 カゴタ
木島Ⅱ式	4 カゴタ　5 カゴタ　6 木　島　7 木　島　8　9 カゴタ　10 神之木台　11 塩　尾
縄文前期　木島Ⅲ式	12 木　島　13 木　島　14 木　島　15 塩　尾　16 カゴタ　17 下吉井　18 カゴタ　19 カゴタ
木島Ⅳ式	20 木　島　21 木　島　22 北高根　23 木　島　24 木　島
木島Ⅴ式	25 木　島　26 木　島　27 菊　名　28 木　島　29 上之山　30 木　島
木島Ⅵ式	31 打　越　32 菊　名　33 木　島　34 木　島
木島Ⅶ式	35 木　島　36 木　島　37 木　島　38 木　島　39 木　島
木島Ⅷ式	40 木　島　41 清水ノ上　42 菊　名　43 菊　名　44 菊　名　45 木　島　46 木　島
木島Ⅸ式	47 中　越　48 田村原　49 田村原　50 菊　名　51 菊　名　52 多摩ニュータウンNo.27　53 多摩ニュータウンNo.27　54 田村原
木島Ⅹ式	55 梅ノ木平　56 梅ノ木平　57 梅ノ木平　58 金　沢　59 梅ノ木平

第9図　木島式土器の文様の変遷

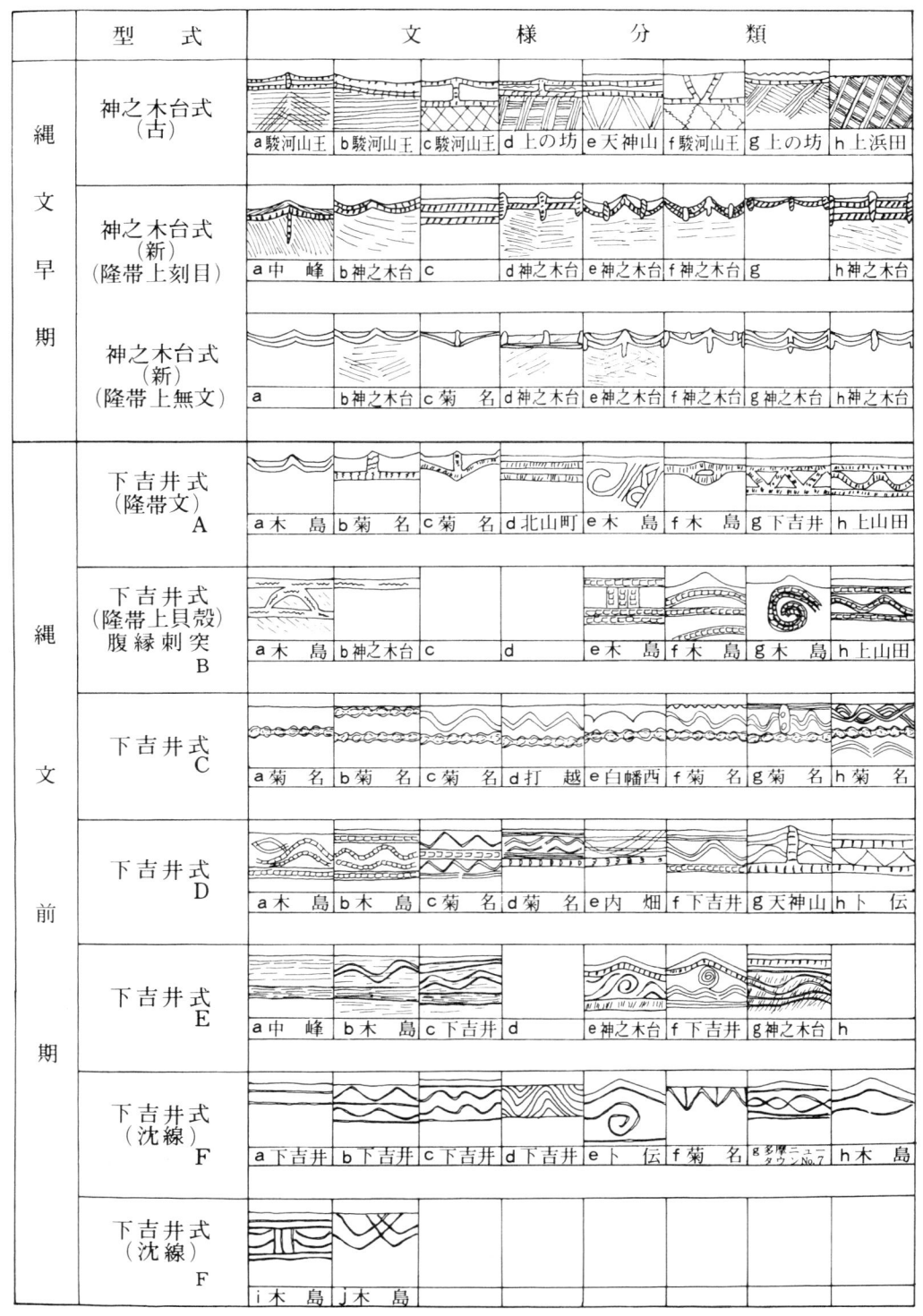

第1節 木島式土器の研究

型　式	文　様　分　類
縄文早期 神之木台式（古）	a駿河山王 / b駿河山王 / c駿河山王 / d上の坊 / e天神山 / f駿河山王 / g上の坊 / h上浜田
神之木台式（新）（隆帯上刻目）	a中　峰 / b神之木台 / c / d神之木台 / e神之木台 / f神之木台 / g / h神之木台
神之木台式（新）（隆帯上無文）	a / b神之木台 / c菊　名 / d神之木台 / e神之木台 / f神之木台 / g神之木台 / h神之木台
縄文前期 下吉井式（隆帯文）A	a木　島 / b菊　名 / c菊　名 / d北山町 / e木　島 / f木　島 / g下吉井 / h上山田
下吉井式（隆帯上貝殻）腹縁刺突 B	a木　島 / b神之木台 / c / d / e木　島 / f木　島 / g木　島 / h上山田
下吉井式 C	a菊　名 / b菊　名 / c菊　名 / d打　越 / e白幡西 / f菊　名 / g菊　名 / h菊　名
下吉井式 D	a木　島 / b木　島 / c菊　名 / d菊　名 / e内　畑 / f下吉井 / g天神山 / hト　伝
下吉井式 E	a中　峰 / b木　島 / c下吉井 / d / e神之木台 / f下吉井 / g神之木台 / h
下吉井式（沈線）F	a下吉井 / b下吉井 / c下吉井 / d下吉井 / eト　伝 / f菊　名 / g多摩ニュータウンNo.7 / h木　島
下吉井式（沈線）F	i木　島 / j木　島

第10図　神之木台式・下吉井式土器の文様の種類

78　第2章　縄文時代早期末・前期初頭土器

で無文化の傾向にある。

　前述した多摩ニュータウン No.27 遺跡 17 号住居例はことに興味深い。木島Ⅸ式は関東地方の二ツ木式と併行し，中部地方では型式内容が混乱している中越式とも関わる。また，愛知県清水ノ上Ⅰ式の一部分（報告書挿図第 8，2〜22）は木島Ⅸ式として型式細分して考えるべきであろう。この問題については別の機会に述べたい。分布は愛知県清水ノ上貝塚，長野県中越遺跡・田村原遺跡・千鹿頭社遺跡，静岡県木島遺跡，神奈川県菊名貝塚，東京都多摩ニュータウン No.27 遺跡 17 号住居，埼玉県打越遺跡などである。

木島Ⅹ式土器（第 9 図）

　梅之木平遺跡 1 号住居（第 8 図）より木島Ⅹ式（第 8 図 1〜7）と関山Ⅰ式（関山Ⅰa 式）の土器（第 8 図 18〜20）が出土しており，木島式の終末的な型式である。木島Ⅸ式と同様に無文土器が多くなり，有文土器については半截竹管状工具による刺突・斜状沈線が多くなる。木島Ⅸ式に比して沈線が粗く施されている。梅之木平 1 号住居では他に，二ツ木式段階に存在すると思われる無文で，繊維を多量に含んだ土器も伴出している。木島Ⅹ式の口縁部形態は平口縁が多い。器形は丸底の深鉢形で，頸部の括れも退化している。焼成は良好で，器厚は 3〜4 mm，色調は暗褐色・褐色を呈し，胎土に雲母・長石を含んでいる。

　文様については，木島Ⅸ式（第 9 図 47）の波状口縁で粘土紐を垂下する系統は木島Ⅹ式に残る。波状口縁の退化した類が存在する。木島Ⅸ式（第 9 図 53）は木島Ⅹ式（第 9 図 58）に系統的に変化し，木島Ⅸ式（第 9 図 54）は木島Ⅹ式（第 9 図 59）へと変化するものと思われる。また，清水ノ上Ⅰ式の C 類（同報告書）は木島Ⅹ式と関連すると考えられる。分布は愛知県清水ノ上貝塚，長野県中越遺跡，静岡県梅ノ木平遺跡 1 号住居・金沢遺跡などである。

3　まとめ

　「東海・相模・関東における早期〜前期の編年表（案）」（第 1 表）に示したように縄文時代早期末葉に木島Ⅰ式・Ⅱ式を置き，木島Ⅰ式は仮称神之木台Ⅰ式（第 10 図　神之木台Ⅰ式）と，木島Ⅱ式は仮称神之木台Ⅱ式（第 10 図　神之木台Ⅱ式）と編年的に併行すると考えている。また，木島Ⅲ式・下吉井式・花積下層式のもっとも古い段階が同時期の型式である。これらの型式をもって縄文時代前期の最初頭に位置付けたい。

　前述したように木島Ⅳ式・木島Ⅴ式は型式学的に分類しておく必要があり，編年的には長野県十二ノ后 127 号住居（第 1 図 7〜14）のように木島Ⅳ式だけが出土して，木島Ⅴ式を伴っていない例がある。したがって，前述の編年表（第 1 表）では併行関係に木島Ⅳ式・木島Ⅴ式を置いたが，今後は編年学的に前後する位置になる可能性もある。この木島Ⅳ式・木島Ⅴ式は，下吉井式・花積下層式の撚糸側面圧痕文土器で渦巻き状に巻いた例が木島 1 号住居で伴出している。こうした点により，木島Ⅳ式・木島Ⅴ式と下吉井式・花積下層式が併行するものと考える。木島Ⅵ式・木島Ⅶ式は，埼玉県天神山遺跡，神奈川県菊名貝塚の例により，下吉井式・花積下層式と併行するものと思われる。この型式の編年位置については良好な出土例に現在恵まれていないことから不明な点がある。木島Ⅷ式は，現在中越式・清水ノ上Ⅰ式などの一部に入れられている型式である。中越式（中越Ⅰ式）については報告書が出版されていないため，現在に至るまで不明であるし，清水ノ上Ⅰ式は研究者間で型式内容の把握に混乱がある。今後木島Ⅷ式として細分を考えるべきものと思う。木島Ⅷ式は，埼玉県打越遺跡 71 号住居などにより，木島Ⅷ式と花積下層式新田野期と併行するものと考えられる。木島Ⅸ式は東京都多摩ニュータウン No.27 遺跡 17 号住居（第 6 図）などにより，二ツ木式と併行する型式と考えている。また，木島Ⅹ式は静岡県梅ノ木平遺跡 1 号住居（第 8 図）などにより，関山Ⅰ式（関山Ⅰa 式）と併行すると考えられる。関連諸型式については別の機会に述べたい。

第2節　山陰・近畿・北陸地方を中心とする木島式土器の研究

1　はじめに

　筆者は1980年に静岡県庵原郡富士川町木島遺跡第4次発掘調査で出土した土器群の整理をおこなう機会を得た。これは同年4月20日に調査担当者の佐野五十三氏に案内され，調査中の遺跡を訪れたことがきっかけであった。この発掘調査では，約70㎡の調査区から足の踏み場もないように，多量の土器類が出土していた。

　この木島遺跡出土土器群を整理していくと，縄文時代早期末から前期初頭の土器群が中心であった。出土土器は限られた時間幅の中で使用したと思われる。これら土器型式の多様さと土器文様の種類の豊富さには，さすがに木島式土器のタイプサイトであると感心させられた。出土土器の整理と型式分類作業を進めていくと，多量の木島式土器が出土しており，そのほかに花積下層式土器，神之木台式土器，下吉井式土器なども出土していた。

　筆者は出土土器整理作業の中でこれらの型式分類と編年的な位置付け，型式相互の編年関係を考え，木島式土器を木島Ⅰ式土器から木島Ⅷ式土器まで型式細分した。そして，木島Ⅰ式土器と木島Ⅱ式土器を縄文時代早期終末に位置付け神之木台式土器と併行関係に置き，木島Ⅲ式土器から縄文時代前期最初頭として花積下層式土器，下吉井式土器が併行関係にあると考えた。その結果を『木島，静岡県富士川町木島遺跡第4次調査報告書』[2]の中で報告した。

　その後，筆者は「木島式土器の研究―木島式土器の型式細分について―」[3]の中で，木島式土器を木島Ⅰ式土器から木島Ⅹ式土器まで型式細分し，「木島式土器の文様の変遷図」(第11図)と「東海・相模・関東における早期～前期の編年表(案)」(第12図編年表(1))を示した。同論文で型式細分した木島式土器の出土状況と分布や，他の土器型式との編年上の併行関係を説明した。

　さらに，筆者は「神之木台式・下吉井式土器の研究―その型式内容と編年的位置について―」[4]の中で，関東地方を中心に早期末から前期初頭の研究史について花積下層式土器，神之木台式土器，下吉井式土器，木島式土器の研究史をまとめた。同論文では縄文時代の早期と前期の境は，花積下層式土器の成立をもって縄文時代前期とすると結論付けた。その結果，神之木台式土器，木島Ⅰ式土器，木島Ⅱ式土器は早期終末，花積下層式土器，下吉井式土器，木島Ⅲ式土器以降を前期初頭の位置付けとした。

　また，筆者は「花積下層式土器の研究―側面圧痕文土器を中心として―」[5]の中で，花積下層式の型式細分の方向として，撚糸側面圧痕の変遷をもとに型式細分するのが有効と考え，花積下層Ⅰ式土器，花積下層Ⅱ式土器，花積下層Ⅲ式土器の3時期に型式細分した。また，花積下層Ⅱ式土器と木島Ⅷ式土器の口縁部の鋸歯状の集合沈線や口縁部器形の共通性などを指摘し，相互の型式の影響とその同時性について考えた。

　さらに，筆者は「土器型式より見た縄文早期と前期との境について―関東・中部・東海地方からの検討―」[6]の中で，磯部幸男氏などが早期末の土器型式として主張された「塩屋式土器」[7]の型式内容が単一時期の資料でなく，筆者の木島式土器編年の木島Ⅱ式土器，木島Ⅲ式土器，木島Ⅳ式土器，木島Ⅱ式土器と神之木台式土器の折衷的土器，木島Ⅲ式土器と下吉井式土器の折衷的土器，木島Ⅳ式土器と下吉井式土器の折衷的土器などが出土しており，時期的にも早期末から前期初頭の土器群であることを指摘した。また，磯部幸男氏は「愛知県知多半島南端における縄文文化早期末～前期初頭の遺跡群」[8]で，塩屋上層A類として隆線上にヘラや櫛歯状工具の垂直，斜め沈線や貝の刺突を付けたもの。塩屋上層B類として「いずれも隆線は平たく，その上面に縄文が施文されている」[9]と2分類された。この分類については疑問な点が多い。

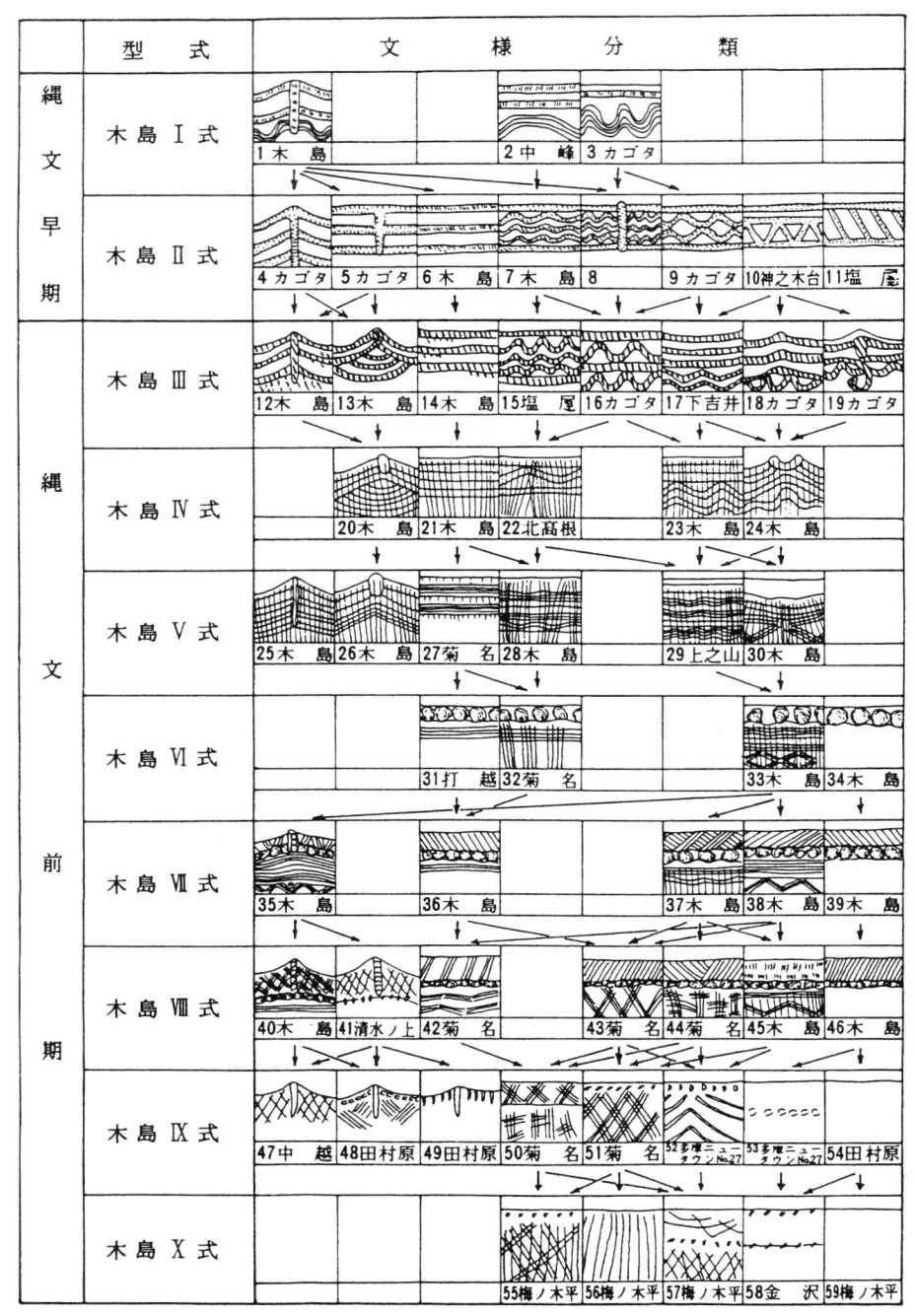

80　第2章　縄文時代早期末・前期初頭土器

第11図　木島式土器の文様変遷図　澁谷「木島式土器の研究―木島式土器の型式細分について」『静岡県考古学研究』11

第 2 節　山陰・近畿・北陸地方を中心とする木島式土器の研究　　81

編年表（1）

	東海地方	相模地方	関東地方
縄文時代早期（末）	木島Ⅰ式 木島Ⅱ式	神之木台Ⅰ式 神之木台Ⅱ式	
縄文時代前期（初）	木島Ⅲ式 木島Ⅳ式・木島Ⅴ式 木島Ⅵ式・木島Ⅶ式 木島Ⅷ式 木島Ⅸ式 木島Ⅹ式	下吉井式 下吉井式 下吉井式 ？	花積下層式 花積下層式（渦巻き状の撚糸側面圧痕） 花積下層式 花積下層式（新田野期） 二ッ木式 関山Ⅰ式
前期			

編年表（2）

	東海地方	相模地方	関東地方
縄文時代早期（末）	天神山式 木島Ⅰ式 木島Ⅱ式	（打越式） 神之木台Ⅰ式 神之木台Ⅱ式	打越式
縄文時代前期（初）	木島Ⅲ式 木島Ⅳ式・木島Ⅴ式 木島Ⅵ式・木島Ⅶ式 木島Ⅷ式 木島Ⅸ式 木島Ⅹ式	下吉井Ⅰ式 下吉井Ⅰ式・下吉井Ⅱ式 下吉井Ⅱ式 下吉井Ⅲ式	花積下層式（有段口縁、隆帯） 花積下層式（渦巻き状の撚糸側面圧痕） 花積下層式 花積下層式（新田野期） 二ッ木式 関山Ⅰ式

編年表（3）

	東海		信州	南関東
	愛知	静岡		
縄文時代前期（初）		木島Ⅲ	(+)	下吉井式 （花積下層式）
		木島Ⅳ・Ⅴ	(+)	花積下層式
		木島Ⅵ・Ⅶ・Ⅷ	中越Ⅰ式	花積下層式
	清水ノ上(+)	木島Ⅸ	中越Ⅱ式	二ッ木式
	清水ノ上Ⅰ式	木島Ⅹ	中越Ⅲ式	関山Ⅰ式

第12図　**編年表(1)**　澁谷「木島式土器の研究―木島式土器の型式細分について」『静岡県考古学研究』11
　　　　編年表(2)　澁谷「神之木台・下吉井式土器の研究―その型式内容と編年的位置について」『小田原考古学研究会々報』
　　　　編年表(3)　澁谷「中越式土器の研究―中越遺跡、阿久遺跡出土土器を中心として―」『縄文時代』第2号

82　第2章　縄文時代早期末・前期初頭土器

　筆者の木島式の研究は以上のような経緯を経てきた。筆者がこれまで発表してきた論文では山陰地方，近畿地方，北陸地方出土の木島式土器を取り上げることはほとんどなかった。しかし，これらの地方でも公表されている資料は少ないが，確実に出土例が増加している。木島式の研究を進めるに伴い，これらの地方の出土資料も集成・検討していく必要性が生じている。これが本稿執筆の理由である。

2　島根県の木島式土器
松江市西河津町西川津遺跡[10]

　西川津遺跡は遺跡位置図（第13図）に示したように，山陰地方で日本海に角のごとく突き出した唯一の箇所である島根半島にあり，対馬海峡を通って北上する黒潮が最初に出会う場所とされる。本遺跡（海崎地区）は朝酌川流域の河川改修工事に伴って調査された。

　木島式土器（第13図1）は1点報告されており，貴重である。文様は大波状口縁で，半截竹管状工具で斜線と渦巻き沈線を付ける。口縁部と胴部の境の断面を「く」の字状に内反し，境に刺突状の圧痕を付け，胴部には同一工具により縦位と横位に沈線を付けている。この土器は木島Ⅷ式土器（第11図・第12図）である。この木島Ⅷ式土器は縄文前期初頭の資料で，関東で花積下層式土器に伴出する。したがって，西川津遺跡発掘調査出土資料の中に，木島Ⅷ式土器が1点出土していることはきわめて重要である。

3　福井県の木島式土器
三方郡三方町鳥浜貝塚[11]

　鳥浜貝塚は遺跡位置図（第13図）に示したように，現在三方町をほぼ南北に流れる川とその支流，向笠区から流れ込む高瀬川の合流点一帯の河床を中心に遺跡が展開している。

　報告書によると第23層・24層・25層出土土器の中に木島式土器が1点存在（第13図2）する。口唇部に貝殻背圧痕を付けて，平口縁に沿って粘土紐を波状に2段付け，口縁部と胴部の境に横位の粘土紐を1段貼り付け，二枚貝の腹縁で貝殻背圧痕を付けた木島Ⅱ式土器（第11図）である。したがって，木島式土器編年（第12図）では縄文時代早期最終末に位置付けられ，関東地方の神之木台式土器と編年的に併行関係になる。

4　滋賀県の木島式土器
坂田郡米原町磯山城遺跡[12]

　磯山城遺跡は遺跡位置図（第13図）に示したように米原町入江内湖にあり，琵琶湖東岸に位置し，遺跡の西側が琵琶湖の水面で，東側に伊吹や鈴鹿の山地がある。この磯山城遺跡からは多量の木島式土器が出土（第13図3～10・第14図1～20）している。

　AトレンチⅦ層からは沈線と爪による刺突を組み合わせた木島式土器（第13図3），外面に櫛歯状工具と思われるもので沈線を付けた木島式土器（第13図4，5）が出土している。Aトレンチ灰色粘土層からは口縁部文様帯に粘土紐を波状に貼り付け，二枚貝の腹縁で貝殻条痕を付けた木島Ⅲ式土器（第13図6）。口縁部と胴部の境に粘土紐を横位と波状に貼り付け，二枚貝の腹縁で貝殻条痕を付けた木島Ⅲ式土器（第13図7）がそれぞれ出土している。

　AトレンチⅥ層からは，口唇部に貝殻条痕を付け，粘土紐を口唇部に沿って波状に2段貼り付け，二枚貝で貝殻条痕を付けた木島Ⅲ式土器（第13図8）。口縁部と胴部の境に隆帯を付け，竹管状工具で横位に刺突を施し，櫛歯状工具で斜位に沈線を付けた木島Ⅷ式土器（第13図9）。波状口縁の波頂部から粘土紐を垂下して，口縁部と胴部との境にも横位に刺突を付け，口縁部には櫛歯状工具で縦位に沈線を施し，胴部に同

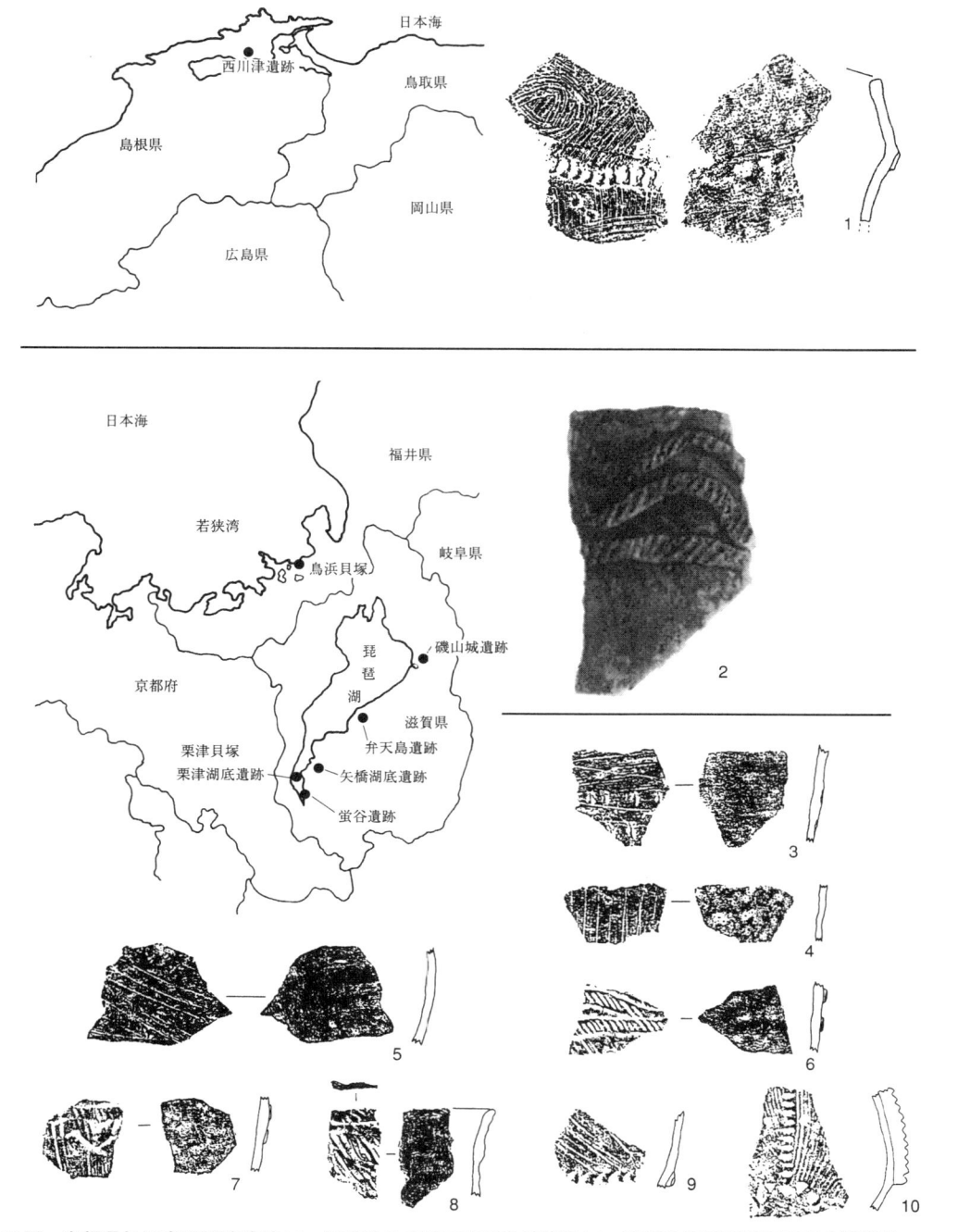

第2節　山陰・近畿・北陸地方を中心とする木島式土器の研究　83

第13図　島根県松江市西川津遺跡(1)　福井県三方郡三方町鳥浜貝塚(2)　滋賀県坂田郡米原町磯山城遺跡(3～10)

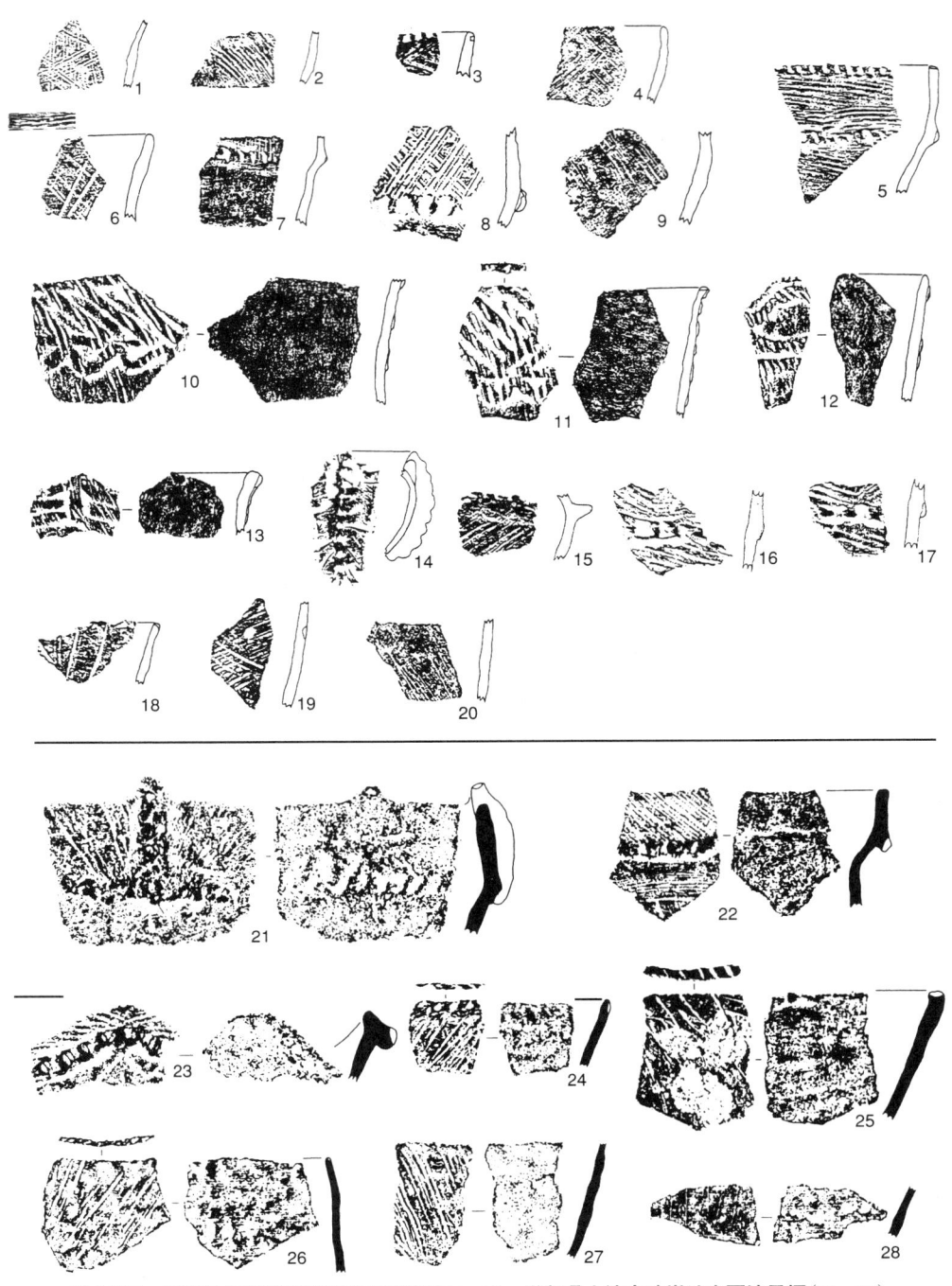

84　第2章　縄文時代早期末・前期初頭土器

第14図　滋賀県坂田郡米原町磯山城遺跡(1〜20)　滋賀県大津市晴嵐地先粟津貝塚(21〜28)

第2節　山陰・近畿・北陸地方を中心とする木島式土器の研究　85

一工具で横位の沈線を付けた木島Ⅷ式土器（第13図10）。胴部に櫛歯状工具で縦位や菱形に沈線を付けた木島Ⅷ式と思われる土器（第14図1）。胴部に櫛歯状工具で斜位に沈線を付けた木島Ⅷ式土器（第14図2）が出土している。

　Aトレンチ第Ⅴ層からは，口縁に沿って横位に刺突を付け，櫛状工具で格子状に沈線を交差させた木島Ⅸ式土器（第14図3）。口縁部に櫛歯状工具で格子状に沈線を交差させて，胴部の状況が不明の木島Ⅷ式土器か木島Ⅸ式土器（第14図4）。口唇と胴部の境に横位の刺突を付け，口縁と胴部に櫛歯状工具で横位に沈線を付けた木島Ⅷ式土器（第14図5）。口縁部に櫛歯状工具で格子状に沈線を付けており，胴部の状況が不明の木島Ⅷ式か木島Ⅸ式土器（第4図6）。口縁部と胴部の境に横位の刺突を付けて，口縁部に櫛歯状工具による縦位の沈線，胴部に横位の沈線を付けた木島Ⅷ式土器（第14図7）。口縁部と胴部の境に横位の刺突を付け，口縁部に櫛歯状工具による格子状の沈線を施している木島Ⅷ式土器（第14図8）。胴部に櫛歯状工具による斜位の沈線が付いた木島式土器（第14図9）がそれぞれ出土している。

　さらに，Aトレンチ包含層からは，口縁部から胴部にかけて粘土紐を斜位と波状に貼り付け，二枚貝の腹縁で貝殻条痕を付けた木島Ⅲ式土器（第14図10）。口唇部に貝殻背圧痕を付け，口縁部に粘土紐を斜位と波状に貼り付け，貝殻条痕を施した木島Ⅲ式土器（第14図11）。口縁部にそって横位と波状に粘土紐を貼り付け，上部に貝殻条痕を付けた木島Ⅲ式土器（第14図12）。波状口縁の頂点より粘土紐を垂下して，波状口縁にそって粘土紐を貼り付け，上部から櫛歯状工具で斜めに沈線を付けたと思われる木島Ⅳ式土器（第14図13）。波状口縁の波頂部より粘土紐を垂下して，櫛歯状工具で斜めに沈線を入れた木島Ⅷ式土器（第14図14）。胴部と口縁部との間に横位に粘土紐を貼り付け刺突を施し，胴部は櫛歯状工具で斜位に沈線を付けた木島Ⅷ式土器（第14図15）。口縁部文様帯と胴部文様帯の間に粘土紐を貼り付け，上部に刺突を施し，胴部と口縁部に半截竹管状工具で沈線を斜位に付けた木島Ⅷ式土器（第14図16, 17）。胴部に櫛歯状工具で斜位に沈線を入れた木島式土器（第14図18, 20），胴部に櫛歯状工具で格子状に沈線を付けた木島Ⅸ式土器（第14図19）などが出土している。

　磯山城遺跡からは前期初頭の木島Ⅲ式土器6点，木島Ⅳ式土器1点，木島Ⅷ式土器11点，木島Ⅸ式土器2点などが出土している。

大津市晴嵐地先粟津貝塚湖底遺跡[13]・粟津湖底遺跡[14]

　遺跡位置図（第13図）に示したように，琵琶湖南端の湖底に水没している縄文時代の遺跡で，貝塚を伴うものとそうでないものとが近接して所在する。本遺跡は近くの石山貝塚とともに古くから知られてきた。

　筆者はこの遺跡の重要性について，「土器型式より見た縄文早期と前期との境について」[15]と「花積下層式土器研究史と福島県内資料の型式分類」[16]の中でふれた。以下，要約する。

　山内清男氏は昭和25年7月の日本人類学例会で「近江安土琵琶湖旧湖底遺跡の発掘」と題する講演をされ，編年表を発表された。この編年表は江坂輝彌氏が「縄文文化について（その7）―縄文式文化前期―」[17]の中で引用されている。この編年表によると，近江安土N地点上層の状況から木島類似（石塚下層）を前期，？，石山貝層を早期末に置いている。また，岡本勇氏は山内清男氏のこの発表を受けて，「三浦郡葉山町馬の背山遺跡」[18]で，滋賀県安土旧琵琶湖底の遺跡から木島式土器―いわゆるオセンベイ土器―に伴って，花積下層式のモチーフをもったものが発見されている（山内清男「近江安土村琵琶湖旧湖底遺跡の発掘」人類学例会講演，1949年7月1日）とされた。そして，南関東（三浦半島）・畿内（石山貝塚）として編年表を並列させ，前期の始めを南関東の花積下層式，畿内の木島式を対比された。

　また粟津貝塚湖底遺跡で泉拓良氏は，「前期」土器の中で「Z1群土器」として，「前期初頭，東海地方の木島式と総称されている土器群を一括した」と説明されている。

この粟津貝塚湖底遺跡から出土した木島式土器（第14図21～28・第15図1～7）は以下のとおりである。

口縁から粘土紐を垂下して，口縁部と胴部の境を「く」の字に内湾させて刺突を付け，口縁部文様帯に櫛歯状工具で斜めに沈線を付けた木島Ⅷ式土器（第14図21）。口縁部と胴部の境を「く」の字に内湾させ刺突を付け，口縁部文様帯に櫛歯状工具で斜めに沈線を入れ，胴部に同一工具で横位に沈線を付けた木島Ⅷ式土器（第14図22）。波状口縁で「く」の字に内湾させて口縁部文様帯を幅狭くとり，口縁部と胴部の境に刺突を入れ，口縁部文様帯に櫛歯状工具で斜めに沈線を入れた木島Ⅶ式土器（第14図23）。口唇部に刺突を付け，口縁部の直下に横位の刺突を施し，口縁部文様帯に櫛歯状工具で斜めに沈線を付けた木島Ⅸ式土器（第14図24）。口唇部に沈線を付け，口縁部文様帯に櫛歯状工具で斜めに沈線を付けた木島Ⅹ式土器（第14図25）。口唇部に刺突を付け，口縁部文様帯に櫛歯状工具か半截竹管状工具で沈線を施した木島Ⅹ式土器（第14図26）。胴部に櫛歯状工具で斜めに沈線を付けた木島式土器（第14図27，28・第15図1～3）。口縁部から胴部にかけて格子状の沈線を付けた木島Ⅸ式土器（第15図4，5）。胴部に斜めの沈線を付けた木島式土器（第15図6）。口縁部と胴部の境に円形の刺突を付けた木島式土器（第15図7）などが出土している。

粟津貝塚湖底遺跡では前期の木島Ⅶ式土器1点，木島Ⅷ式土器2点，木島Ⅸ式土器3点，木島Ⅹ式土器2点などが出土している。

粟津湖底遺跡出土の木島式土器（第15図8～13）は以下のとおりである。

波状口縁にそって口縁部に2段粘土紐の隆帯を貼り付け，その上から二枚貝の腹縁で貝殻背圧痕と一部条痕を付けている木島Ⅲ式土器（第15図8）。口縁部と胴部の境に円形の輪状に粘土紐を貼り付けた木島Ⅲ式と思われる土器（第15図9）。口縁部に横位に2本粘土紐を貼り付けた木島Ⅲ式土器（第15図10）。口縁部と胴部の境に粘土紐を横位に貼り，二枚貝の腹縁で条痕を付けた木島Ⅲ式土器（第15図11）。櫛歯状工具で器面に対して斜位に沈線を付け，胴部と口縁部との境に横位の刺突を入れた木島Ⅷ式土器（第15図12）。口唇部に刺突を施し，櫛歯状工具で縦位と斜位の沈線を付け，口縁部と胴部の境に先端が2つに分かれた工具で横位の刺突を施している木島Ⅷ式土器（第15図13）などが出土している。

粟津湖底遺跡からは前期初頭の木島Ⅲ式土器4点，木島Ⅷ式土器2点などが出土している。

大津市螢谷遺跡[19]

螢谷遺跡は遺跡位置図（第13図）に示したように，現在琵琶湖から流れ出す瀬田川の中にあり，北に螢谷川底遺跡，南東に石山貝塚が存在する。螢谷遺跡からも木島式土器（第15図14～22）が出土している。

口縁部から粘土紐を垂下して上部に刺突を付け，口縁部文様帯と胴部との境を「く」の字にして刺突を施しており，口縁部文様帯に櫛歯状工具で斜めの沈線を付け，胴部には横位と斜位の沈線を施した木島Ⅶ式土器（第15図14）。波状口縁で口縁部文様帯と胴部文様帯の境に刺突を付け，口縁部と胴部に櫛歯状工具で斜めに沈線を付けた木島Ⅷ式土器（第15図15）。おそらく口縁部にそって摘み状の刺突を付け，下部に櫛歯状工具で波状の沈線を付けた木島Ⅵ式土器（第15図16）。風化しているが，口縁部と胴部の境を「く」の字状にして横位の刺突を付け，口縁部と胴部に沈線を入れたと思われる木島Ⅷ式土器（第15図17）。波状口縁で波頂部から粘土紐を垂下し刺突を付け，口縁部と胴部の境に刺突を施し，櫛歯状工具で沈線を付けたと思われる木島Ⅷ式土器（第15図18）。口縁部文様帯に櫛歯状工具で沈線を付けた木島式土器（第15図19）。口縁部文様帯に指痕を付けた木島式土器（第15図20～22）などが出土している。

螢谷遺跡からは，前期の木島Ⅵ式土器1点，木島Ⅶ式土器1点，木島Ⅷ式土器3点などが出土している。

草津市矢橋町矢橋湖底遺跡[20]

矢橋湖底遺跡は遺跡地図（第13図）に示したように，現在近江八景の「矢橋の帰帆」の矢橋町に所在し，矢橋港の周辺湖底一帯に位置している。矢橋湖底遺跡からも木島式土器が出土している。

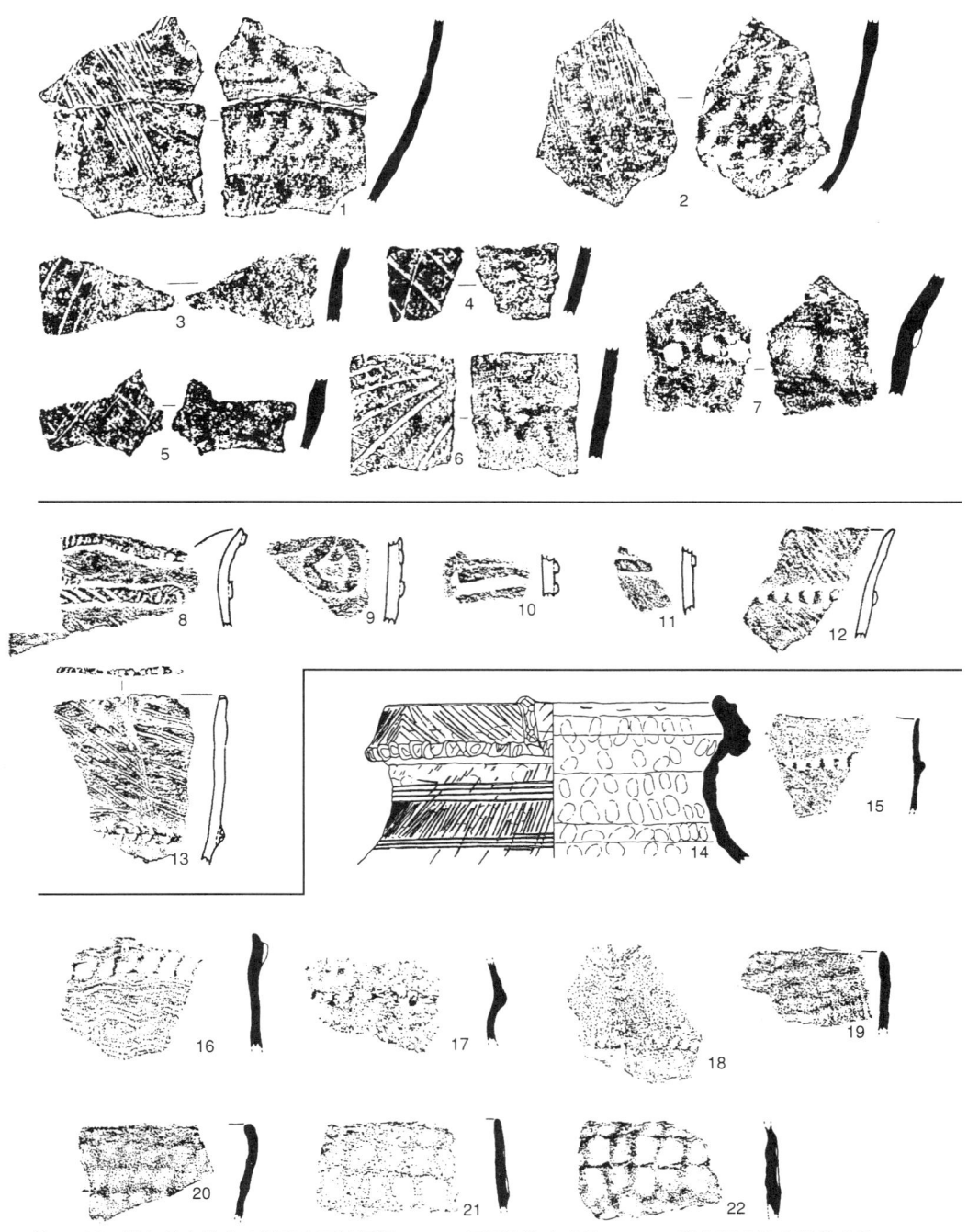

第2節　山陰・近畿・北陸地方を中心とする木島式土器の研究　87

第15図　滋賀県大津市晴嵐地先粟津貝塚(1〜7)　同粟津湖底遺跡(8〜13)　滋賀県大津市螢谷遺跡(14〜22)

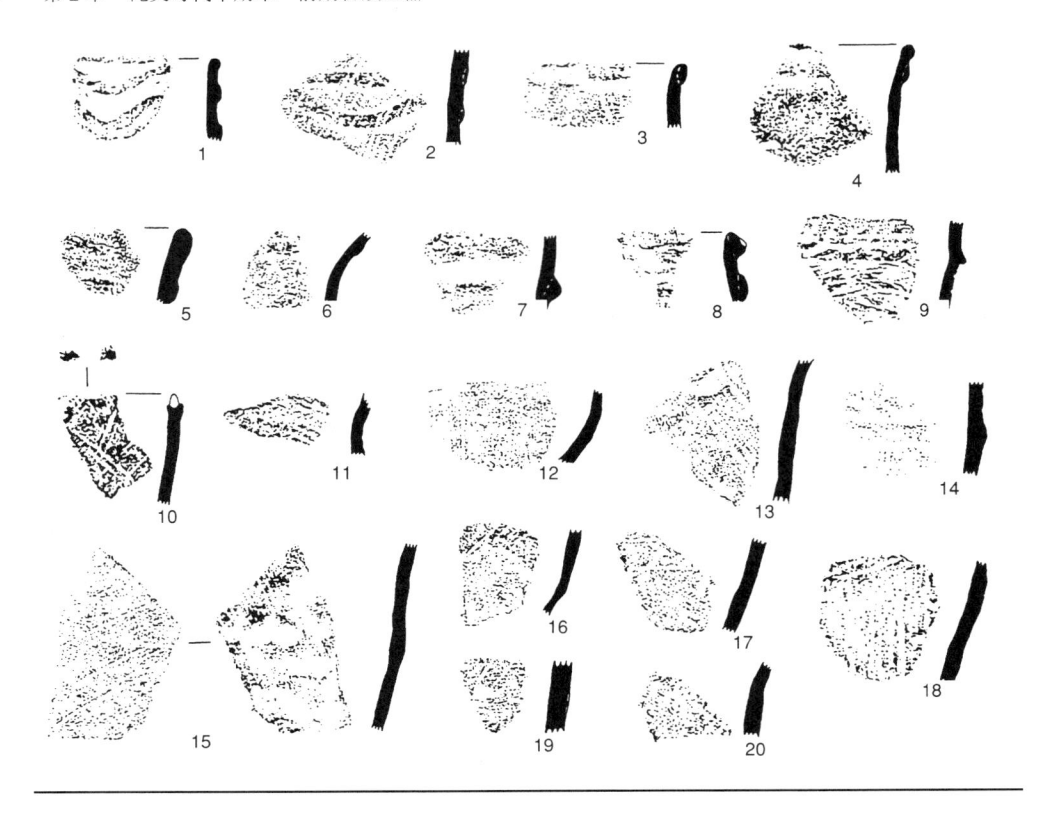

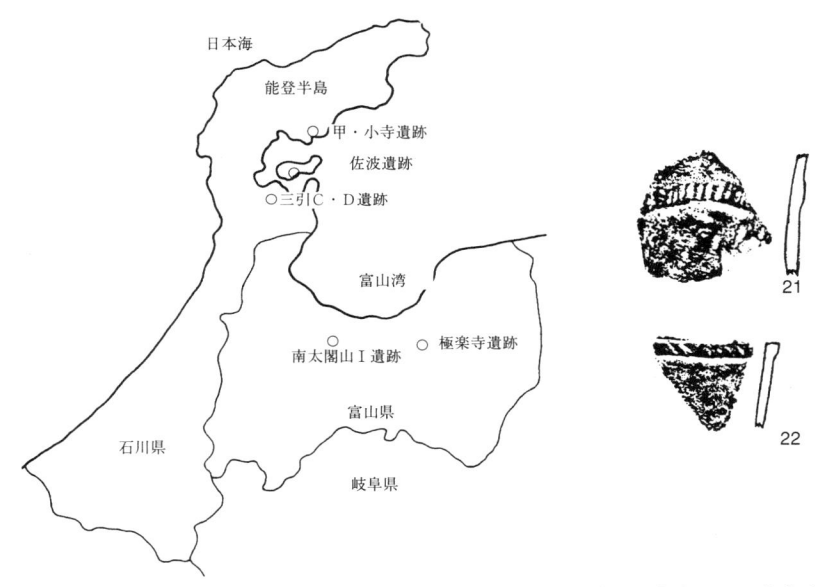

88 第2章 縄文時代早期末・前期初頭土器

第16図 滋賀県草津市矢橋湖底遺跡(1〜20) 石川県鳳至郡穴水町甲・小寺遺跡(21〜22)

口縁部に波状に粘土紐を貼り付け，上部に二枚貝の背圧痕を施したと思われる木島Ⅱ式土器（第16図1）。口縁部に波状の粘土紐を貼り付け，この上から貝殻条痕を施したと思われる木島Ⅲ式土器（第16図2）。口縁部に扁平な粘土紐を貼り付け，上部に沈線を付けた木島Ⅲ式土器か木島Ⅳ式土器（第16図3）。風化しているが下吉井式と関係する土器（第16図5）。器面が風化しているが，口縁部に粘土紐を貼り付け貝殻圧痕を施したと思われる木島Ⅱ式土器（第16図6）。口縁部に三角状の粘土紐を貼り付けた神之木台式と関係する土器（第16図7）。口縁部に粘土紐を2本貼り付け，上面に二枚貝の圧痕を施した神之木台式と関係する土器（第16図8）。口縁と胴部の境に粘土紐を貼り付け，上部に斜めに刻みを施し，胴部に巻き貝の先で弧状に沈線を付けた木島Ⅷ式土器（第16図9）。口唇部に巻貝の先で深い刺突を付け，口縁部文様帯に格子状の沈線を施した木島Ⅸ式土器（第16図10）。格子状の条痕地に押引きを付けたとされる木島式土器（第16図11）。胴部に2本単位か4本単位の沈線を縦位に付けたとされる木島式土器（第16図12）。胴部に斜位に櫛歯状工具で沈線を付けた神之木台式，下吉井式と関係する土器（第16図13，15～17，19，20）。器面が風化しているが，口縁部と胴部の境に粘土紐を貼り付け，口縁部に斜行沈線を付けた木島Ⅷ式土器（第16図14）。胴部に縦位と斜位に沈線を付けた神之木台式，下吉井式と関係する土器（第16図18）などが出土している。

矢橋湖底遺跡からは，早期末の木島Ⅱ式土器2点，神之木台式と関係する土器2点，神之木台式，下吉井式と関係する土器6点，前期の木島Ⅲ式土器1点，下吉井式と関係する土器1点，木島Ⅲ式土器か木島Ⅳ式土器1点，木島Ⅷ式土器2点，木島Ⅸ式土器1点などが出土している。

5 石川県の木島式土器

鳳至郡穴水町甲・小寺遺跡[21]

甲・小寺遺跡は遺跡位置図（第16図）に示したように，能登半島の鳳至郡の南部の穴水町の長く連なる海岸線の一部を占める。甲の通称の小寺遺跡は甲入江に面した斜面のゆるやかな台地上にある。

この甲・小寺遺跡から出土している木島式土器は，口縁部と胴部の境に横位の粘土紐を貼り付け，粘土紐上面に二枚貝で圧痕を施し，報告者の四柳嘉章氏が木島式とされた土器で，木島Ⅱ式土器（第16図22）である。また，甲・小寺遺跡から繊維土器で口縁部と胴部の境に低い粘土紐を貼り付け，貝殻などで粘土紐上部に圧痕を施し，以下に羽状縄文を付けた前期初頭の下吉井式や花積下層式と関係がありそうな土器（第16図21）も出土している。

甲・小寺遺跡からは，早期終末の木島Ⅱ式土器1点，前期初頭の下吉井式と花積下層式と関係ある土器1点が出土している。

鹿島郡能登島町佐波遺跡[22・23]

佐波遺跡は遺跡位置図（第16図）に示したように，能登半島の七尾湾に抱かれるように能登島があり，この能登島の旧中乃島村に位置する。能登島町は現在低地が少なく低い山丘に覆われており，塚山より派生する丘陵が海岸近くまで続き，佐波遺跡の立地点もこれらの低い丘陵上の末端近くにある。

橋本澄夫氏は「石川県能登島町佐波縄文遺跡の研究」や「第1節 佐波遺跡の調査」の中で出土土器を報告され，その中にⅢb類土器として突帯文を主とする同一個体の土器を3点紹介されている。

この土器は木島式土器であり，口縁にそって粘土紐を波状に貼り付け，波の高い部分と低い部分を付けて方形を作っており，その下の口縁部と胴部との境に，横位の粘土紐を2本貼り付けて区画している。粘土紐の上に二枚貝の腹縁で刺突を付けた木島Ⅱ式土器（第17図1～3）。口縁部文様帯に断面三角の曲線の粘土紐を貼り付け，粘土紐の上部を引っ掻いた在地系の神之木台式土器（第17図4）。隆帯が曲線状に口縁部をめぐる神之木台式土器（第17図5，6）。口縁部文様帯に横位に断面三角の隆帯を貼り付けた神之木台式土器

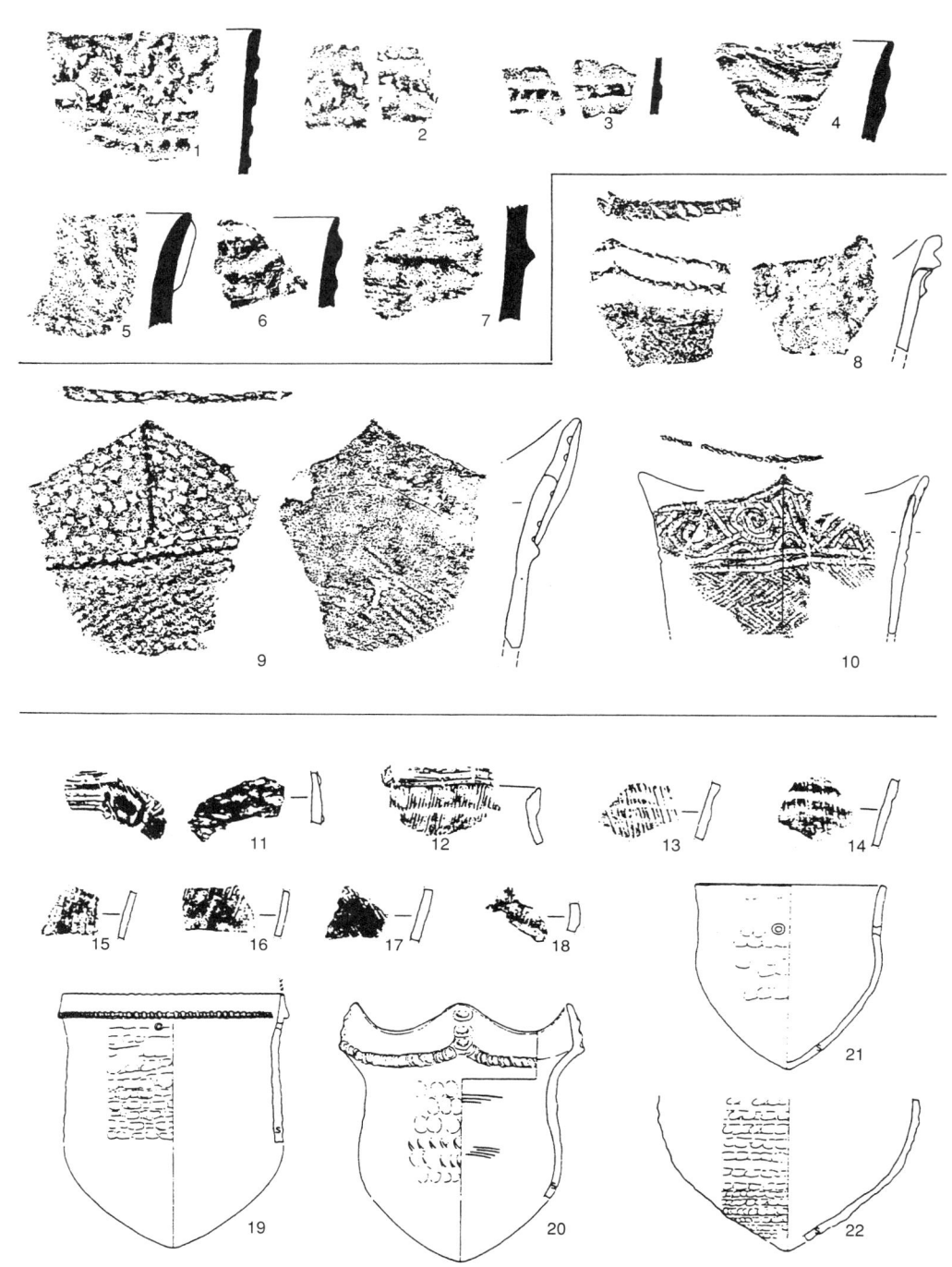

第2章 縄文時代早期末・前期初頭土器

第17図　石川県鹿島郡能登町佐波遺跡(1〜7)　石川県鹿島郡田鶴浜町三引C・D遺跡(8〜10)
富山県射水郡小杉町南太閤山Ⅰ遺跡(11〜22)

(第17図7) などが出土している。これらの土器群について筆者[24]は，かつて神之木台式土器に近似していることを指摘した。

佐波遺跡からは早期末の木島Ⅱ式土器1点，神之木台式土器2点，在地系の神之木台式土器1点などが出土している。

鹿島郡田鶴浜町三引C・D遺跡[25]

三引C・D遺跡は遺跡位置図（第16図）に示したように，能登半島の中央部東側に位置する田鶴浜町にあり，現在七尾西湾から約1km内陸の山裾に立地して，縄文時代前期の貝塚が4カ所確認されている。三引C・D遺跡からは，木島Ⅱ式土器・木島Ⅲ式土器・木島Ⅳ式土器，花積下層式土器[26]が出土している。

木島式土器と関係を示す資料として口唇部に刺突を付け，波状口縁に沿って断面三角の粘土紐を貼り付け，粘土紐上部に刺突を施した縄文時代早期終末の神之木台式土器（第17図8）。波状口縁の波頂部から断面三角の粘土紐を垂下し，口縁部文様帯を区画するように横位にも断面三角の粘土紐を貼り付け，口縁部文様帯に刺突を施しており，胴部に縄文を付けて，裏面に条痕を付けた神之木台式に併行すると思われる土器（第17図9）。波状口縁にそって口縁部文様帯に刺突で渦巻き文を付け，胴部に縄文を付けた下吉井式土器に併行すると思われる土器（第17図10）などが出土している。

三引C・D遺跡からは早期終末の木島Ⅱ式土器，神之木台式土器や併行する土器。前期初頭の木島Ⅲ式土器，木島Ⅳ式土器，花積下層式土器，下吉井式に併行すると思われる土器などが出土している。

6 富山県の木島式土器

射水郡小杉町南太閤山Ⅰ遺跡[27]

南太閤山Ⅰ遺跡は位置図（第16図）に示したように，射水郡小杉町にある。富山県西部の呉羽丘陵の西方にゆるやかな射水丘陵があり，平野部と接している。この平野部を流れる下条川右岸の射水丘陵上から平野の中にわたって南太閤山Ⅰ遺跡が立地する。本遺跡からは，木島式土器（第17図11～22）や花積下層式土器などが出土している。

胴部文様帯に粘土紐を円形に貼り，その上から櫛歯状工具で縦位と横位の沈線を付けた木島Ⅴ式土器（第17図11）。口唇部に櫛歯状工具で斜め沈線を施し，口縁部にそって横位に粘土紐を貼り付け，櫛歯状工具で縦位に沈線を施した後，横位に刺突を付けた木島Ⅵ式土器（第17図12）。口縁部から胴部にかけて粘土紐を貼り付け，上部に櫛歯状工具で縦位や斜位に沈線を施した木島Ⅳ式土器（第17図13，14，18）。胴部に，櫛歯状工具で斜位に沈線を付ける木島Ⅳ式土器（第17図15～17）。口縁部と胴部の境に刺突を付け，胴部に指頭圧痕が残る在地の木島Ⅶ式土器（第17図19）。波状口縁で波頂部から摘み状の刺突を垂下させ，口縁部と胴部の境にも粘土紐の上からつまみ状の刺突を付け，胴部に指頭圧痕が残る在地系の木島Ⅷ式土器（第17図20）。口縁部と胴部を無文にした在地系の木島Ⅸ式土器（第17図21）。胴部から底部にかけて指頭圧痕が残る在地系の木島Ⅸ式土器（第17図22）などが出土した。

南太閤山Ⅰ遺跡からは前期初頭の木島Ⅳ式土器6点，木島Ⅴ式土器1点，木島Ⅵ式土器1点，在地の木島Ⅶ式土器1点，在地の木島Ⅷ式土器1点，在地系の木島Ⅸ式土器2点などが出土している。

中新川郡上市町極楽寺遺跡[28]

極楽寺遺跡は位置図（第16図）に示したように，大日岳より流れる上市川左岸に発達した極楽寺段丘面にある。本遺跡からは木島式土器（第18図1～7）とそれに関係する資料（第18図8～12）が出土している。

口縁部文様帯に粘土紐を貼り付け，粘土紐上部に圧痕を施した木島Ⅱ式土器（第18図1）。口縁部から胴部にかけて粘土紐を貼り付け，上部から貝殻条痕を付けた木島Ⅲ式土器（第18図2）。口縁部から胴部にか

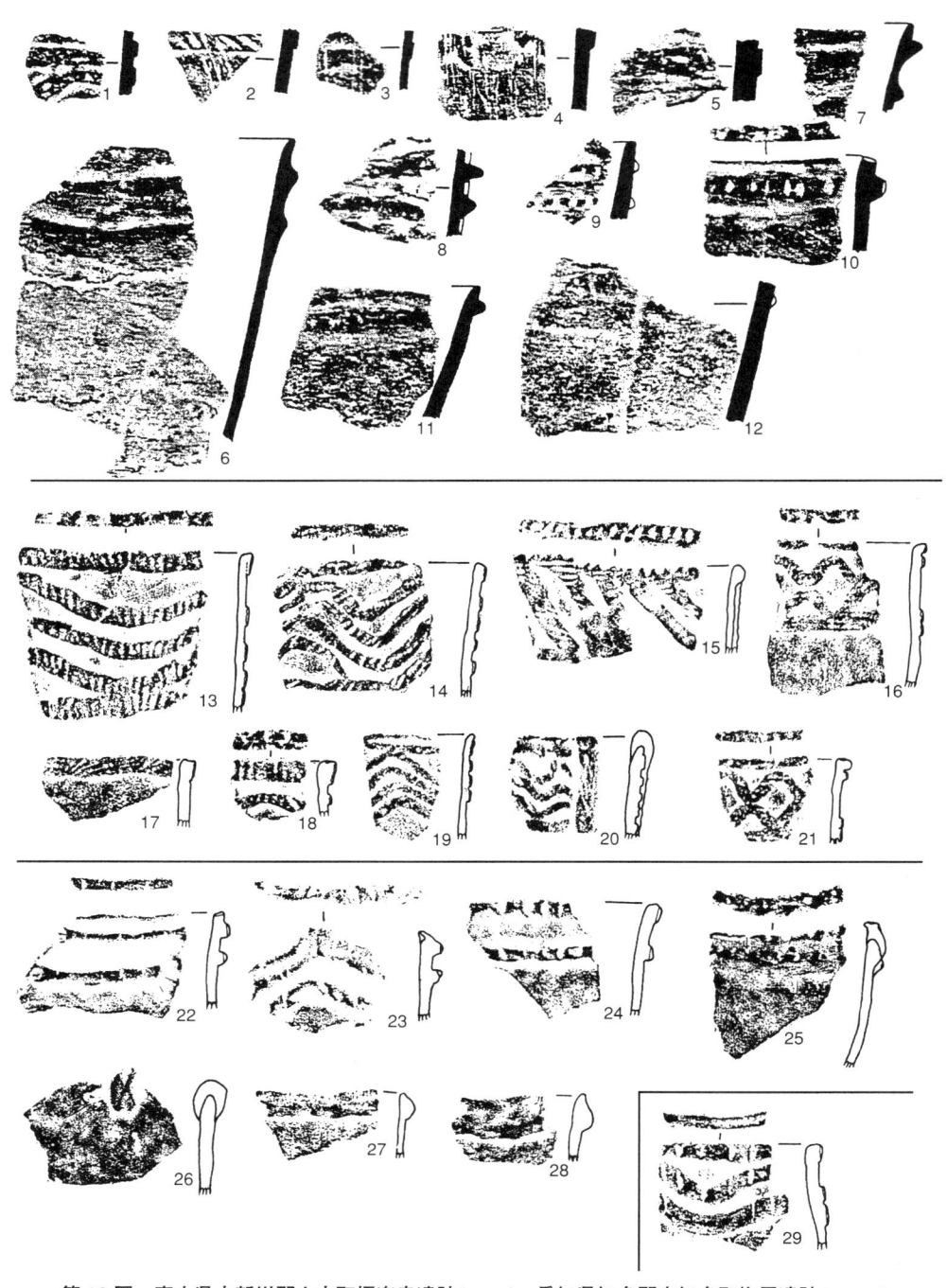

第18図　富山県中新川郡上市町極楽寺遺跡(1～12)　愛知県知多郡南知多町塩屋遺跡(13～29)

けて粘土紐を貼り付け，細線を縦位に施した木島Ⅳ式土器（第18図3）。少し器壁が厚いが，口縁部と胴部の境に縦位に細線を付けた木島Ⅳ式土器（第18図4）。繊維を含み胴部と口縁部の境に粘土紐を貼り付け，粘土紐上部に圧痕を付けた前期初頭の下吉井式土器（第18図5）。胎土に少量の繊維を含み，口縁に断面三角の背の高い弧状の隆帯を2本貼り付けており，早期終末の木島Ⅰ式土器[29]（第18図6, 7）。胎土に少量の繊維を含み，口縁部に2本の背の高い断面三角の隆帯を貼り付け，上部に刻みを入れた神之木台式土器（第18図8）。口縁部に粘土紐を2本貼り付け，粘土紐上部に刺突を施した神之木台式土器（第18図9）。口縁部にそって背の高い隆帯を1本貼り付け，上部に刺突を付けた神之木台式土器[30]（第18図10, 11）。口縁部と

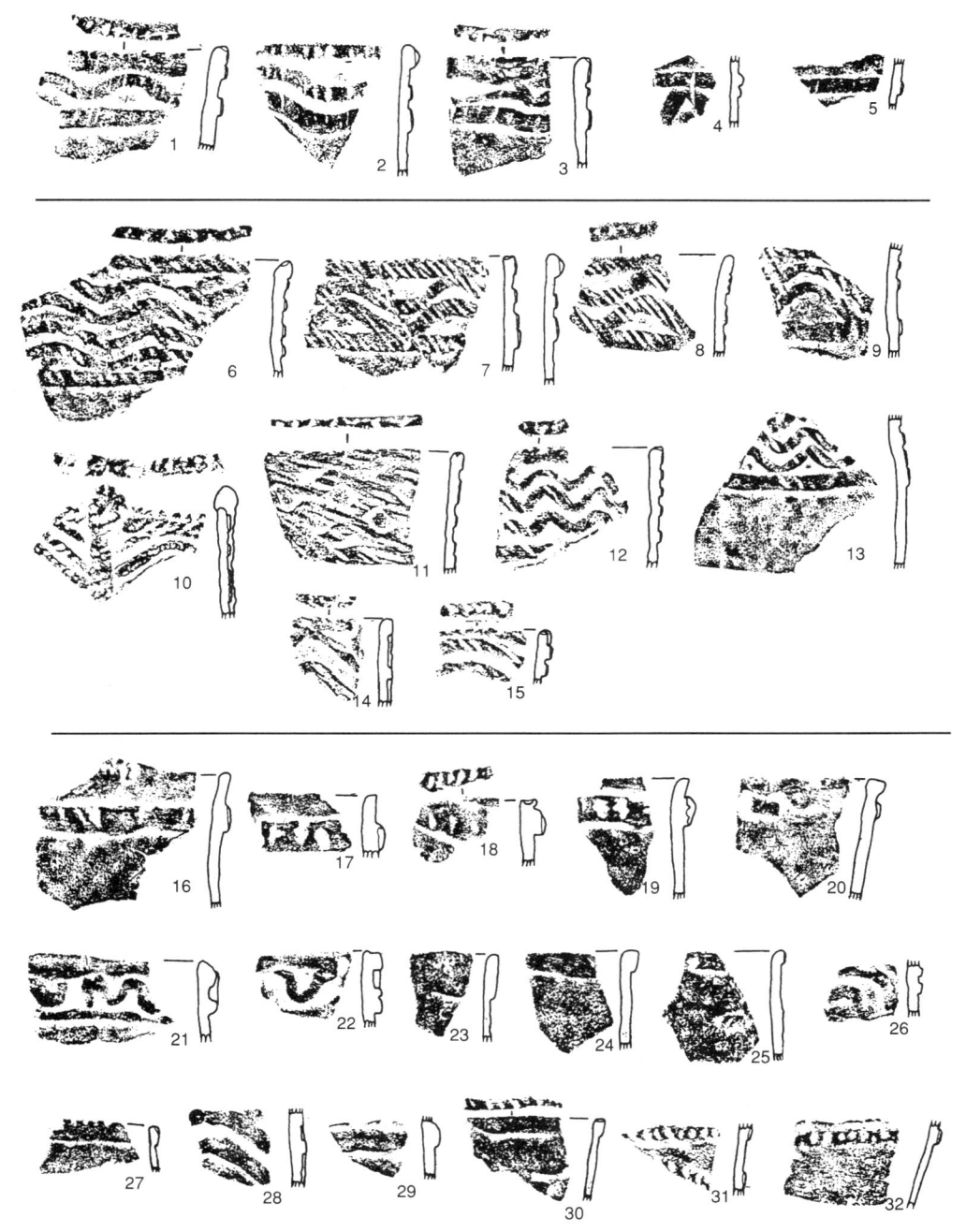

第19図　愛知県知多郡南知多町塩屋遺跡

胴部の間に粘土紐を貼り付けた下吉井式土器（第18図12），花積下層Ⅰ式土器，花積下層Ⅱ式土器などが出土している。

　極楽寺遺跡からは早期終末の木島Ⅰ式土器2点，木島Ⅱ式土器1点，前期初頭の木島Ⅲ式土器1点，木島Ⅳ式土器2点，早期終末の少し繊維を含む神之木台式土器4点，前期初頭の繊維を含む下吉井式土器2点，花積下層Ⅰ式土器，花積下層Ⅱ式土器などが出土している。

第 2 章　縄文時代早期末・前期初頭土器

7　愛知県の木島式土器

知多郡南知多町塩屋遺跡

　塩屋遺跡は知多半島先端の大井谷北側丘陵の先端部に天神山遺跡と対をなして存在する。塩屋遺跡上層出土土器は前述したように，塩屋式土器として型式設定され，早期末に位置付けられた。塩屋式土器 A 類は隆線上に櫛や箆状工具で沈線を入れた土器とされる。

　実際には隆線上に貝殻条痕を付けた土器，櫛歯状工具の沈線，箆状工具の刺突などを含んでいる。この塩屋上層 A 類とした土器群は，隆線上部に貝殻条痕を付けた筆者の分類の前期初頭の木島Ⅲ式土器（第 19 図 6 ～ 15）。箆状工具の沈線を付けた早期終末の木島Ⅰ式土器（第 19 図 1 ～ 5）。細い隆帯の上に刺突を付けた木島Ⅰ式土器（第 8 図 22 ～ 28）。箆状工具の刺突や貝殻状工具の刺突を付けた早期終末の木島Ⅱ式土器（第 18 図 13 ～ 21）。筆者の指摘した前期初頭の下吉井式土器と木島Ⅲ式土器の折衷型式の土器[31]（第 19 図 16 ～ 32）が含まれており，時期的に早期終末と前期初頭の土器が混在している。

　塩屋式土器 B 類[32]について，磯部幸男氏は 1965 年の論文で隆線上部に「縄文施文」と記載していたのを，次の論文でなんら訂正なしに「アナダラ属貝殻の擬縄文」と言い換えている。これは筆者の木島Ⅱ式の研究を見ての変更であろう。この B 類は筆者の設定した木島Ⅱ式土器（第 18 図 13 ～ 21）である。他に木島Ⅰ式土器（第 18 図 22 ～ 28）と，箆状工具や貝状工具で縦位に切るように刺突した，筆者が早期終末としている木島Ⅱ式土器（第 18 図 13 ～ 21）なども出土している。なお，神之木台遺跡出土の木島式土器[33]は，粘土紐の上部に箆状工具か貝殻状工具で縦位に刺突を切るように入れており木島Ⅰ式土器である。

8　まとめ

　山陰地方，近畿地方，北陸地方出土の木島式土器を中心にまとめた。現在のところまだ公表されている資料が少ない。今後資料の増加を待ってもう一度考えるつもりである。

　次に各遺跡における木島式土器の出土状況についてまとめたい。

山陰地方

島根県西川津遺跡：山陰地方で日本海側の島根半島にあり，前期初頭の木島Ⅷ式土器が 1 点出土している。潮の流れに乗って舟などによる北陸地方との交流が考えられる。

福井県鳥浜貝塚：若狭湾に立地しており，早期終末の木島Ⅱ式土器が 1 点出土している。

近畿地方

滋賀県磯山城遺跡：米原町入江内湖にあり琵琶湖東岸に位置する。A トレンチの灰色粘土層から前期初頭の木島Ⅲ式土器 2 点。A トレンチⅣ層から前期初頭の木島Ⅲ式土器 1 点と木島Ⅷ式土器 4 点。A トレンチⅤ層で木島Ⅷ式土器 3 点。木島Ⅷ式土器か木島Ⅸ式土器 2 点。木島Ⅸ式土器 1 点などが出土している。A トレンチ包含層から前期初頭の木島Ⅲ式土器 3 点。木島Ⅳ式土器 1 点。木島Ⅷ式土器 3 点，木島Ⅸ式土器 1 点など出土しており，前期初頭から木島式土器が入っていることがわかる。

滋賀県粟津貝塚湖底遺跡：現在琵琶湖底にあり，前期初頭の木島Ⅶ式土器 1 点。木島Ⅷ式土器 2 点。木島Ⅸ式土器 3 点。木島Ⅹ式土器 2 点などが出土している。

滋賀県粟津湖底遺跡：現在琵琶湖底にあり，前期初頭の木島Ⅲ式土器 4 点。木島Ⅷ式土器 2 点などが出土している。この遺跡には木島式土器が前期初頭の木島Ⅲ式土器の段階から入ってくる可能性がある。

滋賀県大津市螢谷遺跡：現在琵琶湖に流れ込む瀬田川にある。前期初頭の木島Ⅵ式土器 1 点。木島Ⅶ式土器 1 点。木島Ⅷ式土器 3 点が出土しており，この遺跡も前期初頭の木島Ⅵ式土器，木島Ⅶ式土器，木島Ⅷ式土器の段階が入っている。

滋賀県矢橋湖底遺跡：現在矢橋港湖底一帯に立地している。この遺跡は早期終末の木島Ⅱ式土器2点。神之木台式と関係する土器2点。神之木台式と下吉井式に関係する土器6点。前期初頭の木島Ⅲ式土器1点。下吉井式と関係する土器1点。木島Ⅲ式土器か木島Ⅳ式土器1点。木島Ⅷ式土器2点。木島Ⅸ式土器1点などが出土しており，木島式土器が早期終末から前期初頭にかけて入っている。

北陸地方

石川県甲・小寺遺跡：能登半島の鳳至郡の甲入江に面し，早期終末の木島Ⅱ式土器1点，前期初頭の下吉井式と花積下層式と関係する土器1点が出土している。

石川県佐波遺跡：能登半島の七尾湾に抱かれるように能登島があり，早期終末の木島Ⅱ式土器1点。早期終末の神之木台式土器2点，在地の神之木台式土器1点が出土している。早期終末の木島Ⅱ式土器が入っているが，前期初頭の木島式土器は入らないらしい。

石川県三引Ｃ・Ｄ遺跡：七尾湾から約1km内陸の山裾に立地し，本田秀生氏[34]によると早期終末の木島Ⅱ式土器が出土しており，同じく早期終末の神之木台式土器や併行する土器，前期初頭の下吉井式土器，木島Ⅲ式土器，木島Ⅳ式土器，花積下層式土器が出土している。

富山県南太閤山Ⅰ遺跡：富山県西部の下条川右岸の丘陵上西側の平野の中に立地する。南太閤山Ⅰ遺跡からは前期初頭の木島Ⅳ式土器6点。木島Ⅴ式土器1点。木島Ⅵ式土器1点。在地の木島Ⅶ式土器1点。木島Ⅷ式土器1点，在地の木島Ⅸ式2点などが出土しており，前期初頭の木島Ⅳ式土器の段階から入っている。

富山県極楽寺遺跡：大日岳より流れ出る上新川の左岸に発達した極楽寺段丘に立地する。極楽寺遺跡からは早期終末の木島Ⅰ式2点，木島Ⅱ式土器1点。早期終末の神之木台式土器4点。前期初頭の木島Ⅲ式土器1点。木島Ⅳ式土器2点。前期初頭の下吉井式土器2点，花積下層Ⅰ式土器，花積下層Ⅱ式土器などが出土しており，早期終末から前期初頭にかけて木島式土器が入る。

各遺跡の木島式土器のあり方は，以下のように分かれる

(a) 早期終末の木島Ⅱ式土器段階だけ出土している遺跡

(b) 早期終末の木島Ⅰ式土器から前期初頭の木島Ⅲ式土器以降も出土している遺跡

(c) 前期初頭の木島Ⅲ式土器以降の土器が出土している遺跡

遺跡の存続期間とも関係するが（c）の前期初頭の木島Ⅲ式以降の土器が出土している遺跡が多い。前期初頭の段階で舟などによる交流が盛んになり，木島式土器に何かを入れて運んだことが考えられる。この点は木島式土器を出土した遺跡が日本海側に面して立地した遺跡に多い点とも符合すると思われる。また，石川県の甲・小寺遺跡，佐波遺跡，三引Ｃ・Ｄ遺跡，富山県の極楽寺遺跡などからは，早期終末の神之木台式土器や前期初頭の下吉井式土器が出土している。さらに，富山県極楽寺遺跡からは在地系の木島Ⅷ式や，在地系の木島Ⅸ式土器が出土している。日本海側の東側では在地系の土器が出土していることも注意すべき点である。筆者は神之木台式土器の成立が，日本海側の土器型式と関係があると考えている。

原稿脱稿後に加藤賢二氏の好意により，滋賀県弁天島遺跡[35]の報告書を入手した。遺跡からは早期終末の木島Ⅱ式土器5点。前期初頭の木島Ⅲ式土器7点。木島Ⅳ式土器2点。木島Ⅷ式土器8点。木島Ⅸ式土器1点などが出土している。

第3節　神之木台・下吉井式土器の研究—その型式内容と編年的位置について—

1　はじめに

　1980年に静岡県庵原郡富士川町木島遺跡第4次発掘調査がおこなわれた。その出土土器の整理に参加した筆者は、発掘した面積が約70㎡と狭小であったにも関わらず、出土量の多さに驚かされた。出土土器は、広義の木島式土器と神之木台式土器，下吉井式土器，花積下層式土器などであり、その半数以上が、神之木台式土器，下吉井式土器の破片と思われる厚手で貝殻条痕を施して、繊維をわずかに含む土器群であった。

　木島遺跡第4次発掘調査出土土器については、報告書にできうる限り多くの土器片を図示することを心掛けた。また、木島式土器の型式細分（第21図）をおこなった。そのおり報告書のスペースの都合と不明な点があり、細分した型式の内容について説明することができなかったので、他の機会にそれぞれの型式についてもう一度考えることにしていた。

　1982年11月，12月に手元にある報告書などの資料を再検討し、木島式土器の細分についてまとめてみた。しかしながら、木島遺跡から出土している神之木台式土器，下吉井式土器と木島式土器の関係について不明な点が多く、相互の位置付けを明確に把握できなかった。その解決のためには、神之木台式土器と下吉井式土器を集成し、その型式内容と編年的位置付けを明確にさせることが必要なことを強く感じた。

　上記の点を踏まえ、本稿では神之木台式土器，下吉井式土器などの研究史を振り返り、型式内容、編年的位置について若干の見解を述べたい。ただ、これらの土器群については今後検討を加えなくてはならない問題も多い。筆者自身、見解を述べるにはやや尚早な感がないわけではないし、今後訂正する可能性もないわけではないが、本稿が今後の研究の一助になるならば望外の喜びである。

　本稿の執筆を勧めてくださった杉山博久氏に心より感謝したい。

2　研究史

　関東地方を中心に、神之木台式土器・下吉井式土器と関係する縄文早期末から前期初頭の先学の研究を振り返ってみたい。

　関東地方縄文早期末、前期初頭の土器型式、土器編年の研究は山内清男・八幡一郎・甲野勇氏などにより着手された。その間の動向については1929年，1930年山内清男「関東北に於ける繊維土器」にくわしく述べられている。同論文によると、山内氏は1926年に陸奥国相内オセドウ貝塚を発掘され、1926年の時点には関東北地方における縄文土器の最古型式の追究により、繊維土器がこれにもっとも近いと考えておられる。

　1930年斎藤忠氏は「松島湾内諸島における貝塚調査概報」で、山内清男氏の設定した室浜式の標式遺跡である室浜貝塚出土土器を報告された。

　1934年鈴木尚氏は「東京市王子区十条清水坂貝塚」で、清水坂貝塚出土の土器を報告された。出土土器の文様を、条痕系と縄文系の2つに大別し、条痕系土器には条痕、波状文、無文をあて、縄文系には縄文、貝殻背刻印文、撚糸文が属すると分類し、条痕系はしばしば尖底があり、縄文系には条痕を欠き、平底を有し、尖底がないとされた。茅山・子母口を条痕系、蓮田を縄文系とし、清水坂をこの両者共存貝塚と考えられた。拓本により図示されている土器を現在の土器型式で呼ぶと、打越式（平方式）、花積下層式の羽状縄文の施された土器、花積下層式の撚糸側面圧痕文土器、花積下層式の貝殻背圧痕文土器、木島式土器であった。ことに打越式の完形土器が掲載されていることは注意すべきことである。なおこの清水坂貝塚出土土器

に清水坂式という型式名があてられたことがあった。この報告は，その後縄文早期末，前期初頭の研究において基本文献となった。論文中の条痕系と縄文系に大別した点はことに重要な点である。

　1935年甲野勇氏は「関東地方に於ける縄文式石器時代文化の変遷」で，花積下層式土器を型式設定された。器形は深鉢が多く，底部は上げ底風の平底をなすものが大多数で，平底も存在すること，胎土に繊維を多量に含み，縄文は中等度に発達して単節羽状文があること，貝殻文もあること，口縁部に隆帯のある土器が存在することを述べておられる。この時点では花積下層式土器に，現在呼ぶところの神之木台式土器，下吉井式土器は加えられておらず，下吉井式土器と考えられる土器片を，花積下層式と区別して1段階古い，第1群B類に入れて分類しておられる。

　同年，桑山龍進氏は「武蔵国北寺尾上ノ宮貝塚調査予報」で，上ノ宮貝塚出土土器の一部を紹介された。拓本により提示されている土器は撚糸側面圧痕文，網目状撚糸文，羽状縄文，貝殻背圧痕文などの土器で，文中に円底，尖底などの土器も出土したことが記載されている。また上ノ宮貝塚から貝殻背圧痕文土器の出土量の多い点を指摘し，宮谷貝塚の場合と同様であるとされた。

　1936年加藤明秀，芹沢長介氏は「静岡県下における細線紋指痕薄手土器と其伴出石器」で，現在広義で呼ばれている木島式土器の薄手のタイプに「細線紋指痕薄手土器」と命名し，この土器群を紹介された。

　1937年山内清男氏は「縄文土器型式の細別と大別」で，縄文土器の型式編年表を掲載された。これによって縄文早期末葉の関東，陸前，東海地方の編年関係が初めて明らかにされた。関東地方の茅山式，陸前地方の槻木2式と東海地方の粕畑式を併行関係とされ，縄文前期は関東地方花積下層式，陸前地方室浜式を併行関係におかれた。この編年関係が現在の型式編年の骨格になっていることはいうまでもない。

　1939年江坂輝彌氏は「横浜市神奈川区菊名町宮谷貝塚出土土器に就いて」で，桑山龍進氏の発掘調査された宮谷貝塚出土土器を紹介された。文中で宮谷貝塚から細線文指痕薄手土器が出土していることを指摘され，口縁部隆帯上に貝殻背圧痕文を施す現在呼ぶところの下吉井式土器の拓本を図示された。

　1949年桑山龍進氏の『菊名遺跡と其の文化』は，桑山氏から過日手紙にて御教示いただいたところによると，当時，大正大学にて菊名遺跡の出土遺物展を江坂輝彌氏などの勧めでおこなっており，説明書のつもりで製作したとの事である。1949年から1950年代の菊名貝塚出土遺物に対する関心がいかに高かったかを示すものである。この論文はその後長い間，花積下層式土器研究の重要な資料となった。

　ここで桑山氏は出土土器についていくつかの重要な指摘をされている。以下その概略を記す。

　形態は鉢形・甕形が多く，その器高は推定高60cmを計るものから5cm程度の小形のものまである。胎土よりすると，粘土砂製のものと，含繊維土製のものに大別でき，繊維土器が絶対的に多い。繊維を含まぬものは少量の田戸下層式土器と極微薄土器（現在呼ぶところの広義の木島式土器を指していると思われる）がある。前者が貝層下土層にのみ出土しているほかは，貝層内あるいは貝層下部土層の接線附近より出土している。したがって，本貝塚の直接的所産の土器は極微薄土器と多量の繊維土器とである。底部の形態は尖底，卵円形底，円底平底，上げ底，台底などきわめて多様である。

　文様から大別すれば，無文，条痕文，突点附帯文，貝殻条痕並用文，縄文，条痕縄文並用文，貝殻縄文並用文，撚糸押文，線文，竹管文，輪形文などがある。条痕は貝殻腹縁による器面調整により条痕をなすもので，文様意識は余り強くないが，多数出土している。縄文及び貝殻文も多く，縄文は単方向のものよりも異方向羽状のものが多く，撚糸の配列は1，2を除き必ず縄文に附随し，口辺部附近に施文される。貝殻文はハイガイ，サルボウ，ハマグリを利用しており，東貝塚に多く，貝殻の殻頂，胴部，腹縁などを押捺する。

　さらに痕文土器について，茅山式土器に発達するが，この手法は菊名にも残される。アナダラ属の放射状の条痕やこれに代わる器具による条痕は，この間の退化を物語る。特に底部形態において，尖底，卵円形

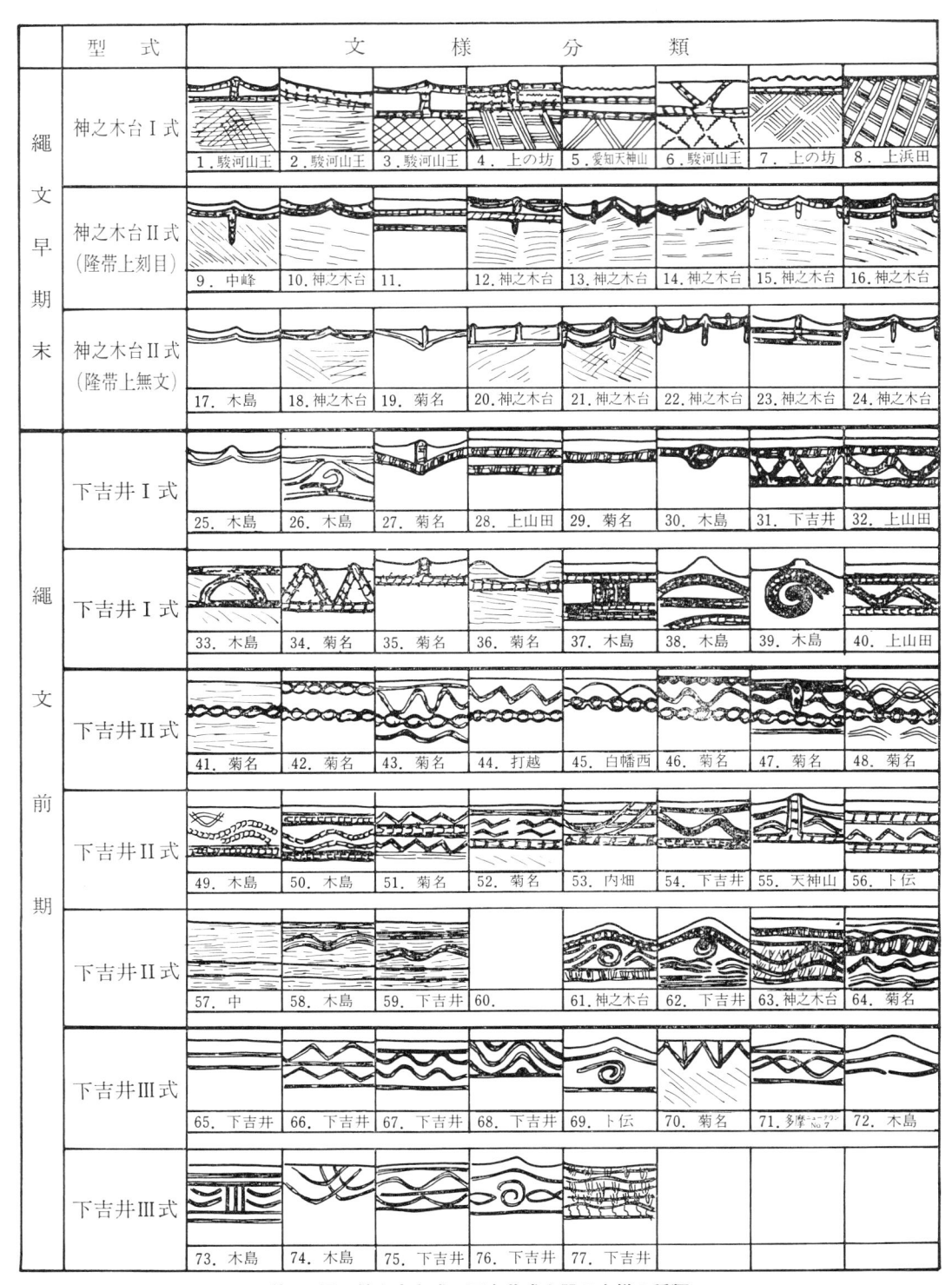

第 2 章　縄文時代早期末・前期初頭土器

型　式	文　様　分　類								
縄文早期末	神之木台Ⅰ式	1. 駿河山王	2. 駿河山王	3. 駿河山王	4. 上の坊	5. 愛知天神山	6. 駿河山王	7. 上の坊	8. 上浜田
	神之木台Ⅱ式（隆帯上刻目）	9. 中峰	10. 神之木台	11.	12. 神之木台	13. 神之木台	14. 神之木台	15. 神之木台	16. 神之木台
	神之木台Ⅱ式（隆帯上無文）	17. 木島	18. 神之木台	19. 菊名	20. 神之木台	21. 神之木台	22. 神之木台	23. 神之木台	24. 神之木台
縄文前期	下吉井Ⅰ式	25. 木島	26. 木島	27. 菊名	28. 上山田	29. 菊名	30. 木島	31. 下吉井	32. 上山田
	下吉井Ⅰ式	33. 木島	34. 菊名	35. 菊名	36. 菊名	37. 木島	38. 木島	39. 木島	40. 上山田
	下吉井Ⅱ式	41. 菊名	42. 菊名	43. 菊名	44. 打越	45. 白幡西	46. 菊名	47. 菊名	48. 菊名
	下吉井Ⅱ式	49. 木島	50. 木島	51. 菊名	52. 菊名	53. 内畑	54. 下吉井	55. 天神山	56. 卜伝
	下吉井Ⅱ式	57. 中	58. 木島	59. 下吉井	60.	61. 神之木台	62. 下吉井	63. 神之木台	64. 菊名
	下吉井Ⅲ式	65. 下吉井	66. 下吉井	67. 下吉井	68. 下吉井	69. 卜伝	70. 菊名	71. 多摩No.7	72. 木島
	下吉井Ⅲ式	73. 木島	74. 木島	75. 下吉井	76. 下吉井	77. 下吉井			

第 20 図　神之木台式・下吉井式土器の文様の種類

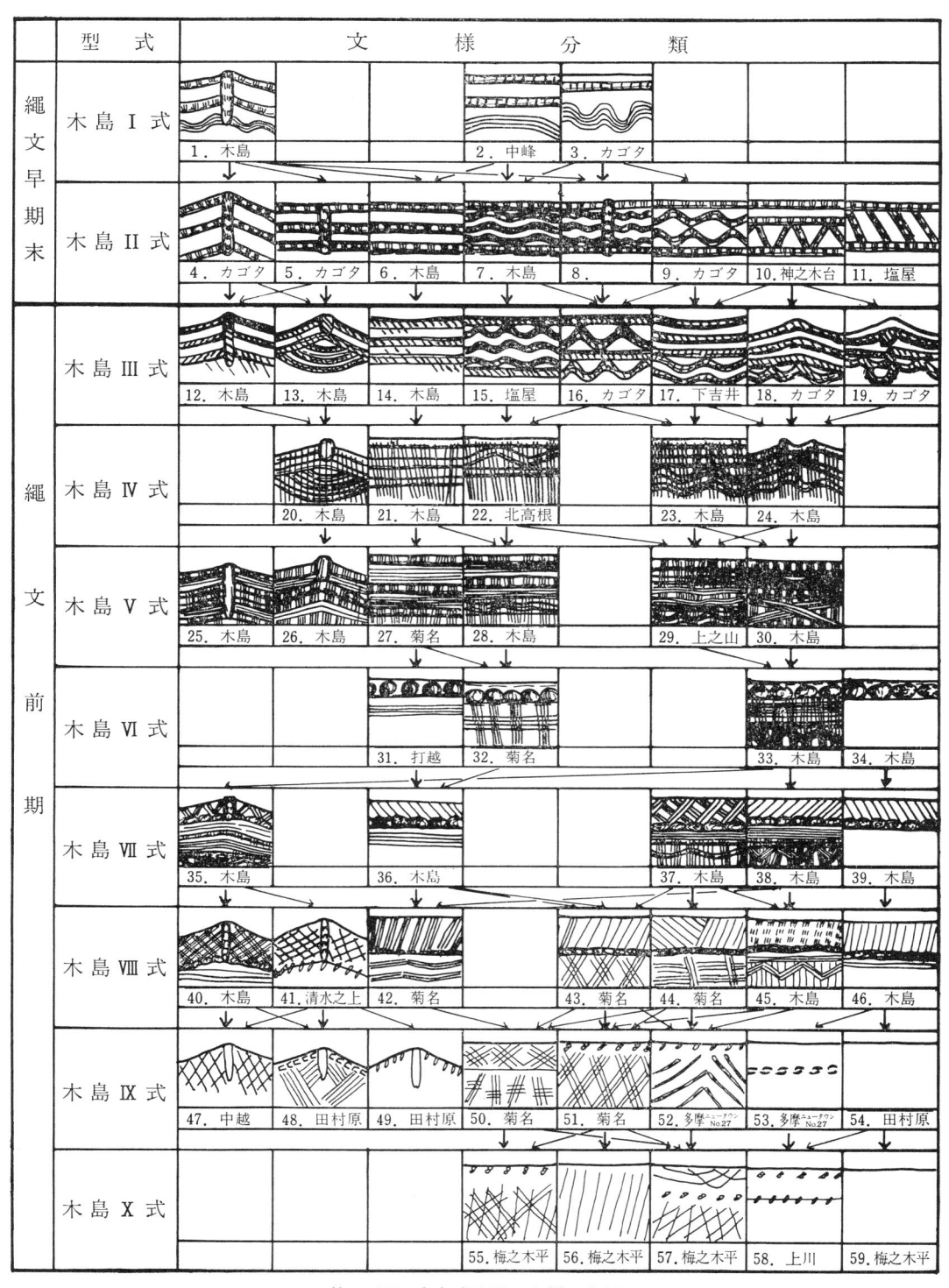

第3節 神之木台・下吉井式土器の研究　99

第21図 木島式土器の文様の変遷

底，円底形を作るのは早期文化の伝統を継ぐものである。また，茅山式に存する平底や縄文に対して，菊名期において急激に発達をみた平底，上げ底，台底と撚糸文縄文などの要素は，単に茅山式の発展ではなくて，ほかに発達せしめた所の強力な縄文を有する文化があったに違いない。いわば卵底尖底的のものと，縄文平底的のものとの2つの需要合流において菊名貝塚文化の特徴が現われてくる。つまり，石器時代早期文化要素を多分に含みつつも新しい土器の製法によって早期より一段と発達した。しかし，尖底，条痕，貝殻施文の菊名文化を最後とし，次の関山式文化に至って急に影をひそめ，これに代わる土器の安定性と，縄文の発達は石器時代文化を発展的にし単純化に導いている。すなち菊名文化期は一種の変動期の前の飽和状態に達していたのである。

土器形態と施文にかかる推移は，石器時代の生活機構を根本的に変貌すべき要因を包蔵している。そして編年的位置と分布について，菊名式と同定されたものは花積貝塚下層出土土器をもって花積下層式と呼称する。同列のものに関東地方堂貝塚，大串貝塚，幸田貝塚などが知られている。それらの土器は主体として平底，上げ底，縄文貝殻文などの要素をもってグループを形成する特徴が見受けられる。しかし，菊名貝塚ではさらに尖底，円底，条痕文，無文附帯文の諸要素が加わって一段と文化内容を豊富にしている。しかもこの2つのグループ要素は，菊名貝塚貝層で尖底，条痕類と平底，貝殻縄文との層位関係は判然とせず上下貝層による区別はない。出土頻度で尖底，条痕は貝層下部に絶対的に多い。少なくとも両者の前後関係を物語る。

菊名貝塚と同一文化内容を持つ遺跡で菊名文化期とすべきものは，1. 横浜市鶴見区上末吉町梶山貝塚，2. 同市同区新吉田町北川貝塚群の一地点，3. 同市港北区篠原町榎本，4. 同市同区師岡町オトボリ坂，5. 同市鶴見区下末吉町不動堂裏山，6. 同市港北区下田町下組，杉並貝塚，7. 神奈川県三浦郡初声村三戸ガニダ畑，8. 東京都北区王子清水坂貝塚，9. 千葉県市川市宮久保貝塚である。遺跡は南関東の海辺地帯に集約され，この地帯においては無繊維極微薄土器も共存して文化型式を持ち，花積下層式よりいっそう文化内容を豊富にしている。これを菊名式文化と包括して呼称し，この遺跡を菊名文化遺跡と提唱する。

桑山龍進氏が『菊名遺跡と其の文化』において上記のような指摘をされていることは，大変重要であり，研究史の上にも新しい視点を提示しているといえよう。しかし，本書が我々若い世代の研究者に入手困難なことは残念である。

桑山氏が指摘された重要な視点を列記しておきたい。

＊尖底，条痕の類（現在呼ぶところの神之木台式土器，下吉井式土器）を時代的には縄文早期と考えておらず，前期と考えており，菊名期の中の古い段階に位置づけている。

＊貝塚の出土層位によって尖底条痕の類（現在呼ぶところの神之木台式土器，下吉井式土器）と平底貝殻縄文の類とでは，尖底条痕の類が古く，平底貝殻縄文の類が新しい。

＊菊名貝塚より出土している尖底，卵円形底，円底形の土器は早期からの伝承である。

＊茅山式にある平底，縄文に対して，菊名期において急激に発達した平底，上げ底などと，撚糸文，縄文などの要素は，茅山式の発展とするよりも，それを発達させた強力な縄文を有する文化があったと考えるべきだ。

本論文中に参考文献としてあげられている八幡一郎「再び突瘤土器に就いて」，桑山龍進「神奈川県菊名，上ノ宮両貝塚出土の微薄なる土器について」は，筆者は未見であるが，この研究史に関係があるので文献名だけ加えておく。

1951年江坂輝彌氏は「縄文文化について（その七）」で，1951年までにおける花積下層式などの研究史をまとめられ，そのうえに立って，花積下層式土器を梶山式，菊名式，下組式，大串式の4型式に細分してお

られる。また，菊名貝塚，木島遺跡，幸田貝塚出土の花積下層式土器として写真などにより土器を提示された。その中で注意されるのは，木島遺跡出土の花積下層式土器とされる土器群で，現在呼ぶところの神之木台式土器，下吉井式土器である。前述した1935年に甲野勇氏の設定された花積下層式土器の型式範囲を広げた結果となった。この点は，桑山龍進氏の『菊名遺跡と其の文化』考え方と類似する。

　なお，花積下層式土器の最古型式を梶山式として木島遺跡出土の土器（現在呼ぶところの神之木台式土器，下吉井式土器）をこれにあてており，この梶山式について底部はすべて尖底であるとされている。この型式設定における江坂氏の細分の根拠は，桑山龍進『菊名遺跡と其の文化』と同氏の「梶山貝塚発掘談」，木島遺跡出土の土器群，鈴木尚氏の清水坂貝塚の報告などの資料を基にしていると思われる。そうした事実を踏まえて花積下層式土器の細分型式として梶山式の設定があったと考えられる。研究史を振り返る中でも重要な論文である。

　1964年坂詰秀一氏は「川崎市新作貝塚調査報告」で，前述した江坂氏の花積下層式土器の研究をもとに，梶山式，菊名式，下組式，新作式，野中式の5型式に花積下層式土器を細分されている。

　1965年岡本勇氏は「尖底土器の終焉」の中の「縄文時代上昇期の問題」の項で，茅山上層式土器から前期初頭の花積下層式土器までに，3，4の型式が存在することを予想し，関東地方の茅山上層式土器以後の尖底の土器は，伊豆以西の土器の東漸によってもたらされたとの考えを発表された。

　同年，磯部幸男，杉崎章，久永春男氏は「愛知県知多半島南端における縄文時代早期末～前期初頭の遺跡群」で，塩屋遺跡上層出土土器などについて発表された。これは，その後，研究者の間で塩屋式土器と呼ばれ，広義の木島式土器の型式内容が不明なため，木島式土器の古い部分を指す型式名として使用されるようになった。

　1966年村田文夫氏は「花積下層式土器の諸問題」で，花積下層式土器の研究史をまとめ，さらに問題提起をされている。花積下層式土器がどのように研究されてきたかを理解するうえにも重要な論文である。また，研究史の中で問題提起されている。1：花積下層式土器の内部に存する問題，2：花積下層式土器の開始にからむ問題，3：花積下層式土器の終末にからむ問題などは重要であり，現在の花積下層式土器の研究は，この3点を曖昧にして語っている点に問題が存在していると考えられる。

　1970年岡本勇氏は「下吉井遺跡」で，氏が1960年吉井貝塚を発掘して以後追究していた茅山上層式土器と，花積下層式土器との時期的ブランクを埋める土器群として，下吉井遺跡出土の土器群を発表された。その資料の豊富な点と，その土器群の重要な点により下吉井式土器という型式名で研究者間で呼ばれている。

　岡本氏のこの報告により，関東地方における縄文早期末より前期初頭の土器型式の研究は大きく進展したが同時に新しい問題もいくつか発生してきた。それは，報告中A類とされた口縁に隆帯をめぐらした類，口縁部に半截竹管による沈線文を施した類，また，条痕文だけでまったく文様を有しない類などと他型式との編年的関係がどうなるかという点，これらの土器は型式細分が可能かどうかなどの問題である。

　また，同年『花積貝塚発掘調査報告』が刊行された。これは花積下層式土器の標式遺跡の発掘報告で，土器について下村克彦氏が報告をされている。この発掘調査で出土した土器は資料的に重要であると思われるが，ことに下村氏の注意されている7号住居跡出土の土器群は下吉井式土器，花積下層式土器の編年関係，型式関係を考えるうえで重要である。

　1971年榎本金之丞氏は「平方貝塚の調査」で，東海地方天神山上層出土の土器群と平方式をもって縄文前期とする考え方を発表された。これは従来の木島式土器，花積下層式土器をもって縄文前期とする考え方より，さらに1段階古く持っていったものとして注目される。

　この区分は，東北編年と関係があるようで，たとえば1937年山内清男「縄文土器型式の細別と大別」の

型式編年表における陸前地方の槻木2式と関東地方の茅山式の併行関係，1957年佐藤達夫他『青森県上北郡早稲田貝塚』，1960年角鹿扇三，二本柳正一，佐藤達夫，渡辺兼庸『早稲田貝塚』，1960年佐藤達夫，渡辺兼庸「六ヶ所村表館出土の土器」，1961年二本柳正一，佐藤達夫「六ヶ所村尾鮫出土の土器」などでは，早稲田第5類を早期末におき，早稲田第6類を前期においている。この編年学上の併行関係を関東地方の土器型式と対応させた結果，榎本氏は天神山上層と平方式を併行関係に置き，これ等を前期として編年的に位置付けているのである。この点は関野哲夫氏より御教示を受けた。

上記に関して，筆者は『上北考古会誌1』，『上北考古会誌2』，『早稲田貝塚』の報告書に接する機会を得た。報告中では「六ヶ所村尾鮫出土の土器」第1図尾鮫出土土器a，bの縄文を施した尖底土器が，縄文前期の土器と明記されている。こうした東北地方の土器について筆者は不案内であるが，1974年熊谷常正「東北地方縄文時代早期後半の様相条痕文系土器群の系譜」，1965年石岡憲雄「円筒土器下層式について―近年の動向から―」などで分析をされている。榎本金之丞氏の示された区分からすると神之木台式土器，下吉井式土器は当然前期の初頭に位置付けられることになる。

同年谷井彪氏は「内畑遺跡第1群土器について―縄文早期末葉における土器型式の編年―」で，下吉井式土器にみられる波状沈線文の文様モチーフは，石山式土器の篦描き沈線文から発生したと考えられ，下吉井式土器は平方貝塚で出土する土器に比べて，関東的な胎土や土器のつくりを示しており，下吉井遺跡から塩屋遺跡上層土器が伴出していることなどにより，波状沈線文の土器が関東地方の主体であるとされた。

さらに谷井氏は縄文早期と縄文前期の区切りについて，(1) 関東地方における羽状縄文土器の発生は下吉井式期の一部の遺跡にみられるとされ，白幡西貝塚では羽状縄文土器や撚糸圧痕文土器が少量みられ，内畑遺跡でも貝殻背圧痕文土器や羽状縄文土器などがみられる。これらの羽状縄文などの土器は裏面に条痕を残しており，胎土，焼成なども後続して出現する花積下層式土器と異質であり下吉井式に近い。(2) 花積下層式土器では波状沈線文の下吉井式土器はまったく消滅し，ここで早期末の条痕文土器は終焉している。これ等の理由で谷井氏は縄文早期の終末を下吉井式期とし，前期のはじめを花積下層式期とするのが適当とされた。この時期区分はその後多くの研究者より支持され現在に至っている。

1976年関野哲夫氏は「第4群土器について」の「清水柳遺跡の土器と石器」の項で，木島式土器の研究史を踏まえて検討された。早期と前期の線をどこで引くかとの問題について，榎本氏の「平方式」の設定と編年的位置を支持された。谷井氏の「内畑遺跡出土の第1群土器について」での茅山式土器の条痕文土器の系統，花積下層式土器の縄文についての分析と位置付けについて，「茅山式土器という条痕文土器を拡大する点はよいが，一方の羽状縄文（平方貝塚など）をどのように理解すればよいのか。榎本の茅山式土器と花積下層式土器の異質性により，前期初頭に一型式設定したほうが，型式網が整理され，研究史的な意味からも適当であろう。」として，天神山式土器と仮称平方式土器をもって縄文前期初頭におく見解を述べられた。重要な指摘である。

1977年高橋雄三，吉田哲夫氏は「横浜市神之木台遺跡出土の縄文時代遺物―とくに早期末～前期初頭の土器を中心として―」で，岡本勇氏の下吉井式土器を検討し，神之木台遺跡出土の3類土器を下吉井式土器から独立させて，神之木台式として型式設定された。そして，神之木台式土器を下吉井式土器より一時期古く考えられ，両型式を縄文時代早期末に編年された。また，桑山龍進氏の菊名貝塚発掘調査における出土土器の層位関係をもとに，尖底の無文，条痕文土器群に菊名下層式土器という型式名をつけ，新たに菊名下層式土器を型式設定された。

高橋，吉田両氏のこの研究は岡本勇，谷井彪氏などの研究を踏まえ，さらにそれを一歩進めて，この時期の土器型式や編年の研究を積極的に問題とした。型式設定，編年的位置付けをおこなっている点，大いに評

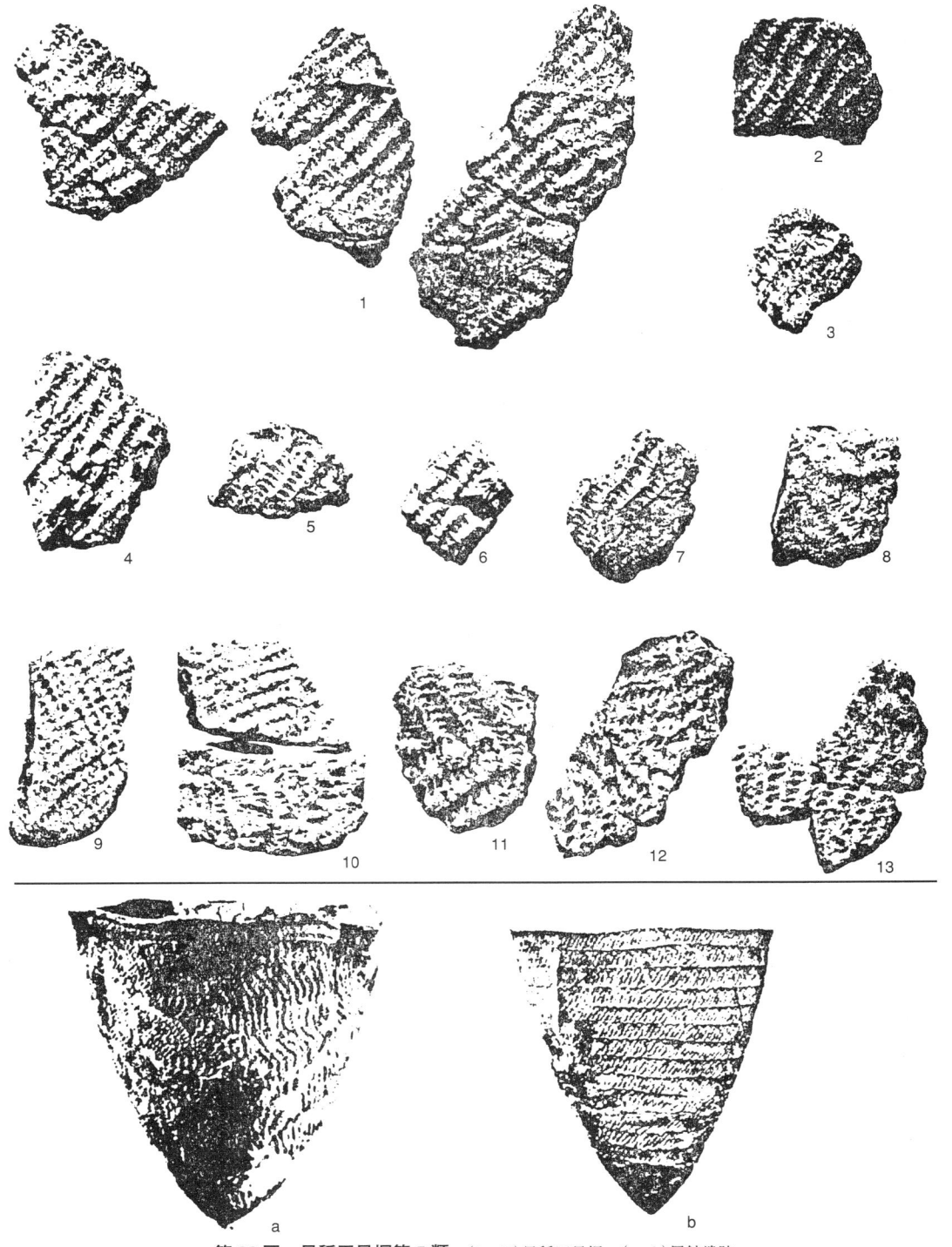

第 3 節　神之木台・下吉井式土器の研究　103

第 22 図　早稲田貝塚第 5 類　(1〜13)早稲田貝塚　(a, b)尾鮫遺跡

価されよう。また，この研究で設定された神之木台式土器は，型式設定された当初，一部の研究者の間で語られた，神之木台式土器は下吉井式土器の中の文様のバリエーションであり，神之木台式土器は型式として存在できないであろう。との考え方は，その後，各地方の発掘調査で[36]神之木台式土器の出土があり，ことに山梨県東八代郡一宮町釈迦堂遺跡，静岡県三島市乾草遺跡[37]，東京都東久留米市南沢多聞寺前遺跡[38]などの住居跡やそれに類する遺構から下吉井式土器を伴わず出土しており，神之木台式土器が型式として存在する点が実証されてきている。

同年増子康信氏は「いわゆるオセンベイ土器の研究」で，1976年の同氏の「名古屋市鳴海鉾ノ木貝塚の研究，縄文前期前半土器群の編年を中心として」において示された広義の木島式土器の型式細分を新たに一歩進められた。ことに注目される点は木島式土器（塩屋式土器）発生について考察されている点である。東海地方に於ける縄文早期末，前期初頭に関わる広義の木島式土器の型式細分と編年的位置について積極的に検討し，型式細分をおこなった研究である。

1978年荒井幹夫・佐々木保俊・小出輝雄氏の『打越遺跡』が刊行された。本書は，以前より報告されてきた打越遺跡発掘調査の報告を1冊にまとめたものである。その中の「第Ⅳ章第1節住居址」で住居跡，その他の遺構と出土土器などが報告されている。縄文早期末から前期初頭の資料も多く，ことに東海地方の土器群の出土も多い。それ等の土器が住居跡に伴って関東地方，東北南部地方の土器などと出土している。

ここで報告されている土器は，縄文早期から前期初頭の型式学的研究，編年学的研究，分布の研究などに寄与するところが大きい。また，打越Ⅰ式，打越Ⅱ式の型式設定がおこなわれている。これは従来研究者の間で呼ばれていた平方式の細分と関わる。打越Ⅰ式，Ⅱ式土器の型式細分が可能かの問題がある。研究史上の検討と型式内容，編年上の検討をおこなう必要はあるが，平方式の型式内容，平方貝塚の発掘報告がなされていない現状がある。また，打越貝塚から多量にこの型式の土器が出土している点から，打越式土器と呼んでおき，今後平方貝塚の報告を待ってもう一度型式検討をおこなうのが良いと筆者は考える。

1979年刊行の『神奈川県史，資料編20・考古資料』で，岡本勇氏は下吉井式土器を神之木台式土器より古く考えておられる。

1980年桑山龍進氏の『菊名貝塚の研究』が刊行され，長い間研究者の間で発表が待たれていた上ノ宮貝塚，宮谷貝塚出土土器が報告された。掲載された土器は膨大で，かつ質的にも資料的価値がきわめて高い。その量は，現今大規模な発掘が各地でなされ，報告されているこの時期の遺跡の資料と比較しても破格である。この菊名貝塚の発掘資料が報告されたことは，この時期を学んでいる一人として喜ばしく思う。

土器群の分析は大変緻密であり，出土している膨大な土器群に対して13に分類している。第1類無文土器，第2類条痕文土器，第3類隆帯文土器，第4類波状山形文土器，第5類貝文土器，第6類無節縄文土器，第7類単節縄文土器，第8類複合文土器，第9類撚糸文土器，第10類網様文土器，第11類並行斜線山形組合せ文の土器，第12類特殊文様の土器，第13類微薄細線文土器以上の13分類である。それぞれの類がさらに細かく分析されている。たとえば第2類の条痕文土器の場合，条痕の在り方，条痕の走向，器形，口辺部の形態，底部の形態，条痕の文様化などについて詳細に検討されている。今後の花積下層式土器の研究に，桑山氏の積み上げられたこのデータをいかに読み取り，いかに生かすかが大きなポイントであり，我々の課題でもあろう。

また，土器類の総括でも述べられている出土状態について，無文類は表土下底部ないし貝層上面部より，貝層下土層にわたる全層に包含される。貝文，縄文，撚紐文，網様文などの土器は，表土下の接貝層部に単節羽状二重口縁鉢形土器が出土した以外は，ことごとく貝層中に限られ，貝層下土層よりは絶無であった。条痕文は宮谷貝塚において貝層上部に始まり貝層下部より貝層下に至るにしたがい，出土量が多くなる傾向

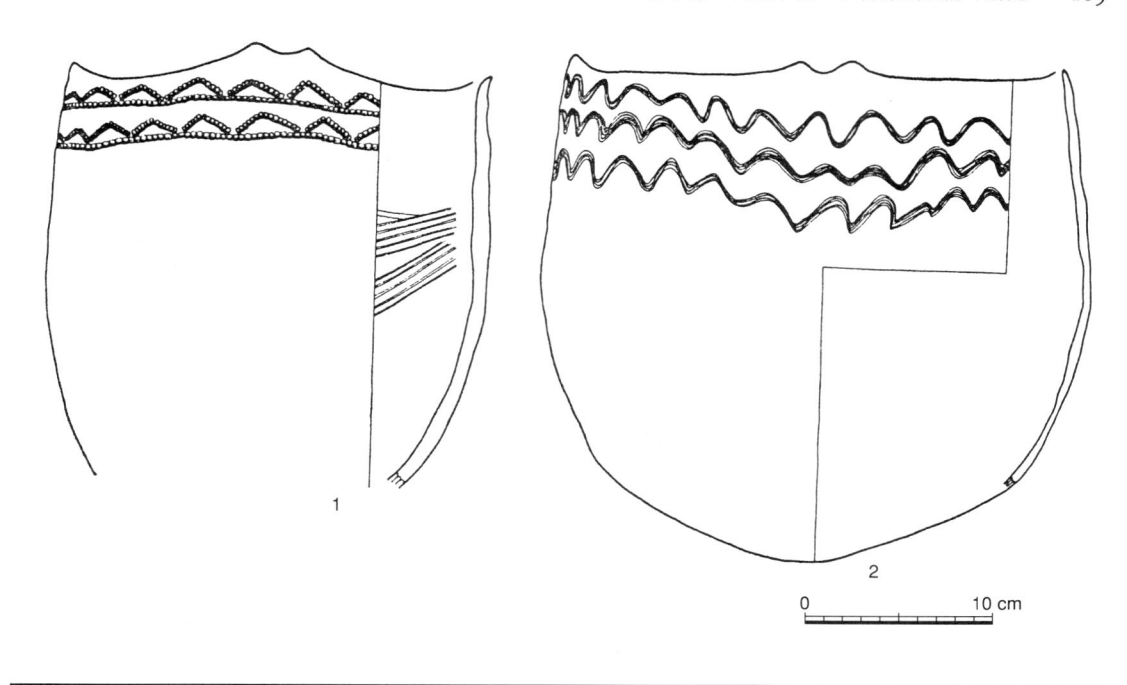

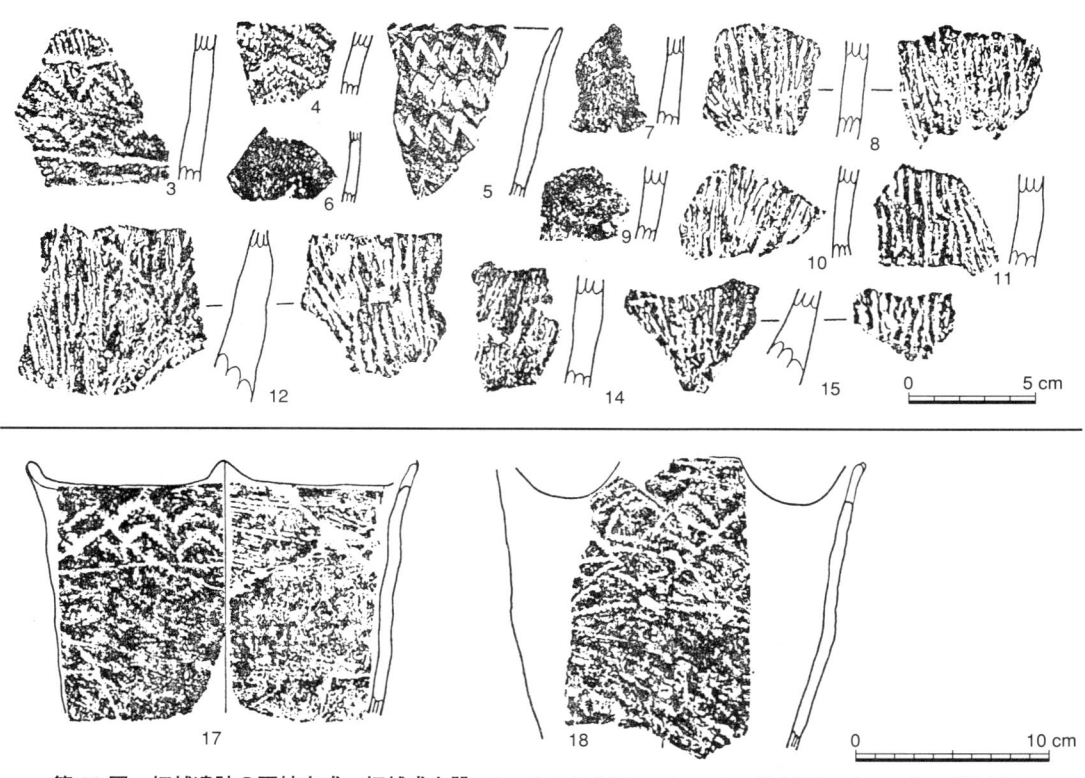

第 3 節　神之木台・下吉井式土器の研究　　105

第 23 図　打越遺跡の天神山式・打越式土器　　(1, 2) 69 号住居跡　　(3〜15) 36 号住居跡　　(17, 18) 68 号住居跡

がある。微薄土器は，横浜市港北区日吉町下組貝塚貝層中より甕形微薄土器が出土したことが記載されている。また，第3類土器の凸隆帯文土器と第4類の波状山形文土器は，ともに多少の繊維を含むが，縄文のないこと，凸隆帯と波状山形，隆帯上の指頭状凹点列，および尖底を要素とする鉢・甕などの特徴を保持している。さらに，「貝層下土層位の時期より，宮谷貝層下位および上ノ宮貝層下底部，いわば菊名貝塚堆積始期直前においてすでに存在した型式のものであり，両貝塚貝層上位に多い貝文，縄文の部類よりやや先行するものである。この故にこれらの2種類を含めて，ここに菊名式土器と呼称する」とし，菊名式土器の型式を設定された。

菊名式土器という型式名は同氏により1949年『菊名遺跡と其の文化』の中で「菊名貝塚文化の意義」が頁12に出ているが，当時呼ばれていた菊名式は現在我々が呼ぶところの花積下層式に近かったようである。この点は1951年江坂輝彌「縄文式文化について（その七）」の設定された菊名式の型式内容も同様と筆者は理解している。したがって桑山氏の1949年の使用概念と，1951年の江坂氏の使用概念はほぼ等しく，桑山1981年菊名式土器の型式内容とは異なる。桑山1981年『菊名貝塚の研究』で設定された菊名式は1977年高橋雄三・吉田哲夫両氏の神之木台式土器，1970年岡本勇『下吉井遺跡』以後，呼ばれている下吉井式土器などが混在している。その示す型式内容をかえないかぎり現時点では成立しない。

1981年下村克彦氏は「新田野段階花積下層式土器と二ツ木式土器について」で，花積下層式土器の宝庫である埼玉県において新田野段階花積下層式土器（新田野式）の型式設定と，1955年篠遠喜彦氏の設定された二ツ木式土器についての考察をされている。本稿の神之木台式土器，下吉井式土器の研究と直接関係しないが，花積下層式土器の型式細分としての，新田野式土器の型式設定であり，研究史の中で扱っておきたい。

この論文で下村氏は新田野式土器設定について，花積下層式土器を具体的に細分しようとされている。関山式土器研究をしている立場での花積下層式土器の細分，二ツ木式土器に対する考え方が提示されている点で，下村氏の新田野式土器の型式設定は重要だと思われる。しかし，一方において花積下層式土器を「梶山式→菊名式→新作式→野中式→新田野式」と5型式に細分している点や，梶山式→野中式までの4型式と新田野式土器との型式差，新田野式土器の型式内容の規定がなされていない点などの問題がある。

筆者は花積下層式土器の中で撚糸側面圧痕文の文様の変化は，東北地方における上川名式と対比するうえでも重要な視点だと考えている。撚糸側面圧痕文の1本の原体を渦巻き状に巻かせている類，たとえば（第34図の8）は花積下層式土器でも古い段階に編年される土器と思っている。こうした渦巻きが，新田野遺跡の撚糸側面圧痕のように巻き切らない圧痕に変化していくと考えている。したがって，縄文系や撚糸側面圧痕の土器を機械的に花積下層式の中で新しい時期に位置させる考え方には賛成できない。この点は，下吉井式土器との関係で後述する。とにかく，新田野式土器の型式設定と，撚糸側面圧痕がその後，二ツ木式土器，関山Ⅰa式土器へどのように変化していくかを考察されたことは重要である。今後は新田野式の型式内容と，その前後関係を明確にしていくことが必要である。その場合，東北地方上川名Ⅱ式，福島県宮田貝塚第Ⅱ群土器，山形県松原遺跡1群1類土器などの桂島式との比較検討がなされねばならない。

1981年高橋雄三氏の「花積下層式土器の研究―関東・東北南部における縄文前期社会の成立―」は，研究史を踏まえたうえで，花積下層式土器の内容と編年的位置を明確にすること，花積下層式土器の成立過程と，その文様・器形などの推移を明らかにすること，そして，縄文前期社会の意義について考えることを目的とした論文である。花積下層式土器について本格的に研究した論文はかつてなかったと思われる。

花積下層式土器は先学によって積み重ねられてきた研究があるにも関わらず，難解な土器型式であり，型式として近くて遠い存在のような感があることは否定できない。それは1つには，文様が縄文，貝殻背圧

痕，撚糸側面圧痕，網目状撚糸圧痕などで構成されている。そのため型式変化をどこでとらえて，どこで切っていくかがつかみにくい点，分布の幅が広く，そのため異型式との編年関係と位置を定めることがむずかしい点にある。そうした難解である花積下層式土器に総合的な検討を加えたことは意義深い。

　この論文で高橋氏は花積下層式土器の成立について考察されている。まず問題点を若干指摘しておきたい。

　(1)　**研究史の解釈について**：1935年甲野勇「関東地方に於ける縄文式石器時代文化の変遷」で，甲野氏が正式に花積下層式土器を型式設定された時点では，花積下層式土器には，現在呼ぶところの神之木台式土器や，下吉井式土器にあたる土器群は含まれていない。

　1939年江坂輝彌「横浜市神奈川区菊名町宮谷貝塚出土土器に就いて」の文章では，条痕系の土器について花積下層式土器以外のものと言っていない。

　1951年江坂輝彌「縄文文化について（その7）―縄文前期―」では，花積下層式土器の中に現在呼ぶところの神之木台式土器，下吉井式土器にあたる土器群を含めている。同論文の（頁90の第48図）では「木島遺跡出土の花積下層式土器」として，現在呼ぶところの神之木台式土器，下吉井式土器を図示している。さらに（頁88）では，この土器群と花積下層式土器の細分型式として，梶山式土器を設定している。

　したがって，高橋氏が「この時点において江坂は，貝層下部から出土した条痕の土器については，花積下層以外のものと認識し，茅山式に近似する花積下層式直前の一型式と考えたらしい。」としたこの高橋氏の江坂論文の位置付けは誤りがある。

　1949年桑山龍進『菊名遺跡と其の文化』は，前述したように重要な文献である。桑山龍進氏のこの論文を正当に評価しないかぎり，正しい花積下層式土器の研究史とはなりえないし，菊名下層式土器も含めて菊名貝塚の正しい位置付けはできないであろう。

　(2)　**菊名下層式土器と下吉井式土器**：菊名下層式土器と下吉井式土器との型式の相違点と，それぞれの型式内容の説明が不明である。たとえば，高橋氏は「菊名下層式土器は，胎土に繊維を含んだ無文土器が主体となる。まったく無文のものの他に繊維でこすったような擦痕を有するものや，部分的に条痕を残しているものもある。文様を有するものは少なくないが，口縁部に1条の隆帯をめぐらすものもある。この場合，隆帯上に指頭などによる凹みがつけられることがある。口縁は波状と平縁とがあるが，平縁が多い。底部は尖底が主であるが，平底もみられる。」とされている。菊名下層式土器の無文，擦痕，条痕は，菊名下層式期の土器にはなりえても，菊名下層式土器にはなりえないと考えられる。なぜならば，この時期には無文の土器群，擦痕，条痕の土器群は多い。私たちはそれらだけを見て，神之木台式土器であるか，下吉井式土器であるか，菊名下層式土器であるか型式分類できない。筆者はむしろ型式となりえるものは，口縁部に1条の隆帯をめぐらし，隆帯上に指頭などによる凹みをつけ，口縁は波状，平口縁があるが，平口縁が多い。底部は尖底が主であるが平底もみられる土器について，菊名下層式土器とした方が良いと考える。そこで問題になることは，下吉井式土器の中で隆帯を貼付し，その上部に貝殻条痕を施したり，竹管状工具により押し引きを施している土器群（第30図5～16）と，高橋雄三氏が菊名下層式土器としている土器群（第32図1～5）との型式学上の相違がどこにあり，いかなる理由で編年学的に下吉井式土器より菊名下層式土器を1段階新しく位置付けるのか不明であり，その根拠を明らかにする必要があろう。

　(3)　**花積下層式土器の成立について**：「南関東の花積下層式はこの地域の先行型式である下吉井式・菊名下層式をその基盤とし，そのうえに東北南部から強い斉一性をもって波及してきた縄文撚糸圧痕などの要素を受け入れ成立したものと思われる。」と述べておられるが，東北南部から波及してきた縄文，撚糸圧痕文の土器は何式であるのか。たとえば，下吉井式土器と併行関係に花積下層式土器（古い部分の花積下層式土器）

があるという可能性は考えられないのか。なお，この点についての筆者の見解は，下吉井式土器の項でふれることにする。

こうした問題点は存するが，前述したように，この論文が書かれたことは大変重要なことであり高く評価したい。

以上この時期の研究史について関東地方を中心に長々と書いてしまった。今回の研究史では，東北地方のこの時代の先学の研究について扱わなかったし，他地域についても同様に重要な研究がなされている。また今回研究史の中で扱わなかったが，1977年谷沢良光「縄文時代早期末葉の遺構と土器編年―東海を中心として―」，1980年鈴木敏昭『足利遺跡』「第2節第Ⅲ群土器について―早期末葉の土器群―」「第3節第Ⅳ群土器について―花積下層式土器の成立に関する素描」などいずれも学史を振り返りそのうえに立って重要な指摘がなされている。

研究史を振り返ってきた中で，現在筆者が感じている点を次に述べておきたい。

関野哲夫氏より指摘を受けたことでもあるが，研究史の重要性を強く感じる。この点について筆者はかつて「石棒の基礎的研究」で，学史，研究史を踏まえたうえでの論という点を強調したことがあった。それは先学の業績を評価したうえで，ようやく研究者間で共通の認識に至ることができると思うからである。

かつて，斎藤忠先生は我々学生に「研究史・学史をやりなさい。それからようやく論じられるのです。」と何度となく話をされた。このことは，はからずも前述してきた早期と前期の時期区分の問題や，神之木台式土器，下吉井式土器，花積下層式土器をめぐる問題などにも具現していると思われる。これは研究において共通な前提，共通な認識が必要であり，その意味において研究史の占める位置がいかに大きいかという点でも明らかなことである。

研究史を学ぶことは，先学の積み上げてこられた研究に対し，その欠点を探すためでも，いたずらに先学を批判するためでもない。その意味において筆者も含め，ことに若い研究者のあいだに論を優先させて，研究史を振り返らない風潮が強い。こうした傾向がつづくかぎり，考古学の科学性，学問性もあやぶまれるのではなかろうか。このような点は，筆者のような浅学，若輩が述べるべきではないがあえて記しておきたい。

その点においても，江坂輝彌1951年，村田文夫1966年，熊谷常正1974年，石岡憲雄1975年，関野哲夫1976年，高橋雄三，吉田哲夫1977年，高橋雄三1981年などの諸氏の研究は評価できよう。研究史を振り返ることは軽視されがちである。

筆者の最近の自戒も含めて，改めて研究史の重要性を提言しておきたい。

3　論を進めるにあたっての前提

神之木台式土器，下吉井式土器の研究と，花積下層式土器，広義の木島式土器が現在までどのように研究されてきたかを研究史で振り返った。研究史で明らかになったように，研究者の間で編年上の認識に大きな相違があることが判明した。これは大きく分けて3点ある。
(1)　縄文早期と縄文前期の間をどこで線を引くかという点での研究者間の相違。
(2)　下吉井式土器と花積下層式土器の関係を編年的にどうとらえるかについての相違。
(3)　編年的に神之木台式土器と下吉井式土器を見た場合，神之木台式土器が古いのか，下吉井式土器の方が古いのかという点での研究者間の相違。

この3点はそれぞれ関連をもった問題である。これらについて，すぐに正しい，正しくないと断定をくだすわけにはいかない。こうした問題点は，研究者間で大いに検討，議論していく中で結論が出てくるもので

あろう。神之木台式土器，下吉井式土器，花積下層式土器などは今後資料が集積されると思われる。ことに神之木台式土器と下吉井式土器はこの2，3年で報告も増加するであろう。また，茨城県から東北南部，北陸地方の新潟県，富山県などでまだまだ資料が出そろっていない。そうした点を考えると正否が判明するには時間もかかる。しかしながらこれ等の3点の問題を避けて，神之木台式土器や下吉井式土器，花積下層式土器などについて考えることはできない。

ここでは現在筆者の考えている点を記し，それを前提に神之木台式土器，下吉井式土器について少しばかり考察を加えてみたいと思う。

早期と前期の線をどこで引くかの問題についての見解は大きく2分類できる。ひとつは社会性を加味しての時期区分をしようとする方向で，尖底土器の終焉，集落構成の変化など，社会性と生活様式の変化で時期区分をしていこうという方向。もうひとつは土器型式で時期区分していく方向である。

前者の立場では1966年に岡本勇氏が「尖底土器の終焉」を発表されている。論文中で岡本氏が指摘されているように，尖底の終末と平底の普遍化をもって早期と前期の境とした場合，地域によって大きなずれが生ずる。そこで岡本氏は「この型式群のなかに，住居址，石器，骨角器，土製品など，土器型式との関連においてとらえられるいっさいの資料を方法論的に正しく位置付け，その実体をいきいきとえがきださなければならない。新しい時期区分の問題は，この作業のなかで展開していくであろう。型式群の複雑に累積した姿こそ，縄文式土器の真相であり，ひいては縄文文化の本質の反映でもあると思う」とされた。住居跡，石器，骨角器，土製品など土器型式を加味して時期区分をおこなう。いわば構造主義的な文化のとらえ方，時期区分を考えられていると思われる。

後者に関しては榎本金之丞，谷井彪，関野哲夫などの諸氏がそれぞれ見解を発表されている（榎本1971・谷井1971・関野1976)。また，高橋雄三，吉田哲夫1977年，高橋雄三1981年は前述した岡本勇氏の考え方を考慮しながら，土器型式での時期区分を考え，関東地方においては高橋氏自身の設定された菊名下層式の古い部分を早期に，新しい部分を前期の初頭においている。

次に筆者の時期区分に対する考え方について述べる前に，上記の研究者の見解に対して研究史も加味して，検討を加えておきたい。

高橋雄三氏の社会構造，土器型式を加味しての時期区分の考え方では，早期には岡本勇氏の言う労働方法の発達，遺跡の立地，中央に広場をもつ定型的な集落が存在しない。前期については羽状縄文土器群が成立する。その歴史的意義は，集落共同体内部の消費生活での世帯の確立，世帯を統括する共同体の生産労働の組織・規制の成立にあるとされている。そして，「最も大きな本質的な変化が現われる関東・東北南部の羽状縄文土器群の成立をもって，縄文時代前期の開始としたい。土器型式で言えば，花積下層式の成立が縄文時代前期の開始である。これは結果的には，山内清男による縄文土器の大別とも一致するものである」（高橋雄三1981年　頁48）とされている。

文化，社会を構造主義的にとらえることは大切であり重要な視点である。しかしながら，羽状縄文土器群の成立は，関東地方，東北地方において，花積下層期ではなく，それ以前にすでに成立する。花積下層期以前の羽状縄文の例は，早稲田貝塚第5類にある。1960年角鹿扇三，二本柳正一，佐藤達夫，渡辺兼庸『早稲田貝塚』では第5類土器を「第四層に包含される器形は平縁の頸部やや縮約する深鉢形。底部は小平底多く，丸底が一例ある。口頸部に撚糸押捺紋があるものが少量あり，撚糸紋・縄紋・縄端圧痕などを配して紋様的効果を現わすものもあるが，多くは縄紋を全面に施し，底部に及ぶものがある。縄文は単節最も多く，圧痕綾杉状を呈するものこれに次ぎ，無節が一例ある。異方向押捺或いは二種の原体による羽状縄紋が若干あり，結束ある一例が注意される。他に撚糸紋，条痕文が少量，組紐回転紋が一例ある。口端上面はまま縄

紋・刻目・刺突痕などを施す。裏面に縄紋或いは条痕あるものもあるが第4類程著しくはない。」とされている。第5類土器の一部を（第22図1〜13）に掲載する。したがって関東地方，東北南部地方の羽状縄文の成立は縄文早期末になる可能性がある。

　また，1961年二本柳正一，佐藤達夫氏の「六ヶ所村尾鮫出土の土器」では縄文を施した尖底土器（第22図a, b）について（第22図a）は「高さ29 cm，波状口縁の尖底深鉢土器である。全面に縄紋が施され，口縁部に2条の並行沈線紋がある」とされ，（第22図b）について「口径23〜23.5 cm，高さ27 cm，平縁の尖底深鉢形土器。口縁より底部にかけて縄紋の横帯を重ね，底部に竹管紋を施す。縄紋帯は幅1.5〜2 cm程度で整然と押されている部分では1.5 cm前後である。重なりのよく認められる部分で15帯数えられる。原体は環付き縄（山内清男先生の講義による）で，環の部分のみが押されている。…」と説明され，bについて「土器は明治大学の絵はがき中に早期土器として収録され，芹沢長介氏によって河出書房刊『世界陶磁全集』第1巻中にも早期春日町式として紹介されている。aの土器は中央公論社刊『図説日本歴史』第1巻中に，同じく芹沢氏によって早期土器として掲載されている。これ等は縄紋前期，春日町式における一時期に属するものと思われる」とされている。（第22図9）に掲載した早稲田貝塚第5類土器の縄文早期末と考えられる土器にすでに羽状縄文が発生しており，また，二本柳，佐藤両氏は六ヶ所村尾鮫出土の土器（第22図a, b）の縄文を施した尖底土器について，縄文前期春日町式における一時期と考えておられる。

　この事実から関東地方，東北南部地方の羽状縄文の成立は，東北北部地方の縄文土器，羽状縄文土器の成立と関係が深いと思える。筆者は，高橋雄三氏の羽状縄文土器の成立をもって前期とする考え方に疑問を感ずる。その点については，下吉井式土器について考える部分で述べたい。筆者は東京湾西岸，利根川，荒川下流地域において下吉井式土器→菊名下層式土器→花積下層式土器へと編年学的に一方向的に変化していくかどうかについて疑問を持っている。筆者は木島遺跡1号住居跡その他の出土例から，花積下層式土器の一部と下吉井式土器の成立をもって前期であると認識している。

　榎本金之丞氏1971年の「平方貝塚の調査」では，東海地方の天神山上層（塩屋中層）と関東地方の（平方）をもって前期とし，つづいて東海地方の天神山最上層（塩屋上層），木島と関東地方の花積下層とを併行させておられる。これは，平方貝塚の土器が清水坂の土器の一部に共通し，時期は天神山式土器との共存関係がある。このため茅山式以後のもので，花積下層式以前のものと考え，「従来の説では，早期に位置付けられるが，土器の内容からして，花積下層式の前に一型式設くべきであると思考する」（榎本1971年　頁34）とされた。ここでは，花積下層式の前に一型式設けるべき理由は詳しく述べられていないが，平方期に羽状縄文のある土器が存在していることによるようである。

　1976年関野哲夫氏の「第4群土器について」（「清水柳遺跡の土器と石器」笹津海祥，瀬川祐市郎，関野哲夫，杉山治夫）では，谷井彪1971年「内畑遺跡出土の第1群土器について」を引用して，「茅山式土器という条痕文土器を拡大する点はよいが，一方の羽状縄紋（平方貝塚等）をどのように理解すればよいのか。榎本の茅山式土器と花積下層式との異質性により前期初頭に一型式設定したほうが，型式網が整理され，研究史的な意味からも適当であろう。」（関野1976年　頁79）とされた。

　榎本金之丞1971年，関野哲夫1976年の天神山式土器，仮称平方式土器をもって前期とする考え方は，平方貝塚から出土している羽状縄文土器と花積下層式土器との関係を考えたものと思われる。また，関野氏が述べておられるように，茅山式土器と花積下層式土器の異質性を考え，あわせて，東北北部の早稲田貝塚Ⅴ類，早稲田貝塚Ⅵ類などの編年位置を考慮されて，編年網も合わせて考えての縄文早期と前期の一線であり，論理的にも，編年学上の操作でも正しい。

　筆者は，平方期に縄文土器，羽状縄文土器の存在することは，榎本，関野両氏の指摘されるとおりだと考

えるが，それらの縄文土器群が花積下層式土器かというと，裏面に擦痕や条痕があったり，原体を斜に回転して施文したりで，花積下層式とはいえないようにも思う。また，この時期に撚糸側面圧痕もあるが，直線的であり，いわゆる花積下層式土器の渦巻的な撚糸側面圧痕ではない。したがって，筆者はこの時期がむしろ早稲田貝塚V類に相当し，縄文早期の最終末で，花積下層式土器の前段階の土器型式であると考える。

谷井彪氏は1971年「内畑遺跡出土の第1群土器について」で「花積下層式期の土器のなかには波状沈線文の下吉井式土器は全く消滅し，ここで早期末葉の条痕文土器は終焉している。したがって，縄文早期の終末は下吉井式期とし，前期のはじめを花積下層式期とするのが適当と思われる」とされているが，筆者は花積下層式土器の古い段階と，下吉井式土器が併行していると考えているので，花積下層式土器の成立と下吉井式土器の成立をもって縄文前期の成立と考えている。

下吉井式土器と花積下層式土器を編年的にどうとらえるかについて谷井氏は，上記の論文で「関東地方に於ける羽状縄文土器の発生は下吉井期の一部の遺跡にみられる。白幡貝塚では羽状縄文土器や撚糸圧痕文土器などがみられる。しかし，これら羽状縄文などの土器は裏面に条痕を残しており，胎土，焼成なども後続して出現する花積下層式土器とは異質であり，より下吉井式土器のそれに近いものといえる」とされている。

たしかに，下吉井式土器や，神之木台式土器を出土する住居跡から裏面に貝殻条痕を施した縄文土器が出土する場合がある。筆者は，裏面に貝殻条痕を施した土器は，下吉井式土器あるいは，それ以前と併行する土器で，唐貝地遺跡出土の土器群の中の縄文原体を斜にころがした土器や，早稲田貝塚5類（第22図1～4）などと関係する可能性のある土器と思う。しかし，谷井氏の指摘されている白幡西貝塚（1962年山内「1・土器について」「日本大学考古学通信」）の羽状縄文の土器は，裏面に条痕を施されていないと考えられるし，他の住居跡でも下吉井式土器と併出していると考えられる縄文土器には裏面が無文のものも多い。筆者は，これらの縄文土器は花積下層式の古い段階ととらえている。そして各地の出土例から花積下層式土器の古い段階と，下吉井式土器が併行していると考えている。

次に，神之木台式土器と下吉井式土器の前後関係であるが，筆者は打越遺跡6号住居跡（第24図7～17, 23），木島遺跡3号土壙（第26図1, 2）の状況。神之木台遺跡から木島Ⅰ式土器が出土している点。また，木島1号住居跡から，下吉井式土器と花積下層式土器，木島Ⅳ式土器，木島Ⅴ式土器が出土している点。打越遺跡53号住居より，木島Ⅲ式土器と下吉井式土器が併出している点などより，神之木台式土器が下吉井式土器より古いと考えている。

したがって，筆者は下吉井式土器と神之木台式土器では，高橋雄三氏が考えられたとおり，神之木台式土器→下吉井式土器へと変化すると考えている。

4 神之木台式土器の研究

神之木台式土器は，1977年高橋雄三・吉田哲夫氏により型式設定がなされ現在に至るまで，出土遺跡は増加してきている。筆者の知る限りでも，千葉県夷隅郡大原町新田野貝塚，埼玉県富士見市打越遺跡，同県浦和市大古里遺跡，同県川口市卜伝遺跡，東京都東久留米市南沢多聞寺前遺跡，同市立野遺跡，港区三田伊皿子貝塚，大田区田園調布下沼部遺跡，神奈川県横浜市神奈川区神之木台遺跡，同市港北区菊名町宮谷貝塚，同市鶴見区北寺尾町上ノ宮貝塚，同県横須賀市下吉井遺跡，同市吉井城山遺跡，海老名市上浜田遺跡，静岡県三島市乾草峠遺跡，伊東市上ノ坊遺跡，同県田方郡函南町平沢遺跡，裾野市茶畑日向遺跡，同市深良城ヶ尾遺跡，同県駿東郡長泉町中峰遺跡，同県庵原郡富士川町木島遺跡，同県同郡同町駿河山王遺跡，山梨県東八代郡一宮町千朱寺釈迦堂遺跡，長野県上伊那郡カゴ田遺跡などの諸遺跡より神之木台式土器の出土がある。現在知りうる範囲でも千葉県，埼玉県，東京都，神奈川県，静岡県，山梨県，長野県に分布してい

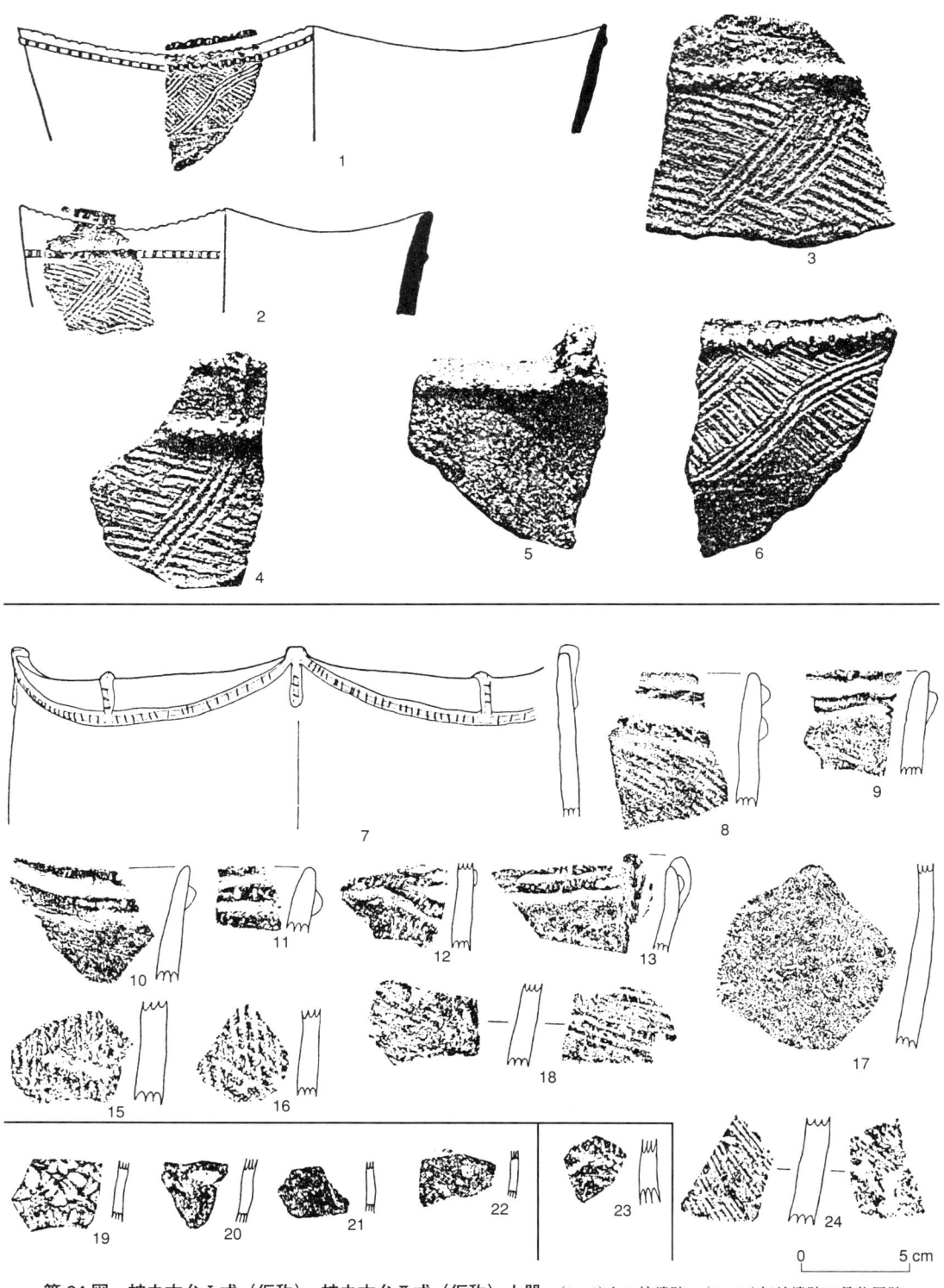

112　第2章　縄文時代早期末・前期初頭土器

第24図　神之木台Ⅰ式（仮称）・神之木台Ⅱ式（仮称）土器　（1〜6）上の坊遺跡　（7〜24）打越遺跡6号住居跡

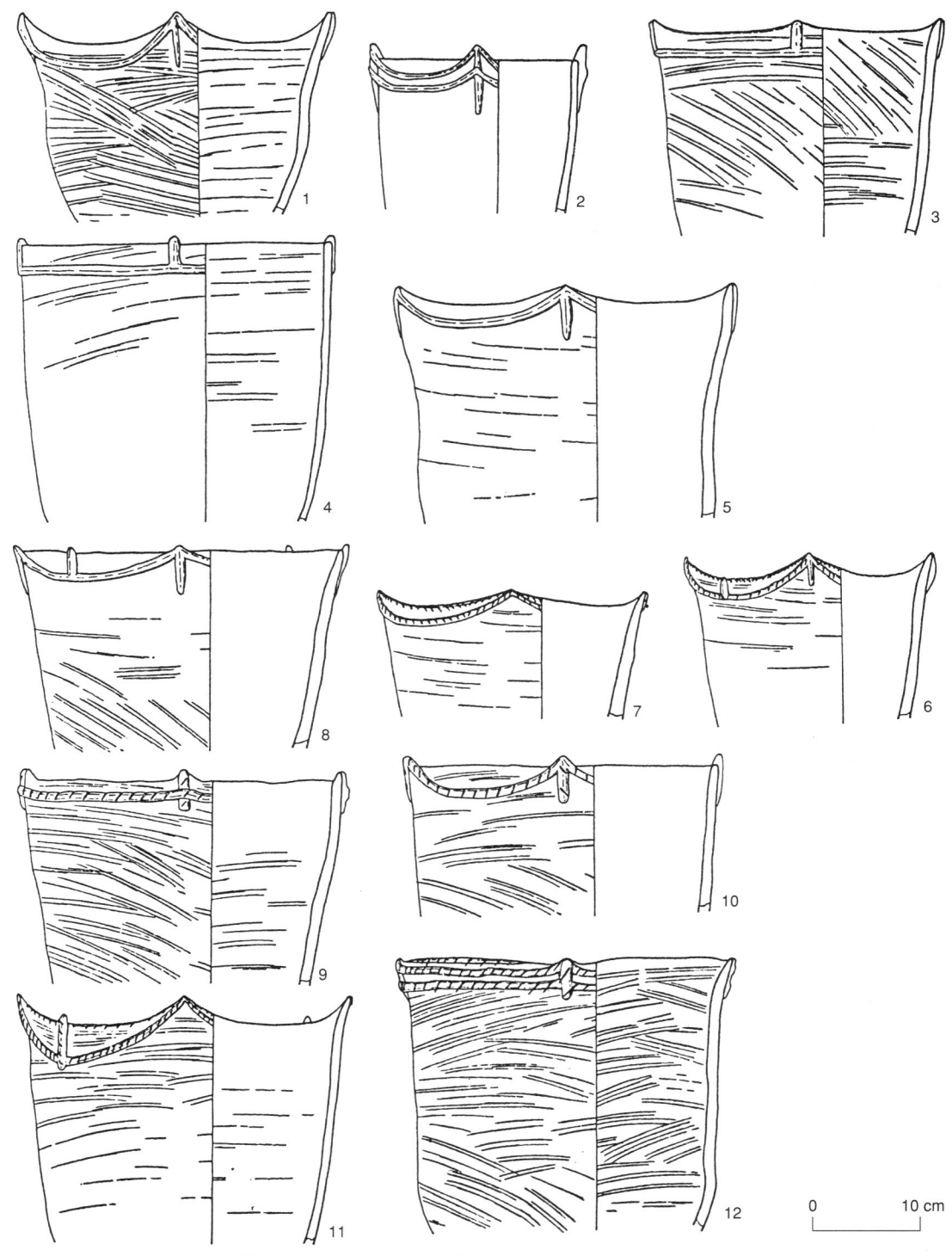

第 3 節　神之木台・下吉井式土器の研究　113

第 25 図　神之木台Ⅱ式（仮称）土器　（1〜12）神之木台遺跡

る。また，神之木台式土器に類似する資料としては，(第27図)に示したように，富山県中新川町極楽寺遺跡（第27図1～6），石川県鹿島郡能登町佐波遺跡（第27図11），福島県いわき市泉町大畑貝塚（第27図16～21），島根県八束郡東出雲町竹ノ花遺跡（第27図12～15）などがあげられる。しかしながらこれ等の資料については，報告されている写真，拓本などを通じての判断で，実見したうえで神之木台式と同定しているわけではないが神之木台式土器に近似している。強いていうならば，これ等の遺跡より，いずれも縄文早期末の土器が出土しており，神之木台式土器と編年学的に近い土器群であるといえよう。ことに極楽寺遺跡からは，木島Ⅱ式（第27図7），木島Ⅲ式（第27図8），木島Ⅳ式（第27図9，10）が出土している。これ等の資料については今後研究者間で検討を加えねばならないと考えている。

前述したように神之木台式土器の分布は確実に広がってきているし，出土遺跡の数も増加してきている。この点，型式設定がなされた時点では，東海地方から関東地方にかけて分布する土器型式と考えられたこともあったが，分布は意外に広い範囲に及可能性がある。

神之木台式土器の型式内容については，型式設定された高橋，吉田両氏による充分な検討がなされている。しかし，もう一度型式内容について振り返りながら考えてみたい。神之木台式土器は高橋雄三，吉田哲夫（1977年），高橋雄三（1981年）で考えられているように，茅山下層式土器，茅山上層式土器からつづく貝殻条痕文土器群の中の終末的な位置にある土器型式と考えることができるであろう。この点は下吉井式土器も同様である。次に型式設定者の説明を抜粋する。

器形は尖底の深鉢で口径25～30cmのものが多い。口縁は波状をなすが，平縁に小突起をもつ例もあり，文様は地文に貝殻条痕を施し，施文後に擦り消しているものが多い。条痕文，擦り消し文を除いて，文様は凸帯と刻み目で構成され，口縁部のみに施文される。凸帯は口縁にほぼ平行な1，2条と，波状口縁の頂点や鞍部につく縦の隆線との組み合わせである。凸帯の断面は三角形や半円形になるものが多い。刻み目は凸帯上と口縁に施文される。施文具はかなり細かいもので切り口はあまり開かず，線になるものが多い。凸帯と刻み目以外の文様をもつものはない。胎土には繊維を含むが，その量は個体によってかなりの差がある。繊維のほか白色の粗い砂粒の目立つものもある。器壁の厚さは5～13mmで，8～10mmのものが多い。色調は黒褐色・赤褐色・褐色・黄褐色などで，焼成は硬く良好なものから脆いものまである。

この神之木台式土器の定義で充分であるが筆者の考えている点をつけ加えておきたい。

下吉井式土器の隆線を貼付し，その上に貝殻背圧痕を施した土器（第20図27～32）と神之木台式土器の粘土紐を貼り付ける土器を比較すると，神之木台式土器は，入念に整形しながら器面に接合している例が多い。この神之木台式土器の粘土紐の貼り付けの断面形が一般的に三角形に近いという点や，半円形に近いが粘土紐を貼付した断面形が平らではないという点は，下吉井式土器と区別するのに重要であろう。また，粘土紐を貼り付けたのち粘土紐上部に施文を施す場合と，無文にする場合がある。施文を施す場合は，箆状工具と思われるもので，刻み目を入れる場合と，貝殻背圧痕をかるく施す場合がある。また，貝殻腹縁によって施しているとも考えられる例もある。この例は（第24図8）とか，神之木台遺跡の報告中，（図版XIIIの上段左上）など見ていくと意外に類例が多い。

こうした施文上の特色は，下吉井式土器に受け継がれると思われる。たとえば，神之木台式土器の粘土隆帯上に貝殻背圧痕を施した類は，下吉井式土器の隆帯文土器（第20図27～32）へ系統的に変化すると考えられる。もっともこのように貝殻腹縁を施文するという特色は，打越式土器（平方式）の文様の施文方法（第23図1，3，4，17，18）と共通する点がある。また，地文に施されている貝殻条痕について，神之木台式土器の型式設定者が明記しているとおり，土器の表面，裏面に貝殻条痕が施されており，それを施した後に擦り消しているのであるが，その中に表面の貝殻条痕を胴部までのこし，胴部以下を擦り消している類（神

之木台遺跡報告図版Ⅶの下）がある。この条痕を観察すると貝殻条痕を器面に対して横位半弧状に意識的に施している。こうした貝殻条痕を地文に施してから擦り消したり，条痕をのこしたりするのが，単なる土器製作者のその時の気分，くせ，調整のみでおこなわれたかどうか疑問であるが，筆者はこの地文の貝殻条痕について重要視すべきであると考えている。それは神之木台式土器の地文に施されている貝殻条痕が茅山上層式土器と神之木台式土器の間をつなぐ重要な文様施文の伝統的要素であると考えるからである。

こうした点に留意して神之木台式土器をもう一度全体的に検討すると，神之木台式土器の発生を考える時に浮び上がってきた一群の土器（第20図1～8・第21図3・第24図1～6）がある。これ等の土器群の存在について1981年5月に加藤賢二氏より御教示を受け，神之木台式土器の成立に関わる土器ではないかと考えるようになった。その特色は，口縁にそって断面三角形の隆帯を貼付する場合が多く，隆帯は比較的高く貼付する場合と，低く貼付する場合があるようである。貼付した隆帯上には，貝殻腹縁や篦状工具などによる刻み目が施されている。しかし現在型式設定されている神之木台式土器などと異なる点は，貝殻条痕を施す例（第20図1，2），貝殻条痕や篦状工具による沈線で格子目状に文様を施文する例（第20図4，7・第24図1～4，6），貝殻腹縁を施す例（第20図6），貝殻条痕により波状を施す例（第21図2，3），沈線による格子目を施す例（第20図3）などである。これらは，茅山上層式土器の一部，打越式土器，天神山式土器，木島Ⅰ式土器などと共通するものがあり，これらと神之木台式土器が編年的に近いことをものがたっている。神之木台式が独立した土器型式として成立する背景には，これらの土器群が影響を与えたり相互で影響していると考えられ，その存在を抜きにして成立を説明することはできないと考えている。したがって，神之木台式土器の成立に直接影響を与えた（第20図1～8）の土器群を，神之木台遺跡などより出土している，神之木台式土器より一時期古くおき，仮称神之木台Ⅰ式と命名したい。

埼玉県浦和市大古里遺跡，川口市西新井宿卜伝遺跡，神奈川県海老名市大谷上浜田遺跡，東京都東久留米市立野遺跡，静岡県伊東市上ノ坊遺跡，同県庵原郡富士川町駿河山王遺跡，長野県上伊那郡飯島町カゴ田遺跡より出土している。この神之木台Ⅰ式土器の編年学的検討は今後，資料の増加を待って考えてみたい。

前述した仮称神之木台Ⅰ式の設定に伴い，現在呼ばれている神之木台式土器を神之木台Ⅱ式土器と仮称したい。この神之木台Ⅱ式土器は，一部の研究者間では編年的に天神山式土器と編年学的に併行すると考えられており，また，東京都東久留米市多聞寺前遺跡の2号住居跡から「繊維を多量に含む斜縄文の施された土器とが，若干のレベル差を見せながらも同一遺構内で検出された意味は大きい」（中村祐1980年『多聞寺前遺跡―第1次調査概報―』頁7）とされている。

このように神之木台式土器の編年的位置が問題となるが，打越遺跡69号住居跡（第23図1，2），打越遺跡36号住居跡（第23図3～15）の出土例により天神山式土器と打越式土器とが併行関係にあると考えられる。また，打越遺跡6号住居跡の出土例（第24図7～17，24）により，神之木台式土器と原体を斜めに施した縦走する縄文土器とが併行関係にあると考えられる。この住居跡の出土土器は2時期の土器が出土していると考えられ，（第24図19～23）は一時期古い土器群だと思われる。また，木島遺跡3号土壙（第26図1～4）からは木島Ⅱ式土器（第26図1），神之木台Ⅱ式土器（第26図2），下吉井式土器（第26図3），木島Ⅷ式土器（第26図4）の3時期の土器が出土している。この時期別は以下のようになる。1期は神之木台Ⅱ式土器と木島Ⅱ式土器，2期は下吉井式土器，3期は木島Ⅷ式土器である。

また，神之木台Ⅱ式については，神之木台遺跡から出土した神之木台式土器（第25図1～12・第20図9～24）に示したように文様の変化があり，ことに，神之木台Ⅱ式土器の発生を考える場合，神之木台Ⅰ式土器を介在しなければ神之木台Ⅱ式土器の成立について説明ができない。したがって，神之木台Ⅱ式土器には木島Ⅱ式土器（第21図4～11・第26図1），縄文条痕文土器，縄文の原体を器面に対して斜位に回転させた縄文

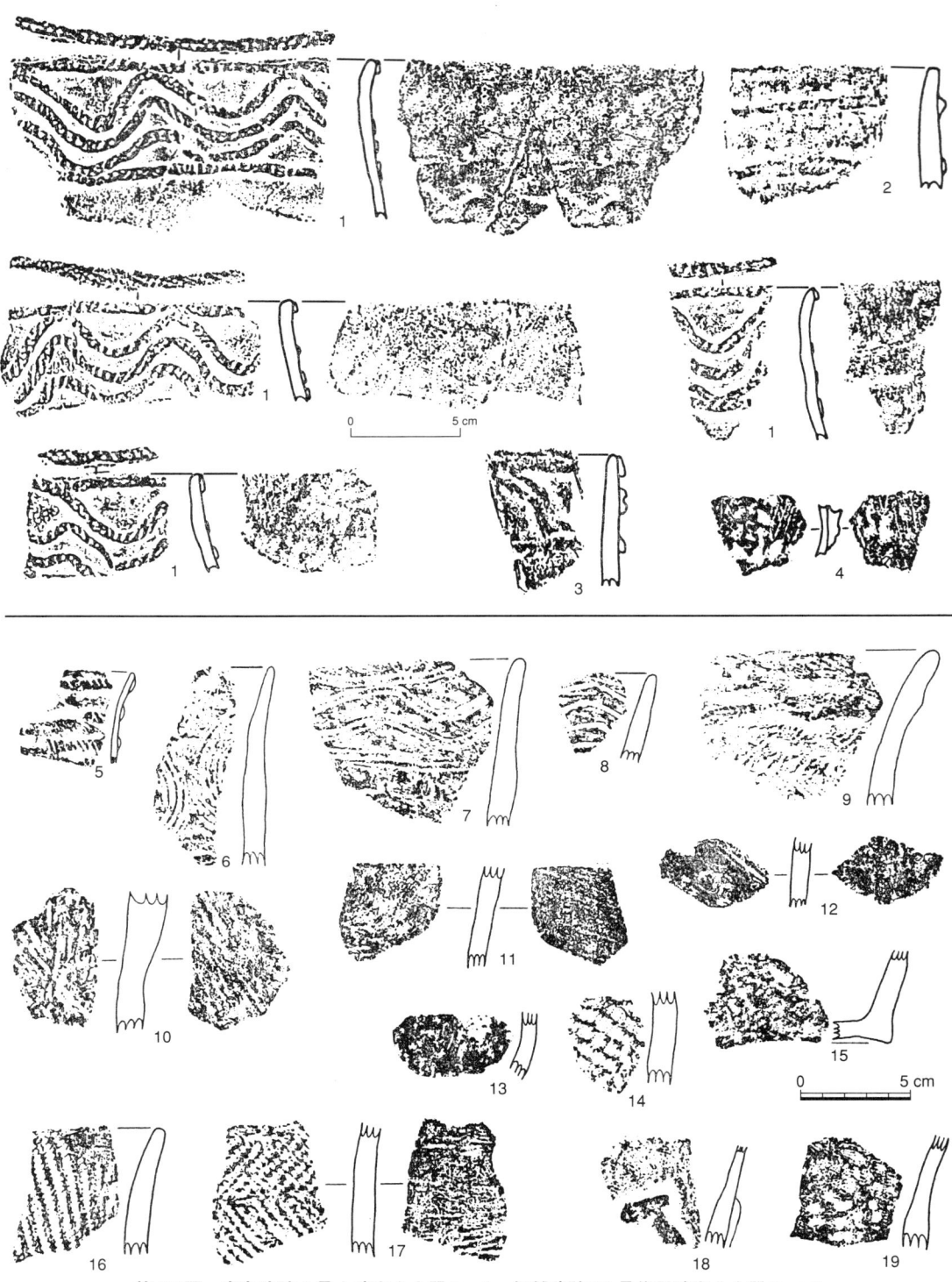

116　第2章　縄文時代早期末・前期初頭土器

第26図　木島遺跡3号土壙出土土器(1〜4)　打越遺跡53号住居跡出土土器(5〜19)

土器（第24図15, 16），普通の単節の斜縄文土器などが伴うと考えられる。そして，天神山式土器は打越式土器と併行関係にあり，神之木台Ⅱ式より少なくとも2時期ぐらい古い型式であると考えられる。

5　下吉井式土器の研究

下吉井式土器については，岡本勇1970年において下吉井遺跡から出土した土器群の発表がなされ，その後，高橋雄三，吉田哲夫1977年により，下吉井式土器の一部から神之木台式土器が独立して型式設定されている。

下吉井式土器は（第20図25～59, 61～77）に示したように文様に多様性がある。たとえば（第20図25～36）は口縁部に粘土紐隆帯を貼付している。粘土紐上を無文にするもの（第20図25, 26）。貝殻腹縁を施すもの（第20図33～36）などの類がある。また，粘土紐隆帯上に半截竹管状工具で連続爪形を施すもの（第20図37～40）。粘土紐を貼付してその上を指頭などにより刺突を施す類（第20図41, 42）。指頭などの刺突を施したあと，半截竹管状工具により波状沈線を施すもの（第20図43～48）。隆帯を貼付し隆帯上に半截竹管状工具により連続爪形による波状や，沈線による波状を施すもの（第20図49～51, 54）。隆帯を貼付し隆帯上に竹管状工具で刺突を施し，口唇部と隆帯を貼付し，その上に貝殻条痕を横位に施したり，口唇部と隆帯を貼付した間に波状の沈線や，半截竹管状工具による連続爪形文を波状に施すもの（第20図52, 53, 55, 56）。口縁にそって粘土紐隆帯を貼付し，上部に貝殻背圧痕を施し，沈線による渦巻や波状を施すもの（第20図61～64）。また，その上部に貝殻背圧痕を施すもの（第20図63）。棒状工具や半截竹管状工具の沈線により波状を施すもの（第20図66～68, 75, 77）。沈線により直線を横位に施すもの（第20図65）。沈線により渦巻を施すもの（第20図69, 76）。沈線により波状を施したあと，貝殻背圧痕を施したもの（第20図77）など文様が大変多様である。

しかし，こうした下吉井式土器の多様な文様について，大きく3分類することが可能と思われる。

第1類：神之木台式土器からの文様系統を強く引いており，なおかつ変化が加わったと考えられる隆帯文土器の類（第20図25～40・第30図1～4, 13・第31図1～7, 10, 13～18）。

第2類：隆帯を貼付し，それに他に沈線，半截竹管状工具による爪形や刺突による，波状文や渦巻きが施される類（第20図41～46・第30図5～12, 14～16・第33図1, 27～29, 42）。

第3類：半截竹管状工具，棒状工具による鋸歯状の沈線，渦巻き，波状，∞形，弧状，直線などを施す類（第20図65～77・第29図9・第31図19, 20・第32図6～8・第34図1～7, 9, 10・第35図1, 2, 19～22, 29・第36図1～4, 18, 37, 38）

筆者は第1類土器から第3類土器へ変化し，この変化がそのまま下吉井式土器における型式細分と考えている。したがって，前記した第1類土器，第2類土器，第3類土器をそれぞれ下吉井Ⅰ式土器，下吉井Ⅱ式土器，下吉井Ⅲ式土器と仮称したい。

下吉井Ⅰ式土器（第38図1）は北高根A遺跡10号住居跡（第38図1～12）で木島Ⅲ式土器（第38図3, 6），花積下層式土器の古い段階（第38図7），縄文土器（第38図8, 9），無文土器（第38図10, 11），条痕文土器（第38図12）とともに出土しており，木島Ⅲ式土器，花積下層式土器の古い段階との併行関係を示すものと考えられる。また，十二ノ后遺跡127号住居跡（第38図13～20）では，下吉井Ⅰ式土器（第38図15），木島Ⅲ式土器（第38図14），木島Ⅳ式土器（第38図13），羽状縄文土器（第38図18），縄文土器（第38図16, 17, 19）などの土器が出土している。この住居跡は2時期～3時期の土器が出土しているが，前述した下吉井Ⅰ式土器，木島Ⅲ式土器，木島Ⅳ式土器，花積下層式と思われる羽状縄文と縄文土器が併行関係にあるものと考えられる。

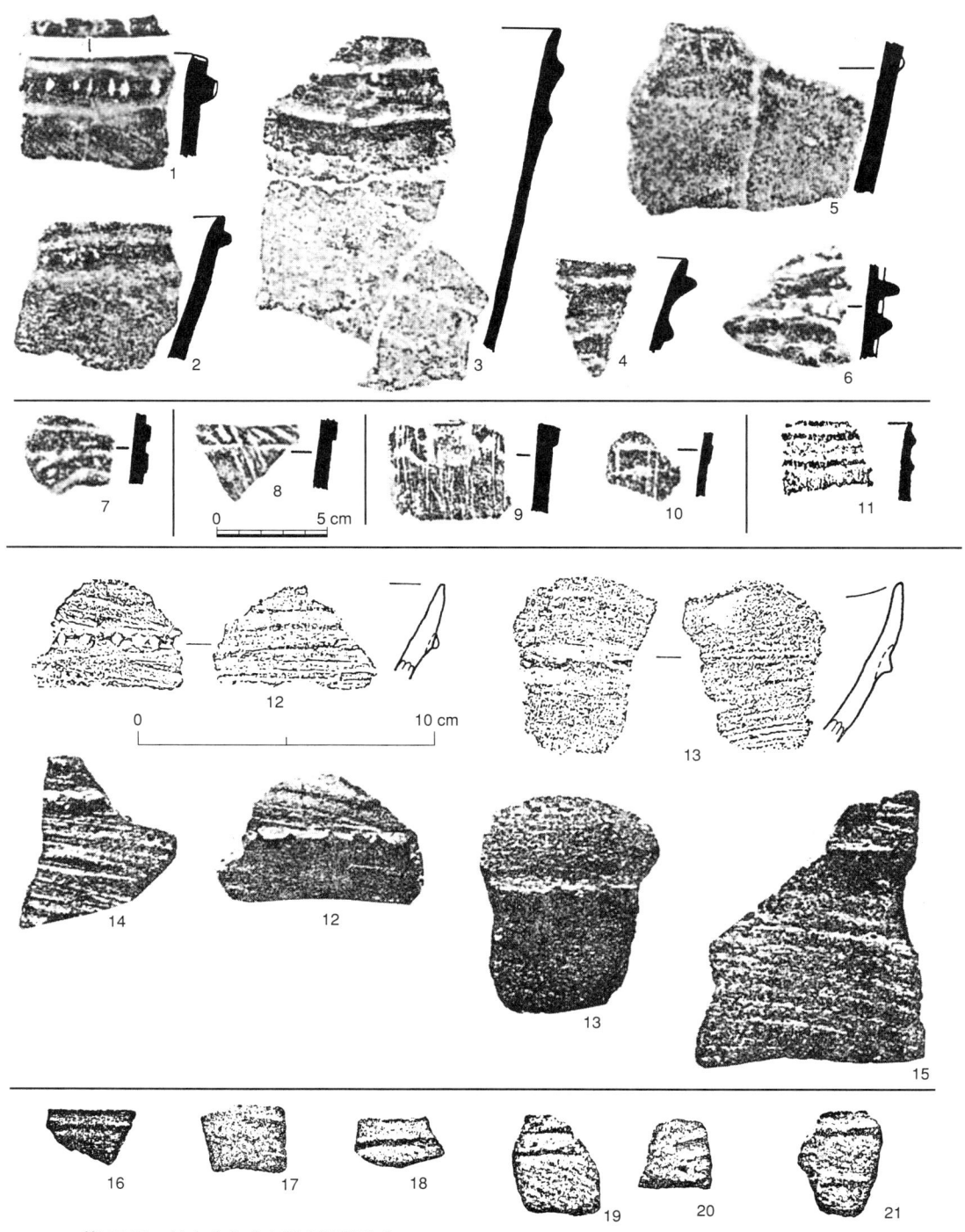

118　第2章　縄文時代早期末・前期初頭土器

第27図　神之木台式土器の類似型式　（1〜11）極楽寺遺跡　（12〜15）竹の花遺跡　（16〜21）大畑貝塚

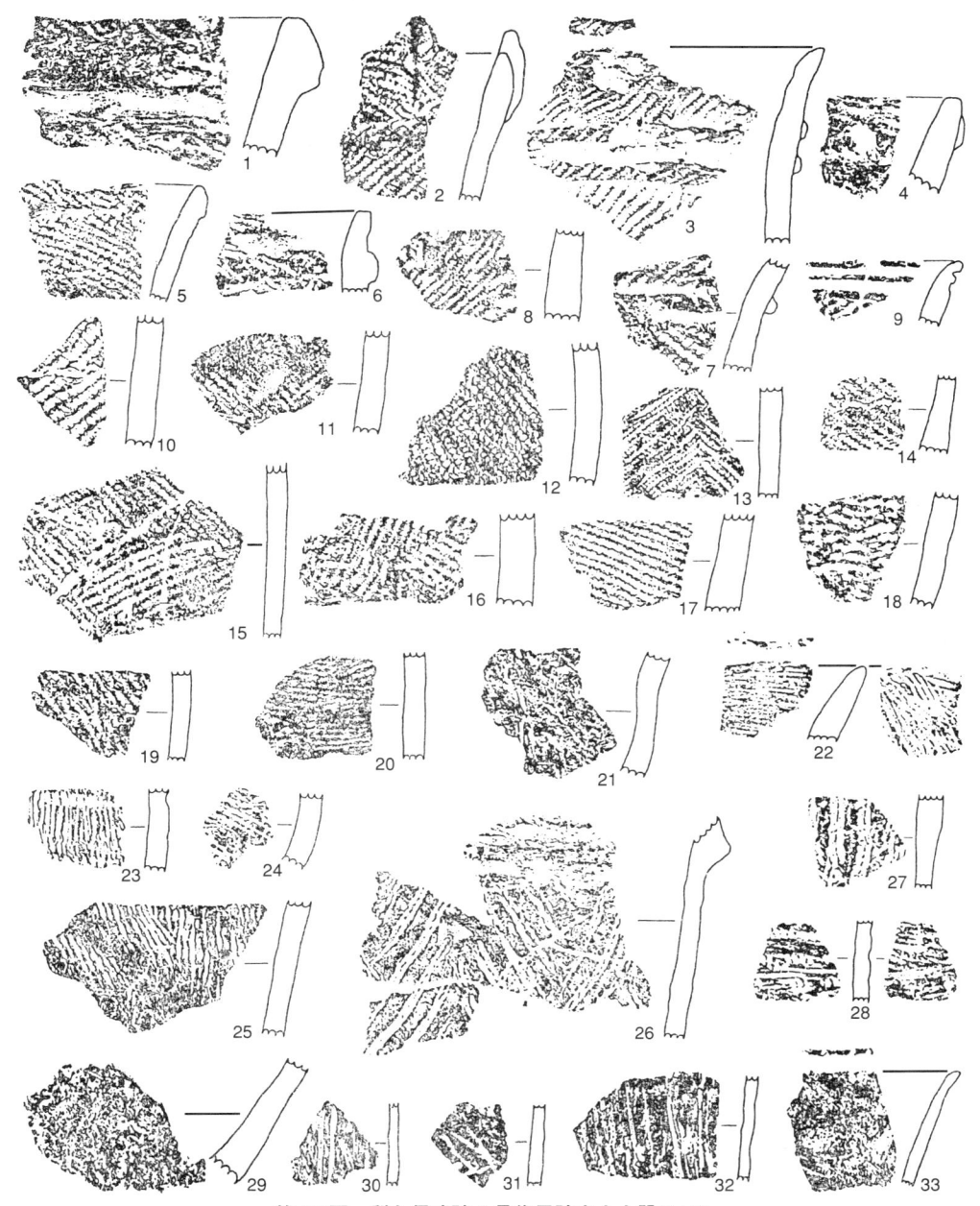

第3節 神之木台・下吉井式土器の研究　119

第28図　梨久保遺跡2号住居跡出土土器(1:3)

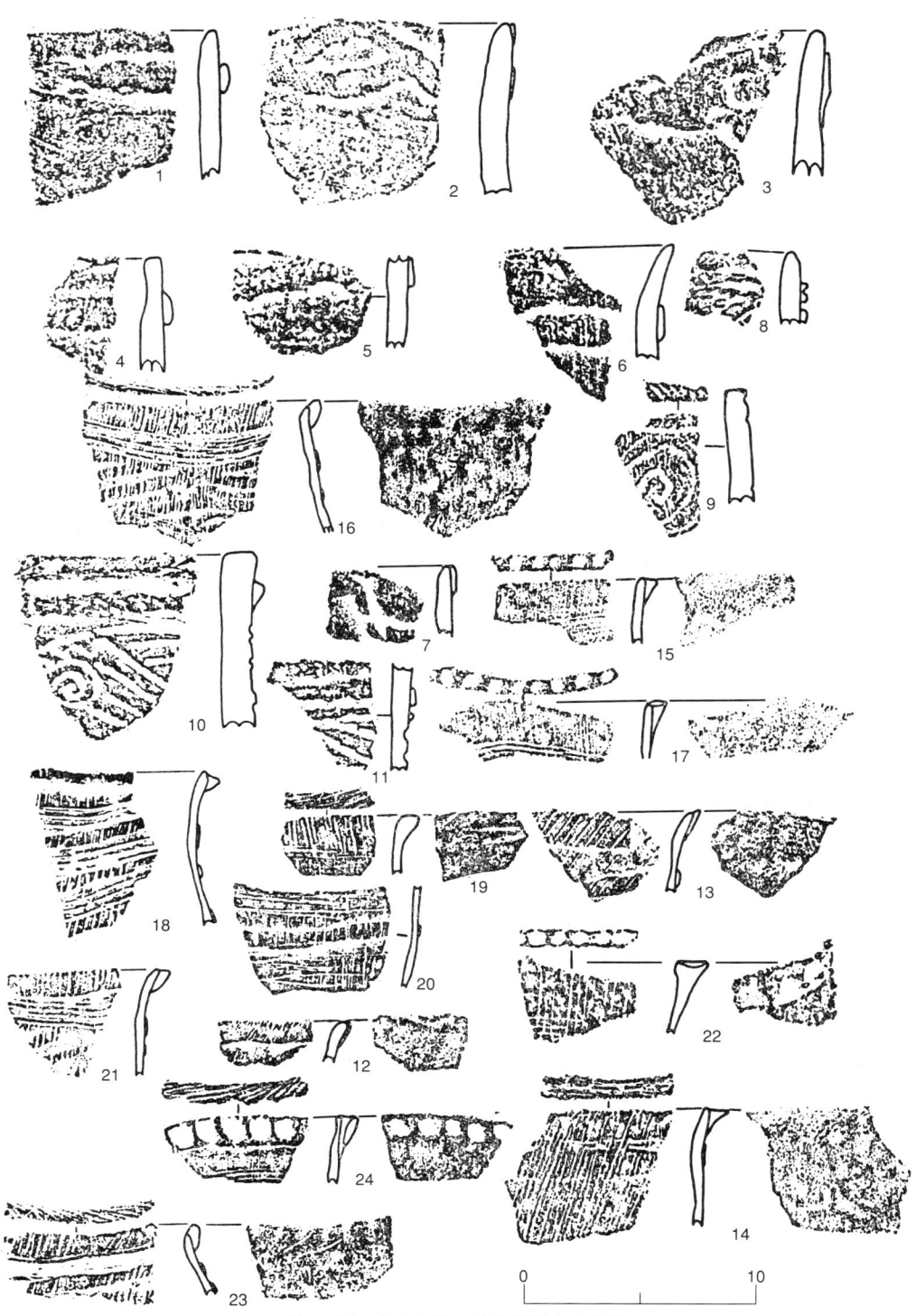

120 第2章 縄文時代早期末・前期初頭土器

第29図 木島遺跡1号住居跡出土土器

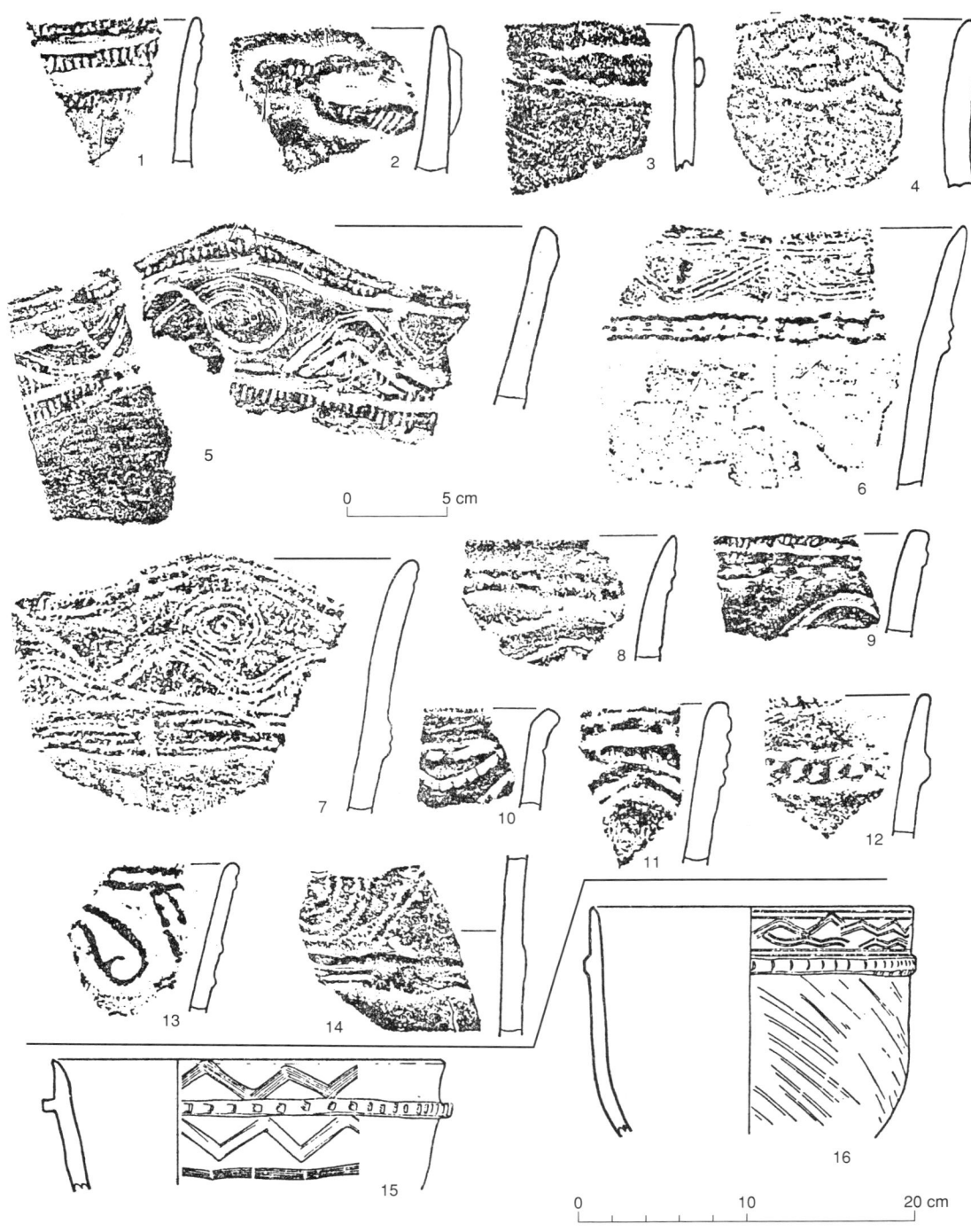

第3節　神之木台・下吉井式土器の研究　121

第30図　下吉井Ⅰ式・下吉井Ⅱ式土器　(1, 2, 5, 9, 14)神之木台遺跡　(3, 4)木島遺跡
(15, 16)菊名貝塚　(6〜8, 11〜13)下吉井遺跡

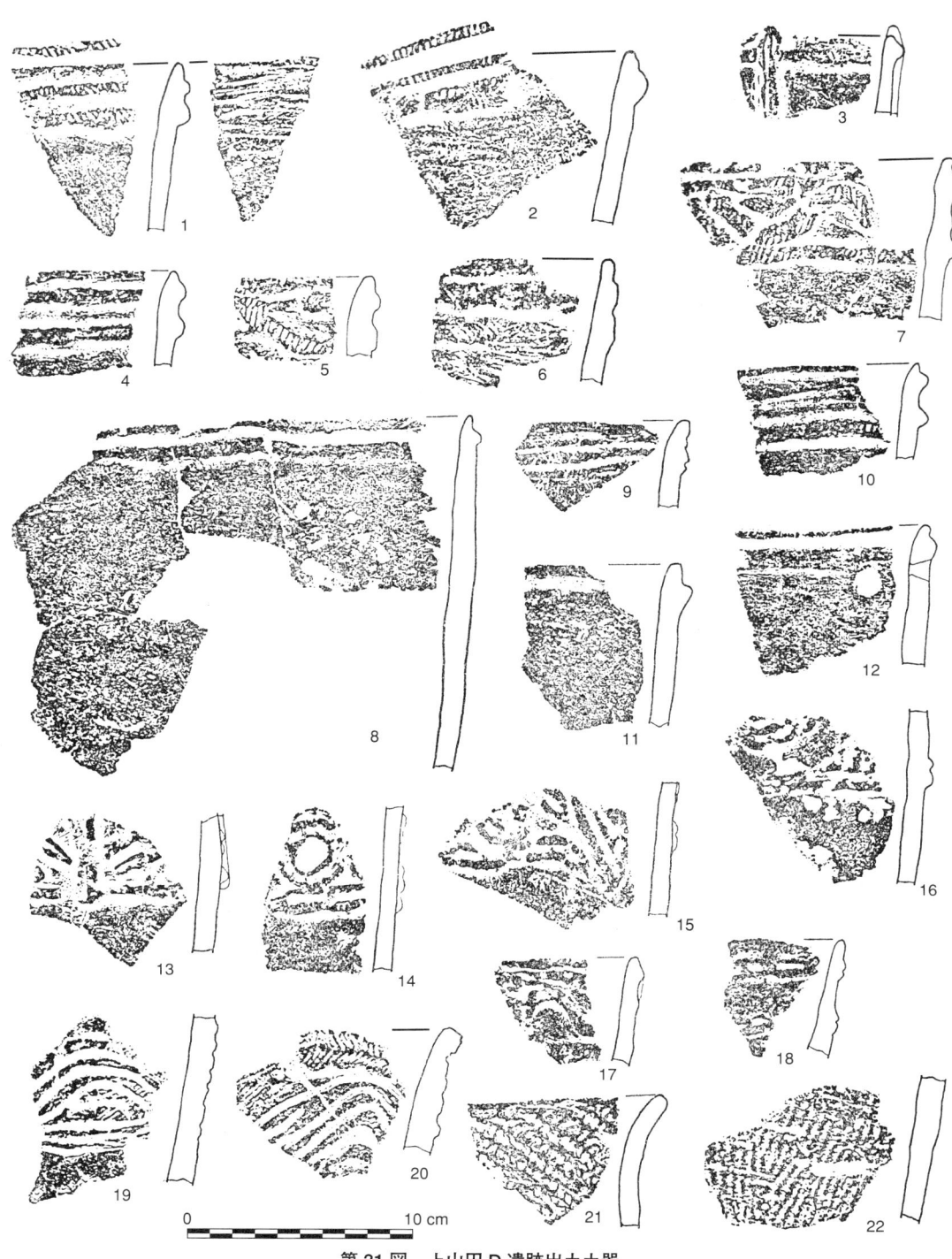

122　第2章　縄文時代早期末・前期初頭土器

第31図　上山田D遺跡出土土器

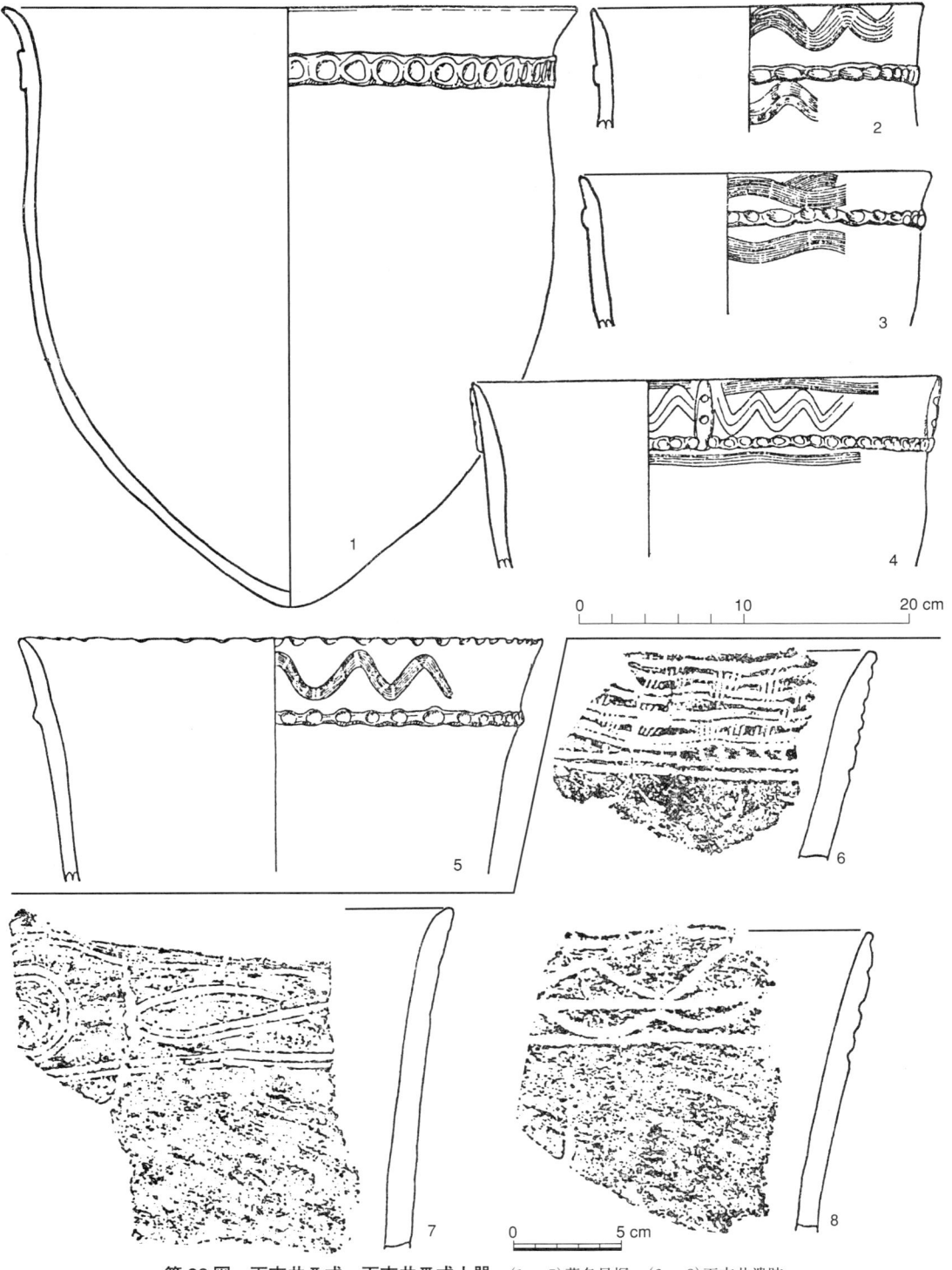

第 3 節　神之木台・下吉井式土器の研究　123

第 32 図　下吉井 II 式・下吉井 III 式土器　(1〜5) 菊名貝塚　(6〜8) 下吉井遺跡

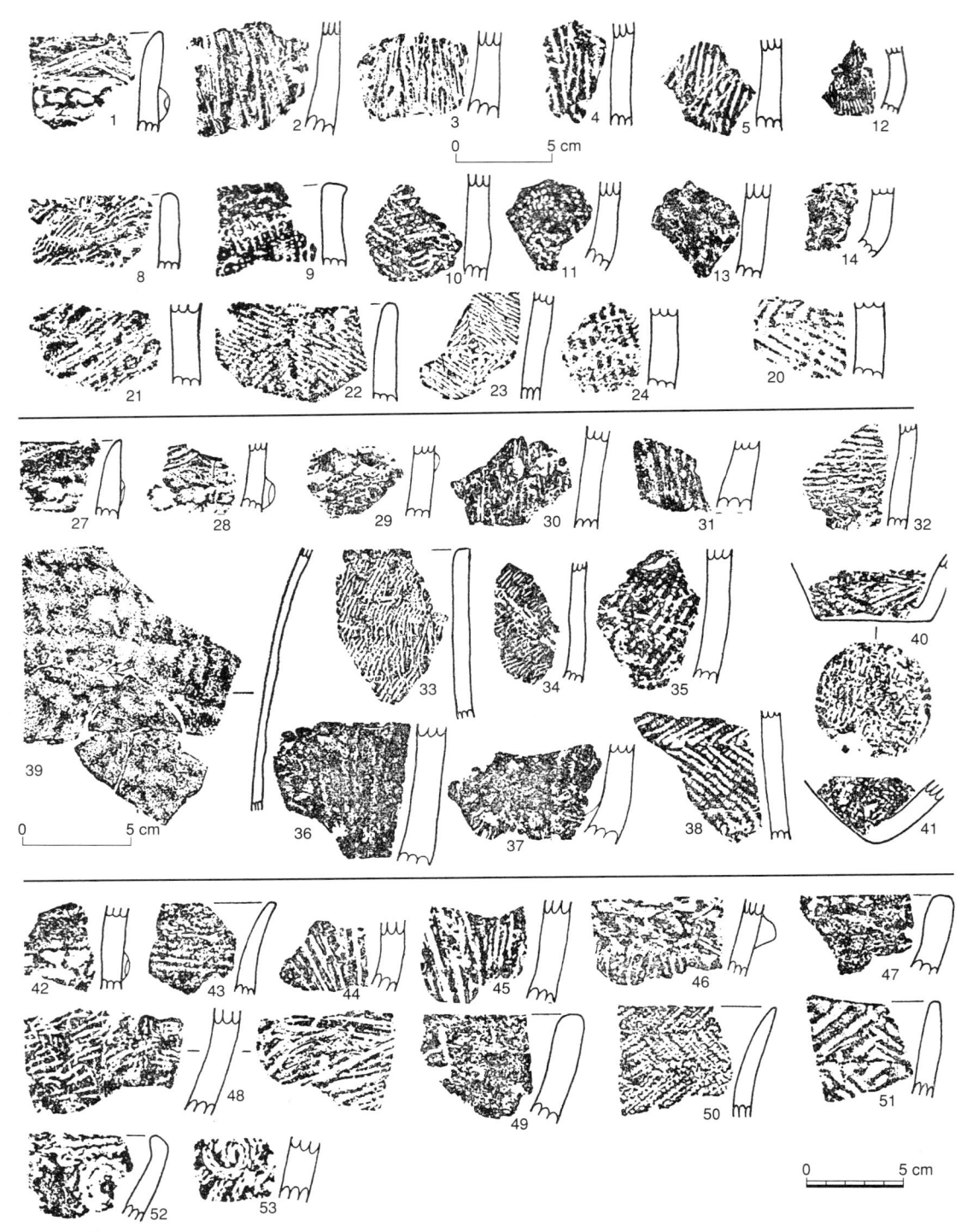

124　第2章　縄文時代早期末・前期初頭土器

第33図　打越遺跡の下吉井Ⅱ式・花積下層式・木島式土器　(1～24) 13号住居跡　(27～41) 21号住居跡　(42～53) 23号住居跡

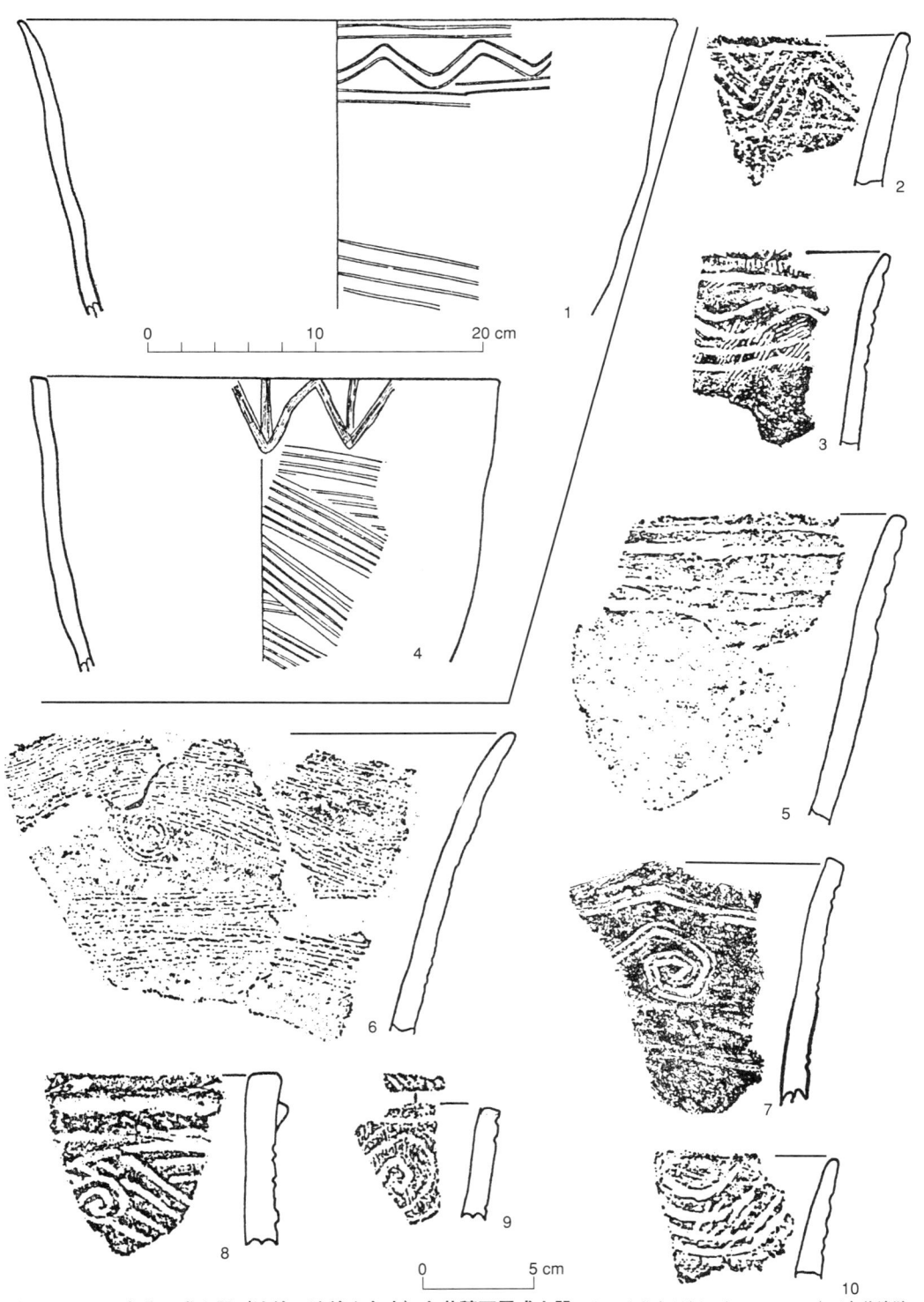

第 3 節　神之木台・下吉井式土器の研究　125

第 34 図　下吉井Ⅲ式土器（沈線、沈線＋条痕）と花積下層式土器　(1, 4)菊名貝塚　(2, 5, 6, 10)下吉井遺跡
(7)卜伝遺跡　(8, 9)木島遺跡

下吉井Ⅰ式土器の器形は尖底の深鉢で，波状口縁と平口縁を呈するものがある。表面，裏面には貝殻条痕を施すが，表面の貝殻条痕は擦り消す場合が多い。文様は前述したように，口縁部にそって隆帯を貼付している。ことに神之木台Ⅱ式土器の系統は，下吉井Ⅰ式土器（第20図25，27～29，35，36）へ変化したと考えられる。神之木台Ⅱ式土器の文様要素にはなかった文様として（第20図26，30～34，37～40）などの隆帯による鋸歯文，渦巻文，弧状文，円形文などが新たに発生する。隆帯上を無文にする場合と，貝殻背圧痕，貝殻腹縁，半截竹管状工具による連続爪形などが施文される。胎土には繊維を少量含む例が多く，繊維を多量に含む例，繊維をほとんど含まない例もある。また，長石，石英，細砂を多く混入している例が多い。焼成は良好な例が多く，色調は暗褐色，茶褐色，褐色のものが多い。器厚は口唇部で6～11㎜，粘土紐の隆帯部では11～18㎜，以下は8～11㎜が多い。口唇部の形態は尖りぎみの例もあるが，丸くおさめた例が多い。

下吉井Ⅱ式土器は打越遺跡13号住居跡（第33図1～24）より出土している。下吉井Ⅱ式土器（第33図1）は口縁部と胴部の境に粘土紐を横位に貼り付け，上部に刺突を付け，口縁部に半截竹管状工具で山形の沈線を付けている。他に貝殻条痕文土器（第33図2～5）。貝殻背圧痕文土器（第33図8～12）。無文土器（第33図13，14）。羽状縄文土器（第33図20，22，23）などが出土している。下吉井Ⅱ式土器は花積下層式と考えられる羽状縄文，貝殻背圧痕文土器などが型式的に併行関係にあると思われる。また，打越遺跡21号住居跡では，下吉井Ⅱ式土器（第33図27～29）。貝殻条痕文土器（第33図32～35）。羽状縄文土器（第33図38）。無文土器（第33図36，37）。木島式土器（第33図39）が出土している。下吉井Ⅱ式土器は花積下層式と考えられる羽状縄文，木島式土器が併行関係にあると考えられる。また，打越遺跡23号住居跡では，下吉井Ⅱ式土器（第33図42），貝殻条痕文土器（第33図44～46），無文土器（第33図47，49），羽状縄文土器（第33図50，51），花積下層式土器で渦巻き状の撚糸側面圧痕文（第33図52，53）が出土している。下吉井Ⅱ式土器は花積下層式土器，木島Ⅳ式土器，Ⅷ式土器と併行関係にあると考えられる。

下吉井Ⅱ式土器の器形は深鉢形の尖底（第32図1）で，口縁の形態は波状口縁と平口縁とがあるが，平口縁が多い。文様は（第20図41～48・第32図1～5）に示すように，口縁にそって粘土紐による隆帯を横位に貼付し，隆帯上部に指頭や棒状工具，貝殻背部などにより圧痕を施す。口唇部と隆帯部との間を無文にする例，半截竹管状工具により鋸歯状や波状沈線を施す例などがある。また，同様に粘土紐による隆帯を横位に貼付し，隆帯上に半截竹管状工具で連続爪形を施したり，刺突を施したりし，口唇部と隆帯部の間に，半截竹管状工具による連続爪形の波状や，沈線による鋸歯状，波状などを施す（第20図49，50・第30図15，16）類と，隆帯を横位に貼付し，口縁から隆帯の貼り付け部にかけて貝殻条痕を施したのち，口唇部と隆帯貼付部との間に棒状工具や半截竹管状工具により波状沈線を施す例（第20図58，59）がある。また，口縁にそって隆帯を貼付し，隆帯上に貝殻背圧痕を施し，以下に半截竹管状工具による渦巻き文を沈線で施す例（第20図61，62・第30図5，7）がある。同様に隆帯を貼付し，以下に半截竹管状工具により波状沈線を施す例（第20図63，64）がある。

胎土は繊維を少量含むものが多く，ほとんど繊維を含まない例もあり，ほかに，長石，石英，細砂を含む例が多い。焼成は良好なもの，脆いものなどがある。器厚は粘土紐隆帯部で11～15㎜，口唇部では6～11㎜であり，口唇部に貝殻背圧痕を施すものもある。口唇部の形態は方形にするものと，内側から削り尖らしたもの，丸くおさめたものなど変化がある。色調は暗褐色，茶褐色，褐色，黄褐色を呈する。

下吉井Ⅲ式土器（第35図1，2）は打越遺跡183号住居跡（第35図1～18）から花積下層式土器の羽状縄文（第35図6）。結節羽状縄文（第35図7）とともに出土している。打越遺跡114号住居跡（第35図19～28）では，下吉井Ⅲ式土器に花積下層式土器（第35図26）。縄文土器（第35図27，28）。貝殻条痕文土器（第35図

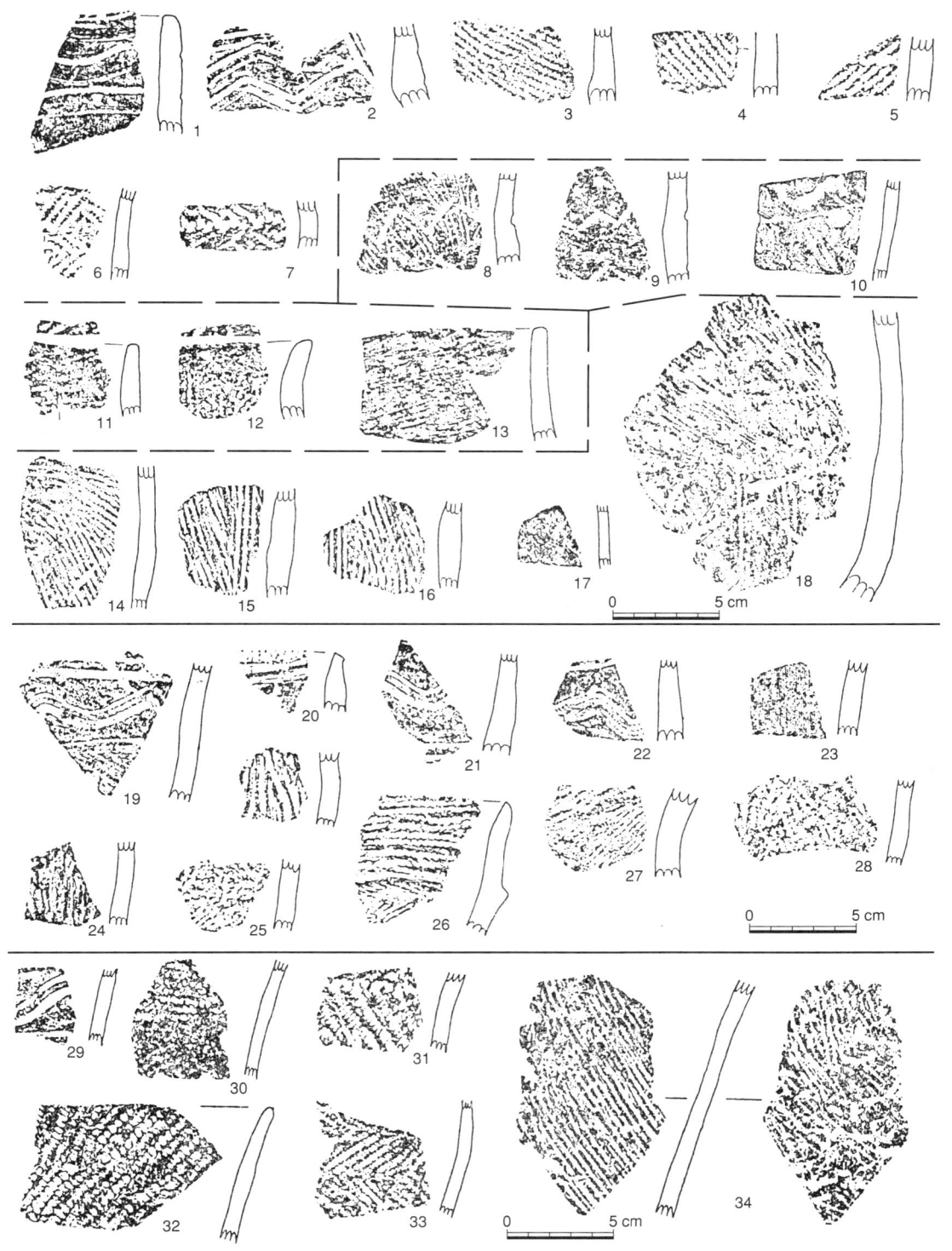

第 3 節　神之木台・下吉井式土器の研究

第 35 図　打越遺跡の下吉井式土器（沈線）と花積下層式土器　（1～18）183 号住居跡　（19～28）114 号住居跡
（29～34）125 号住居跡

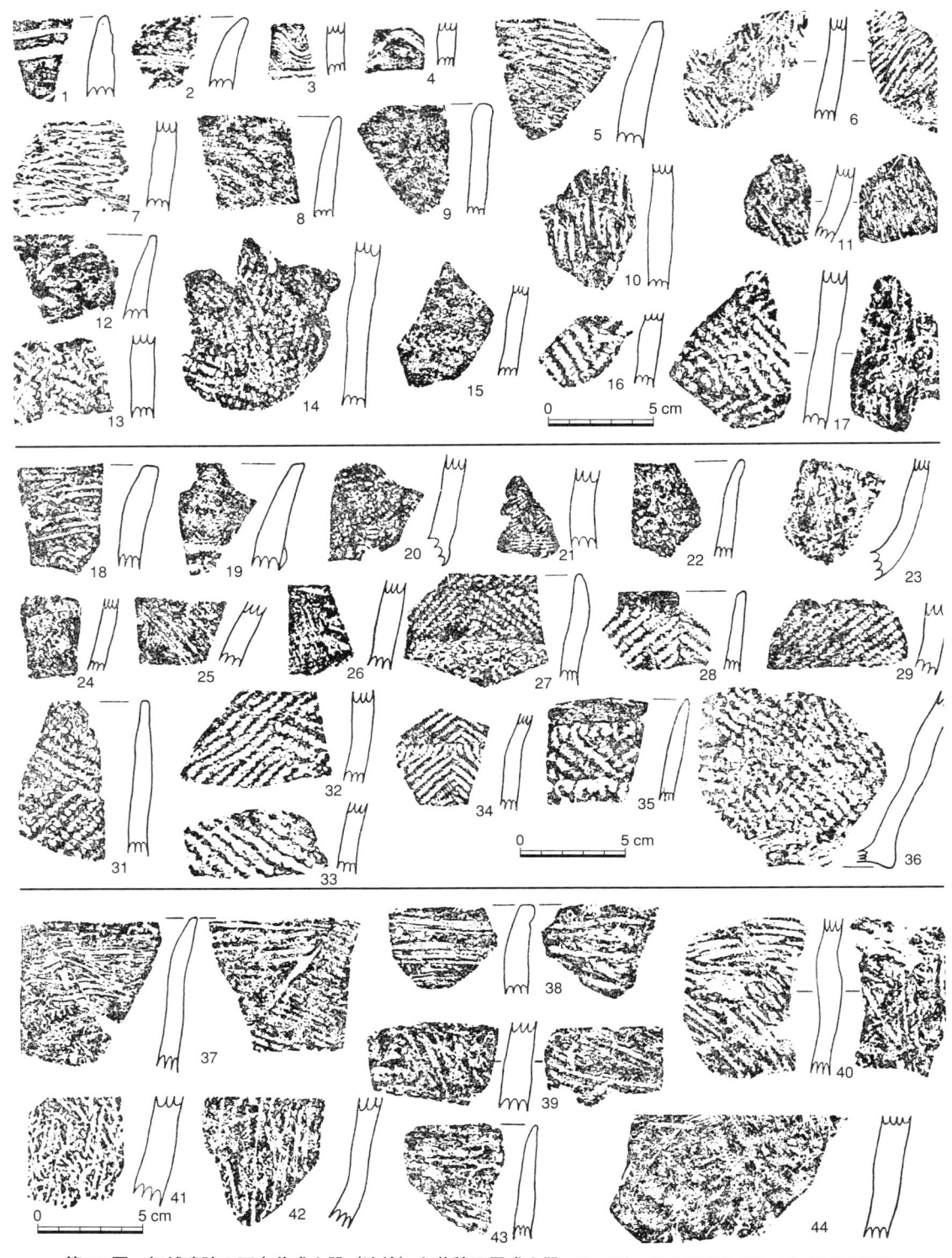

128 第2章 縄文時代早期末・前期初頭土器

第36図 打越遺跡の下吉井式土器（沈線）と花積下層式土器 （1～17）126号住居跡（18～36）29号住居跡
（37～44）138号住居跡

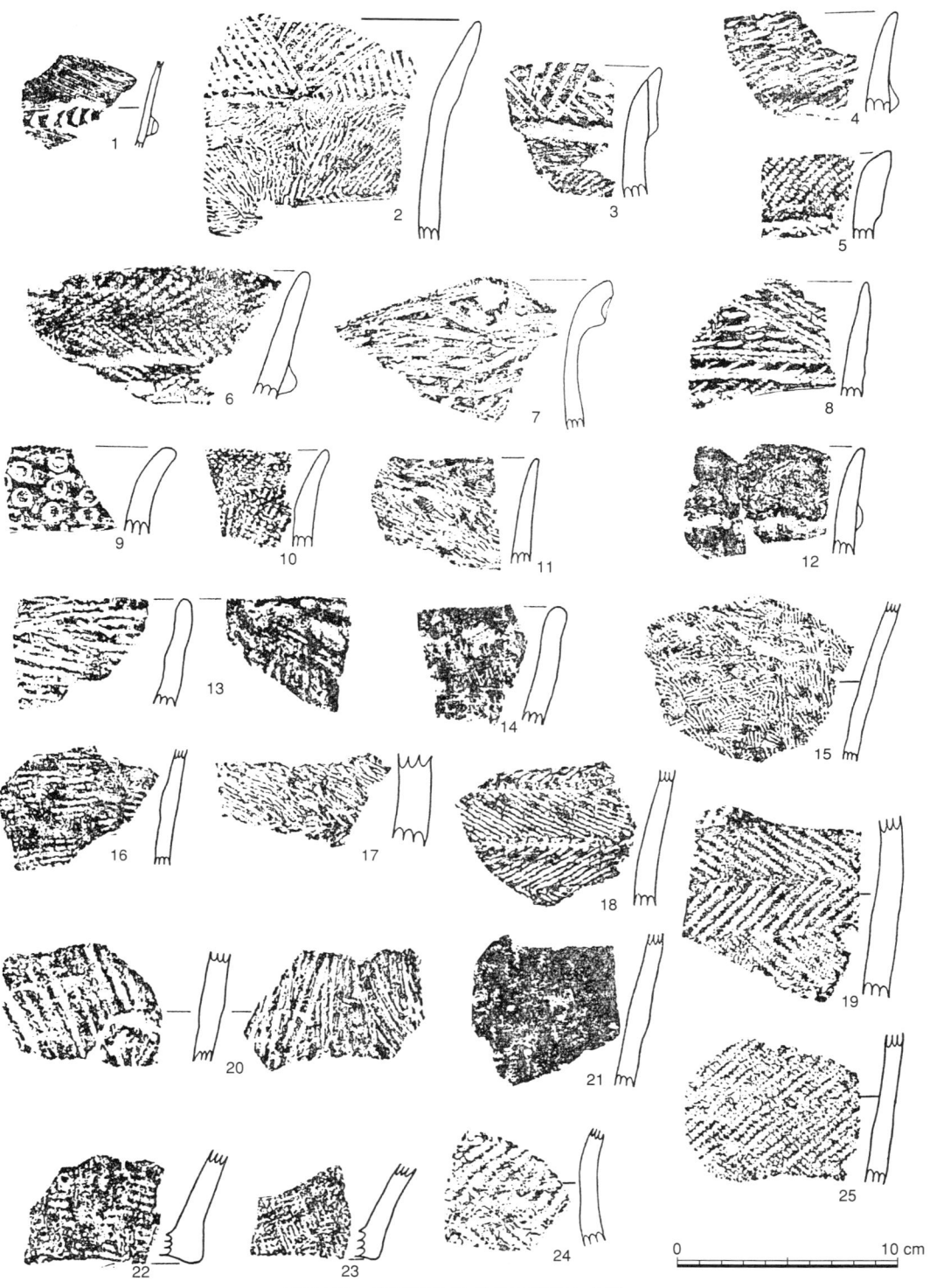

第3節　神之木台・下吉井式土器の研究　129

第37図　打越遺跡71号住居跡出土土器

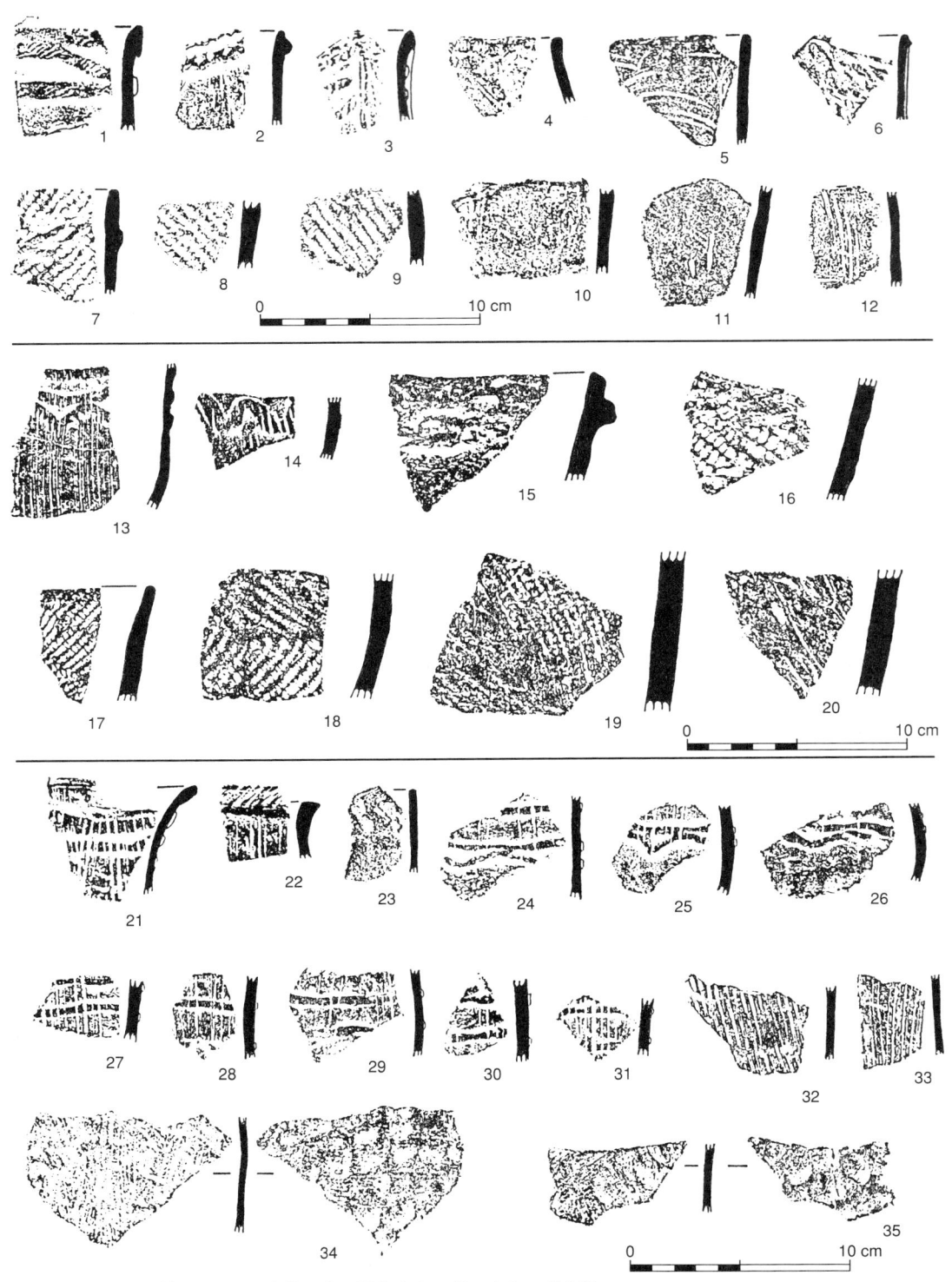

130 第2章 縄文時代早期末・前期初頭土器

第38図　下吉井Ⅰ式土器と木島Ⅲ式・木島Ⅳ式土器　（1〜12）北高根A遺跡10号住居跡
（13〜20）十二ノ后127号住居跡　（21〜35）北高根A遺跡

24)。無文土器（第35図23）が伴出している。また，打越遺跡125号住居跡（第35図29～34）では，下吉井Ⅲ式土器（第35図29）。羽状縄文土器（第35図31,33）。縄文土器（第35図32）。貝殻背圧痕文土器（第35図30）が伴出している。打越遺跡126号住居跡（第36図1～17）では，下吉井Ⅲ式土器（第36図1～4）と縄文条痕文土器（第36図17），羽状縄文土器（第36図16）が伴出しているが，（第36図16,17）は縦位と横位の羽状縄文を作り，花積下層式土器である。打越遺跡29号住居跡出土土器（第36図18）は下吉井Ⅲ式土器である。下吉井Ⅱ・Ⅲ式土器（第36図19）と羽状縄文土器（第36図27,28,31,32,34,35）。縄文土器（第36図29,33,36）。貝殻背圧痕文土器（第36図20,21）。無文土器（第36図22,24）などの土器群が出土している。また，打越遺跡138号住居より，下吉井Ⅲ式土器（第36図37,38）が出土している。以上の類例より，下吉井Ⅲ式土器は花積下層式土器の羽状縄文を施した類，貝殻背圧痕を施した類などと併行関係にあり，木島Ⅷ式との併行関係が考えられる。

　下吉井Ⅲ式土器の文様は直線（第20図65）。鋸歯状三角の頂点から垂下する（第20図70）。渦巻き（第20図69,76）。波状（第20図67,68,75,77）。鋸歯状（第20図66）。∞状（第20図71）。直線と波状または弧状の組み合わせ（第20図73）などがある。

　下吉井Ⅲ式土器の文様の特色は棒状工具，半截竹管状工具による沈線と貝殻背圧痕（第20図77）などにより文様を構成していることである。神之木台Ⅱ式土器，下吉井Ⅰ式土器（第20図27）の系統として，下吉井Ⅲ式土器（第20図70）があり興味深い。器形は尖底の深鉢形で波状口縁と平口縁があるが，平口縁も多いようである。口唇部の形態は尖りぎみの円形と平らの方形がああるが，方形が多いようであり，貝殻背圧痕を施した例もある。焼成は良好のもの，普通のもの，脆いものなどがある。色調は暗褐色，茶褐色，褐色を呈し，器厚は8～11mmのものが多い。

　下吉井Ⅰ式から下吉井Ⅲ式の出土遺跡と分布は次のとおりである。

　下吉井Ⅰ式土器：埼玉県春日部市花積貝塚，川口市西新井宿ト伝遺跡，富士見市打越遺跡，神奈川県川崎市新作貝塚，横浜市鶴見区北寺尾町上ノ宮貝塚，同区上末吉町梶山貝塚，同市港北区北山田町北山田D9遺跡，同区菊名町宮谷貝塚，同市神奈川区神之木台遺跡，同区白楽町白幡西貝塚，横須賀市吉井下吉井遺跡，静岡県沼津市岡一色清水柳遺跡，同県駿東郡長泉町中峰遺跡，同県庵原郡富士川町木島遺跡，長野県諏訪市有賀十二ノ后遺跡など。

　下吉井Ⅱ式：千葉県夷隅郡大原町新田野貝塚，埼玉県新座市大字片山内畑遺跡，春日部市花積貝塚，富士見市打越遺跡，川口市大字赤井天神山遺跡，同市西新井宿ト伝遺跡，東京都板橋区前野町前野日暮久保遺跡，東久留米市立野遺跡，多摩市多摩町落合多摩ニュータウンNo.269遺跡，神奈川県川崎市新作貝塚，横浜市鶴見区上末吉町梶山貝塚，同市港北区北山田町北山田D9遺跡，同市同区菊名町宮谷貝塚，同市神奈川区神之木台遺跡，同区白楽町白幡西貝塚，横須賀市吉井下吉井遺跡，秦野市東田原八幡遺跡，静岡県駿東郡長泉町中峰遺跡，同県庵原郡富士川町木島遺跡，長野県諏訪市有賀十二ノ后遺跡，同県上伊那郡南箕輪村北高根A遺跡など。

　下吉井Ⅲ式：千葉県夷隅郡大原町新田野貝塚，埼玉県新座市大字片山内畑遺跡，久喜市大字久喜本足利遺跡，春日部市花積貝塚，富士見市打越遺跡，川口市西新井宿ト伝遺跡，東京都稲城市多摩ニュータウンNo.7遺跡，南多摩郡多摩ニュータウンNo.454遺跡，八王子市大沢多摩ニュータウンNo.540遺跡，板橋区前野日暮久保遺跡，神奈川県横浜市鶴見区北寺尾町上ノ宮貝塚，同市港北区菊名町宮谷貝塚，同区北山田町北山田D9遺跡，同市神奈川区白楽町白幡西貝塚，同区神之木台遺跡，横須賀市吉井下吉井遺跡，海老名市大谷上浜田遺跡，秦野市東田原八幡遺跡，静岡県庵原郡富士川町木島遺跡，長野県上伊那郡南箕輪村北高根A遺跡など。

第2表　東海・箱根・関東地方における早期～前期の編年表（案）

	東海地方	相模地方	関東地方
縄文時代早期（末）	天神山式 木島Ⅰ式 木島Ⅱ式	（打越式） 神之木台Ⅰ式 神之木台Ⅱ式	打越式
縄文時代前期（初）	木島Ⅲ式 木島Ⅳ式・木島Ⅴ式 木島Ⅵ式・木島Ⅶ式 木島Ⅷ式 木島Ⅸ式 木島Ⅹ式	下吉井Ⅰ式 下吉井Ⅰ式・下吉井Ⅱ式 下吉井Ⅱ式 下吉井Ⅲ式	花積下層式（有段口縁、隆帯） 花積下層式（渦巻状の撚糸側面圧痕） 花積下層式 花積下層式（新田野期） 二ツ木式 関山Ⅰ式

6　まとめ

　出土資料をもとに神之木台式，下吉井式の各時期の土器型式を検討してきた。縄文時代早期末から前期初頭に至る東海・相模・関東地方の土器型式の編年関係を表に示すと（第2表）のようになる。しかし，木島Ⅲ式土器から木島Ⅹ式土器と，下吉井Ⅰ式土器から下吉井Ⅲ式土器について，編年的に位置付ける場合不十分な部分ものこる。この点について今後資料の増加を待って再検討したい。

　早期と前期をどこで区切るかという編年学上の問題についても，研究者によって大きな見解の相違がある。本稿では，研究史において，こうした見解の相違を確認し，筆者自身の現在の考えを述べた。あつかった問題が大きいうえに浅学の為，かえって学史を混乱させたかもしれない。また，先学に対し礼を欠く部分もあるのではないかと恐れている。そのような点があればご寛恕をいただきたい。この拙い論文がたたき台になり，縄文時代早期・前期初頭の土器型式・編年の研究が正しく進むように念じたい。

（追記）

　文中で花積下層式土器の古い段階についても言及するつもりであったが，くわしくは別の機会に考えてみたい。ここでは中部地方，北陸地方の花積下層式土器の古い段階について少々ふれて筆を擱くことにしたい。

　この地方では長野県岡谷市下諏訪町に所在する梨久保遺跡2号住居跡出土土器（第28図1～33）の中で，（第28図1～6）の土器群が花積下層式土器の古い段階の良い資料と考えている。また，昨年（1982年）尖石考古学館の宮坂虎次氏より実見させていただいた茅野市塩沢駒形遺跡出土の土器群中に，木島Ⅲ式土器に混じって花積下層式土器と関係する網目状撚糸文土器，有段口縁の羽状縄文土器があり，撚糸側面圧痕文土器も存在していた。これ等の資料と，富山県極楽寺遺跡出土土器，石川県甲・小寺遺跡出土土器は，北陸地方，中部地方の花積下層式土器の古い段階がどうあったかを示している良好な資料である。それと同時に，縄文早期末より前期初頭への土器型式の移行がいかになされたかを考えるうえに重要な資料であり注目される。

第4節　花積下層式土器の研究―側面圧痕文土器を中心として―

1　はじめに

花積下層式土器は型式学的研究，編年学的な研究を進めるのに難解な型式である。その理由は，隆帯文，貝殻圧痕文，撚糸圧痕文，縄文，網目縄文，集合沈線文，竹管刺突文など，土器文様が多様であり，文様の系統と変遷をどのような視点でとらえるべきか不明な点が多いことによる。

こうした多様な文様要素をもつ土器型式を考える場合，方法として2つの方法があろう。

A　多様な文様を全体的にみて，その組み合わせを考える方法。

B　多様な文様の中から1つの文様を抽出して，その変化を考えていく方法。

このAとBの方法はともに重要である。ことにAの全体を見て文様の組み合わせを考える方法は有効である。しかし，ここではまずBの方法を中心に，Aの方法も加味して花積下層式土器を考えてみたい。

花積下層式土器は成立から終末まで不明な点が多い。ことに東北地方との関わりについては不明な点が山積している。こうした状況の中で，花積下層式土器について語るのは安易すぎるかも知れない。しかし，いろいろな地域で研究し，考え方も研究法も違う人たちが，それぞれの関わり合いの中で，花積下層式土器について語ってみることは大変重要であると思われる。筆者の花積下層式土器の型式研究は不完全なものであるが，今後先学，同学の諸氏によりさらに型式研究が進められることを祈っている。

2　近年の花積下層式土器研究史

筆者は，花積下層式土器を含む縄文早期末から前期初頭の土器型式の研究史[39]をまとめたことがあった。近年の花積下層式土器の研究としては高橋雄三[40]，小出輝雄[41]，下村克彦[42]氏などの研究がある。まず近年の花積下層式土器の研究を振り返ってみたい。

高橋雄三氏は「花積下層式土器の研究―関東・東北南部における縄文前期社会の成立―」で菊名下層式土器を型式設定され，その特徴を以下のように述べられた。

①胎土に繊維を含んだ無文土器が主体で，まったく無文のもの，繊維の擦痕があるもの，部分的に条痕を残すものがある。文様のあるものは少ないが，口縁部に1条の隆帯をめぐらすものがあり，隆帯上に指頭などの凹みがつけられることがある。口縁部の形は波状と平縁があるが平縁が多い。また，底部は尖底が主で平底もある。

②菊名下層式は神之木台式・下吉井式と同一の系統に属するもので，その推移は連続しており「条痕文土器群後半」に位置する。

③花積下層式を貝背文（ハイガイの貝背による圧痕文）と縄文と2細分すると，貝背文の土器の分布は花積下層式土器の分布圏全域ではなく，南関東を中心としており器形や施文具から菊名下層式と関連をもつと思われる。

④菊名下層式土器は多くの遺跡で花積下層式土器と共に出土しており，その一部は併行関係にあるかも知れない。

さらに先行諸型式との関連として大畑G式土器，船入島下層式土器と花積下層式土器との比較検討もされ，

①花積下層式土器は羽状縄文土器群の最初に位置し，関東地方で直接その系統に属する先行型式はなく，他型式のいくつかの土器型式のそれぞれ一部を受け継ぐとともに，新しく生みだされた要素を加えて花積下層式土器は形成された。

②下吉井式・船入島下層式にそれぞれ後続する菊名下層式・上川名Ⅱ式は，尖底（丸底）が主体であり，大畑Ｇ式の後続型式と思われる源平Ｃ遺跡出土の土器も尖底である。したがって花積下層式の平底はこの型式の成立とともに一般化したと思われる。

③花積下層式土器の文様については，縄文・撚糸圧痕文，渦巻状文，隆帯文，円形竹管文が船入島下層式との密接な関係にある。花積下層式の縄文・撚糸圧痕文は東北南部から受け継いだと考えられる。

などを述べておられる。高橋氏のこの論文の特徴は，東北地方の大畑Ｇ式，船入島下層式，上川名Ⅱ式，桂島式などと花積下層式土器との土器型式，編年などの対比をおこなったことにある。花積下層式土器の成立を考えるのに重要な研究である。

小出輝雄氏は「花積下層式土器の成立と展開」で花積下層式土器の細分として3期に細分できるとされて以下の点をあげておられる。

①第1期を花積下層式の最古期にして，「菊名式」が位置するとし，神之木台式，下吉井式からの型式的連続性で成立したもので，桑山龍進氏の「菊名式」に無文・条痕文・無節縄文・単節縄文・貝殻背圧痕文を加えたものである。この段階の遺跡には新作貝塚Ｄ地点，白幡西貝塚の一部，菊名貝塚下層，内畑遺跡，花積貝塚7号住，打越遺跡21号住がある。

②第2段階は最古期の特徴である隆帯文・波状沈線文がほとんどなくなり，撚糸圧痕文Ａ種がメルクマールとなる。条痕文・無文は傾向として少なくなるものの，完全には消滅しない。また，東北地方では縄文条痕土器の最後型式の船入島下層式から上川名Ⅱ式まで撚糸圧痕文の施された土器が存在する。しかし，上川名Ⅱ式の撚糸圧痕文に撚糸圧痕Ｂ種が存在することにより，花積下層式第2段階の撚糸圧痕文は上川名Ⅱ式より，船入島下層式にその系譜を求めるのが妥当である。この第2段階の遺跡には，黒川東遺跡，梶山貝塚，足利遺跡，打越遺跡113号住などがある。

③第3段階は撚糸圧痕文が明確な蕨手状のモチーフをとる段階で，縄文は単節縄文のみ，1段ループ文から多段ループ文，入組み縄文をもつものへと変化する。この段階の遺跡には新田野貝塚，多摩ニュータウン No.27 遺跡，目沼貝塚1号住，舟山遺跡，打越遺跡43号住がある。

この小出氏による花積下層式土器の3細分案については疑問な点が多い。以下疑問点を列記する。

①小出氏が花積下層式土器の最古段階として設定された「菊名式」は土器型式設定についての内容説明が不足している。たとえば，氏が菊名式とされる土器と下吉井式土器との型式学上，編年学上の比較検討がなされておらず，下吉井式土器との混乱[43]が目立つ。

②花積下層式土器の文様の系統的な変遷をどのように考えているのか不明である。たとえば，第1段階とされた「菊名式」の隆帯文・波状沈線文が神之木台式，下吉井式との型式的連続性で成立したと考えられている。ではいったい花積下層式土器の成立時から終末まで系統的に変化し，型式学的研究をするのに有効な文様は何か。この点について氏は（頁27）で，「一つのまとまりある土器群より，ある文様を抽出し，系統的な連続性を求めるという方法では，早期末より前期前半の複雑な内容の時期の土器群を研究するには，不充分な手段ではないかと思われる。」とされている。ではいったい小出氏の考えられているこの時期の土器研究の充分な手段とは何か。また，氏の考えられる下吉井式，「菊名式」，花積下層式土器とは具体的に示すとどのような型式内容なのであろうか。またはいかなるセットであろうか。こうした基本的な点が不明である。型式をいくつに細分するかという点も重要かも知れないが，さらに重要な点は，何をもって何式とするかという点を明確にすることであると考える。

③上川名Ⅱ式土器，船入島下層式土器について花積下層2段階の説明で，「上川名Ⅱ式の撚糸圧痕文に，撚糸圧痕Ｂ種が存在することである。このため，花積下層式第2段階の撚糸圧痕文は上川名Ⅱ式とい

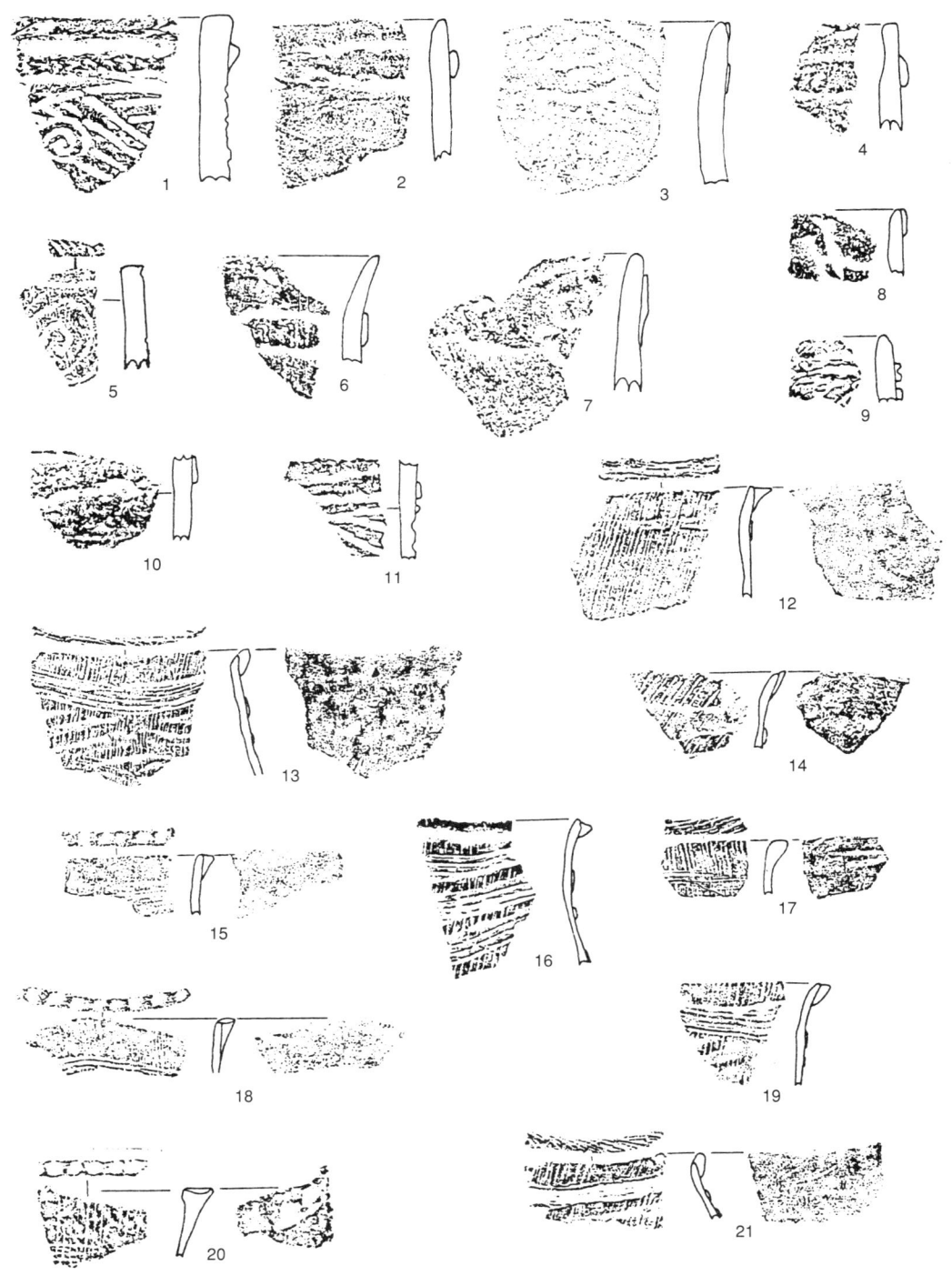

第4節 花積下層式土器の研究　135

第39図　木島遺跡1号住居跡出土土器

うより，船入島下層式にその系譜を求めるのが妥当であろう。」とされている。参考文献で加藤孝氏[44]「宮城県上川名貝塚の研究―東北地方縄文式文化の編年学的研究（1）―」を引用されているので同氏論文の（「第10図，上川名貝塚上層土器，竹管撚糸文土器」の2，5，6）などを示すものと考えられる。

しかし，小出氏の撚糸圧痕文B種は，撚糸圧痕文の渦状の中心に円形の竹管文を施しているが，加藤氏論文中第10図は，図版で見るかぎり撚糸圧痕が渦状に施文されており，小出氏の説明とは異なる。

以上のように，小出氏の花積下層3細分案は3細分するという数の上の問題ではなく，型式学上の操作，型式の内容などに疑問な点が多い。

下村克彦氏は「新田野段階花積下層式土器と二ツ木式土器について」で新田野段階花積下層式土器を型式設定された。また，二ツ木式土器，関山Ⅰa式土器への型式変遷を考えられている。この研究により，新田野段階花積下層式土器→二ツ木式土器→関山Ⅰa式土器への型式変遷が明らかにされた。大変重要な研究と考えられる。

近年発表されている花積下層式土器の研究について振り返ってみたが，高橋雄三氏の論文では菊名下層式土器の型式設定がなされている。菊名下層式土器は下吉井式土器との対比をもっと明確にしてかからないと型式設定はむずかしいと考えられる。しかし，論文中で東北地方の船入島下層式，大畑G式などを検討して花積下層式土器の発生などを考えられており重要な研究である。また，下村克彦氏の研究により花積下層式土器の細分として新田野段階が設定されたことにより，新田野段階→二ツ木式土器→関山Ⅰa式土器への型式変化も明らかにされた。

筆者は1980年の静岡県富士川町木島遺跡第4次発掘調査[45]で1号住居跡から花積下層式土器（第39図1）が出土していることを知り，この土器とともに，下吉井Ⅰ式（第39図2～4，6～10）。下吉井Ⅱ式（第39図11）。下吉井Ⅲ式（第39図5）。木島Ⅳ式（第39図12，14）。木島Ⅴ式（第39図13，15～21）がそれぞれ出土したことを知った。この木島遺跡1号住居跡出土土器は一時期の土器群とは言いがたいが，下吉井式土器の古い段階と，花積下層式土器の側面圧痕渦巻文土器が編年的に併行関係にあること。また，これらの型式が木島Ⅳ式，木島Ⅴ式と型式学的にも編年学的にも関係が強いのではないかと考えた。ことに（第39図1）の花積下層式で隆帯をもち側面圧痕が渦巻上に施文されている土器と，（第39図5）の下吉井Ⅲ式で貝殻背圧痕を施した上に，渦巻沈線を施文している土器の文様に渦巻文としての共通性がある。同時期異型式の施文具の転換など興味深く思われた。

その後，「木島式土器の研究」[46]，「神之木台・下吉井式土器の研究」[47]に発表した編年表の中で，木島Ⅲ式と下吉井Ⅰ式と花積下層式（有段口縁，隆帯）。木島Ⅳ式・木島Ⅴ式と下吉井Ⅰ式・下吉井Ⅱ式と花積下層式（渦巻き状の撚糸側面圧痕）。木島Ⅵ式・木島Ⅶ式と下吉井Ⅲ式と花積下層式。木島Ⅷ式と下吉井Ⅲ式と花積下層式（新田野期）とが編年学的に併行関係になることを述べた。また，花積下層式土器の資料を集成する過程で，撚糸側面圧痕文土器が花積下層式土器を型式細分するための重要な要素であるという考えは変わらなかったが資料不足な点があった。そうした状況の中で近年『真野ダム関連遺跡発掘調査報告Ⅳ』[48]，『北宿遺跡発掘調査報告書』[49]，『長門町中道』[50]などの報告書が発刊されて，不充分ながらも花積下層式土器やこの時期に関係する資料が増加してきている。本論文では花積下層式土器の撚糸側面圧痕を中心に型式細分を試みることにする。

3　側面圧痕文土器の成立について

ここでは縄文早期末から前期初頭の土器型式の中で，花積下層式土器の撚糸側面圧痕文土器の成立に関わると思われる土器群について考えてみたい。この問題について，高橋雄三[51]，芳賀英一[52]氏なども見解を発

表されている。筆者は，撚糸側面圧痕文土器は船入島下層式土器などとの関係が深いと考えている。素山貝塚[53]の報告に掲載されている船入島遺跡下層出土土器は地文に斜縄文を施して，口縁部横位に貝殻条痕を施文し，撚糸側面圧痕を横位，斜位，縦位に施しており，裏面部には貝殻条痕を施文している。側面圧痕は直線的に施されている。

側面圧痕の資料として，富山県極楽寺遺跡[54]（第40図1〜12），石川県甲・小寺遺跡[55]（第40図13〜17），福島県松ヶ平A遺跡（第41図2〜6）などがある。これらの側面圧痕は直線的で，長方形や三角形を描いているものと，平口縁に平行に4条〜5条の側面圧痕を施文したもの。さらに，波状口縁にそって山形に側面圧痕を施したもの。格子状や三角形を連続させたように側面圧痕を施文したものなどがある。

極楽寺遺跡出土土器（第40図1〜3）：口縁部横位に側面圧痕を4〜5条施し，以下に羽状縄文を施文し，裏面部にも縄文を施している。（第40図5）は斜格子に側面圧痕を施して，下に斜縄文を施文している。（第40図6, 7）は方形に施文しているらしい。（第40図8）は斜位に側面圧痕を施し，（第40図9）は口唇部に縄文を施文している。

甲・小寺遺跡出土土器（第40図13〜15）：（第40図13）は波状口縁にそって山形に2条の側面圧痕を施しており，下部に斜縄文を施している。底部は丸底であるらしい。（第40図15）は三角形を連続させたような文様である。

松ヶ平A遺跡出土土器（第41図2〜6）：（第41図2）は貝殻条痕を施した上に三角形に撚糸側面圧痕を施している。（第41図3）は平口縁に鋸歯状に側面圧痕を施している。（第41図6）は三角形に側面圧痕を施しており，地文に貝殻条痕を施している。（第41図2, 6）は裏面に貝殻条痕を施している。

これ等の土器のすべてが舟入島下層式の範疇に含められるわけではないが，同型式との時間差は少ないといえよう。しかしながら，花積下層式の撚糸側面圧痕の手法との関係は深いと考えられる。

この他に撚糸側面圧痕の関係資料として，松ヶ平A遺跡（第41図1）があげられる。繊維土器で口唇部に刺突が施されているらしく，大波状に撚糸側面圧痕を施文しており，胴部下半には斜縄文が施され，裏面部にも貝殻条痕が付いている。また，（第41図7）は源平C遺跡出土の丸底土器で，口縁部上下に弧状の撚糸側面圧痕を施し，菱形に近いような文様の部分と弧状になる部分があるらしい。圧痕の直下に45度回転の縦走する縄文を施文しており撚糸文のような文様効果をだしている。

（第41図5・第45図15）は同じく松ヶ平A遺跡出土の弧状，円形を撚糸側面圧痕で描いている土器である。（第41図5）は裏面に縄文を施文している。

上記の資料より花積下層式土器の撚糸側面圧痕が成立してきたと考えたい。これ等の土器を概観すると，

①側面圧痕が直線的に施文されている土器は，平行，山形，三角，鋸歯状縦位，横位を描く土器が多く，その下部には縄文が施文されるという共通性がある。また，裏面部には縄文が施文される類，貝殻条痕が施される類，無文の類とがあり，底部は尖底や丸底になるものが多いと思われる。

②側面圧痕により弧状，円形，大波状を描く土器についても，裏面は貝殻条痕，縄文，無文のものがあり，口唇部に刺突を施すものもある。底部の形は尖底や丸底があるらしい。

鈴鹿良一氏[56]は松ヶ平A遺跡のI群土器の考察で，林謙作氏[57]の提唱された，槻木I→素山IIa→素山IIb→上川名I→梨木畑→船入島下層式へと変遷する東北地方南部の型式編年に対して，編年学上の問題を含んでいること，松ヶ平A遺跡I群土器と林謙作氏の素山IIb→上川名I→梨木畑→船入島下層式との対比は困難であることを指摘されている。また，鈴鹿氏[58]は，宮城県との比較の中で「三段階は，梨木畑式・船入島下層式に相当する。従来，この2型式を分離している（林1965）が，分離する根拠に明確さを欠くため，一応一時期のものととらえておく。」とされている。

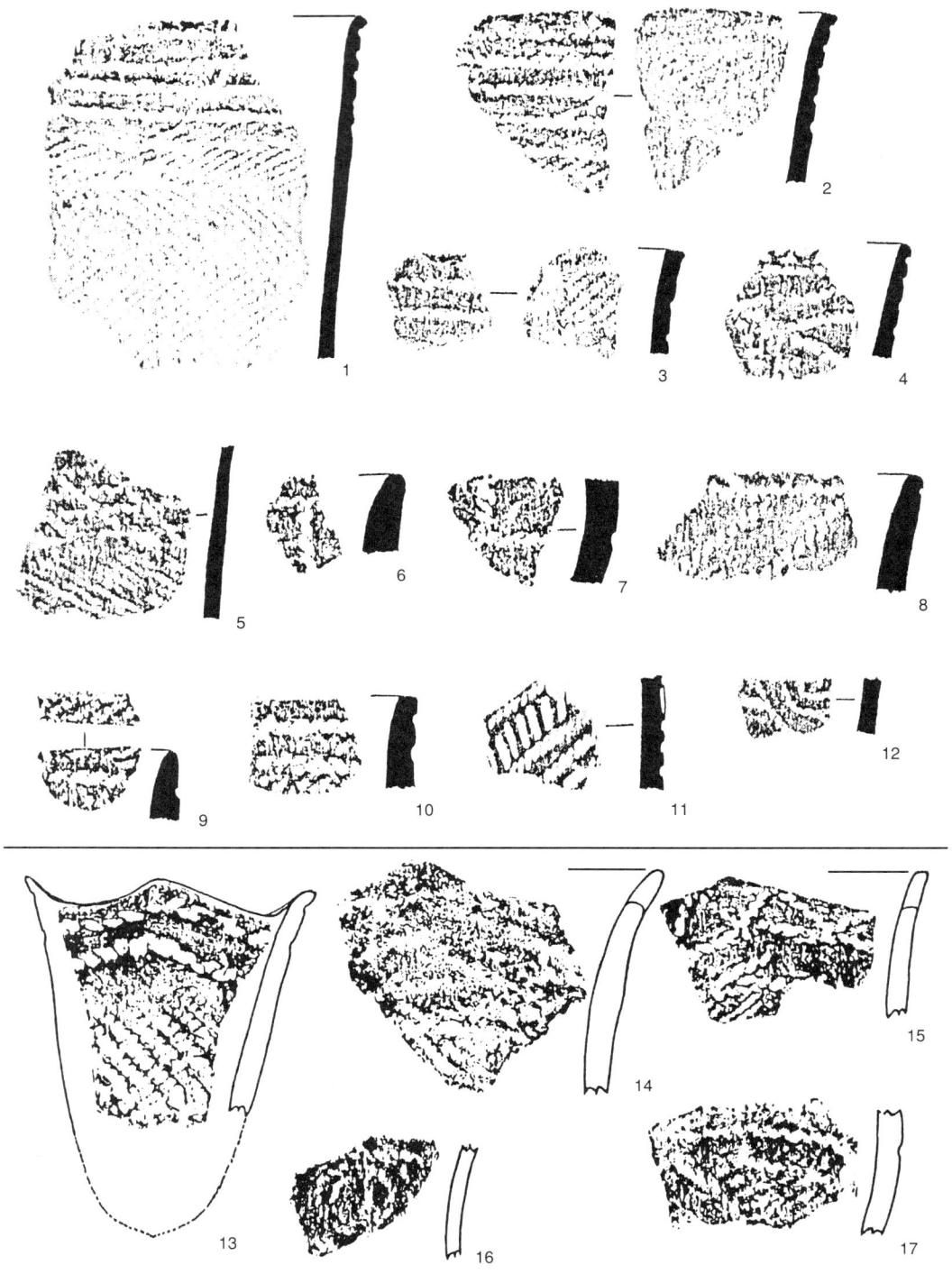

138 第2章 縄文時代早期末・前期初頭土器

第40図 極楽寺遺跡出土土器(1〜12) 甲・小寺遺跡出土土器(13〜17)

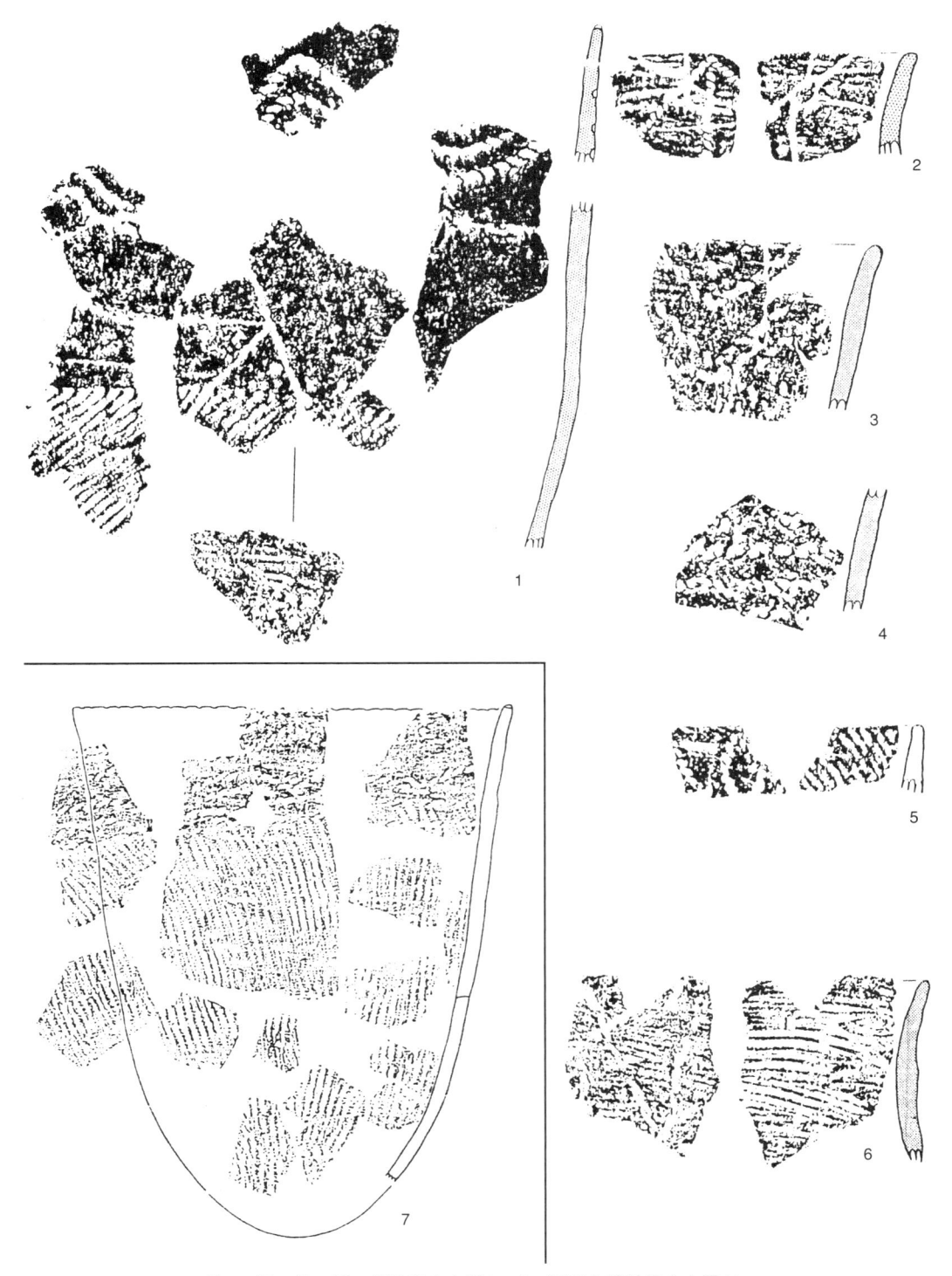

第 4 節　花積下層式土器の研究　139

第 41 図　松ヶ平 A 遺跡出土土器(1〜6)　源平 C 遺跡出土土器(7)

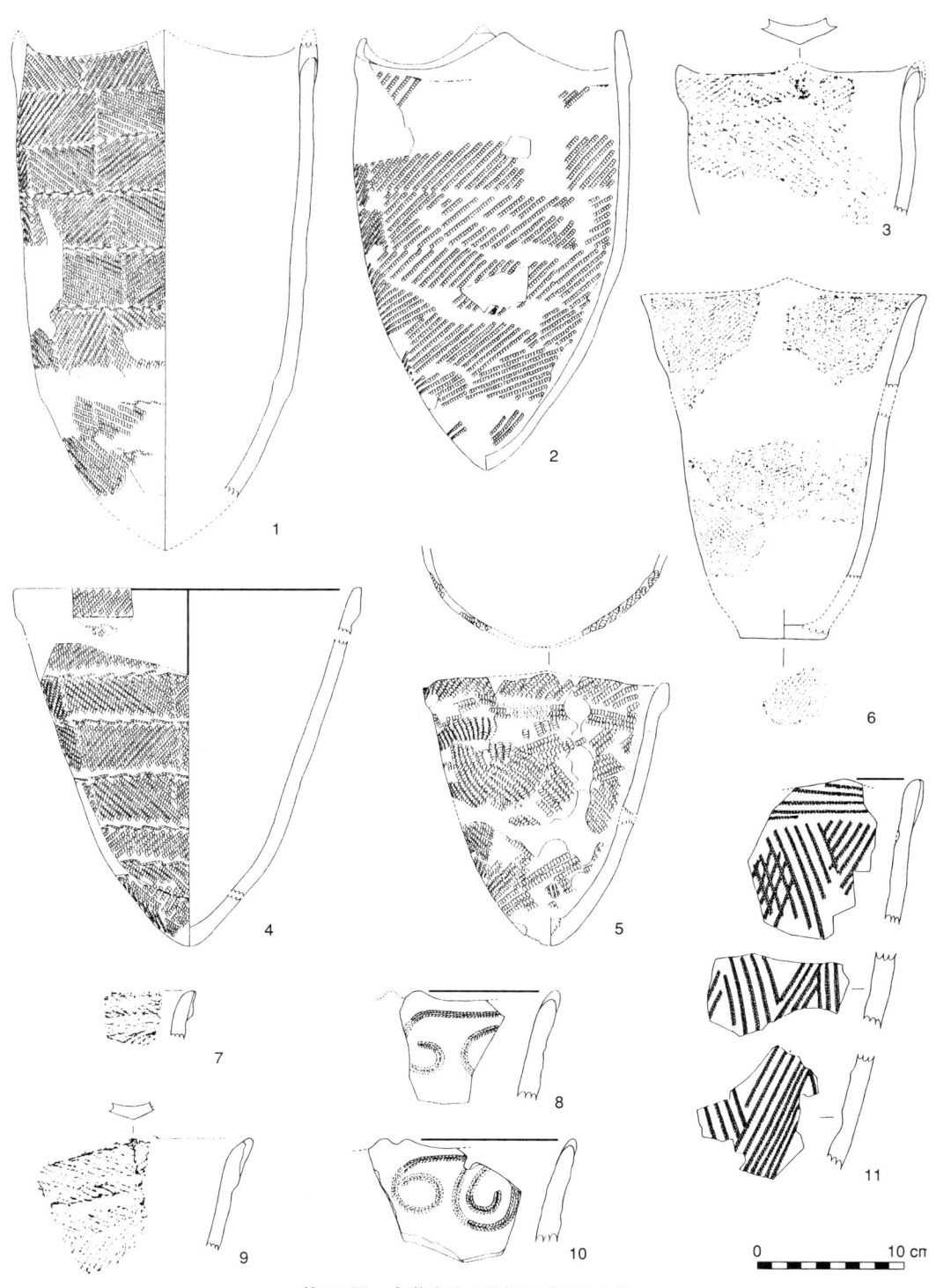

140　第2章　縄文時代早期末・前期初頭土器

第42図　中道遺跡9号住居跡出土土器

鈴鹿氏の見解からは極楽寺遺跡，甲・小寺遺跡，松ヶ平A遺跡，源平C遺跡出土例がどの土器型式に該当するのかは不明であるが，編年学的には東北地方の梨木畑式・船入島下層式土器に近いと考えられる。そして，これ等が花積下層式の側面圧痕文土器へと系統的に変化していくと思われる。

4 側面圧痕文土器よりみた花積下層式土器の細分について

前述したように花積下層式の側面圧痕文土器の成立と関わる資料として，東北南部や北陸地方の側面圧痕文土器をその前段階の土器群として考えることができるし，一部は花積下層式土器の最古であると思われる。ただ，いまだ資料不足の感が強い。この点は花積下層式成立時の撚糸側面圧痕についても同様である。

この問題に入る前にまず東北地方南部の上川名Ⅱ式土器に検討を加え，次に関東地方の花積下層式土器と比較をおこないたい。それは，上川名Ⅱ式土器の型式内容，編年的な位置について不明な点が多いこと。また，「花積下層式（上川名Ⅱ式）」と記載する研究者がいるなど，上川名Ⅱ式土器と花積下層式土器とが型式学上どのように分離されるかの問題について理解が深まっていないからである。

東北地方の該期資料に触れることの少ない筆者がこうした問題を扱うことはふさわしくないとも思われるが，花積下層式土器の撚糸側面圧痕の検討に避けて通れないこともあり，あえて取り上げることにした。

加藤孝氏[59]は上川名貝塚上層土器について，羽状縄文土器，竹管文土器，撚糸文土器，竹管撚糸文土器に分類されている。

羽状縄文土器は丸底，上げ底風丸底の土器で，胎土に繊維を含み結節の羽状縄文の土器がある。この羽状縄文土器は，口唇部直下に連続刺突を施し，（第43図10）のように口縁部に羽状縄文を施した下に，横位に連続刺突を施している類や，（第43図11）のように縦走する縄文を施し，口唇部直下に連続刺突を施している類がある。そして，この刺突文も特色となりそうである。

竹管文土器については，型式差もありそうで一時期ではないとも思われる。口縁部の地文に羽状縄文を施した上に，半截竹管状工具で格子目を描き，その中に円形の竹管文を施文している土器がある。この他に半截竹管による横位平行線状，半截同心円状，波線状などがあり，底部丸底，上げ底風丸底の胴張り深鉢であるとされている。

撚糸文土器は（第43図1～8）のように，竹管文と撚糸圧痕文が組み合わされており，撚糸圧痕による渦状の文様に特色がある。（第43図2）はタスキ状に捺して菱形を作り，その中に竹管の刺突を施しているらしい。文様の種類としては，口唇部に撚糸の刻み目のあるもの，撚糸平行線が9条～5条めぐらされるもの。撚糸で互い違い上下に流水状に捺されたもの。羊歯状に並列されたもの。斜線状または格子目状に捺されたものなどがあり，繊維土器で石英や砂粒を混入している。底部は上げ底風の丸底である。撚糸文土器とは羽状縄文または撚糸文を地文とし，口頸部に撚糸で施文した土器とされている。

竹管撚糸文土器は羽状縄文を地文とし，口頸部に竹管文と撚糸文の両方を施した土器で，頸部に小波状突帯，竹管刺突文，撚糸圧痕などが施文されている。胴張りで丸底または上げ底風丸底，上げ底土器である。胎土に繊維を含み，石英や砂粒が混じるとされている。文様の種類としては，口縁部に撚糸や竹管による陰刻列点を有するものと，有しないものがある。口頸部文様帯に（第43図1）のように撚糸圧痕により2条の平行陰刻文，羊歯状圧痕を施すものがある。また，撚糸圧痕と半截竹管によって同心円文を描くもの。（第43図6）のように波状口縁の頂点より隆帯を垂下させているものなどもある。

加藤氏は上川名上層土器について考察され，以下のように述べられた。

①羽状縄文を全面または地文とし，その上に竹管文なり撚糸文，竹管撚糸文などで文様を施文しているが，貝殻条痕などがない。

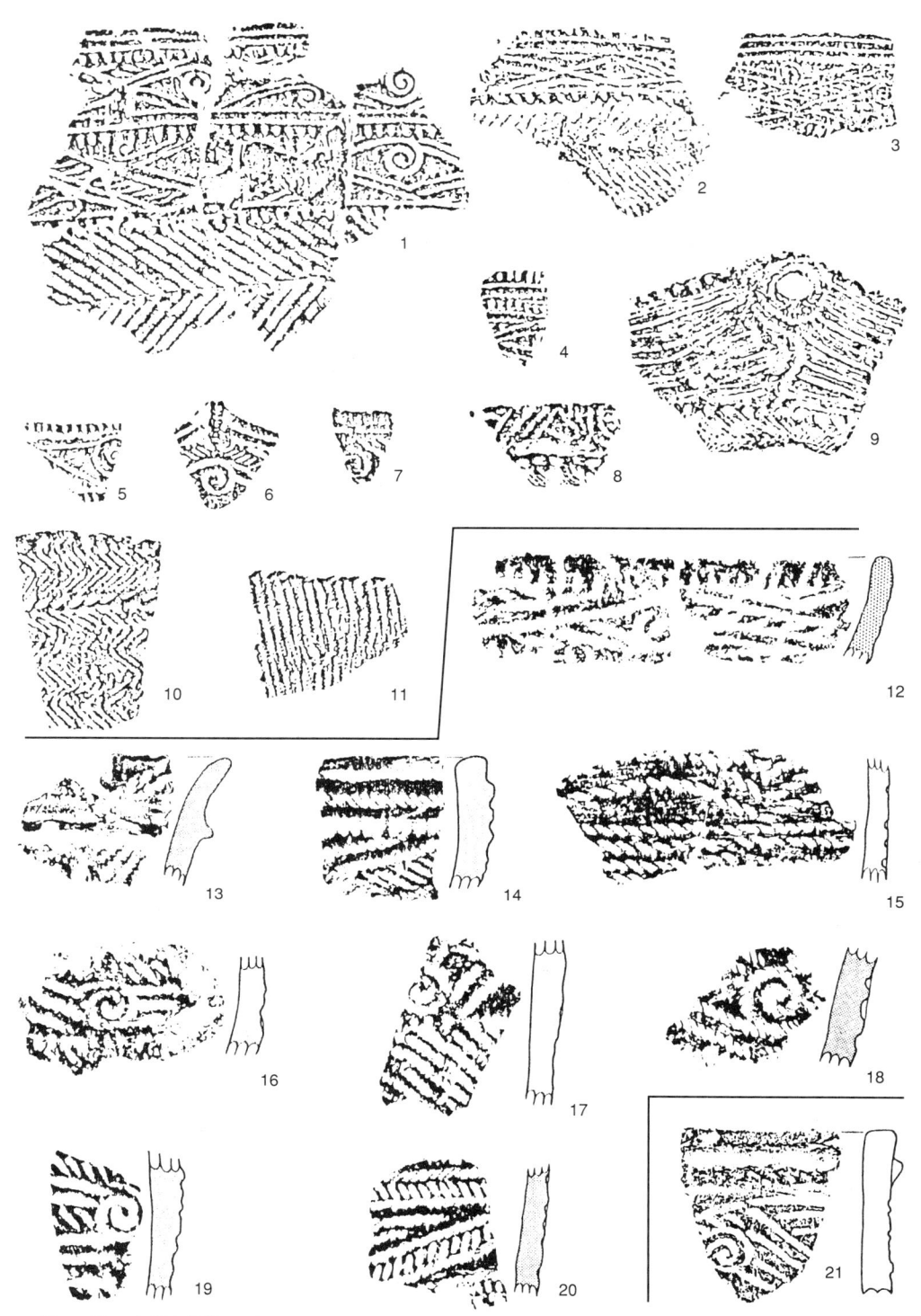

142　第2章　縄文時代早期末・前期初頭土器

第43図　上川名貝塚上層出土土器(1〜11)　松ヶ平A遺跡出土土器(12〜20)　木島遺跡出土土器(21)

②器形は外反する口縁で胴張りの深鉢，横断面が円形，多くは楕円形であり，底部は丸底，丸底風上げ底である。

③胎土は禾本科植物繊維を含み，石英砂粒の混入も認められる。

④小波状や鋸歯状列点口縁で，口頸部には竹管，撚糸または竹管撚糸文などの配置で撚糸渦状圧痕，格子目文，平行線文，竹管または半截竹管の平行線文，半截同心円文，細竹管刺突文点列などを施文する。

⑤羽状縄文の施された胴部と口頸部との境に段があり，竹管列点帯，半截竹管列点帯，小波状隆帯，撚糸圧痕などが付されている。

上川名Ⅱ式土器と花積下層式土器の関係について，加藤氏は「尚上川名上層土器は関東地方の縄文式土器前期のはじめの花積下層式，或いは菊名式と呼ばれている土器と器形，文様上に共通する点が多くこれと併行関係にあるものと考えられる」とされている。

筆者は上川名Ⅱ式土器と花積下層式土器とは，別の型式だと考えている。その理由としては，上川名Ⅱ式土器に竹管状連続刺突が発達している点を指摘したい。たとえば，(第43図10)のように，口唇部直下に連続刺突を施し，以下に羽状縄文を施文し，口縁部文様帯と胴部文様帯を区画するように，横位に連続刺突を施している。また，側面圧痕を施している土器にも同様な施文パターンがあり，竹管状工具の横位連続刺突で側面圧痕を上，下からはさむように施文している。このような上川名Ⅱ式の竹管状工具による横位連続刺突や，楔状に横位連続刺突を施していく特色は，花積下層式土器には顕著な特色とはいえない。ことに羽状縄文の施されている土器(第43図10)に上下に連続刺突を施す例は花積下層式にはあまりない。また，加藤氏が上川名Ⅱ式土器に貝殻条痕土器が伴わないとされている点も重要であると思う。こうした点により筆者は，上川名Ⅱ式土器と花積下層式土器とは型式学上異なる土器型式であると理解している。また，上川名貝塚出土土器は，型式差，編年差などが若干あるように思われる。

前述したように上川名Ⅱ式土器と花積下層式土器とは異なる土器型式である。しかし，両型式の撚糸側面圧痕は大変似ていて，これを比較して，どちらの型式に含めるべきか判別が困難な点が多い。次に各地の撚糸側面圧痕の例をあげよう。

大湯卓二氏[60]によると青森県長七谷地貝塚第Ⅲ群土器(報告書図版128の193〜195・129の198〜201)に渦巻状の撚糸側面圧痕文土器がある。これ等は口唇部直下に撚糸圧痕の縄の末端を刺突したもの，棒状工具で刺突を施したものがあり，この中には報告書図版(128の197)のように文様の中心に渦巻状の側面圧痕を施しているもの，報告書図版(129の201)のように，口唇部直下に棒状工具で刺突を施し，その下に直線的な側面圧痕で縦位と，横位に区画した中に小さな渦巻状の側面圧痕を入れている例もある。

また，北海道の撚糸側面圧痕文土器について，大沼忠春氏[61]は美々七遺跡から出土した渦巻状の側面圧痕土器を花積下層式土器と考えておられる。これも口唇部直下に刺突が施されているようである。

岩手県崎山弁天遺跡からも横位に直線的に施された側面圧痕文土器が出土しており，鈴鹿良一氏[62]により報告されている。この資料は上川名Ⅱ式土器以前かも知れない。

宮城県宇賀崎貝塚からも渦巻状の側面圧痕土器が出土しており，阿部恵氏[63]により報告された。報告書(58, 59, 62, 63)の土器は，口唇部の直下に刺突が施されている。また，報告書(65)は刺突で渦巻文を施す。報告書(71, 73)は上川名Ⅱ式土器の特色とも思える刺突が施された羽状縄文土器である。

福島県下では渦巻状の側面圧痕土器の例が増えているようである。同県岩下向遺跡の資料が鈴鹿良一氏[64]により報告された。報告書の図版(77, 78, 80)などである。これ等には口唇直下または口唇部の下に竹管状工具による連続刺突が施されている。また，報告書の図版(79)は連続刺突が施されていない。

上記の例は，渦巻状の撚糸側面圧痕文土器にも，口唇直下に竹管状工具で連続刺突(第43図2, 4, 5, 12)

を施したり，縄の原体を縦位に連続的に圧痕（第44図2）するもので，ほかにもまだ数多くの資料があると思われる。

さて，上川名Ⅱ式土器の渦巻状の撚糸側面圧痕土器をみると，1本の撚糸をしっかり渦状に巻き込んで圧痕している例が多いのに気付く。花積下層式土器にも撚糸側面圧痕土器が多いが，圧痕の状況などをみていくと，以下のように3分類できる。

①渦巻状の側面圧痕がしっかり巻いている類
②渦巻状の側面圧痕が1本ではなく2本以上もちいられ，しっかり渦巻状にならないで，その間などに半截竹管状工具，ヘラ状工具で刺突を入れている類
③側面圧痕が2本以上使用され，圧痕された中心部に，円形の竹管状工具により，円形刺突を入て，側面圧痕がしっかり巻いているような文様効果をだしている類で，側面圧痕が退化していき，沈線とヘラ状工具でその文様効果をだそうとしている類

上記の3分類は，それぞれが型式差とともに編年的な時間差をあらわすと考えられる。筆者は撚糸側面圧痕の3段階の変化に注目し，花積下層式土器をⅠ式からⅢ式まで3型式に細分しようと思う。しかし，この3細分は前述した小出氏の3細分とはまったく異なるものである。次に各細分型式について述べよう。

花積下層Ⅰ式土器

口縁部文様帯に渦巻状菱形，鋸歯状，弧状の撚糸側面圧痕を施文している。側面圧痕は渦巻状の場合縄文原体を1本もちいることが多く，しっかり渦巻状に巻きこんでいる。渦巻圧痕は1段の場合と数段施文している場合があり，圧痕の下には縦位縄文，斜縄文や羽状縄文を施文している。口縁部における渦巻状の側面圧痕の施文の仕方には種々ある。木島遺跡出土（第43図21）は口唇部の下にまず横位隆帯を貼り付けて，その下に渦巻状の側面圧痕を施しており，隆帯上に竹管状工具で刺突を施している。打越遺跡23号住出土の撚糸側面圧痕の土器は，口唇直下より横位に側面圧痕を2条施し，その下に渦巻状の側面圧痕を施文している。また，花積貝塚7号住居[65]からは波状口縁からLRの原体を渦巻状に圧痕している土器が出土している。さらに（第46図19）は，足利遺跡[66]出土の撚糸側面圧痕土器で，口縁部直下より渦巻圧痕を施文している。（第45図1）は真行寺遺跡[67]2号住居より出土している撚糸側面圧痕土器であるが，口唇部直下より撚糸側面圧痕を施文している。この土器は尖底の土器かも知れない。これ等の資料と上川名Ⅱ式土器とを比較すると，（第43図1，2，12）などのように上川名Ⅱ式は口唇直下に連続刺突が入るのに，花積下層Ⅰ式の場合は連続刺突があまり強く意識されていない。

口縁の形は，平口縁，波状口縁があり，口唇部をしっかり角状にするもの，尖りぎみにするものがある。器形は口縁部から胴部にかけて直線的になる丸底土器（第45図1）があり，尖底，丸底がどの程度あり，平底がどの程度あるのかは不明である。

花積下層Ⅰ式土器は，埼玉県春日部市花積貝塚[68]7号住居の撚糸側面圧痕文土器，同県久喜市足利遺跡[69]出土の一部，同県富士見市打越遺跡[70]22号住居出土の撚糸側面圧痕文土器，同174号住居[71]出土の撚糸側面圧痕土器，同遺跡168号住居出土の撚糸側面圧痕土器，同県浦和市北宿遺跡[72]包含層出土の一部，神奈川県横浜市菊名貝塚[73]（LXX11-13），同県同市白幡西貝塚[74]出土の撚糸側面圧痕土器（第46図18），静岡県富士川町木島遺跡[75]1号住居出土（第39図1・第46図14，15），長野県小県郡東部町真行寺遺跡[76]2号住居（第45図1）などより出土している。

他型式との関係であるが，木島遺跡からは（第39図）のように，花積下層Ⅰ式土器と下吉井Ⅰ式土器，下吉井Ⅱ式土器，下吉井Ⅲ式土器，木島Ⅳ式土器，木島Ⅴ式土器が出土しており，花積貝塚7号住居からは，花積下層Ⅰ式土器と下吉井Ⅱ式土器が出土している。打越遺跡では22号住居から花積下層Ⅰ式土器と

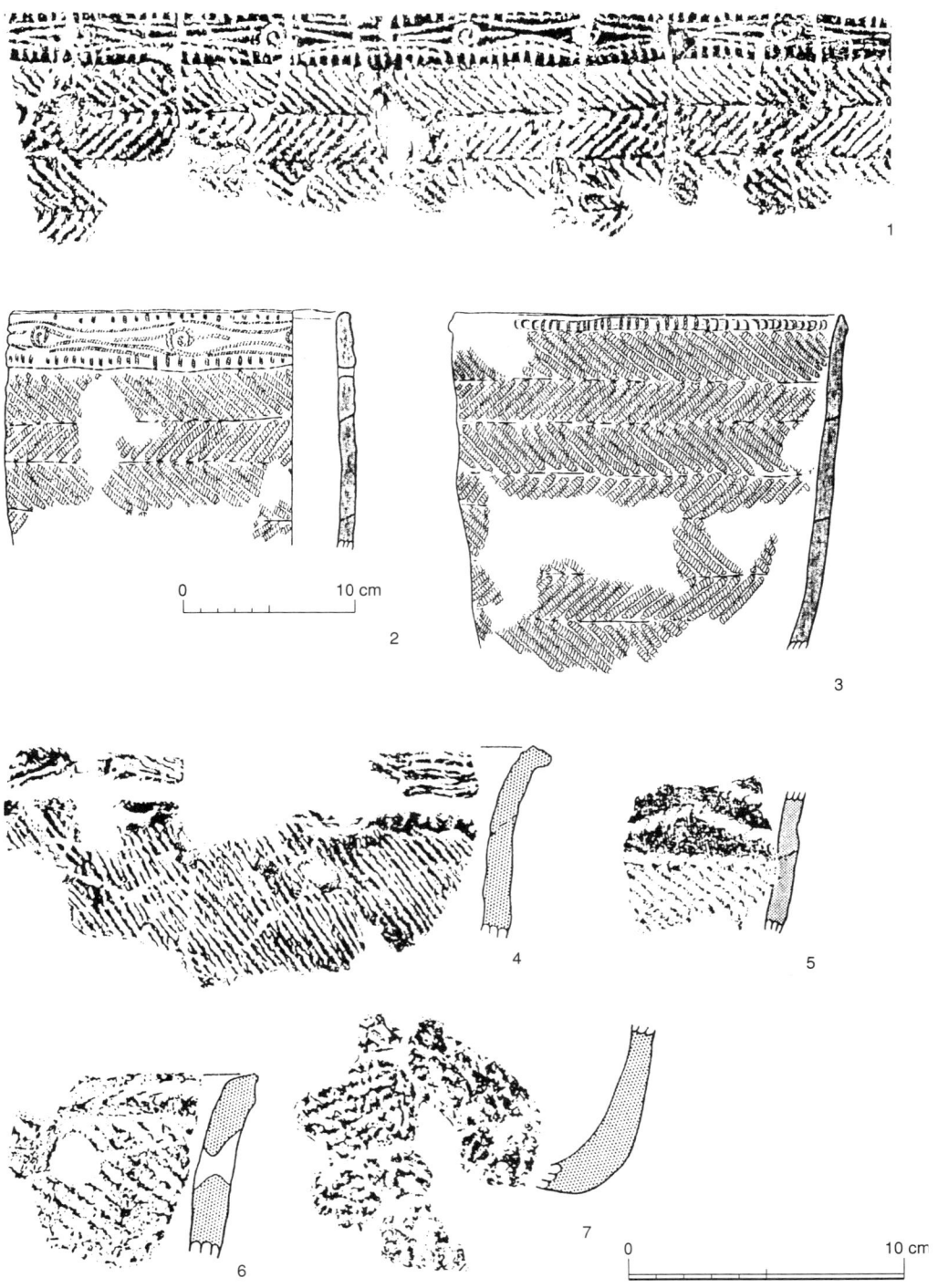

第4節　花積下層式土器の研究　145

第44図　松ヶ平A遺跡13号住居跡出土土器

146 　第2章　縄文時代早期末・前期初頭土器

第45図　真行寺遺跡2号住居跡出土土器(1〜4)　真行寺遺跡3号住居跡出土土器(5〜13)
松ヶ平A遺跡出土土器(14〜19)

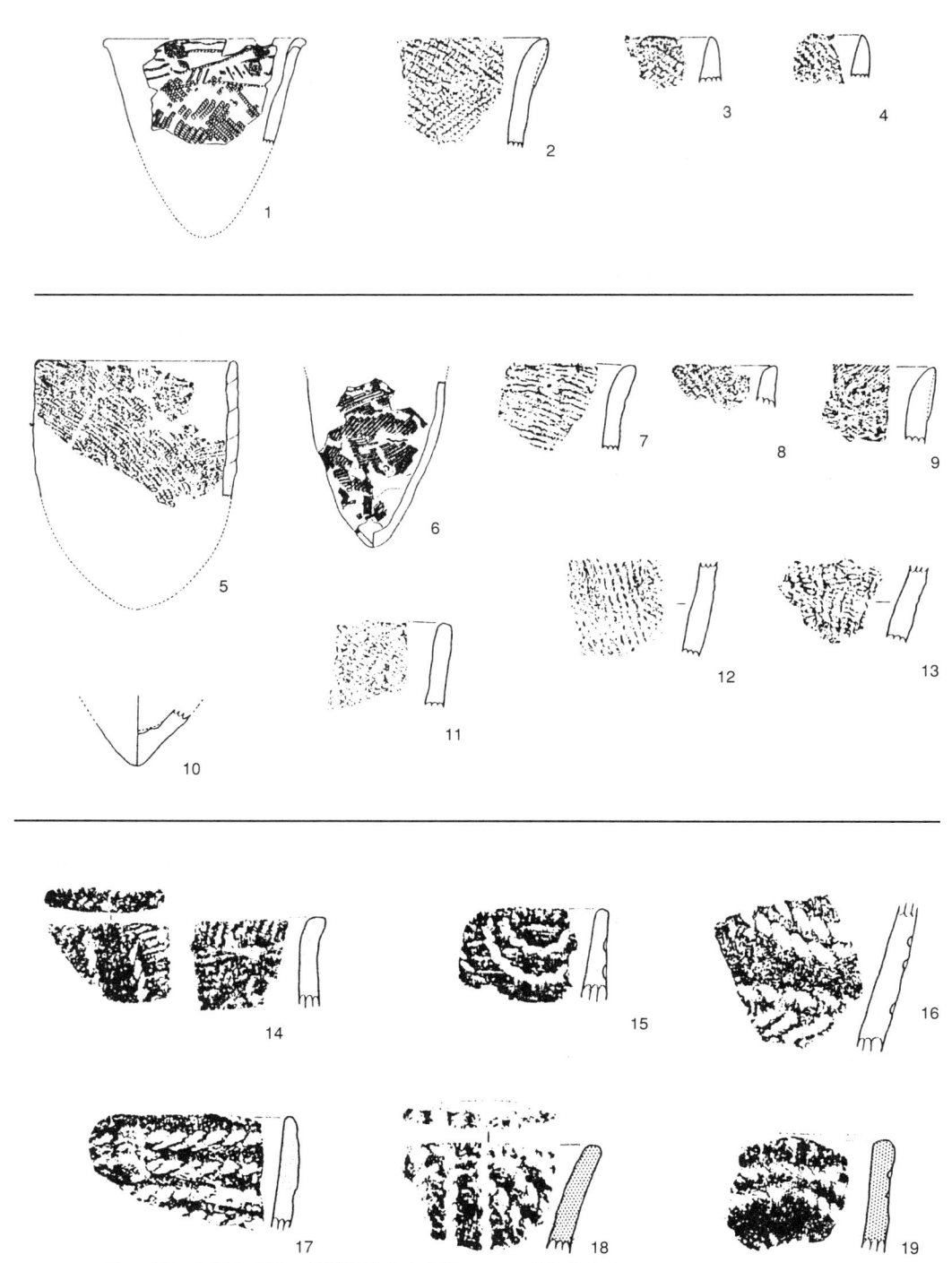

第4節 花積下層式土器の研究　147

第46図　打越遺跡174号住居跡出土土器(1～13)　木島遺跡出土土器(14, 15)　足利遺跡出土土器(16, 19)
　　　　北宿遺跡出土土器(17)　白幡西貝塚出土土器(18)

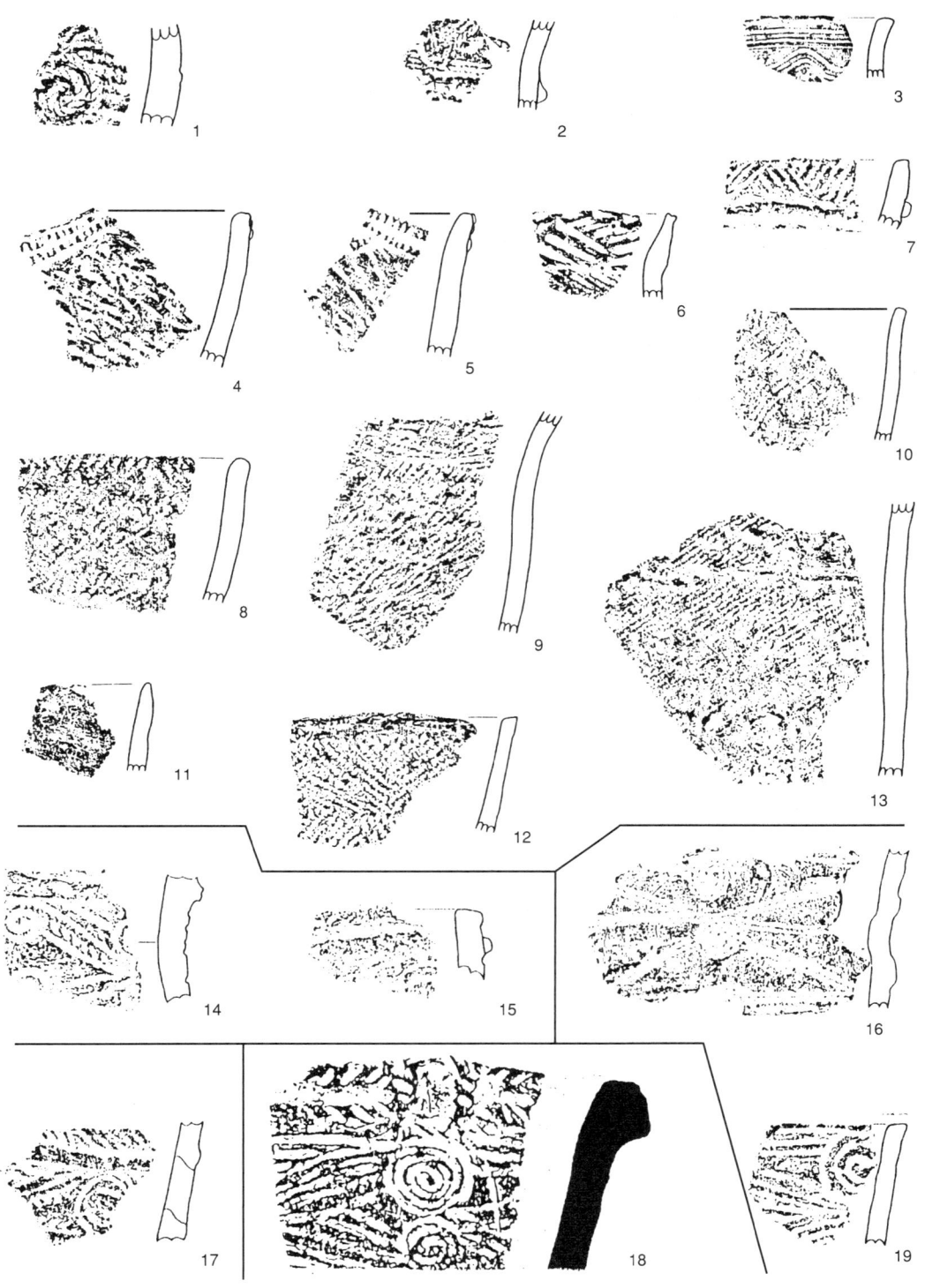

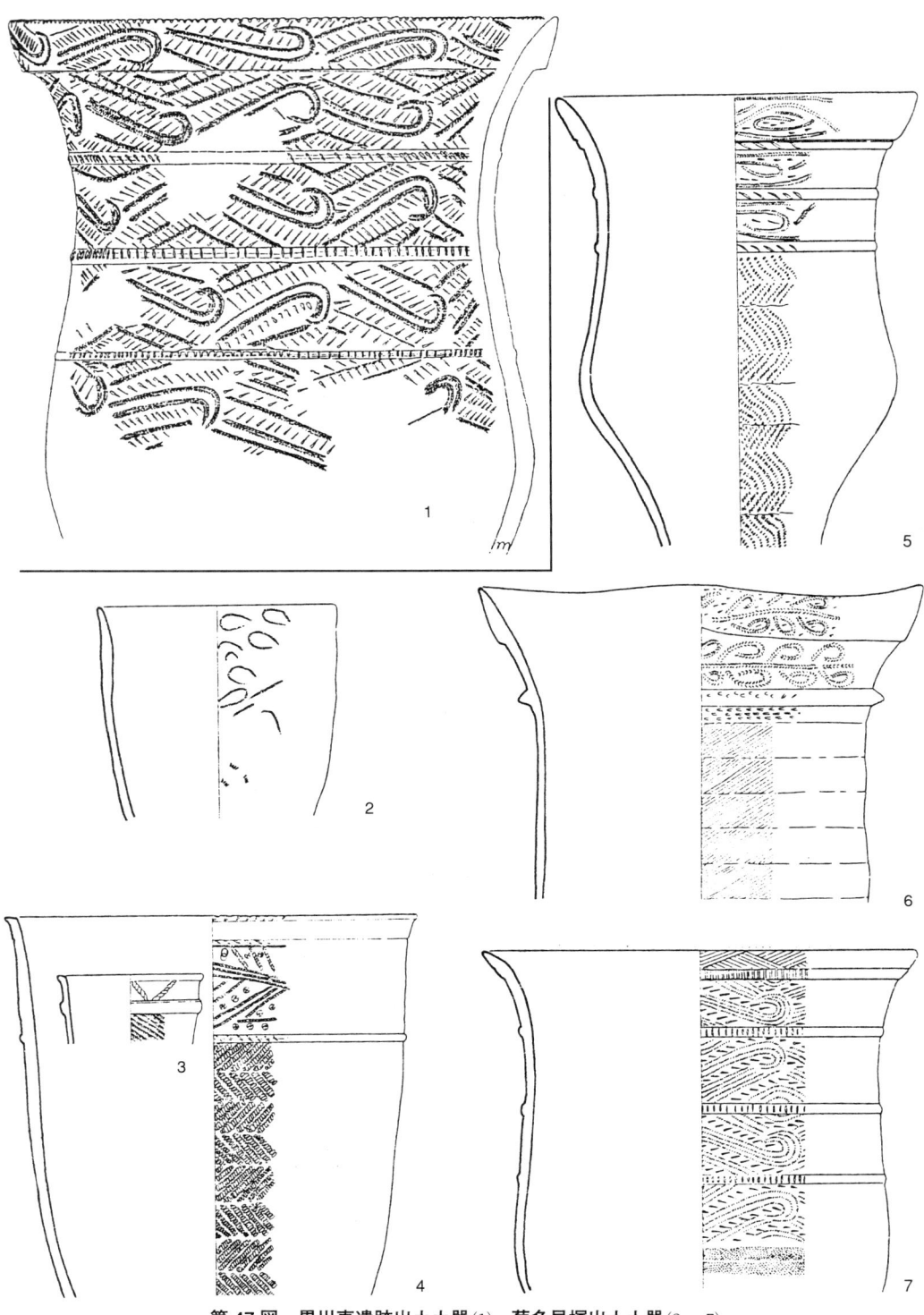

148　第2章　縄文時代早期末・前期初頭土器

第47図　黒川東遺跡出土土器(1)　菊名貝塚出土土器(2〜7)

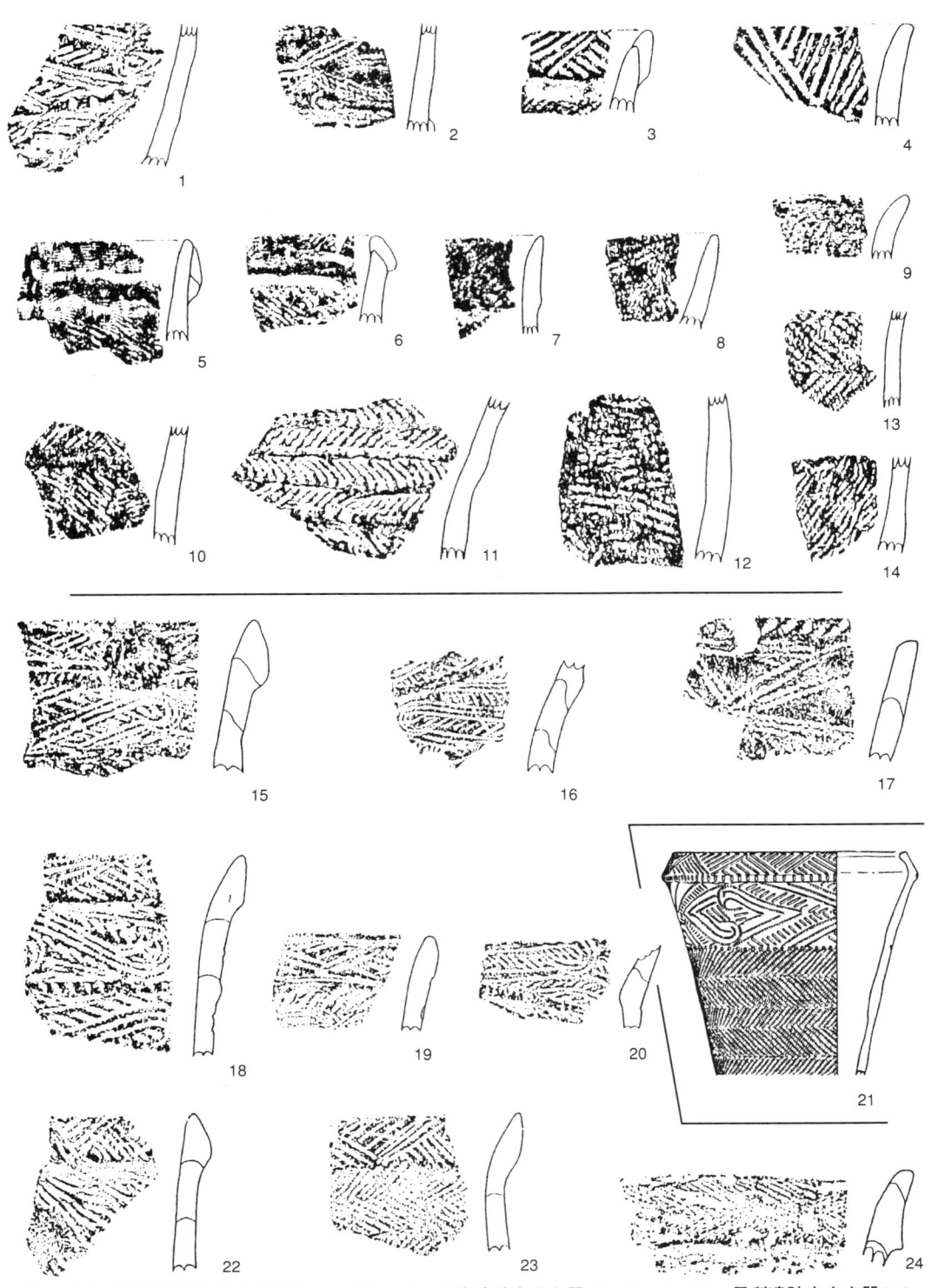

第4節　花積下層式土器の研究　149

第48図　打越遺跡79号住居跡出土土器(1〜14)　北宿遺跡出土土器(15〜20, 22〜24)　足利遺跡出土土器(21)

下吉井Ⅱ式土器が出土し，174号住居からは下吉井Ⅱ式土器，下吉井Ⅲ式土器が出土している。

上記の共伴関係から花積下層Ⅰ式土器は下吉井Ⅰ式，下吉井Ⅱ式土器，木島Ⅳ式土器，木島Ⅴ式土器と併行関係にあるとともに（第44図1）に示されるように，上川名Ⅱ式古段階土器と併行関係にある。

花積下層Ⅱ式土器

渦巻状に巻ききらない撚糸側面圧痕を口縁部文様帯に施文し，口唇部直下に刺突を入れ，直下より撚糸側面圧痕を施し，その圧痕の中にヘラ状の工具で，楔状に刺突を施しているもの（第47図1），口縁部直下に集合沈線を施文し，その下に撚糸側面圧痕を施文し，その中にヘラ状工具で刺突を施しているもの（第47図7・第48図21）などがある。

この花積下層Ⅱ式土器は，打越遺跡79号住居（第48図1, 2）や北宿遺跡14号住居（第49図1～3）などより出土している。打越遺跡79号住では，有段口縁に集合沈線による鋸歯文をもつ土器（第48図3, 4）と有段口縁に貝殻背圧痕を施す土器（同図5）と有段口縁に縄文を施文している土器（同図6, 7）などが伴出しており，有段口縁の下には羽状縄文，斜縄文貝殻背圧痕などが施文されている。また，北宿遺跡14号住居では，有段口縁に鋸歯状の集合沈線を施文する土器（同図15～18），有段口縁部に縄文を施す土器（同図24）などが伴出している。

こうした共伴関係から花積下層Ⅱ式土器の段階には，有段口縁の部分に集合沈線を入れて以下に縄文を施す土器，有段口縁に貝殻背圧痕を施す土器，有段口縁に縄文を施文する土器なども組成している。これ等の土器は胎土に繊維を含んでいるものが多い。

筆者は，木島Ⅷ式土器[77]と花積下層式土器の鋸歯状の集合沈線との共通性について述べたことがある。木島Ⅷ式土器の口縁部の集合沈線（第50図5～9）と花積下層Ⅱ式期のそれ（同図1～3）は，編年学上同一の時期と考えられる。木島Ⅷ式土器と花積下層Ⅱ式土器が同じような鋸歯状集合沈線を施すことは，同一時期異系統の土器同士が相互に影響している例として大変興味深い。山内幹夫氏[78]は牡丹平遺跡2群1類土器，柳橋A遺跡，泉川遺跡などの鋸歯文帯と花積下層式土器との関連を考えられた。さらに，中村五郎氏[79]も「白河地方の古式縄紋土器」で上森屋段遺跡2群土器と花積下層式土器を併行関係とされている。

さて，打越遺跡71号住居から木島Ⅷ式土器が出土していることにより，花積下層Ⅱ式土器は木島Ⅷ式土器と併行する型式である。また，同遺跡113, 114号住居からは，下吉井Ⅲ式土器が出土している。しかし，下吉井式土器のどの細分型式が併行するかは今後の資料の増加を待つべきかもしれない。

花積下層Ⅱ式土器の分布は，埼玉県富士見市打越遺跡42号住居の側面圧痕文土器，同遺跡71号住居の側面圧痕文土器，同79号住居（第48図1, 2），同遺跡111号住居の側面圧痕土器，同遺跡136号住居の側面圧痕土器，同県久喜市足利遺跡，同県浦和市北宿遺跡14号住居（第49図1～3），同遺跡25号住居の側面圧痕土器，同県川口市天神山遺跡[80]の側面圧痕土器，同県和光市白子宿上遺跡の側面圧痕土器[81]，千葉県東葛飾郡幸田貝塚[82]出土の側面圧痕土器，神奈川県横浜市菊名貝塚，同県川崎市新作貝塚[83]出土の圧痕文土器，茨城県東茨城郡大串貝塚[84]，同県那珂湊市道理山貝塚[85]などである。

花積下層Ⅲ式土器

撚糸側面圧痕と円形竹管状刺突文を組み合わせており，また，円形の貼付けも施される。（第51図1～11）は多摩ニュータウンNo.27遺跡[86]17号住居出土土器の一部である。（第51図1）は三角形に近い台形状の連続文様を撚糸側面圧痕と半截竹管で施し，その中に円形竹管状刺突文を施文して，以下に特殊な結節の縄文を施している。（第51図3）は撚糸側面圧痕を施した上に円形竹管状刺突文を施文している。（第51図4）は側面圧痕を施した上に粘土による瘤状貼付を施している。これは円形竹管状刺突からの施文の転換である。（第51図8）は撚糸側面圧痕を半截竹管状工具による連続爪形に転換しており，円形竹管状刺突も

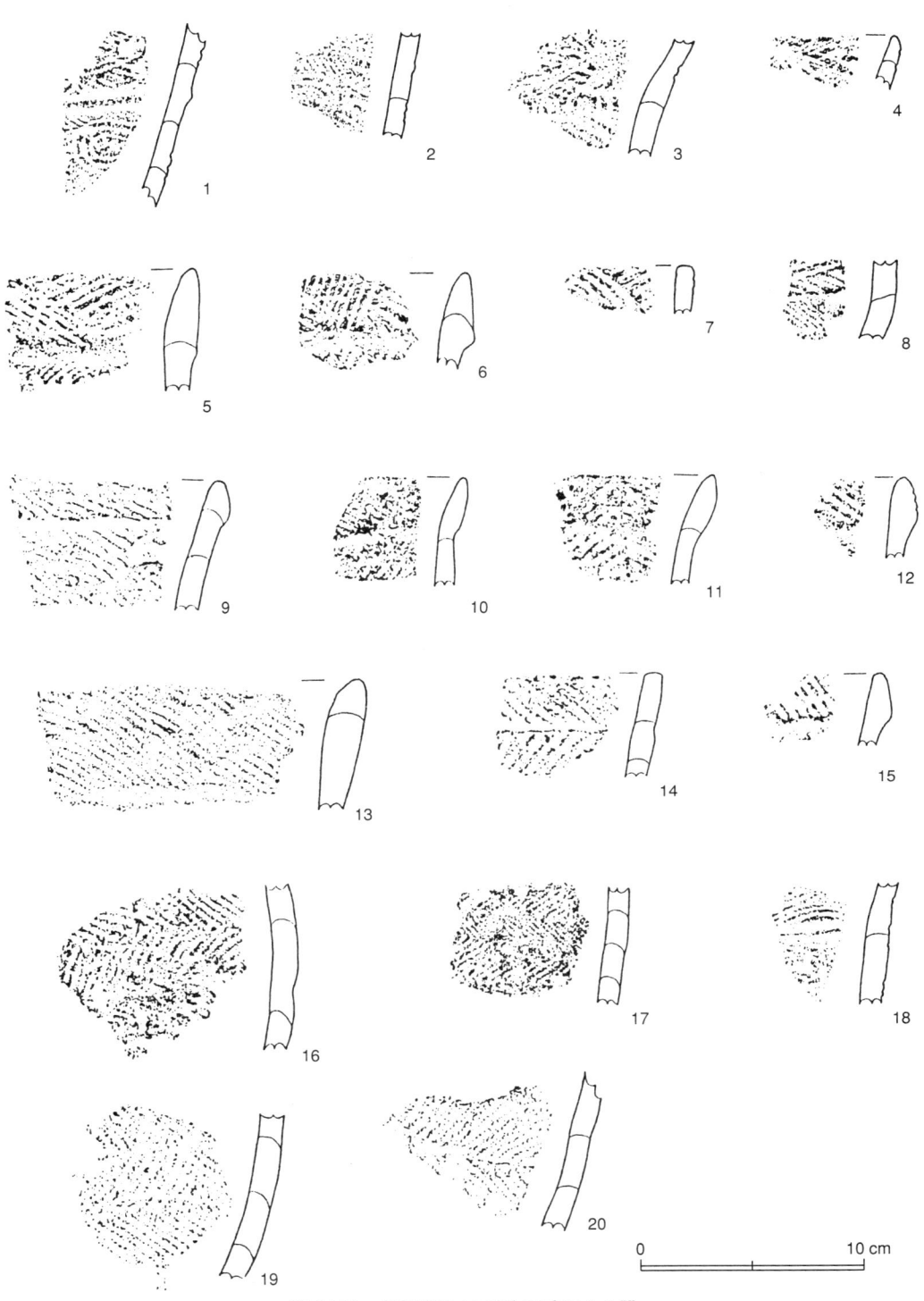

第4節 花積下層式土器の研究 151

第49図 北宿遺跡14号住居跡出土土器

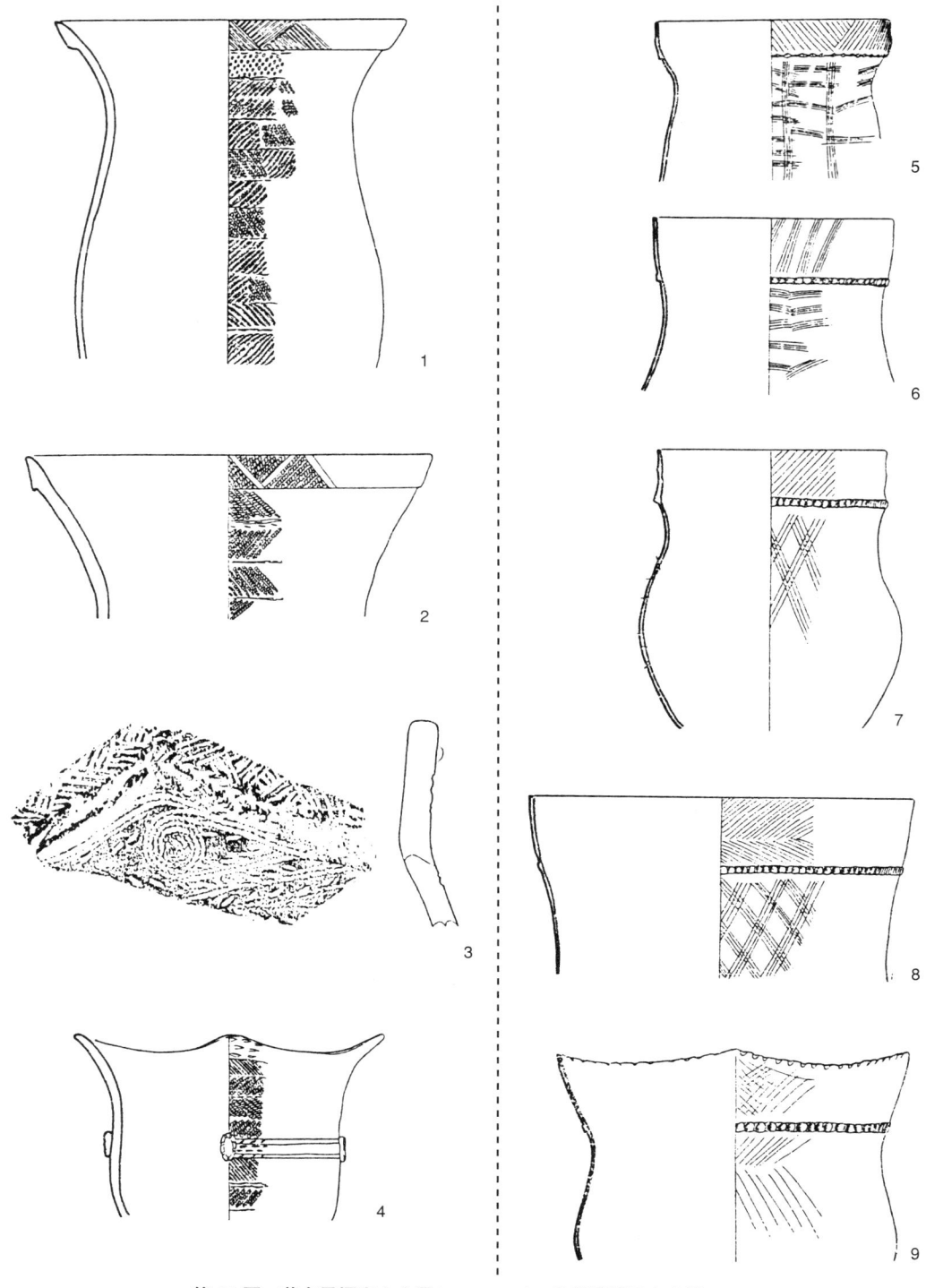

152　第2章　縄文時代早期末・前期初頭土器

第50図　菊名貝塚出土土器(1〜2, 4〜9)　北宿遺跡出土土器(3)

第4節 花積下層式土器の研究 153

第51図　多摩ニュータウンNo27遺跡17号住居跡出土土器(1〜11)
　　　　多摩ニュータウンNo27遺跡出土土器(12〜15)

施している。(第51図9)はヘラ状工具による刺突と半截竹管状工具により撚糸側面圧痕を模倣しており，他の部分にはヘラ状工具による刺突を施している。(第51図10)は複合口縁部に斜位に沈線を施している。これは，花積下層Ⅱ式の複合口縁部に鋸歯状に集合沈線を施した土器(第48図21)などの沈線の文様が退化したものであろう。また，(第51図12)は口縁部にヘラ状刺突を施し，撚糸側面圧痕を蕨状に施した中に竹管状工具により円形刺突を施している。(第51図13)も口縁部文様帯に蕨状の撚糸側面圧痕を施し，その中に円形竹管状刺突を施文している。これ等の資料は新田野貝塚[87]より多く出土している。

口縁の形は波状口縁が多く平口縁もある。口縁部直下にヘラ状工具による連続刺突を精緻に施文しており，低い隆帯を口縁部直下と頸部の括れ部に貼り付ける場合もある。口縁部で大きく外反し，頸部で括れて胴部で膨らむ器形が多い。底部は平底である。胎土に繊維を含むものが多い。この時期には精製土器と粗製土器の区別が生じる。

多摩ニュータウンNo.27遺跡の17号住居では木島Ⅸ式土器が共伴している。しかし，このほかの地域の土器型式との編年学上の併行関係には不明な点があり，現時点で明確に指摘することは困難である。

花積下層Ⅲ式土器は，撚糸側面圧痕の退化の時期で，これ等の側面圧痕がヘラ状工具による文様に変化して二ツ木式土器や関山Ⅰa式土器に移ることは，下村克彦氏[88]がすでに説明されているところである。

花積下層Ⅲ式土器の分布は，埼玉県春日部市花積貝塚，同県久喜市高林寺遺跡[89]，同県同市足利遺跡，同県川口市天神山遺跡，同県浦和市北宿遺跡，同県富士見市打越118号住居出土の円形刺突文土器，同遺跡190号住居出土土器の一部，同県大里郡川本町舟山遺跡[90]，同県北葛飾郡杉戸町目沼遺跡[91]，千葉県夷隅郡大原町新田野貝塚，茨城県茨城郡大串貝塚，同県同郡野中貝塚，同県那珂湊市道理山遺跡，千葉県東葛飾郡小金町二ツ木貝塚[92]，神奈川県横浜市菊名貝塚，同県同市梶山貝塚，同県川崎市新作貝塚，東京都多摩市多摩ニュータウンNo.27遺跡17号住居(第51図1～3)，長野県小県郡長門町六反田遺跡などである。

5　まとめ

前述したように，花積下層式土器は3型式に細分できる。この型式細分は小出輝雄氏が提唱された3型式細分案とは内容が異なることを付言しておきたい。

花積下層式土器の撚糸側面圧痕文の成立を探るため東北地方，北陸地方の資料との比較をおこなった。その過程で，船入島下層式土器，梨木畑式土器，上川名Ⅰ式土器などの早期末の型式と関係が深いことがわかってきた。しかし，花積下層式土器と上川名Ⅱ式土器とは同じ型式ではなく，現在知られている上川名Ⅱ式土器は花積下層式土器の古い段階に比べて新しいようである。また，型式学的に大変近しい関係にありながらも別型式である。東北地方南部の早期末から前期初頭の土器型式の研究は活発にすすめられており，上川名Ⅱ式土器と花積下層式土器の成立と展開など，現段階では不明な問題も解決されるであろう。

花積下層式土器は撚糸側面圧痕の文様変化に合わせて細分するのが適切と考えている。そしてこの撚糸側面圧痕の変化から3型式に細分した。この3つの細分型式と他型式との併行関係は以下のとおりである

花積下層Ⅰ式土器は，撚糸側面圧痕が渦巻状にしっかり巻かれたり，菱形，鋸歯，弧状に圧痕されている段階で，上川名Ⅱ式土器，下吉井Ⅰ式土器，下吉井Ⅱ式土器，木島Ⅲ式土器，木島Ⅳ式土器，木島Ⅴ式土器と併行関係にある。

花積下層Ⅱ式土器は，撚糸側面圧痕が渦巻状に巻ききらない文様で施される段階で，木島Ⅷ式土器，下吉井Ⅲ式土器と併行関係にある。

花積下層Ⅲ式土器は，撚糸側面圧痕が蕨状に施文され，円形の竹管状刺突が施されている。この段階で撚糸側面圧痕が退化していくようである。木島Ⅸ式土器と併行関係にある。

第5節　花積下層式土器研究史と福島県内資料の型式分類

1　はじめに

　福島県内の花積下層式土器を検討する前に，福島県内の早期末・前期初頭の土器と筆者との関わりを説明する必要があると思われる。

　筆者は，1983年に発表した「神之木台・下吉井式土器の研究—その型式内容と編年的位置について—」（『小田原考古学研究会々報』11）の中で，大畑貝塚出土の土器群の中の神之木台式土器に近似している土器や花積下層式土器について触れたが，これが福島県内のこの時期への注目の始めであった。

　この論文では早期末・前期の土器編年について「東海・相模・関東地方における早期～前期の編年表（案）」（第59図第2表）のように考えた。これは，前年に発表した「木島式土器の研究—木島式土器の型式細分について—」（『静岡県考古学研究』11）の木島式土器の型式細分と神之木台式土器，下吉井式土器，花積下層式土器の編年的な位置関係を明確にしようとする作業の結果であった。ここでは，下吉井式土器と併行させて花積下層式土器を4段階に細分した。また，1984年には「花積下層式土器の研究—側面圧痕文土器を中心として—」（『丘陵』11）の中で，松ヶ平A遺跡や同遺跡13号住居出土土器，源平C遺跡出土土器について図版などで扱ったが，源平C遺跡出土の丸底土器や松ヶ平A遺跡13号住居（第66図1，2）の土器の位置付けについては不明であった。

　その後，筆者と谷藤保彦氏とは群馬県などを中心とするこの時期の資料の増加に注目していた。1994年2月には「縄文セミナーの会」による「早期終末・前期初頭の諸様相」のシンポジウムが群馬県で開催され，各地域の花積下層式土器や前後の時期の土器資料が報告された。ことに，1985年以降の群馬県，長野県，福島県および東北地方のこの時期の資料の増加には著しいものがあり，1983年の神奈川考古シンポジウム「縄文時代早期末・前期初頭の諸問題」で検討されなかった地域でのこの時期の新資料が増加していた。こうした状況の中で筆者と戸田哲也，谷藤保彦氏はこの時期の土器について共同研究を続けてきた。筆者の花積下層式の側面圧痕研究の延長上として「縄文セミナーの会」で，谷藤氏が「群馬県における早期末・前期初頭の土器」を発表された。また，福島県の佐藤典邦氏が「福島県の早期終末から前期初頭の様相」を発表し，研究史を背景としながら編年案を発表された。

　本論文では，花積下層式土器の研究史を振り返り，出土資料が増加している福島県内の花積下層式土器の型式細分を試みることを目的としている。本稿をまとめるにあたり，斎藤忠，渡辺誠両先生，戸田哲也，大竹憲治，谷藤保彦，佐藤典邦氏など多くの方々に文献など御教示をいただいた。心よりお礼を申し上げたい。ことに，福島県内の土器図版は佐藤典邦氏の縄文セミナーの集成資料を中心に使用させていただいた。

2　花積下層式土器を中心とした早期末と前期初頭の研究史について

　筆者は土器型式からみて早期と前期の境をどこに置くかなどの問題について，「神之木台・下吉井式土器の研究—その型式内容と編年的位置について—」の中の研究史と「縄文セミナーの会」で報告した「土器型式より見た縄文早期と前期との境について」で考えを発表してきた。本稿では早期と前期の境についての研究史の概略を，花積下層式土器を中心としてまとめておきたい。

　この時期の土器研究は山内清男・八幡一郎・甲野勇氏などにより着手された。この間の動向について山内清男氏は，1929年4月に「関東北に於ける繊維土器」（『史前学雑誌』第1巻2号）を発表され，以下のように述べておられる。

山内氏は 1925 年 5 月に陸奥国相内オセドウ貝塚を発掘し，翌年同中居貝塚を発掘調査している。オセドウ貝塚の発掘で，上層にいわゆる薄手式土器，下層に一種の土器型式（円筒土器下層式）を発見し，円筒下層式土器に繊維の混入があることを見付けた。1925 年 8 月オセドウ貝塚の資料整理中に訪問した八幡一郎氏が，円筒下層式土器の胎土について，相模萬田貝殻坂下層の土器と近似することを告げた。1927 年 7 月に陸前大木貝塚 A 地点を調査し繊維土器を見付け，体部の羽状縄文が円筒下層式土器の結束の羽状縄文ではなく，関東の諸磯式土器のある土器のように結束のない羽状縄文であることを発見し，関東の諸磯式土器がこの式と同様に古式土器であることを想定した。このことを八幡一郎氏に書信で伝えた。1927 年 8 月には甲野勇氏にこの新説を示し，甲野氏の案内で大山史前学研究所の当時諸磯式とされていた武蔵の黒谷，木曽良の土器に繊維土器を認めた。

1927 年 10 月に伊東信雄，斎藤忠氏の採集された陸前槻木町貝塚の土器に繊維土器が存在し，内外面に条痕がある土器を見付けた。同様な土器は陸前の大木貝塚の土器のあるもの，槻木町貝塚の土器，関東地方の萬田貝殻坂下層の土器，いわゆる諸磯式土器の一部，内面に条痕のある土器に円筒土器下層式と同様に繊維土器があることとなった。この結果繊維土器は，陸奥においては他型式の下層に存在し，さらに，陸前大木貝塚，関東の上本郷貝塚に於て同様の層位の根拠が得られた。この所見について，1927 年 9 月に人類学会例会で初めて発表した。また，こうした調査に前後して，大山史前学研究所は関東地方の貝塚の年代学的研究を進めていた。同研究所は，1928 年 10 月に武蔵南埼玉郡豊春村花積貝塚で繊維土器の層位の確実な資料を得た。

この時点で山内氏は，関東北地方における縄文土器の最古型式の追求により，繊維土器がもっともこれに近いと考えておられた。

1930 年 5 月に山内清男氏は「繊維土器に就いて追加第三」（『史前学雑誌』第 2 巻 3 号）で「蓮田式」について説明されており，土器の内面に条痕のない繊維を含む土器に注意された。縄文には種々の変化があり，口頸部に整正な撚糸の圧痕による文様がしばしばあることを指摘されている。

1930 年 3 月・12 月に斎藤忠氏は「松島湾内諸島における貝塚調査概報」（『東北文化研究』第 2 巻 4 号）で山内清男氏の型式設定された室浜式の標式遺跡である室浜貝塚出土土器を報告された。

1934 年 5 月に鈴木尚氏の「東京市王子区十条清水坂貝塚」（『人類学雑誌』第 49 巻 5 号）が発表され，清水坂貝塚出土土器を報告された。氏は出土土器を条痕系と縄文系に大別し（第 52 図 2, 3），条痕系土器にはしばしば尖底があり，縄文系には縄文，貝殻背刻印文，撚糸文が属する。条痕系はしばしば尖底があり，縄文系は尖底がなく平底を有すとされ，さらに茅山式・子母口式を条痕系とし，蓮田式を縄文系として，清水坂貝塚をこの両者共存貝塚と考えた。また，現在の木島式土器の存在にも注意されている。

1935 年 5 月には甲野勇氏の「関東地方に於ける縄文式石器時代文化の変遷」（『史前学雑誌』第 7 巻 7 号）が発表された。この論文で氏は花積下層式土器を型式設定された。器形は深鉢が多く，底部は上げ底風の平底をなすものが大多数で，平底も存在すること，胎土に繊維を多量に含み，縄文は単節羽状文がある。貝殻文もあり，口縁に隆帯のある土器が存在すると指摘された。

1936 年 10 月には角田文衛氏の「陸前船入島貝塚の研究」（『考古学論叢』第 3 輯）が発表された。第 1 類は深鉢形で中薄手の土器で，少量の繊維を含んでおり，土器の口縁は軽く外反している。口端に小刻みを施した例が少しある。地文に斜行縄文と条痕とあり，その施文は外面が底部まで，内面が上半部までらしい。斜行縄文は単節で右撚りと左撚りが同比率ある。斜行縄文の条の走行は内外面とも同じことが多い。条痕は表面文様の如何に関わらず内面にすべて施される。斜行縄文は表面文様が条痕である際は施されない。装飾文様としては縄文原体の押捺や点列文が僅かにある。そしてその文様は口頸部に限定され 2 条や 3 条の平行線

第5節　花積下層式土器研究史と福島県内資料の型式分類　157

1　縄紋土器型式の大別と細別

	渡島	陸奥	陸前	関東	信濃	東海	畿内	吉備	九州
早期	住吉	(1)	槻木 1 〃　 2	三戸・田戸下 子母口・田戸上 茅山	曾根?× (+)	ひじ山 粕畑		黒島×	戦場ヶ谷×
前期	石川野× (+)	円筒土器 下層式 (4型式以上)	室浜 大木1 〃 2a,b 〃 3-5 〃 6	蓮／花積下 田｛関 山 式＼黒浜 諸磯a,b 十三坊台	(+) (+) (+) 踊場	鉾ノ木×	国府北白川1 大歳山	磯ノ森 里木1	轟?
中期	(+) (+)	円筒上a 〃　b (+) (+)	大木7a 〃 7b 〃 8a,b 〃 9,10	五領台 阿玉台・勝坂 加曾利E 〃　(新)	(+) (+) (+) (+)			里木2	曾畑 阿高 出水 ｝?
後期	青柳町× (+) (+) (+)	(+) (+) (+) (+)	(+) (+) (+) (+)	堀之内 加曾利B 〃 安行 1,2	(+) (+) (+) (+)	西尾×	北白川2×	津雲上層	御手洗 西平
晩期	(+)	亀 (+) ヶ (+) 岡 (+) 式 (+)	大洞B 〃 B-C 〃 C1,2 〃 A,A′	安行2-3 〃 3	(+) (+) (+) 佐野×	吉胡× 〃 × 保美×	宮滝× 日下×竹ノ内× 宮滝×	津雲下層	御領

註記　1．この表は仮製のものであって，後日訂正増補する筈です。
　　　2．(+)印は相当する式があるが型式の名が付いて居ないもの。
　　　3．(×)印は型式名でなく，他地方の特定の型式と関聯する土器を出した遺跡名。

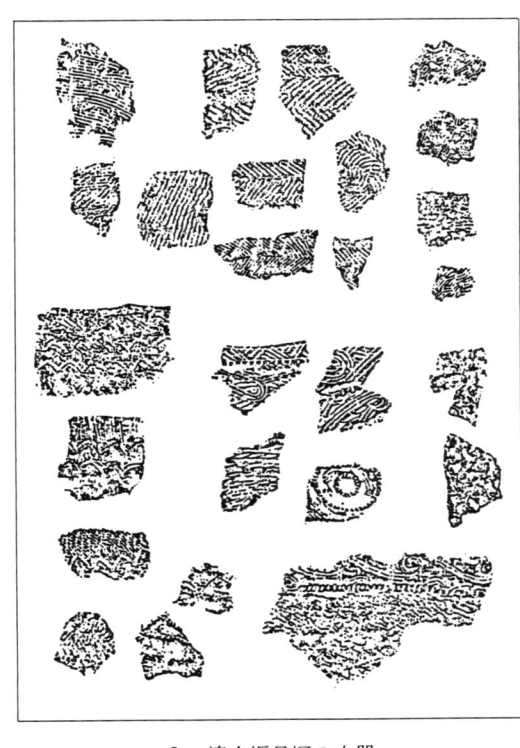

2　清水坂貝塚出土土器紋様分類

紋様の種類		個数	百分率
1　條痕のみ	内面のみ	16	
	外面のみ	12	
	両面	53	
	計	81	26%
2　縄紋	條痕	3	
	無條痕	95	
	計	98	30%
3　殼背刻印紋	條痕	2	
	無條痕	15	
	計	17	5%
4　貝殼による 波状紋	條痕	16	
	無條痕	9	
	計	25	8%
5　撚絲紋その他	全部無條痕	30	9%
6　朱塗紋		1	
7　無紋		74	22%
総計		326	100%

3　清水坂貝塚の土器

第52図　1　山内清男「縄紋土器型式の細別と大別」1937年より　2・3　鈴木尚「東京市王子区十条清水坂貝塚」1934年より

を縦位や横位に走らせたり，一対の三角形を対峙させたりする。底部は尖底と推定される。そして，船入島下層土器に独立した文化相を認めようとされた。

　第2類は内面に条痕のない繊維土器で大部分の土器はこれに属する。土器の大多数は有文土器で，地文としてもちいられるのは斜行縄文・羽状縄文・縦縄文・撚糸文・条線文などである。斜行縄文は大部分が単節で，結束のないものとあるものが見られる。菱形縄文を構成するもの，平行沈線文，平底の普遍化，縄捻文と点列文の消失などがある。この第2類は槻木2式から直接的に導き出せるものではない。この第2類が関東の花積下層式・黒浜式や蓮田式にやや類似するとされた。

　1936年11月には加藤明秀・芹沢長介氏の「静岡県下における細線紋指痕薄手土器と其の伴出石器」（『考古学』第7巻9号）が発表され，現在の木島式土器の標式遺跡である静岡県富士川町木島遺跡出土土器が紹介された。この土器の特徴を考慮して，杉山壽榮男氏の教示により，「細線紋指痕薄手土器」と命名された。

　1937年1月には山内清男氏の「縄文土器型式の細別と大別」（『先史考古学』1の1）が発表された。ここでは関東地方における年代所属が論議の的であった諸磯式の編年位置が確定し，古式土器の範疇に列することになり前期とされた。更に一桁古い尖底の土器型式の一群の存在が明らかになり早期とされた。ここで山内氏は前・中・後に早・晩の2期を補い，全期を5期に分類することを提案されている。型式の数の多い前期を早期（尖底を有する本格的に古い土器群）及び，前期（広義の諸磯式とその併行型式としたい）とし，編年表（第52図1）を示されている。ここでの早期と前期の境は，関東地方で早期は茅山式まで，前期は蓮田式からであり，この蓮田式は花積下層式・関山式・黒浜式に細分されており，関東編年の前期の始めは花積下層式となる。また，陸前では早期の終りに槻木2式が，前期の始めに室浜式が置かれている。

　1938年10月には江坂輝彌氏の「関東古式縄文式文化に就いて」（『貝塚』第1号）が発表された。氏は花積下層式を茅山式の次に来るものとされた。繊維を多量に含み，菊名貝塚の発掘調査の結果によると，下層に表裏条痕のあるものが多く，上層に羽状縄文系の撚糸文の発達したものが多くなる。これを伴う特殊土器（細線紋指痕薄手土器）は上部及下部の貝層中から出土する。この事実は条痕が古く，羽状縄文が新しいことを示す。しかし花積下層式土器の条痕系土器は，茅山式の如く他の文様を伴わず，子母口式の如く条痕文のものが多い。そこで茅山式と花積下層式とは，現在のところでは，未だまったく続くとは言い得ず，この間にギャップがあり一型式あるかどうか問題であるとされた。

　1938年11月には三森定男氏の「古式土器に関する考察」（『考古学論叢』第9輯）が発表された。その中の，「蓮田式と花積下層式」では，花積下層式は器形が必ずしも円筒形ではないが，口頸部に横隆帯を有する点や撚糸の発達の著しいのは，円筒下層式に通じる。また，花積下層式土器は出土状態から茅山式と親近な関係にある。稜をなす隆起帯を口頸部に有し，その上部に帯状に文様を施すのは，茅山式に通じるところであり，文様構成の型式は茅山式にまったく一致する。茅山式が太形凹文によってなされるのに対し，花積下層式では縄文が発達し底部が丸底である。茅山式には縄文がまったくない。底部が尖底であるのは，条痕の有無と相俟って両式の関係を窺わせるものである。花積下層式がたとえ茅山式を基層として（茅山式よりも条痕を器面に有するものとする方が良い）発展したものとしても，花積下層式に発展する契機は茅山式以外のものに求めるべきである。条痕を地文とする文化と縄文を地文とする文化との融合が，花積下層式なる一型式に具体化されていると見たいとされた。また，蓮田式は船入島第2類に対比され，船入島第1類を発生せしめた条痕を有する土器文化が花積下層式よりも古いとされた。

　1939年3月には江坂輝彌氏の「横浜市神奈川区菊名町宮谷貝塚出土土器に就いて」（『考古学論叢』第14輯）が発表された。宮谷貝塚出土土器の代表的な資料を層位的に説明しようとされている。この貝塚は斜面貝塚で表土が1〜2m堆積し，表土上部より土師器と弥生式土器が多量に出土し，表土下部より縄文中期土

器が多量に出土している。貝層は 50 cm 前後で貝層上部には精緻な文様のもの。貝殻背圧痕文，羽状縄文のみ，羽状縄文に撚糸文を加えたものなど花積下層式土器が出土した。これ等はすべて平底でわずかに上げ底になったものもある。そして，他に細線紋指痕薄手式土器と貝層下部に多い条痕系土器が若干伴い，これ等はすべて丸底や尖底である。貝層下部は条痕系土器が出土し，表裏条痕あるもの，片面のみ条痕あるもの，隆起線状に貝殻文を押捺したものが出土したと説明された。さらに，条痕以外の文様のあるものは，隆起線が口縁近くを一周している。これは関東地方では茅山式に伴出しないで，細線紋指痕薄手式土器に伴うとされた。

　1942 年 12 月には杉山壽榮男氏の『日本原始繊維工藝史（原始編）』が出版された。「図版 66，縄紋復原型 (21)」では，円筒土器の口縁部の文様を糸の絡げによって表れた縄文として，撚糸の側面圧痕を写真で掲載した。

　1949 年 11 月には桑山龍進氏の『菊名遺跡と其の文化』が発表された。これは菊名町宮谷貝塚と北寺尾町上ノ宮貝塚の調査を略報的にまとめたものである。この報告では，極微薄土器と多量の繊維土器が出土し，底部の形態は尖底，卵円形底，円底，平底，上げ底，台底などきわめて種類が多い。文様は無文，条痕縄並用文，突点附帯文，貝殻条痕並用文，縄文，条痕縄文並用文，貝殻縄文並用文，撚糸押文，線文，竹管，輪形文などがある。縄文は単方向よりも異方向羽状のもの多い。撚糸の配列は必ず縄文に付随し口辺部付近に施文される。

　また，底部形態の尖底，卵円形底，円底形は明らかに早期文化の伝承を継ぐものとされた。茅山式にある平底と縄文に対して，菊名期には平底，上げ底，台底と撚糸文や縄文の要素が急激に発達した。従来菊名式は花積下層式土器と呼称しており，坂堂貝塚，大串貝塚，幸田貝塚などが知られている。それらの土器の主体は平底，上げ底，縄文，貝殻文などで 1 つのグループを形成する特徴がある。菊名貝塚では更に尖底，卵円形底，円底，条痕文，無文，附帯文の諸要素が加わって一段と文化内容を豊富にしている。さらに，尖底条痕の類と平底貝殻や縄文の類との層位関係は，上下貝層によるしっかりした区別はないが，出土頻度においては尖底条痕の類が貝層下部に絶対的に多い。平底，貝殻，縄文の類は貝層上部に絶対的に多く，両者の前後関係を物語るとされた。この土器群について桑山氏は早期に属するか，前期に属するか明言していないが，文章から推測すると前期と考えておられた可能性がある。

　1949 年 11 月には山内清男氏が滋賀県安土遺跡の発掘調査をされている。この安土遺跡の調査は畿内地方や東海地方の縄文土器の型式編年を考えるのに重要である。

　1950 年 7 月 1 日に山内清男氏は，日本人類学会例会に於て「近江安土村琵琶湖旧湖底遺跡の発掘」について講演された。この講演の中で山内氏は東海から畿内の早期と前期の編年（江坂・第 55 図 2，岡本・同図 3）を発表されている。この編年表で木島類似（石塚下層）の編年位置が示され，早期と前期の関東編年と畿内編年が対比できるようになった。

　1951 年 5 月に江坂輝彌氏は「縄文文化について（その 7）—縄文式文化前期—」（『歴史評論』第 5 巻 3 号）を発表された。「a・花積下層式文化」は，花積下層式土器について型式細分も含めて検討した最初の研究である。まず，1950 年までの花積下層式土器の研究史をまとめ，さらにこの型式を梶山式，菊名式，下組式，大串式の 4 型式に細分されている。

　梶山式は，貝殻条痕文を横位や斜位に施し，口頸部に突帯（第 53 図 2 の 2〜7）をめぐらすもの，無文のものなどがあり，底部はすべて尖底（第 53 図 5 の 1）である。静岡県富士川町木島遺跡出土のこの類の土器（現在の神之木台式・下吉井式）を写真（第 53 図 1）で示し，この類はもっとも古型式にあたり菊名町宮谷貝塚の貝層下半部より貝層直下で相当量出土したとされた。桑山龍進氏の話として，横浜市鶴見区上末吉町梶山

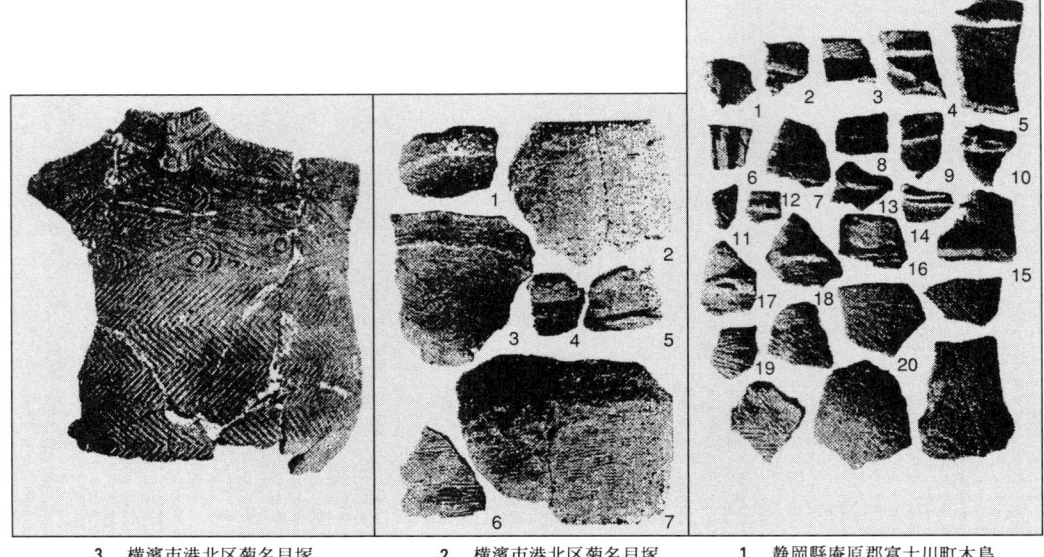

160　第2章　縄文時代早期末・前期初頭土器

3　横濱市港北区菊名貝塚
　　出土　花積下層式土器

2　横濱市港北区菊名貝塚
　　出土の花積下層式土器

1　静岡縣庵原郡富士川町木島
　　遺蹟出土花積下層式土器

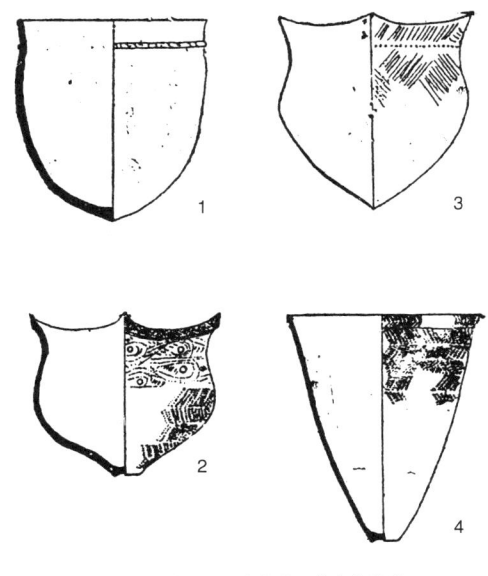

5　花積下層式土器の基本的器形

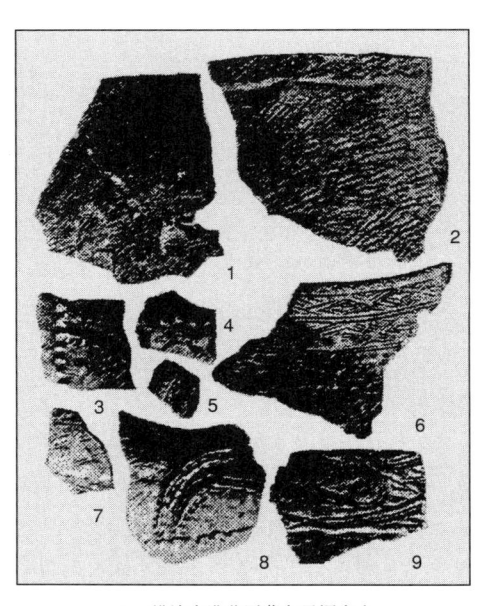

4　横濱市港北区菊名貝塚出土
　　花積下層式土器

第53図　1～5　江坂輝彌「縄文文化について(その7)―縄文式文化前期」1951年より

貝塚よりこの種の土器が多量に出土し，北区上十条清水坂貝塚もこの型式が多い。このため，江坂氏は梶山貝塚資料を標準に梶山式を設定された。

　次の菊名式は，菊名貝塚でもっとも普遍的に出土する土器（第53図4の1，2，6，9・第53図3）で，菊名貝塚の上半部より多く出土する。ハイガイの貝殻背圧痕文（第53図4の1，2）を施文したものや，口頸部に箆状工具の先端などで鋸歯文を施文したもの。胴部上半に撚糸の圧痕で羊歯状圧痕と竹管の箆状工具の先端により，刺突文を施した文様（第53図4の6，9・同図3）を持つ。胴部下半は羽状縄文（同図3）が施文される。粘土中には植物繊維を含有している。条痕文の尖底土器も若干伴出する。アルカ属の貝殻背圧痕文を施した深鉢の中には，尖底，丸底，上げ底状の平底（第57図5の2）などの器形がある。

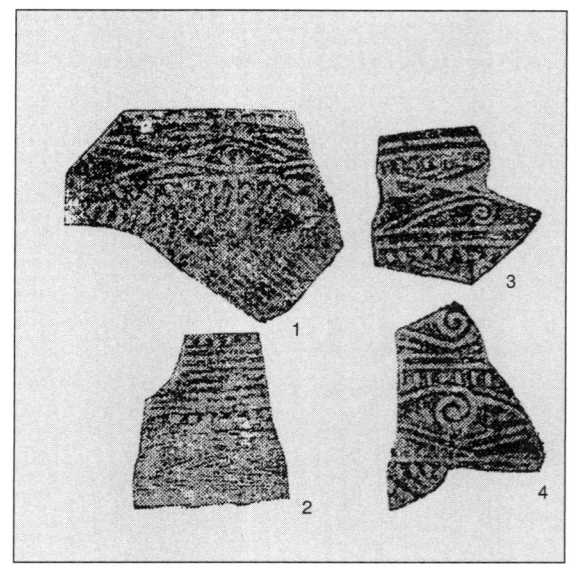

第5節　花積下層式土器研究史と福島県内資料の型式分類　161

2　宮城縣柴田郡槻木町上川
名貝塚出土の上川名式土器

1　千葉縣小金町幸田貝
塚出土　花積下層式土器

3　青森縣下北郡東通村ムシリ遺跡出土の縄文式文化前期初頭土器
第54図　1〜3　江坂輝彌「縄文文化について（その7）―縄文式文化前期」1951年より

　下組式は横浜市港北区下田町下組貝塚からの出土土器を標識としている。条痕文の土器は僅かしか出土せず，アルカ属の貝殻背圧痕を全面に施したもの。全面に羽状縄文が施文されたもの（同図5の4）。胴上半部には撚糸の羊歯状圧痕文などが施文されたものがある。貝殻背圧痕文のものに尖底，丸底のものもあるが，下組貝塚出土の底部の多くは平底である。また，菊名貝塚の貝層上半部より，下組貝塚堆積の時期が若干新しいとされた。

　大串式は花積下層式文化に続く関山式にもっとも近い時期の文化で，花積下層式文化の末期のものとされた。大串貝塚が1936年大山史前学研究所により調査された際に出土した土器群や，千葉県小金町幸田貝塚出土の羽状縄文で，口頸部が一段厚く突帯になっているもの（第54図1の2）のほか胴部上半に撚糸圧痕による羊歯状文などの施文した土器（第53図3・第54図1の1）も若干ある。アルカ属の貝殻背圧痕文や貝殻腹縁の条痕土器は皆無であり，底部は中央部が多少内曲して上げ底風の平底のみで，丸底や尖底はないとされている。

　また，重要な点は「昭和25年7月日本人類学会例会にて山内清男氏発表編年表」（第55図2）を掲載されたことである。この編年表について1994年2月に筆者が江坂輝彌氏から伺ったところ，山内氏が口頭で説明した編年表を江坂氏が筆記されたとのことであった。

さらに，東北地方の花積下層式土器類似の文様をもつ土器として，宮城県柴田郡槻木町上川名貝塚出土土器（第54図2）をあげ，加藤孝氏は上川名式を型式設定し，花積下層式土器と編年的に併行すると考えていることを述べられた。しかし，文様と施文方法に類似したところ（第54図2の1，3，4と同図1の1）があることや上川名貝塚には条痕文や貝殻背圧痕文土器がほとんど出土せず，底部も平底が多い。この点により，花積下層式土器の後半に併行するとされている。前半には松島湾内船入島貝塚貝層下黒土層出土の土器のような素山式，槻木上層式に類似の，素山式などより多少後続の型式の文化が併行する。素山式，槻木上層式は早期末の横須賀市佐原茅山貝塚出土の茅山式文化の中頃のものに併行するものとも考え，あるいは梶山式がこの頃にまで逆に上り得るかとも考えておられる。この点は今日の調査では不明確であり，今後の調査に待って論じたいとされた。

この時点で江坂氏は梶山式段階を早期末とするか，前期初頭に置くか迷っていることがわかり重要である。また，東北地方北半の花積下層式土器文化に併行する前期初頭の文化は不明瞭であるが，円筒土器下層A式直前の型式を考え，青森県下北郡東通村尻屋ムシリ遺跡出土（同図3）の土器片が大略で前期初頭の型式とされた。さらにこれより多少古い型式としてノッコロ式，深郷田式などを考えられた。花積下層式土器の研究史では江坂氏のこの論文が重要である。

1954年4月には，西村正衛・中沢保氏の「神奈川県横浜市港北区下田下組西貝塚」（『古代』第1・2合併号）が発表された。そして，下組西貝塚出土土器群について，関東地方の土器編年の前期初頭の型式―花積下層式土器ないし菊名式―に該当するとされた。西村・中沢氏は江坂氏が指摘したように，菊名貝塚の貝層上半部より，下組貝塚堆積の時期が若干新しいと考えられた。

1956年11月には坪井清足氏などにより，『石山貝塚』が発行された。この報告書では，畿内地方と東海地方の早期末の土器群を分析するのに重要な見解が記されている。それは「第4群」の解説の終りの部分で「註4」として「これは近江安土遺跡N地点上層で前期の木島式に伴った土器と同じもので，これが本貝塚の下限を示すもの」と述べられた部分である（第55図1）。ここで重要なのは坪井氏が木島式土器を前期とされていることである。石山貝塚の土器整理は山内清男氏も指導されている。坪井氏の安土遺跡N地点上層とは1949年に山内氏が調査され，翌年7月に日本人類学会で発表された土器の編年観を基礎としている。この研究は，安土遺跡N地点の出土土器と，石山貝塚出土土器とを比較しての型式分類と編年研究であろう。

1958年2月には二本柳正一・角鹿扇三・佐藤達夫氏の「青森県上北郡早稲田貝塚」（『考古学雑誌』第43巻第2号）が発表された。出土土器は6類に分類された。

第5類は唐貝地の包含層で，第4類土器の上層に見出された土器に相当するとされた。函館市梁川町遺跡第3群第1類の中の，特殊な縄文と施文の特徴が類似する。器形は平底の深鉢形である。底部は平底であるが，口径に比して著しく小さく，底面が周囲に張り出すのが特色である。頸部で内側に屈曲し口頸部が分化する傾向がある。唐貝地例には，撚糸の押捺による直線的な幾何学文で，幅の広い口頸部の文様帯を作るものや，文様帯と体部縄文との境界に縄の末端を押捺したものも少量ある。器表は全面に縄文を施すものがもっとも多く，撚糸文，条痕を施すものが少量ある。縄文は単節斜縄文が多いが，圧痕綾杉状を呈する特殊な縄文も多く，第5類の著しい特色である。羽状縄文は少量であるが，この時期に初めて出現する。無節斜縄文は1例のみできわめて稀らしい。繊維束の撚りは左撚りが55例に対し，右撚りは37例で左撚りが多い。この傾向は唐貝地貝塚で看取された第4類の傾向と相反する。施文方向は横位が多いが不整。羽状縄文は5例あり，うち結束のあるものが1例あるとされた。

第6類土器は，函館春日町式とほぼ同類である。春日町式土器はA，B，C3類に分けられ，A類の文様

は口縁に平行する数条の圧痕列と，胴部及び底部に近く同一手法による波状ないし鋸歯状文がある。姉沼例によると口縁部，胴部，底部それぞれ文様の区別があるらしい。裏面はやや平滑に整えられる。B類の器形は波状口縁の尖底深鉢形。口縁部やや外反し，多少胴張りであるが，口頸部の分化は明瞭ではなく尖底は円錐形らしい。器表全面に縄文を施す。口頸部は沈線と棒状施文具先端の圧痕や，特殊な縄文原体の末端の圧痕による文様が施される。沈線や沈線と棒状施文具の刺突痕が施される。縄文は精細な横位の単節斜縄文で，原体の繊維束の撚りは右撚り7例，左撚り1例である。裏面は平滑である。C類は頸部に屈曲のない平縁の単純な深鉢形で，底部が丸底か尖底に近いものらしい。口端上面は円形のものがあるが多くは平坦で，内外側との境に明瞭な稜をなすものが多い。器表全面には縄文や撚糸文が施され，それ以外に文様はないが，縄文原体末端の圧痕や羽状縄文が文様効果を表している。原体の押捺は縦位の押捺，異なる方向の押捺を重複や部分的におこなうものなどがあるとされている。

　編年上の位置について，第5類は第4類，第6類の間に求むべきである。第6類は春日町式にもっとも近いが，仙台付近の上川名貝塚上層土器に対比できると思われる。早稲田例は上川名例ほど口頸部の分化が著しくなく，後者には尖底がないらしく丸底が両者に共通する。胎土に相当量の繊維を含むこと，表裏面に条痕を欠くことも同様である。上川名例の竹管文，撚糸文とそれらの組み合わせの多彩な口頸部の文様は，早稲田例に見られず，施文の全面性が注意され，竹管文に類する手法が顕著である。羽状縄文及び特殊な縄文原体末端の圧痕は重要な共通点で，総じて器形が若干異なる。文様は早稲田例が変化に乏しい。これ等の共通性から第6類の編年位置は，上川名例とほぼ併行とする時期で前期初頭。第5類がこれより幾分遡り，早期の終末期に位置付けられる。そして，ほぼ関東の茅山上層式に対比し得ると思われるが，茅山式との対比については第4類の細分が関係するので，正確にはまだ問題があるとされた。この中の早稲田第5類段階に羽状縄文が出現すること，結束ある羽状縄文の存在の指摘はことに重要である。

　1959年3月には岡本勇氏の「三浦郡葉山町馬の背山遺跡」(『横須賀市立博物館研究報告』第3号) が発表された。「第4群」では茅山上層式と，関連のある別型式の土器について触れ，さらに「註4」(第55図3) で岡本氏は滋賀県安土旧琵琶湖湖底の遺跡から木島式土器—いわゆるオセンベイ土器—に伴って，花積下層式のモチーフをもったものを発見しているとされた (山内清男「近江安土村琵琶湖旧湖底遺跡の発掘」人類学会例会講演)。しかも，ここでは石山式なども発見されているが，それは木島式より時期的に古く考えられる。さらに，南関東では茅山上層式土器と前期初頭の花積下層式土器との間に，畿内地方や東海地方に比較して大きな空白がある。この空白は漠然とした内容しかわかっていない。この問題は茅山上層式土器を厳密に検討することにより明らかとなっていく。この課題は尖底土器の消滅や，土器型式の流動の問題を考えるためにも是非解決せねばならない問題とされた。

　1959年6月には江坂輝彌氏の「2・土器の諸様相」(『世界考古学体系1・日本』) が発表された。氏は「82・縄文式早期土器編年表」(第56図第1表) の説明で，これまで，茅山式土器までを早期とし，花積下層式土器からを前期とするのが一般的であった。しかし，東京都清水坂貝塚や横浜市梶山貝塚などの清水坂式と呼ばれる資料から横浜市菊名貝塚下部貝層発見の菊名式までの土器は，丸底にちかい尖底か，丸底をなすものが多く，文様が子母口式の一部に近似する。このため子母口式から清水坂式を経て菊名式土器への推移がみとめられる。しかし，茅山上層式から清水坂式，菊名式などへの推移は考えられない。さらに，菊名貝塚では菊名式とほぼ同層位の貝層から，茅山下層式と思われる土器が発見されたことがあると述べられた。そして江坂氏は，羽状縄文をもつ円筒形の深鉢が，本州一帯に広がる時期以後を，前期とするのも一案 (第56図第1表) とし，従来の区分より一型式ずらして前期とする考えを示された。この点は，いままでの江坂氏自身の考えとも大きく異なっている。それを列記する。

164 第2章 縄文時代早期末・前期初頭土器

1
表面採集の二つの小片は突帯の剥離した痕がある。これは近江安土遺蹟N地点上層で前期の木島式に伴った土器と同じもので、これが本貝塚の下限を示すものである。

E 加工土器片（10・7―10）土器の破片の周りを磨いて楕円形にしたものである。7のように刻目をつけたものもあるので土錘や編物の錘にして用いたものであろうか。

（坪井清足）

2
昭和25年7月日本人類學會例會にて山内清男氏発表編年表

前期	北白川下層 3
	北白川下層 2
	北白川下層 1
	？
	？
	木島類似（石塚下層）
	～～～？～～～
早期	石山貝層
	入海神社・石山下層
	欠ノ下・上ノ山
	茅山・天間澤
	粕　　畑
	高　山　寺

3
われわれは現在、茅山式土器を野島式―鵜ヶ島台式―茅山下層式―茅山上層式の順序に細分している。一方、とおく滋賀県大津市石山貝塚では、早期末の各土器型式が層位的に出土しており、高山寺式（撚型文）―茅山式―粕畑式―上ノ山式―入海式―石山式の編年が可能とされている（平安学園考古学クラブ編「石山貝塚」一九五六年）。しかも、このうちの茅山式土器は、われわれの分類に従えば茅山下層式である。（なお、貝層下からは高山寺式土器に混って鵜ヶ島台式とみられる土器片が出土している）。また一方、おなじく滋賀県安土旧琵琶湖底の遺跡からは、木島式土器――いわゆるオセンベイ土器――に伴って、花積下層式のモチーフをもったものが発見されている（山内清男「近江安土村琵琶湖旧湖底遺跡の発掘」人類学会例会講演、一九四九年七月一日）。しかも、ここでは石山式なども発見されているが、それは木島式よりも時期的に古く考えられる。

これらの事実にもとづいて、二つの地域の茅山式土器の編年をくらべるとつぎのようになる。

南関東（三浦半島）	畿内（石山貝塚）
鵜ヶ島台式―茅山下層式―茅山上層式………	茅山式―粕畑式―上ノ山式―石山式
	花積下層式
	木島式

ところで、われわれがひろく茅山上層式土器とよんでいるものには、いわゆる皿状把手や、特異な尖底や、爪形文のあるものが伴い、粕畑式土器との関連を物語っている。第四群土器のうちのいくつかの要素も、上ノ山式などのものとみるより、粕畑式土器のそれとすべきであり、両者の併行関係が考えられる。このようにみるならば、三浦半島はもとより、ひろく茅山式土器の分布する南関東では、茅山上層式土器と前期初頭の花積下層式土器との間には、畿内地方や東海地方（この地域でも、石山貝塚でみられたとほぼ同様な事実が確認されている。大参義一『愛知県入海貝塚の土器について』古代学研究第九号、中山英司『入海貝塚』一九五五年）の場合に比較して大きな空白のあることに気付くのである。この空白は、漠然とした内容しかわかっていない茅山上層式土器を、さらに厳密に検討することと、新しい型式の発見とによってみたされていくにちがいない。そして、この課題は、尖底土器の消滅や、土器型式の流動の問題を考えるためにも、ぜひとも解決せねばならないのである。

第55図　1　坪井清足『石山貝塚』1956年より
　　　　2　江坂輝彌「縄文文化について（その7）―縄文式文化前期―」1951年より
　　　　3　岡本勇「三浦郡葉山町馬の背山遺跡」1959年（註4）より

第5節　花積下層式土器研究史と福島県内資料の型式分類　165

第1表　縄文式早期土器編年表（1部抜粋）

北海道西南部	青森県東部	奥羽南部	関東	新潟	長野	近畿	山陽
	円筒下層a	大木1	閉山			北白川下層2	羽島下層Ⅲ
		室浜・上川名 ↑	二ッ木 ↑ 野中 ↑ 下組		(大沢) ↑	北白川下層1	羽島下層Ⅱ
春日町	ムシリⅢ ↑ ムシリⅡ	槻木Ⅱ・上川名下層	茅山上層 菊名Ⅱ 茅山下層 菊名Ⅰ	下別当 ↑	(下り林V) ↑	石山 入海Ⅱ 入海Ⅰ (木島)上ノ山 柏畑 (茅山)	(石山寺公園貝塚) 羽島下層Ⅰ
住吉町2 住吉町1 ?	赤御堂館場 日計?ムシリⅠ物見台 ↓ 吹切沢	素山 槻木Ⅰ・常世 素山下層	城ガ島台 清水坂 野島 子母口 田戸上層2 田戸上層1 田戸下層2 田戸下層1	(+) ↑ ↑ 小坂平 樺田 卯ノ木	品場 ↑ ↑ (穂谷) 高山寺 細久保		
?	(蕪島) 下松苗場 ↑ 小船渡平 白浜 ?	大平	三戸 平坂・花輪台2 ↓ 花輪台1 ? 稲荷台 夏島 井草・大丸	本ノ木・小瀬沢 小瀬沢下層	下り林・樋沢 (糀ノ湖)	大川	黄島
↑?↓土器文		↕? 化	無土器文化	↕?	無	↕?	↕?↓土

第2表　早期末の土器群の対比

(伊豆以西)	(関東)
+	← **野島式**
+	← 鵜ガ島台式
+	← 茅山下層式
粕畑式	茅山上層式
上ノ山式	→ +
入海Ⅰ式	→ +
入海Ⅱ式	→ +
石山式	
木島式	**花積下層式**

太字は尖底土器をともなうもの，+は相当する型式の存在をあらわす，⇄は相互の影響をしめす

第3表　早期末から前期にかけての土器型式の編年相互関係

	近畿	東海	南関東
(早	←	←	野島
			鵜ヶ島台
		粕畑	茅山下層
	←	上ノ山	茅山上層
		入海Ⅰ	
期)		入海Ⅱ	→
	石山	天神山	
(前		木島	花積下層
			関山
	鳥浜	上ノ坊	黒浜
	北白川下層Ⅰ		水子
期)	北白川下層Ⅱ	→ ←	諸磯a

(ゴシックは尖底を主体とする土器型式，普通活字は平底からなる土器型式)

第56図　第1表　江坂輝彌『世界考古学大系Ⅰ』1959年より1部抜粋
第2表　岡本勇『日本の考古学Ⅱ　縄文時代』「3.関東」1965年より
第3表　岡本勇『物質文化』第8号「尖底土器の終焉」1966年より

(1) 早期と前期との境を，羽状縄文と円筒形の深鉢で区切る提案がなされた。その結果，従来の花積下層式土器をもって前期とする考えに対し，関東地方では関山式から前期とした。

(2) 従来江坂氏が提唱されてきた花積下層式土器が，梶山式―菊名式―下組式―大串式の4型式に細分される考え（江坂1951）が改められ，清水坂式―菊名Ⅰ式―菊名Ⅱ式―下組式―野中式として，花積下層式土器の型式名も編年表（第56図）に使用されていない。

(3) 岡本勇氏（1959年3月）の茅山上層式から前期の花積下層式へ推移するという考え方に対し，江坂氏は子母口式―清水坂式―菊名Ⅰ式―菊名Ⅱ式への推移を考えている。ここで，清水坂式とされた土器の具体的な内容は不明である。

1960年4月には角鹿扇三，二本柳正一，佐藤達夫，渡辺兼庸氏の『上北考古会報告1，早稲田貝塚』が発表された。ここでは，縄文早期後半より前期初頭に至る数型式の土器が層位別に包含されていて，この地域における編年上のみでなく，北海道との対比においても重要な位置を占める資料である。「4・結語」では，第2類土器は暫く措き，他地域の編年に対比すれば，関東の子母口式以降，花積下層式に至る各式，仙台付近の大寺・槻木1・槻木2・船入島下層・室浜各式・下北半島の吹切沢・ムシリ1各式及び以降の各併行型式，函館梁川町の住吉町式B，梁川町式第4・5類，染川町式，梁川町の第3群土器の一部，春日町式の推移にほぼ該当せしめ得るであろうとされた。

同年7月には佐藤達夫・渡辺兼庸氏の「六ヶ所村表館出土の土器」（『上北考古会誌1』）が発表された。出土土器は黒褐色土層の中層に包含される。文様は器面全面に竹管か箆状の工具による刺突文を施すもの，刺突文と縄文を施すもの，および縄文のみを施すものがある。口縁は平縁が多く，波状口縁が1例ある。胎土は少量ないし中程度に繊維を含み，砂を混じえる。文様は帯状の単位を水平に重ねるものが著しい。口端上面および底面にも刺突文が施されるものがある。三沢市早稲田貝塚第6類に近いものは，六ヶ所村唐貝地，同村坊主沢，北津軽郡金木町芦野，函館付近石川野，函館市梁川町，青森県下北郡ムシリ，宮城県槻木町上川名貝塚がある。山内清男氏から山形県飯豊町小白川からも同種の土器が出土し，時期は前期の古い部分であるとの教示があった。表館出土土器に類するものは，これまで早稲田第6類に近いとして取り扱ってきた。早稲田第6類との層位関係はまだ明らかではないが，おそらく表館出土土器がこれに後続し，円筒下層式の間に位置するであろう。早稲田第6類はさらに一部細分される可能性がある。表館遺跡の調査は，この問題を解く糸口として期待されるとされている。

1961年5月には二本柳正一・佐藤達夫氏の「六ヶ所村尾鮫出土の土器」（『上北考古会誌2』）が発表された。明治大学に寄贈された尾鮫・鷹架間の海岸地帯で採集されたaとbの2つの尖底土器について，aは全面に縄文が施され，口縁部に2条の平行沈線がある波状口縁の尖底深鉢形土器。bは平縁の尖底深鉢形土器で，口縁より底部にかけて縄文の横帯を重ね，底部に竹管文を施す。bの土器は明治大学で早期土器として収録されているが，これらは縄文前期，春日町式における一時期に属すると思われるとされた。

そして，春日町式A類には竹管文とともに斜縄文が施されるものもあるが，主導的ではない。B類では竹管文帯間の斜縄文が帯状をなし装飾的で，環付き縄の場合に類する。吹越例や春日町の広い縄文面はやや性質を異にし，縦走する縄文が共通している。尾鮫例の縄文も似ているが，帯状施文の傾向が見られ，環付き縄に類する。春日町式の環付き縄による縄文には，口頸部や胴部で環と環の間隔を違えるものもある。環付き縄の横帯を重ねることは，A類の重層的な竹管文にも連絡するところがあろうが，B類の竹管文に通ずる。これは，環の特別な装飾的扱いかたと考えられよう。春日町式B類の環の装飾的用法は，竹管文の縮小とともに交替し，広い縄文面の層状施文に環の関心が加わる。石川野の土器の体部縄文にはきわめて狭い横帯をなす環の縄のみの押捺が盛行する。併行する表館の土器には春日町B類に類する環付き縄が見られ

るが，環と環の間隔がほぼ等しいようである。同様の縄は石川野にも見られる。春日町式はほぼ3つの小時期に細分され，さらに石川野式に推移する。上北地方では姉沼―早稲田6b―尾鮫―表館の変遷がこれに相当する。これらを前期初頭に位置付けうるとされた。

1965年7月には岡本勇・戸沢充則氏の「3・関東」(『日本の考古学・縄文時代』)が発表された。岡本勇氏は鵜ガ島台式にみられた平底が茅山上層式まで続き，その後断絶する。そして，茅山上層式から前期初頭の花積下層式までの間には断絶があり，少なくとも3，4の型式の存在が予想される。それらは伊豆以西の土器の要素の濃いものであり，いわば関東的な伝統をそなえていないとされた。

さらに，関東地方の茅山上層式以後に属するいくつかの尖底土器は，伊豆以西の土器の東漸によってもたらされた。尖底土器の終焉の問題は，地域的に複雑な関わり合いを示しており，画一的にとらえるわけにはいかないとされた。また，「表2・早期末の土器群の対比」(第56図第2表)を示されている。この編年表は岡本勇「三浦郡葉山町馬の背山遺跡」(1959年 第55図3)をもとにしていると思われ，1950年7月の山内清男編年を基本にして組立てられていることがわかる。

同2月，小島俊彰氏の『極楽寺遺跡発掘調査報告書』が発表された。ここで「木島式土器」として報告している。また，花積下層式土器，その後に型式設定される神之木台式，下吉井式土器の出土を報告された。

同9月には磯部幸男・杉崎章・久永春男氏の「愛知県知多半島南端における縄文時代早期末～前期初頭の遺跡群」(『考古学研究』第41号)が発表された。この中では塩屋遺跡上層出土土器などが報告された。この報告以降，塩屋遺跡上層出土土器は研究者間で塩屋上層式土器と呼ばれ，広義の木島式土器の古い部分をさす型式名として使用されるようになった。

1966年10月には岡本勇氏の「尖底土器の終焉」(『物質文化』第8号)が発表された。ここでは岡本氏の1965年7月「3・関東」で示した考えをさらに具体的に論じている。氏はこの中で，尖底土器の終末をもって早期と前期の境とした場合，地域により少なからずれがある。南関東で本格的に平底の器形が普遍化したのは，鵜ヶ島台式土器であり，畿内が北白川下層式土器になってからである。この間に実に8型式以上のひらきがある。現在一般的には花積下層式の成立をもって前期の始まりとしているが，早期と前期の区分の位置を考えなおさねばならない。それは，型式細分された型式群の中に，住居跡，石器，骨角器，土製品など，土器型式との関連においてとらえるいっさいの資料を方法論的に正しく位置付け，早期と前期の区分をしなければならない。そして，新しい時期区分の問題は，この作業の中で展開していくであろうとされた。また，早期末から前期にかけての土器型式の編年相互関係(第56図第3表)を示された。

1966年3月には村田文夫氏の「花積下層式土器の諸問題」(『立正史学』第30号)が発表された。ここで氏は，花積下層式土器の研究史をまとめておられる。村田氏はこの中で，早期末から前期初頭への土器型式の移行や展開に関する岡本勇氏の研究(岡本1965)と編年表(第56図第2表)と，江坂輝彌氏の研究(江坂1959)と編年表(第56図第1表)との見解の相違について論じておられる。

この点について村田氏は，究極的には早期文化の終焉と前期文化の開始を編年的にどのようにとらえるかにすべては結集されるとした。具体的に茅山式土器は，赤星直忠・岡本勇氏の努力によって，三浦半島を中心として〈野島式→鵜ガ島台式→茅山下層式→茅山上層式〉に細分され，その根拠も発掘時の層位観察を重視して証明がなされてきた。更に横須賀市吉井城山第1貝塚の調査では，茅山上層式土器に，東海地方の粕畑式土器が伴出することを証明した。村田氏はこの事実と滋賀県石山貝塚の層位観察結果との照合をもって，岡本氏が三浦半島を中心とした早期末葉から前期初頭への移行を示唆したことを重視している。そして，岡本案は，かつて江坂氏の主張した茅山式・花積下層式両文化期の一部重複論(第56図第1表)と対立する結果となったとされた。

また，岡本論では茅山・花積下層式の異系統論（三森1938，江坂1959）の積極的吟味がおろそかであるとされた。さらに，村田氏は花積下層式土器の母胎をどこに求めたらよいかについて，清水坂貝塚などの資料を分析すると，江坂氏がその母胎を子母口式に求めた見解は正鵠を得ているとした。その理由として，特に口縁部をめぐる絡縄体圧痕文〈子母口式〉と貝殻腹縁文〈清水坂貝塚の貝殻文系土器〉の関連は，施文具に違いこそあれ，モチーフにおいては同一である。また，東北地方南部の早期末葉の素山貝塚，槻木上層，船入島下層出土の土器群は，繊維の混入，縄文の盛行，そして装飾文としての撚糸圧痕文─そのモチーフが直線的であろうと曲線的であろうと─の手法が存在する。さらに，新作D地点貝塚を最近調査して，従来の下組式期の貝層下より茅山系野島式土器を発見したので早期文化の終焉と前期文化の開始は，一応上限は下組式期で下限は梶山式期に限定した。そして，村田氏は江坂氏の案を支持すると結論付けられた。また，村田氏は花積下層式土器に特徴的な「ワラビテ状の撚糸圧痕文」の由来についての問題を指摘されている。

1970年3月には岡本勇氏の「下吉井遺跡」（『埋蔵文化財調査報告』1）が発表された。岡本氏は出土土器を「A類，B類，C類」3種に分類され，以下のように述べておられる。

「A類」は繊維痕をもち，大部分は口縁部付近に文様を有する。「B類」は同じく繊維痕をとどめ，体部に縄文をもつ平底である。「C類」はごく薄手の土器で繊維痕はみとめられない。文様としては低い隆帯や条線がある。

「A類」は下吉井遺跡出土土器の99％を占めること，文様の上からさらに便宜的に3分類される。つまり，「口縁部に隆帯をめぐらしたもの」は隆帯が1本のみのもの，2本あるいはそれ以上のもの，複雑な文様を表現したものに分類される。1本のみの場合には，縦に交差する隆線を配した例が多く特徴的である。この例は，横浜市神奈川区神之木台遺跡からほぼ純粋にまとまって出土している。ふつう隆帯上には付加文はみられないが，たまに貝殻条痕や圧痕，押引，点列などがある。2本の平行な隆帯の間にジグザグの隆帯を配したもの。さらに僅かではあるが複雑な隆線文をあらわしたものが存在し注意をひく。「口縁部に半截竹管による文様を配したもの」は量的にもっとも多い文様である。波状口縁と平縁が相半ばしている。施文具として使用された半截竹管は，4截あるいはそれ以下のものが多く，なかには棒状のものもある。文様の配置には一定の決まりがみられ，口縁にそって沈線をひき，その下に主文様をえがくもの。さらにその下を隆線や沈線でおさえるものなどがある。こうして，口縁部文様帯を構成しており，主文様は，波状文，山形のジグザグ文，蕨手文，平行沈線文，弧線文，渦文などの単純なモチーフで表現している。このうち，波状文，山形文が圧倒的に多い。A類に属すると思われる底部は14例あり，このうち13例が尖底，一例が平底である。尖底は概して鈍角に開く。

「B類」は僅か3片で，同一個体のようである。繊維の痕跡がみとめられ，胴部には2段の撚紐による縄文が羽状に配される。また，口縁に近い上方には隆線と，それに沿って撚糸圧痕文がつけられており花積下層式に相当する。

「C類」はきわめて薄手の土器で，約20片ほどある。繊維の痕跡がなく薄灰色で，厚さは3㎜前後である。一例の底部は尖底であり，文様は低い隆帯があり，これが平行にならんで，直線や山形をあらわしている。また，地文には貝殻条痕や細い条線がみとめられる。C類土器は，A類土器（そのすべてか，あるいは一部かが問題であるが）に共存したものと考えられる。

同年3月には下村克彦氏などの『花積貝塚発掘調査報告』が発表された。これは花積下層式土器の標式遺跡の発掘報告書で，出土した土器群は重要である。ことに，第7号住居出土土器は，現在の下吉井式土器，花積下層式土器の編年学的関係や型式学的関係を検討するのに大変貴重な資料である。

1971年7月には榎本金之丞氏の「平方貝塚の調査」（『埼玉考古』第9号）が発表された。榎本氏は編年表

第5節 花積下層式土器研究史と福島県内資料の型式分類

第1表 東海の編年との対比

	東 海	関 東
早期	入 海 石 山	茅山風（？）
前期	天神山上層 （塩谷中層）	（平　方）
	天神山最上層　木島 （塩谷上層）	花 積 下 層

第2表 東海地方，関東地方の編年

東海地方の編年	関東地方の編年	該 当 す る 遺 跡
粕　畑　式	茅山上層式	吉井貝塚下部貝層等
上 の 山 式	？	
入 海 Ⅰ 式	？	
入 海 Ⅱ 式	＋	舟 山 遺 跡
石山式（天神山式）	吉 井 式	吉井貝塚下部貝層直上，平方貝塚等
木 島 Ⅰ 式 →	下 吉 井 式 →	下吉井遺跡 内畑遺跡，白幡西貝塚等
木 島 Ⅱ 式 →	花 積 下 層 式	菊名貝塚，新作貝塚，大串貝塚等

第3表 関野哲夫氏1976年の編年表

東海地方	上伊郡	駿豆地方		関東地方	該 当 遺 跡
上ノ山 （八ッ崎）			①		宮の原貝塚，新明第7遺跡
入 海 Ⅰ			②	茅 山 式	
入 海 Ⅱ			③		
石　山		〔上の坊5〕	④		東正院遺跡
天 神 山	〔伊勢並ⅡD〕		⑤	（平　方）	平方貝塚，普門寺遺跡，愛名鳥山遺跡 東小原遺跡，田中谷戸遺跡等
（塩　屋）	〔伊勢並ⅡEF〕	木 島 Ⅱ	⑥	花 積 下 層	下吉井遺跡，内畑遺跡，花積貝塚， 白畑西貝塚等
石塚下層	中 越 Ⅰ 中 越 Ⅱ	木 島 Ⅰ	⑦		新田野貝塚，大宮貝塚，新作貝塚， 打越遺跡等
			⑧	二 ッ 木 関 山 Ⅰ 関 山 Ⅱ	

〔註〕〔　〕は報文中の紋様分類，（　）は仮称型式を示す。
※ （註34）参照

第57図　第1表　榎本金之丞「平方貝塚の調査」1971年より
　　　　　第2表　谷井彪「内畑遺跡第1群土器について―縄文早期末葉における土器型式の編年」1971年より
　　　　　第3表　関野哲夫「第4群土器について」1976年より

(第57図第1表) で，東海地方の天神山上層（塩屋中層）出土の土器群と，仮称平方式をもって縄文時代の前期とする考え方を表明された。平方貝塚土器を清水坂の土器の一部と共通し，時期は天神山式との共存関係から，茅山式以後のもので花積下層式以前と考えざるをえないとされた。さらに「従来の説では，早期に位置付けられるが，土器の内容からして，花積下層式の前に一型式設くべきである（表）と思考する。」とされた。この理論と土器の内容について説明がなされず不明な点が多い。大変重要な問題であるだけにその理由について説明がなされなかった点は残念である。貝層及び貝層下層出土の土器片に，羽状縄文土器があり（拓影図の7），羽状縄文の発生をもって縄文前期との考えがあるのかも知れない。

同年の同誌の同号にはに谷井彪氏の「内畑遺跡第1群土器について―縄文早期末葉における土器型式の編年―」(『埼玉考古』第9号) も発表されている。谷井氏は下吉井式土器の波状沈線文のモチーフが，石山式土器の箆描き沈線文から発生したと考えた。下吉井式土器は平方貝塚で出土する土器に比べて，関東的な胎土や土器のつくりを示しており，下吉井遺跡から塩屋遺跡上層土器が伴出したことなどにより，波状沈線文の土器が関東地方の主体であるとした。また，谷井氏は縄文時代早期と前期の区切りについて，

①関東地方における羽状縄文土器の発生は下吉井式期の一部の遺跡にみられる。白幡西貝塚では羽状縄文土器や撚糸圧痕文土器が少量みられ，内畑遺跡でも貝殻背圧痕文土器や羽状縄文土器などがみられる。これらの羽状縄文などの土器は裏面に条痕をのこしており，胎土や焼成なども後続して出現する花積下層式土器と異質であり下吉井式に近い。

②花積下層式土器では波状沈線文の下吉井式土器はまったく消滅し，ここで早期末の条痕文土器は終焉している。

これらの理由で谷井氏は編年表 (第57図第2表) を示し，縄文早期の終末は東海地方では木島Ⅰ式，関東地方では下吉井式とし，前期の始めを関東地方では木島Ⅱ式の1部と関東地方の花積下層式とするのが適当と思われるとされた。

1975年3月には馬目順一・原川雄二・山内幹夫氏などの『大畑貝塚調査報告』が出版され，大畑G式土器の型式設定がなされた。

1976年7月には関野哲夫氏の「第4群土器について」(『沼津市歴史民俗資料館紀要』1) が発表された。関野氏は木島式土器の研究史を踏まえて検討し，早期と前期の線をどこで引くかの問題について，榎本金之丞氏 (榎本1971) の「平方式」の型式設定と編年的位置を支持された。また，氏は谷井彪氏 (谷井1971) の「内畑遺跡出土の第1群土器について」での，茅山式土器の条痕文土器の系統や花積下層式土器の縄文の分析と位置付けについて，「茅山式土器という条痕文土器を拡大する点はよいが，一方の羽状縄文 (平方貝塚など) をどのように理解すればよいのか。榎本の茅山式土器と花積下層式土器の異質性により，前期初頭に一型式設定したほうが，型式網が整理され，研究史的な意味からも適当であろう。」とされた。そして，編年表 (第57図第3表) を示し，東海地方の天神山式土器と，関東地方の仮称平方式土器をもって縄文前期初頭に置く見解を述べておられる。平方式段階に羽状縄文土器があることを指摘している点が重要である。

1977年4月には高橋雄三・吉田哲夫氏の「横浜市神之木台遺跡出土の縄文時代遺物―とくに早期末～前期初頭の土器を中心として―」(『調査研究集録』第2冊) が発表された。両氏は岡本勇氏 (岡本1970)「下吉井遺跡」の下吉井式土器を検討した。神之木台遺跡出土の「j類」土器について，口縁部に凸帯をもつ無文ないし条痕文の尖底で，第3層から発見される土器の大部分をしめる。また，形態上の特徴は他にほとんど類例をみないことから，j類土器を「神之木台式土器」と型式設定された。ここで神之木台式土器は岡本勇氏の下吉井式土器の中から一部独立して型式設定がなされたことになる。神之木台式土器の編年的位置は下吉井式土器より一時期古くし，両型式ともに縄文時代早期末とした。さらに，両氏は桑山龍進氏の菊名貝塚発

第5節　花積下層式土器研究史と福島県内資料の型式分類　171

掘調査における出土土器の層位関係をもとに，尖底の無文，条痕文土器群に菊名下層式という型式名をつけた。両氏のこの研究は岡本勇，谷井彪氏などの研究を踏まえての土器型式研究と編年研究であった。

　ここで注意しなければならないのは，m類2片を花積下層式土器とされ，i類としている出土片数が少ないとされた土器である。この土器はj類（神之木台式）に伴うことは間違いないとされている。このi類土器を両氏は何式とされるのだろうか。

　1978年3月には荒井幹夫・佐々木保俊・小出輝雄氏の『打越遺跡』が発表された。この遺跡より出土している土器群は，住居跡出土でしかも早期末から前期初頭の資料が多く，関東地方だけでなく東海地方の土器も出土している。この時期の土器の編年学的研究や型式学的研究に大変重要な資料である。

　1979年3月には藤田定興・中村五郎氏の「白河地方の古式縄紋土器」（『福島考古』20号）が発表された。「考察」の中で，上森屋段第I群土器（大畑G式）を花積下層式に併行すると考えている。理由としては大畑G式土器に近い内容の金坂資料が前期前半の可能性があり，大畑G式に類似する器形や文様の構図が花積下層式に断片的ながら認められることによるらしい。

　1979年3月には岡本勇氏の『神奈川県史，資料編20・考古資料』が出版された。ここで岡本氏は，下吉井式土器を神之木台式土器より古く考えられている。

　1980年3月には桑山龍進氏の『菊名貝塚の研究』が発表された。この報告書は長い間出版が待たれていた上ノ宮貝塚，宮谷貝塚の正式報告で，発掘調査以降42年ぶりの発刊である。

　出土土器資料は膨大な量で，土器群の分類も緻密であり13分類している。第1類は無文土器。第2類は条痕文土器。第3類は隆帯文土器。第4類は波状山形文土器。第5類は貝文土器。第6類は無節縄文土器。第7類は単節縄文土器。第8類は複合文土器。第9類は撚糸文土器。第10類は網様文土器。第11類は平行斜線山形組み合わせ文の土器。第12類は特殊文様の土器。第13類は微薄細線文土器である。

　出土層位について無文土器類は表土下底部ないし貝層上面部より，貝層下土層にわたる全層に包含されていた。貝文，縄文，撚紐文，網様文などの土器は，表土下の接貝層部に単節羽状二重口縁鉢形土器が出土した以外は，ことごとく貝層中に限られ貝層下土層よりは絶無であった。条痕文は宮谷貝塚において貝層上部に始まり貝層下部より貝層下に至るにしたがい，出土量の多くなる傾向があるとされた。

　また，第3類土器の凸隆帯文土器や第4類の波状山形文土器は，多少の繊維を含むが，縄文がなく凸隆帯と波状山形，隆帯上の指頭状凹点列，尖底を要素とする鉢や甕などの特徴を保持している。これらの土器は，宮谷貝層下位と上ノ宮貝層下底部，いわば菊名貝塚堆積開始期直前において，すでに存在した型式のもので，両貝塚貝層上位に多い貝文や縄文の類に先行するものである。こうした土器を菊名式土器と呼称するとされた。

　1981年5月には下村克彦氏の「新田野段階花積下層式土器と二ツ木式土器について」（『奈和』第19号）が発表された。下村氏は「新田野段階花積下層式」を提唱されている。花積下層式土器を「梶山式→菊名式→下組式→新作式→野中式→新田野式」の6段階に型式細分しており，表記上は「Ⅰ…Ⅵ」とするか「abc…」が良いとされた。

　同年3月には澁谷昌彦ほかによる『木島，静岡県富士川町木島遺跡第4次調査報告書』が出版された。これは，木島式土器の標式遺跡発掘調査報告書である。本遺跡は八幡一郎，芹沢長介，江坂輝彌の各氏が調査されてきた重要な遺跡である。早期終末から前期初頭の土器群が多量に出土した。ここでは，神之木台式土器，木島Ⅰ式・木島Ⅱ式土器を早期終末に置き，前期初頭に下吉井式土器，花積下層式土器，木島Ⅲ式から木島Ⅹ式を位置付けた。

　同年6月には高橋雄三氏の「花積下層式土器の研究―関東・東北南部における縄文前期社会の成立―」

(『考古学研究』第 28 巻第 1 号）が発表された。氏は花積下層式土器の研究史を踏まえ，この型式内容と編年位置を明確にし，成立過程と文様や器形の推移を明らかにされた。また，縄文前期社会の意義を考えるのを目的にされた。

「菊名下層式土器とその系統」では，菊名下層式土器が胎土に繊維を含んだ無文土器を主体とする。そして，この土器は繊維でこすったような擦痕のもの，部分的に条痕あるものもある。文様を有するものも少なく，有文土器は口縁部に 1 条の隆帯をめぐらし，隆帯上に指頭などの凹みがつく。口縁は波状と平縁があり平縁が多い。底部は尖底であるが平底もみられる。そして，「大畑 G 式土器」では，仮説として下吉井式土器と大畑 G 式土器の併行関係を考えておられる。

この論文は土器研究から前期社会の意義を論ずる目的で書かれているが，前期社会論を急ぐあまり土器型式の細部の検討がややおろそかになった感がある。下吉井式土器と大畑 G 式土器が併行関係になるかどうかは重要な問題である。仮説としてほのめかしているが具体的に説明がなされていない。この点は氏の型式設定した「菊名下層式土器」でも同様である。高橋氏は実例を図示し研究史の中で「菊名式」や「菊名下層式」がどのように使用されてきたのか。たとえば，江坂氏（江坂 1951）の「梶山式」との関係。下吉井式土器の一部や神之木台式土器の一部との関係。花積下層式土器での型式細分の可能性などしっかり検討すべきである。土器研究からみた社会論を語る場合，その前提に土器型式の詳細な研究が必要であろう。

1982 年 1 月澁谷昌彦は「木島式土器の研究―木島式土器の型式細分について―」（『静岡県考古学研究』11）で木島式土器を型式分類し，編年表（第 59 図第 1 表）で神之木台式土器，下吉井式土器，花積下層式土器の編年的位置を示した。早期の終末を木島 II 式土器と神之木台式土器として，前期の最初頭を木島 III 式土器，下吉井式土器，花積下層式土器とした。さらに木島 III 式土器と下吉井式土器，花積下層式土器が併行関係にあることを指摘した。

1983 年 3 月には中村五郎氏の「東北地方南部の縄紋早期後半の土器編年試論」（『福島考古』第 24 号）が発表された。氏の「7・大畑 G 式と花積下層式」では，前期の大畑 G 式が花積下層式土器より古い。この両型式の中間で大畑 G 式に後続して，日向前 B 遺跡資料・泉川遺跡資料などの日向前 B 期がある。日向前 B 期は関東地方では，高橋雄三氏の菊名下層式に併行し，山形県のムジナ岩陰，青森県長七谷地遺跡（IV 群 h 類）に類似資料がある。長七谷地 III 群 Aa 類は源平 C 遺跡出土の縄圧痕による連弧文に酷似した資料である。さらに，青森県で早稲田 5 類から長七谷地 III 群 Aa 類さらに III 群 Ab 類（花積下層式併行）へと変化を辿れる。長七谷地 III 群 Aa 類は，青森県地方で成立し，その影響がやがて源平 C，菊名下層など東北南部・関東地方に及ぶ。そして，東北・関東の広い範囲に花積下層式としての，縄の圧痕による文様を描く特色をもつ型式が出現した可能性を記された。

同年同月には山内幹夫氏の「阿武隈山地を中心とした縄文前期初頭土器編年について―牡丹平 2 群 1 類土器を中心として―」（『しのぶ考古』8）が発表された。氏は日向前 B 遺跡から牡丹平遺跡 2 群 1 類に至るまでの縦走縄文を地文とする土器の系列が，東北地方南部の阿武隈山地を中心に存在するとされた。土器編年表（第 58 図第 1 表）のように，遠下・日向前 B・源平 C・泉川・南原・弋敷・牡丹平 2 群 1 類・上森屋段 2・大柏木・柳橋 A・泉川 3 群 a 類・7 合地を下吉井式と編年的に併行関係に位置付け縄文前期とした。早期末には大畑 G 式を置き，松ヶ平 A・高田・北の俣・牡丹平の資料を示して，梨木畑式と併行関係に位置付けている。さらに，早期末の大畑 G 式以降，前期初頭花積下層式に先行する型式として日向前 B 式を型式設定された。

同年同月には熊谷常正氏の「岩手県における縄文時代前期土器群の成立―縄文系土器群から羽状縄文土器群へ―」（『岩手県立博物館研究報告』第 1 号）が発表された。雫石町桜松遺跡出土土器を岩手県内初めての花

第5節　花積下層式土器研究史と福島県内資料の型式分類　173

第1表　阿武隈山地を中心とした縄文早期末葉から前期初頭にかけての土器編年

	関　東	阿　武　隈　山　地	仙台湾周辺
早朝	鵜ヶ島台式	（＋）	（＋）
	茅山下層式	（＋）	素山Ⅱa式
		（＋）	素山Ⅱb式
		大畑G式　松ヶ平A・高田・北の俣・牡丹平	梨木畑式
前期	下吉井式	遠下，日向前B・源平C・泉川・南原・戈敷・牡丹平2群1類，上森屋段2・大柏木，柳橋A・泉川3群a類・七合地	
	花積下層式	（＋）	上川名Ⅱ式
	関山Ⅰ式	宮田貝塚Ⅲ群・上屋敷A・田の入・庚申森・松ヶ平A	大木1式

（＋）は，該当する遺跡がかなり多いため，すべての遺跡名を列記できなかった。
まだ型式名が付けられてないが，該当する段階の資料が存在する場合，遺跡名を列挙した。

第3表　東北地方における縄文時代早期後葉から前期前葉にかけての土器編年

北海道南部	東北地方	関東地方
早期	早稲田第3類　蛇王洞Ⅵ式（槻木Ⅰ式）　　　　　野島式	
	（一）　　　（泉川）　　鵜ヶ島台式	
	（三カノ瀬）　　　　　　茅山下層式	
	表館第Ⅶ群　　　吉田浜下層　　　　　　　茅山上層式	
	早稲田第4類　関谷第8層　素山上層・槻木上層式	
	早稲田第5類　関谷第7層　梨木畑式	
	表館第Ⅹ群　（田柄下層）　吉田浜上層　大畑G式　下吉井式	
前期	桔梗野式　長七谷地第Ⅲ群　　　　堂森B　羽白D	
	春日町式　早稲田第6類　桂島　上川名　原頭第Ⅱ群　　　　花積下層式	
	石川野式　表館式・芦野第1群　　宇賀崎下層（布目）	
	松原　前田　宮田Ⅲ群　関山Ⅰ式	
	三神峯第Ⅲ層	
	崎山Ⅱd層下　　大木1式－三神峯第Ⅱ層　関山Ⅱ式	
	深郷田式	
	円筒下層a式　崎山Ⅱc～b層　大木2a式　三神峯第2a層	
	円筒下層b₁式	三神峯第Ⅰ層　植坊式
	糠塚遺物包含層	
	牧田　　　　　大木2b式－六田（小林A）	

・小論で取り上げた主要なもののみ

第2表　早期末・前期初頭土器型式編年

	東　海	南関東
早期		野　島
		鵜ヶ島台
		茅山下層
	粕　畑	茅山上層
	上ノ山	＋
	入海Ⅰ	
	入海Ⅱ	（紅取）
	石山	＋
早期末	天神山	
	塩屋	神之木台
		下吉井
	木島	（菊名下層）
前期初頭		花積下層
		（二ッ木）

第58図　第1表　山内幹夫「阿武隈山地を中心とした縄文前期初頭土器編年について─牡丹平2群1種土器を中心として─」1983年より
　　　　　　第2表　高橋雄三「花積下層式土器の研究─関東・東北南部における縄文前期社会の成立─」1981年より
　　　　　　第3表　相原淳一「東北地方における縄文時代早期後葉から前期前葉にかけての土器編年─仙台湾周辺の分層発掘資料を中心に─」1990年より

積下層類似土器として，上川名２式，長七谷地貝塚第Ⅲ群土器に相当するとし，これらの資料を前期初期に位置付けられた。

　同年４月に澁谷昌彦は「神之木台・下吉井式土器の研究―その型式内容と編年的位置について」（『小田原考古学研究会々報』11）を発表した。ここではまず，早期末から前期初頭の土器の型式学的研究と編年学研究を振り返るための研究史をまとめた。さらに，神之木台式土器と下吉井式土器を型式細分（第59図第２表）し，神之木台Ⅰ式と木島Ⅰ式を，神之木台Ⅱ式と木島Ⅱ式をそれぞれ編年的に併行関係に置いて，早期の最終末とした。木島Ⅲ式と下吉井Ⅰ式と花積下層式（有段口縁，隆帯）を前期初頭にし，木島Ⅳ式・木島Ⅴ式と下吉井Ⅰ式・下吉井Ⅱ式と花積下層式（渦巻状の撚糸側面圧痕），木島Ⅵ式・木島Ⅶ式と下吉井Ⅱ式と花積下層式，木島Ⅷ式と下吉井Ⅲ式と花積下層式（新田野期）とを併行関係とした。さらに，神之木台式土器，下吉井式土器，木島式土器について模式図（第60図・第61図）を示した。また，大畑貝塚から花積下層式土器と神之木台式土器の類似資料が出土している。この論文で，「第８図，神之木台式土器の類似型式16～21」として大畑貝塚出土土器に注目した。こうした資料は，福島県内の早期末から前期初頭を考えるうえで重要と思っている。

　1984年11月に澁谷昌彦は「花積下層式土器の研究―側面圧痕文土器を中心として―」（『丘陵』第11号）を発表した。ここでは花積下層式土器の多様な文様要素の中で，とくに撚糸側面圧痕の変遷に注目してⅠ式からⅢ式に型式分類を試みた。筆者の従来の編年では花積下層式土器を４段階（第59図第１表・第２表）に分けていた。ここでは，１段階と２段階を花積下層Ⅰ式，３段階を花積下層Ⅱ式，４段階を花積下層Ⅲ式とした。

　花積下層Ⅰ式は口縁部文様帯に渦巻状，縦位などの撚糸側面圧痕を施文している。側面圧痕原体を１本もちいることが多くしっかり渦状に巻きこんでいる。圧痕の下部には斜縄文，縦位縄文や羽状縄文を施文している。口唇部の下に横位隆帯を貼り付けて，下に渦巻状の側面圧痕が施される。口縁は平口縁，波状口縁があり，口唇部をしっかり角状にするもの。尖りぎみのものがある。器形は口縁部から胴部にかけて丸底がある。類例は花積貝塚第７号住居などである。そして，下吉井Ⅰ式・下吉井Ⅱ式，木島Ⅲ式，木島Ⅳ式・木島Ⅴ式，上川名式古段階が併行関係とした。

　花積下層Ⅱ式土器は渦巻状に巻き切らない撚糸側面圧痕を，口縁部文様帯に施文している土器である。口唇部直下には刺突を入れ，ここに撚糸側面圧痕を施している。圧痕の中にヘラ状工具で刺突を施している類もある。このⅡ式と併行関係にある型式は木島Ⅷ式土器や下吉井Ⅲ式土器である。

　花積下層Ⅲ式土器は，撚糸側面圧痕と円形竹管状刺突を組み合わせ，円形の貼付けも施される。口縁は波状口縁が多く平口縁もある。編年的に木島Ⅸ式土器が併行するとした。

　1986年６月には中村五郎氏の「東北地方の古式縄紋土器の編年」（『福島の研究』第１巻）が発表された。筆者はこの論文を読んでいないが，佐藤典邦氏（1994）によると，大畑Ｇ式以降の土器群に大畑Ｇ・岡橋期・日向前Ｂ期・源平Ｃ期を設定し，神之木台式を前期初頭の型式に位置付けられているようだ。

　1989年３月には三浦圭介氏の「表館遺跡出土の早・前期の土器群について」（『第４回縄文文化検討会シンポジウム』）が発表された。第Ⅹ群土器の説明で，従来長七谷地Ⅲ群Ab類に共伴するとされたⅢ群Aa類が共伴しない。長七谷地Ⅲ群Aa類相当は表館第Ⅵ層上面から出土する。また，長七谷地Ⅲ群Ab類類似のものは表館第Ⅳ層から出土したことが示された。表館第Ⅹ群土器の文様構成も示され，棒状工具による沈線文，縄の側面圧痕文，回転縄文があるが，連続三角などの幾何学文，波状文や弧状文などの曲線文に大別される。このほか，縄端圧痕文もあり，縦位回転縄文が多数で，異なる原体の横位の羽状縄文などがあるとされた。「土器編年対応表」では，表館第Ⅹ群土器を早期終末に，第Ⅺ群土器と北海道中茶路式を前期初頭にお

第 5 節　花積下層式土器研究史と福島県内資料の型式分類　175

第 1 表　東海・相模・関東における早期～前期の編年表(案)

	東 海 地 方	相 模 地 方	関 東 地 方
縄文時代早期(末)	木島Ⅰ式 木島Ⅱ式	神之木台Ⅰ式 神之木台Ⅱ式	
縄文時代前期(初)	木島Ⅲ式 木島Ⅳ式・木島Ⅴ式 木島Ⅵ式・木島Ⅶ式 木島Ⅷ式 木島Ⅸ式 木島Ⅹ式	下吉井式 下吉井式 下吉井式 ？	花積下層式 花積下層式(渦巻き状の撚糸側面圧痕) 花積下層式 花積下層式(新田野期) 二ッ木式 関山Ⅰ式
前期			

第 2 表　東海・相模・関東地方における早期～前期の編年表(案)

	東 海 地 方	相 模 地 方	関 東 地 方
縄文時代早期(末)	天神山式 木島Ⅰ式 木島Ⅱ式	(打越式) 神之木台Ⅰ式 神之木台Ⅱ式	打越式
縄文時代前期(初)	木島Ⅲ式 木島Ⅳ式・木島Ⅴ式 木島Ⅵ式・木島Ⅶ式 木島Ⅷ式 木島Ⅸ式 木島Ⅹ式	下吉井Ⅰ式 下吉井Ⅰ式・下吉井Ⅱ式 下吉井Ⅱ式 下吉井Ⅲ式	花積下層式(有段口縁，隆帯) 花積下層式(渦巻き状の撚糸側面圧痕) 花積下層式 花積下層式(新田野期) 二ッ木式 関山Ⅰ式

第 3 表　中越式土器編年(案)

	東　海		信　州	南　関　東
	愛　知	静　岡		
縄文時代前期(初)	木　島　Ⅲ		(＋)	下 吉 井 式 (花積下層式)
	木　島　Ⅳ，Ⅴ		(＋)	花 積 下 層 式
	木　島　Ⅵ，Ⅶ，Ⅷ		中　越　Ⅰ　式	花 積 下 層 式
	清水ノ上(＋)	木　島　Ⅸ	中　越　Ⅱ　式	二　ッ　木　式
	清水ノ上Ⅰ式	木　島　Ⅹ	中　越　Ⅲ　式	関　山　Ⅰ　式

(澁谷1982, 1983年の編年表を基に今回作り替えた。)

第 59 図　第1表　澁谷昌彦「木島式土器の研究—木島式土器の型式細分について—」『静岡県考古学研究11』1982年より
　　　　　　第2表　澁谷昌彦「神之木台・下吉井式土器の研究—その型式内容と編年的位置について—」『小田原考古学研究会々報11』1983年より
　　　　　　第3表　澁谷昌彦「中越式土器の研究—中越遺跡，阿久遺跡出土土器を中心として—」『縄文時代』第2号1991年より

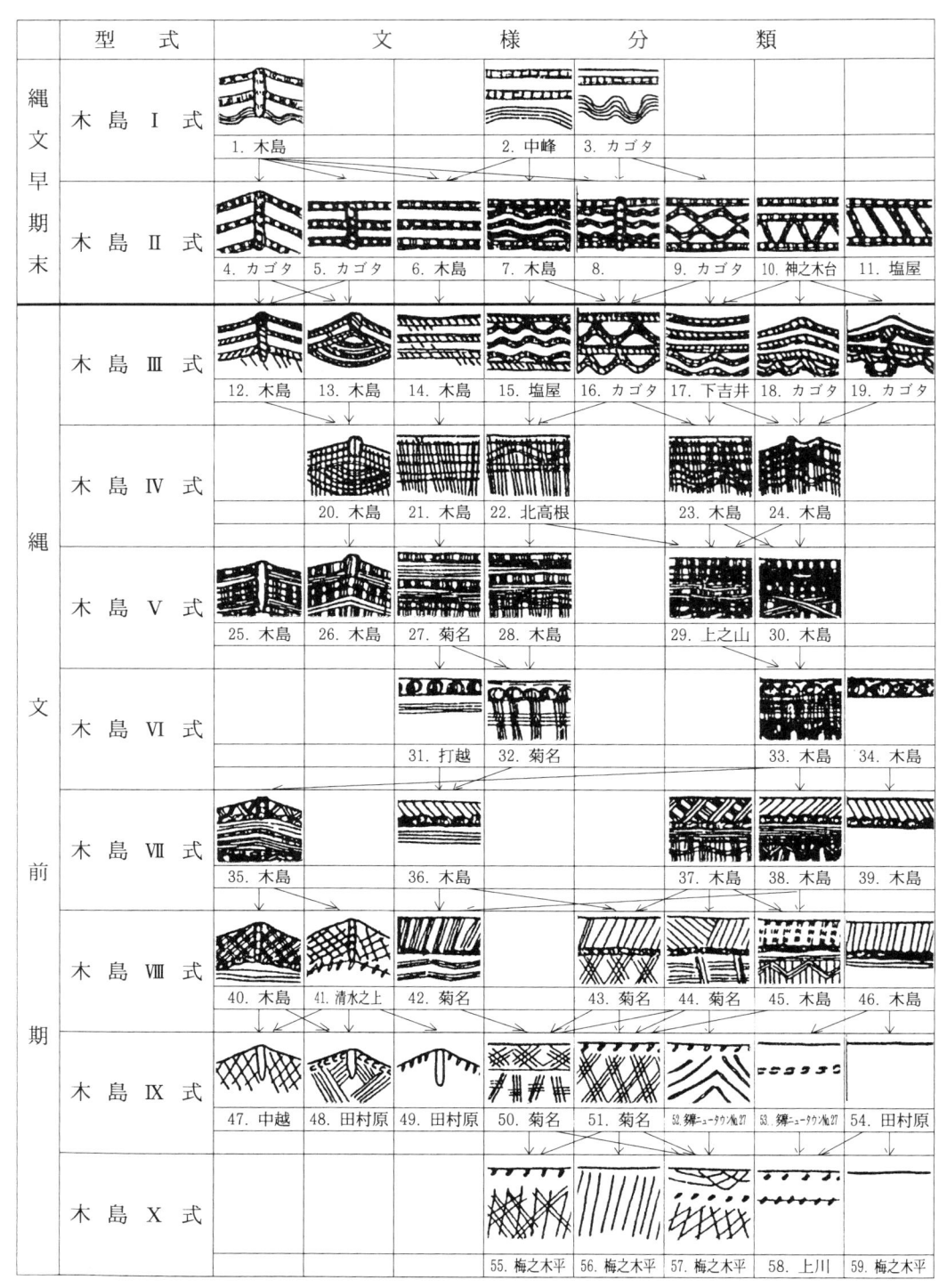

176　第2章　縄文時代早期末・前期初頭土器

型　式	文　様　分　類							
縄文早期末	木島Ⅰ式	1. 木島		2. 中峰	3. カゴタ			
	木島Ⅱ式	4. カゴタ	5. カゴタ	6. 木島	7. 木島	8.	9. カゴタ	10. 神之木台	11. 塩屋
縄文前期	木島Ⅲ式	12. 木島	13. 木島	14. 木島	15. 塩屋	16. カゴタ	17. 下吉井	18. カゴタ	19. カゴタ
	木島Ⅳ式		20. 木島	21. 木島	22. 北高根		23. 木島	24. 木島	
	木島Ⅴ式	25. 木島	26. 木島	27. 菊名	28. 木島		29. 上之山	30. 木島	
	木島Ⅵ式			31. 打越	32. 菊名		33. 木島	34. 木島	
	木島Ⅶ式	35. 木島	36. 木島			37. 木島	38. 木島	39. 木島	
	木島Ⅷ式	40. 木島	41. 清水之上	42. 菊名		43. 菊名	44. 菊名	45. 木島	46. 木島
	木島Ⅸ式	47. 中越	48. 田村原	49. 田村原	50. 菊名	51. 菊名	52. 綱ニュータウンNo.27	53. 綱ニュータウンNo.27	54. 田村原
	木島Ⅹ式			55. 梅之木平	56. 梅之木平	57. 梅之木平	58. 上川	59. 梅之木平	

第60図　木島式土器の文様の変遷図
澁谷昌彦「神之木台・下吉井式土器の研究―その型式内容と編年的位置について―」『小田原考古学研究会々報11』1983年より

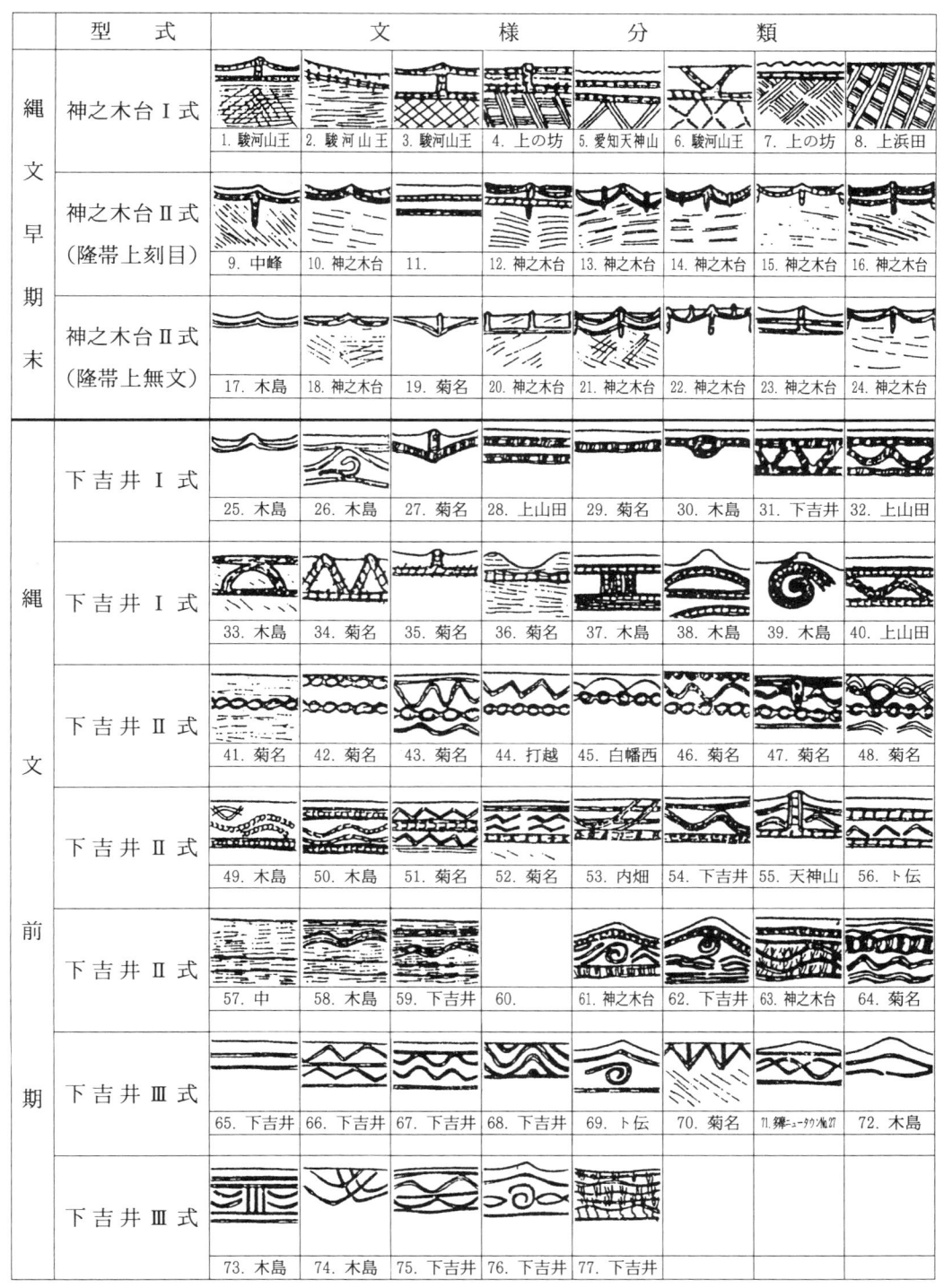

第5節　花積下層式土器研究史と福島県内資料の型式分類　177

型　式	文　様　分　類							
縄文早期末 神之木台Ⅰ式	1. 駿河山王	2. 駿河山王	3. 駿河山王	4. 上の坊	5. 愛知天神山	6. 駿河山王	7. 上の坊	8. 上浜田
神之木台Ⅱ式（隆帯上刻目）	9. 中峰	10. 神之木台	11.	12. 神之木台	13. 神之木台	14. 神之木台	15. 神之木台	16. 神之木台
神之木台Ⅱ式（隆帯上無文）	17. 木島	18. 神之木台	19. 菊名	20. 神之木台	21. 神之木台	22. 神之木台	23. 神之木台	24. 神之木台
縄文前期 下吉井Ⅰ式	25. 木島	26. 木島	27. 菊名	28. 上山田	29. 菊名	30. 木島	31. 下吉井	32. 上山田
下吉井Ⅰ式	33. 木島	34. 菊名	35. 菊名	36. 菊名	37. 木島	38. 木島	39. 木島	40. 上山田
下吉井Ⅱ式	41. 菊名	42. 菊名	43. 菊名	44. 打越	45. 白幡西	46. 菊名	47. 菊名	48. 菊名
下吉井Ⅱ式	49. 木島	50. 木島	51. 菊名	52. 菊名	53. 内畑	54. 下吉井	55. 天神山	56. ト伝
下吉井Ⅱ式	57. 中	58. 木島	59. 下吉井	60.	61. 神之木台	62. 下吉井	63. 神之木台	64. 菊名
下吉井Ⅲ式	65. 下吉井	66. 下吉井	67. 下吉井	68. 下吉井	69. ト伝	70. 菊名	71. 獅子ニュータウンNo.27	72. 木島
下吉井Ⅲ式	73. 木島	74. 木島	75. 下吉井	76. 下吉井	77. 下吉井			

第 61 図　神之木台式・下吉井式土器の文様の種類

澁谷昌彦「神之木台・下吉井式土器の研究―その型式内容と編年的位置について―」『小田原考古学研究会々報 11』1983 年より

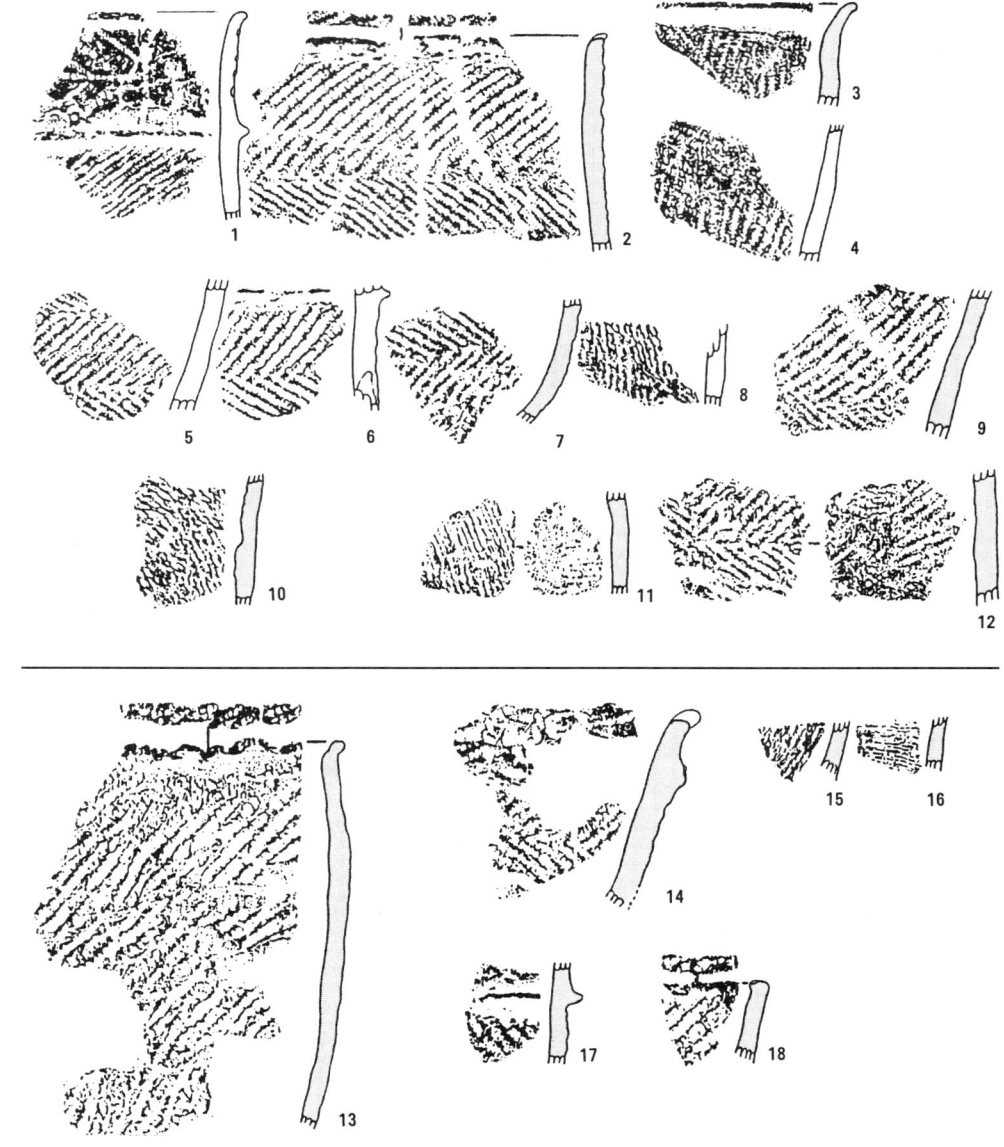

第 2 章　縄文時代早期末・前期初頭土器

第 62 図　羽白 D 遺跡出土土器　(1～12) 28 号住居跡　(13～18) 25 号住居跡　鈴鹿良一 1988 年より

いておられる。

　1989 年 12 月には佐藤典邦氏の「大畑 G 式以後（上）」（『踏査』8 号）が発表された。大畑貝塚 G 地点出土土器から連弧文と鋸歯文の系譜が考察された。大畑貝塚 G 地点出土土器から牡丹平 2 群 1 類に至る土器群は，大畑 G 式第 1 段階（大畑 G 地点出土土器群），大畑 G 式第 2 段階（大槻城・中平・日向前 B 遺跡），大畑 G 式第 3 段階（羽白 C112 号住・龍門寺・泉川遺跡），大畑 G 式第 4 段階（牡丹平 2 群 1 類土器）とされた。

　1990 年 10 月には相原淳一氏の「東北地方における縄文時代早期後葉から前期前葉にかけての土器編年─仙台湾周辺の分層発掘資料を中心に─」（『考古学雑誌』第 76 巻第 1 号）が発表された。宮城県七ヶ浜町吉田浜貝塚上層の土器と田柄貝塚貝層下土層土器を併行関係とされた。また，吉田浜貝塚上層土器と東北地方北半の表館第 X 群土器．福島県南部の大畑 G 式土器，関東地方の下吉井式が併行関係として，これ等の型式は縄文時代早期終末の可能性が濃いとされた。

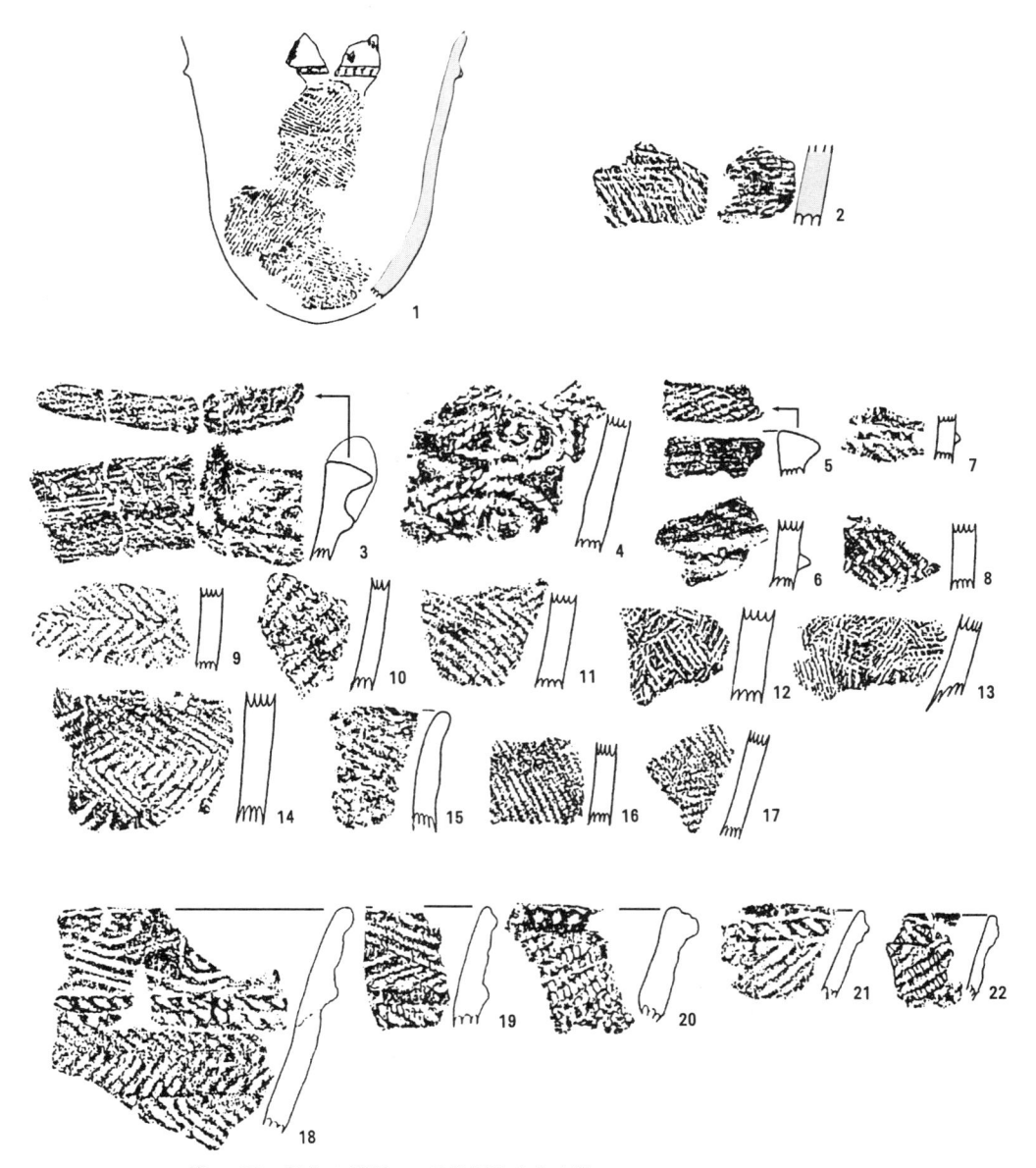

第5節　花積下層式土器研究史と福島県内資料の型式分類　179

第63図　羽白C遺跡96号住居跡出土土器(1, 2)　鈴鹿良一1989年より
　　　　西原遺跡9号住居跡出土土器(3~17)　高松俊雄1984年より
　　　　羽山B遺跡出土土器(18~22)　安田稔ほか1991年より

　1992年10月藤巻幸男氏の「群馬県における縄文時代早期末から前期初頭土器群の様相─縄文系土器を中心に─」(『群馬県埋蔵文化財調査事業団研究紀要』10)が発表された。縄文系土器群の変遷として，3期5細分案を示されている。氏の「縄文系土器群の変遷図」でわかるように，併行関係として配置された土器には時期差がある。Ⅲ期B類（Ⅲ期下段）を前期羽状文系土器の先駆をなす土器群として前期に位置付けておられる。この時期の研究史などもおろそかにされており，土器型式の編年的位置関係も疑問がある。
　1993年5月には谷藤保彦氏の「群馬県内出土の早期末から前期初頭土器」(『縄文時代』4号)が発表された。氏は群馬県内の久保田遺跡や大久保遺跡などの縦位の菱形文を構成し，裏面に条痕を施す土器を紹介した。これ等の資料は花積下層式の成立と関わり，縄文前期と考えられるとされた。
　1994年2月には縄文セミナーの会『早期終末・前期初頭の諸様相』のシンポジウムが開催された。戸田哲也氏の司会で花積下層式土器などと群馬県を中心に近年増加してきている縄文条痕文土器などに注目した

内容であった。筆者は「土器型式より見た縄文早期と前期との境について」として研究史を踏まえ発表した。相原淳一氏は「東北地方における縄文時代早期後葉から前期前葉土器群の様相について」を発表された。谷藤保彦氏は「群馬県における早期末・前期初頭の土器」を発表され、花積下層Ⅰ式、花積下層Ⅱ式、花積下層Ⅲ式、二ツ木式（新田野段階）に型式分類された。金子直行氏は「縄文早期終末から前期初頭に於ける羽状縄文系土器群の成立について—花積下層式成立期の諸様相—」を発表された。金子氏の発表では、花積下層式土器の古段階と下吉井式土器の認定。花積貝塚第7号住居出土土器と下段遺跡出土土器の解釈などに疑問と問題がある。この点はいずれ論じたい。下平博行、贄田明氏は「長野県に於ける縄文前期初頭縄文系土器群の編年」を発表され「塚田式土器」を型式設定された。

3 福島県の花積下層式土器の各段階について

花積下層式土器の研究を中心に振り返ってみた。問題はこの土器型式の成立をどのようにとらえるかである。筆者は花積下層式土器の複雑な文様要素の中で、口縁部文様帯における撚糸の側面圧痕と縄文などの施文。また、この土器の裏面の調整を中心にした文様の変遷過程と、他の文様要素の変化を考慮しながら型式分類をおこなうのが良いと考えている。花積下層式土器は撚糸側面圧痕と、羽状縄文が安定する段階で成立すると筆者は考えたい。したがって筆者は埼玉県花積貝塚第7号住居出土の撚糸側面圧痕土器や同県下段遺跡出土の撚糸側面圧痕と縦走縄文土器。同県宮ヶ谷塔遺跡出土の撚糸側面圧痕と縦走縄文の施されている土器。長野県鍛冶屋遺跡第3号住居出土の撚糸側面圧痕と隆帯が横位に貼り付けられている土器。神奈川県下吉井遺跡出土のB類とされた隆帯にそって撚糸側面圧痕を施し、胴部に羽状縄文を施している土器。同県神之木台遺跡出土のⅲ類とされた口縁に凸帯が2段施され、その間に輪状の撚糸側面圧痕文を施している土器。群馬県久保田遺跡第1号、第6号住居の撚糸側面圧痕を施し胴部以下に縦走する縄文を施した土器などは花積下層式土器の古い段階と考えている。

(1) 花積下層Ⅰ式土器

この段階の花積下層式土器の口縁部文様帯は比較的幅が狭い傾向がある。有段口縁や隆帯も発達し、口縁部に撚糸側面圧痕で弧状、輪状、渦状、横線、縦線、斜線、矢羽、菱形などの文様を施す。ことに撚糸側面圧痕での渦巻きが成立する。縄文は羽状縄文や縦走りの縄文、異方向縄文で器面に縦位の羽状縄文を施している。土器表面は縄文を施し、裏面に条痕を施す例も多い。また、中には撚糸文もあり、撚糸で羽状を施す例もある。さらに、口縁部にそって断面三角の隆帯を器面横位に貼付け、口縁部文様帯を区画し、区画内に撚糸側面圧痕を施す例もある。底部は尖底や丸底のものが多い。口唇部には縄文を施文したり、圧痕したものもある。異系統の土器型式としては下吉井Ⅰ式土器（澁谷1983）が伴う。

県内では羽白D遺跡第28号住居跡出土土器（第62図）、同遺跡第25号住居跡出土土器（同図）、羽白C遺跡第96号住居跡出土土器（第63図）、西原遺跡第9号住居跡出土土器（同図）、羽白C遺跡第1次出土土器（第64図1、2）、愛宕原遺跡出土土器（第65図1～11）などがある。

羽白D遺跡第28号住居（第62図1）は口縁部文様帯を隆帯で区画して、中に撚糸側面圧痕を施す。口唇に縄文を付け、口縁部に羽状縄文を施す（同図2）。西原遺跡第9号住居は異方向縄文を施文する（第62図）。埼玉県花積貝塚第7号住居跡（第86図）にも存在するが表面縄文で裏面縄文土器（第62図11、12）も一部にわずかながら残存するらしい。羽白D遺跡第25号住居跡（第62図13～18）では、口唇部に縄文を施している土器（第62図13）。口縁部を低い隆帯で狭く区画しその中に撚糸側面圧痕で、輪状や扁平な輪状の文様を縦位に区画し、その下に羽状縄文を施す（第62図14）。類例は埼玉県下段遺跡（第87図15）より3点出土している。下段遺跡の場合（第87図11）は隆帯で狭く口縁部を区画した中に、平たく潰した輪状の側面圧痕を

横位に 2 段施し，縦位の側面圧痕で区画している。胴部以下は異方向縄文で羽状縄文を作っている。羽白 C 遺跡第 96 号住居（第 63 図 1, 2）は，口縁部を横位に隆帯で区画し，隆帯上部に刻み目が施され，中に 2 段撚りの撚糸側面圧痕を施す（第 63 図 1）。撚糸を施し裏面に条痕が施される（第 63 図 2）。西原遺跡第 9 号住居（第 63 図 3 〜 17）では，口縁部に隆帯を縦位と横位に貼付け，斜位に撚糸側面圧痕を施しており，口唇部や地文に斜縄文を施している土器（第 63 図 3, 5）。渦巻き状に撚糸側面圧痕を施している土器（第 63 図 4）。隆帯の上に刻みを施し上部は撚糸側面圧痕。隆帯の下は縄文を施す土器（第 63 図 6）。斜縄文の上に撚糸側面圧痕を施している土器（第 63 図 8）。羽状縄文を施す土器（第 63 図 9）。結節羽状縄文を施す土器（第 63 図 14）。羽状縄文を施す土器（第 63 図 9, 11）。異方向の羽状縄文を施す土器（第 63 図 17）。撚糸文で羽状を施す土器（第 63 図 12, 13）などがある。羽白 C 遺跡（第 1 次）では，（第 64 図 1, 2, 4, 6）などがある。口縁部を外反させ，器面横位に隆帯を貼付け隆帯に刻みを入れ，隆帯で区画した口縁部文様帯の中に撚糸側面圧痕を鋸歯状に施し，胴部は羽状縄文が施される土器（第 64 図 1, 2）などがある。愛宕原遺跡（第 65 図 1 〜 11）では，口縁部がわずかに外反する器形で，口縁部横位に隆帯を貼り付け，胴部に縄文を施している土器（第 65 図 9）。口縁部の隆帯区画内に鋸歯状に撚糸側面圧痕を施す土器（第 65 図 10）。隆帯の横位区画内に 2 本の撚糸側面圧痕を縦に施しており，口唇に円形刺突を施している土器（第 65 図 11）。口縁部の隆帯区画内に縦位に刺突を施し，以下に縄文を施している土器（第 65 図 8）。口唇に縄文を施し異方向で羽状縄文を施す土器（第 65 図 2）。口唇部に撚糸文を施し，口縁部にも撚糸文を施す土器（第 65 図 4）などがある。

(2) 花積下層 II 式土器

　この段階は口縁部の文様帯の幅が I 式段階より広がり，口縁部と胴部を区画する隆帯も断面が方形化する。撚糸側面圧痕の渦巻き文は多段化しかつ多様化する。口縁部は平口縁が主体で尖底が多く，平底で上げ底もある。文様帯の幅は広くなり，撚糸側面圧痕を菱形や平行に圧痕する。渦巻き状の側面圧痕が施され，縄文原体による楔状の側面圧痕が成立する。口縁部は平口縁が多く，口唇部に縄文を施す例もある。口縁部以下には整った入念な羽状縄文が施されるが，わずかに縦走する縄文もある。縄文はループ状の縄文になる場合がある。異系統の土器型式としては下吉井 II 式（澁谷 1983）が伴うと思われる。

　県内では，松ヶ平 A 遺跡第 13 号住居出土土器（第 66 図 1, 2）。羽白 C 遺跡第 101 号住居出土土器（第 66 図 3 〜 11）。羽白 D 遺跡第 19 号住居出土土器（第 66 図 12 〜 14）。同遺跡第 5 号住居出土土器（第 67 図 1 〜 4）。同遺跡第 10 号住居出土土器（第 67 図 5 〜 16）。冑宮西遺跡出土土器（第 69 図 1 〜 20）。羽白 B 遺跡出土土器（第 63 図 18 〜 22）などがある。

　松ヶ平 A 遺跡第 13 号住居出土土器（第 66 図 1）は，平口縁で口縁部文様帯の幅を広くとり，口唇直下と胴部文様帯との境に縦位の側面圧痕を施して，その中に菱形に撚糸側面圧痕を施し，さらに中心部に側面圧痕で渦巻きを施している。胴部以下は整った羽状縄文が施文されている。（第 66 図 2）は口縁部に低い隆帯を貼り付け，隆帯上部に縦の撚糸側面圧痕を施している。羽白 C 遺跡第 101 号住居出土土器（第 66 図 3, 4）は，口縁部文様帯を断面方形の隆帯で横位に区画し隆帯上に縄文を施し，中に渦巻きとねじりや楔状の文様を撚糸側面圧痕で施す。胴部以下は横位の羽状縄文を施す。羽白 D 遺跡第 19 号住居出土土器（第 66 図 13）は，口縁部文様帯を撚糸側面圧痕で区画し，その中に，菱形，渦巻き，斜位に撚糸側面圧痕を施している。胴部は羽状縄文が施される。（第 66 図 12）は口縁にそって縦位に撚糸側面圧痕を施し，以下に羽状縄文を何段も施文している。（第 66 図 14）は口縁部より何段も横位の羽状縄文を施している。松ヶ平 A 遺跡第 13 号住居出土土器と近似していると思われる。羽白 D 遺跡第 5 号住居出土土器（第 67 図 1）は，口縁部文様帯を縦位に押圧した撚糸圧痕で区画し，その中に器面に横位と斜位や渦巻きに側面圧痕を施しており，以下に羽状縄文を 5 段施文している。尖底土器である。（第 67 図 2）は撚糸側面圧痕を縦位に施し，以下に羽状縄

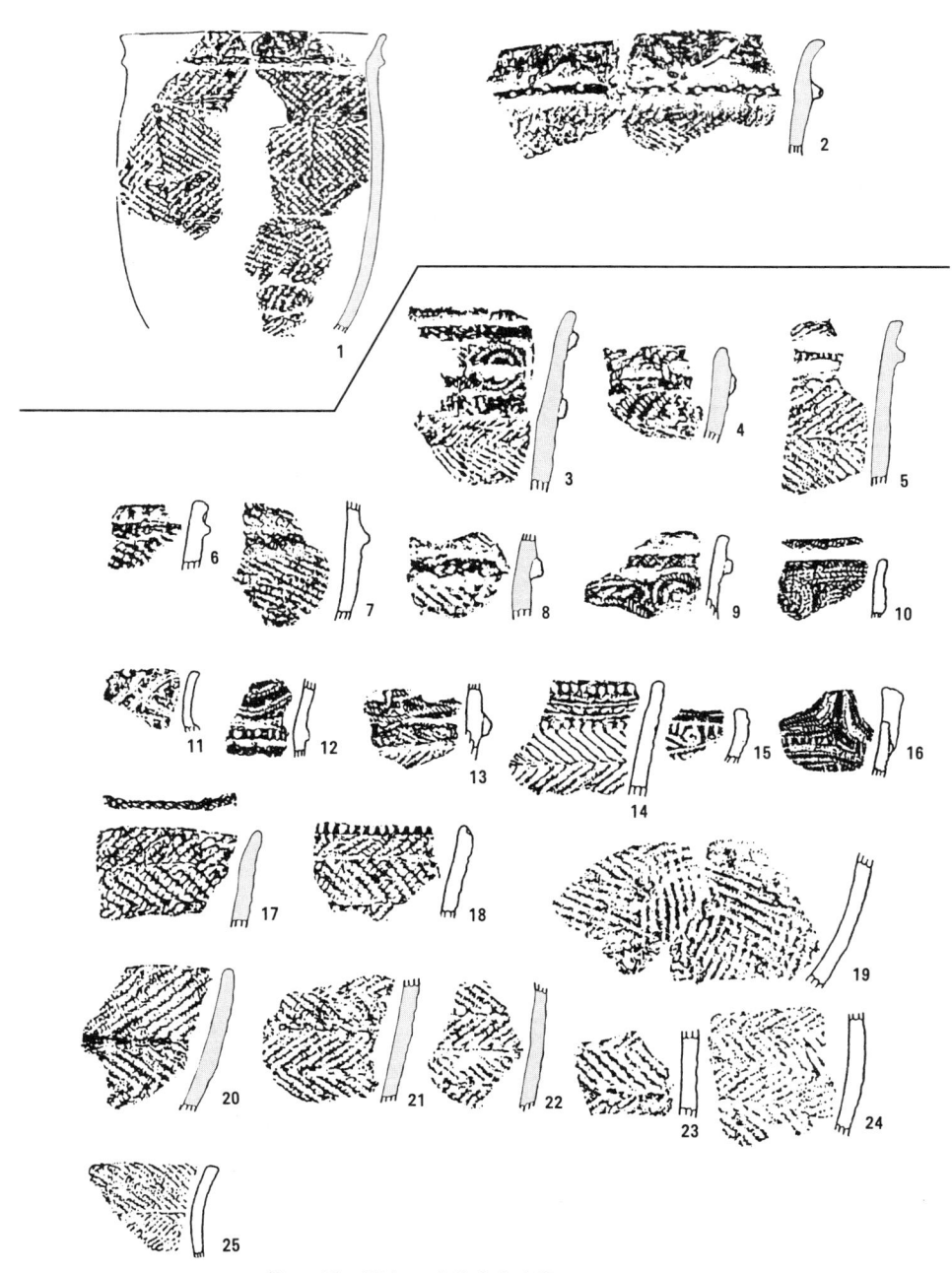

第 64 図 羽白 C 遺跡出土土器　松木茂 1988 年より

文を 5 段施している。(第 67 図 3) は波状口縁にして，口縁直下に撚糸側面圧痕を施し，羽状縄文を何段も施している。(第 67 図 4) は口縁部から底部にかけて羽状縄文が施文されている。同遺跡出土土器 (第 68 図 1，2) は口縁部直下と胴部との境に撚糸側面圧痕を施し口縁部文様帯を区画している。区画内は撚糸側面圧痕で渦巻き文を付け，渦と渦を横位と斜位の撚糸側面圧痕で連結している。(第 68 図 4) は撚糸側面圧痕を付け，以下に羽状縄文を施している。(第 68 図 3) は波状口縁の土器で，羽状縄文を施している。

(3)　花積下層Ⅲ式土器

第一文様帯の幅がさらに広がり，口縁部から胴部に広がる場合がある。渦巻き状の撚糸側面圧痕も大型化したり，重畳化して手抜きをする傾向にある。口縁部で外反する器形や波状口縁となるものも多い。花積下

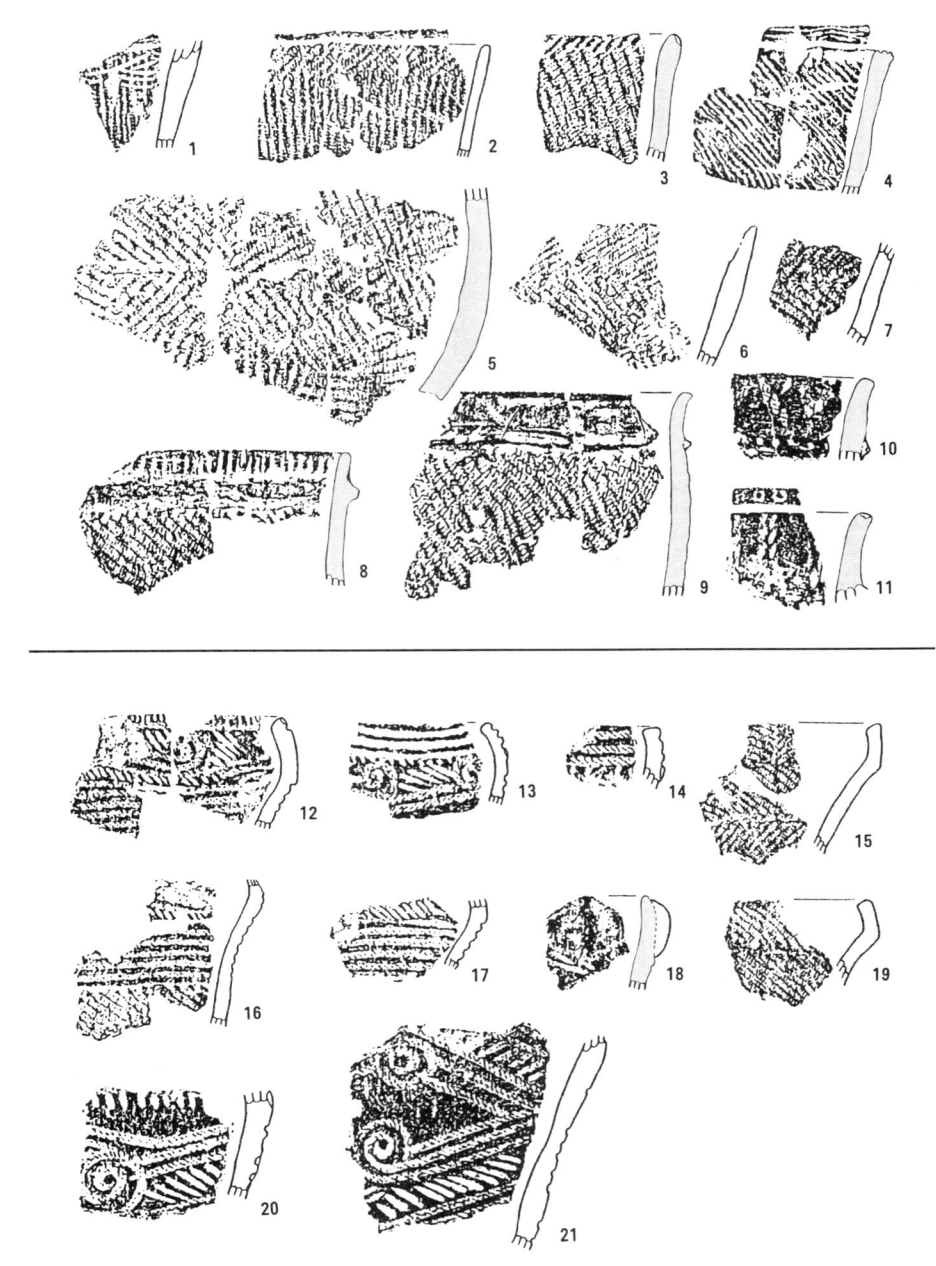

第65図　愛宕原遺跡出土土器　丸山泰徳1989年より

層Ⅱ式の撚糸側面圧痕の渦巻き文は，花積下層Ⅲ式では退化する傾向にある。渦の中心に撚紐の端部を縛り，玉状に押捺したりする。花積下層Ⅲ式では渦と渦を連結したり上下に配する例もある。また，撚糸側面圧痕の渦が巻き切らないものもある。口縁部文様帯の区画を花積下層Ⅱ式では口縁部にそって縦位の短い撚糸側面圧痕で施していたが，Ⅲ式になると撚糸側面圧痕を横位に1条から3条施文して区画する手法が多くなる。楔形の撚糸側面圧痕文は，沈線の楔形の圧痕に変化する傾向にある。胴部の羽状縄文はループ状の縄文となることも多い。これには地域的差もありそうである。底部は平底が主体であるが尖底も存在する。群馬県三原田城遺跡60号土壙（谷藤1987）では異系統の土器型式として木島Ⅷ式（澁谷1982・1983・1991）土器が伴って出土し注目される。

　県内の資料としては，愛宕原遺跡出土土器（第65図12～21）。羽白D遺跡（第1次）調査出土土器（第68

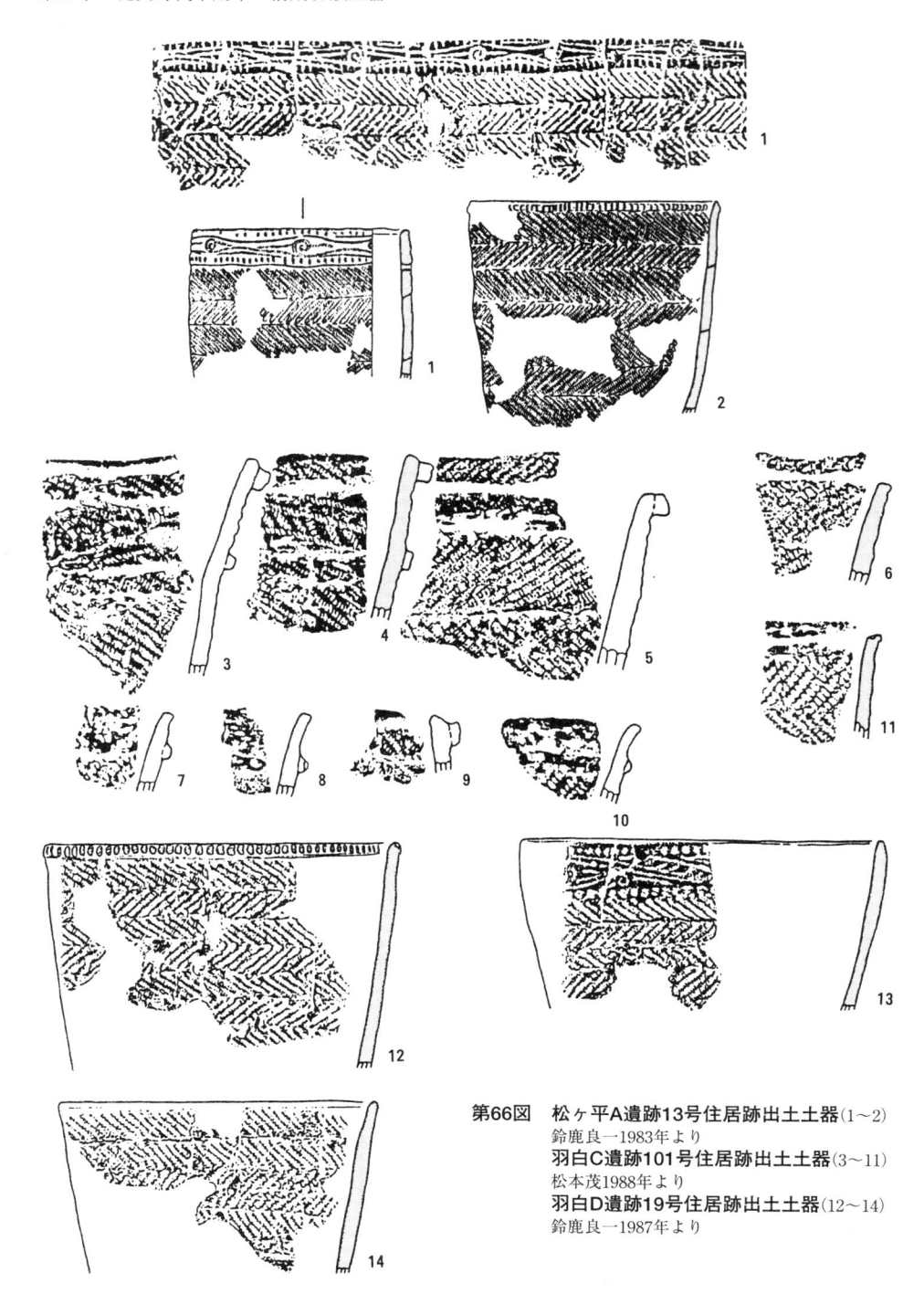

184　第 2 章　縄文時代早期末・前期初頭土器

第66図　松ヶ平A遺跡13号住居跡出土土器(1～2)
鈴鹿良一1983年より
羽白C遺跡101号住居跡出土土器(3～11)
松本茂1988年より
羽白D遺跡19号住居跡出土土器(12～14)
鈴鹿良一1987年より

図5～15)。諏訪平B遺跡出土土器（第68図16)。長者屋敷遺跡出土土器（第68図17)。羽白D遺跡第8号住居跡出土土器（第69図21～32）などがある。

　愛宕原遺跡（第65図12, 13）は渦巻きの撚糸側面圧痕を施し，楔形の文様を沈線により施す。（第65図20, 21）は撚糸側面圧痕と沈線による楔形の文様を施す。羽白D遺跡第10号住居出土土器（第67図5, 15）は，平口縁にそって撚糸側面圧痕を横位に2条施文し，横位に羽状縄文を施す。（第67図6～8）は羽状縄文を施文している。（第67図7）は尖底である。（第67図8）は平底の器形である。（第67図9）は渦巻き

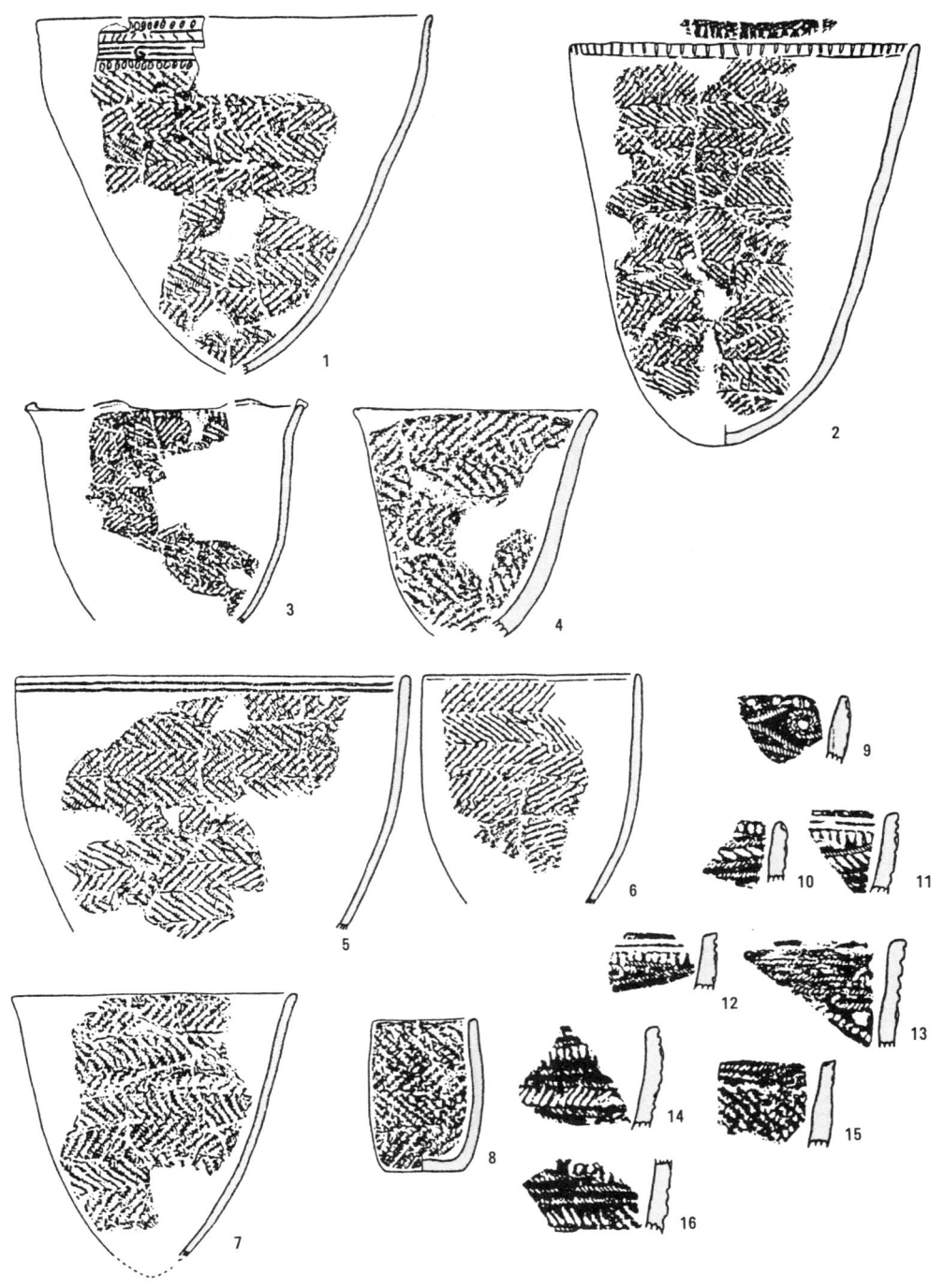

第 5 節　花積下層式土器研究史と福島県内資料の型式分類　185

第 67 図　羽白 D 遺跡出土土器　(1〜4) 5 号住居跡　(5〜16) 10 号住居跡　鈴鹿良一 1987 年より

の側面圧痕の撚紐の端部を縛り，渦の中心部に押捺している。羽白 D 遺跡（第 1 次）出土土器（第 68 図 6）は渦巻き状の撚糸側面圧痕を上下に配置している。(第 68 図 9，10) は楔状が沈線で施されている。(第 68 図 14，15) は口縁部直下より口縁にそって 3 条の撚糸側面圧痕を施す。諏訪平 B 遺跡出土土器（第 68 図 16）は口縁部文様帯が広がり，波状口縁に突起を持ち，口縁部で緩やかに内反する。口縁にそって撚糸側面圧痕を 3 条施し，菱形文を構成させる。渦巻きの撚糸側面圧痕を施し，楔状文は沈線で付けている。胴部以下に羽状縄文を施す。長者屋敷遺跡出土土器（第 68 図 17）は，諏訪平 B 遺跡例（第 68 図 16）と近いが，さらに

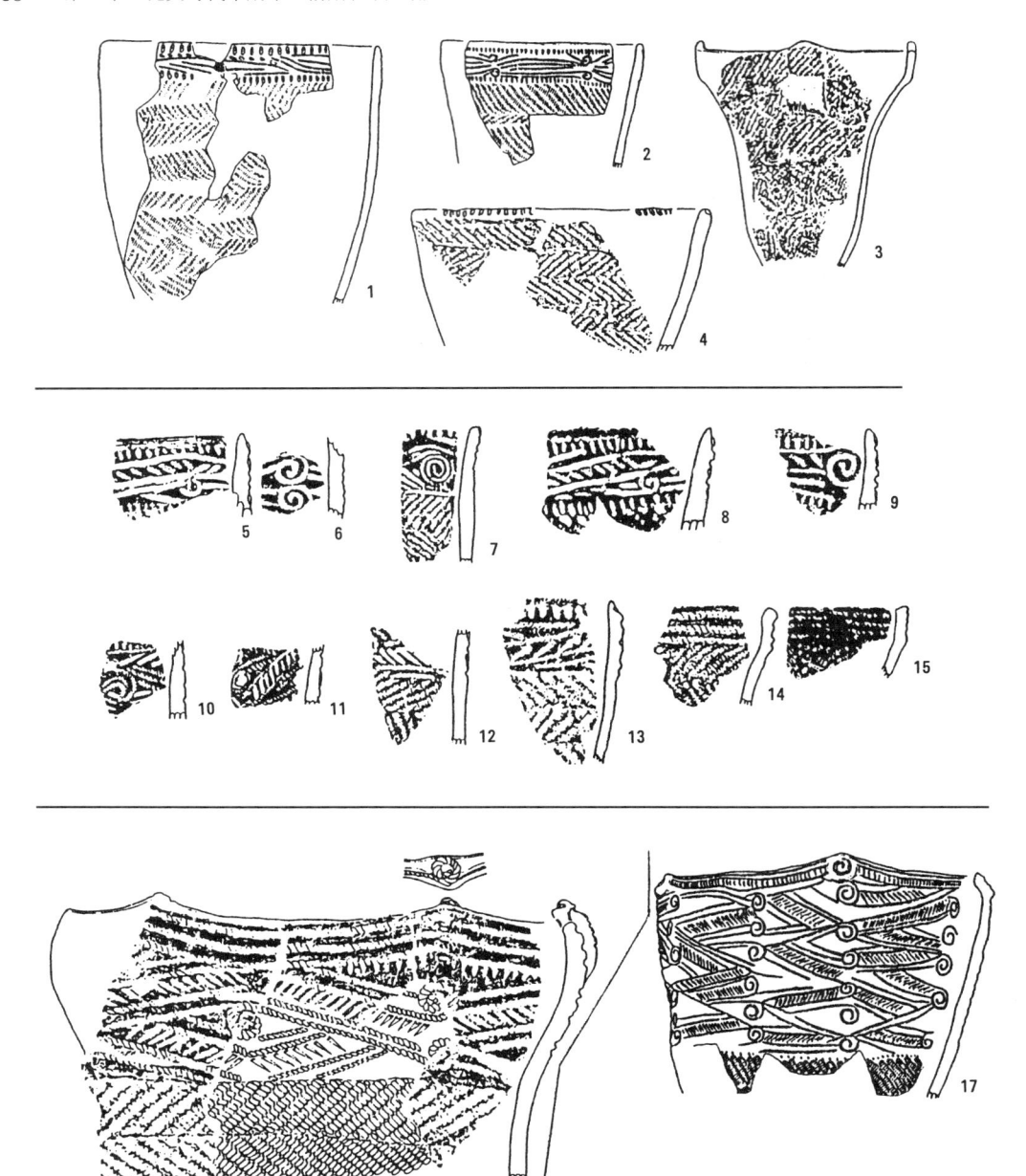

第 68 図　羽白 D 遺跡出土土器（1〜15）鈴鹿良一 1987 年より　諏訪平 B 遺跡出土土器　（16）山内幹夫 1983 年より
　　　　　長者屋敷遺跡出土土器（17）　芳賀英一 1983 年より

口縁部から胴部にかけて文様帯が広がっている。撚糸側面圧痕の渦巻きの押捺は，上部から下部にかけて施し菱形構成の文様が崩れる。胴部下半は縄文が施される。羽白 D 遺跡第 8 号住居跡出土土器（第 69 図 21〜24）は，撚糸側面圧痕と撚紐の端部を縛り玉状にして押捺している。

4　まとめ

　花積下層式土器を中心に，早期と前期の境界をどこにおくかについての研究史を振り返ってみた。1980年以降のこの時期の土器資料，報告書，論文の増加には著しいものがある。未入手の文献なども多く，研究

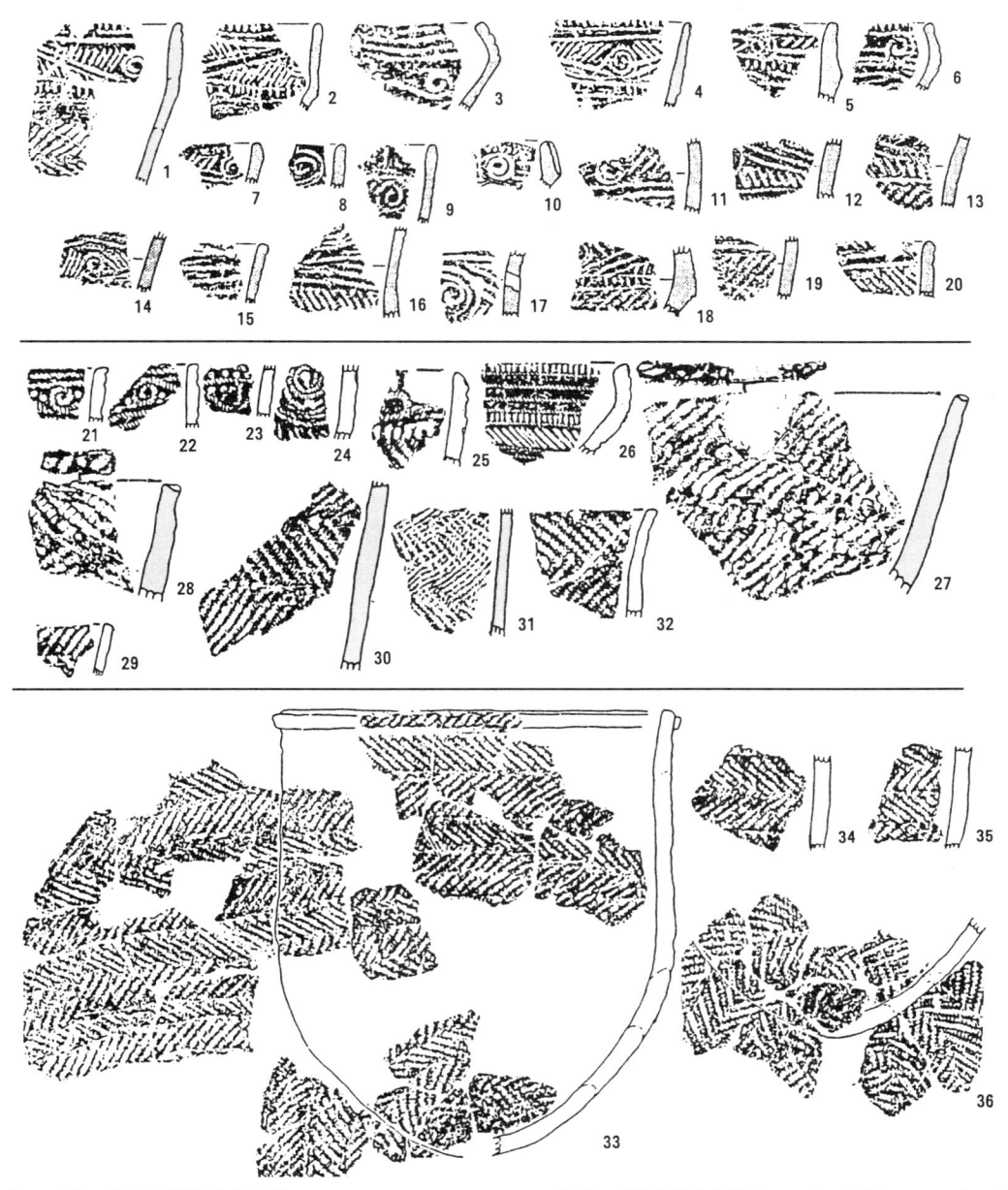

第69図　胄宮西遺跡出土土器(1～20)　芳賀英一1984年より　羽白D遺跡出土土器(21～32)　鈴鹿良一1987年より
　　　　山口B遺跡出土土器(33～36)　長谷川力1983年より

史として充分なものと言いがたい。読者にはご寛恕をお願いしたい。今後もう一度まとめる必要があると考えている。早期と前期の境については，福島県の大畑G式土器の扱いと，大畑G式以降の扱いが重要となってきている。そうした意味でここ10年間の福島県や青森県の研究の進展と，資料の蓄積には驚くべきものがある。筆者は木島式土器から出発し，神之木台式土器，下吉井式土器，花積下層式土器などを検討する中で，木島Ⅲ式土器・下吉井Ⅰ式土器・花積下層Ⅰ式土器から前期と考えてきた。これは，研究史の中でも，花積下層式土器をもって前期という考え方があり，その考えにしたがうものである。今後さらに広く土器を見ていき，こうした問題点についていずれ論じてみたい。

第6節　下吉井式土器・木島式土器・花積下層式土器

1　はじめに

　筆者は1980年に静岡県富士川町木島遺跡第4次発掘調査の出土土器整理作業に加わる機会を得て，出土土器の整理と型式分類をおこなった。その結果は『木島―静岡県富士川町木島遺跡第4次調査報告書』の考察「木島遺跡出土土器について」（澁谷1981）の中でまとめた。

　第4次発掘調査の出土土器を検討（澁谷1983）すると，第3号土坑（第70図1～4）は，口縁に沿って2本の隆帯を付けた神之木台Ⅱ式土器（第70図1　高橋・吉田1977）。口縁部文様帯を区画するように，粘土紐を横位に貼り付け，波状に粘土紐を3段付け，口唇部と粘土紐上部にハイガイよる貝殻背圧痕を付けた木島Ⅱ式土器（第70図2）。口縁部に粘土紐を横位と弧状に貼り付け，粘土紐上部に貝殻腹縁を付けた下吉井Ⅰ式土器（第70図3）。第3号土坑へ混入したと思われる木島Ⅷ式土器（第70図4）が確認できた。そして筆者は，下吉井Ⅰ式土器と木島Ⅷ式土器（第70図3・第70図4　岡本1970）は混入の可能性があることから，神之木台Ⅱ式土器（第70図1）と木島Ⅱ式土器（第70図2）が編年的に併行関係にあり，縄文時代早期最終末に位置するとした。さらに下吉井Ⅰ式土器と花積下層Ⅰ式土器，木島Ⅲ式土器が編年学的に併行関係にあり，前期最初頭に位置すると考えた。

　その後，静岡県三島市乾草峠遺跡第4号住居跡出土土器（澁谷1983b・1994）で，木島Ⅱ式土器と神之木台Ⅱ式土器が伴出している事実が明らかになった。また，木島遺跡第1号住居跡出土土器（第70図5～28）から口縁部に隆帯を貼り付けた下吉井Ⅰ式土器（第70図5～11）。隆帯上部を押し引く下吉井式土器（第70図12）。口縁部文様帯に棒状工具で渦巻きに押し引き，沈線風にした下吉井Ⅲ式土器（第70図13）。口縁部に隆帯を施し，棒状工具で刺突を付け，Ｌの原体の撚糸側面圧痕で渦巻きを施した花積下層Ⅱ式土器（第70図14）。口縁に沿って粘土紐を貼り付け，櫛歯状工具で縦位に沈線を付けた木島Ⅳ式土器（第70図16，18）。口縁部に沿って粘土紐を貼り付け，櫛歯状沈線で縦位と横位に沈線を入れた木島Ⅴ式土器（第70図17，19～27）。口縁に沿って粘土紐を貼り，横位に円形の刺突を付けた木島Ⅵ式土器（第70図28）などが出土した。この出土例から下吉井Ⅱ式土器，花積下層Ⅱ式土器，木島Ⅳ式土器が編年的に併行関係にある。さらに他の遺跡の住居跡出土例から，木島Ⅲ式土器，花積下層Ⅰ式土器，下吉井Ⅰ式土器は編年的に併行関係にあると考え，これらの土器型式の成立をもって前期最初頭と位置付けた。

　さらに，「木島式土器の研究―木島式土器の型式細分について―」（澁谷1982）では，木島式土器の型式細分と編年的に併行関係にある土器型式を検討した。そして，「第1表，東海・相模・関東における早期から前期の編年表（案）」（第75図第1表）と「神之木台式土器・下吉井式土器の文様の種類」（第71図）・「木島式土器の文様の変遷」（第72図）を作成した。本論文では木島式土器を木島Ⅰ式土器から木島Ⅹ式土器まで型式細分し，神之木台式土器を神之木台Ⅰ式土器と神之木台Ⅱ式土器に型式細分（第75図第1表）した。

　型式の編年関係は木島Ⅰ式土器と神之木台Ⅰ式土器を併行に，木島Ⅱ式土器と神之木台Ⅱ式土器を併行に置き，早期最終末に位置付けた。また，前期最初頭に木島Ⅲ式土器・下吉井式土器・花積下層式土器を位置付けた。さらに，後続する木島Ⅳ式土器・木島Ⅴ式土器・下吉井式土器・花積下層式土器（渦巻き状の撚糸側面圧痕）。木島Ⅵ式土器・木島Ⅶ式土器・下吉井式土器・花積下層式土器。木島Ⅷ式土器・花積下層式土器（新田野期）。木島Ⅸ式土器・二ツ木式土器。木島Ⅹ式土器・関山式土器がそれぞれ編年学的に併行になると指摘した。

　また，「神之木台・下吉井式土器の研究―その型式内容と編年的位置について―」（澁谷1983a）では，「2,

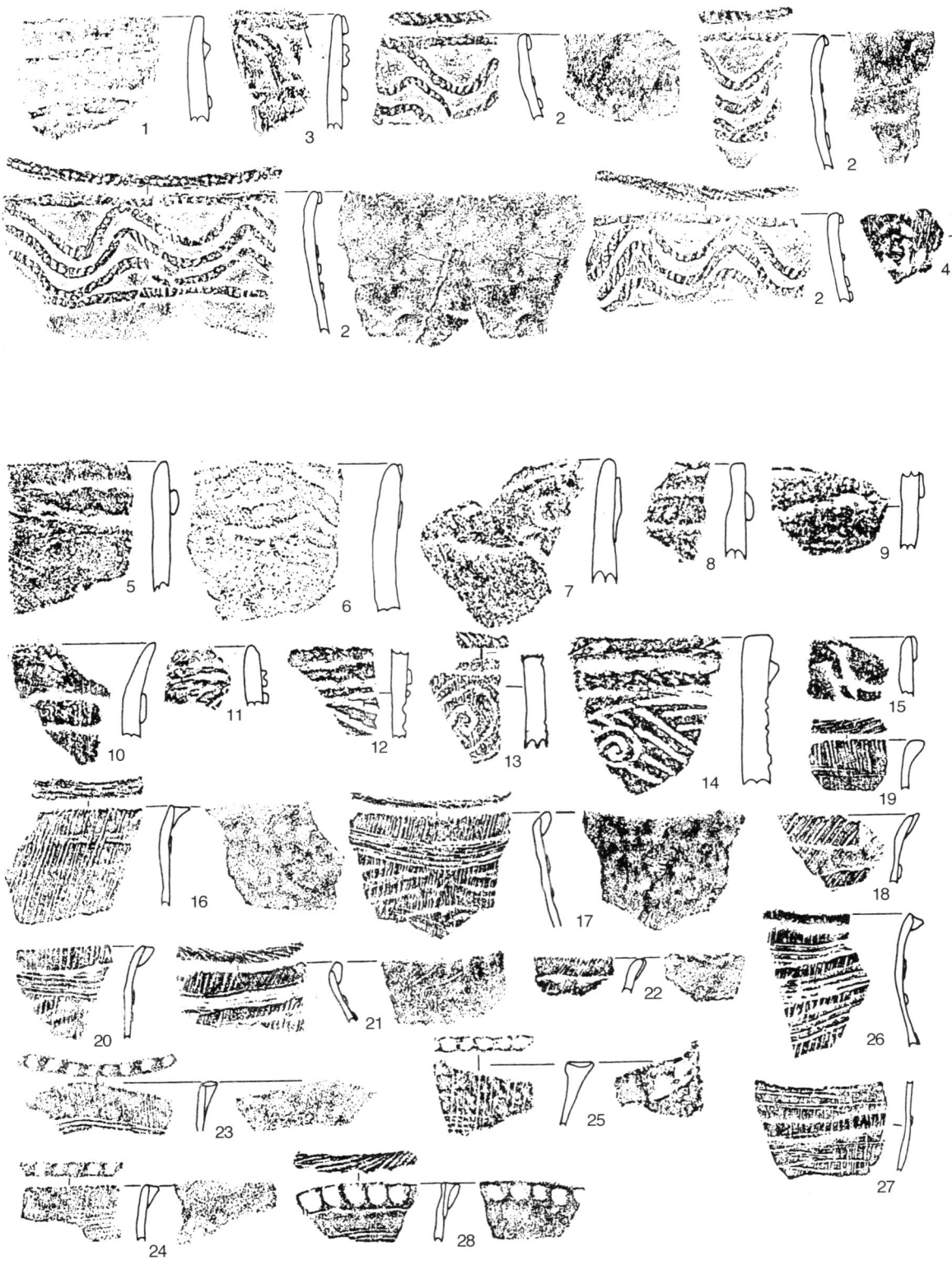

第6節　下吉井式土器・木島式土器・花積下層式土器　189

第70図　木島遺跡出土土器　(1〜4) 3号土壙　(5〜28) 1号住居跡

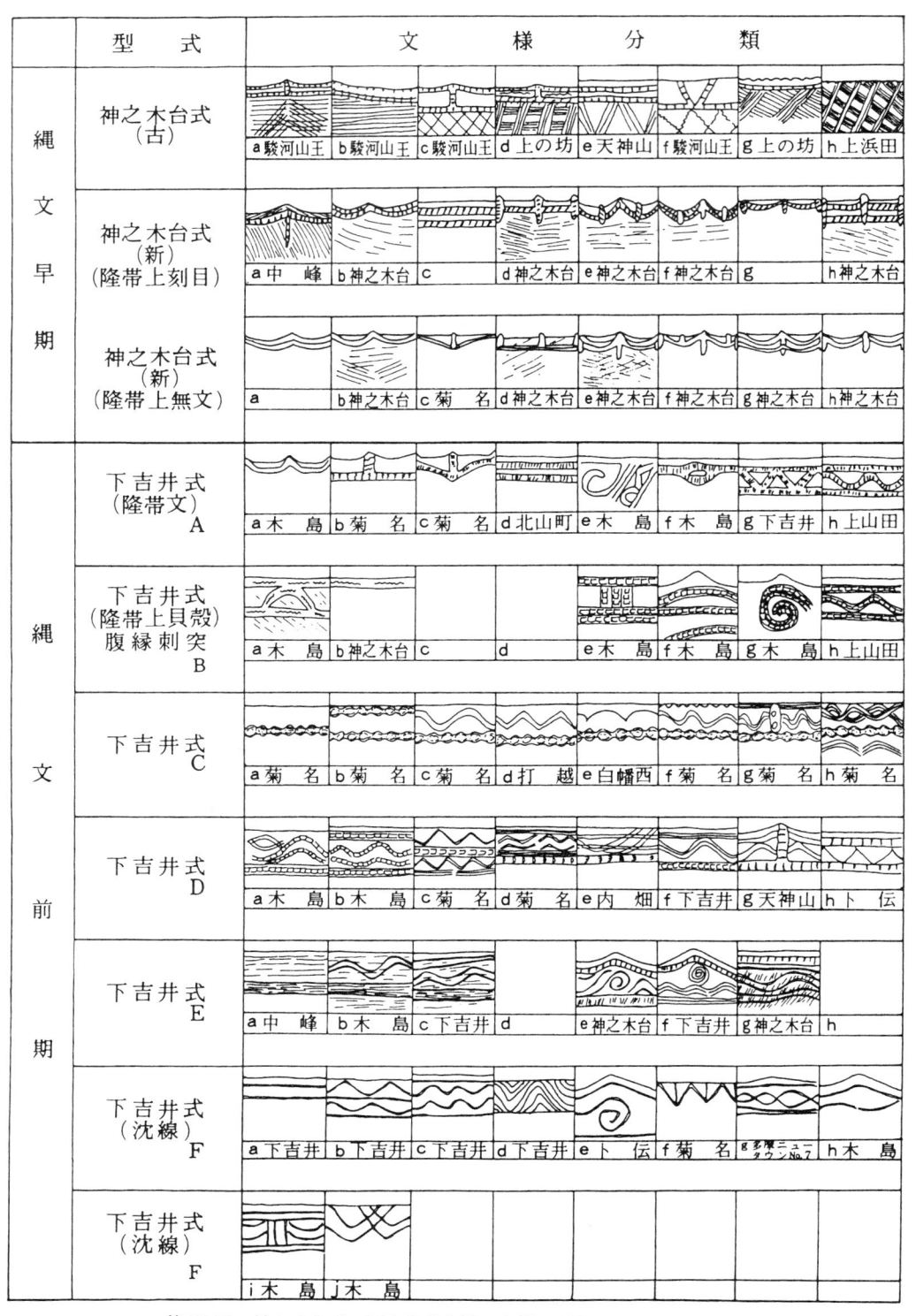

第 71 図　神之木台式・下吉井式土器の文様の種類 （澁谷 1982 年より）

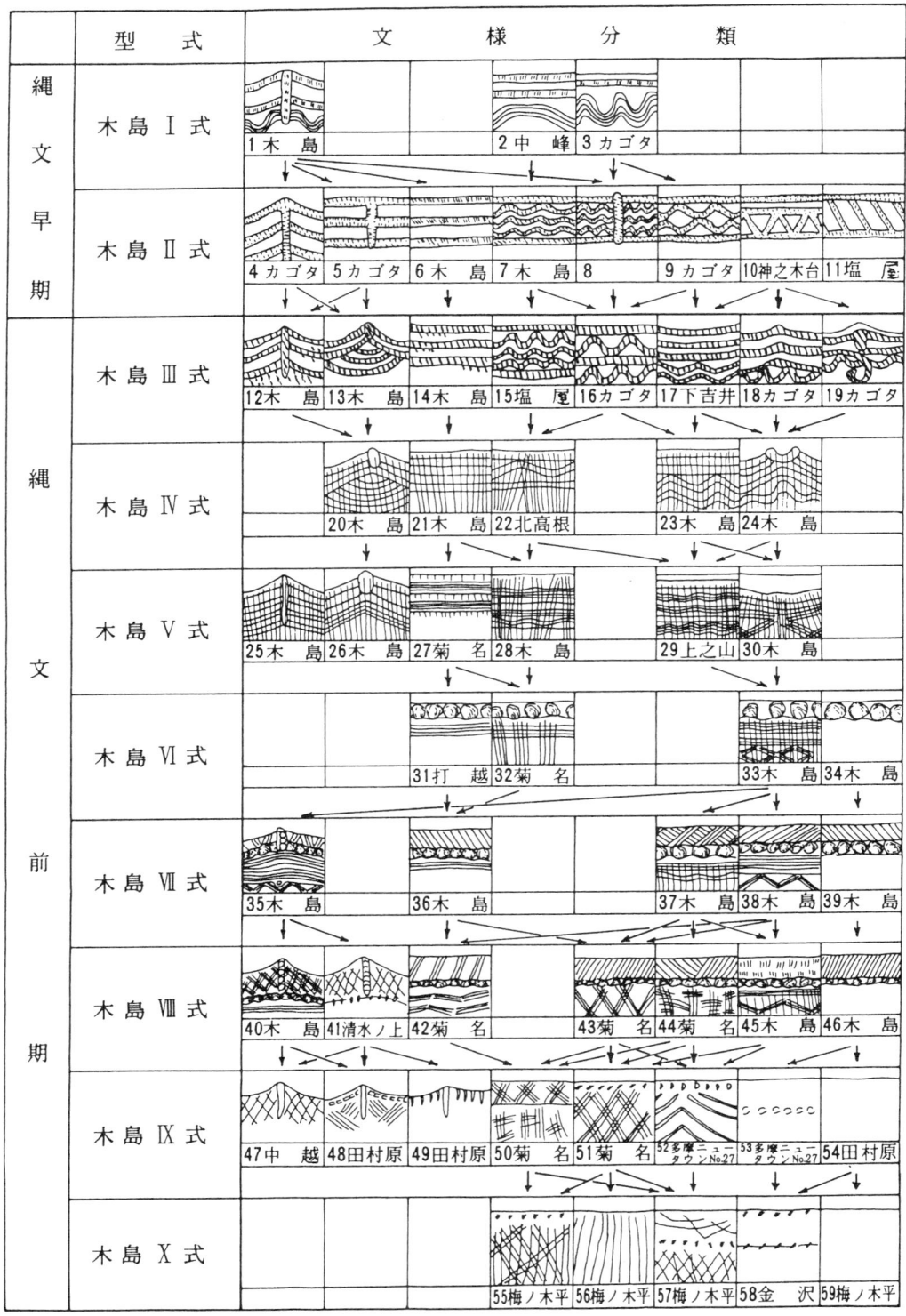

第6節　下吉井式土器・木島式土器・花積下層式土器　　191

型　式	文　様　分　類
縄文早期 木島Ⅰ式	1木島　2中峰　3カゴタ
木島Ⅱ式	4カゴタ　5カゴタ　6木島　7木島　8　9カゴタ　10神之木台　11塩屋
縄文前期 木島Ⅲ式	12木島　13木島　14木島　15塩屋　16カゴタ　17下吉井　18カゴタ　19カゴタ
木島Ⅳ式	20木島　21木島　22北高根　23木島　24木島
木島Ⅴ式	25木島　26木島　27菊名　28木島　29上之山　30木島
木島Ⅵ式	31打越　32菊名　33木島　34木島
木島Ⅶ式	35木島　36木島　37木島　38木島　39木島
木島Ⅷ式	40木島　41清水ノ上　42菊名　43菊名　44菊名　45木島　46木島
木島Ⅸ式	47中越　48田村原　49田村原　50菊名　51菊名　52多摩ニュータウンNo.27　53多摩ニュータウンNo.27　54田村原
木島Ⅹ式	55梅ノ木平　56梅ノ木平　57梅ノ木平　58金沢　59梅ノ木平

第72図　木島式土器の文様の変遷（澁谷1982年より）

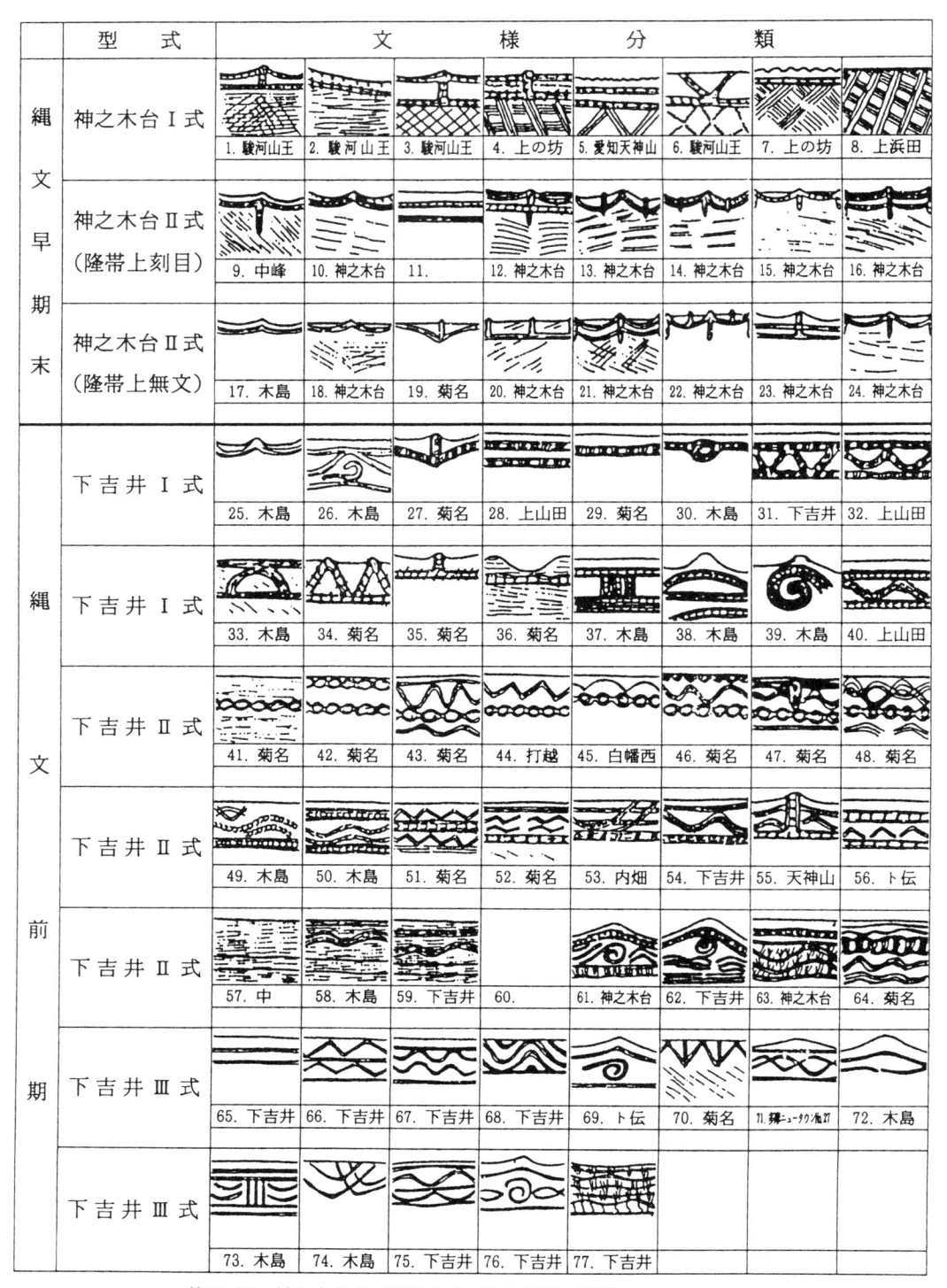

192　第2章　縄文時代早期末・前期初頭土器

型　式	文　様　分　類								
縄文早期末	神之木台Ｉ式	1. 駿河山王	2. 駿河山王	3. 駿河山王	4. 上の坊	5. 愛知天神山	6. 駿河山王	7. 上の坊	8. 上浜田
	神之木台Ⅱ式（隆帯上刻目）	9. 中峰	10. 神之木台	11.	12. 神之木台	13. 神之木台	14. 神之木台	15. 神之木台	16. 神之木台
	神之木台Ⅱ式（隆帯上無文）	17. 木島	18. 神之木台	19. 菊名	20. 神之木台	21. 神之木台	22. 神之木台	23. 神之木台	24. 神之木台
縄文前期	下吉井Ｉ式	25. 木島	26. 木島	27. 菊名	28. 上山田	29. 菊名	30. 木島	31. 下吉井	32. 上山田
	下吉井Ｉ式	33. 木島	34. 菊名	35. 菊名	36. 菊名	37. 木島	38. 木島	39. 木島	40. 上山田
	下吉井Ⅱ式	41. 菊名	42. 菊名	43. 菊名	44. 打越	45. 白幡西	46. 菊名	47. 菊名	48. 菊名
	下吉井Ⅱ式	49. 木島	50. 木島	51. 菊名	52. 菊名	53. 内畑	54. 下吉井	55. 天神山	56. ト伝
	下吉井Ⅱ式	57. 中	58. 木島	59. 下吉井	60.	61. 神之木台	62. 下吉井	63. 神之木台	64. 菊名
	下吉井Ⅲ式	65. 下吉井	66. 下吉井	67. 下吉井	68. 下吉井	69. ト伝	70. 菊名	71. 鵠沼ニュータウン他27	72. 木島
	下吉井Ⅲ式	73. 木島	74. 木島	75. 下吉井	76. 下吉井	77. 下吉井			

第73図　神之木台式・下吉井式土器の文様の変遷（澁谷1983年より）

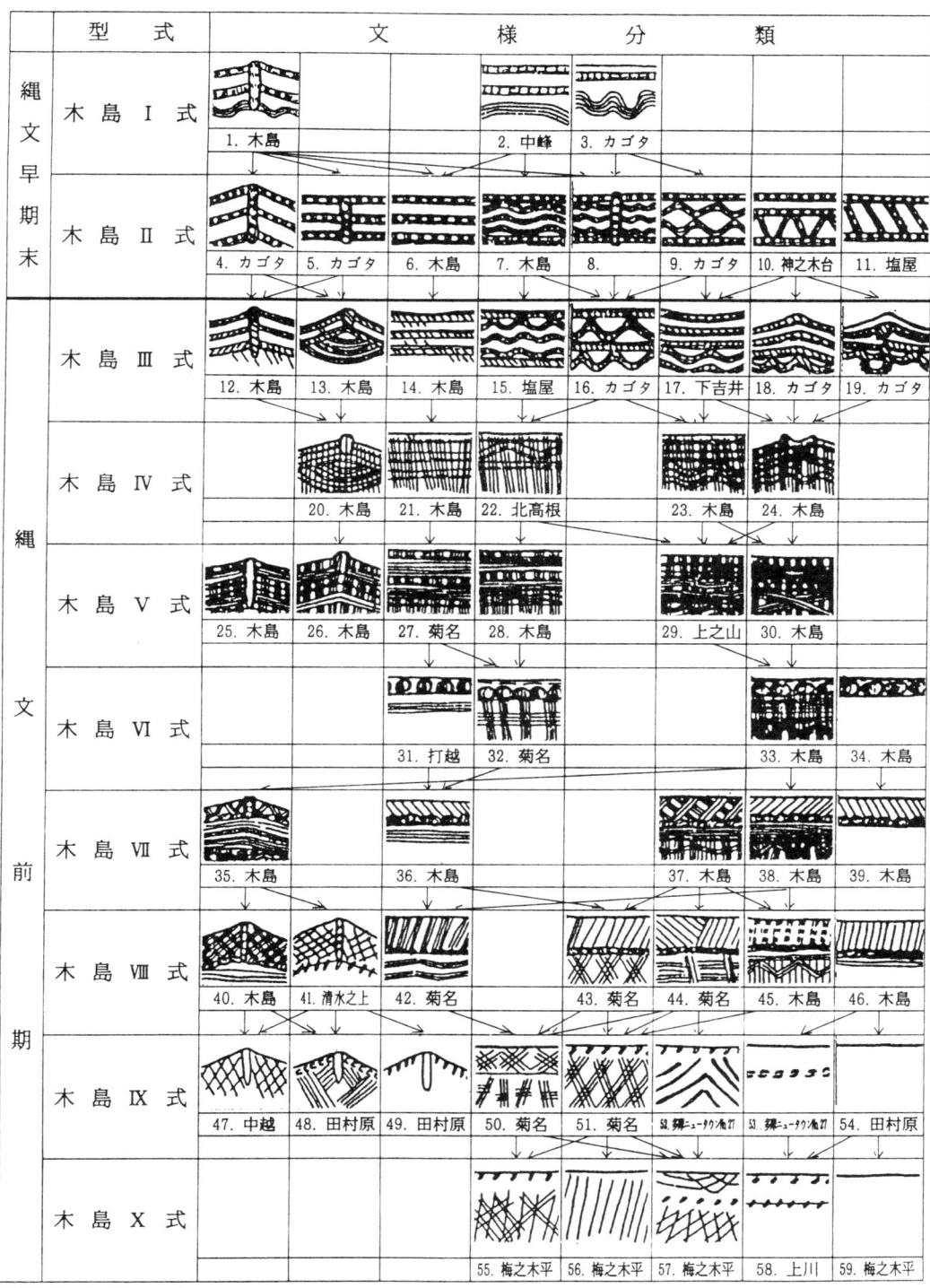

第6節　下吉井式土器・木島式土器・花積下層式土器　193

型　式	文　様　分　類								
縄文早期末	木島Ⅰ式	1. 木島			2. 中峰	3. カゴタ			
	木島Ⅱ式	4. カゴタ	5. カゴタ	6. 木島	7. 木島	8.	9. カゴタ	10. 神之木台	11. 塩屋
縄文前期	木島Ⅲ式	12. 木島	13. 木島	14. 木島	15. 塩屋	16. カゴタ	17. 下吉井	18. カゴタ	19. カゴタ
	木島Ⅳ式		20. 木島	21. 木島	22. 北高根		23. 木島	24. 木島	
	木島Ⅴ式	25. 木島	26. 木島	27. 菊名	28. 木島		29. 上之山	30. 木島	
	木島Ⅵ式			31. 打越	32. 菊名			33. 木島	34. 木島
	木島Ⅶ式	35. 木島		36. 木島			37. 木島	38. 木島	39. 木島
	木島Ⅷ式	40. 木島	41. 清水之上	42. 菊名	43. 菊名	44. 菊名	45. 木島	46. 木島	
	木島Ⅸ式	47. 中越	48. 田村原	49. 田村原	50. 菊名	51. 菊名	52. 野川ニュータウン№27	53. 野川ニュータウン№27	54. 田村原
	木島Ⅹ式			55. 梅之木平	56. 梅之木平	57. 梅之木平	58. 上川	59. 梅之木平	

第74図　木島式土器の文様の変遷

194　第2章　縄文時代早期末・前期初頭土器

第1表　東海・相模・関東における早期～前期の編年表(案)

	東海地方	相模地方	関東地方
縄文時代早期(末)	木島Ⅰ式 木島Ⅱ式	神之木台Ⅰ式 神之木台Ⅱ式	
縄文時代前期(初)	木島Ⅲ式 木島Ⅳ式・木島Ⅴ式 木島Ⅵ式・木島Ⅶ式 木島Ⅷ式 木島Ⅸ式 木島Ⅹ式	下吉井式 下吉井式 下吉井式 ？	花積下層式 花積下層式(渦巻き状の撚糸側面圧痕) 花積下層式 花積下層式(新田野期) 二ッ木式 関山Ⅰ式
前期			

第2表　東海・相模・関東地方における早期～前期の編年表(案)

	東海地方	相模地方	関東地方
縄文時代早期(末)	天神山式 木島Ⅰ式 木島Ⅱ式	(打越式) 神之木台Ⅰ式 神之木台Ⅱ式	打越式
縄文時代前期(初)	木島Ⅲ式 木島Ⅳ式・木島Ⅴ式 木島Ⅵ式・木島Ⅶ式 木島Ⅷ式 木島Ⅸ式 木島Ⅹ式	下吉井Ⅰ式 下吉井Ⅰ式・下吉井Ⅱ式 下吉井Ⅱ式 下吉井Ⅲ式	花積下層式(有段口縁，隆帯) 花積下層式(渦巻き状の撚糸側面圧痕) 花積下層式 花積下層式(新田野期) 二ッ木式 関山Ⅰ式

第3表　中越式土器編年(案)

	東海		信州	南関東
	愛知	静岡		
縄文時代前期(初)	木島Ⅲ		(＋)	下吉井式 (花積下層式)
	木島Ⅳ，Ⅴ		(＋)	花積下層式
	木島Ⅵ，Ⅶ，Ⅷ		中越Ⅰ式	花積下層式
	清水ノ上(＋)	木島Ⅸ	中越Ⅱ式	二ッ木式
	清水ノ上Ⅰ式	木島Ⅹ	中越Ⅲ式	関山Ⅰ式

(澁谷1982，1983年の編年表を基に今回作り替えた。)

　　第1表　澁谷昌彦　1982年　「木島式土器の研究－木島式土器の型式細分について－」より
　　第2表　澁谷昌彦　1983年　「神之木台・下吉井式土器の研究－その型式内容と編年的位置について－」より
　　第3表　澁谷昌彦　1991年　「中越式土器の研究－中越遺跡，阿久遺跡出土土器を中心として－」より

　　　　　　第75図　早期末から前期中葉の編年表

研究史」で関東地方から東北地方南部，北陸地方を含めた早期最終末から前期初頭の研究史をまとめた。また，1982年の「木島式土器の研究―木島式土器の型式細分について―」で型式細分した神ノ木台式土器のⅠ式・同Ⅱ式（第73図）についても詳しく言及するとともに，下吉井式土器をⅠ式からⅢ式に細分した。以下に概略を記しておく。

神之木台Ⅰ式土器は，波状口縁や平口縁にそって断面三角形の隆帯を貼り付け，その三角隆帯上部に貝殻腹縁や箆状工具の刺突を付ける。特色として，口縁部文様帯の直下は貝殻状工具や箆状工具により，格子状や貝殻腹縁の格子などの文様を入れる。こうした神之木台Ⅰ式土器の文様は，茅山上層式土器の一部，打越式土器の胴部，天神山式土器と近いことをものがたるとした（第73図　澁谷1983a・頁17）。

神之木台Ⅱ式土器（第73図　澁谷1983a）は，従来の神之木台式土器で，神之木台Ⅰ式土器の胴部の貝殻腹縁やヘラ状工具による格子目文などが消える段階である。この型式は木島Ⅱ式土器，縄文条痕文土器，縄文原体を器面に斜位に回転させた（縦走する縄文）土器などが編年的に併行関係にある。そして，天神山式土器は打越式土器と併行関係にあり，神之木台Ⅱ式より約二時期古い土器（澁谷1983a・頁18）と考えた。

前期の最初頭に位置付けた下吉井式土器は，下吉井Ⅰ式土器から下吉井Ⅲ式土器に細分した。

下吉井Ⅰ式土器（第73図）は，神之木台Ⅱ式土器からの文様系統を強く引いた隆帯文の土器である。

下吉井Ⅱ式土器（第73図）は，隆帯を貼り付けし，さらに他の文様要素の沈線文，半截竹管状工具の爪形などの波状文や渦巻き文を施している。

下吉井Ⅲ式土器（第73図）は，隆帯の貼り付けが消えて，半截竹管状工具，棒状工具による鋸歯状の沈線，渦巻き状，波状，∞状，弧状，直線などを列点や沈線で施しているとした。

そして，1983年の神奈川考古シンポジウム「縄文時代早期末・前期初頭の諸問題」の当日検討「ス，隆帯文・沈線文系土器をめぐって」（澁谷1984a，頁79の発表）の中で，筆者は花積下層式土器の撚糸側面圧痕文と下吉井式土器の沈線の渦巻文が，同時期異型式間の文様のすり替えだとの考えを発表した。

花積下層式土器については上記の発表（澁谷1984a）で詳しく言及しなかったが，同年，「花積下層式土器の研究―側面圧痕文土器を中心として―」（澁谷1984b）を書き，花積下層式土器の研究史を概観した。この中で花積下層式土器の型式細分は多様な文様要素があるが，側面圧痕文の変化を中心に型式細分をおこなうことを提唱した。

さらに，「花積下層式土器研究史と福島県内資料の型式分類」（澁谷1995）では，花積下層式土器の研究史を記し，福島県内出土の花積下層式土器の型式細分を提示した。そして，花積下層Ⅰ式土器から花積下層Ⅲ式土器までの型式細分をおこなった。

さて，この論文の目的は前述した視点に基づき下吉井式土器，木島式土器，花積下層式土器の型式細分と編年的な併行関係を検討することにある。しかし，これらの資料は今後も増加すると思われ，そうした時点で再度この問題を検討する必要がある。

2　静岡県駿東郡長泉町中峯遺跡

静岡県駿東郡長泉町中峯遺跡（望月2003）は愛鷹山東南の山麓に位置し，北西から南東に向かって緩やかになる標高100mから135mの尾根上に立地する。

第4号住居跡出土土器（第76図1～14）

第4号住居跡はほぼ円形を呈し，径約2.5mであった。この住居跡からは，器壁の薄い下吉井式土器（第76図1）が床面直上から出土した。住居跡の覆土下部からは下吉井式土器（第76図2，3）。口縁部と胴部の境に低い粘土紐を横位に貼り付け，沈線か刺突を施した下吉井Ⅱ式土器（第76図4）。口縁部と胴部の境に低

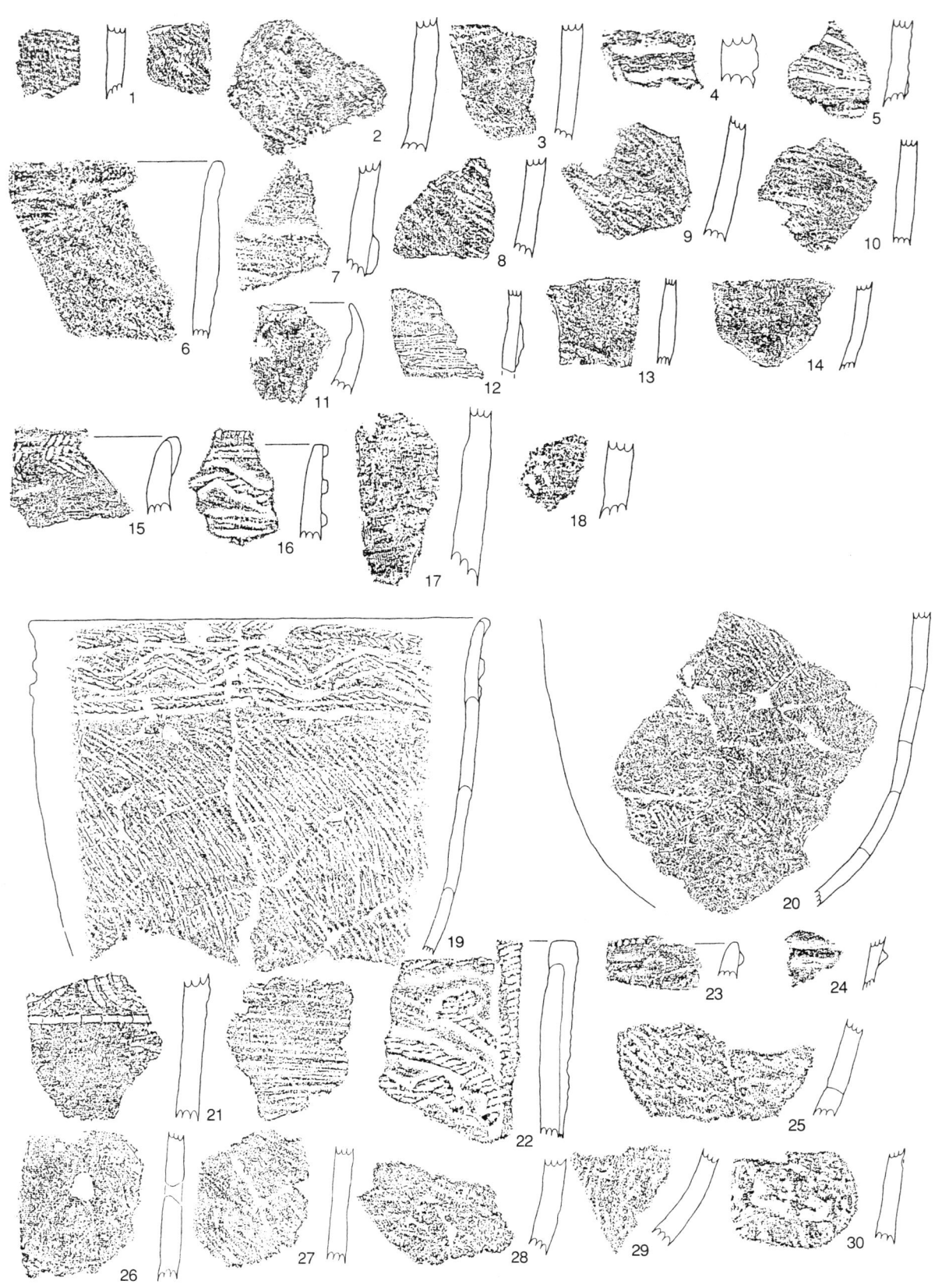

第2章 縄文時代早期末・前期初頭土器

第76図　中峯遺跡出土土器　（1〜14）4号住居跡　（15〜18）5号住居跡　（19〜30）6号住居跡

い粘土紐を付け，沈線か刺突を施した下吉井Ⅱ式土器（第76図5）。口縁部が比較的薄手で擦痕が付けられた下吉井式土器（第76図6）。口縁部と胴部の境に粘土紐を横位に貼り横位条痕を施した下吉井Ⅰ式か下吉井Ⅱ式土器（第76図7）。胴部に条痕を施した下吉井式土器（第76図8～10）。薄手の口縁部を内湾させ胴部を厚めにした土器（第76図11）。薄手土器で口縁部と胴部の境に横位の粘土紐を貼り，上部に横位条痕を付けた下吉井Ⅰ式土器と木島Ⅲ式土器との折衷土器（第76図12　澁谷1994）。無文で薄手の木島式土器と下吉井式土器の折衷土器（第76図13，14）などが出土している。

第5号住居跡出土土器（第76図15～18）

第5号住居跡は南北2.8m，東西2.4mの円形を呈し，深さ約20cmであった。床面出土で口唇部直下と，口縁部と胴部の境に横位の粘土紐を貼り，口縁部文様帯を区画した土器。この土器は区画内に波状の粘土紐を付けて，上部に貝殻条痕を施した下吉井Ⅰ式（第76図16）である。口縁部に沿って粘土紐を貼り付け，上部に貝殻背圧痕を付けた下吉井Ⅰ式土器（第76図15）。下吉井式の胴部の破片と思われる土器（第76図17，18）などと出土した。

第6号住居跡出土土器（第76図19～30）

第6号住居跡は径約2.5mの円形住居で掘り込みの深さが約30cmであった。（第76図19）は口唇部と胴部の境に粘土紐を横位に貼り付けて口縁部文様帯を作り，文様帯内に波状の粘土紐を貼り上部に条痕と貝殻腹縁を施し，胴部にも貝殻条痕を入念に入れた下吉井Ⅰ式土器である。この入念に入れた貝殻条痕は，花積下層式土器胴部施文の縦走する縄文との関係も考えられる。口縁部文様帯に粘土紐を垂下し，区画内に粘土紐をJ状に貼り付け貝殻背圧痕を施した下吉井Ⅰ式土器（第76図22　澁谷1984a）。このJ状の貝殻背圧痕文様は花積下層式土器の渦巻き状の撚糸側面圧痕と縄の節を模倣し，花積下層Ⅰ式土器からの影響と考えられる。口唇に貝殻背圧痕を付け，口縁に沿って粘土紐を横位に貼り付けた下吉井Ⅰ式土器（第76図23）。口縁部と胴部文様帯の境に沿って棒状工具で連続爪形を付けた下吉井Ⅱ式か下吉井Ⅲ式土器（第76図21）。薄手土器で口縁部文様帯に粘土紐を横位に貼り付け，木島Ⅲ式と下吉井Ⅰ式の折衷土器（第76図24）。下吉井式土器の胴部破片（第76図20，25～30）などが出土した。

3　静岡県駿東郡長泉町池田B遺跡

静岡県駿東郡長泉町池田B遺跡（笹原2000）は，愛鷹山南東麓緩斜地にあり，遺跡の立地する尾根も標高約110m，幅約200mのやや広い尾根で，樹枝状に入り組んだ小谷の緩やかな斜面に立地する。

第4号住居跡出土土器（第77図1～20）

第4号住居跡は楕円形を呈し，長径3.3m，短径2.8mであり，遺存状態も良好であった。この住居跡からは，縄文時代前期最初頭の下吉井式土器と花積下層式土器が出土した。床面直上からは土器（第77図1～8）を検出した。口唇に沿って隆帯を1条付け，その下に波状沈線を施した下吉井Ⅱ式土器（第77図1）。口縁に沿って隆帯を付け，竹管状工具で刺突を施した下吉井Ⅱ式土器（第77図2）。口縁部と胴部の境に横位の隆帯を付けた下吉井Ⅱ式と思われる土器（第77図3）。表面に条痕を施し，ナデ消したと思われる下吉井式土器（第77図7，10，11）。表裏に条痕が付けられた下吉井式土器（第77図6）。下吉井式土器の尖底丸底（第77図8）。口縁部と胴部横位に隆帯を施し，隆帯上部に貝殻条痕を付け，口縁部文様帯は，竹管状工具をずらして沈線風の刺突で波状を交差させ，∞状に付けた土器。この土器は胴部以下の貝殻条痕を入念に入れて，花積下層式の縄文を模倣した下吉井Ⅱ式土器（第77図12）である。口縁に沿って粘土紐を付けた下吉井Ⅱ式土器（第77図9）。波状口縁に条痕を施した下吉井式土器（第77図10）。口縁部と胴部の境に横位の隆帯を付けて，隆帯上部に沈線風の刺突を施した，下吉井Ⅱ式と思われる土器（第77図13，14）。胴部に異方向

縄文で縦走縄文を施文した花積下層Ⅱ式（第77図16）と思われる土器。下吉井式土器の尖底丸底（第77図20）などが出土した。

第5号住居跡出土土器（第77図21～27・第78図1～13）

第5号住居跡は長楕円形を呈し，長径4.4m，短径3.5mであった。住居跡床面直上から土器（第77図21～27）が出土した。（第77図21）は口縁部と胴部の境に横位の粘土紐を施し，口縁部文様帯に，押し引きで2段の波状文を付けている。この土器は胴部以下に斜めに条痕を施した後，ナデ消している下吉井Ⅱ式土器である。口縁に沿って横位に粘土紐を貼り付け，その下に沈線か刺突を施した下吉井Ⅱ式土器（第77図22）。胴部と口縁部の間に押し引きで2段の弧を描いた下吉井式土器（第77図24）。胴部に条痕を付けナデ消している下吉井式土器（第77図23，25）。胴部破片の薄手の無文で，木島式土器と下吉井式土器の折衷と思われる土器（第77図26）。口縁部と胴部の境に粘土紐を付け，上部に貝殻背圧痕を施した下吉井Ⅰ式か下吉井Ⅱ式土器（第78図1，2）。胴部と口縁部の境に粘土紐を横位に付け，口縁部文様帯に沈線状の，押し引きの波状を3段施した下吉井Ⅱ式土器（第78図5）。口縁に沿って粘土紐を横位に付け，口縁部文様帯に沈線状の，弧状の押し引きを付けた下吉井Ⅱ式土器（第78図3）。口縁部に押し引き状の沈線を施した下吉井Ⅱ式土器（第78図4）。沈線や押し引きを弧状に施した下吉井Ⅱ式と思われる土器（第78図6，7）。無文の薄手で木島式土器の古い段階の可能性がある土器（第78図11）。胴部に撚糸文を縦位に交差させた，花積下層Ⅰ式土器（第78図13）などが出土した。

第7号住居跡出土土器（第78図14～20）

第7号住居跡は楕円形を呈し，長径3.9m，短径3.7mであった。口縁部に沿って雑めに粘土紐を付けた下吉井Ⅰ式土器（第78図14）。口縁部と胴部の境に低い粘土紐を横に貼り，その上部に沈線を付けた下吉井Ⅱ式土器（第78図16）。口縁部横位に3本粘土紐を貼り付け，粘土紐の上部にハイガイで条痕を施し，裏面部にも条痕を施した木島Ⅲ式土器（第78図18）。口縁部と胴部の境の破片で，粘土紐を横位に貼り付け，ハイガイで斜めに条痕を付けた木島Ⅲ式土器（第78図19）などが出土した。

この出土状況により，縄文時代前期の下吉井式土器の口縁部に沿って，扁平の粘土紐を貼り付けた下吉井Ⅱ式土器（第78図14）。粘土紐を横位に付けて，粘土紐上部に，沈線や押し引きなどを付けた下吉井Ⅱ式土器（第78図16）。前期最初頭の木島Ⅲ式土器（第78図18，19）が併行関係にあることが確認できる。

第8号住居跡出土土器（第78図21～24）

第8号住居跡は長楕円形で，長径4.2m，短径が2.8mであった。出土土器は口唇部に貝殻背圧痕を付け，口縁部から胴部にかけて条痕を斜位に付けた下吉井式土器（第78図21）。口唇部に刺突を付けて，口縁に沿って沈線と押し引きによる渦巻きと弧状で，花積下層式土器の撚糸側面圧痕の施文具の転換した（澁谷1983b・1984a・1984b）下吉井Ⅱ式土器（第78図22）。撚糸文を縦位に付けた花積下層Ⅰ式土器（第78図24）などが出土した。

第2号住居跡出土土器（第78図25～29）

第2号住居跡は方形に近い楕円形の住居跡で，長径4.1m，短径3.6mであった。出土土器は波状口縁の波頂部に沿って，沈線に近い押し引きで，渦巻きを施し，第8号住居跡出土の下吉井Ⅱ式土器（第78図22）と同様に，花積下層式土器の渦巻き状撚糸側面圧痕文の文様効果をもつ下吉井Ⅱ式土器（第78図25）。口縁部に粘土紐を付け，貝殻条痕を横位に施した後，波状に押し引きを付けた下吉井Ⅱ式土器（第78図26）。口唇部に貝殻背圧痕を付け，口縁部文様帯に波状の押し引き文を2条付けた下吉井Ⅱ式土器（第78図27）。押し引き文や条痕文を付けた下吉井Ⅱ式土器（第78図28，29）などが出土した。

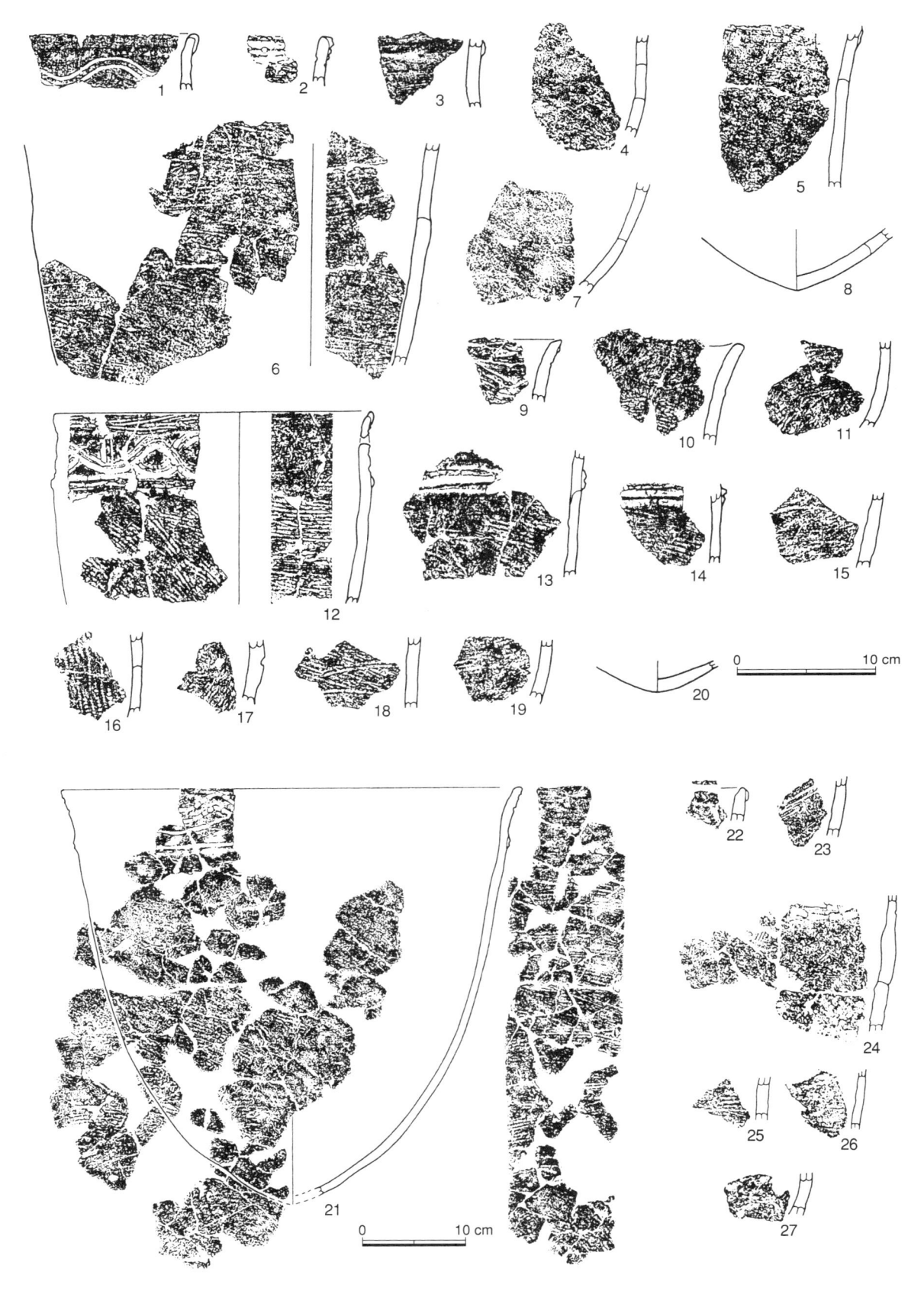

第 6 節　下吉井式土器・木島式土器・花積下層式土器　199

第 77 図　池田 B 遺跡出土土器　(1～20) 4 号住居跡　(21～27) 5 号住居跡出土土器 (第 78 図 1～13 に続く)

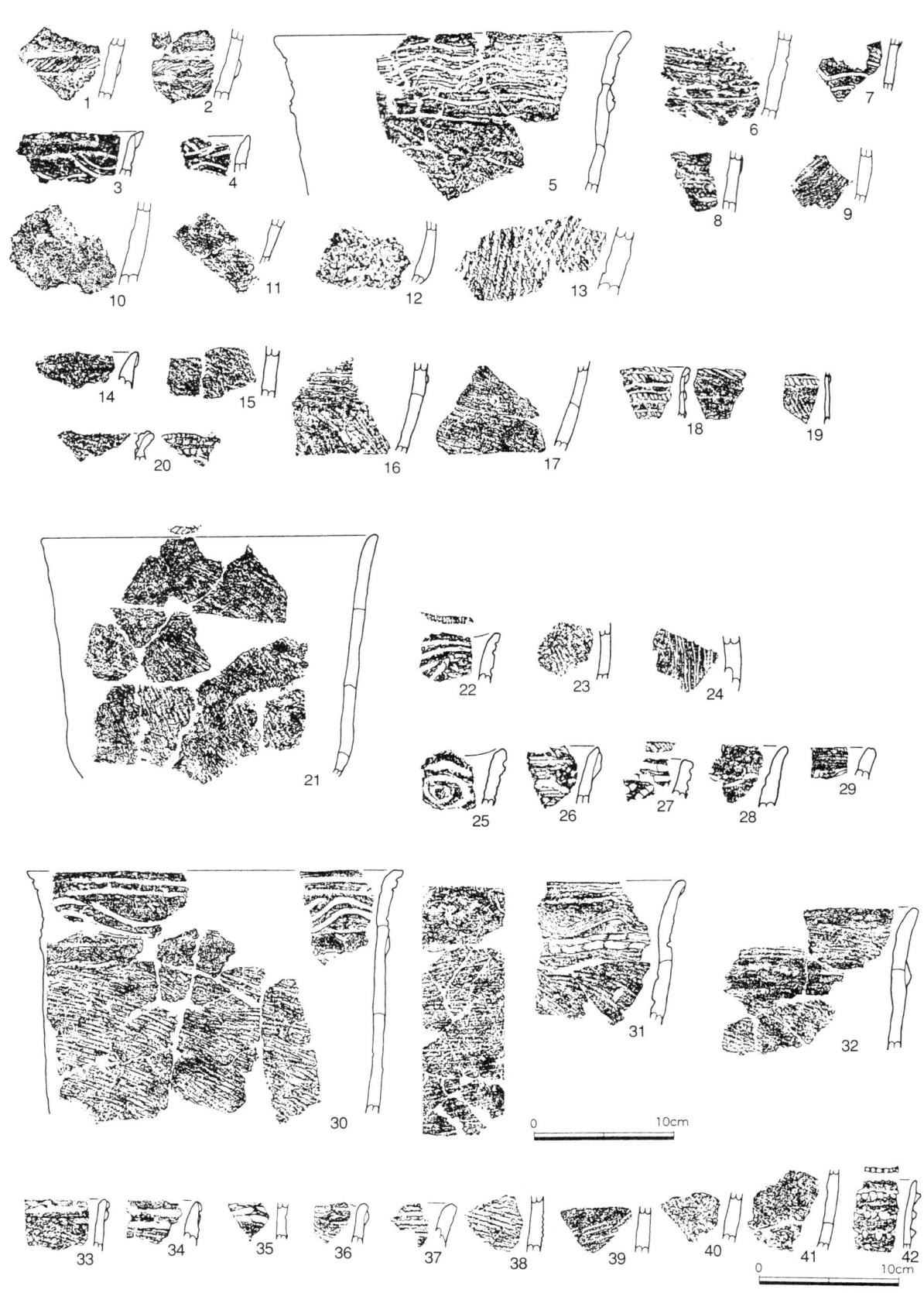

200 第2章 縄文時代早期末・前期初頭土器

第 78 図　池田 B 遺跡出土土器　(1～13) 5 号住居跡（第 77 図 21～27 の続き）　(14～20) 7 号住居跡　(21～24) 8 号住居跡　(25～29) 2 号住居跡　(30～42) 9 号住居跡

第9号住居跡出土土器（第78図30～42）

第9号住居跡は直径約3.3mの不整円形の住居跡であり，北壁を倒木により破壊されていた。床面直上からの出土土器（第78図30, 31）がある。出土土器は口縁部と胴部の境に粘土紐を横位に付け，口縁部文様帯の中に，横位の沈線と押し引き状の波状の沈線を施した下吉井Ⅱ式土器（第78図30）。口縁部に沿って粘土紐を横位に付け，上部に条痕を施し，口縁部と胴部の境に2条横位の押し引きを付けた下吉井Ⅱ式土器（第78図31）。口縁部と胴部の境に粘土紐を横位に付け，条痕を文様的に施した下吉井Ⅱ式土器（第78図32）。口縁に沿って粘土紐を横位に貼り，押し引き状の沈線を入れ，条痕を付けた下吉井Ⅱ式土器（第78図33, 34）。波状口縁に粘土紐を付け，口縁部文様帯に沈線状の押し引きを施した下吉井Ⅱ式土器（第78図36）。口縁部文様帯に2条単位の押し引きを付けた下吉井Ⅱ式土器（第78図35）。口縁に条痕を横位に付けた下吉井式土器（第78図37）などが出土した。

4　静岡県駿東郡長泉町鉄平遺跡

静岡県駿東郡長泉町下長窪鉄平遺跡（笹原2003）は池田B遺跡の南東部に位置する。

第3号住居跡出土土器（第79図1～10）

第3号住居跡は楕円形で，長径が3.91m，短径が2.28mであった。この住居跡からの出土土器は口縁部に沿って粘土紐を横位に貼り付け，粘土紐の上部に貝殻背圧痕を付けた下吉井Ⅰ式土器（第79図1）。口縁部破片であり口唇部が破損しているが，口縁部に沿って粘土紐を貼り付けた下吉井Ⅰ式と思われる土器（第79図2）。胴部破片であるが下吉井式と思われる土器（第79図3～6, 8～10）。胴部破片の木島式土器（第79図7）が出土した。

第9号住居跡出土土器（第79図11～13）

第9号住居跡は長方形の住居跡で，長径が3.4m，短径が2.59mであった。住居跡内出土土器（第79図11～13）は，口縁から棒状工具で沈線を付けた下吉井Ⅲ式土器（第79図11）。下吉井式土器の胴部破片（第79図12）。口縁部に沿って三角状に粘土紐を横位に貼り，その下に横位と波状に粘土紐を付け，櫛歯状工具で縦位に沈線を施した土器。この土器は，口縁部に沿った三角粘土紐の下に，横位の櫛歯状沈線を入れた木島Ⅴ式土器（第79図13）である。この出土状況から下吉井Ⅲ式土器（第79図11）と木島Ⅴ式土器（第79図13）が編年的に併行関係にあることが確認できる。

第7号住居跡出土土器（第79図14～30）

第7号住居跡は隅丸方形の住居跡で，長径が3.62m，短径が3.10mであった。住居跡内出土土器（第79図14～30）は，下吉井式土器（第79図14）の胴部破片。口縁部と胴部の境に段を付け，そこに爪形を施し，櫛歯状工具で斜位や菱形に櫛歯状沈線を付けた木島Ⅷ式土器（第79図15～29）。口唇部に刺突を付け，閉端の縄文を付けた花積下層Ⅲ式土器（第79図30）が出土した。

5　山梨県都留市中溝遺跡

山梨県都留市中溝遺跡（長沢1996）は，山梨県東部の桂川中流域の河岸段丘，大原台地の中央部に位置している。この桂川は大月市内で笹子川と合流し，神奈川県内で相模川となり相模湾に注いでいる。

第4号住居跡出土土器（第80図1～25）

第4号住居跡は不整楕円形で長径4.5m，短径4mであった。出土土器は，口縁部に沿って横位に粘土紐を付け，口縁部と胴部との境に横位粘土紐を貼り，条痕を施し口縁部文様帯に，沈線に近い押し引きで波状文を2条付けた下吉井Ⅱ式土器（第80図1）。口縁部と胴部の境に横位に粘土紐を貼り付け，貝殻条痕を文

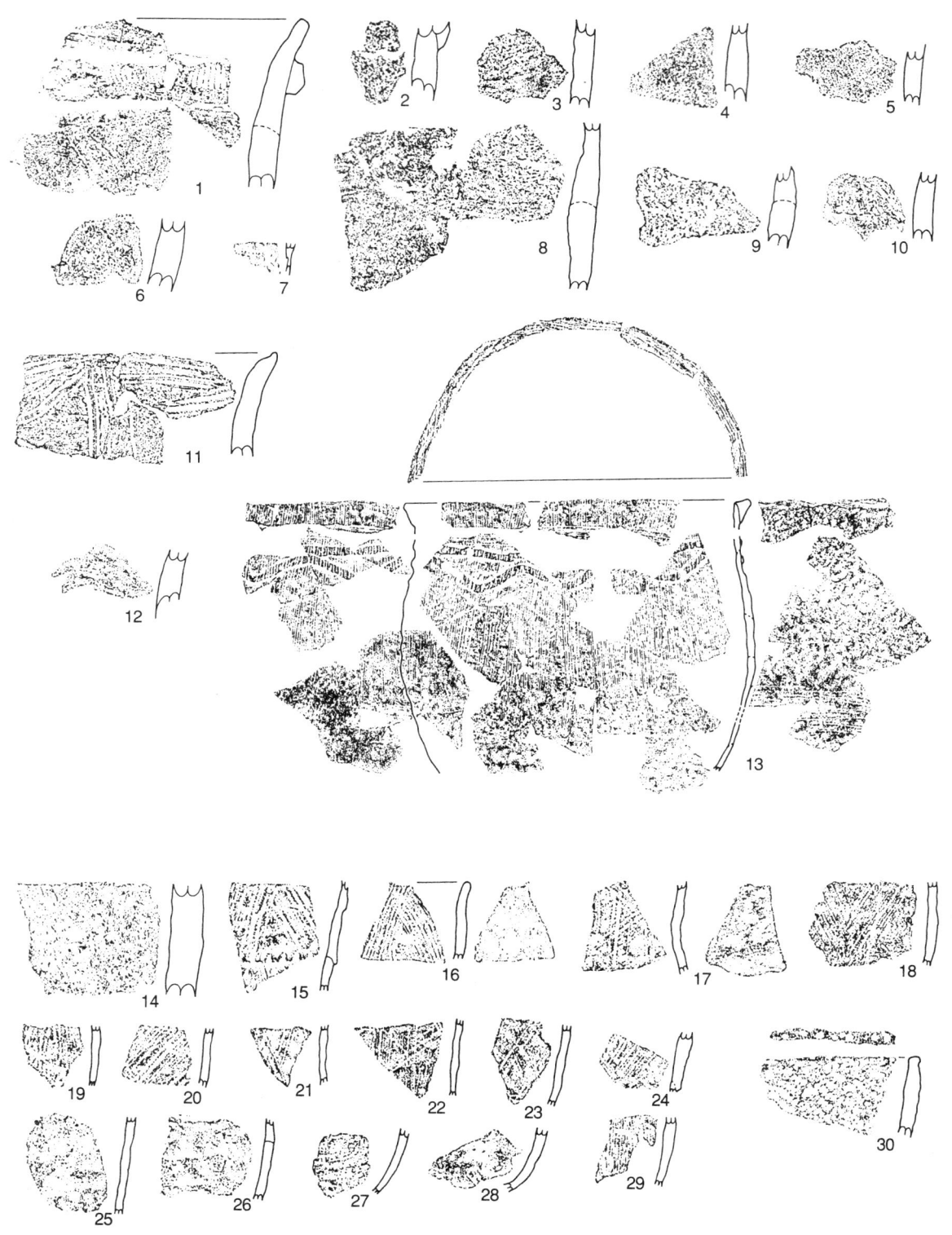

202　第2章　縄文時代早期末・前期初頭土器

第79図　鉄平遺跡出土土器　(1〜10) 3号住居跡　(11〜13) 9号住居跡　(14〜30) 7号住居跡

第6節　下吉井式土器・木島式土器・花積下層式土器　203

様状に付けた下吉井Ⅰ式土器（第80図2）。器壁を口縁部に沿ってわずかに肥厚させ，口縁部と胴部の境に横位の粘土紐を付けて，横位に文様状に貝殻条痕を付けた下吉井Ⅱ式土器（第80図3）。口縁部に条痕を施し，棒状工具で押し引きを付けた下吉井Ⅱ式土器（第80図4，5）。口縁に沿って粘土紐を横位に付け，上部に条痕を施している下吉井Ⅱ式土器（第80図6）。口縁に沿って横位に低い粘土を付け，横位条痕と斜位条痕を付けた下吉井Ⅱ式と思われる土器（第80図7）。口縁部に低い粘土を付け，横位沈線状の押し引きを付けた下吉井Ⅱ式土器（第80図8）。口縁部と胴部の境に横位粘土紐を付け，ハイガイ状の背圧痕を付けた下吉井Ⅰ式土器（第80図9）。口縁と胴部の境に粘土紐を横位に貼り付け，粘土紐上部に押し引き状の沈線を付けた下吉井Ⅱ式土器（第80図10）。口縁部に押し引きで波状を付けた下吉井Ⅱ式土器（第80図11）。口縁部に粘土紐を付け，上部に刺突を施し，下に沈線を付けた下吉井式土器（第80図16）。胴部に条痕を施す下吉井式土器（第80図12～15，18）。条痕を付け，沈線を施した下吉井式土器（第80図17）。口縁から斜行縄文を付けた花積下層Ⅰ式土器（第80図20）。口縁に沿って粘土紐を付け，貝殻条痕を付けた木島Ⅲ式土器（第80図22）。口縁部近くに粘土紐を波状に貼り付け，貝殻条痕を付けた木島Ⅲ式土器（第80図23）。胴部に櫛歯状沈線を付けた木島Ⅴ式土器（第80図24）。繊維を含まず薄手で幅広の粘土紐の上に貝殻を押さえ気味に付けた下吉井Ⅰ式土器と木島Ⅲ式の折衷土器（第80図21）。木島式土器の尖底丸底（第80図25）などが出土している。この住居からは2時期から3時期にわたる土器が出土した。

第5号住居跡出土土器（第80図26～34・第81図1～36）

第5号住居跡は不整楕円形で長径4.7ｍ，短径4ｍ，深さ0.3ｍであった。出土土器は波状口縁に沿って山形に沈線を付け，山形の下に円形の沈線を入れ，口縁部と胴部の境に低い粘土と横位の沈線で区画した下吉井Ⅱ式土器（第80図26）。波状口縁に沿って沈線を付け，沈線化した押し引きで蕨状の円形を描き，胴部と口縁部の境に，低い粘土を付けて内湾させ，条痕を施した下吉井Ⅱ式土器（第80図27，30）。口唇部に貝殻背圧痕を付け，波状口縁に沿って低い粘土紐を貼り，貝殻背圧痕風の条痕を施し，棒状工具で押し引きの波状文を付けた下吉井Ⅱ式土器（第80図28）。口縁に沿って粘土紐を貼り，粘土紐上に貝殻背圧痕を付けて，横位の条痕を施した下吉井Ⅱ式土器（第80図29）。口縁部に条痕を付け，口縁部文様帯を沈線で区画した中に，波状の沈線を入れた下吉井Ⅲ式土器（第80図31，32）。波状口縁に条痕を付け，棒状工具で沈線風に押し引きを施している下吉井Ⅲ式土器（第80図33）。口縁に沿って横位に条痕を付け，棒状工具で波状に押し引いた下吉井Ⅱ式土器（第80図34）。口縁に沈線状の押し引きを付けた下吉井Ⅲ式土器（第81図1～6）。口縁に横位や斜位に条痕を施した下吉井式土器（第81図7～9）。口縁部と胴部の境に粘土紐を貼り，粘土紐の上部に押し引きを施した下吉井Ⅱ式土器（第81図10，12）。口縁部に沈線を施した下吉井式土器（第81図13，14）。胴部に貝殻条痕を付けた下吉井式土器（第81図16～21）。口縁に沿って粘土紐を波状に貼り，貝殻状工具で条痕を施した木島Ⅲ式土器（第81図22）。口縁に沿って横位に2本粘土紐を付け，下に粘土紐を波状に貼り付け，貝殻状工具で斜位に条痕を施した木島Ⅲ式土器（第81図23）。口縁に沿って粘土紐を横位に貼り付け，貝殻状工具で斜位に条痕を施した木島Ⅲ式土器（第81図24）。口縁部と胴部の境に横位と波状の粘土紐を貼り付け，貝殻状工具で条痕を施した木島Ⅲ式土器（第81図25）。胴部上半に貝殻状工具で条痕を付けた木島Ⅲ式土器（第81図27，28）。胴部に櫛歯状沈線を付けたと思われる木島Ⅳ式土器（第81図29，30）。無文，条痕が付いた木島式土器の胴部（第81図26，31）。尖底丸底の下吉井式土器（第81図32～36）などが出土した。

第6号住居跡出土土器（第82図1～13）

第6号住居跡は不整楕円形で，長径4.2ｍ，短径3.3ｍであり，短軸方向を第7号住居跡に切られていた。出土土器は口縁部の下に沈線風の押し引きを付けた下吉井Ⅱ式と思われる土器（第82図1）。口縁部と

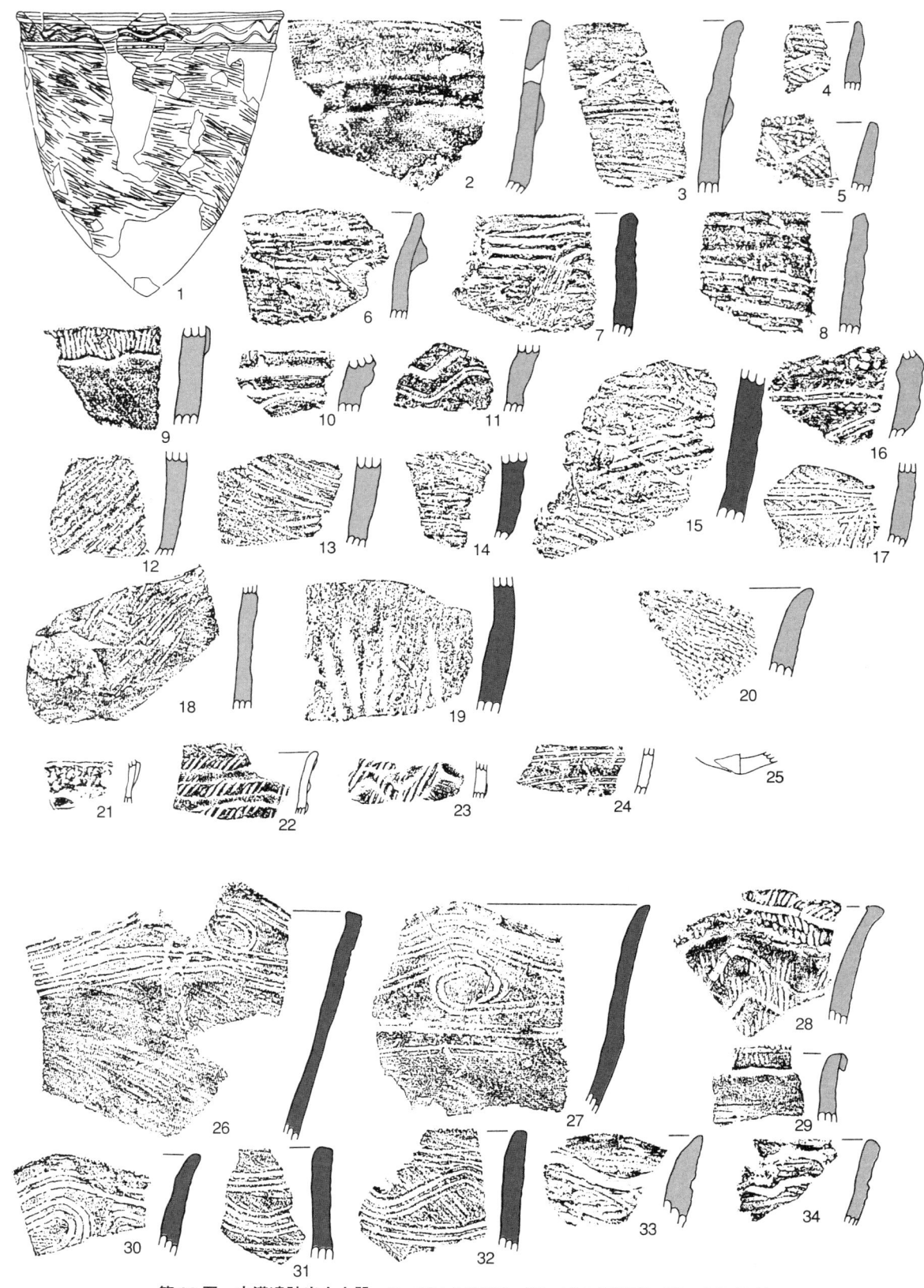

204　第2章　縄文時代早期末・前期初頭土器

第80図　中溝遺跡出土土器　(1〜25) 4号住居跡　(26〜34) 5号住居跡（第81図に続く）

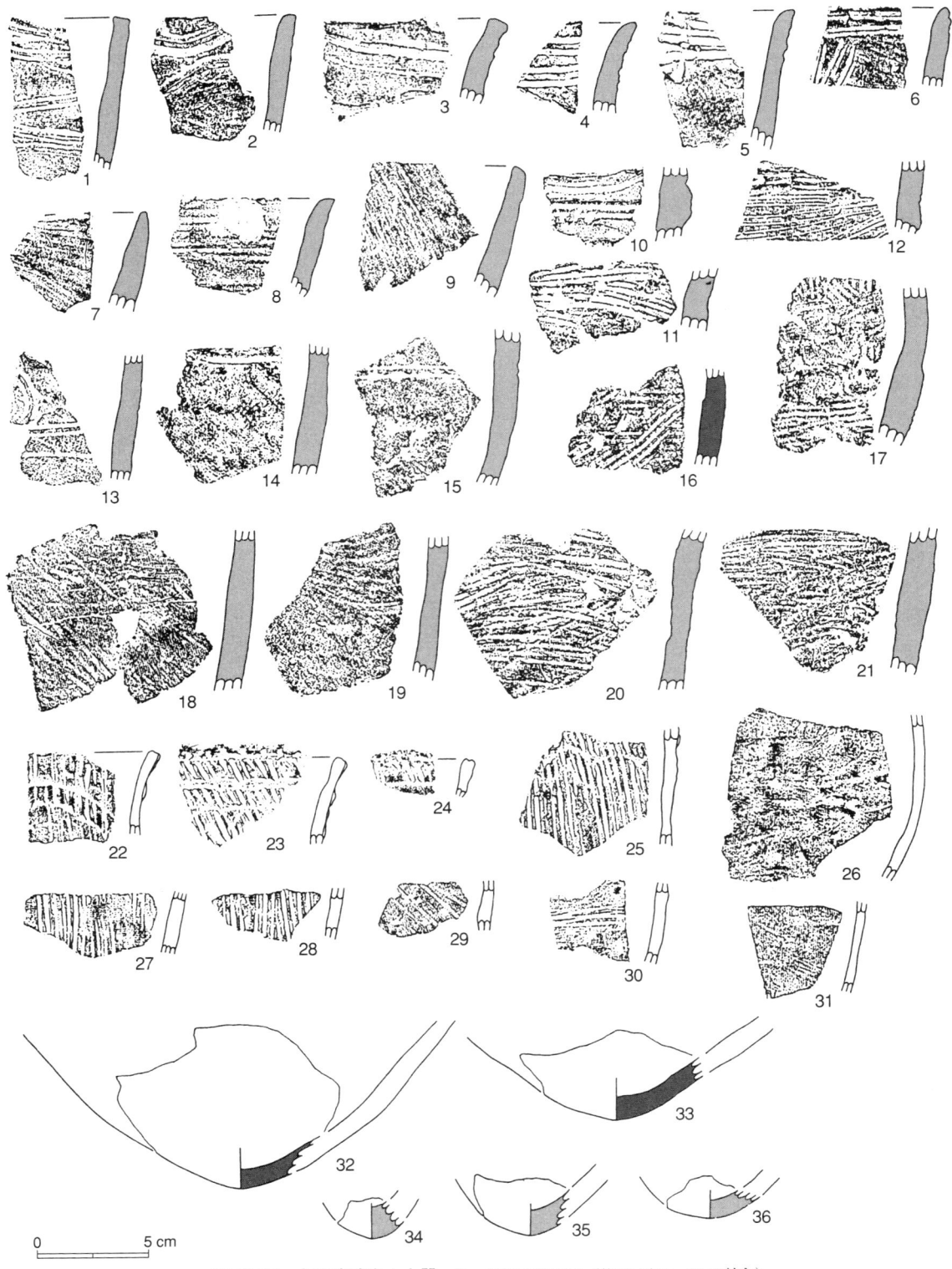

第 6 節　下吉井式土器・木島式土器・花積下層式土器　205

第 81 図　中溝遺跡出土土器　（1〜36）5 号住居跡（第 80 図 26〜34 の続き）

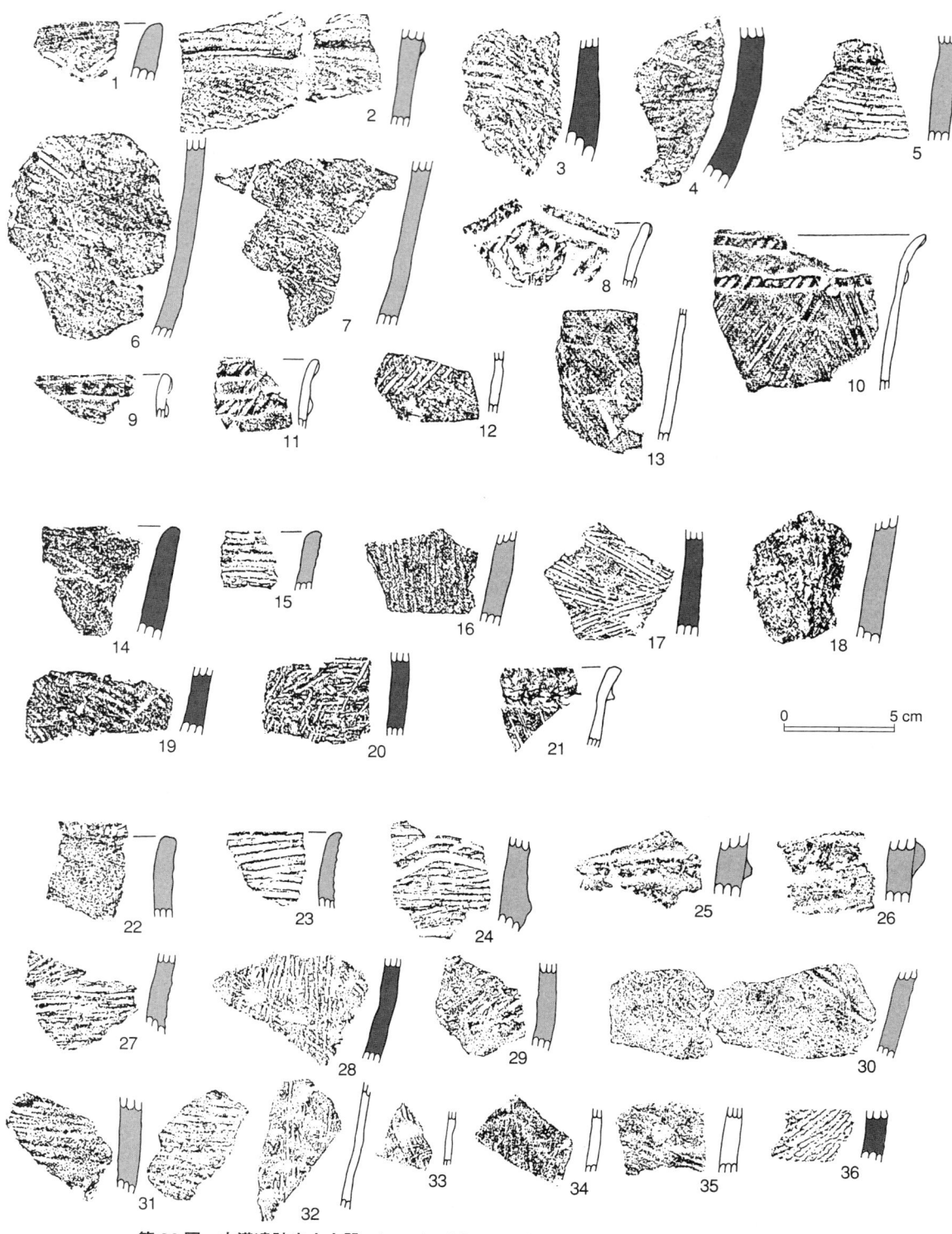

206　第2章　縄文時代早期末・前期初頭土器

第82図　中溝遺跡出土土器　（1～13）6号住居跡　（14～21）7号住居跡　（22～36）8号住居跡

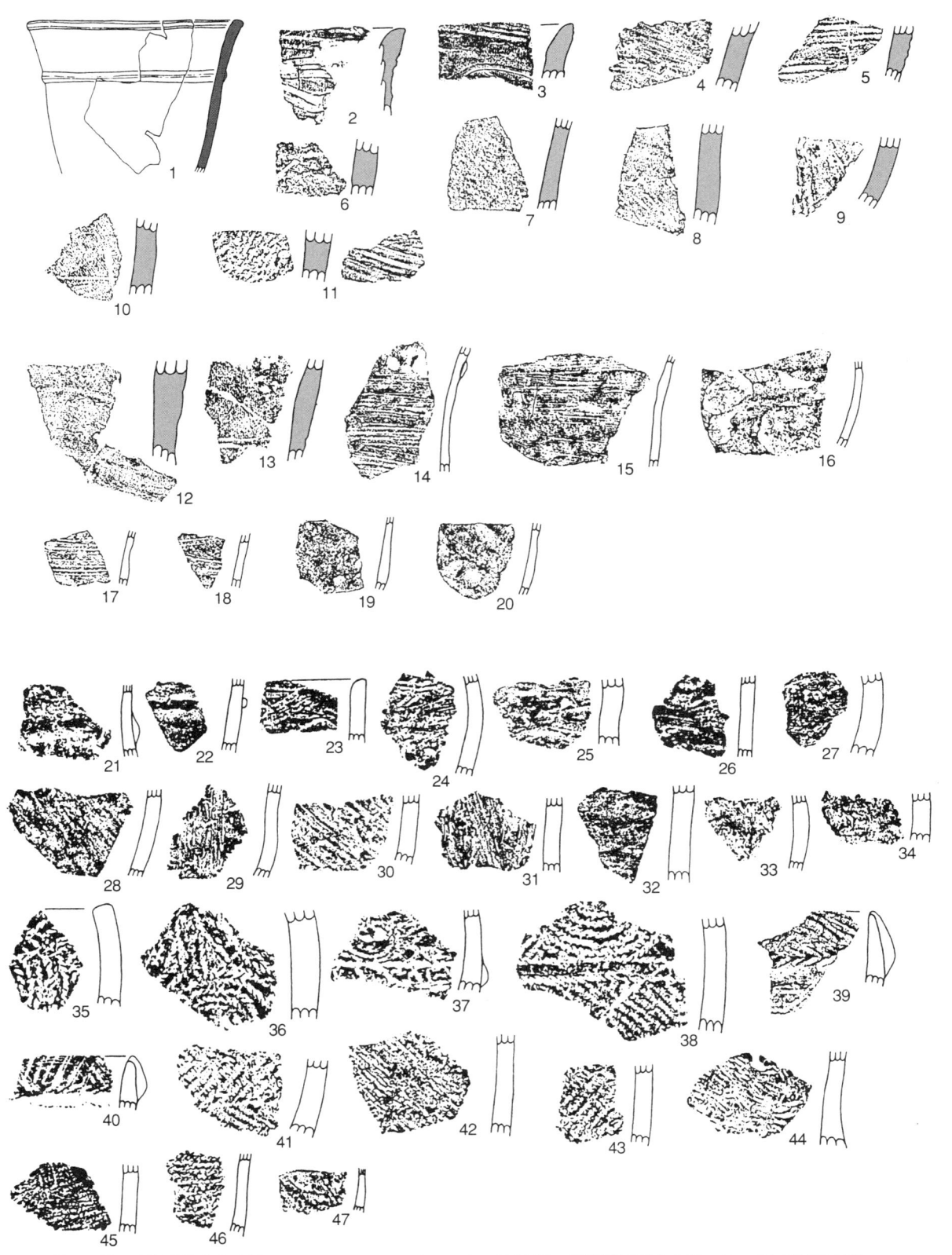

第6節　下吉井式土器・木島式土器・花積下層式土器　207

第83図　中溝遺跡出土土器　(1～11) 9号住居跡　(12～20) 10号住居跡　**打越遺跡出土土器**　(21～47) 182号住居跡

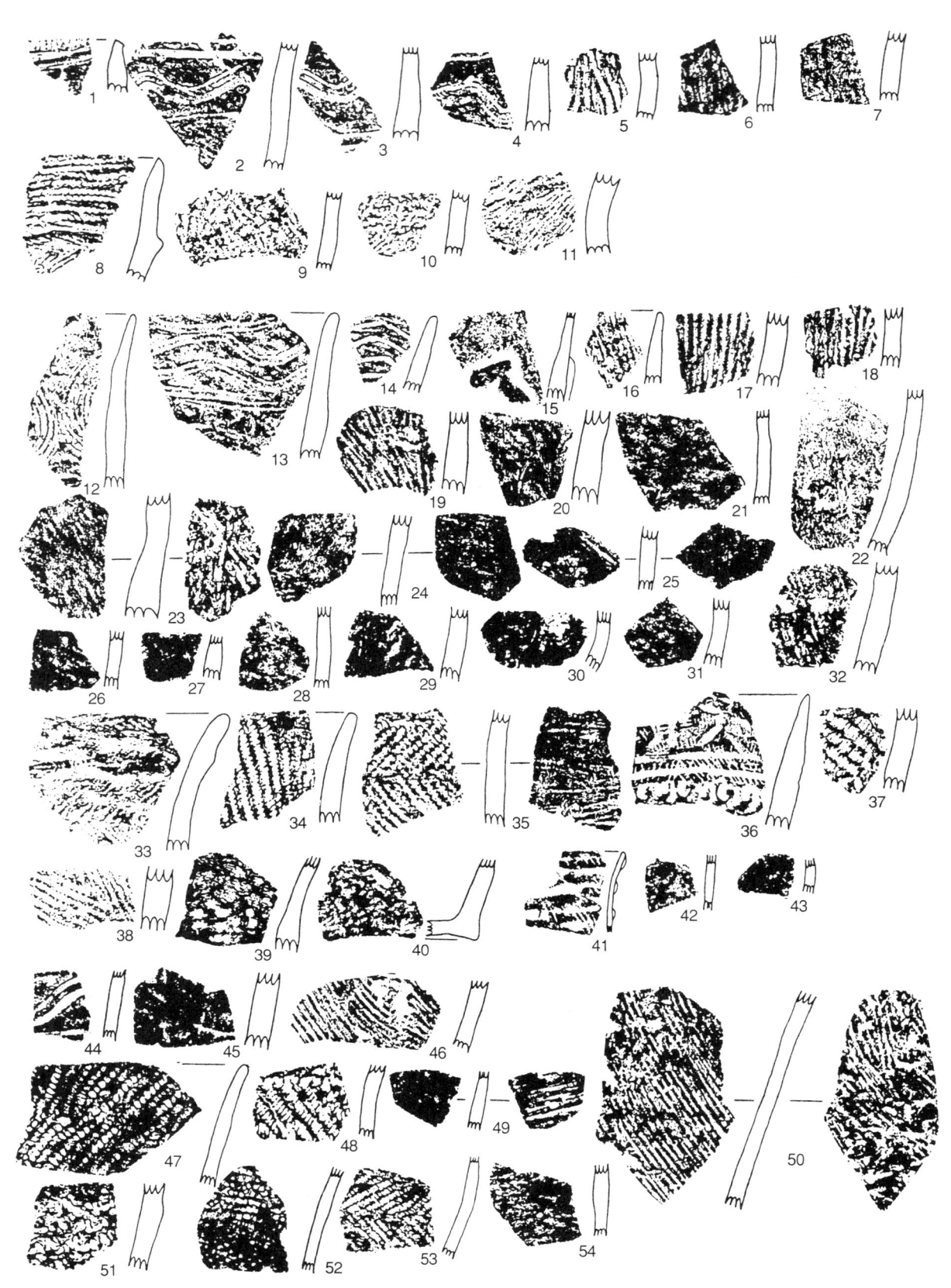

208　第2章　縄文時代早期末・前期初頭土器

第84図　打越遺跡出土土器　（1～11）114号住居跡　（12～43）53号住居跡　（44～54）125号住居跡

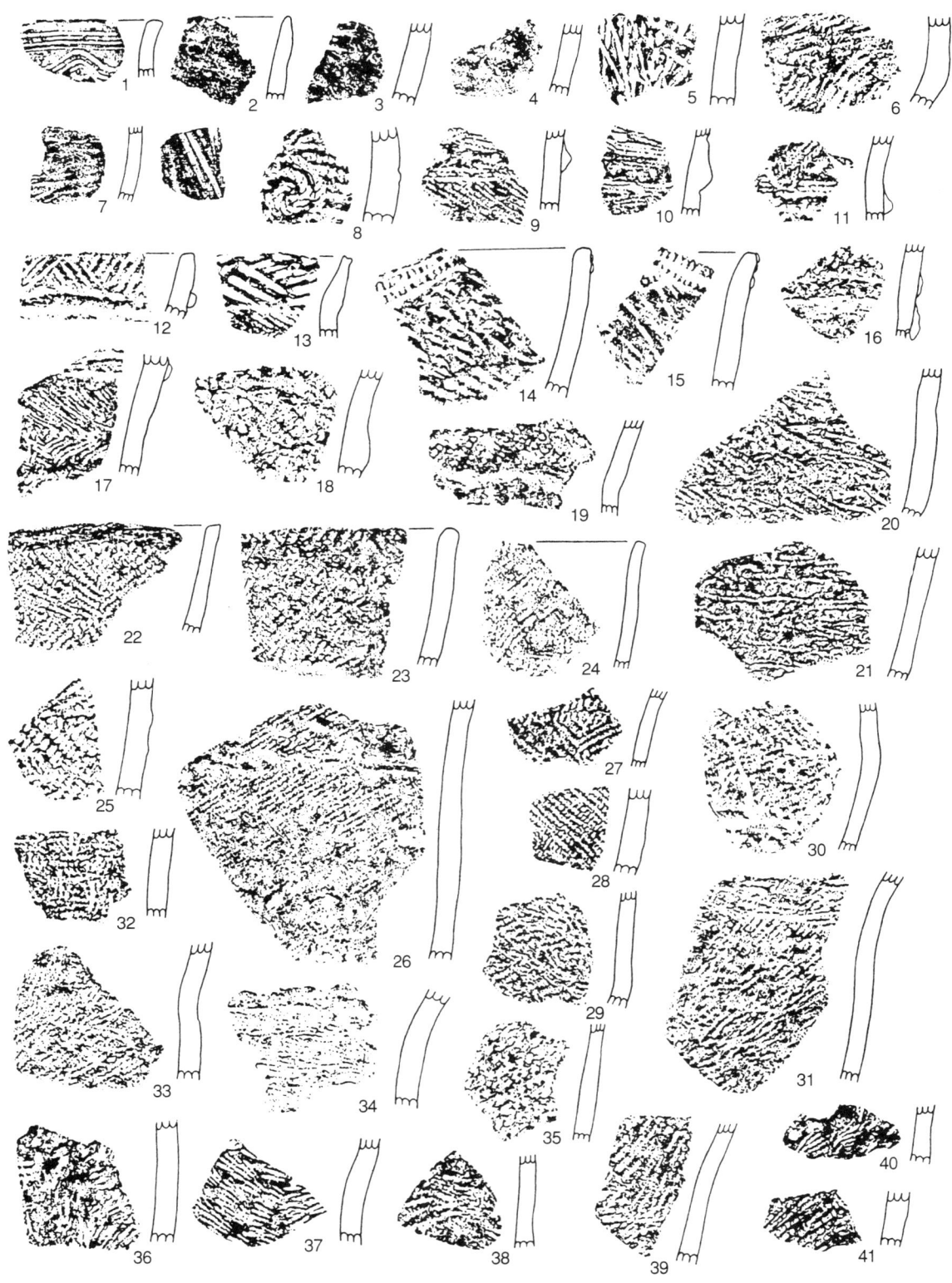

第6節　下吉井式土器・木島式土器・花積下層式土器　209

第85図　打越遺跡出土土器　(1〜41) 174号住居跡

胴部の境に粘土紐を横位に貼り付け，粘土紐の上部に貝殻条痕を施した下吉井Ⅰ式土器（第82図2）。胴部に貝殻条痕文を付けた下吉井式土器（第82図3～7）。波状口縁に沿って粘土紐を付け，弧状に粘土紐を施し，粘土紐上部に貝殻条痕を背圧痕風に付けた木島Ⅲ式土器（第82図8）。口縁部に沿って粘土紐を貼り付け，貝殻背圧痕風の条痕を付けた木島Ⅲ式土器（第82図9）。口縁部に沿って粘土紐を横位に2条付け，貝殻条痕を付けた木島Ⅲ式土器（第82図10，11）。胴部に条痕を付けた木島式土器（第82図12，13）などが出土した。

第7号住居跡出土土器（第82図14～21）

第7号住居跡は，第6号住居跡の一部を切っている小形の不整楕円形住居で長径が3.3m，短径が2.7m，深さ0.1mであった。出土土器は口縁部に条痕を擦り消した無文の下吉井式土器（第82図14）。口縁に沿って横位に条痕を付けた下吉井Ⅱ式土器（第82図15）。胴部に貝殻条痕を付けた下吉井式土器（第82図16～20）。口縁部に沿って横位に粘土紐を付け，粘土紐上部を指で押さえて爪で摘み，櫛状工具で沈線を付けた木島Ⅶ式土器（第82図21）などが出土した。

第8号住居跡出土土器（第82図22～36）

第8号住居跡は，不整楕円形で長径が4.1m，短径が3.6m，深さ0.3mであった。出土土器は口唇部に貝殻背圧痕か貝殻条痕を付けた下吉井式土器（第82図22）。口縁部に条痕を施し，第7号住居跡出土土器（第82図15）と接合した下吉井Ⅱ式土器（第82図23）。口縁部と上部の境に横位の粘土紐を付け，口縁部から貼り付け粘土紐上部に，横位の条痕を施した土器（第82図24）。この土器は上部に沈線に近い波状の押し引きを付けた下吉井Ⅱ式土器である。口縁部と胴部の境に粘土紐を横位に付け，粘土紐の上部に条痕を付けナデている下吉井Ⅱ式と思われる土器（第82図25）。口縁部と胴部の境に粘土紐を横位に付け，粘土紐上部に貝殻条痕を付けた下吉井Ⅱ式と思われる土器（第82図26）。胴部に貝殻条痕を施した下吉井式土器（第82図27～31）。胴部に櫛歯状沈線を施したと思われる木島Ⅳ式土器（第82図32～34）。胴部に縄文を施し繊維を含む花積下層式土器（第82図36）などが出土した。

第9号住居跡出土土器（第83図1～11）

第9号住居跡は，溝によって住居跡の中央部を切られていたが，不整楕円形の住居跡で長径4.7m，短径が4.1m，深さ0.2mであった。出土土器は口縁に沿ってと口縁部と胴部の境に，粘土紐を貼り付け条痕をナデている下吉井Ⅰ式土器（第83図1）。口縁に条痕を付け，沈線状の押し引きを波状に施した下吉井Ⅱ式土器（第83図2）。口縁直下に粘土紐を貼り条痕と波状沈線を付けた下吉井Ⅱ式土器（第83図3）。胴部に条痕を施した下吉井式土器（第83図4～11）などが出土した。

第10号住居跡出土土器（第83図12～20）

第10号住居跡は炉が確認されたため円形を想定した。出土土器は，口縁部と胴部の境に，沈線を付けた下吉井式土器（第83図12）。胴部と口縁部の境に押し引き状の沈線を付けた下吉井Ⅲ式土器（第83図13）。胴部と口縁部の境に段を付けて指状で摘み痕を施し，胴部に櫛歯状工具で横位沈線を付けた木島Ⅷ式土器（第83図14）。同じく胴部に横位や斜位沈線を付けた木島Ⅷ式土器（第83図15，17，18）。無文胴部下半の木島式土器（第83図16，19，20）などが出土した。

6　埼玉県富士見市打越遺跡

埼玉県富士見市打越遺跡（荒井・小出ほか1978・1983）は，荒川右岸の武蔵野台地の北東部に位置する。

第182号住居跡出土土器（第83図21～47）

口縁部と胴部の境に粘土紐を横位に貼り付けた下吉井Ⅱ式土器（第83図21，22）。口縁部に沈線風の押し

第6節　下吉井式土器・木島式土器・花積下層式土器　211

引きで波状を付けた下吉井Ⅱ式か下吉井Ⅲ式土器（第83図23）。胴部に条痕を付けた下吉井式土器（第83図24～26）。胴部の条痕を擦り消した下吉井式土器（第83図32～34）。口縁部に粘土を貼り付け，刺突や条痕を施した下吉井Ⅱ式土器（第83図39）。口縁部文様帯に撚糸側面圧痕を渦巻き状に付けた花積下層Ⅱ式土器（第83図35～38　澁谷1984b・1995，谷藤1994）。口縁部に粘土を付け，沈線を斜めに入れた花積下層式土器（第83図40）。羽状縄文を付けた花積下層式土器（第83図41）。縄文を施した花積下層式土器（第83図43，46）。貝殻背圧痕を施した花積下層式土器（第83図44，45）。貝殻条痕を施した木島Ⅲ式土器（第83図47）などが出土した。

第114号住居跡出土土器（第84図1～11）

第114号住居跡は，第113号住居跡に切られていた。出土土器は口唇部に貝殻条痕を付け，沈線を施した下吉井Ⅲ式土器（第84図1）。口縁部文様帯の上下を横位沈線で区画し，中に波状沈線を付けた下吉井Ⅲ式土器（第84図2～4）。胴部縦に条痕を施した下吉井式土器（第84図5）。胴部で条痕を擦り消した下吉井式土器（第4図6，7）。口縁部文様帯を粘土紐で区画し，横位にLとRの縄の撚糸側面圧痕を施し，胴部に縄文を施した花積下層Ⅲ式土器（第84図8）。この類例は，群馬県大胡町上ノ山遺跡（山下1992）や富山県極楽寺遺跡（小島1965，澁谷1984），石川県甲・小寺遺跡（四柳1972，澁谷1984）などがある。他に縄文を施した花積下層式土器（第84図10，11）などが出土した。

第53号住居跡出土土器（第84図12～43）

第53号住居跡は隅丸長方形で長径3.5ｍ短径2.5ｍであり，北側を弥生時代の住居跡に切られていたが，床面が良好な遺存状態であった。出土土器は口縁部文様帯に沈線風の押し引きで渦巻きを付けている下吉井Ⅱ式か下吉井Ⅲ式土器（第84図12）。口縁部文様帯を低い粘土紐と横位沈線で区画し，2本の波状を付けた下吉井Ⅱ式土器（第84図13）。口縁に条痕を付けた後，沈線で波状を付けた下吉井Ⅲ式土器（第84図14）。口縁部に粘土紐を付けた下吉井Ⅰ式か下吉井Ⅱ式土器（第84図15）。口縁部に対して貝殻条痕を意識的に縦位や斜位に入れた下吉井式土器（第84図16）。口縁部から胴部にかけて縦位や斜位に貝殻条痕を付け，花積下層式土器の縦走の縄文効果を出したと思われる下吉井式土器（第84図17～19）。条痕を擦り消した下吉井式土器（第84図22，23，25，32）。口縁部と胴部の境に粘土紐を横位に貼り，無節の縄文を付けた花積下層式土器（第84図33）。縄文や貝殻背圧痕を付けた花積下層式土器（第84図37～40）。口縁部から異方向縄文により，縦位の縄文を付けた花積下層Ⅰ式土器（第84図34）などが出土した。これらの土器の文様は，福島県羽白Ｄ遺跡第28号住居跡（鈴鹿1988，澁谷1995）などに類例が多い。群馬県久保田遺跡第1号住居跡（谷藤1994）など多くの場合は菱形に組む。ほかに胴部に羽状縄文を付け，内面に条痕文を付けた花積下層Ⅰ式土器（第84図35　澁谷1995）。貝殻背圧痕を付けた花積下層式土器（第84図39）。口縁部に粘土紐を横位に付け，貝殻条痕を付けた木島Ⅲ式土器（第84図41）。無文の胴部破片の木島式土器（第84図42，43）などが出土した。

第125号住居跡出土土器（第84図44～54）

口縁部に波状沈線を付けた下吉井Ⅲ式土器（第84図44）。条痕を擦り消した下吉井式土器（第84図45，49）。条痕を斜位に付けた下吉井式土器（第84図46，50）。口縁部から縄文を施した花積下層式土器（第84図47）。縄文を施した花積下層式土器（第84図48，51，53）。貝殻背圧痕を付けた花積下層式土器（第84図52）などが出土した。

第174号住居跡出土土器（第85図1～41）

口縁に沿って横位沈線を付け，波状沈線を施した下吉井Ⅲ式土器（第85図1）。口縁部の条痕を擦り消した下吉井式土器（第85図2）。胴部の条痕を擦り消した下吉井式土器（第85図3，4）。胴部に条痕を施した下

吉井式土器（第85図5〜7）。口縁部に渦巻きの撚糸側面圧痕を付けた花積下層Ⅱ式土器（第85図8　澁谷1984a・1984b・1995，谷藤1994）。撚糸側面圧痕を付け，胴部と口縁部の境に粘土紐を付けた花積下層Ⅱ式土器（第85図9〜11）。口縁部文様帯を横位粘土紐で区画し，交差矢羽根の沈線を入れた土器（第85図12・13　澁谷1984b・1995）。口縁部に沿って粘土紐を2本付けて刺突を施し，口縁部文様帯にも棒状工具で刺突を入れ，無節の縄文を付けた二ツ木式土器（第85図14，15　谷藤1994）。口縁部文様帯と胴部文様帯の境に粘土紐を貼り付け，区画して結節縄文を付けた二ツ木式土器（第85図17）。特殊な縄文で側面環付（山内1979）の可能性があると思われ，二ツ木式の可能性がある土器（第85図20，21）。口縁部直下を無文にして，羽状縄文を付けた土器（第85図22）。口縁部直下に刻みを入れて貝殻背圧痕を付ける花積下層式土器（第85図23，24）。貝殻背圧痕を付けた花積下層式土器（第85図31〜34，36〜41）などが出土している。

　この住居跡出土土器は大きく2時期あり，下吉井式土器と花積下層式土器の段階と，二ツ木式土器の段階に分かれる。

7　埼玉県春日部市花積貝塚

　花積貝塚（下村ほか1970）は大宮台地の慈恩寺支台の南端にあり，西方が黒浜支台と1kmへだて，東に中川低地をはさんで7km離れて下総台地に面している。

第7号住居跡（第86図1〜54）

　第7号住居跡は不整楕円形で，長径が4.5ｍ，短径が3.5ｍであった。出土土器は，口縁部横位に粘土紐を貼った下吉井Ⅰ式か下吉井Ⅱ式土器（第86図1）。口縁部と胴部の境に粘土紐を横位に貼り，その上に半截竹管状工具を押し引きし，交差する弧状の沈線状押し引きを付けた下吉井Ⅱ式土器（第86図2）。口縁部に沿って半截竹管状工具で横位に沈線風の押し引きし，その中に沈線風の波状押し引きを施した下吉井Ⅱ式土器（第86図3）。口縁部に半截竹管状工具で交差する沈線を施文した下吉井Ⅱ式と思われる土器（第86図4）。口縁部と胴部の境に粘土紐を横位に貼り付け，粘土紐上を半截竹管状工具で押し引きした下吉井Ⅱ式土器（第86図5）。口唇部に貝殻背圧痕を付け，押し引き状の沈線を施した下吉井Ⅱ式か下吉井Ⅲ式土器（第86図6）。口縁で沈線風に成形痕のある下吉井式土器（第86図7）。口縁部の表裏に条痕のある下吉井式土器（第86図8〜11）。条痕を擦り消した尖底土器（第86図15，16）。表裏条痕であるが，表面に縦位の条痕を付けた下吉井式土器（第86図18，19，24）。波状口縁にLRの太い原体を渦巻き状に撚糸側面圧痕した花積下層Ⅰ式土器（第86図26）。口縁部文様帯にRLの縄文原体を縦位に側面圧痕したと思われる花積下層Ⅰ式土器（第86図27）。口縁部文様帯に粘土紐を貼り付け，LRの縄文原体で縄文を施した花積下層式土器（第86図28）。口縁部に粘土紐を横位に貼り，楕円形の刺突を付けた恐らく花積下層Ⅰ式土器（第86図29）が出土した。これらには，福島県いわき市竹之内遺跡（馬目1982）の口縁部に円形刺突ある土器が類例としてあげられる。このほか口縁部文様帯を「く」状に直立させ，Rの縄文原体を施した花積下層式土器（第86図30）。表面に羽状縄文を付け，裏面に条痕を施した花積下層式土器（第86図32，33，36，42）。口縁部表面に貝殻背圧痕を付け，裏面に貝殻条痕を施した花積下層式土器（第86図43）。胴部に貝殻背圧痕や貝殻条痕を付けた花積下層式土器（第86図44，46〜49）。口唇部を平たくし，口縁部から指による成形で凹凸を付け，木島式と下吉井式の折衷と思われる土器（第86図51，52）。外反する下吉井式土器と木島式の折衷と思われる土器（第86図50）。単節縄文が施された薄手の土器で，単節の羽状縄文の花積下層式と薄手木島式の折衷と思われる土器（第86図53，54）。口縁部から条痕文を施し繊維を多量に含む下吉井式と木島式土器の折衷と思われる土器（第86図45）などが出土した。

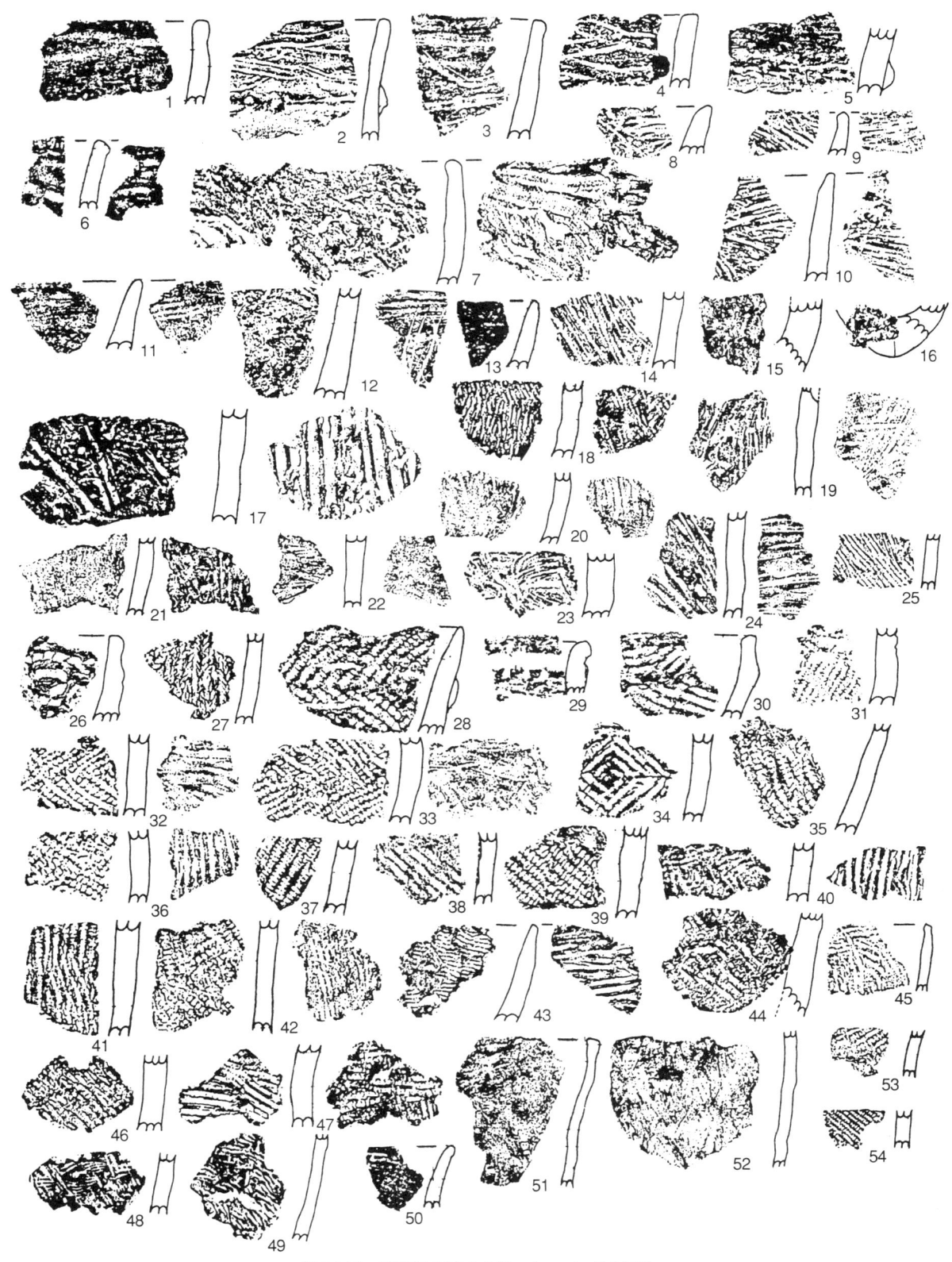

第6節　下吉井式土器・木島式土器・花積下層式土器　213

第86図　花積貝塚出土土器　(1〜54) 7号住居跡

214　第2章　縄文時代早期末・前期初頭土器

8　埼玉県秩父郡荒川村下段遺跡

下段遺跡（金子1989，谷藤1999）は秩父盆地の最奥部，秩父山地との境に位置し，荒川が東流し，西に双見沢，東が谷津川によって開析された段丘面にある。

斜面包含層出土土器（第87図1～17）

口唇部を角頭状にして条痕を付けた下吉井Ⅱ式か下吉井Ⅲ式土器（第87図1）。口縁部を外反させ胴部との境に，横位の低い粘土紐を貼り付け口縁部文様帯を区画し，粘土紐上部に沈線状の押し引きを付け，区画した中に沈線で波状を施した下吉井Ⅱ式土器（第87図2）。低隆帯で幅狭い口縁部文様帯を区画し，隆帯上部に押し引きを付け，半截竹管状工具で波状沈線を施した下吉井Ⅱ式土器（第87図3）。口縁に沿って横位に粘土紐を貼り付け，半截竹管状工具で波状の沈線を施した下吉井Ⅱ式土器（第87図4）。口縁部文様帯を低い隆帯で横位区画し，隆帯の裾に櫛歯状工具による4本の平行沈線が施され，同一工具で波状の沈線が付けられた下吉井Ⅱ式土器（第87図5）。波状口縁に沿って棒状工具で連続押し引きを付け，口縁部文様帯と胴部文様帯との境に，横位隆帯を貼り付け，横位隆帯上部に2本単位の押し引きを施し，口縁部文様帯に押し引きによる渦巻きを付ける下吉井Ⅱ式土器（第87図6）。この押し引きによる緩やかな渦巻きが，花積下層Ⅰ式土器の撚糸側面圧痕の渦巻きの文様転化（澁谷1983a・1983b・1984a・1984b・1995，谷藤1999）であることが考えられる。ほかに波状口縁で胴部と口縁部の境に隆帯を貼り付け，隆帯上部に押し引き状の刺突が3列施文され，裏面にも条痕文が付けられた下吉井Ⅰ式土器（第87図7）。平口縁で口縁部と胴部の境に横位の隆帯を貼り付け，口縁部文様帯と粘土紐上部に入念に条痕を施した下吉井Ⅰ式土器（第87図8）。口唇部直下に0段多条の縄文原体RLの側面圧痕を付け，菱を組むような整然とした羽状縄文を施した花積下層Ⅰ式土器（第87図9）。口縁部から単節の羽状縄文を付け，縄文による菱形を組んでいる花積下層Ⅰ式土器（第87図10）。口縁部と胴部の間に隆帯を貼り付け，幅の狭い口縁部文様帯を作り，RとLの2本を組み合わせた撚糸側面圧痕を横位と縦位に付け，胴部に0段多条のRL原体の異方向縄文で，縦長の菱形文を構成している花積下層Ⅰ式土器（第87図11）。胴部文様帯に0段の撚糸文を付け菱形を施した花積下層Ⅰ式土器（第87図12）。胴部文様帯にRの撚糸を菱形に付けた花積下層Ⅰ式土器（第87図13）。口縁部と胴部の間を肥厚させて，撚糸側面圧痕で幅狭く区画し，中にRの撚糸で弧状の側面圧痕を付け，胴部に0段多条のRLの縄文が施文され縦長の菱形を作る花積下層Ⅰ式土器（第87図14）。断面三角形の幅広い低い隆帯で口縁部文様帯を区画し，その中にLの太い撚糸の側面圧痕を縦位と斜位に付け，胴部は0段多条のRLの縄文で縦長の菱形構成をとり，胎土に繊維を多く含む花積下層Ⅰ式土器（第87図15）。隆帯で口縁部文様帯を区画し，隆帯の両裾にRの撚糸側面圧痕を付けた花積下層Ⅰ式土器（第87図16）。口縁部文様帯に横位と縦位に隆帯を付け，撚糸側面圧痕を斜位に施した花積下層Ⅰ式土器（第87図17）などが出土している。

下段遺跡斜面堆積包含層出土のこれらの土器はほぼ同時期と考えられる。これにより下吉井Ⅰ式や下吉井Ⅱ式土器と花積下層Ⅰ式土器は編年的に併行関係にあることがわかる。したがって下吉井式土器は前期最初頭の時期（澁谷1982・1983a）である。

9　埼玉県大宮市宮ヶ谷塔遺跡（山形ほか1985）

第7号住居跡出土土器（第87図18～20）

口縁部を波状口縁にして，低い隆帯で口縁部文様帯を区画し，隆帯上に擦痕を付け，文様帯の中に渦巻き，弧状，波状沈線を施した下吉井Ⅱ式土器（第87図18）。胴部の異方向縄文による縦長の菱形構成をとった花積下層Ⅰ式土器（第87図19）。胴部に斜位の条痕を入れた下吉井式土器（第87図20）が出土した。この出土例からも，花積下層Ⅰ式土器と下吉井Ⅱ式土器が編年的に同時期で，両型式が前期初頭であることがわ

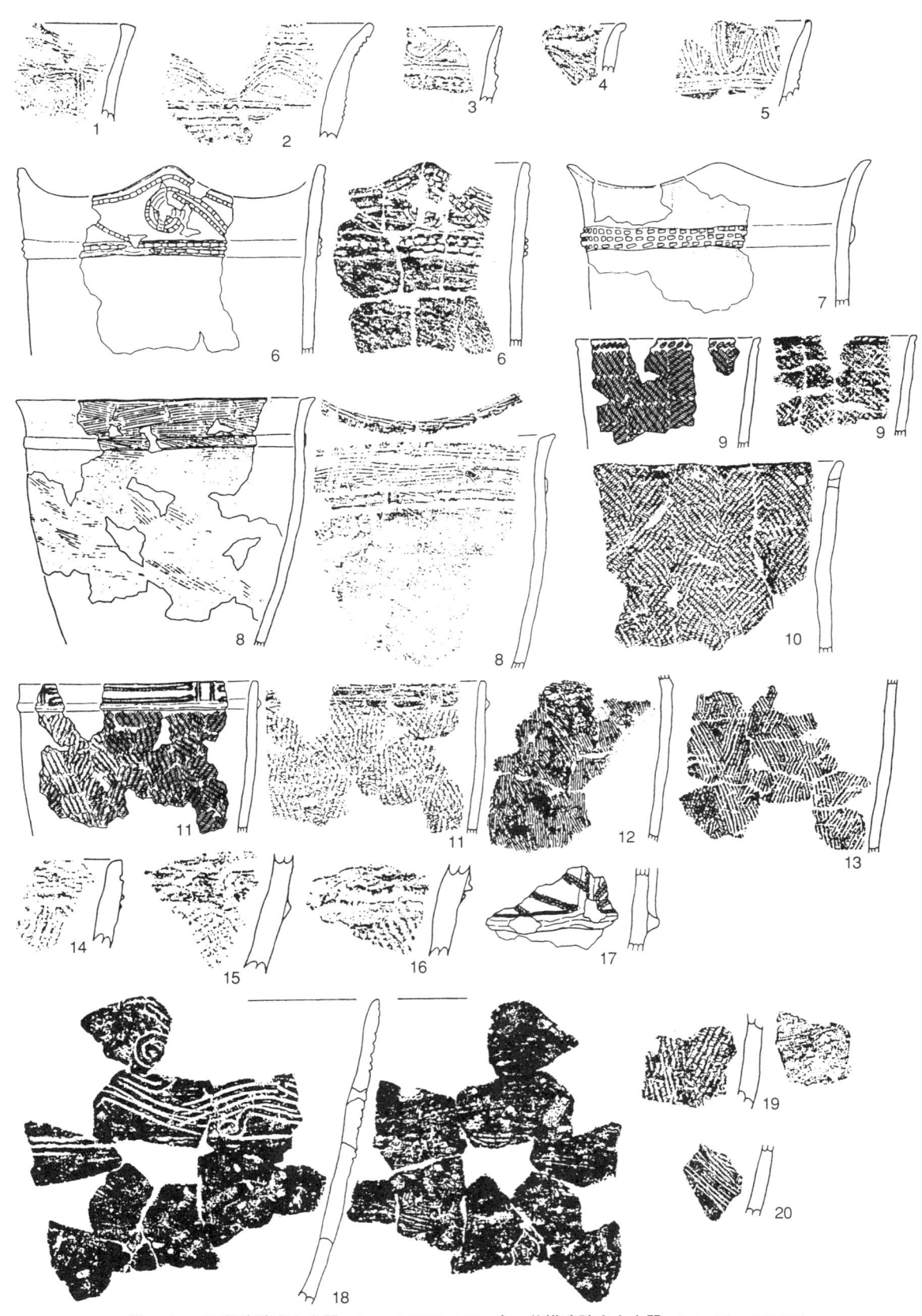

第6節 下吉井式土器・木島式土器・花積下層式土器 215

第87図 下段遺跡出土土器 (1〜17)斜面包含層 宮ヶ谷塔遺跡出土土器 (18〜20)7号住居跡

かる。

10 まとめ

筆者は前述したように下吉井Ⅰ式土器・木島Ⅲ式土器・花積下層Ⅰ式土器の成立をもって縄文時代前期最初頭（澁谷1982）と考えている。まず，前記した住居跡などの土器型式についてまとめておきたい。

(a) 静岡県駿東郡長泉町中峯遺跡

第4号住居跡出土土器（第76図1～14）

口縁部と胴部の境に低い粘土紐を横位に貼り付け，沈線か刺突を付けた下吉井Ⅱ式土器（第76図4）。口縁部と胴部の境に低い粘土紐を付けて，沈線か刺突を付けた下吉井Ⅱ式土器（第76図5）。口縁部と胴部の境に粘土紐を横位に貼り，粘土紐上に横位の条痕を付けた下吉井Ⅰ式か下吉井Ⅱ式土器（第76図7）。薄手土器で口縁部と胴部の境に横位の幅の広い粘土紐を付けた下吉井Ⅰ式土器と木島Ⅲ式土器の折衷土器（第76図12）。無文で薄手の木島式と下吉井式の折衷土器（第76図13，14）などが出土した。したがって，下吉井Ⅱ式土器と下吉井Ⅰ式土器と木島Ⅲ式土器の折衷土器が編年的に併行関係にあると考えられる。

第5号住居跡出土土器（第76図15～18）

口縁部と胴部の境に横位の粘土紐を貼り付け，その間に波状の粘土紐を貼り付け貝殻条痕を施した下吉井Ⅰ式土器（第76図16）。口縁部に沿って粘土紐を貼り付け，上部に貝殻背圧痕を施した下吉井Ⅰ式土器（第76図15）が出土した。

第6号住居跡出土土器（第76図19～30）

口縁部と胴部の境に横位に粘土紐を貼り付け，その間に波状に粘土紐を施し，粘土紐上に貝殻条痕を付けた後，粘土紐上部に貝殻腹縁を施し，胴部に貝殻条痕を入念に付けた下吉井Ⅰ式土器（第76図19）。口縁部文様帯に粘土紐を垂下し，区画内に粘土紐をJ字状や渦巻き状に付け，その上に貝殻背圧痕を付けた下吉井Ⅰ式土器（第76図22）。この文様は，花積下層Ⅰ式土器の撚糸側面圧痕文の影響を受けた文様と思われる。口唇部に貝殻背圧痕を付け，横位に粘土紐を貼り付けた下吉井Ⅰ式土器（第76図23）。口縁部と胴部の間に棒状工具で連続爪形を付けた下吉井Ⅱ式か下吉井Ⅲ式土器（第76図21）。薄手で粘土紐を横位に付けた木島Ⅲ式土器と下吉井Ⅰ式土器の折衷の土器（第76図24）などが出土した。したがって，下吉井Ⅰ式土器や木島Ⅲ式土器と下吉井Ⅰ式土器との折衷土器が編年的に併行関係にあると考えられる。

(b) 静岡県駿東郡長泉町池田B遺跡

第4号住居跡出土土器（第77図1～20）

床面直上から下吉井Ⅱ式土器（第77図1，2）。下吉井Ⅱ式と思われる土器（第77図3）が出土した。床面直上以外では，下吉井Ⅱ式土器（第77図9，12～14）が出土し，花積下層Ⅱ式土器（第77図16）などが出土している。したがって，下吉井Ⅱ式土器と花積下層Ⅱ式土器が編年的に併行関係にあると考えられる。

第5号住居跡出土土器（第77図21～27・第78図1～13）

下吉井Ⅱ式土器（第77図21，22・第78図3～7）。下吉井Ⅰ式か下吉井Ⅱ式土器（第78図1，2）。木島式土器（第78図11）。花積下層Ⅰ式土器（第78図13）木島式と下吉井式の折衷（第77図26）。が出土した。下吉井Ⅱ式土器，木島式土器，花積下層Ⅰ式土器が併行関係にある。

第7号住居跡出土土器（第78図14～20）

下吉井Ⅰ式土器（第78図14）。下吉井Ⅱ式土器（第78図16）。木島Ⅲ式土器（第78図18，19）などが出土している。下吉井Ⅰ式か下吉井Ⅱ式土器と木島Ⅲ式土器が編年的に併行関係にあると考えられる。

第8号住居跡出土土器（第78図21～24）

下吉井式土器（第78図21）と下吉井Ⅱ式土器（第78図22）。花積下層Ⅰ式土器（第78図24）が出土した。下吉井Ⅱ式土器と花積下層Ⅰ式土器が編年的に併行関係にあると考えられる。

第2号住居跡出土土器（第78図25～29）

花積下層式土器の渦巻き状撚糸側面圧痕の文様を転換したと思われる下吉井Ⅱ式土器（第78図25）。下吉井Ⅱ式土器（第78図26～29）などが出土している。

第9号住居跡出土土器（第78図30～42）

住居跡床面直上から出土した下吉井Ⅱ式土器（第78図30，31）。下吉井Ⅱ式土器（第78図32～36）などが出土した。

(c) 静岡県駿東郡長泉町鉄平遺跡

第3号住居跡出土土器（第79図1～10）

下吉井Ⅰ式土器（第79図1，2）と木島式土器（第79図7）が出土している。下吉井Ⅰ式土器と木島式土器が編年的に併行関係にあると考えられる。

第9号住居跡出土土器（第79図11～13）

下吉井Ⅲ式土器（第79図11）と木島Ⅴ式土器（第79図13）が出土した。

第7号住居跡出土土器（第79図14～30）

下吉井式土器（第79図14）と木島Ⅷ式土器（第79図15～29）。花積下層Ⅲ式土器（第79図30）が出土した。下吉井式土器，木島Ⅷ式土器，花積下層Ⅲ式土器が編年的に併行関係にあると考えられる。

(d) 山梨県都留市中溝遺跡

第4号住居跡出土土器（第80図1～25）

下吉井Ⅰ式土器（第80図2，9）。下吉井Ⅱ式土器（第80図1，3～6，10，11，16）。下吉井Ⅰ式と木島Ⅲ式の折衷（第80図21）。木島Ⅲ式土器（第80図22，23）。木島Ⅴ式土器（第80図24）。花積下層Ⅰ式土器（第80図20）などが出土した。

第5号住居跡出土土器（第80図26～34・第81図1～36）

下吉井Ⅱ式土器（第80図26～30，34・第81図10，12）。下吉井Ⅲ式土器（第80図31～33・第81図1～6）。木島Ⅲ式土器（第81図22～25，27，28）。木島Ⅳ式土器（第81図29，30）と思われる土器などが出土した。

第6号住居跡出土土器（第82図1～13）

下吉井Ⅰ式土器（第82図2）と下吉井Ⅱ式土器（第82図1），木島Ⅲ式土器（第82図8～11）などが出土した。下吉井Ⅰ式土器と木島Ⅲ式土器が編年的に併行関係にあると考えられる。

第7号住居跡出土土器（第82図14～21）

下吉井Ⅱ式土器（第82図15）と木島Ⅶ式土器（第82図21）が出土した。下吉井Ⅱ式土器と木島Ⅶ式土器が編年的に併行関係にあると思われる。

第8号住居跡出土土器（第82図22～26）

下吉井Ⅱ式土器（第82図23，24）と下吉井Ⅱ式と思われる土器（第82図25，26）。下吉井式土器の胴部の破片（第82図27～31）。木島Ⅳ式と思われる土器（第82図32～34）。花積下層式土器（第82図36）が出土した。下吉井Ⅱ式土器と木島Ⅳ式土器，花積下層式土器が編年的に併行関係にあると思われる。

第9号住居跡出土土器（第83図1～11）

下吉井Ⅰ式土器（第83図1）と下吉井Ⅱ式土器（第83図2，3）。下吉井式土器（第83図4～11）などが出土している。

第10号住居跡出土土器（第83図12～20）

下吉井Ⅲ式土器（第83図13）と下吉井式土器（第83図12）。木島Ⅷ式土器（第83図14～18）が出土した。下吉井Ⅲ式土器と木島Ⅷ式土器が編年的に併行関係になると考えられる。

(e) 埼玉県富士見市打越遺跡

第182号住居跡出土土器（第83図21～47）

下吉井Ⅱ式土器（第83図21，22）と下吉井Ⅱ式か下吉井Ⅲ式土器（第83図23）。下吉井Ⅱ式土器（第83図39）と胴部に条痕文を付けた下吉井式土器（第83図24～26）。花積下層Ⅱ式土器（第83図35～38）と花積下層式土器（第83図40，41，43～45）。木島Ⅲ式と思われる土器（第83図47）などが出土している。

第114号住居跡出土土器（第84図1～11）

下吉井Ⅲ式土器（第84図1～4）と下吉井式土器（第84図5～7）。花積下層Ⅲ式土器（第84図8）と花積下層式土器（第84図9～11）などが出土している。下吉井Ⅲ式土器と花積下層Ⅲ式土器が編年的に併行関係になると考えられる。

第53号住居跡出土土器（第84図12～43）

下吉井Ⅰ式か下吉井Ⅱ式土器（第84図15）と下吉井Ⅱ式土器（第84図13）。下吉井Ⅱ式か下吉井Ⅲ式と思われる土器（第84図12）。下吉井Ⅲ式土器（第84図14）と下吉井式土器（第84図16～19，22，23，32）。花積下層Ⅰ式土器（第84図34，35）と花積下層式土器（第84図33，37～40）。木島Ⅲ式土器（第84図41）などが出土した。

第125号住居跡出土土器（第84図44～54）

下吉井Ⅲ式土器（第84図44）と下吉井式土器（第84図45，46，49，50）。花積下層式土器（第84図47，50～53）などが出土した。

第174号住居跡出土土器（第85図1～41）

下吉井Ⅲ式土器（第85図1）と下吉井式土器（第85図2～7）。花積下層Ⅱ式土器（第85図8～11）と花積下層式土器（第85図23，24，31～34，36～41）。二ツ木式土器（第85図14，15，17）と二ツ木式の可能性のある土器（第85図20，21）などが出土した。この住居跡出土土器は2時期あると思われる。

(f) 埼玉県春日部市花積貝塚

第7号住居跡出土土器（第86図1～54）

下吉井Ⅰ式か下吉井式Ⅱ式土器（第86図1）と下吉井Ⅱ式土器（第86図2～5）。下吉井Ⅱ式か下吉井Ⅲ式土器（第86図6）と下吉井式土器（第86図7～11，18，19，24）。花積下層Ⅰ式土器（第86図26，27，29）。花積下層式土器（第86図30，32，33，36，42～44，46～49）。下吉井式と木島式の折衷土器（第86図45，50～52）。花積下層式と木島式の折衷の土器（第86図53，54）などが出土した。下吉井式土器と木島式土器の折衷土器や花積下層式土器と木島式土器の折衷土器が出土している。これらの土器が編年的に併行関係にあり，縄文前期最初頭であることがわかる。

(g) 埼玉県秩父郡荒川村下段遺跡

斜面包含層出土土器（第87図1～17）

下吉井Ⅰ式土器（第87図7，8）。下吉井Ⅱ式土器（第87図2～6）と下吉井Ⅱ式か下吉井Ⅲ式土器（第87図1）。花積下層Ⅰ式土器（第87図9～17）などが出土した。

(h) 埼玉県大宮市宮ケ谷塔遺跡

第7号住居跡出土土器（第87図18～20）

下吉井Ⅱ式土器（第87図18）。下吉井式土器（第87図20）。花積下層Ⅰ式土器（第87図19）が出土してお

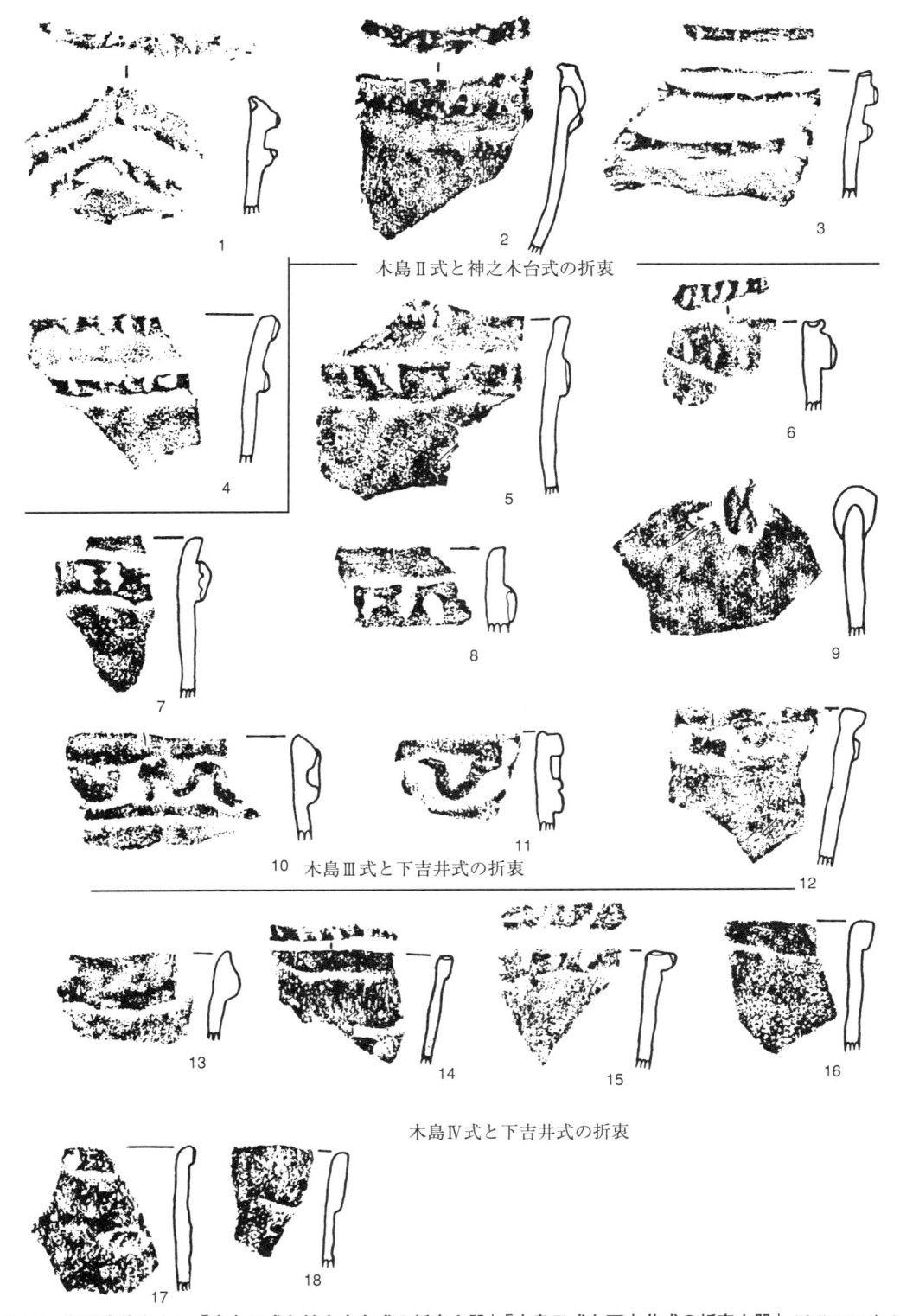

第 6 節　下吉井式土器・木島式土器・花積下層式土器

木島Ⅱ式と神之木台式の折衷

10　木島Ⅲ式と下吉井式の折衷

木島Ⅳ式と下吉井式の折衷

第 88 図　塩屋遺跡出土の「木島Ⅱ式と神之木台式の折衷土器」「木島Ⅲ式と下吉井式の折衷土器」（澁谷 1994 年より）

り，下吉井Ⅱ式土器と花積下層Ⅰ式土器が編年的に併行関係になると考えられる。

　上に列記した各遺跡での出土状況から，各土器型式の編年関係は以下のように考えられよう。
　静岡県駿東郡長泉町中峯遺跡第6号住居跡出土土器から下吉井Ⅰ式土器と，下吉井Ⅰ式と木島Ⅲ式の折衷土器が編年的に併行関係にあると考えられる。静岡県駿東郡長泉町池田B遺跡第4号住居跡から，下吉井Ⅱ式土器と花積下層Ⅱ式土器が編年的に併行関係にあると思われる。同遺跡第5号住居跡から下吉井Ⅱ式土器，木島式土器，花積下層Ⅰ式土器が編年的に併行関係にあると考えられる。同遺跡第7号住居跡から下吉井Ⅰ式土器と木島Ⅲ式土器が編年的に併行関係にあると思われる。同遺跡8号住居跡から下吉井Ⅱ式土器と花積下層Ⅰ式土器が編年的に併行関係にあると思われる。静岡県駿東郡長泉町池田B第2号住居跡と同9号住居跡から下吉井Ⅱ式土器が単独出土している。静岡県駿東郡長泉町鉄平遺跡第3号住居跡出土土器は下吉井Ⅰ式土器と木島式土器が出土しており，編年的に併行関係であると考えられる。同遺跡第9号住居跡出土土器から，下吉井Ⅲ式土器と木島Ⅴ式土器が編年的に併行関係にあると思われる。同遺跡第7号住居跡出土土器から下吉井式土器，木島Ⅷ式土器，花積下層Ⅲ式土器が編年的に併行関係にあると思われる。
　山梨県都留市中溝遺跡第6号住居跡出土土器から下吉井Ⅰ式土器と木島Ⅲ式土器が編年的に併行関係にあると考えられる。同遺跡第8号住居跡出土土器から，下吉井Ⅱ式土器と木島Ⅳ式土器が編年的に併行関係にあると考えられる。同遺跡第10号住居跡出土土器から，下吉井Ⅲ式土器と木島Ⅷ式土器が編年的に併行関係と思われる。
　埼玉県富士見市打越遺跡第114号住居跡出土土器により，下吉井Ⅲ式土器と花積下層Ⅲ式土器が編年的に併行関係になると考えられる。埼玉県春日部市花積貝塚第7号住居跡出土土器は，下吉井Ⅰ式か下吉井Ⅱ式土器，下吉井Ⅱ式土器，下吉井Ⅱ式か下吉井Ⅲ式土器，花積下層Ⅰ式土器，花積下層式と木島式の折衷土器，下吉井式と木島式の折衷土器などが出土している。下吉井Ⅱ式土器，花積下層Ⅰ式土器，花積下層式と木島式の折衷土器，下吉井式と木島式の折衷土器などが出土しており，これらの土器は前期最初頭に位置付けられる。埼玉県秩父郡荒川村下段遺跡斜面包含層出土土器は，下吉井Ⅰ式土器，下吉井Ⅱ式土器，下吉井Ⅱ式か下吉井Ⅲ式土器，花積下層Ⅰ式土器が出土しており，前期最初頭に位置付けられる。埼玉県大宮市宮ヶ谷塔遺跡第7号住居跡出土土器は，下吉井Ⅱ式土器と花積下層Ⅰ式土器が出土しており，編年的に併行関係となり縄文時代前期初頭に位置付けられる。
　また，静岡県長泉町池田B遺跡第2号住居跡と第9号住居跡からは，下吉井Ⅱ式土器がほぼ単純に出土した。
　さて，山下勝年氏が「天神山式土器の終焉と塩屋式土器の成立」（山下2003）を発表した。この論文について触れておかなければならない。
　筆者はすでに1994年に「土器型式から見た縄文早期と前期との境について―関東・中部・東海地方からの検討―」（澁谷1994）の中で，塩屋遺跡出土の上層土器に「木島Ⅱ式と神之木台式の折衷土器」，「木島Ⅲ式と下吉井式の折衷土器」，「木島Ⅳ式と下吉井式の折衷土器」（第88図）などの土器が存在することを指摘しておいた。こうした存在が，それぞれの土器型式の編年的な併行関係や系統関係を実証[93]するうえにも，きわめて重要である。また，こうした折衷土器が他の地域にも存在する点と，この土器群の重要性について再度「山陰・畿内・北陸地方を中心とする木島式土器の研究」（澁谷2002）の中でも記載した。しかし，山下氏はすでに筆者がこの土器群の重要性を指摘していたにも関わらず，あたかも，山下氏自身がこの土器群を見付けたように「我田引水」的な記載をしている。筆者は山下氏のこうした研究態度に対して厳重に抗議するものである。

註・参考文献

1) この種の土器群については加藤賢二氏より本年（1981）5月に御教示を受けた。
2) 澁谷昌彦 1981「第Ⅳ章遺物 2節土器・第Ⅴ章，木島遺跡出土土器について」『木島，静岡県富士川町木島遺跡第4次調査報告書 昭和55年度』富士川町教育委員会
3) 澁谷昌彦 1982「木島式土器の研究―木島式土器の型式細分について―」『静岡県考古学研究』11 静岡県考古学会
4) 澁谷昌彦 1983「神之木台式・下吉井式土器の研究―その型式内容と編年的位置について―」『小田原考古学研究会々報』11 小田原考古学研究会
   澁谷昌彦 1991「中越式土器の研究―中越遺跡，阿久遺跡出土土器を中心として―」『縄文時代』第2号 縄文時代文化研究会編年表（第2図3）
5) 澁谷昌彦 1984「花積下層式土器の研究―側面圧痕文土器を中心として―」『丘陵』11 甲斐丘陵研究会
6) 澁谷昌彦 1994「土器型式より見た縄文早期と前期との境について―関東・中部・東海地方からの検討―」『第7回縄文セミナー 早期終末・前期初頭の諸様相』縄文セミナーの会
7) 磯部幸男・杉崎章・久永春男 1965「愛知県知多半島南端における縄文文化早期末〜前期初頭の遺跡群」『古代学研究』第41号
   磯部幸男 1984「塩屋遺跡出土の縄文土器」『知多古文化研究』Ⅰ知多古文化研究会
8) 「愛知県知多半島南端における縄文早期末〜前期初頭の遺跡群」（同論文4頁）で「いずれも隆線は平たく，その上面に縄文が施文されている」と記載しているが，これは間違いであり縄文施文ではなく，貝殻背圧痕施文を施したものである。その後「塩屋遺跡出土の縄文土器」で磯部幸男氏は，この誤認を訂正することなく，たぶん筆者などの木島Ⅱ式土器の施文分析などを参考に，塩屋上層B類について「…B類は，アナダラ属の貝殻を押捺した擬縄文を施文するところに違いがある。」（同論文6頁）や，「後者は隆線上に貝殻擬縄文を施文したものである」（同論文7頁）などと言い換えている。
9) 前出8) に同じ
10) 内田律雄 1987「(4) 縄文土器」『朝酌川河川改修工事に伴う西川津遺跡発掘調査報告書Ⅲ（海崎地区1)』島根県教育委員会
11) 網谷克彦 1983「図47，23層・24層・25層の遺物（1)」『鳥浜貝塚・1981年・1982年度調査概報・研究の成果―縄文前期を主とする低湿地遺跡の調査3―』福井県教育委員会
12) 中井均 1986「第2節 Aトレンチ包含層出土の遺物」『磯山城遺跡―琵琶湖辺縄文早期〜晩期遺跡の調査―』米原町教育委員会
13) 泉 拓良 1984「前期 Z1群土器」『粟津貝塚湖底遺跡』滋賀県教育委員会
14) 伊庭 功 2000「2 土器」『琵琶湖開発事業関連埋蔵文化財発掘調査報告書4 粟津湖底遺跡予備調査・南調査区（粟津湖底遺跡Ⅳ)』滋賀県教育委員会
15) 澁谷昌彦 1994「土器型式より見た縄文早期と前期との境について」『第7回縄文セミナー 早期終末・前期初頭の諸様相―記録集―』縄文セミナーの会
    および前出6) に同じ
16) 澁谷昌彦 1995「花積下層式土器研究史と福島県内資料の型式分類」『みちのく発掘―菅原文也先生還暦記念論集―』菅原文也先生還暦記念論集刊行会
17) 江坂輝彌 1951「縄文式土器について（その7)―縄文式文化前期―」『歴史評論』第5巻第3号
18) 岡本 勇 1959「三浦郡葉山町馬の背山遺跡」『横須賀市立博物館報告』第3
19) 濱 修 1992「前期」『瀬田川浚渫工事他関連埋蔵文化財発掘調査報告書Ⅰ，螢谷遺跡・石山遺跡』滋賀県教育委員会
20) 大橋信弥 1981「第3群土器」『湖南中部流域下水道矢橋処理場中間水路浚渫工事予定地内矢橋湖底遺跡試掘調査報告書Ⅱ―滋賀県草津市矢橋町所在―』滋賀県教育委員会
21) 四柳嘉章 1972「第11類土器」『甲・小寺遺跡―能登における縄文前期初頭文化の研究―』穴水町文化財保護専門委員会

第 2 章　縄文時代早期末・前期初頭土器

22) 橋本澄夫 1966「石川県能登町佐波縄文遺跡の研究」『石川県考古学研究会々誌』第 10 号　石川県考古学研究会
23) 橋本澄夫 1982「第 1 節　佐波遺跡の調査」『能登島町史・資料編』第 1 巻
24) 前出 4)　澁谷 1893 に同じ
25) 金山哲哉 1996『三引遺跡発掘調査の概要』石川県立埋蔵文化財センター
26) 本田秀生 1998「石川県の縄文時代早期末から前期初頭の土器群について」『第 6 回・北陸の縄文土器を見る会資料―三引 C・D 遺跡と北陸の早期末から前期初頭の土器群―』北陸の縄文土器を見る会
27) 山本正敏 1986「1　縄文土器」『都市計画街路, 7 美・太閤山・高岡線内発掘調査概要 (4), 太閤山 I 遺跡』富山県教育委員会
28) 小島俊彰 1965「C 土器　第 9 類」『極楽寺遺跡発掘調査報告書』富山県教育委員会
　この報告書ではすでに「隆帯をもつグループであるが…木島式土器と認められる」と述べられている。1965 年 2 月発刊の本書がすでに木島式土器として指摘していることは重要である。
29) 筆者は 1983 年に「神之木台・下吉井式土器の研究―その型式内容と編年的位置について―」の中 (頁 15) で, この土器群について「神之木台式土器に類似する資料」として富山県極楽寺遺跡, 石川県佐波遺跡, 福島県大畑貝塚などの資料を指摘したことがある。筆者は神之木台式土器の出自の問題を含めて, 北陸地方出土のこの種の土器に注目している。
30) 粘土紐の隆線の上部に篦状工具で刺突を付けた土器や, 隆線上部に貝殻口縁で刺突を付けた土器は今後, 木島 I 式土器の中に入れることにする。
31) 前出 6) で図示した「塩屋遺跡出土の上層土器」について今回一部訂正した。
32) 前出 7) に同じ
33) 高橋雄三・吉田哲夫 1977「横浜市神之木台遺跡出土の縄文時代遺物―とくに早期末～前期初頭の土器を中心として―」『調査研究集録』第 2 冊港北ニュータウン埋蔵文化財調査団
　この報告中の I 類土器 (図版Ⅵ　ⅰ類) の土器は木島 I 式土器である。
34) 前出 26) に同じ
35) 小島孝修 2002『弁天島遺跡・蒲生郡安土町下豊浦』滋賀県教育委員会
36) 釈迦堂遺跡調査団の方々, 小野正文氏, 猪股喜彦氏, 新藤祐仁氏の御好意により資料を実見させていただいた。
37) 三島市教育委員会, 山内昭二氏の御好意により資料を実見させていただいた。
38) 多聞寺前遺跡発掘調査団の方々, 東久留米市教育委員会, 井口直司氏より御教示をいただいた。
39) 前出 4)　澁谷 1983 に同じ
40) 高橋雄三 1981「花積下層式土器の研究―関東・東北南部における縄文前期社会の成立―」『考古学研究』第 28 巻第 1 号
41) 小出輝雄 1982「花積下層式土器の成立と展開」『富士見市遺跡調査研究紀要』2
42) 下村克彦 1982「新田野段階花積下層式土器と二ツ木式土器について」『奈和』第 19 号
43) 小出氏は「花積下層式土器の成立と展開」の中で菊名式を型式設定されている。氏の菊名式土器の型式概念については不明な点が多いが, ことに下吉井式土器との混乱が目立っている。たとえば同論文の第 3 図 (菊名貝塚出土の「菊名式」) では, その多くが下吉井式土器である。この下吉井式土器と菊名式土器との型式概念の規定がなされていないまま, 花積下層式土器を 3 細分しているので, 小出氏の花積下層式土器の 3 細分をなおわからなくしていると思われる。
44) 加藤　孝 1951「宮城県上川名貝塚の研究―東北地方縄文式文化の編年学的研究 (1) ―」『宮城学院女子大研究論集 I』
45) 澁谷昌彦 1981「第Ⅴ章木島遺跡出土土器について (考察)」『木島―静岡県富士川町木島遺跡第 4 次調査報告書』
46) 前出 3) に同じ
47) 前出 4)　澁谷 1983 に同じ
48) 鈴鹿良一 1983「第 3 章第 1 節縄文・弥生時代」『真野ダム関連遺跡発掘調査報告Ⅳ』
49) 岩井重雄 1983「遺構と遺物」『北宿遺跡発掘調査報告書』

第6節　下吉井式土器・木島式土器・花積下層式土器　223

50) 児玉卓文 1984「SBO9」『長門町中道―長野県小県郡長門町中道遺跡緊急発掘調査報告書―』
　　なお児玉氏は同報告「結語―仮称〈中道式土器〉の設定に向けて―」で中道式土器を設定された。この型式設定は重要であると思われるが，今後型式概念の整理を行うことが必要と思われるし，編年学上の検討も必要となろう。
51) 前出40) に同じ
52) 芳賀英一 1980「第1節縄文土器について」『母畑地区遺跡発掘調査報告Ⅳ』
53) 伊東信雄 1940『宮城県遠田郡不動堂村素山貝塚調査報告』
54) 小島俊彰 1965「C　土器」『極楽寺遺跡発掘調査報告書』
55) 四柳嘉章 1972「縄文式土器」『甲・小寺遺跡』
56) 前出48) に同じ
57) 林謙作 1965「2　前期」『日本の考古学Ⅱ　縄文時代』
58) 鈴鹿良一 1984「出土遺物」『真野ダム関係遺跡発掘調査報告Ⅵ』
59) 前出44) に同じ
60) 大湯卓二 1980「第Ⅲ群土器」『長七谷地貝塚』
61) 大沼忠春 1981「道央部の縄文前期土器群の編年について」『北海道考古学』17
62) 鈴鹿良一 1974「D類」『崎山弁天遺跡』
63) 阿部　恵 1980「B群土器」『宇賀崎貝塚』
64) 鈴鹿良一 1981「出土遺物」『真野ダム関連遺跡発掘調査報告Ⅱ』
65) 下村克彦 1970「7号住居址出土土器」『花積貝塚発掘調査報告書』
66) 鈴木敏昭 1980「第3節　第Ⅳ群土器について―花積下層式土器の成立に関する素描―」『足利遺跡』
67) 児玉卓文 1982「第4節　出土した遺物」『真行寺―真行寺遺跡緊急発掘調査報告書―』
68) 前出65) に同じ
69) 前出66) に同じ
70) 荒井幹夫・佐々木保俊・小出輝雄 1978「第Ⅳ章　第1節　住居址」『打越遺跡』
71) 荒井幹夫・会田　明・佐々木保俊・小出輝雄・高橋　敦 1983「第Ⅲ章　第1節　住居址」『打越遺跡』
72) 前出49) に同じ
73) 桑山龍進 1980『菊名貝塚の研究』
74) 沢田大多郎 1960「神奈川県白幡西貝塚調査報告（1）」『日本大学史学会研究彙報』4
75) 前出45) に同じ
76) 前出67) に同じ
77) 前出3) に同じ
78) 山内幹夫 1983「阿武隈山地を中心とした縄文前期初頭土器編年について―牡丹平2群土器を中心として―」『しのぶ考古』8
79) 中村五郎・藤田定興 1979「白河地方の古式縄紋土器」『福島考古』第20号
80) 斎藤悟郎ほか 1978『天神山遺跡』
81) 谷井彪 1971『白子宿上遺跡』
82) 矢島清作 1941「千葉県幸田貝塚の竪穴住居遺跡―わが国竪穴住居の変遷に関する一考察―」『古代文化』12巻4号
83) 坂詰秀一 1963『川崎市新作貝塚調査報告』
84) 酒詰仲男ほか 1949「大串貝塚調査報告」『日本考古学』1巻4号
　　川上博義 1979「大串貝塚」『茨城県史料考古資料編先土器・縄文時代』
85) 井上義安・宮本栄一 1975「茨城県道理山貝塚の調査（第1次）」『考古学研究』第40号
　　井上義安 1979「道理山貝塚」『茨城県史料考古資料編先土器・縄文時代』
86) 岡崎完樹 1979「2　遺物」『多摩ニュータウン遺跡調査概報』
87) 武井則道 1975「3　土器」『新田野貝塚―千葉県夷隅郡大原町所在の縄文時代貝塚―』

224　第2章　縄文時代早期末・前期初頭土器

88）前出42）に同じ
89）青木秀雄　1979「1　土器」『高林寺遺跡』
90）谷井　彪　1980「（8）トレンチ等出土土器」『舟山遺跡』
91）早川智明・庄野靖寿　1964『杉戸町目沼遺跡』
92）篠遠喜彦　1950「千葉県東葛飾郡二ツ木第2貝塚」『日本考古学年報』3
93）この記述の中で「木島Ⅳ式と下吉井式のアイノコ」とした（第19図13～18）は，木島Ⅲ式土器と下吉井Ⅰ式土器との折衷土器の可能性が高い。

主要参考文献

相原淳一　1990「東北地方における縄文時代早期後葉から前期前葉にかけての土器編年―仙台湾周辺の分層発掘資料を中心に―」『考古学雑誌』第76巻第1号
相原淳一・澁谷昌彦・谷藤保彦・金子直行・下平博之・贄田明・小熊博史・北村亮・山本正敏・佐藤典邦　1994『第7回縄文セミナー　早期終末・前期初頭の諸様相』縄文セミナーの会
青木秀雄ほか　1979「高輪寺遺跡」『久喜市埋蔵文化財調査報告』
荒井幹夫・佐々木保俊・小出輝雄　1978「第Ⅳ章第1節住居址」『打越遺跡』富士見市教育委員会
荒井幹夫・小出輝雄ほか　1978『打越遺跡』富士見市文化財調査報告第14集
荒井幹夫・小出輝雄ほか　1983『打越遺跡』富士見市文化財調査報告第28集
石岡憲男ほか　1975『日立市遠下遺跡調査報告書』日立市教育委員会
磯部幸男・杉崎　章・久永春男　1965「愛知県知多半島南端における縄文時代早期末～前期初頭の土器群」『考古学研究』第41号
伊東信雄　1940「宮城県遠田郡不動堂村素山貝塚調査報告」『奥羽史料調査部研究報告』第2
井上義安・宮本栄一　1965「茨城県道理山貝塚の調査」『古代学研究』40
井上義安・大内幹雄　1966「大串貝塚と出土土器について」『茨城県先史学研究』1
井上義安　1971「茨城県北部における前期縄文文化」『那珂川の先史遺跡』第4集
今橋浩一　1978「茨城県日立市鹿野場遺跡」『常総台地』9
江坂輝彌　1938「関東古式縄文式文化に就いて」『貝塚』第1号
江坂輝彌　1939「横浜市神奈川区菊名町宮谷貝塚出土器に就いて」『考古学論叢』第14輯
江坂輝彌　1939「横浜市神奈川区菊名町宮谷貝塚出土土器に就いて」『考古学論叢』第14号
江坂輝彌　1951「縄文文化について（その7）―縄文式文化前期―」『歴史評論』第5巻3号
江坂輝彌　1951「縄文式文化について（その7）」『歴史評論』29
江坂輝彌　1954「茨城県野中貝塚調査報告」『考古学雑誌』第39巻3・4合併号
江坂輝彌　1958「静岡県庵原郡木島遺跡」『日本考古学年報』1
江坂輝彌　1959「2　土器の諸様相」『世界考古学体系1　日本1』
榎本金之丞　1971「平方貝塚の調査」『埼玉考古』第9号
江里口省三　1981「多摩ニュータウンNo.540遺跡，2・遺物」『多摩ニュータウン遺跡―昭和55年度―（第2分冊）』
大塚広往　1977「第5類土器」『幸田貝塚第6次調査概報』松戸市教育委員会
岡崎完樹　1979「No.27遺跡　各区出土土器」『多摩ニュータウン遺跡調査概報―昭和54―』多摩ニュータウン遺跡調査会
岡本　勇　1959「三浦郡葉山町馬の背山遺跡」『横須賀市立博物館報告』第3号
岡本　勇・塚田　光　1962「栃木県藤岡貝塚の調査」『考古学集刊』第4冊
岡本　勇・戸沢充則　1965「3　関東」『日本の考古学　縄文時代』
岡本　勇　1966「尖底土器の終焉」『物質文化』第8号
岡本　勇　1970「下吉井遺跡」『埋蔵文化財発掘調査報告』神奈川県教育委員会
岡本　勇　1972「一本松遺跡の調査」『横須賀考古学会年報』No.15

第6節　下吉井式土器・木島式土器・花積下層式土器

岡本　勇　1979「縄文時代」神奈川県史資料編20　考古資料』

岡本　勇　1979『神奈川県史　資料編20・考古資料』

小薬一夫・千野裕道　1981「多摩ニュータウンNo.7遺跡」『多摩ニュータウン遺跡』

小野真一　1971『上長窪遺跡群』長泉町教育委員会

小野真一・笹津海祥　1968『東名高速道路（静岡県内工事）埋蔵文化財発掘調査報告』「駿東郡長泉町梅ノ木平遺跡発掘調査概報」

角鹿扇三・二本柳正一・佐藤達夫・渡辺兼庸　1960『上北考古会報告1　早稲田貝塚』

加藤　孝　1951「宮城県上川名貝塚の研究」『宮城学院女子大学研究論集』1

加藤明秀・芹沢長介　1936「静岡県に於ける細線紋指痕薄手土器と其の伴出石器」『考古学第』7巻9号

神奈川考古同人会縄文研究グループ編　1983「縄文時代早期末・前期初頭の諸問題」『神奈川考古』第17号

金子直行　1989「第Ⅲ群第5類と第Ⅳ群土器について（早期末～前期初頭の土器群について）」『下段遺跡』埼玉県埋蔵文化財調査事業団報告書第87集

神沢勇一　1969「梶山遺跡調査報告（2）」『神奈川県立博物館発掘調査報告書』

川崎純徳ほか　1979『茨城県史料考古資料編先土器・縄文時代』

瓦吹　堅　1975「糠塚」『北茨城市文化財調査報告』1

熊谷常正　1974「東北地方縄文時代早期後半の様相」『遮光器』8号

熊谷常正　1983「岩手県における縄文時代前期土器群の成立―縄文系土器群から羽状縄文土器群へ―」『岩手県立博物館研究報告』第1号

黒坂禎二　1989「羽状縄文系土器の文様構成（点描）―1」『研究紀要』第6号埼玉県埋蔵文化財調査事業団

黒坂禎二　1993「羽状縄文系土器の文様構成（点描）―2」『研究紀要』第10号　埼玉県埋蔵文化財調査事業団

桑山龍進　1935「武蔵国北寺尾上ノ宮貝塚調査予報」『史前学雑誌』第7巻4号

桑山龍進　1949『菊名遺跡と其の文化』大正大学史学会

桑山龍進　1980『菊名貝塚の研究』

小出輝雄　1982「花積下層式土器の成立と展開」『研究紀要』2富士見市遺跡調査会

小島俊彰ほか　1965『極楽寺遺跡発掘調査報告書』富山県教育委員会

甲野　勇　1935「関東地方に於ける縄文式石器時代文化の変遷」『史前学雑誌』第7巻3号

甲野　勇　1935「関東地方に於ける縄文式石器時代文化の変遷」『史前学雑誌』第7巻7号

紅村　弘　1963『東海の先史遺跡　綜括編』

駒形敏明　1972「関山式土器に関する1考察」『考古学ノート』第2号

斎藤悟朗・柿沼幹夫・津田　進・松井政信　1978『川口市文化財調査報告書第8集』「天神山遺跡」川口市教育委員会

斎藤　忠　1930「松島湾内諸島における貝塚調査概報」『東北文化研究』第2巻4号

酒井幸則　1974「遺構と遺物」『田村原』下伊那郡豊丘村教育委員会

坂上克弘・山口隆夫　1977「北山田町D9遺跡発掘調査報告」『調査研究集録』第3冊

坂詰秀一　1963「川崎市新作貝塚調査報告」『川崎市文化財調査報告』第2冊

笹原千賀子　2000「第Ⅳ章縄文時代の遺構と遺物」『静岡県埋蔵文化財調査研究所調査報告第122集・池田B遺跡』静岡県埋蔵文化財調査研究所

笹原千賀子　2003「第Ⅴ章縄文時代の遺構と遺物」『静岡県埋蔵文化財調査研究所調査報告第137集・鉄平遺跡』静岡県埋蔵文化財調査研究所

佐藤達夫・渡辺兼庸　1960「六ヶ所村表館出土の土器」『上北考古会誌』1

佐藤典邦　1988「大畑G式以後（上）」『踏査』8号　いわき考古同人会

篠遠喜彦　1955「千葉県東葛飾郡二ツ木第2貝塚・第1貝塚」『日本考古学年報』3

澁谷昌彦ほか　1981『木島―静岡県富士川町木島遺跡第4次調査報告書』富士川町教育委員会

澁谷昌彦　1981「第Ⅴ章　木島遺跡出土土器について（考察）」『木島，静岡県富士川町木島遺跡第4次調査報告書』

澁谷昌彦　1982「木島式土器の研究―木島式土器の型式細分について」『静岡県考古学研究』11　静岡県考古学会

澁谷昌彦 1983a「神之木台式・下吉井式土器の研究―その型式内容と編年的位置について―」『小田原考古学研究会々報』11　小田原考古学研究会

澁谷昌彦 1983b「(3) 神之木台式・下吉井式土器の型式内容の再調査」『神奈川考古第17号別冊　シンポジウム・縄文時代早期末・前期初頭の諸問題，発表要旨』

澁谷昌彦 1984a「澁谷発表」(頁79)『神奈川考古第18号　シンポジウム・縄文時代早期末・前期初頭の諸問題・記録論考集』

澁谷昌彦 1984b「花積下層式土器の研究―側面圧痕文土器を中心として―」『丘陵』11　甲斐丘陵研究会

澁谷昌彦 1991「中越式土器の研究―中越遺跡，阿久遺跡出土土器を中心として―」『縄文時代』第2号　縄文時代研究会

澁谷昌彦 1994「土器型式より見た縄文早期と前期との境について―関東・中部・東海地方からの検討―」『第7回縄文セミナー　早期終末・前期初頭の諸様相』縄文セミナーの会

澁谷昌彦 1995「花積下層式土器研究史と福島県内資料の型式分類」『みちのく発掘―菅原文也先生還暦記念論集』菅原文也先生還暦記念論集刊行会

澁谷昌彦 2002「山陰・畿内・北陸地方を中心とする木島式土器の研究」『地域考古学の展開』村田文夫先生還暦記念論集刊行会

下村克彦ほか 1970「花積貝塚発掘調査報告書」『埼玉県遺跡調査会報告』第15集

下村克彦 1970『花積貝塚発掘調査報告』

下村克彦 1981「新田野段階花積下層式土器と二ツ木式土器について」『奈和』第19号

新藤康夫 1976「八王子市椚田遺跡群第V遺跡の調査」『考古学ジャーナル』No.128

杉山博久・信藤祐二・池谷信之 1981『東田原8幡遺跡』東田原8幡遺跡調査団

杉山壽榮男 1942『日本原始繊維工藝史（原始編）』

鈴鹿良一 1983「松ヶ平A遺跡（第1次）」『真野ダム関連遺跡発掘調査報告』

鈴鹿良一 1984「松ヶ平A遺跡（第2次）」『真野ダム関連遺跡発掘調査報告』

鈴鹿良一 1987「羽白D遺跡（第1次）」『真野ダム関連遺跡発掘調査報告』

鈴鹿良一 1989「羽白C遺跡（第2次）」『真野ダム関連遺跡発掘調査報告』

鈴鹿良一 1988「羽白D遺跡」（第2次）『眞野ダム関連遺跡発掘調査報告11』

鈴鹿良一ほか 1974『崎山弁天遺跡』岩手県大槌町教育委員会

鈴鹿良一ほか 1990「縄文早期後半から前期前半の土器変遷」『第12回栃木・福島埋蔵文化財研究協議』

鈴木　尚 1934「東京都王子区十条清水坂貝塚」『人類学雑誌』第47巻5号

鈴木保彦ほか 1977「菊名貝塚出土の文化遺物と自然遺物」『神奈川考古』第2号

関野哲夫 1976「清水柳遺跡の土器と石器，第4群土器について」『沼津市歴史民俗資料館紀要』1

芹沢長介・加藤明秀 1937「伊豆・駿河の古式縄紋土器と其の伴出石器」『考古学論叢』

先崎忠衛 1989「岡橋遺跡」『滝根町史』第2巻資料編

高橋雄三・吉田哲夫 1977「横浜市神之木台遺跡出土の縄文時代遺物―とくに早期末前期初頭の土器を中心として―」『調査研究集録』第2冊

高橋雄三 1981「花積下層式土器の研究―関東・東北南部における縄文前期社会の成立―」『考古学研究』第28巻1号

高松俊雄 1984「西原遺跡」『内環状線関連遺跡発掘調査概報』郡山市教育委員会

武井則道ほか 1975『新田野貝塚―千葉県夷隅郡大原町所在の縄文時代貝塚―』『立教大学考古学研究会調査報告』2　立教大学考古学研究会

竹島国基 1966「福島県小高町花輪遺跡」『日本考古学年報』19

竹島国基 1975『宮田貝塚』福島県相馬郡小高町教育委員会

竹島国基 1979「相馬地方の旧石器から古瓦まで」『福島県飯館村史』第1巻

谷井　彪ほか 1970「内畑遺跡発掘調査報告」『埼玉県遺跡調査会報告』第7集

谷井　彪 1971「内畑遺跡第1群土器について―縄文早期末葉における土器型式の編年―」『埼玉考古』第9号

谷藤保彦 1987『三原田城遺跡・八崎城址・八崎塚・上青梨子古墳』
谷藤保彦 1993「群馬県内出土の早期末から前期初頭土器」『縄文時代』4号
谷藤保彦 1994「群馬県における早期末・前期初頭の土器」『第7回縄文セミナー　早期終末・前期初頭の諸様相』縄文セミナーの会
谷藤保彦 1999「花積下層Ⅰ式土器とその周辺」『縄文土器論集』縄文セミナーの会
角田文衞 1936「陸前船入島貝塚の研究」『考古学論叢』第3輯
坪井清足ほか 1956『石山貝塚』
東京都港区教育委員会 1981『伊皿子貝塚』
戸田哲也・澁谷昌彦・相原淳一・谷藤保彦・金子直行・下平博之・贄田　明・小熊博史・山本正敏・佐藤典邦ほか　1994『第7回縄文セミナー　早期終末・前期初頭の諸様相―記録集―』縄文セミナーの会
友野良一 1978『カゴ田』長野県上伊那郡飯島町教育委員会
長沢宏昌 1996「第3節縄文時代早期末～前期初頭の土器について」『山梨県埋蔵文化財センター調査報告書第115集，中溝遺跡・揚久保遺跡』山梨県教育委員会
中村五郎 1983「東北地方南部の縄紋早期後半の土器編年試論」『福島考古』第24号
西村正衛・中沢　保 1945「神奈川県横浜市港北区下田下組西貝塚」『古代』第1・2合併号
二本柳正一・角鹿扇三・佐藤達夫 1958「青森県上北郡早稲田貝塚」『考古学雑誌』第43巻第2号
二本柳正一・佐藤達夫 1961「六ヶ所村尾鮫出土の土器」『上北考古会誌』2
日本大学考古学研究会 1960「神奈川県白幡西貝塚調査報告（1）」『日本大学史学会研究彙報』第4号
日本大学考古学研究会 1962「神奈川県白幡西貝塚調査報告（2）」『日本大学考古学通信』5
日本大学考古学研究会 1963「神奈川県白幡西貝塚調査報告（3）」『日本大学考古学通信』6
根津清志 1974「千鹿頭社8号住居址」『長野県中央道埋蔵文化財包蔵地発掘調査報告書―岡谷市その1，その2，諏訪市その3―』長野県教育委員会
芳賀英一 1980「源平C遺跡」『母畑地区遺跡発掘調査報告』
芳賀英一ほか 1981「源平C遺跡」『母畑地区遺跡発掘調査報告Ⅳ・福島県文化財調査報告第84集』
芳賀英一 1983『長者屋敷遺跡』福島県山都町教育委員会
芳賀英一 1984『冑宮西遺跡』会津高田町教育委員会
長谷川力 1983「山口B遺跡」『阿武隈地区遺跡分布調査報告』
秦昭繁ほか 1977『松原』山形県置賜考古学会
原田昌幸ほか 1980『藤の台遺跡Ⅱ』藤の台遺跡調査会
林　謙作 1960「宮城県桂島貝塚出土の前期縄文式土器群」『考古学雑誌』第46巻3号
林　茂樹 1969『上伊那の考古学的調査』「伊勢並第Ⅱ群土器」
林　茂樹 1977『高遠　宮の原遺跡』
伴　信夫・百瀬長秀・高桑俊雄・松永満夫・土屋　積・青沼博之 1975「十二ノ后遺跡12号住居・15号住居・16号住居・19号住居・52号住居・56号住居」『長野県中央道埋蔵文化財包蔵地発掘調査報告書―諏訪市その4―』長野県教育委員会
平山　猛 1968「那珂湊市小川貝塚の花積下層式土器」『茨城考古学』1
藤巻幸男 1992「群馬県における縄文時代早期末から前期初頭土器群の様相―縄文系土器を中心に―」『群馬県埋蔵文化財調査事業団研究紀要』10
古里節夫・大塚広住編 1978「幸田貝塚第7次（昭和52年度）調査概報」『松戸市文化財調査小報』12
辺見鞆高 1975『新山前貝塚』南三陸先史文化研究会
本田秀明・小池政美・林　茂樹 1971『舟山遺跡緊急発掘調査報告―第1次および第2次調査―』駒ヶ根市教育委員会
増田康信 1976「名古屋市鳴海鉾ノ木貝塚の研究―縄文前期前半土器群の編年を中心として―」『古代人』32
増子康真 1977「いわゆるオセンベイ土器の研究」『信濃』第29巻4号
松橋英二 1979「第1群土器について」『前野日暮久保遺跡』前野日暮久保遺跡調査団

第 2 章　縄文時代早期末・前期初頭土器

松本　茂　1988「羽白 C 遺跡（第 1 次）」『真野ダム関連遺跡発掘調査報告』
馬目順一・原川雄二・山内幹夫　1975「大畑 G 式土器設定の提唱」『大畑貝塚調査報告』いわき市教育委員会
馬目順一　1982『竹之内遺跡』いわき教育文化事業団
丸山泰徳　1989『愛宕原遺跡』福島市振興公社
三森定男　1938「古式土器に関する考察」『考古学論叢』第 9 輯
翠川康弘・堀田雄二ほか　1988『鍛冶屋遺跡―緊急発掘調査報告書』東部町教育委員会
宮城県文化財保護課　1977「金山貝塚」『宮城県鳴瀬町文化財調査報告』第 1 集
宮坂英弌　1961「縄文早期終末の住居址―茅野市駒形遺跡出土―」『信濃』第 13 巻 8 号
宮坂英弌・宮坂虎 2　1966「御座岩遺跡」『蓼科』尖石考古博物館研究室
村田文夫　1965「神奈川県野川出土の花積下層式土器について」『石器時代』7 号
村田文夫　1966「花積下層式土器の諸問題」『立正史学』第 30 号
望月由佳子　2003「第Ⅲ章中峯遺跡の調査」『静岡県埋蔵文化財調査研究所調査報告第 138 集・大岡元長窪線関連遺跡Ⅰ』静岡県埋蔵文化財調査研究所
安田稔ほか　1991「羽山 B 遺跡」『原町火力発電所関連遺跡調査報告』
山岡栄子　1972「北高根 A 遺跡」『長野県中央道埋蔵文化財包蔵発掘調査報告書上伊那郡南箕輪村その 1，その 2』長野県教育委員会
山内清男　1929「関東北に於ける繊維土器」『史前学雑誌』第 1 巻 2 号
山内清男　1929「繊維土器について―追加 1―」『史前学雑誌』第 1 巻 3 号
山内清男　1930「繊維土器について―追加 2―」『史前学雑誌』第 2 巻 1 号
山内清男　1930「繊維土器について―追加 3―」『史前学雑誌』第 2 巻 3 号
山内清男　1937「縄文土器型式の細別と大別」『先史考古学』第 1 巻第 1 号
山内清男　1939「関山式」『日本先史土器図譜』第 2 号
山内清男　1979『日本先史土器の縄紋』先史考古学会
山内幹夫　1983「阿武隈山地を中心とした縄文前期初頭土器編年について―牡丹平 2 群 1 類土器を中心として―」『しのぶ考古』8
山内幹夫　1983「諏訪平 B 遺跡」『阿武隈地区遺跡分布調査報告』
山形洋一ほか　1985『宮ヶ谷塔貝塚』大宮市遺跡調査会報告第 13 集
山崎悠紀子ほか　1976『リュウガイ遺跡』高萩市教育委員会
山下勝年　1970『清水ノ上貝塚』南知多町教育委員会
山下勝年　1980『先刈貝塚』「乙福谷遺跡」南知多町教育委員会
山下勝年　1980「乙福谷遺跡」『先刈貝塚』南知多町教育委員会
山下勝年　2003「天神山式土器の終焉と塩屋式土器の成立」『伊勢湾考古』17　知多古文化研究会
山下歳信　1992『上ノ山遺跡』
山田寛ほか　1979『藤の台遺跡』町田市藤の台遺跡調査会
山本暉久ほか　1979「上浜田遺跡」『神奈川県埋蔵文化財調査報告』15
横山英介・名久井文明・大沼忠春・三浦圭介・熊谷常正・相原淳一・鈴鹿良一・三宅徹也・林　謙作・富樫泰時　1989「福島県の早期後半から前期初頭の土器群について」『第 4 回縄文文化検討会シンポジウム資料』
吉田英敏　1979『港町岩陰』「出土遺物について」岐阜県美濃市教育委員会
吉田　祐　1972「横浜市菊名貝塚の土器」『考古学ノート』第 2 号
四柳嘉章　1972『甲・小寺遺跡―能登における縄文前期初頭文化の研究』穴水町文化財保護専門委員会
渡辺　誠・村田文夫　1966「川崎市新作 D 地点貝塚発掘調査報告」『川崎市文化財調査集録』第 2 集

第3章　縄文時代前期中葉土器

第1節　中越式土器の研究―中越遺跡，阿久遺跡出土土器を中心として―

1　はじめに

　長野県上伊那郡宮田村中越遺跡は，天竜川右岸の河岸段丘中央部に立地しており，中越式土器の標識遺跡である。中越式土器は，林茂樹氏により中越Ⅰ式・Ⅱ式・Ⅲ式と型式設定された。林氏は住居跡から一括出土した土器をもとに型式設定をおこない，中越Ⅰ式を早期末，Ⅱ式を前期初頭に，Ⅲ式を神ノ木式直前にそれぞれ位置付けられた（林1966）。

　その後，気賀沢進氏は薄手細線指痕土器について，各種，各型式の要素を安易に同一視すべきでないとされた（気賀沢1976）。一方，筆者と戸田哲也氏は神ノ木式土器を研究する過程で中越Ⅲ式（林1966）が，一型式として成立しない点を述べ，「中越」と東海の清水ノ上Ⅰ式，関東の関山Ⅰ式を併行関係においた編年表を発表した（戸田・大矢（澁谷）1979）。

　1980年代に入ると，中越式土器の位置付けや，型式細分の検討がなされた。まず，樋口昇一氏は中越式土器が東海地方の木島式土器の系譜をひいていること，伊那谷から諏訪地方に分布の中心をおく土着土器で，粘土紐貼付けや細線文のある例，後半には無文となる例があり，3細分が可能であるとされた（樋口1982）。一方，阿久遺跡の報告書の中で阿久Ⅱa期，Ⅱb期，Ⅱc期の分類がおこなわれた（佐藤ほか1982）。友野良一氏は中越遺跡の発掘調査を長年進められ，中越式土器について，木島式土器のどの段階から発生するか，また，阿久遺跡と中越遺跡との出土土器の様相の差が，時間差なのか空間差なのかなどの問題点を示された（友野1983）。その後，宮下健司氏は中越式土器を中越Ⅰ式から中越Ⅲ式の3型式に細分する案を示された（宮下1989）。

　宮下氏の型式細分には疑問点が多い。詳しくは別の機会に論じたいが，ここでも二，三の問題点に触れておくことにする。宮下氏は，中越式土器と木島式土器・清水ノ上Ⅰ式土器の型式学的範囲については検討をおこなわず編年論を提示されている。このため，宮下氏が中越Ⅰ式とされる土器群には木島式などの型式が混在している。同じ理由でⅡ式・Ⅲ式でも共伴関係や，前後の型式変化などについて混乱をきたしている。また，関山Ⅰ式・Ⅱ式土器などと中越式の編年関係についても論じておられるが具体的な資料提示がなく，現状の土器研究の成果が取り入れられているとは思えない。このような点から，最新編年案である宮下氏の中越Ⅰ式・Ⅱ式・Ⅲ式土器はすでに成立しないものといえる。

　1990年には，中越遺跡の報告書が発刊された。友野，樋口，本田秀明，赤羽義洋，小池孝氏などの長年の努力により，1976年から1984年に至る調査結果がまとめられ，標識遺跡での土器内容の全貌が明らかにされた点は大変重要である（友野・小池ほか1990）。この報告書が発刊され，1990年代の中越式土器の研究が新たにスタートしたことになる。

　筆者と戸田哲也氏は神ノ木式土器の研究を進める過程で，1979年に友野良一氏の御好意により，中越遺跡出土土器の一部を実見することができた。その後，筆者は木島遺跡の土器を整理する機会があり，中越遺跡出土土器についても，友野，戸田両氏と連絡をとりながら学ばせていただいた。

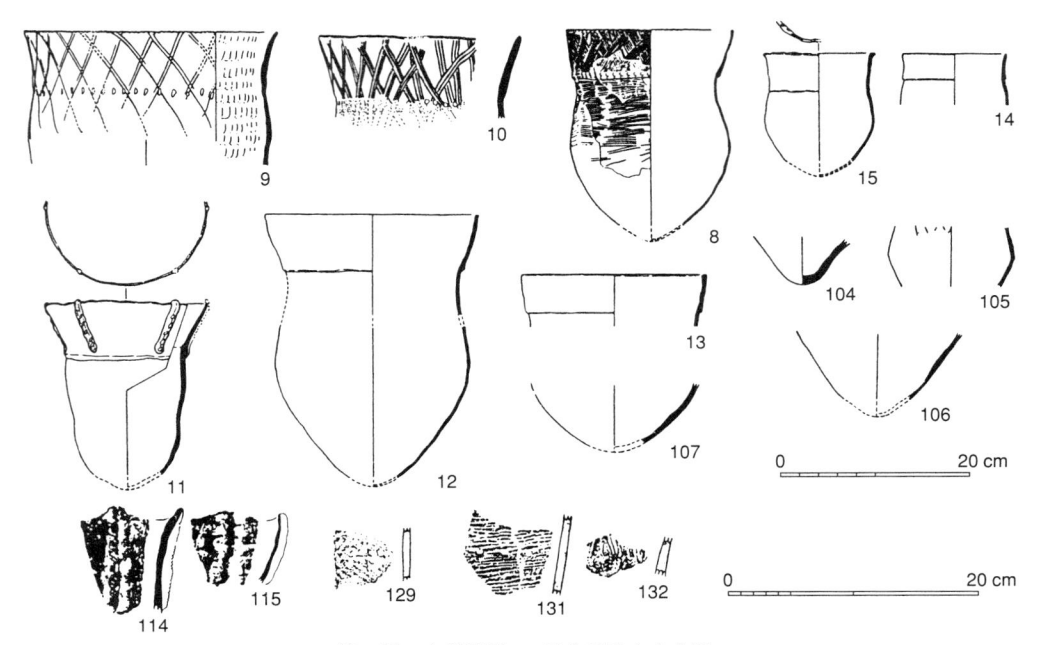

230　第3章　縄文時代前期中葉土器

第1図　中越遺跡10号住居跡出土土器

　友野氏は木島遺跡にも何回か見えられ、その都度中越遺跡報告書発刊に向けての熱意をいつも語っておられた。そして、昨年（1990年）中越遺跡の報告書が発刊された。本論文の目的は中越式土器の型式学的研究をおこない、12年間に亘る友野良一氏の学恩に報いることにある。なおこの論文は、まとめる過程で戸田哲也、谷藤保彦両氏と検討会をおこない、そこでの成果を踏まえて成ったものであり、誤りがあれば筆者の責任である。友野氏とともに両氏にも心から感謝したい。

2　中越遺跡の状況
（1）　中越遺跡住居跡での状況
　中越遺跡発掘調査報告書に準拠すると、住居跡より中越式土器が出土している例が多い。中越式が出土している住居跡は、第1号住、2号住、5号～24号住、33号住、36号住、37号住、39号住、40号住、42号住、44号住、47号住、48号住、50号住、53号住～55号住、57号住、59号住、61号住～63号住、76号住、79号住、98号住～107号住居跡などの54軒である。
　このうち、第10号住（第1図）、44号住、47号住、61号住、37号住（第2図）、101号住、59号住、23号住、6号住（第3図）、57号住、11号住、62号住居跡から出土している中越式土器を中心に検討したい。

第10号住居跡出土土器（第1図）
　（8）は木島Ⅷ式段階の土器1個体である。（9）は口唇部に刺突を施し、口唇直下から胴部上半に櫛歯状工具か竹管状工具で斜格子沈線を施し、口縁部と胴部の括れ部に竹管状工具で横位刺突を施している。（10）は口縁部の器厚約10mmで、口縁部から胴部上半にかけて、櫛歯状工具で沈線を施し、口縁部と胴部の境に竹管状工具で横位刺突を施している。（11）は口縁部より垂下粘土紐[1]をつけており、粘土紐上部に竹管状工具で刺突を施している。口縁部と胴部の境の括れ部を強調しており、底部は丸底である。（12～15）は無文である。器形は口縁部から胴部上半で括れる丸底で、複合口縁を意識して口縁帯が作られている。（129～132）は繊維土器である。この第10号住居では木島Ⅷ式段階と中越式の古い段階（9、10）が伴出してお

第1節 中越式土器の研究 231

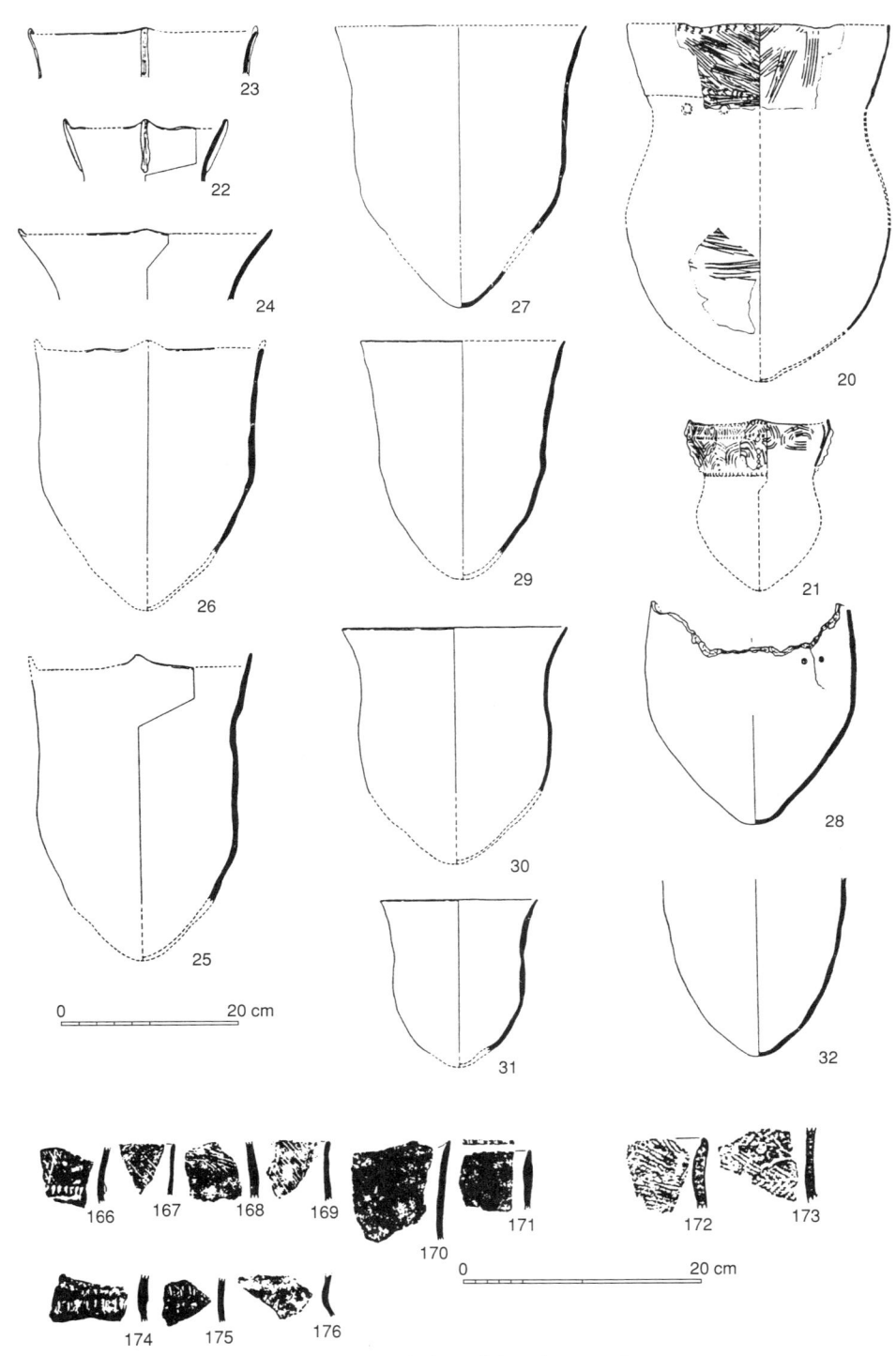

第2図 中越遺跡37号住居跡出土土器

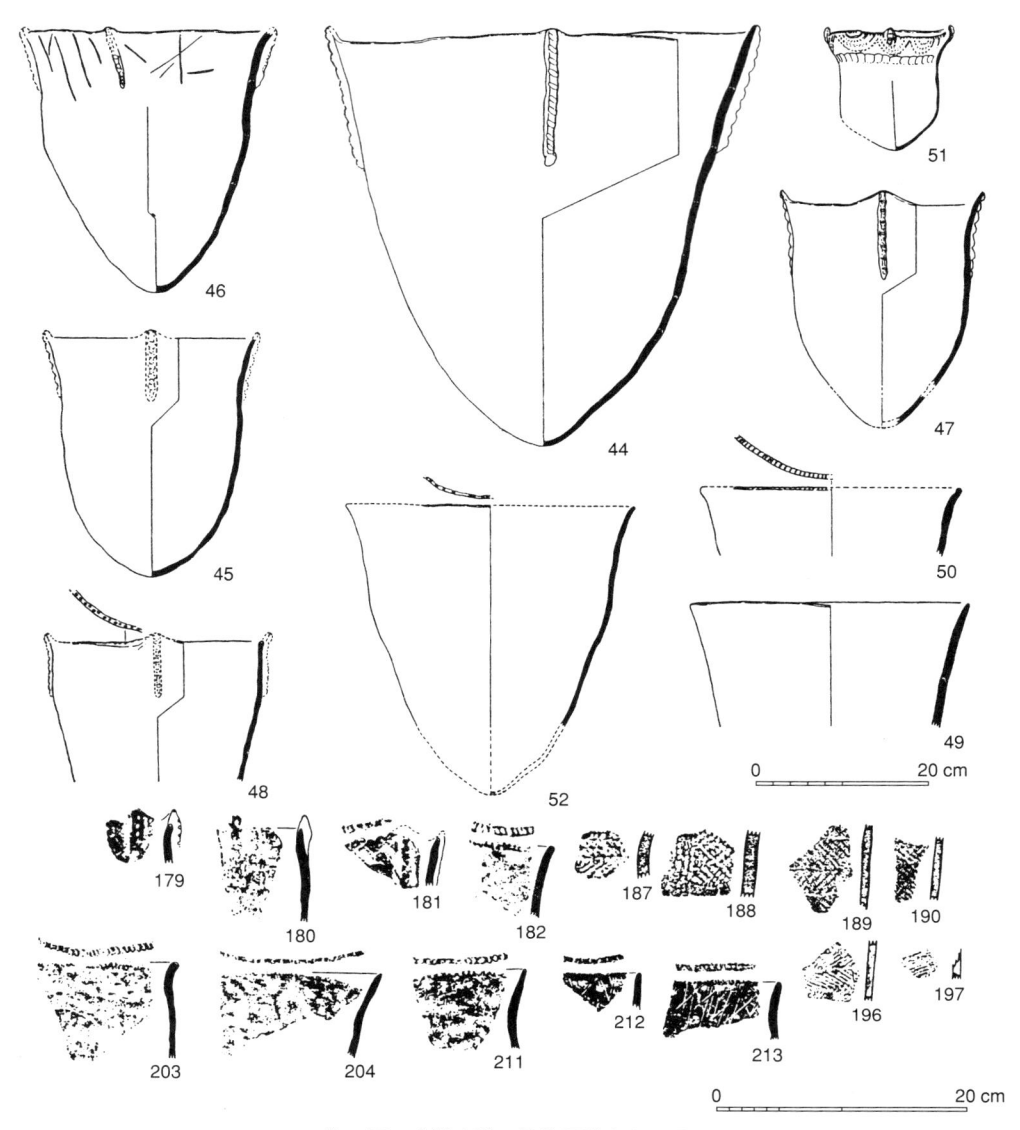

232　第3章　縄文時代前期中葉土器

第3図　中越遺跡6号住居跡出土土器

り注意される。

第37号住居跡出土土器（第2図）

（20，21）は木島Ⅸ式段階の土器である。（22，23）は小波状口縁の波頂部から垂下粘土紐をつけ，ほかは無文で胴部と口縁部の境が括れている器形の土器。（25〜27，29〜31）は無文の中越式土器で，（24〜26）が波状となる。器形では（22，24，30）が口縁部の括れを意識している器形で，（26，29）のように口縁部の括れがほとんどない器形，（23，25）のように口縁部の括れがあまり強くない器形がある。（23）では垂下粘土紐を口唇部内側よりつけている点が注意される。（172，173）は縄文を施し繊維を含んでいる。この第37号住居では，無文で垂下粘土紐を付けた中越式（22，23）。無文で小波状口縁の中越式（24〜26）。無文平口縁の中越式（27，29〜31）などがあり，無文の中越式土器が目立っている。

第6号住居跡出土土器（第3図）

（51）の木島Ⅹ式段階の土器が出土している。（44〜48）は波状口縁で，口縁部から胴部にかけて垂下粘

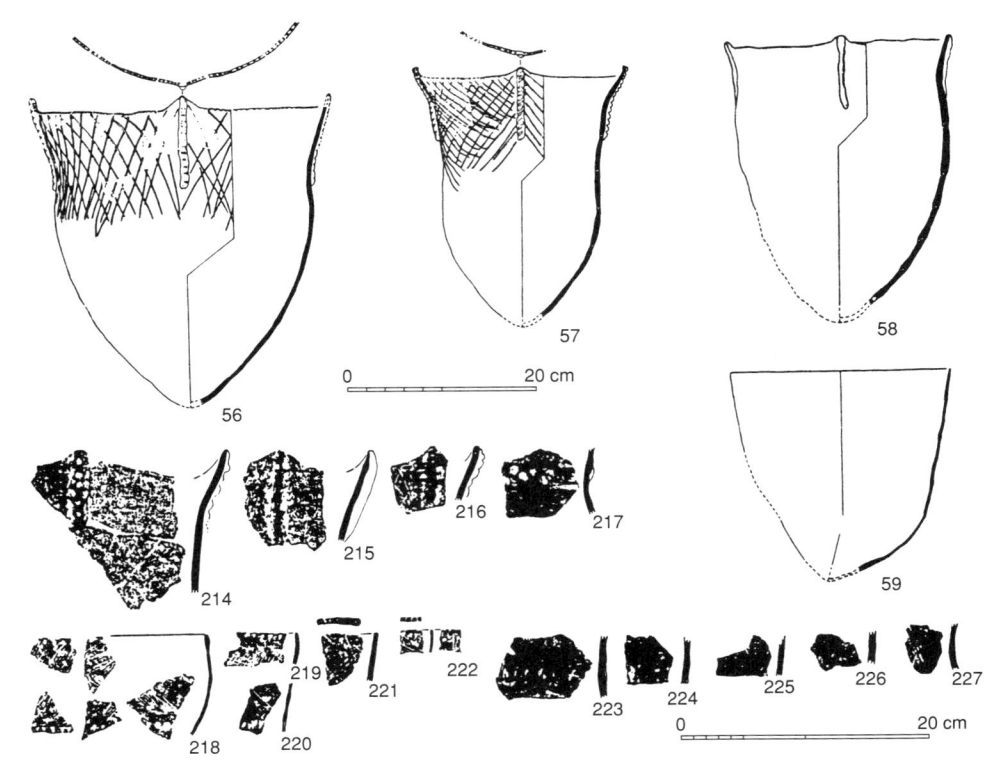

第4図　中越遺跡57号住居跡出土土器

土紐をつけた中越式土器である。(46)は口縁部に斜位の沈線を施している。(49，50，52)は平口縁の無文である。このほかに(187～190，196，197)は関山式土器と思われる。(51)の木島X式段階と，(46～50，52)のような中越式土器が伴出している点や(187～190)の関山式土器が出土している点が注意される。

第57号住居跡出土土器（第4図）

(56)は口縁部に斜格子沈線を施し垂下粘土紐を付け，垂下粘土紐状に刺突を施しており，器形が波状口縁で底部が丸底土器である。(57)は口縁部に箆状工具で雑な斜格子目状の沈線を施し，波頂部より垂下粘土紐を施しており，底部は丸底である。(58)は小波状の波頂部から垂下粘土紐を雑に付けている。(59)は平口縁無文丸底である。このほか，木島X式段階，清水ノ上I式土器が出土している。(57)の中越式の斜格子沈線は雑である。第57号住居跡出土土器では，(57)の斜格子沈線と垂下粘土紐を組み合わせたものがあるが，沈線が雑であったり，(58)のように垂下粘土紐も雑に施される傾向がある。

(2)　**中越I式土器**（第1表・第5図）

中越I式土器は（第1表）に示したように，まず口縁部に沈線のあるa類と，口縁部に沈線がないb類とに分類でき，さらに口縁部に沈線があって垂下粘土紐のあるもの（中越I式a類1種），口縁部に沈線があって垂下粘土紐のないもの（中越I式a類2種），口縁部に沈線がなくて垂下粘土紐があるもの（中越I式b類1種），口縁部に沈線がなくて，垂下粘土紐もないもの（中越I式b類2種）の4種に分けられる。

このうち，中越遺跡報告書では中越I式a類1種の存在は不明である。木島式土器と中越I式との関係を考えると，今後a類1種も発見される可能性があるように思われる。次に，報告書に掲載されている土器に準拠して考えたい。

(第5図)に示したように，中越I式土器は10号住居(9，10，12～15)，44号住居(2)，47号住居(3，

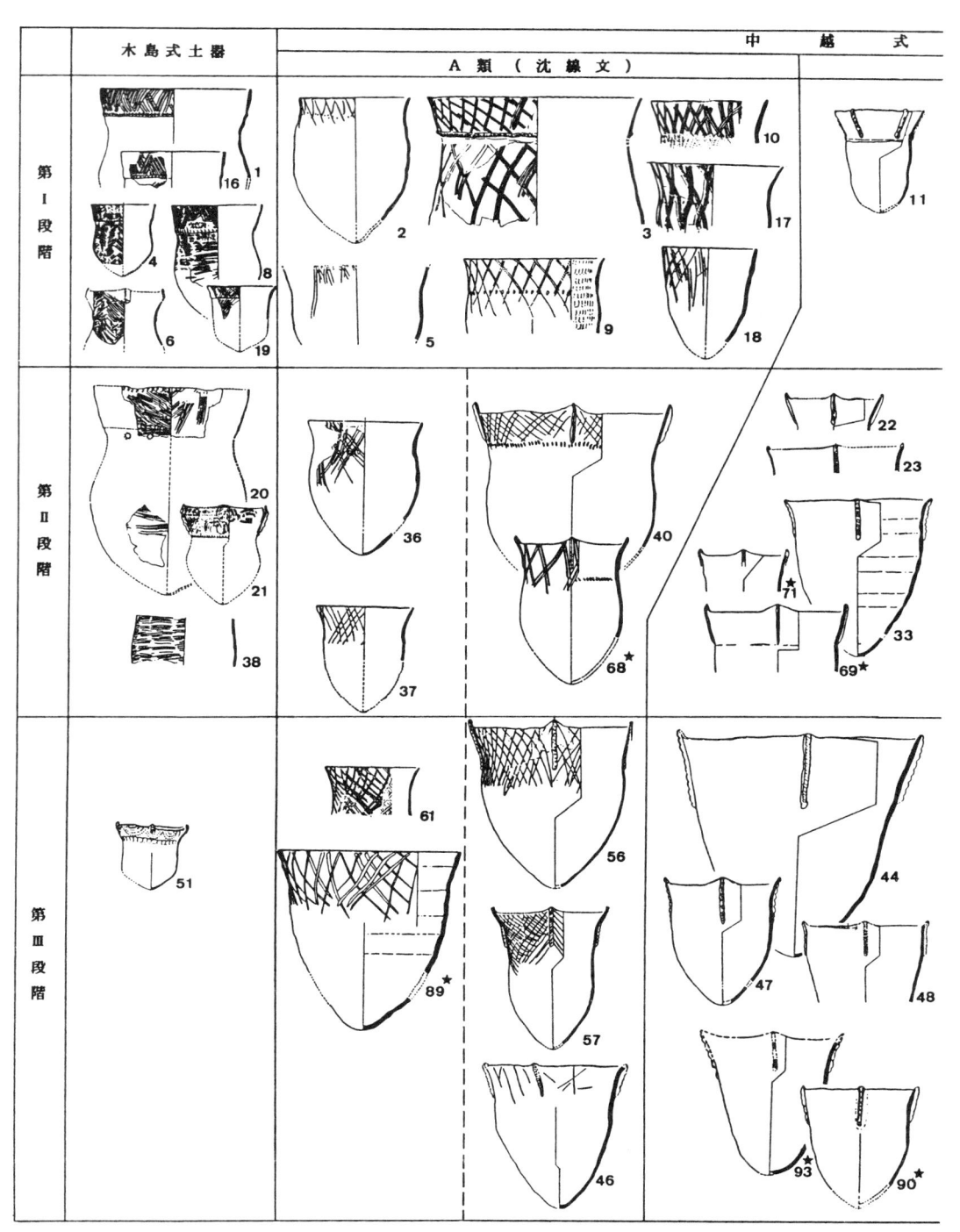

234　第3章　縄文時代前期中葉土器

★印は阿久遺跡出土土器である。

第5図　中越式土器変遷図

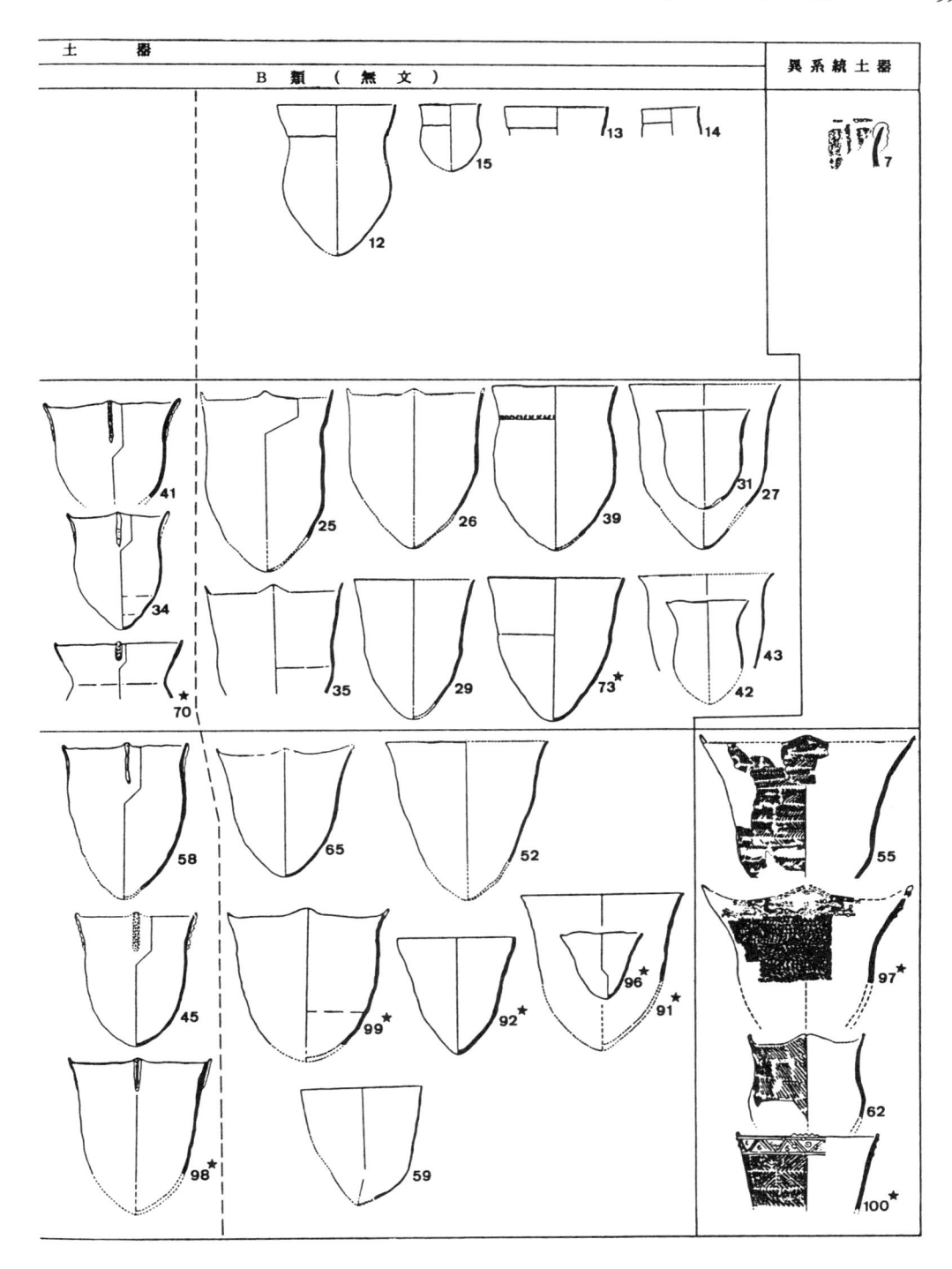

第1節　中越式土器の研究　235

土　　　　器	異系統土器
B　類　（　無　文　）	

中越遺跡第44号住(1,2),同第47号住(3～5),同第5号住(6,7),同第10号住(8～15),同第61号住(16～18),同第16号住(19),同第37号住(20～23,25～27,29,31),同第101号住(33～35),同第59号住(36～39)同第23号住(40～43),同第6号住(44～48,51,52),同第11号住(61,62),同第57号住(56～59),同第62号住(65),同第13号住(55)
阿久遺跡第64号住(68～71,73),同第48号住(89～92),同第40号住(93,96,97),同第29号住(98～100)

第5図　中越式土器変遷図　その2

第1表　中越式土器細分表

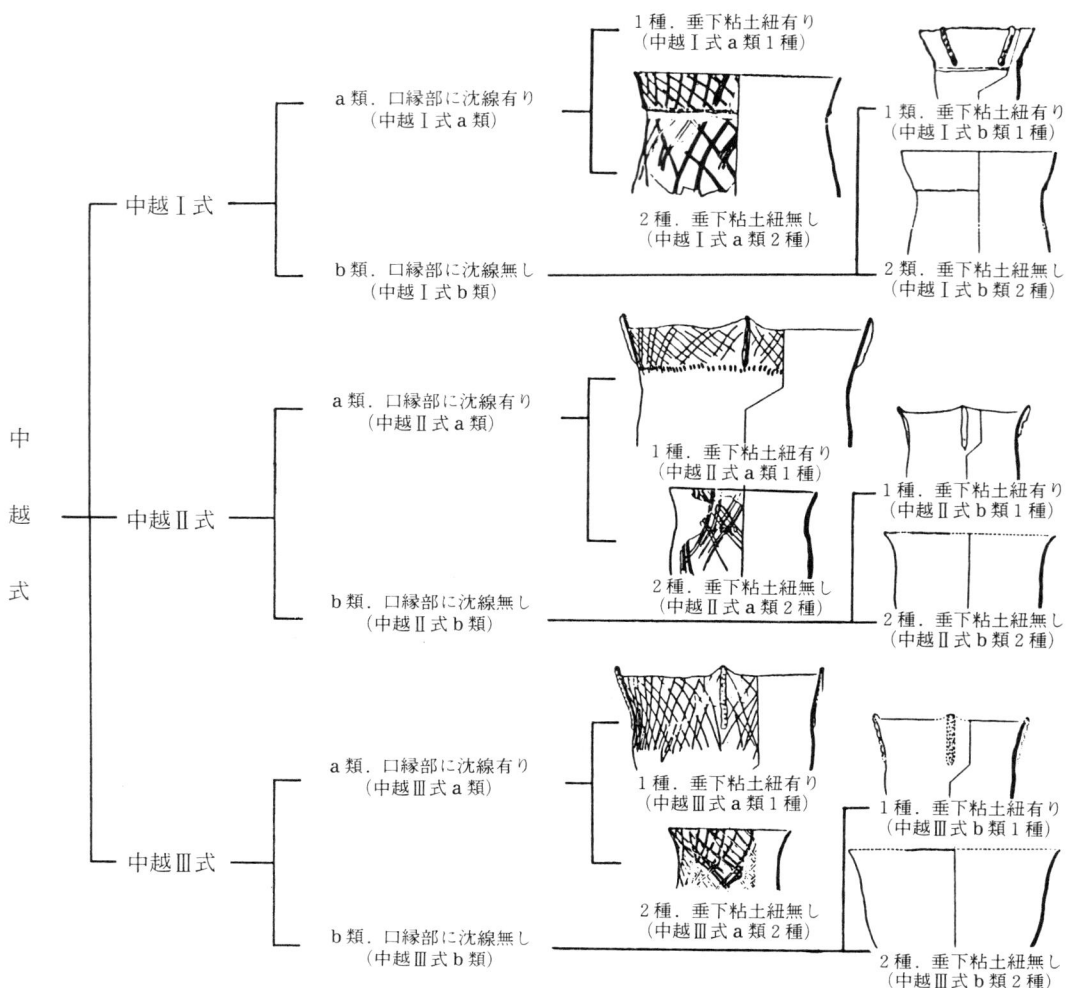

中越式
- 中越Ⅰ式
  - a類．口縁部に沈線有り（中越Ⅰ式a類）
    - 1種．垂下粘土紐有り（中越Ⅰ式a類1種）
    - 2種．垂下粘土紐無し（中越Ⅰ式a類2種）
  - b類．口縁部に沈線無し（中越Ⅰ式b類）
    - 1種．垂下粘土紐有り（中越Ⅰ式b類1種）
    - 2種．垂下粘土紐無し（中越Ⅰ式b類2種）
- 中越Ⅱ式
  - a類．口縁部に沈線有り（中越Ⅱ式a類）
    - 1種．垂下粘土紐有り（中越Ⅱ式a類1種）
    - 2種．垂下粘土紐無し（中越Ⅱ式a類2種）
  - b類．口縁部に沈線無し（中越Ⅱ式b類）
    - 1種．垂下粘土紐有り（中越Ⅱ式b類1種）
    - 2種．垂下粘土紐無し（中越Ⅱ式b類2種）
- 中越Ⅲ式
  - a類．口縁部に沈線有り（中越Ⅲ式a類）
    - 1種．垂下粘土紐有り（中越Ⅲ式a類1種）
    - 2種．垂下粘土紐無し（中越Ⅲ式a類2種）
  - b類．口縁部に沈線無し（中越Ⅲ式b類）
    - 1種．垂下粘土紐有り（中越Ⅲ式b類1種）
    - 2種．垂下粘土紐無し（中越Ⅲ式b類2種）

5），61号住居（17）などより出土している。第10号住居の中越Ⅰ式土器では，（9,10）の口縁部文様体に斜格子沈線を施し，口縁部と胴部の境に，器面横位に刺突を施している類の中越Ⅰ式a類2種と，（12～15）のように，口縁部から胴部にかけて無文にし，無文の縁帯部を作っている複合口縁的な類の中越Ⅰ式b類2種と（11）の垂下粘土紐をつけ紐上に刺突を施している類の中越Ⅰ式b類1種などがある。垂下粘土紐は木島式からの影響で発生してくると推定される。（12,15）の縁帯部を無文にし，口縁部と胴部の境を複合口縁的に段状に作る例は，器形などが木島Ⅷ式段階とよく似ている。（2）は44号住居より出土しており中越Ⅰ式a類2種である。口唇部に刺突を入れ，口唇部直下より箆状工具でΛ状の沈線を施し，胴部と口縁部の境に竹管状工具で器面横位の刺突を施している。器形は口縁部と胴部の境で括れた丸底土器と思われる。（3,5）は47号住居より出土しており中越Ⅰ式a類2種である。（3）は口縁から胴部の境で括れており，この境に粘土紐を横位に貼り，粘土紐上部に刺突を施している。口唇部から胴部上半にかけて，櫛歯状工具で斜格子沈線を施している。器厚は約6mmである。（5）は口縁部と胴部の境に器面横位に刺突を施して，斜格子沈線も胴部上半まで施されている。器厚は約7mmである。（17,18）は中越Ⅰ式a類2種で（17）が61号住居より出土しており，口唇部に刺突を施し，口縁部直下より櫛歯状工具で斜格子状沈線を胴部上半まで施して，口縁部を外反させる器形である。口縁部と胴部の境に器面横位の刺突を竹管状工具で施して

いる。
　このように中越Ⅰ式の段階では，木島Ⅵ，Ⅶ，Ⅷ式段階の影響の強い斜格子沈線の施された中越Ⅰ式a類と，無文の中越Ⅰ式b類が存在する。この中越式土器発生期におけるa，bの2類の存在は，中越Ⅱ式以降の中越式土器の系統的流れを考える場合に重要な視点になると思われる。また，これ等は，木島Ⅵ～Ⅷ式段階の土器に器形が似ているが，木島式土器が複合口縁的に作っているのに対して，中越Ⅰ式では器形的に口縁部と胴部の境を括れさせ，そこに横位の刺突を施しているものが多い。さらに，報告書に掲載されている土器を見ると，中越Ⅰ式土器の段階に，口縁部に沈線がなく垂下粘土紐のある中越Ⅰ式b類1種の土器は意外に少なくないように思われる。そして，5号住居からは（第5図7）のように花積下層式土器と，（同図6）の木島Ⅷ式段階の土器が出土している。（第5図1，4，6，16）などのような木島Ⅵ～Ⅷ式段階の土器は他の住居跡からも出土している。

　(3)　中越Ⅱ式土器（第1表・第5図）
　中越Ⅱ式土器は現段階で（第1表）のように，口縁部に沈線があるものを（中越Ⅱ式a類），口縁部に沈線がないものを（中越Ⅱ式b類）とに分けた。さらに，口縁部に沈線があって，垂下粘土紐を施す（中越Ⅱ式a類1種），口縁部に沈線があって垂下粘土紐のない（中越Ⅱ式a類2種），口縁部に沈線がなくて垂下粘土紐のある（中越Ⅱ式b類1種），口縁部に沈線がなくて垂下粘土紐もない（中越Ⅱ式b類2種）とに分類することができそうである。
　中越Ⅱ式土器が出土している住居は（第5図）のように，第37号住居（第2図），101号住居，59号住居，23号住居などである。
　第37号住居出土土器の（22，23）は，無文波状口縁で垂下粘土紐を付けており中越Ⅱ式b類1種である。（23）は口縁部内面から垂下粘土紐を付けており，垂下粘土紐がこの段階で定着する点もうかがわれる。一方において（25～32）のような，無文丸底で垂下粘土紐を有しない中越Ⅱ式b類2種がある。この段階では無文で波状口縁の土器も定着するように思える。第101号住居では（33）のように，口縁部に沈線がなく垂下粘土紐を付けた中越Ⅱ式b類1種や，小波状の頂点から垂下粘土紐を付けた中越Ⅱ式b類1種の（34）と，（35）のように波状口縁で胴部がふくらむ器形の中越Ⅱ式b類2種がセット関係で出土している。第59号住居では（36）のように，垂下粘土紐がなく口唇部直下から粗い斜格子沈線を施し，胴部と口縁部の境に粗い横位刺突が施される中越Ⅱ式a類2種が出土している。
　（37）の斜格子沈線が雑になり，口縁部と胴部の境の括れも弱くなる中越Ⅱ式a類2種の土器と，（39）の口縁部と胴部の境に器面横位の刺突を施した無文土器で中越Ⅱ式b類2種の土器。第23号住居の（40）の波状口縁の波頂部より垂下粘土紐を付け，竹管状工具で斜格子沈線を施し，口縁部と胴部の境に器面横位に刺突を施している中越Ⅱ式a類1種，（41）の波状口縁で垂下粘土紐を付け，他は無文としている中越Ⅱ式b類1種，（42）の無文で小波状にしている中越Ⅱ式b類2種，（43）のように無文にしている中越Ⅱ式b類2種とがそれぞれセット関係である。
　中越Ⅱ式の段階では，中越式土器のメルクマールのひとつである垂下粘土紐が定着する傾向にある。中越Ⅰ式土器で強調されていた縁帯部的な意識も，中越Ⅱ式土器の一部に依然として残るが，中越Ⅱ式土器では口縁部と胴部を区画する器面横位刺突も雑になる傾向がある。器形もこの部分の括れが浅くなっていくように思われる。また，b類2種の無文土器も中越式土器の典型的器形となり，この段階で定着してくる状況がわかる。
　中越Ⅱ式a類の沈線を施した土器は，中越Ⅰ式a類が竹管状工具や櫛歯状工具で入念に斜格子沈線を施していたのに対し，竹管状工具や箆状工具で斜格子沈線を雑に施しているものもある。

238　第3章　縄文時代前期中葉土器

(4) 中越Ⅲ式土器 (第1表・第5図)

中越Ⅲ式は（第1表）のように，口縁部に沈線のあるものを（中越Ⅲ式a類），口縁部に沈線がないものを（中越Ⅲ式b類）として二分できる。さらに，口縁部に沈線があって垂下粘土紐のあるものを（中越Ⅲ式a類1種），口縁部に沈線があって垂下粘土紐のないものを（中越Ⅲ式a類2種），口縁部に沈線がなく垂下粘土紐がある（中越Ⅲ式b類1種），口縁部に沈線がなく垂下粘土紐もない（中越Ⅲ式b類2種）に4分類できる。

中越Ⅲ式土器は第6号住居，57号住居，11号住居，62号住居より出土している。

第6号住居（46）は小波状口縁の丸底で，波頂部より垂下粘土紐を施しているが，沈線が雑になり斜格子状をなさないので中越Ⅲ式a類1種である。（44, 45, 47, 48）は，波状口縁の波頂部から垂下粘土紐を施しているが，沈線は施されていないので中越Ⅲ式b類1種である。（44）は口縁部と胴部の境の括れをもたない器形である。（第3図49, 50, 52）は無文であり中越Ⅲ式b類2種である。6号住居跡出土土器はa類とb類のセットで出土している。中越Ⅲ式b類には，このほかに（第3図179, 180）のように垂下粘土紐が退化したような例もある。これ等に（51）の木島Ⅹ式段階の土器が伴出している。第57号住居（第4図）では，（56, 57）のように波状口縁に垂下粘土紐を付け，竹管状工具で斜格子沈線を施している中越Ⅲ式a類1種がある。（57）は斜格子沈線を雑に施している。（58）は中越Ⅲ式b類1種で波状口縁の波頂部から，雑で細い垂下粘土紐を貼り付け，粘土紐上部には刺突は施されていない。（59）は無文の丸底土器で中越Ⅲ式b類2種である。口縁部の括れをまったくもたない器形である。第11号住居からは（第5図61）の口縁部に沈線があって，垂下粘土紐のない中越Ⅲ式a類2種と，（62）のように関山Ⅰ式の新しい段階の土器と思われるものが共伴している点が注意される。第62号住居からは（65）のように口縁部に沈線がなく，垂下粘土紐もない中越Ⅲ式b類2種が出土している。

このように中越遺跡の中越Ⅲ式段階では中越Ⅲ式a類1種の口縁部に沈線があり，垂下粘土紐もあるものも存在するが，中越Ⅱ式a類にあったような，口縁部と胴部の境に器面横位の竹管状工具の刺突を施したものは消滅する。また，中越Ⅱ式a類に比べて（57）のように，斜格子沈線が雑に施され，（46）のように斜格子沈線にならない例もある。

中越Ⅱ式と中越Ⅲ式を比較すると，器形的にも口縁部と胴部の境の括れがなくなる傾向にあり，（46）のように口縁部から括れをあまりもたずに丸底になる器形がある。中越Ⅱ式a類2種の（36）のように，斜格子沈線を口縁部から胴部にかけて施し，口縁部と胴部の境に器面横位に刺突を施しているものもある。この横位刺突は中越Ⅲ式a類2種では（61）のようになくなってくる。中越Ⅲ式b類1種の段階では，前段階の中越Ⅱ式b類1種（22, 23）の垂下粘土紐の手法が定着した。また，（44）のように器形は，口縁部と胴部の括れのないものが定着してくる。中越Ⅲ式b類2種の段階では，（52）の体部が直線的な器形が定着し，全体的に口縁部と胴部の間の括れがなくなる傾向にある。

3　阿久遺跡との関係

中越遺跡では住居跡出土土器の文様，施文具などの特徴を分析するとともに共伴した他地域の土器型式との編年関係を検討した。阿久遺跡においても同様の作業をおこなうべきであるが，煩瑣になることもあり，中越式土器を出土した住居跡の時期が，中越式の細分型式のどの段階に該当するのかに絞って検討したい。以下，報告書に準拠して検討を加える。

中越式土器が出土している住居は，第14号住，15号住，24号住〜26号住，28号住〜32号住，36号住，37号住，39号住，40号住，44号住，48号住，50号住，53号住〜56号住，63号住〜65号住，68号住，

69号住,71号住,77号住,78号住,80号住の30軒である。報告書で見る限り,中越Ⅰ式の段階の土器の出土はほとんどないようである。したがって,中越Ⅱ式段階から検討する。

64号住居（第5図68）

（第5図68）は波状口縁の波頂部から垂下粘土紐を付け,櫛歯状工具で斜格子沈線を施しており,内面に指痕が付いているようである。口縁部と胴部の境が括れており,斜格子沈線を施していることから中越Ⅱ式a類1種におきたい。（69,70）は波状口縁で波頂部から垂下粘土紐を付けており,沈線がない中越Ⅱ式b類1種である。（69）は口縁部と胴部の境に括れをもっている。（70）は口縁部と胴部の境で大きく括れた器形で沈線がなく垂下粘土紐を付けており中越Ⅱ式b類1種である。口縁部と胴部の境が大きく括れている点に注意したい。（73）は無文であるが,横位にわずかな段を有しており中越Ⅱ式b類2種である。このように,64号住居跡出土土器は,中越Ⅱ式a類2種（68）,中越Ⅱ式b類1種（69,70）,中越Ⅱ式b類2種（73）のセット関係を示しているものと思われる。64号住居の中越Ⅱ式b類1種の（70）は,口縁部と胴部の境に大きく括れをもたせており,中越遺跡37号住居（22）の中越Ⅱ式b類1種と器形が良く似ている。また,64号住の中越Ⅱ式b類2種（73）の器形は,中越遺跡37号住居（29）の中越Ⅱ式b類2種の器形と似ており,こうした器形が中越Ⅱ式段階から発生している可能性がある。

40号住居（第6図）

（93,228～231,235～237）のように,波状口縁で沈線がなく垂下粘土紐の頭をおさえているような手法があり,中越Ⅲ式b類1種としたい。（94,96,238,244）は,沈線がなく垂下粘土紐もない中越Ⅲ式b類2種で,（96）は小波状口縁で括れをほとんどもたない器形である。（240～243,246,247）は沈線があり垂下粘土紐のない中越Ⅲ式a類2種の可能性がある。（97）の関山Ⅰ式の古い段階の土器が伴出している。

29号住居（第6図）

（98,254,255）のように,口縁部に沈線がなく,垂下粘土紐のある中越Ⅲ式b類1種がある。（257）のようにくずれた斜格子沈線の下にさらに雑な円を描いている中越Ⅲ式a類と,（99）のように,沈線がなく波状口縁で胴部が丸い器形の中越Ⅲ式b類2種の土器があり,これ等の中越Ⅲ式と（100）の関山Ⅰ式土器の新しい段階が伴出している。

以上のように阿久遺跡の住居出土土器は,中越Ⅲ式段階が多く,中越Ⅲ式b類1種と中越Ⅲ式b類2種が多い傾向にある。中越Ⅲ式は今後古と新に細分可能と思われる。

4　異系統土器との関係

(1)　木島式土器との関係

ここでは中越式土器と木島式土器との関係について考えたい。木島式土器の型式分類について,かつて筆者はいくつかの論文を発表している（澁谷ほか1981,澁谷1982・1983）。この中で縄文時代早期と前期の境を木島Ⅱ式と木島Ⅲ式との間,花積下層式土器の成立,神之木台式と下吉井式との間とする考え方を示した。

中越Ⅰ式には,（第5図・第2表）に示したように木島Ⅵ式段階～木島Ⅷ式段階の土器（1,4,6,8,16,19）が中越遺跡44号住,47号住,5号住,10号住,61号住,16号住などより伴出している。これ等の土器は器厚の特徴や,口縁部と胴部の境を器面横位につまんだり,刺突を施しており複合口縁的に作っている。また,沈線などは櫛歯状工具などを使用して入念に入れている。こうした点は後述するが,清水ノ上貝塚の報告書の清水ノ上Ⅰ式土器とされているものと一部異なっており,木島Ⅵ～Ⅷ段階の土器である。これ等は中越遺跡10号住居（8）,47号住居（4）,44号住居（1）,61号住居（16）で中越Ⅰ式に伴出している。中越遺跡では中越Ⅰ式土器に木島Ⅵ～Ⅷ段階の土器が伴出していることがわかる。

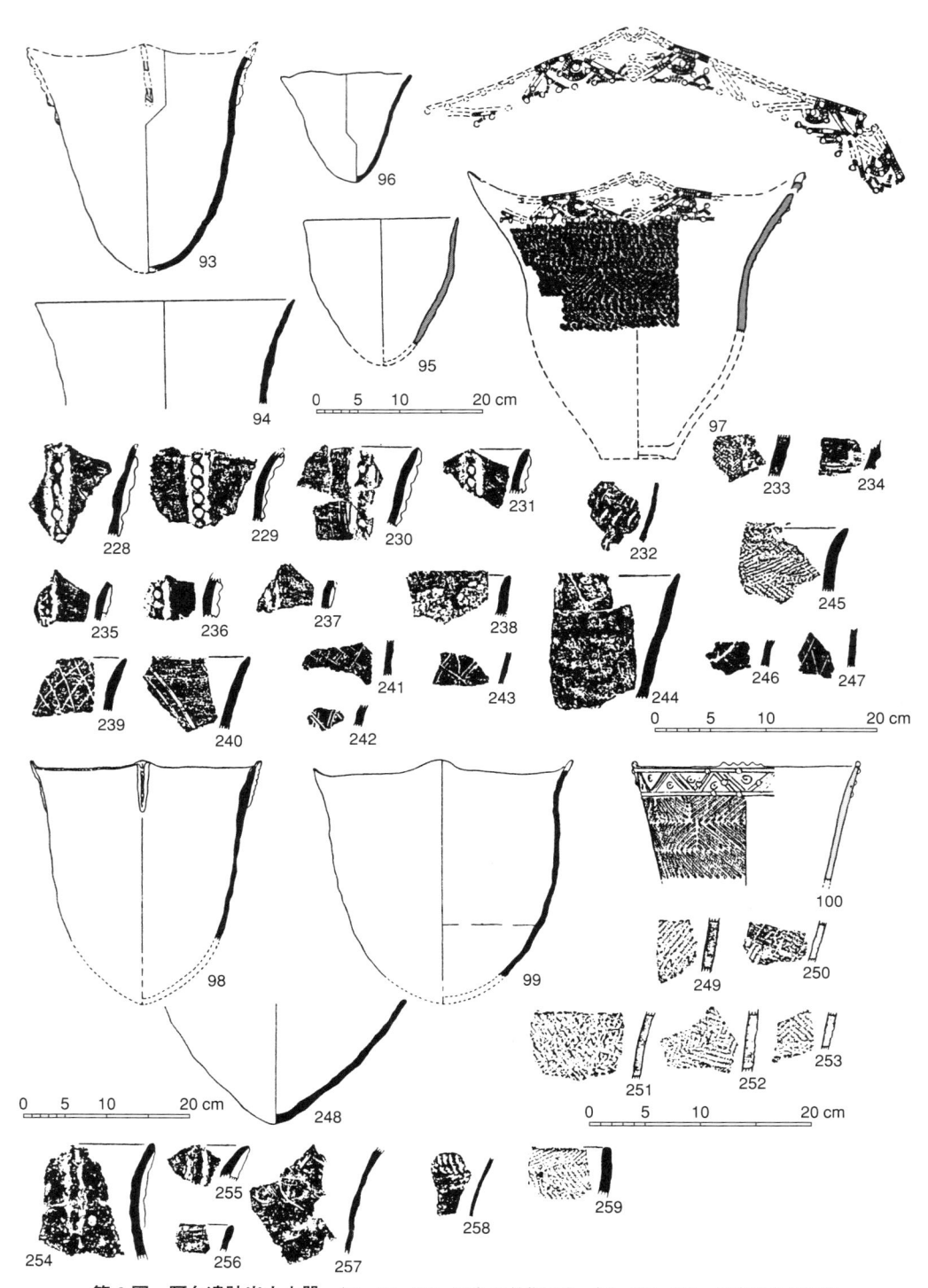

240　第3章　縄文時代前期中葉土器

第6図　阿久遺跡出土土器　(93〜97、228〜247) 40号住居跡　(98〜100、248〜259) 29号住居跡

第2表 中越式土器編年（案）

	東海		信州	南関東
	愛知	静岡		
縄文時代前期（初）	木島Ⅲ		（＋）	下吉井式（花積下層式）
	木島Ⅳ・Ⅴ		（＋）	花積下層式
	木島Ⅵ・Ⅶ・Ⅷ		中越Ⅰ式	花積下層式
	清水ノ上（＋）	木島Ⅸ	中越Ⅱ式	二ツ木式
	清水ノ上Ⅰ式	木島Ⅹ	中越Ⅲ式	関山Ⅰ式

（澁谷1982，1983年の編年表を基に今回作り替えた。）

　中越Ⅱ式土器には，（第5図20, 21, 38）などの木島Ⅸ式段階の土器が伴出している。(20, 21)は中越遺跡37号住居，(38)は同59号住居より出土している。
　中越Ⅲ式土器には（第3図・第5図）に示したように，中越遺跡6号住居で(51)の木島Ⅹ式段階の土器が出土している。
　こうした点より現段階では，（第2表）のように，中越Ⅰ式土器には，木島Ⅵ・Ⅶ・Ⅷ式段階の土器。中越Ⅱ式土器には木島Ⅸ式段階の土器。中越Ⅲ式土器には，木島Ⅹ式段階の土器がそれぞれ編年的に併行関係にあると考えている。

(2) 清水ノ上Ⅰ式土器との関係

　清水ノ上貝塚報告書で清水ノ上Ⅰ式土器とされたものは，口縁部と胴部の境の複合口縁に，篦状工具で刺突を施している例が多い。これには口縁部を無文としているものも多量にある。また，小型のハイガイを連続して押捺しているものもある。縁帯部の沈線は半截竹管状工具や，植物の茎状の工具とされるもので粗く擦痕状に施すものがある。こうした工具で複合鋸歯文や連弧状の擦痕を施している例もあるが，無文になっている例が多い点に注意すべきである。木島Ⅵ・Ⅶ・Ⅷ式段階では，櫛歯状工具などにより縁帯部に複合鋸歯，斜状の沈線，刺突，斜格子沈線などを施すが丁寧で雑に入れていないものが多い。
　（第2表）の清水ノ上Ⅰ式の扱いは，従来示されてきた清水ノ上Ⅰ式の編年的位置を示したものである。現段階では，中越Ⅱ式土器と清水ノ上（＋）が併行関係にある。清水ノ上（＋）とは，清水ノ上Ⅰ式とされた資料中でより古い様相をもった土器である。後続する中越Ⅲ式土器と清水ノ上Ⅰ式が編年的に併行するものと考えておきたい。

(3) 花積下層式土器・関山式土器との関係

　（第5図）の異系統土器の部分で図示したように，中越5号住居跡からは，(6)の木島Ⅷ式段階と，(7)の花積下層式土器と思われる土器が出土している。この出土から（第2表）に示したように，中越Ⅰ式土器

の段階に木島Ⅷ式土器，花積下層式土器が併行関係にあると考えられる。

また，(第5図55)の関山Ⅰ式の古い段階が中越遺跡13号住居より出土している。阿久遺跡40号住居より (97) の関山Ⅰ式の古い段階と，(93) の中越Ⅲ式b類1種の土器，(96) の中越Ⅲ式b類2種の土器が出土している。中越遺跡11号住居からは，(62) の関山Ⅰ式の新しい段階の土器と，(61) の中越Ⅲ式a類2種の土器とが出土している。阿久遺跡29号住居からは，(100) の関山Ⅰ式の新しい段階の土器と，(98) の中越Ⅲ式b類1種，(99) の中越Ⅲ式b類2種の土器が出土している。こうした点より (第2表) に示したとおり，中越Ⅰ式土器は花積下層式土器。中越Ⅱ式土器は二ツ木式土器。中越Ⅲ式土器が関山Ⅰ式土器と編年的に併行関係になる可能性が高いと考えられる。今後の資料の増加によっては，中越Ⅲ式土器が古と新に細分される可能性もある。

5 結語

中越遺跡発掘調査報告書をもとに，新たに中越Ⅰ式土器，中越Ⅱ式土器，中越Ⅲ式土器の3型式に細分した。その骨格をなすものは，(第1表 中越式土器細分表) に示したように，口縁部に沈線のあるものをa類。口縁部に沈線のないものをb類として分類した点にある。さらに，口縁部に沈線があり垂下粘土紐のあるものa類1種。口縁部に沈線があって垂下粘土紐のないものa類2種。口縁部に沈線がなく垂下粘土紐のあるものb類1種。口縁部に沈線がなく，垂下粘土紐のないものをb類2種に分類した。この分類は木島式土器と中越式土器との関係が強く，中越式土器成立及び変遷についても，木島式土器の影響の強い点を考慮した分類である。

次に阿久遺跡発掘調査報告書をもとに，中越遺跡で示した型式分類を阿久遺跡出土の中越式土器に対比してみた (第5図 中越式土器変遷図)。この作業の結果 (第2表 中越式土器編年案) の編年表を作成した。その内容は，中越Ⅰ式土器は，東海地方の木島Ⅵ・Ⅶ・Ⅷ式段階や，南関東の花積下層式土器の新しい段階と編年的に併行関係にある。中越Ⅱ式土器は愛知の清水ノ上（+）と静岡の木島Ⅸ式段階，南関東の二ツ木式土器と併行関係にある。中越Ⅲ式土器は愛知の清水ノ上Ⅰ式と静岡の木島Ⅹ式段階，南関東の関山Ⅰ式土器と併行関係にあると考えられる。中越Ⅲ式土器は今後，古と新に細分される可能性もある。

さて，阿久遺跡は中越遺跡よりさらに関東に近く，そのため関山式土器の出土が多い。一方中越遺跡は，木島式土器との関係の強い点が，出土土器の状況に現われている。この両遺跡出土土器の状況を比較することにより，中越式土器のあり方をより鮮明に映し出すことができると思われる。

中越式土器の研究史を振り返る中で，樋口昇一氏の視点 (樋口1982) や友野良一氏の中越式土器に対する問題点の提示 (友野1983)。また，薄手細線指痕土器群への気賀沢進氏の注意 (気賀沢1976) などの先学の指摘は大変重要である。今回筆者の示した型式分類は，こうした先学の指摘を念頭においておこなったものである。

1990年中越遺跡発掘調査報告書が発行され，中越式土器研究は新たな第一歩を踏み出したことになる。本論文では研究史について細かく触れなかった。また，中越式土器の分布の問題や今回型式設定した中越Ⅰ式土器から中越Ⅲ式土器について，他遺跡との比較検討もおこなっていない。これ等については別に論じるつもりである。

さらに，中越式土器と神ノ木式土器との型式関係の問題については，本稿では意識的に扱わなかった。これについては別途，戸田哲也，谷藤保彦氏とともにまとめる考えである。

第2節　前期中葉の土器編年について—中越式土器と神ノ木式土器を中心として—

1　はじめに

　筆者は1979年に戸田哲也氏と神ノ木式土器と有尾式土器の研究史をまとめた。また，研究史を踏まえたうえで，神ノ木式土器と有尾式土器の型式学的な分析をおこない，「神ノ木式・有尾式土器の研究（前）」（戸田・大矢（澁谷）1979）を発表した。その後，1991年には「中越式土器の研究—中越遺跡，阿久遺跡出土土器を中心として—」（澁谷1991）を発表し，中越式土器と木島式土器の型式的関係，中越式土器の型式細分と他型式との編年関係について検討を加えた。

　さらに，1997年には縄文セミナーの会による「第10回縄文セミナー　前期中葉の諸様相」（縄文セミナーの会1997）が開催された。筆者も発表者として参加し，鳥羽政之氏の見立式土器が研究史のうえでも，型式内容の面でも成立しないことを述べた。

　また，1999年には『縄文時代』に「神ノ木式土器，有尾式土器研究史」（澁谷1999）を発表し，神ノ木式土器と有尾式土器の研究史をまとめた。この研究史で明らかにした点は，80年代以降の両型式の研究が70年代の研究成果を正しく評価せず，その後の研究にあまり生かされていかなかったことである。この原因のひとつに若い研究者を中心とする「言い出した者が勝ち」的な研究態度と，「成果の出し急ぎ」の姿勢があったのではないかと指摘した。また，筆者は『いわき地方史研究』に「大木2a式土器と有尾式土器の検討」（澁谷1999）を発表し，大木2a式土器の古い段階と有尾式土器の古い段階，関山II式土器の新しい段階が型式学的に併行関係にある点を示した。

　さて，こうした経緯を踏まえて本論文では，前期前葉の土器型式を出土する中部地方の遺跡に検討を加え，中越式土器と神ノ木式土器および他の土器型式との編年関係を明らかにしていきたい。関係資料について谷藤保彦氏より御教示をいただいた。

2　長野県上伊那郡宮田村中越遺跡

　長野県上伊那郡宮田村中越遺跡（本多・友野ほか1990）は木曽山脈から東流する太田切川の下流と，天竜川に挟まれた扇状地の北側の扇側部にあり，小田切川と大沢川との間の台地上に位置する。天竜川の河岸から約1kmの地点にある。

第6号住居跡出土土器（第7図〜第10図）

　第6号住居跡では，筆者の型式細分（澁谷1991）した中越III式土器（第7図1〜3・第8図4〜11）が出土している。4単位の波状口縁から粘土紐を垂下した「垂下粘土紐」が付くもの（第7図1〜3・第8図4, 6）があり，口縁部に沈線を粗く施したもの（第7図2）もある。口縁部を波状にせず，粘土紐も貼付けない中越III式土器（第8図5, 7, 8）も出土しており，これらに伴って，筆者の型式細分した木島X式土器（澁谷1982・1994　第8図12）が出土している。さらに本住居跡からは以下の土器も出土している。口縁部に沈線文が施され，口縁部と胴部の境が括れて刺突の施されている中越III式土器（第9図2〜6, 9）。口唇部に横位の刺突を施し，口縁部と胴部の境に横位の刺突をして，間に箆状工具で斜位に沈線を施した木島X式土器（第9図12）。口縁部に格子状沈線を施す中越III式土器（第9図13〜15）。波状口縁の波頂から刺突を施した垂下粘土紐を付け，周りに箆状工具で格子状の沈線を施した中越III式土器（第9図16, 17）。平口縁で口唇部の刺突を施した中越III式土器（第9図18〜21）。平口縁に垂下粘土紐を貼付けた中越III式土器（第9図22）。口縁に沿って櫛歯状連続刺突を縦位に施し，以下に櫛歯状条線を施した神ノ木式土器（第9図23）。口縁に沿っ

244　第3章　縄文時代前期中葉土器

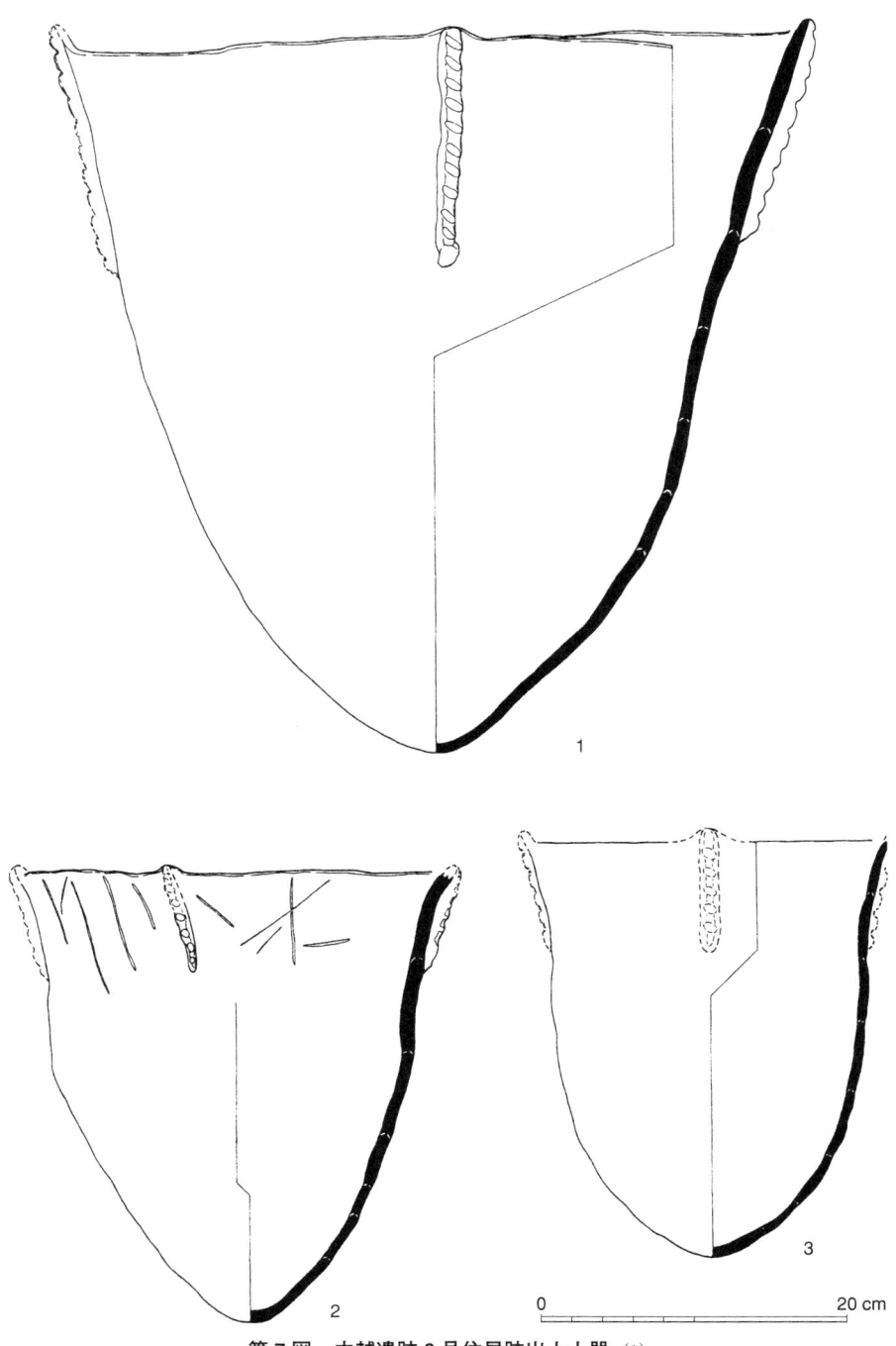

第7図　中越遺跡6号住居跡出土土器（1）

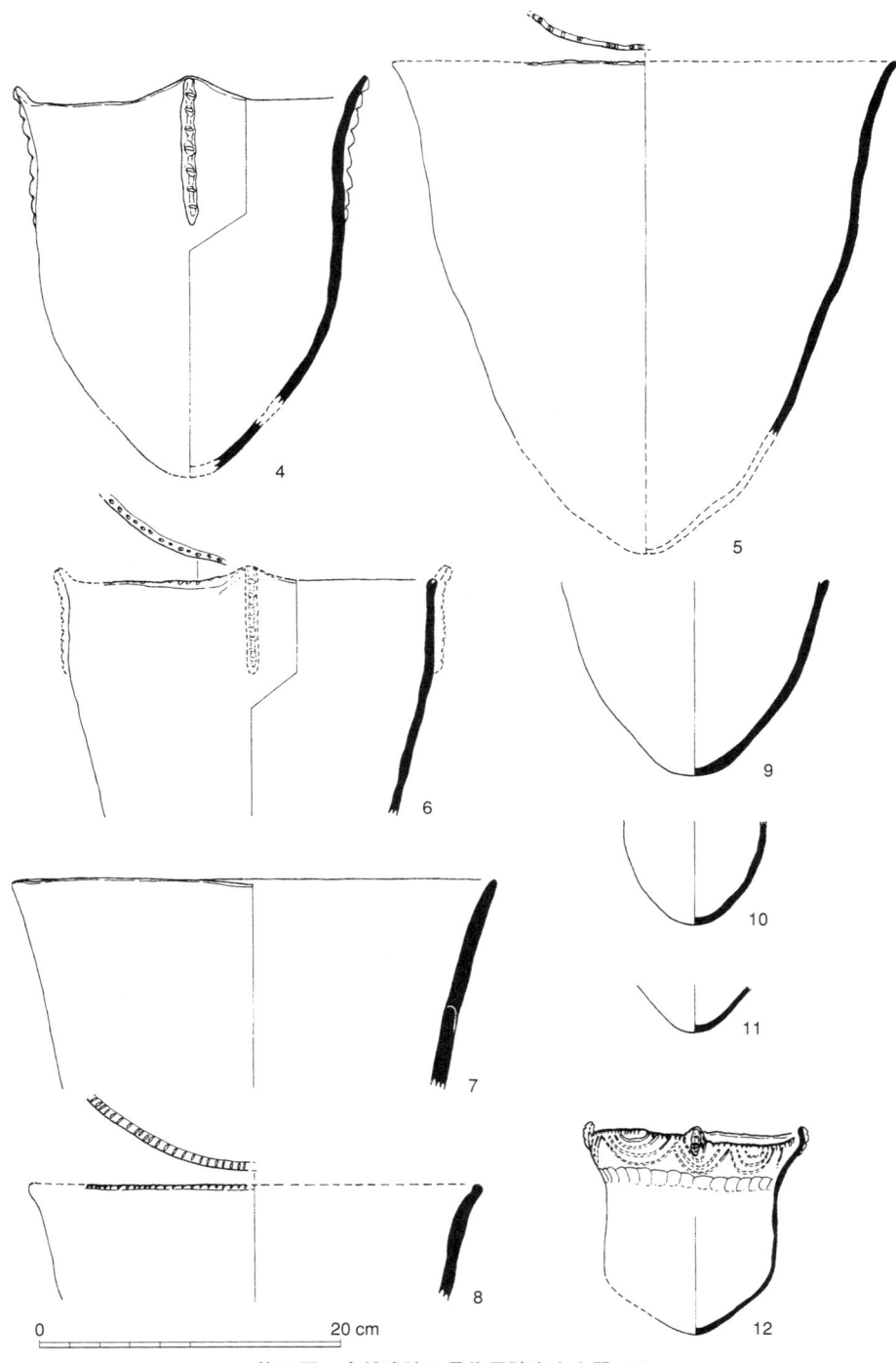

第2節　前期中葉の土器編年について　245

第8図　中越遺跡6号住居跡出土土器（2）

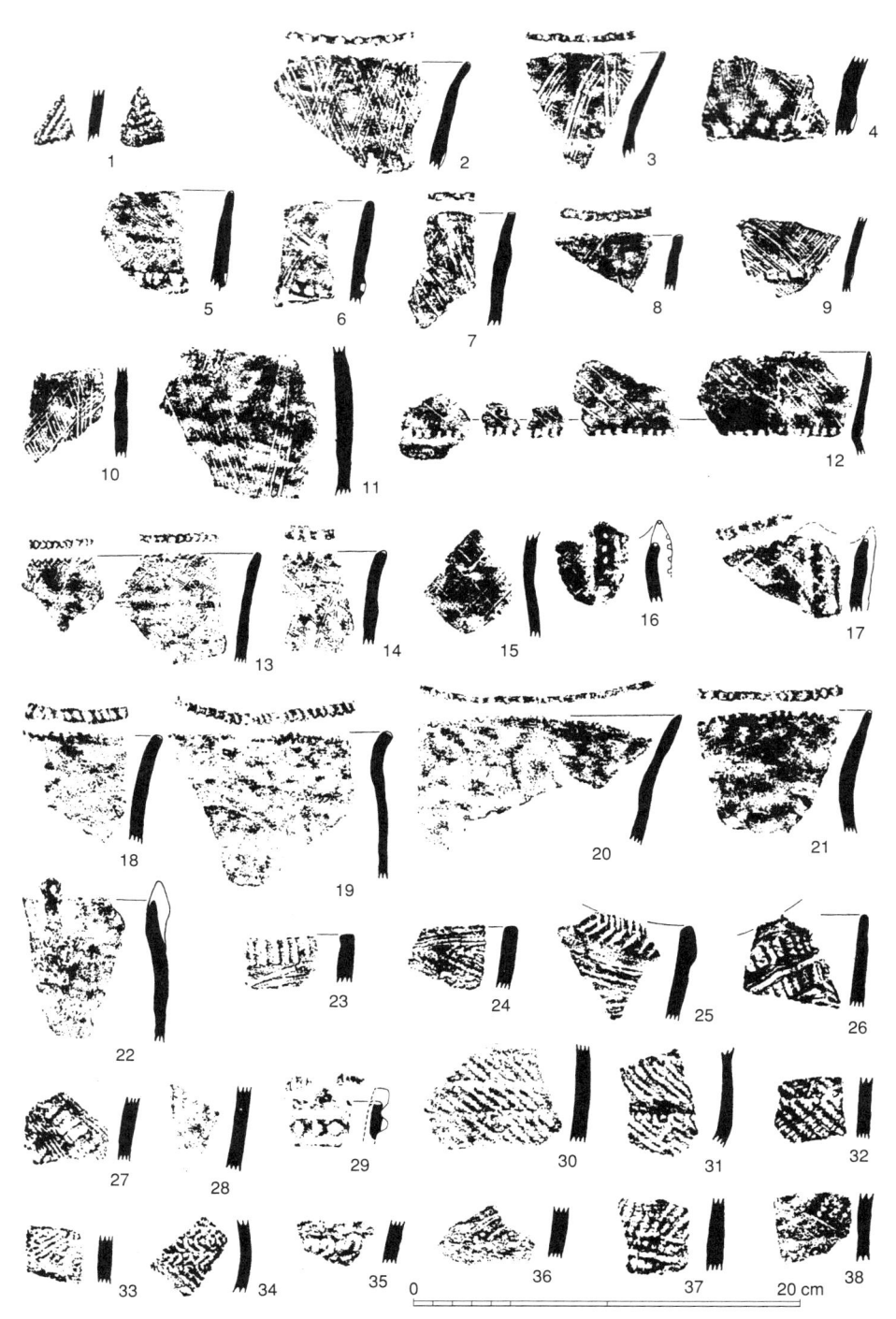

246 第3章 縄文時代前期中葉土器

第9図 中越遺跡6号住居跡出土土器 (3)

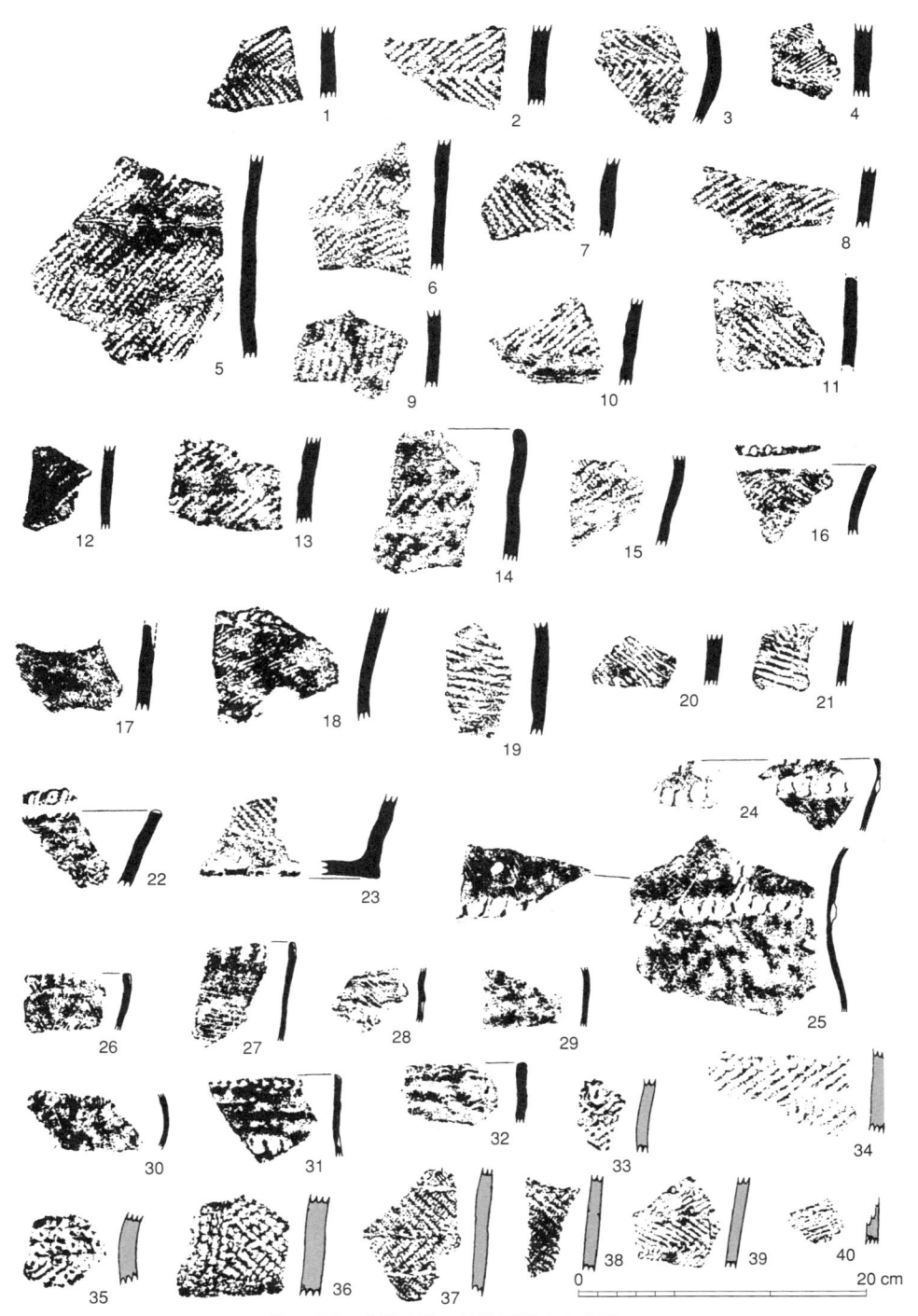

第2節　前期中葉の土器編年について　247

第10図　中越遺跡6号住居跡出土土器 (4)

て櫛歯状工具で条線を施し，条線に沿って櫛歯状連続刺突を施す神ノ木式土器（第9図24）。口縁部に粘土紐を貼り，その上に櫛歯状連続刺突を矢羽根に施す神ノ木式土器（第9図25）。口縁に沿って斜めに櫛歯状条線と櫛歯状連続刺突を交互に施文し，関山式土器の直前段合撚（山内1979）の施文具の転換をして模倣したと思われる神ノ木式土器（第9図26，27）。口唇部に突起を付け，その下に細い粘土紐を貼り，櫛歯状工具の連続刺突を施している神ノ木式土器（第9図29）。関山式を意識して末端に環の付いた縄を回転した神ノ木式土器（第9図30〜35）。直前段合撚縄文か附加条縄文を施した神ノ木式土器（第9図36）。羽状縄文の施された神ノ木式土器（第9図37・第10図1〜4），この中には結束ある羽状縄文もある（第10図1〜4）。単節斜縄文の神ノ木式土器（第10図5〜16）。この中には縄の端部を他の縄で縛るもの（第10図5）。無節斜縄文を施したと思われる神ノ木式土器（第10図18〜21）。口縁部直下や口縁部と胴部の境の括れ部に刺突を施し，その間に格子状に沈線を施している木島X式土器（第10図24〜28）。口縁部と胴部に刺突を施す木島X式土器（第10図30，31）。口縁部に爪形に刺突を施した文様（第10図32）の清水ノ上II式土器（磯部・山下1976）。原体の末端に環を付けた関山I式土器（第10図34，35）。関山I式の羽状縄文（第10図36〜39）などである。

第6号住居跡出土土器により，中越III式土器，神ノ木式土器，木島X式土器，関山I式土器，清水ノ上II式土器が編年的に併行関係にあることがわかる。

第2号住居跡出土土器（第11図〜第19図）

第2号住居跡では，波状口縁の波頂部を凹めて片口風にし，口縁部文様帯に櫛歯状工具による連続条線や刺突で網状の文様を描き，網状の交点に渦巻状の条線を施し，胴部以下には環付の縄文を付けている神ノ木式土器（第11図1）。平口縁で口縁部を有段口縁にして櫛歯状刺突文を2段施し，以下に単節斜縄文を付けた神ノ木式土器（第11図2）。（第11図1）と器形がほとんど同じで，口縁部から胴部にかけて縄の束を回転した神ノ木式土器（第11図3）。同じく縄の束を回転した神ノ木式土器（第11図4〜6）。小波状口縁の波頂部を凹めて，単節斜縄文の原体の開端部を縛った原体を回転施文した神ノ木式土器（第12図1）。口縁部に台状を作り環の縄と羽状縄文を交互に施文した神ノ木式土器（第12図2）。中越式土器の底部（第12図7）。波状口縁から粘土紐を垂下して，櫛歯状工具で3段刺突を施し，口縁部と胴部との境にも櫛歯状工具で刺突を付けて，器壁を厚くした木島式土器や中越式土器の垂下粘土紐の影響を受けている神ノ木式土器（第13図2）。器壁を薄くして口縁部に刺突を施した清水ノ上II式土器（第13図3，5）。口縁に爪形文を施し有段口縁を意識したような清水ノ上II式土器（第13図4）。口縁部は有段口縁を意識しており，有段部に刺突を施している清水ノ上II式土器とされるもの（第13図6）。平口縁にして沈線を施した中越III式土器（第14図1）。波状口縁の波頂部より垂下粘土紐を施した中越III式土器（第14図2）。平口縁で口唇部に刺突を施している中越III式土器（第14図3）。口縁部から櫛歯状工具の刺突を縦に2段施し，以下に縄文を付けた神ノ木式土器（第14図4）。口縁部から櫛歯状工具の刺突を縦に3段施し，以下に環の付いた縄文を施す神ノ木式土器（第14図5）。口縁部に櫛歯状工具の刺突を縦に3段，4段施した神ノ木式土器（第14図6，7）。口縁部斜位に垂下隆帯を施し，櫛歯状工具による刺突とコンパス文を組み合わせた神ノ木式土器（第14図8）。口縁部に櫛歯状工具による縦の刺突や大波状文を施し，さらに縄文が施文された神ノ木式土器（第14図9）。口縁部に櫛歯状工具による縦の刺突やコンパス文を組み合わせた神ノ木式土器（第14図10）。波状口縁にして，櫛歯状工具による刺突と条線を組み合わせて，関山式の直前段合撚を偽縄文的に櫛歯状工具で施文し，胴部を無文にした神ノ木式土器（第14図13）。一見すると（第11図1）と口縁部文様帯の文様が似ているが，波状口縁から垂下粘土紐を施し，胴部にも粘土紐を横位に貼り付け，櫛歯状工具による刺突を施す。この中に櫛歯状工具の刺突と条線を付け，網目状文様を施し，以下を無文にしている神ノ木式土器（第15図1）。波状

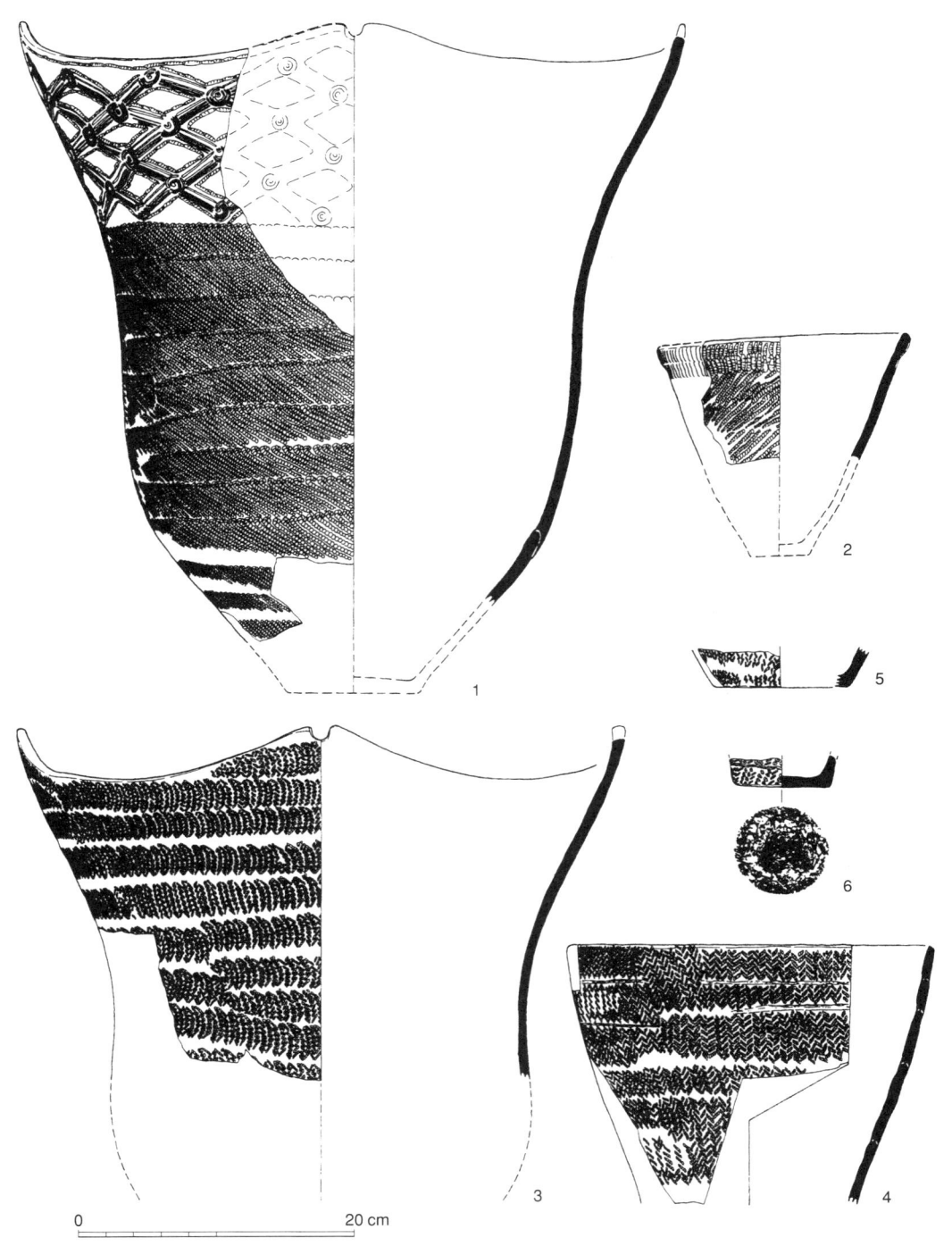

第 2 節　前期中葉の土器編年について　249

第 11 図　中越遺跡 2 号住居跡出土土器 (1)

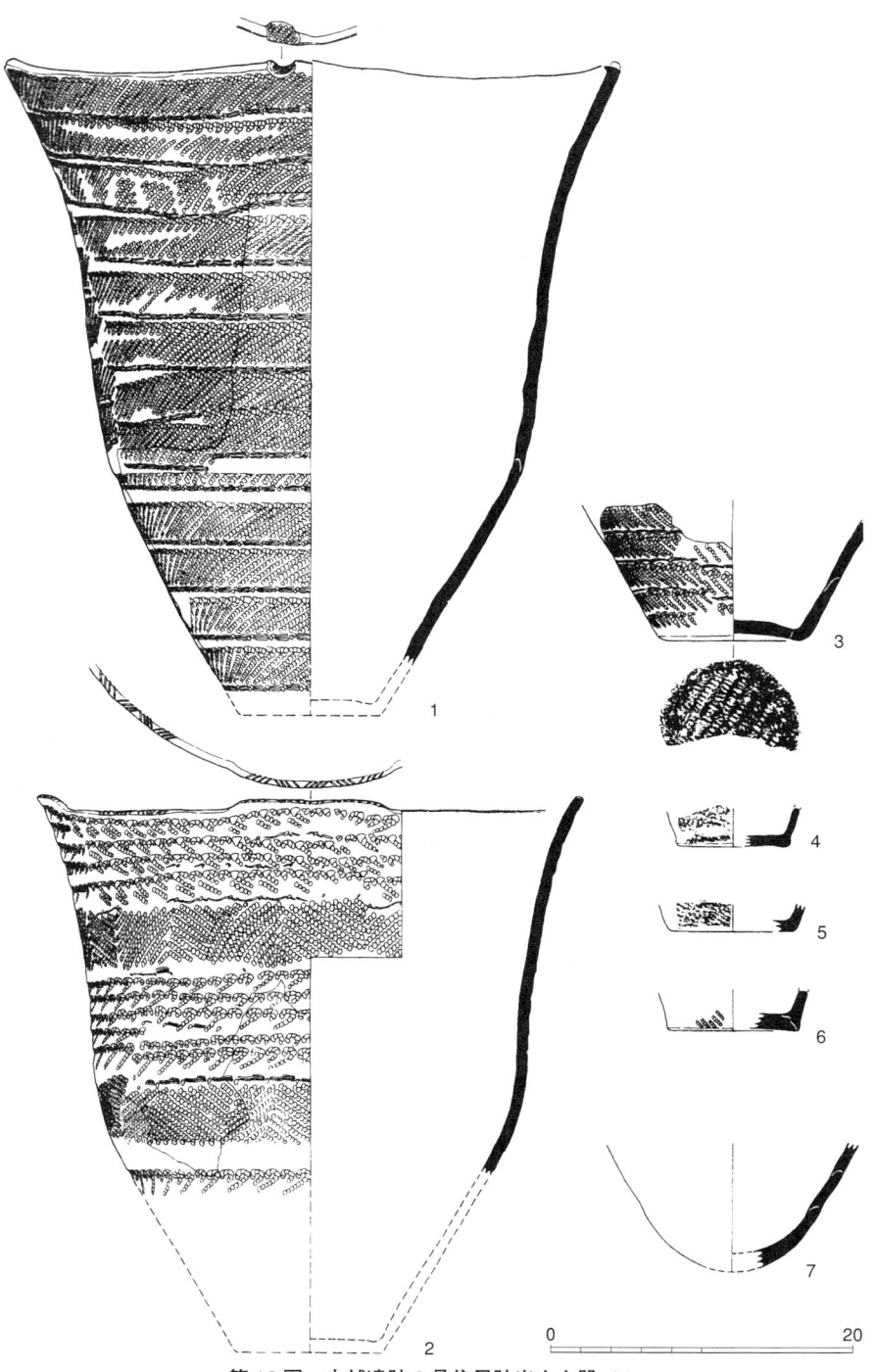

250 第3章 縄文時代前期中葉土器

第12図 中越遺跡2号住居跡出土土器 (2)

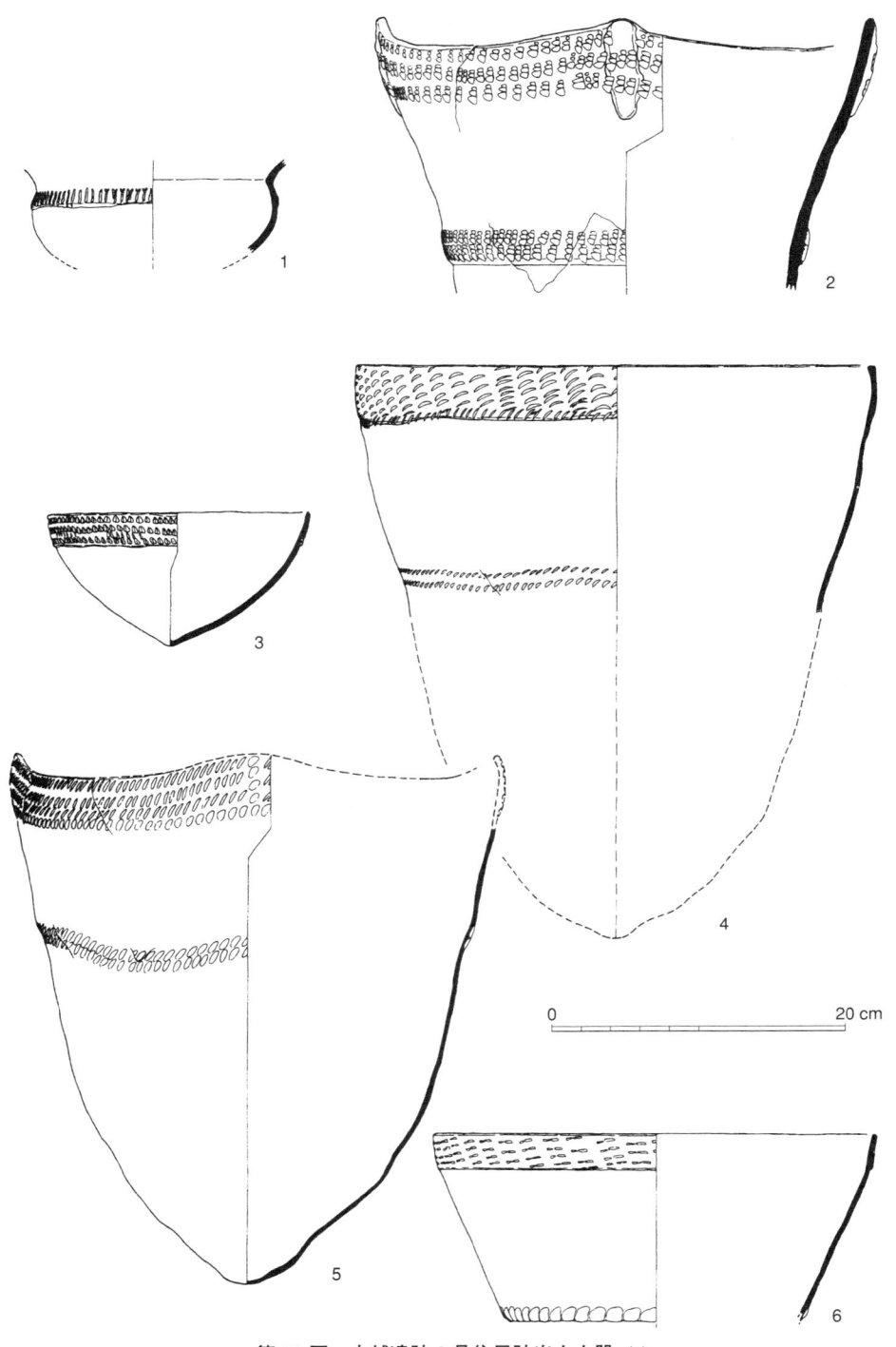

第2節　前期中葉の土器編年について　251

第13図　中越遺跡2号住居跡出土土器 (3)

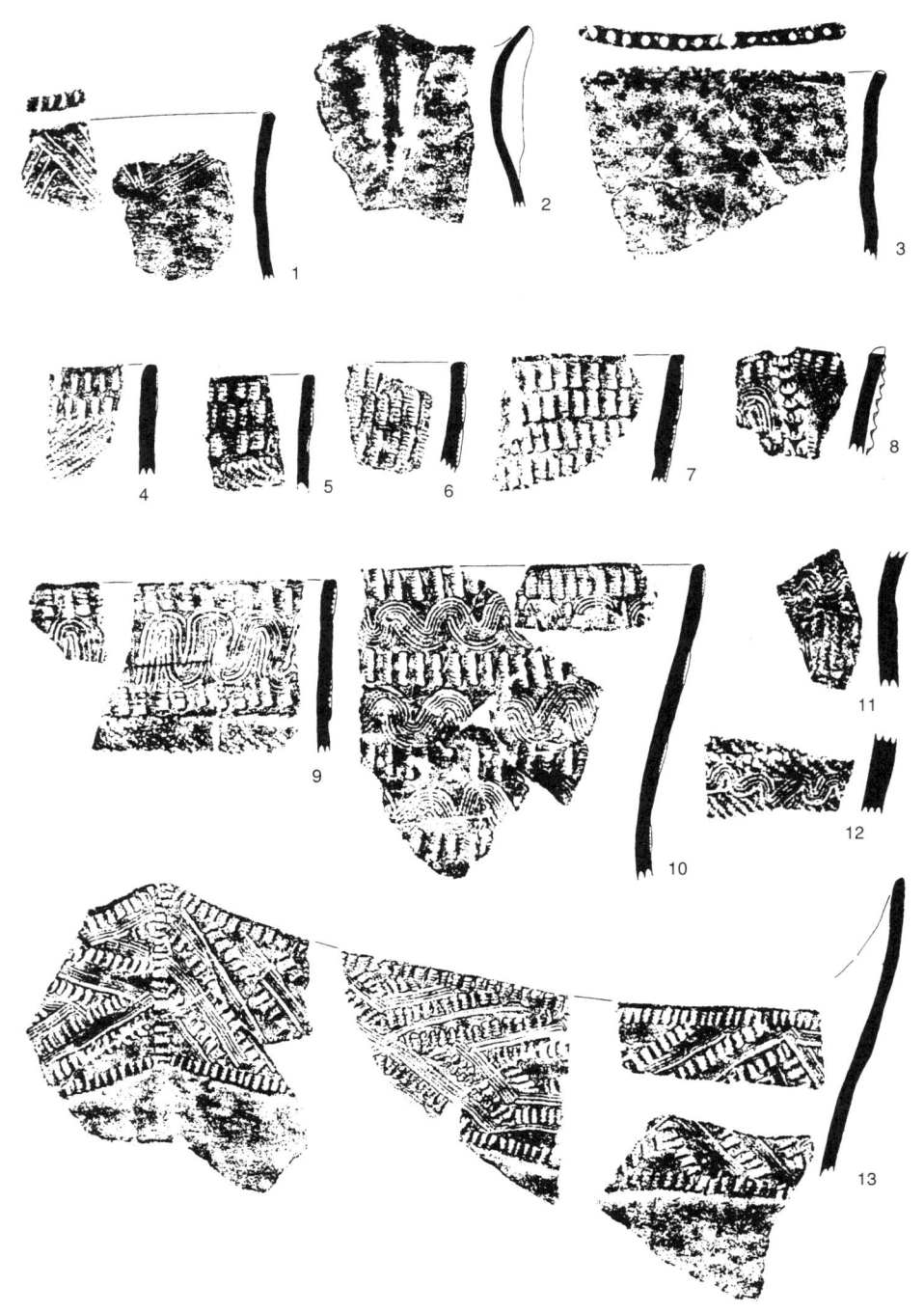

252　第3章　縄文時代前期中葉土器

第14図　中越遺跡2号住居跡出土土器 (4)

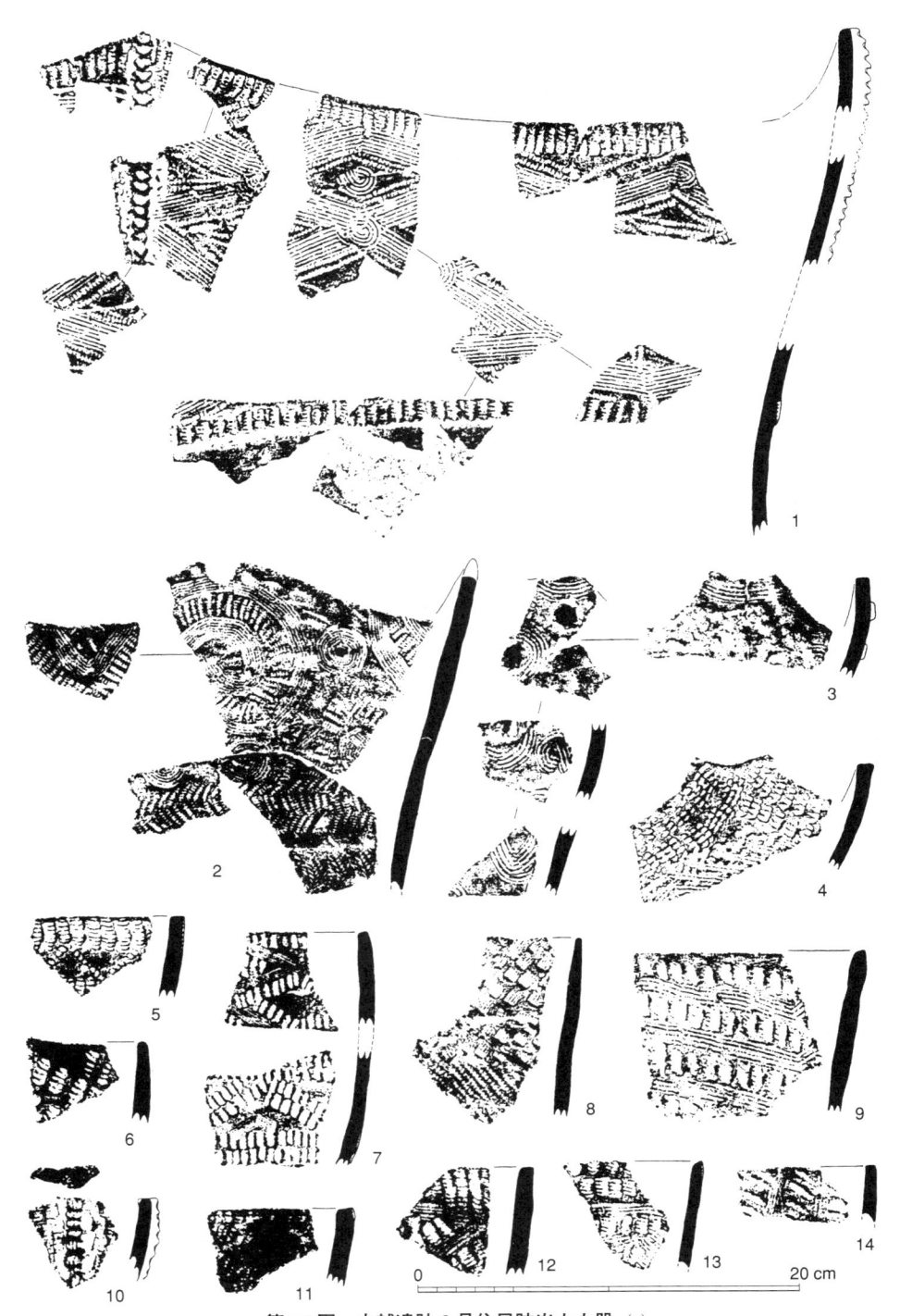

第2節　前期中葉の土器編年について　253

第15図　中越遺跡2号住居跡出土土器 (5)

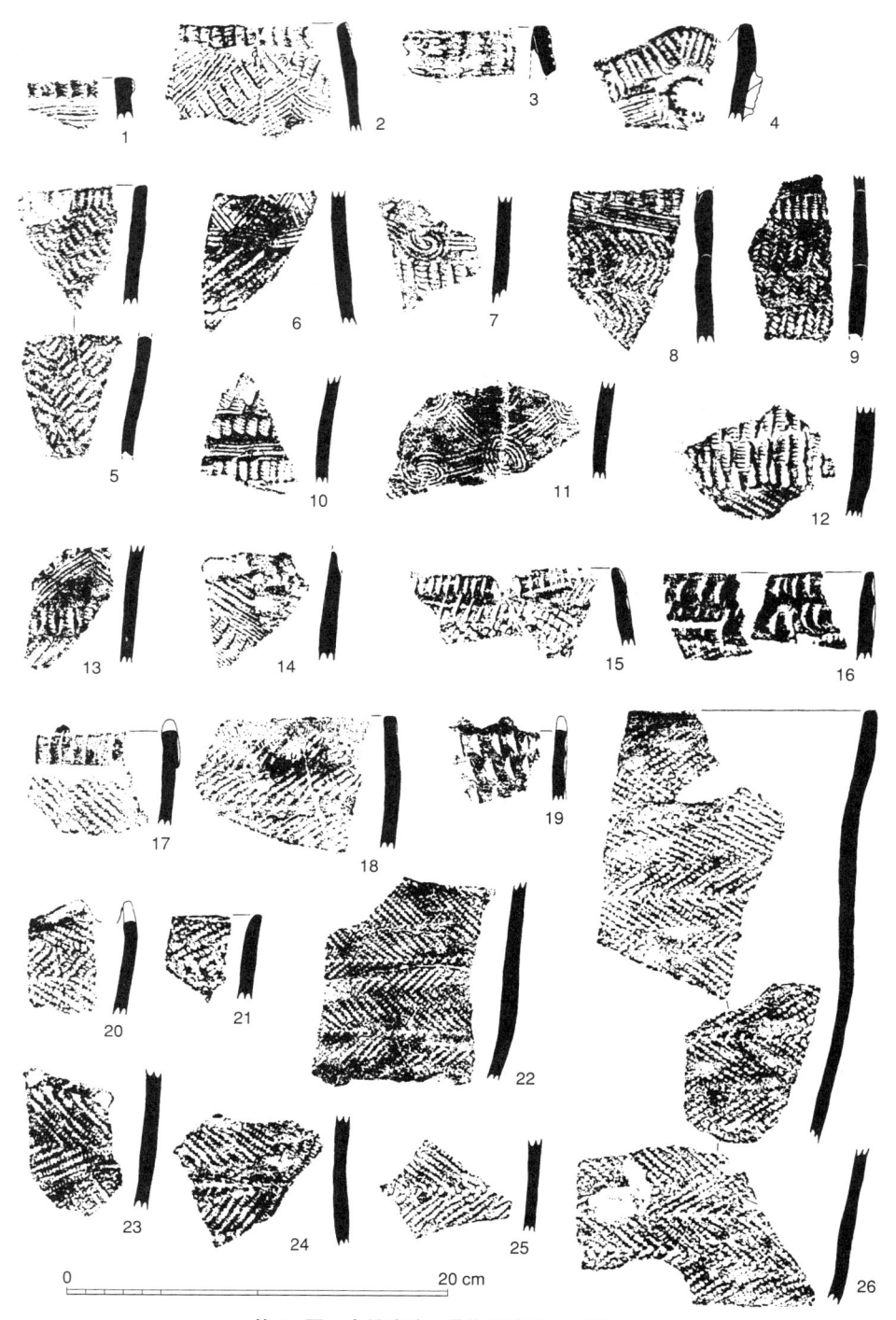

254　第3章　縄文時代前期中葉土器

第16図　中越遺跡2号住居跡出土土器 (6)

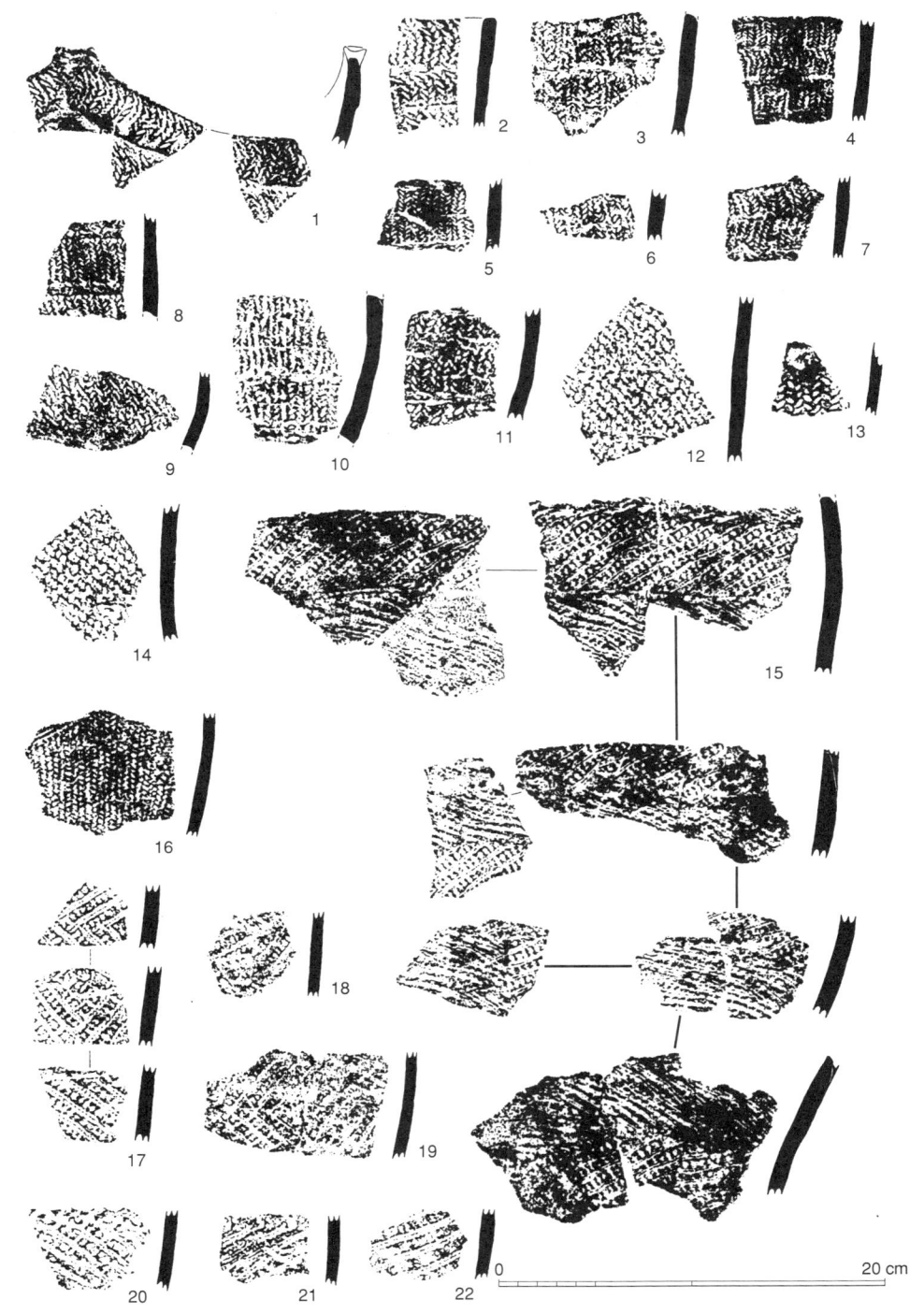

第2節 前期中葉の土器編年について 255

第17図 中越遺跡2号住居跡出土土器 (7)

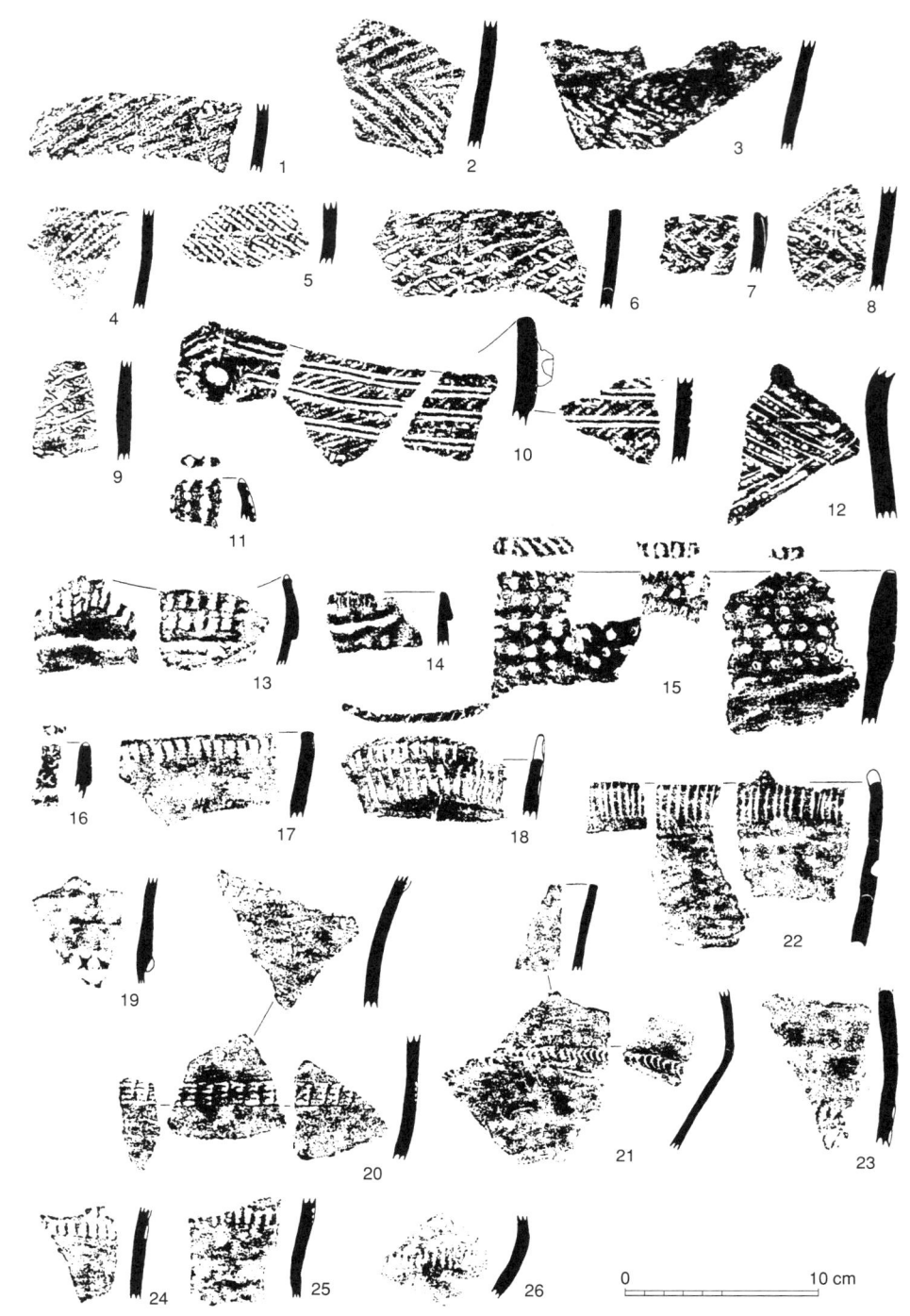

256 第3章 縄文時代前期中葉土器

第18図 中越遺跡2号住居跡出土土器 (8)

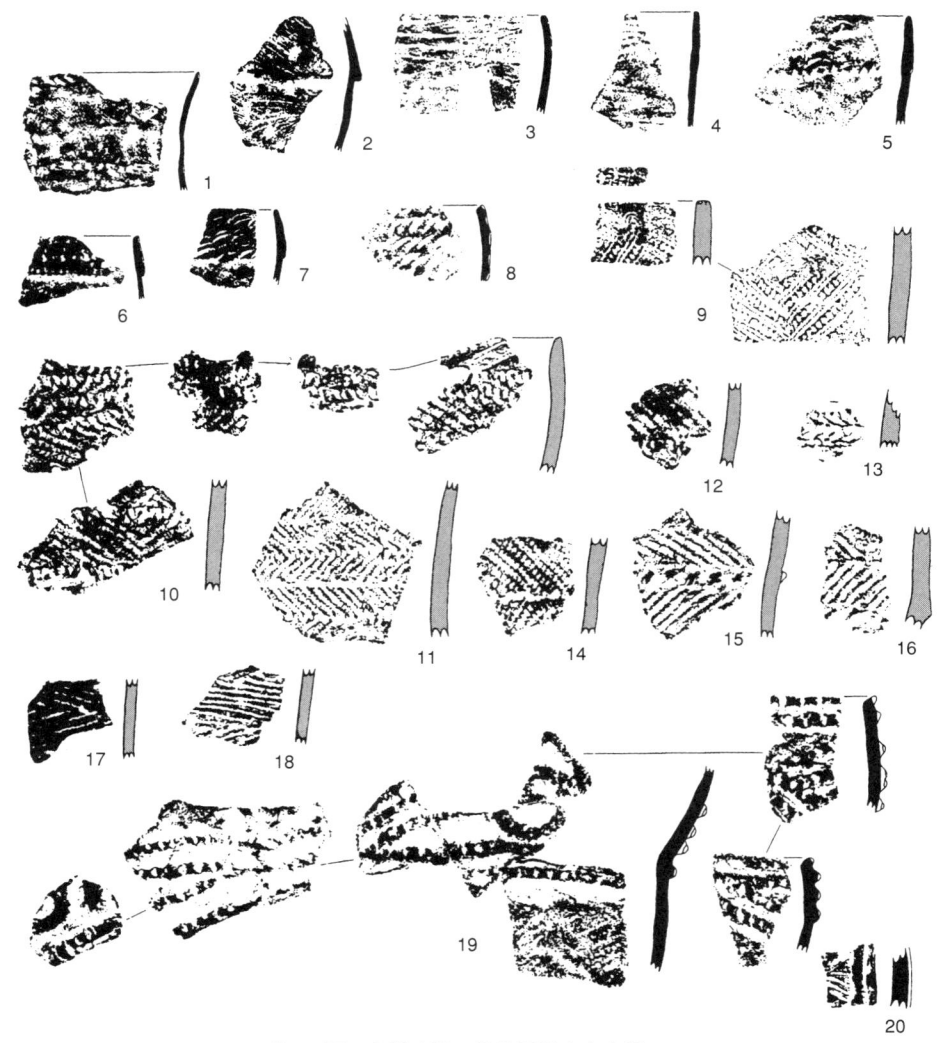

第2節　前期中葉の土器編年について　257

第 19 図　中越遺跡 2 号住居跡出土土器 (9)

　口縁の波頂部を凹めて片口風にして，櫛歯状工具による刺突と条線により渦巻や円形を描き，胴部と口縁部の境に偽縄文を櫛歯で施し，以下に縄の束を回転施文した神ノ木式土器（第 15 図 2）。波状口縁の波頂部を大きく凹めて，口縁に沿って櫛歯状工具で条線を施して，ボタン状の小突起を貼り付けて関山式との関係を示している神ノ木式土器（第 15 図 3）。櫛歯状工具による刺突を何段も施した神ノ木式土器（第 15 図 6, 8）。櫛歯状工具による条線と沈線を組み合わせた神ノ木式土器（第 15 図 7, 9, 12～14）。櫛歯状刺突と連点状刺突を組み合わせた神ノ木式土器（第 15 図 5）。波状口縁の波頂部を大きく凹めて，櫛歯状工具で刺突を施し，以下に直前段合撚か附加条の縄文を施した神ノ木式土器（第 15 図 4）。有段口縁にして櫛歯状工具で縦に刺突や横位に条線を施した神ノ木式土器（第 16 図 1, 3）。櫛歯状工具で刺突と条線を組み合わせた神ノ木式土器（第 16 図 2, 10, 13, 14）。櫛歯状工具の条線で渦巻状に施文した神ノ木式土器（第 16 図 7, 11）。櫛歯状工具の刺突や条線と縄の束の回転を組み合わせた神ノ木式土器（第 16 図 8, 9）。波状口縁に沿って櫛歯状工具により刺突と条線を施し，リング状に粘土紐を貼り付け関山式の片口をモチーフにした神ノ木式土器（第 16 図 4）。口縁部に沿って爪形を縦位に施し，以下に縄文などを施した文様（第 16 図 15～17, 19）の堂之上 Z 式土器（戸田・大野 1997）。口縁部から結束の第一種の羽状縄文を施した神ノ木式土器（第 16 図 26）。同じく

結束の第一種の羽状縄文を施した神ノ木式土器（第16図20～25）。波状で有段口縁の波頂部を凹め，縄の束を回転施文した神ノ木式土器（第17図1）。縄の束を回転施文した神ノ木式土器（第17図2～11）。組紐の施された神ノ木式土器（第17図13, 16）。直前段合撚か附加条の縄文が施されている神ノ木式土器（第17図15, 17～22・第18図1～5）。附加条の縄文と思われ，附加条が格子目に現われている神ノ木式土器（第18図6～9）。波状口縁に片口を模倣したような粘土紐をリング状に貼り付けた神ノ木式土器（第18図10）。波状の有段口縁に刺突を施した清水ノ上Ⅱ式土器（第18図13）。有段口縁の有段部に植物で円形の刺突を施した土器（第18図15）。口縁部に沿って櫛歯状工具で刺突を施した神ノ木式土器（第18図17）。口縁部に沿って箆状工具や爪状のもので刺突を施した堂之上Z式土器（第18図18, 22）。櫛歯状工具による刺突を施した神ノ木式土器（第18図20, 24～26）。口縁部直下や口縁部と胴部の境に刺突を施した木島X式土器（第19図1）。口縁部から胴部にかけて沈線を施した木島X式土器（第19図2）。口縁部に沿って細い爪状の刺突を施した土器（第19図3, 4）。口縁部に沿って爪状の刺突を施した清水ノ上Ⅱ式土器（第19図5, 7, 8）。口縁部を有段口縁にして刺突を施している清水ノ上Ⅱ式土器（第19図6）。口唇部に刺突を施し，口縁部にコンパス文と直前段合撚か附加条の縄文を施した関山Ⅰ式土器（第19図9）。突起をもった波状口縁の下に，環を付けた縄文が施された関山Ⅰ式土器（第19図10）。結束ある羽状縄文が施された関山式土器（第19図11, 14）。左右に撚った環を付けた縄文を施文した関山Ⅰ式土器（第19図13）。羽状縄文の上から，粘土を摘み上げたように施した関山Ⅰ式土器（第19図15）。撚糸文の施された土器（第19図17, 18）。口縁部に粘土紐を渦巻状に貼り付け，粘土紐上に刺突を施した神ノ木式土器（第19図19）などが出土している。

第2号住居跡からは中越Ⅲ式土器，神ノ木式土器，堂之上Z式土器，木島X式土器，清水ノ上Ⅱ式土器，関山Ⅰ式土器が出土していることから，これらが併行関係になることがわかる。

3　長野県上水内郡信州新町お供平遺跡

長野県上水内郡信州新町お供平遺跡（塩入・坂戸・松永1989）は信州新町のほぼ中央，犀川が大きく蛇行し半島状の台地を残した上に位置する。遺跡は長野県内であるが新潟県，富山県，群馬県などとも比較的近い距離にある。そのため，長野県の土器とともに北陸地方の土器型式が共伴している点に特徴がある。本遺跡では第15号住居跡が注目される。以下，出土土器を検討する。

第15号住居跡出土土器（第20図～第23図）

器形が波状口縁で胴部が括れている丸底形土器で，胎土に繊維を含んでおり，器形的には中越Ⅲ式土器（第20図1）。波状口縁の丸底形の繊維土器で，器面の表面に縄文が施文され，塚田式土器の終末とも近似している。これが無文で無繊維ならば中越式土器にも近いと思われる土器（第20図2）。口縁部を外反させた無文の中越Ⅲ式土器（第20図3），器形が平口縁丸底の繊維土器で，口縁部に刺突が施されて，縄文が施文された土器（第20図4）。口縁部を外反させた丸底の繊維土器で，口縁部から胴部にかけて結束ある羽状縄文を施している土器（第20図5）。器形が平口縁の丸底の繊維土器で，縄文が施文された土器（第20図6）。繊維土器で口唇部に刺突が施され，口縁部以下に結束ある羽状縄文が施された土器（第21図1）。繊維土器で結束ある羽状縄文が施された土器（第21図2）。繊維土器で口唇部に縄文を付け，口縁部に刺突を施して，結束ある羽状縄文が付けられた新潟県新谷遺跡段階（寺崎1997）の土器（第21図3）。波状口縁の丸底の繊維土器で，結束のある羽状縄文が施された土器（第21図4）。平口縁で繊維を含み縄文が施されている土器（第21図6）。繊維を含んだ波状口縁土器で，口縁に沿って刺突を施し，その下に波状の沈線を付け，さらに刺突を施して区画し，結束のある羽状縄文が付けられた土器（第21図5）。平口縁の繊維土器で口縁に沿って横位に3段刺突を施し，以下に結束のある羽状縄文を施した土器（第22図1）。尖底の繊維土器で口縁から

第 2 節　前期中葉の土器編年について　259

第 20 図　お供平遺跡 15 号住居跡出土土器 (1)

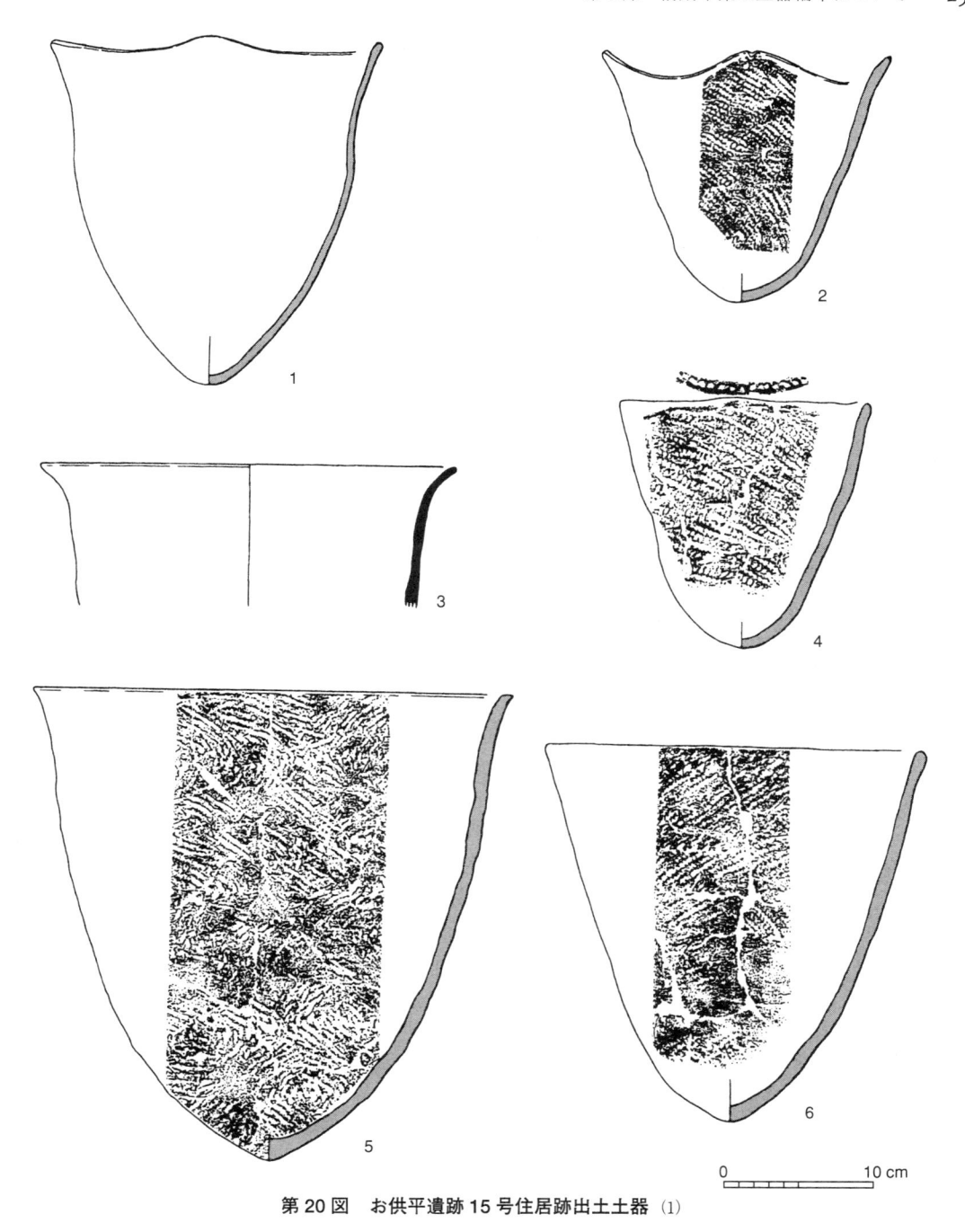

結束のある羽状縄文を施している土器（第22図2）。口縁部にボタン状突起を貼り付け沈線と刺突を施し，胴部に環を付けた縄文を施した関山Ⅰ式土器（第22図3）。口縁部に2単位の突起を付けて，斜縄文を施文した上から刺突を施している土器（第22図4）。口縁部に2単位の突起を付け，環を付けた縄文で羽状縄文が施されている土器（第22図5）。波状口縁の波頂部から隆帯を垂下し，環を付けた縄文を施した関山Ⅰ式土器（第22図6）。口縁から環を付けた縄文を施した関山Ⅰ式土器（第22図7）。波状口縁の繊維土器で波頂部から粘土紐を垂下して，口唇部に刺突を付け結束の羽状縄文を施した土器（第22図8）。波状口縁の繊維土器で縄文を施しボタン状の突起を貼り付けた土器（第22図9）。直前段合撚か附加条の縄文を施した関山Ⅰ式土器（第22図10，16）。おそらく附加条が格子目に現われた関山式土器（第22図17）。繊維を含み，縄の

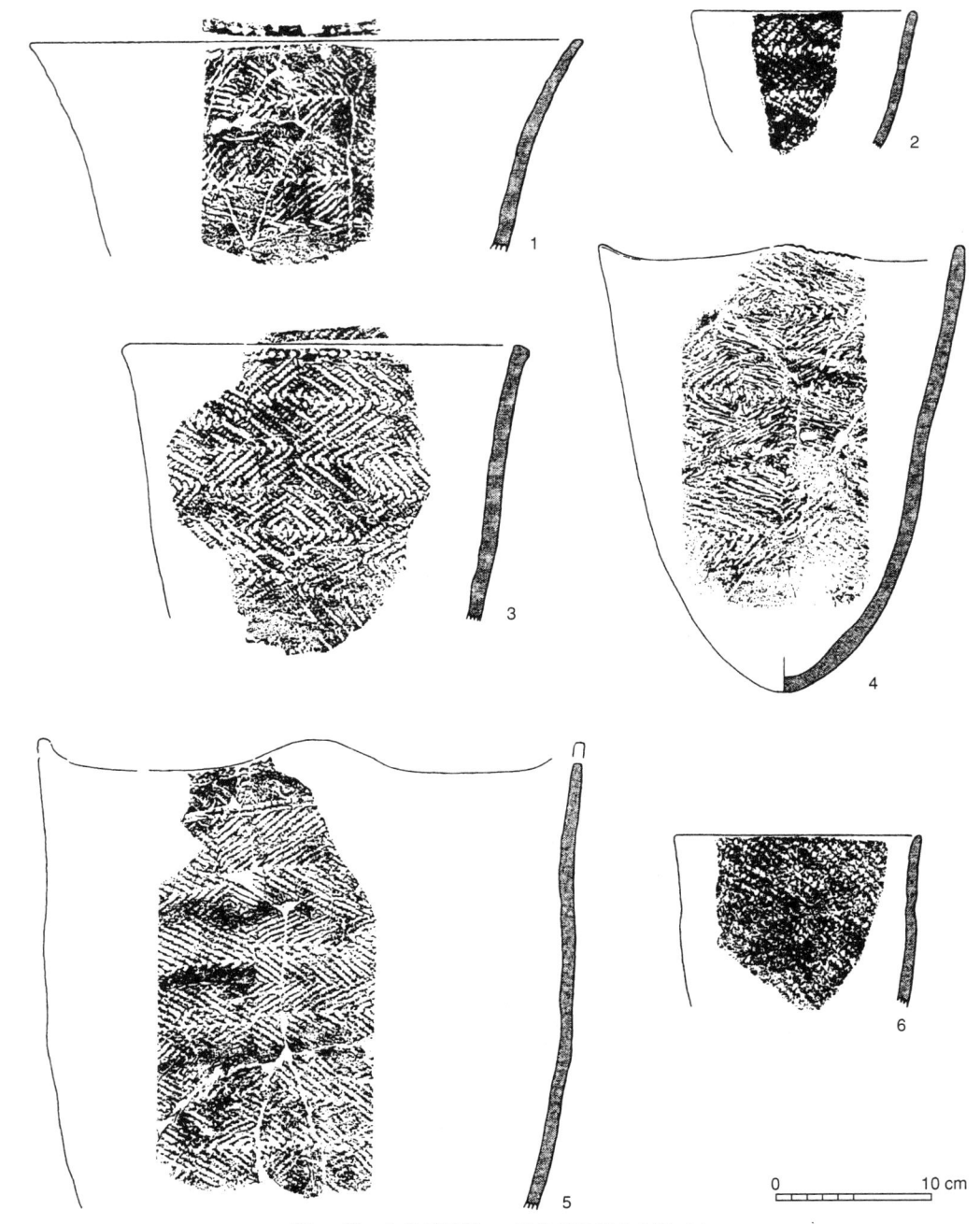

260　第3章　縄文時代前期中葉土器

第21図　お供平遺跡15号住居跡出土土器 (2)

束の縄文を施した神ノ木式土器（第22図12）。口縁部に沿って刺突を施した新谷遺跡段階の土器（第22図13）。口縁に2単位の突起をつくり，刺突により三角状の文様を付け，さらに円形の刺突を施文した関山Ⅰ式土器や新谷遺跡段階に近い土器（第22図14）。口縁に刺突を施して，さらに縄文を施している新谷遺跡段階の土器（第22図15）。繊維土器で口縁に沿って刺突を付けて，さらに羽状縄文を施した新谷遺跡段階の土器（第22図18）。繊維土器で口縁に沿って櫛歯状工具で縦に刺突を付け，以下に縄文を施した神ノ木式土器（第22図19）。平口縁の繊維土器で櫛歯状工具で横位に刺突を付けて，沈線で小波状を描き，さらに刺突を付けて縄文を施した新谷遺跡段階の土器（第23図1）。平口縁の繊維土器で竹管状工具の爪形により波状を

第 2 節　前期中葉の土器編年について　261

第 22 図　お供平遺跡 15 号住居跡出土土器 (3)

施した新谷遺跡段階の土器（第23図2）。繊維土器で竹管状工具により三角状の連続沈線を施した土器（第23図3）。縄文を施文した上に竹管状工具による沈線を施した土器（第23図4）。波状口縁の繊維土器の波頂部から垂下粘土紐を付け，指頭状のもので刺突して，竹管状工具による沈線と爪形を施した大木2a式に近似した土器（第23図5）。口唇部に刺突を施し，口縁部に沈線で格子状に施した中越Ⅲ式土器（第23図6）。繊維土器で沈線により格子状を施した中越Ⅲ式土器（第23図7，8）。繊維土器で竹管状工具で連続爪形や刺突を施した新谷遺跡段階の土器（第23図13〜19）。繊維土器の底部に竹管状工具で刺突を施した新谷遺跡段階の土器（第23図20〜23）などの資料が出土している。

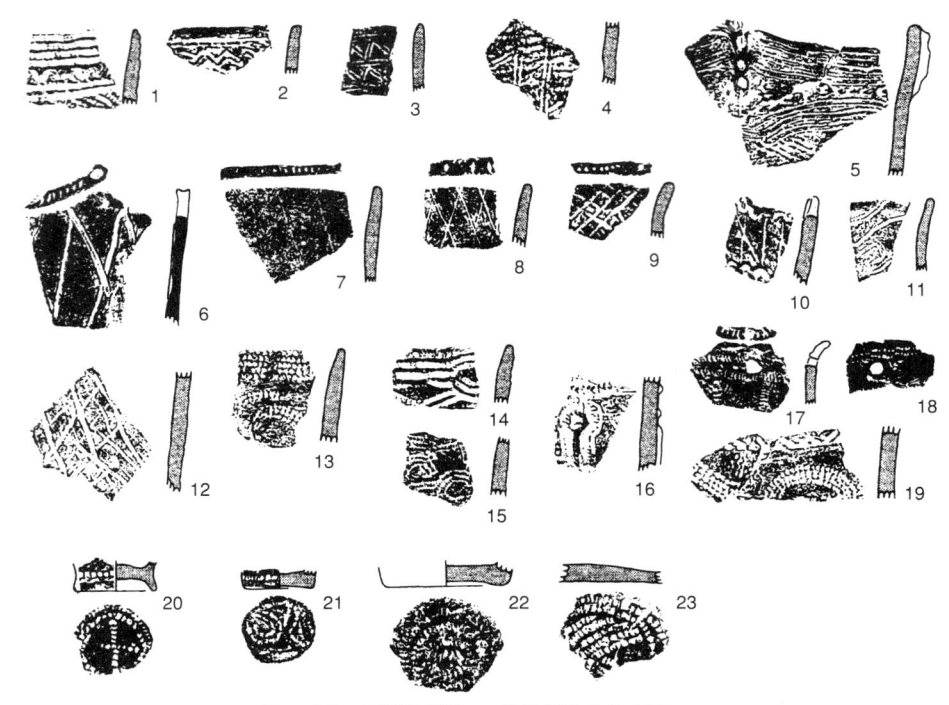

262　第3章　縄文時代前期中葉土器

第23図　お供平遺跡15号住居跡出土土器 (4)

　第15号住居跡より出土した土器群により，中越Ⅲ式土器，関山Ⅰ式土器，神ノ木式土器，新潟県新谷遺跡段階土器などが編年的に併行関係にあることがわかる。また，本住居跡から出土している丸底の繊維土器に縄文が施されたり，結束のある単節の羽状縄文が施された土器は，お供平段階（第20図2, 4～6・第21図1, 2, 4）として関山Ⅰ式に併行する土器としておきたい。

　なお，新潟県新谷段階としたものは，現在型式設定はされていないが，近い将来において新潟県内で型式細分される可能性が高いと思われる。その場合やはり福島県内などの大木2a式土器を考慮に入れて検討するべきである。

4　山梨県白州町上北田遺跡

　山梨県北巨摩郡白洲町上北田遺跡（武藤・杉本1993）は，甲斐駒ヶ岳の前山群を構成する巨摩山地の1つ黒戸山の山麓にあり，東側に向かって傾斜する扇状地に立地している。

第20号住居跡出土土器（第24図～第27図）

　平口縁丸底の繊維土器で半截竹管に網目状に沈線を入れている中越Ⅲ式土器（第24図1）。平口縁の繊維土器で口縁に4単位の突起を付けた中越Ⅲ式土器（第24図3）。丸底土器で中越Ⅲ式土器（第24図2）。平口縁丸底の繊維土器で輪積み痕を残した中越Ⅲ式土器（第25図1）。平口縁で無文繊維土器の中越Ⅲ式土器（第25図2, 3）。繊維を含み口縁が大きく内湾する中越Ⅲ式土器（第26図1）。無繊維で丸底の中越Ⅲ式土器（第26図2）。半截竹管状工具で格子状の沈線を施した中越Ⅲ式土器（第26図4, 5）。口縁部と胴部の境に刺突を施した木島Ⅹ式土器（第26図9）。繊維土器の口縁から撚糸状の原体で施文したと思われる土器（第26図7）。無節の縄文で羽状縄文が施されている神ノ木式土器（第26図8）。口縁の口唇部に刺突を付け，無節の縄文を施した土器（第26図10）。無節の縄文を施した神ノ木式土器（第26図11～13）。口縁部から単節の縄文を施す神ノ木式土器（第26図15, 16）。平底の器形で胴部から底部にかけて単節縄文を施す神木式土器（第26

第 24 図　上北田遺跡 20 号住居跡出土土器 (1)

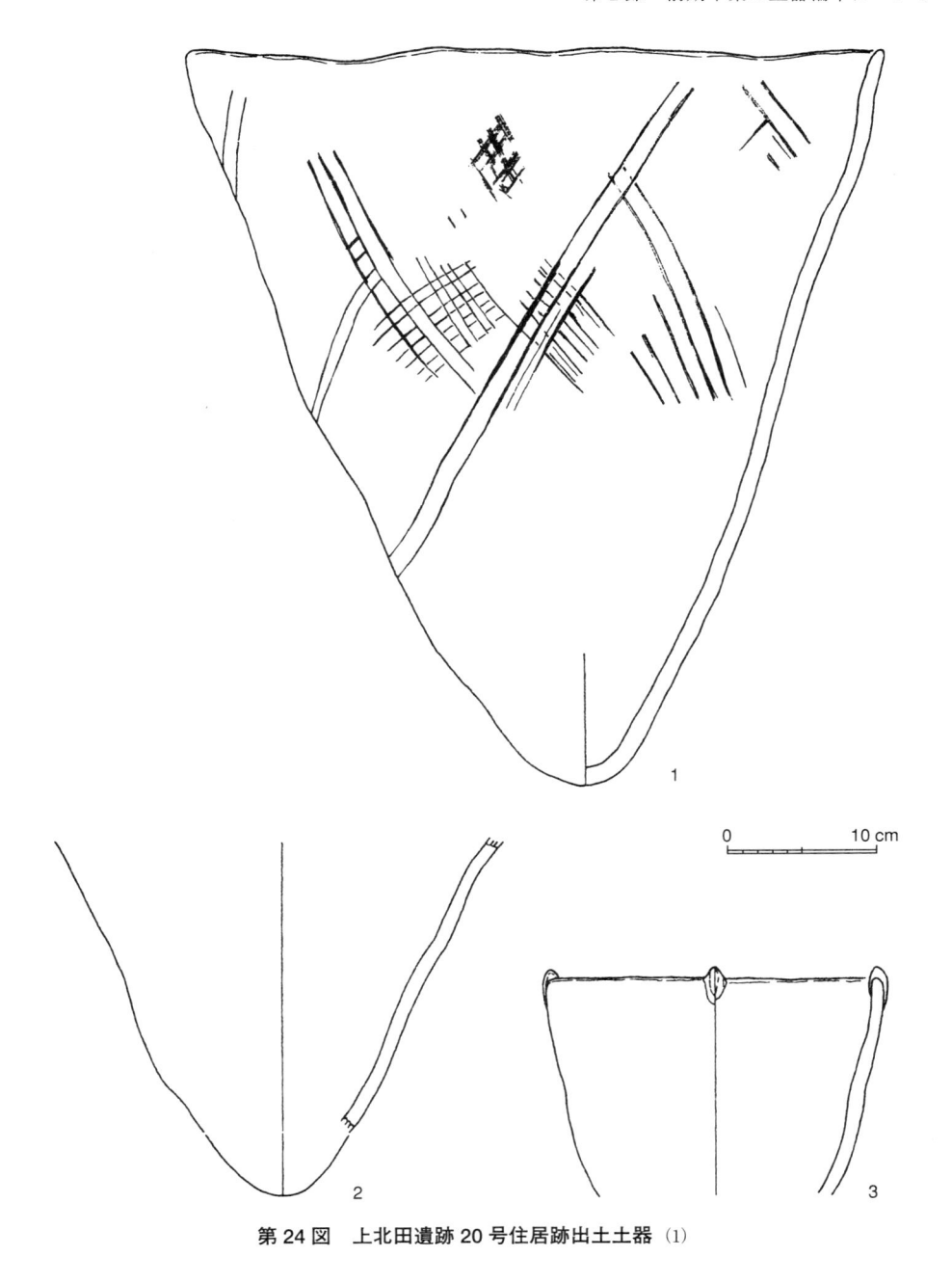

図14)。口縁部から縄の束の縄文を施す神ノ木式土器（第26図18・第27図1, 2)。口縁部に撥形の突起を付けて縄の末端に環を付けた単節縄文を施した土器（第27図5)。結束ある単節の羽状縄文を施した土器（第27図4)。縄の末端に環を付けた縄文土器で環の部分を何段も付けた土器（第27図7, 8)。縄の末端に環を付けた単節縄文土器（第27図9)。縄文と波状沈線を組み合わせた神ノ木式土器（第27図10, 11)。櫛歯状工具で沈線と刺突を施した神ノ木式土器（第27図12〜14, 16)。櫛歯状工具で刺突を何段も施した神ノ木式土器（第27図15)。単節縄文を付けて櫛歯状工具で刺突と沈線を施した神ノ木式土器（第27図17, 19)。櫛歯状工具の刺突と単節縄文を組み合わせた神ノ木式土器（第27図18)。爪状の刺突を施した堂之上Z式土器（第27図20, 21)。口縁部に円形刺突文を施した土器（第27図23)。口唇部に刺突を施して，口縁部に半截竹管で格子状沈線を施した木島X式土器（第27図24）などが出土している。

264 第3章 縄文時代前期中葉土器

第25図 上北田遺跡20号住居跡出土土器 (2)

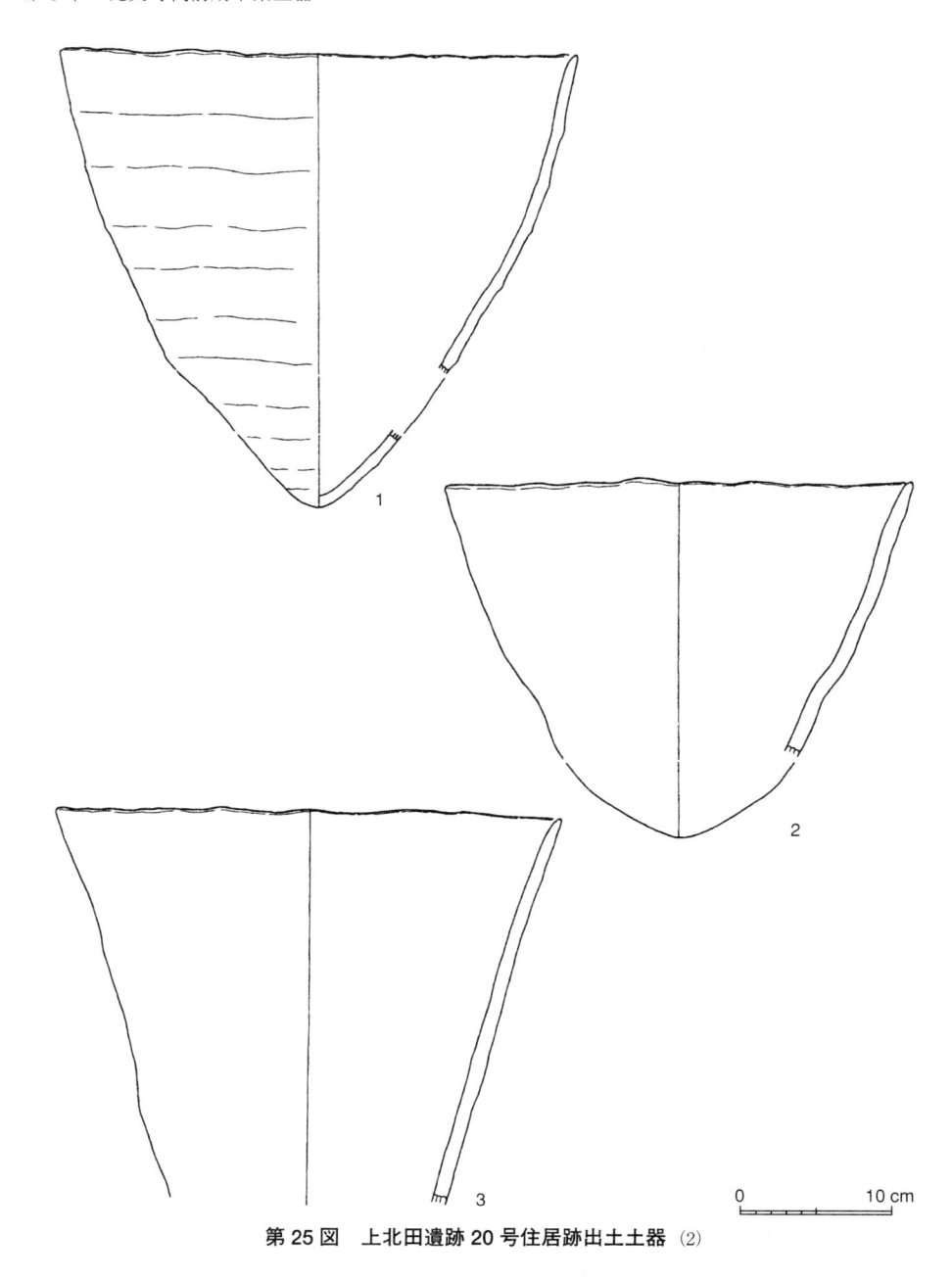

第20号住居跡出土土器から中越Ⅲ式土器,神ノ木式土器,堂之上Z式土器,木島X式土器が編年学的に併行関係にあることがわかる。

5 中越式土器と神ノ木式土器を中心とした編年関係

以上,中越式土器と神ノ木式土器を中心に,前期中葉の土器型式の編年関係について検討してきた。

中越遺跡では第6号住居跡出土土器,第2号住居跡出土土器について分析した。

同遺跡第6号住居跡では,中越Ⅲ式土器,神ノ木式土器,木島X式土器,関山Ⅰ式土器,清水ノ上Ⅱ式土器などが編年学的に併行関係になりそうである。また,第2号住居跡では,中越Ⅲ式土器,神ノ木式土器,堂之上Z式土器,木島X式土器,清水ノ上Ⅱ式土器,関山Ⅰ式土器などが編年学的に併行関係になる点を

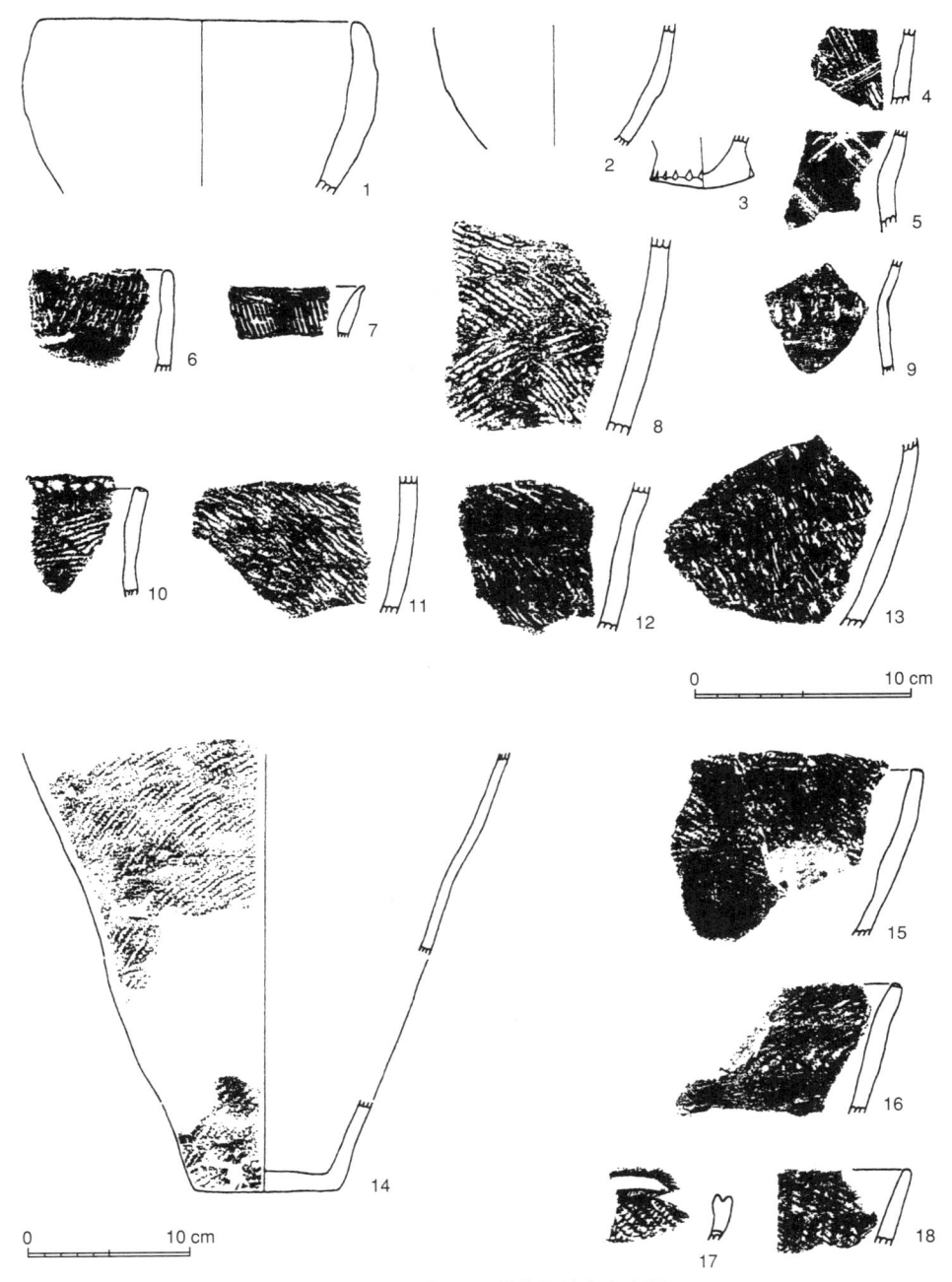

第 26 図　上北田遺跡 20 号住居跡出土土器 (3)

記した。

　お供平遺跡は，新潟県，富山県，群馬県などの県境にも比較的近い距離にある。このために北陸地方の土器型式との関連を示す土器も出土している。

　同遺跡の第 15 号住居跡では，中越Ⅲ式土器，神ノ木式土器，関山Ⅰ式土器，新潟県新谷遺跡段階土器（この土器群はいずれ型式設定が新潟県を中心になされる必要があると思われるが，現段階では出土資料が多い新谷遺跡の名前をとり，新谷遺跡段階土器とした），丸底の繊維土器で多く結束の羽状縄文が施されるお供平遺跡段階の土器などが編年学的に併行関係になる。

　上北田遺跡の第 20 号住居跡では，中越Ⅲ式土器，神ノ木式土器，堂之上Ｚ式土器，木島Ⅹ式土器などが

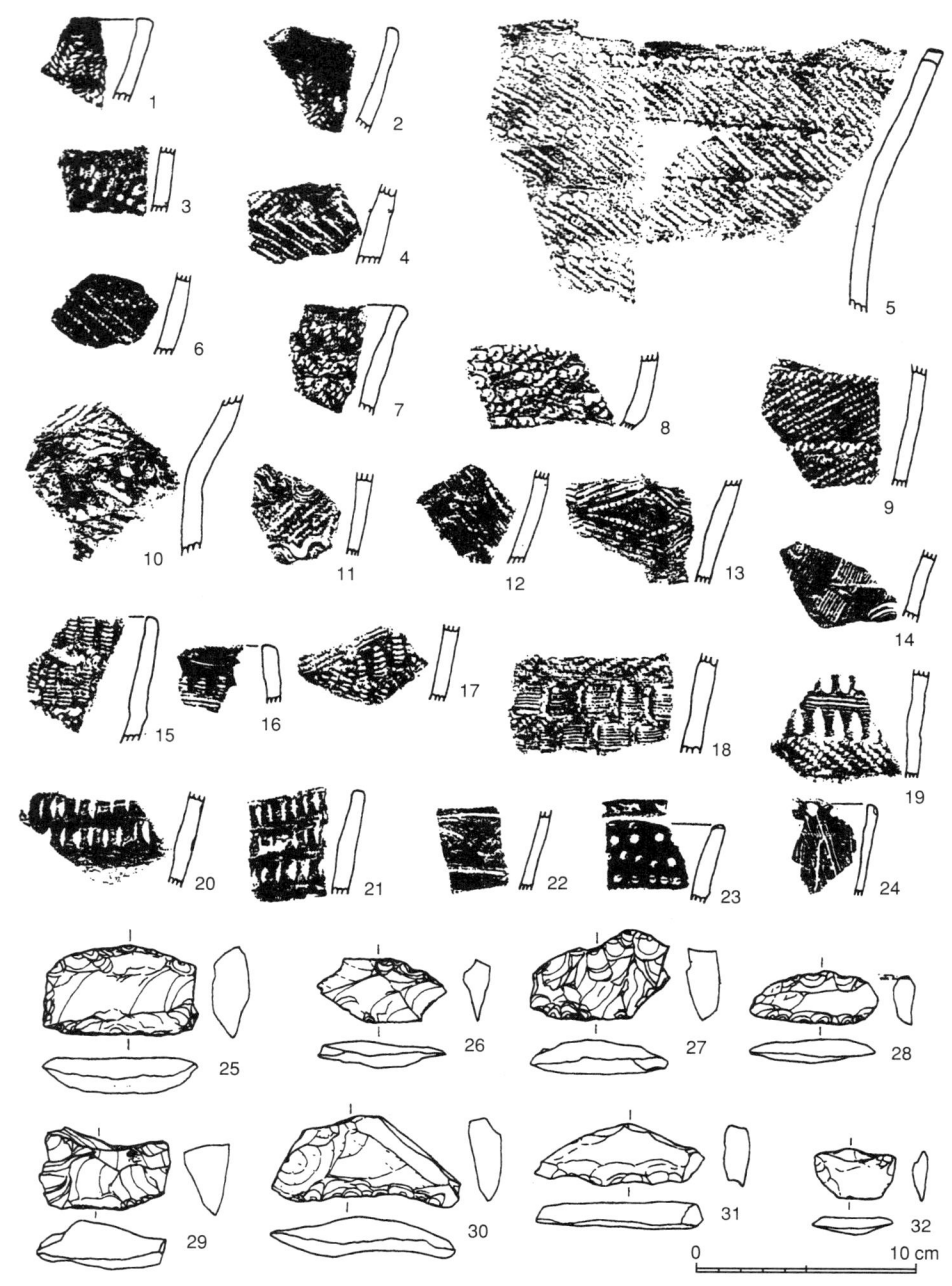

第27図　上北田遺跡20号住居跡出土土器と石器

編年学的に併行関係になる。

　上記のほか長野県北安曇郡松川村濁橋付近遺跡（篠崎ほか1997）では，第3号住居跡よりお供平遺跡段階土器，神ノ木式土器，中越Ⅲ式土器，新谷遺跡段階土器が出土している。また，第11号住居跡からは神ノ木式土器，中越Ⅲ式土器，堂之上Z式土器が出土している。

　以上のように，各遺跡の住居跡で確認された土器の共伴状況から中越Ⅲ式土器，神ノ木式土器，堂之上Z式土器，木島X式土器，清水ノ上Ⅱ式土器，関山Ⅰ式土器，新潟県新谷遺跡段階の土器，お供平遺跡段階の土器が編年学的に併行関係にあることが明らかになったといえよう。今後もこれらの土器型式に様々な角度から検討を加え，内容を深めていきたい。

第3節　神ノ木式土器の動態—その新旧の型式分類—

1　はじめに

筆者は神ノ木式土器[2]について以前から関心を持ち，研究を進めてきた。近年岐阜県堂之上遺跡第18号住居跡出土土器[3]や群馬県野村遺跡出土土器[4]などが報告され，神ノ木式土器の古段階の様相が明らかになりつつある。ただし，神ノ木式土器最古の状況は，依然として不明な点が多い。上記した遺跡の土器は筆者が考える神ノ木式土器古段階と比較すると文様構成が整っており，この型式の最古の状況と考えにくい。神ノ木式土器の最古段階土器群は現時点でも不明といわざるをえない。本論文の目的は，各地の遺跡から出土している神ノ木式土器に検討を加え，今後おこなう型式細分に向けての起点とすることにある。

2　神ノ木式土器の古段階

(1)　岐阜県久々野町堂之上遺跡第18号住居跡出土土器[5]（第28図）

有段口縁に櫛歯状連続刺突と櫛歯状条線を施し，波状口縁に垂下粘土紐と縄文を付けた神ノ木式土器（第28図1）。有段口縁に櫛歯状連続刺突と櫛歯状条線を付け，以下に櫛歯状工具の連続刺突と櫛歯状条線で直前段合撚模倣[6]の神ノ木式土器（第28図2，4，8，11）。口唇に櫛歯状工具で刺突を付け，有段口縁と横位隆帯の上に櫛歯状連続刺突文を付けた神ノ木式土器（第28図3）。櫛歯状連続刺突とコンパス文の神ノ木式土器（第28図6）。櫛歯状連続刺突文を繰り返す神ノ木式土器（第28図12，14，15）。有段口縁に櫛歯状連続刺突と束の縄文の神ノ木式土器（第28図10）。束の縄文の神ノ木式土器（第28図19，23，25）。組紐土器（第28図24）。有段口縁に爪形文の堂之上Z式土器（第28図16，21，22，26）。なお（第28図16）は内面条痕。有段口縁に束の縄文の堂之上Z式土器（第28図22）。有段口縁に爪形文の堂之上Z式土器（第28図26）。有段口縁と口縁下に爪形の堂之上Z式土器（第28図28）。有段口縁に縄文を付け内面部に薄く条痕の土器（第28図30）。無文で中越Ⅲ式と思われる土器[7]（第28図32）。有段口縁に貝殻腹縁文を付け，胴部に爪状刺突の清水之上Ⅱ式土器（第28図33，37）。口縁部に刺突と胴部に矢羽根状刺突の清水ノ上Ⅱ式土器（第28図34，35）。有段口縁に矢羽根状刺突の清水ノ上Ⅱ式土器（第28図36，42）。有段口縁に爪状刺突の清水ノ上Ⅱ式土器（第28図41）。口縁から刺突文の清水ノ上Ⅱ式土器（第28図45）などである。

(2)　長野県宮田村中越遺跡第2号住居跡出土土器[8]（第29図・第30図）

櫛歯状工具の渦巻き条線と連点状刺突により菱形を付ける神ノ木式土器（第29図1）や，花積下層Ⅲ式土器の渦巻き状の縄文原体圧痕や二ツ木，関山Ⅰ式土器の蕨手模倣[9]の神ノ木式土器（第29図2，9）。有段口縁に櫛歯状連続刺突文を付けた神ノ木式土器（第29図3）。櫛歯状工具条線の渦巻き文や円形のボタン状突起を付けた神ノ木式土器（第29図5）は，二ツ木式土器や関山Ⅰ式土器からの文様残存と思われる。櫛歯状連続刺突と櫛歯状条線の直前段合撚の模倣の神ノ木式土器（第29図11，12，15，18）。波頂部より垂下粘土紐を付け，櫛歯状連続刺突の条線，渦巻き，連点状刺突の菱形，胴部無文の神ノ木式土器（第29図13）。垂下粘土紐を付け，口縁と胴部に櫛歯状連続刺突の神ノ木式土器（第29図23）。櫛歯状連続刺突を繰り返し付けた神ノ木式土器（第29図17，20）。櫛歯状連続刺突と直前段合撚の神ノ木式土器（第29図19）。有段口縁と以下に縄の束の神ノ木式土器（第29図21）。口縁部から縄の束の神ノ木式土器（第29図22・第30図1）。環状隆帯を貼り片口風にし，櫛歯状刺突の神ノ木式土器（第29図10）[10]。垂下粘土紐の神ノ木式土器（第29図16）。櫛歯状連続刺突とコンパス文の神ノ木式土器（第29図7，8）。斜位の垂下粘土紐とコンパス文の神ノ木式土器（第29図14）。原体の末端に環の付いた縄[11]の神ノ木式土器（第30図2～4，6）。直前段合撚[12]の神ノ

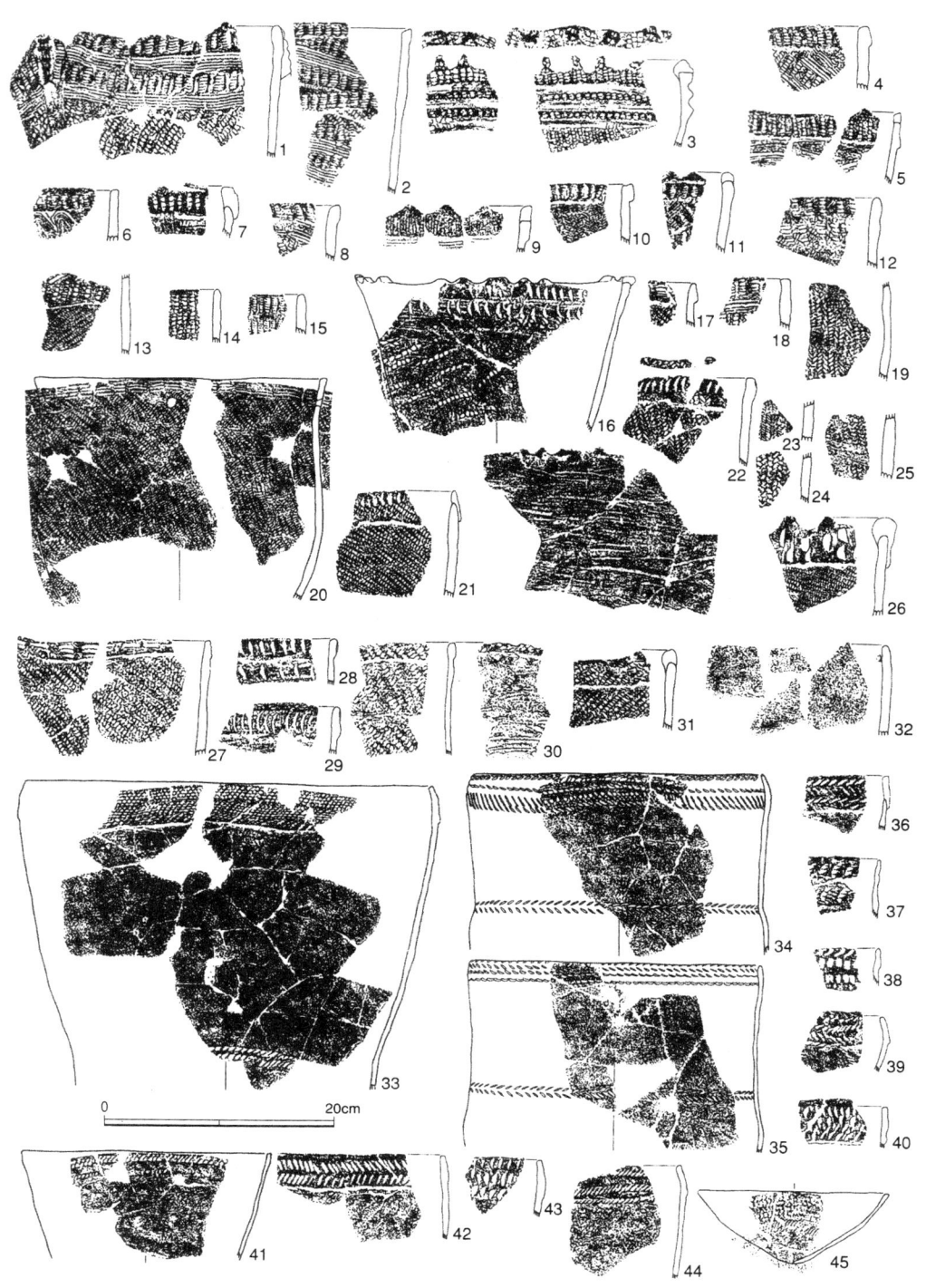

第28図　堂之上遺跡18号住居跡出土土器　戸田1979年より

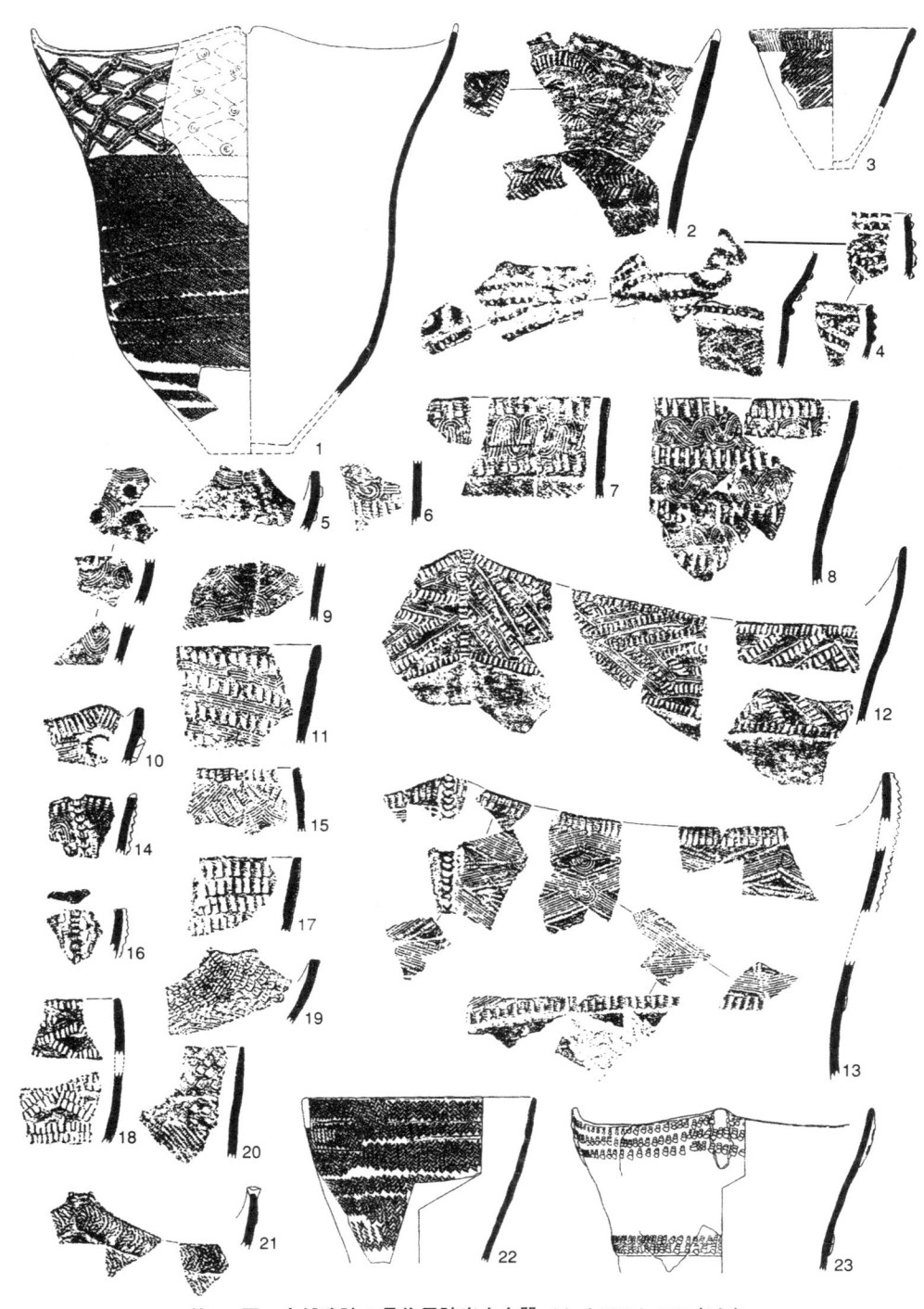

第 29 図　中越遺跡 2 号住居跡出土土器　(1) 友野ほか 1990 年より

270　第3章　縄文時代前期中葉土器

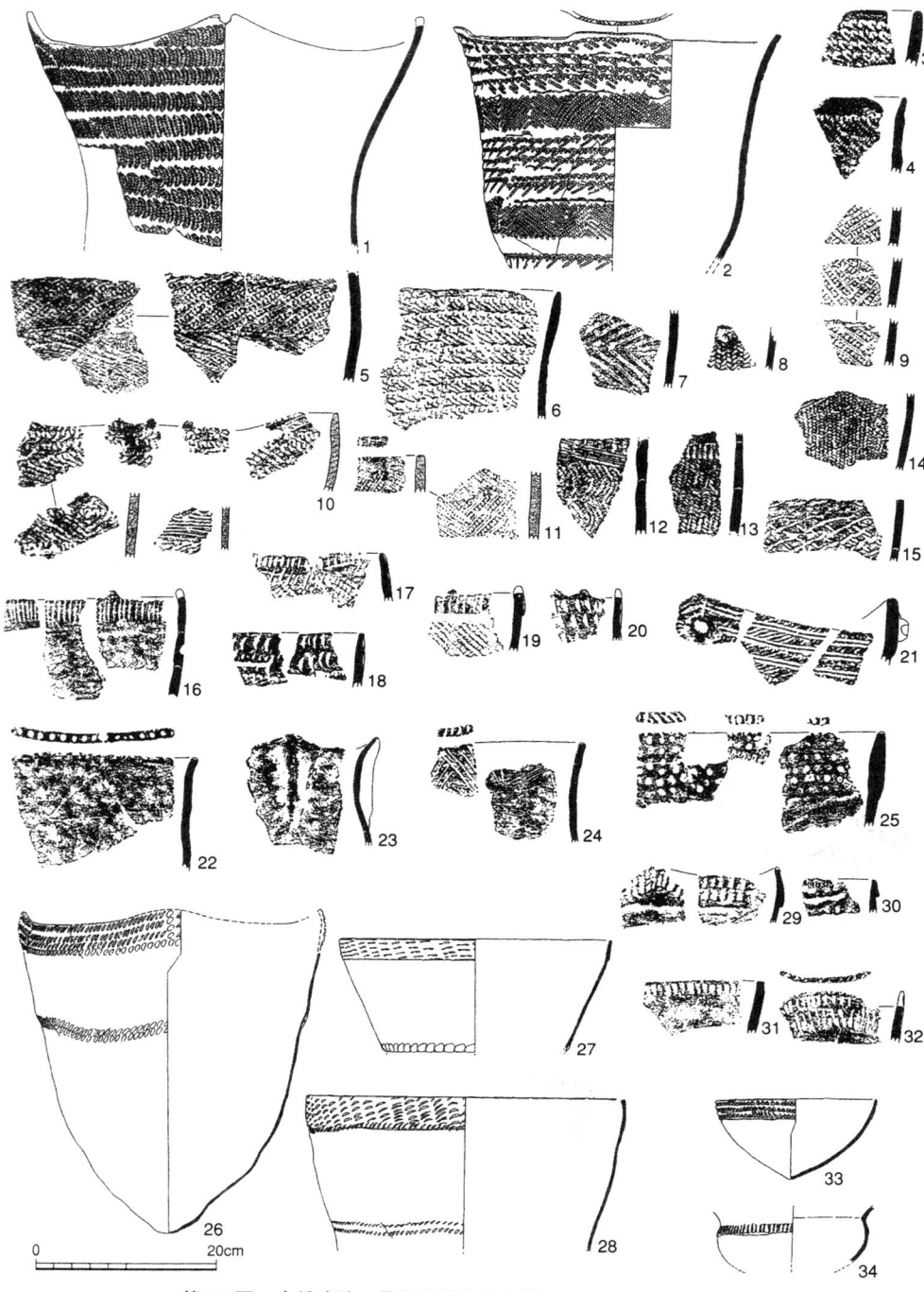

第30図　中越遺跡2号住居跡出土土器 (2)　友野ほか1990年より

木式土器（第30図5，7，9）。組紐の神ノ木式土器（第30図8，14）。櫛歯状連続刺突を付け，下に縄の束の神ノ木式土器（第30図12，13）。附加条で格子目[13]の土器（第30図15）。末端に環の付いた関山Ⅰ式土器（第30図10）。コンパス文と直前段合撚の関山Ⅰ式土器（第30図11）。口縁部に爪形刺突の堂之上Ｚ式土器（第30図16～20）。波頂部に環状隆帯を付け，縄文の上に沈線の土器（第30図21）。有段口縁に円形刺突の土器（第30図25）。中越Ⅲ式土器[14]（第30図22～24）。清水ノ上Ⅱ式土器[15]（第30図26～34）。口縁部に隆帯渦巻きと弧状を付け，隆帯上部に刺突の神ノ木式土器（第29図4）。この渦巻文は花積下層Ⅲ式[16]や二ツ木式土器の蕨手状圧痕の残存と思われる。

（3） 長野県信州新町お供平遺跡第25号住居跡出土土器[17]（第31図1～27）

末端に環付き縄の土器[18]（第31図1）。櫛歯状連続刺突か木っ端の刺突を付け，末端環付き縄を交互羽状にした神ノ木式土器（第31図2）。束の縄文の神ノ木式土器（第31図3，10，11）。口縁に櫛歯状連続刺突と束の縄文の神ノ木式土器（第31図4）。櫛歯状連続刺突とコンパス文の神ノ木式土器（第31図5）。櫛歯状工具による条線の渦巻きと櫛歯状連続刺突の神ノ木式土器（第31図6）。直前段合撚の模倣の神ノ木式土器（第31図7，24）。櫛歯状連続刺突か木っ端状刺突の神ノ木式土器（第31図8）。櫛歯状連続刺突の神ノ木式土器（第31図16）。組紐の関山Ⅰ式土器（第31図9）。環状の隆帯を付け，櫛歯状連続刺突と連点状刺突で菱形の神ノ木式土器（第31図12）。波頂部に櫛歯状連続刺突を付け，直前段合撚の縄と垂下粘土紐を吊り輪状にした神ノ木式土器（第31図13）。垂下粘土紐の神ノ木式土器（第31図14）。櫛歯状連続刺突を何段も付けた神ノ木式土器（第31図15，18）。堂之上Ｚ式土器（第31図25，26）。関山Ⅰ式土器（第31図20，21）。末端環付き縄とコンパス文の関山Ⅰ式土器（第31図22）。中越Ⅲ式と思われる土器（第31図19，27）などである。

（4） 長野県御代田町城之腰遺跡第1号住居跡出土土器[19]（第31図28～46）

櫛歯状連続刺突の神ノ木式土器（第31図28，35）。吊り輪状の垂下粘土紐を付け，櫛歯状条線の渦巻きや連点状刺突の菱形を施し，下半に櫛歯状連続刺突の神ノ木式土器（第31図29）。口唇部の環状把手に櫛歯状連続刺突の神ノ木式土器（第31図30）。櫛歯状連続刺突を何段も付けた神ノ木式土器（第31図33）。口縁に櫛歯状連続刺突と大波状条線，胴部下半に縄文の神ノ木式土器（第31図31）。堂之上Ｚ式土器（第31図36）。末端環付き縄の関山Ⅰ式土器（第31図38，40）。組紐の関山Ⅰ式土器（第31図39）。縄の束の神ノ木式土器（第31図44）。中越Ⅲ式土器と神ノ木式土器の折衷的な土器（第31図45，46）などである。

（5） 長野同県下諏訪町武居遺跡第28号住居跡出土土器[20]（第32図1，2）

胴部が大きく括れ底部にかけてすぼむ器形の土器で，口縁部に櫛歯状条線の渦巻きと櫛歯状連続刺突を付けて，胴部上半に櫛歯状条線と櫛歯状連続刺突で菱形文を施し，胴部下半を無文の神ノ木式土器（第32図1）。原体の末端に環の付いた縄の関山Ⅰ式の新しい段階の土器（第32図2）が伴出した。

（6） 群馬県安中市野村遺跡第35号住居跡出土土器[21]（第32図3～11）

波状口縁に沿って櫛歯状連続刺突と櫛歯状条線によって直前段合撚を模倣し，胴部下半を無文にした神ノ木式土器（第32図3）。注口土器でコンパス文と組紐の関山Ⅱ式土器（第32図4）。組み紐の関山Ⅱ式土器（第32図8）。口縁部に蕨手状の沈線の関山Ⅱ式土器（第32図5）。垂下粘土紐と櫛歯状連続刺突の直前段合撚の模倣の神ノ木式土器（第32図10，11）。神ノ木式土器（6，7）などである。

（7） 群馬県安中市野村遺跡第6号住居跡出土土器[22]（第32図12～19）

地文組紐の注口土器で関山Ⅱ式土器（第32図12）。櫛歯状連続刺突と櫛歯状条線の直前段合撚模倣の神ノ木式土器（第32図13）。櫛歯状連続刺突と櫛歯状条線の神ノ木式土器（第32図14～19）などである。ほかに同遺跡第50号住居跡からは，中越Ⅲ式土器[23]が出土した。群馬県内で中越Ⅲ式土器が出土したことは分布の面でも重要であり，今後資料が増加する可能性がある。

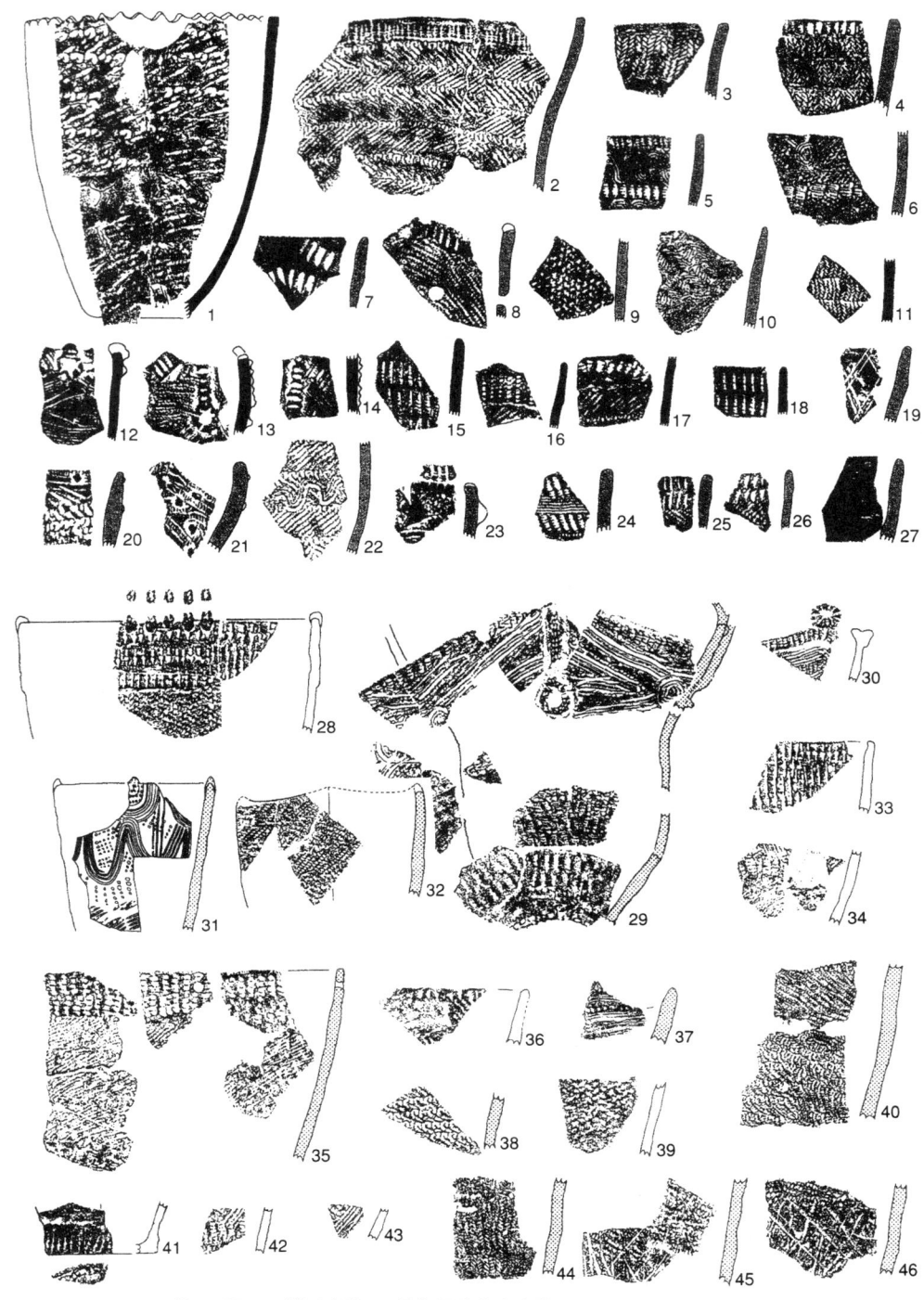

272　第3章　縄文時代前期中葉土器

第31図　お供平遺跡25号住居跡出土土器（1～27）塩入ほか1989年より
　　　　城之腰遺跡1号住居跡出土土器（28～46）贄田1992年より

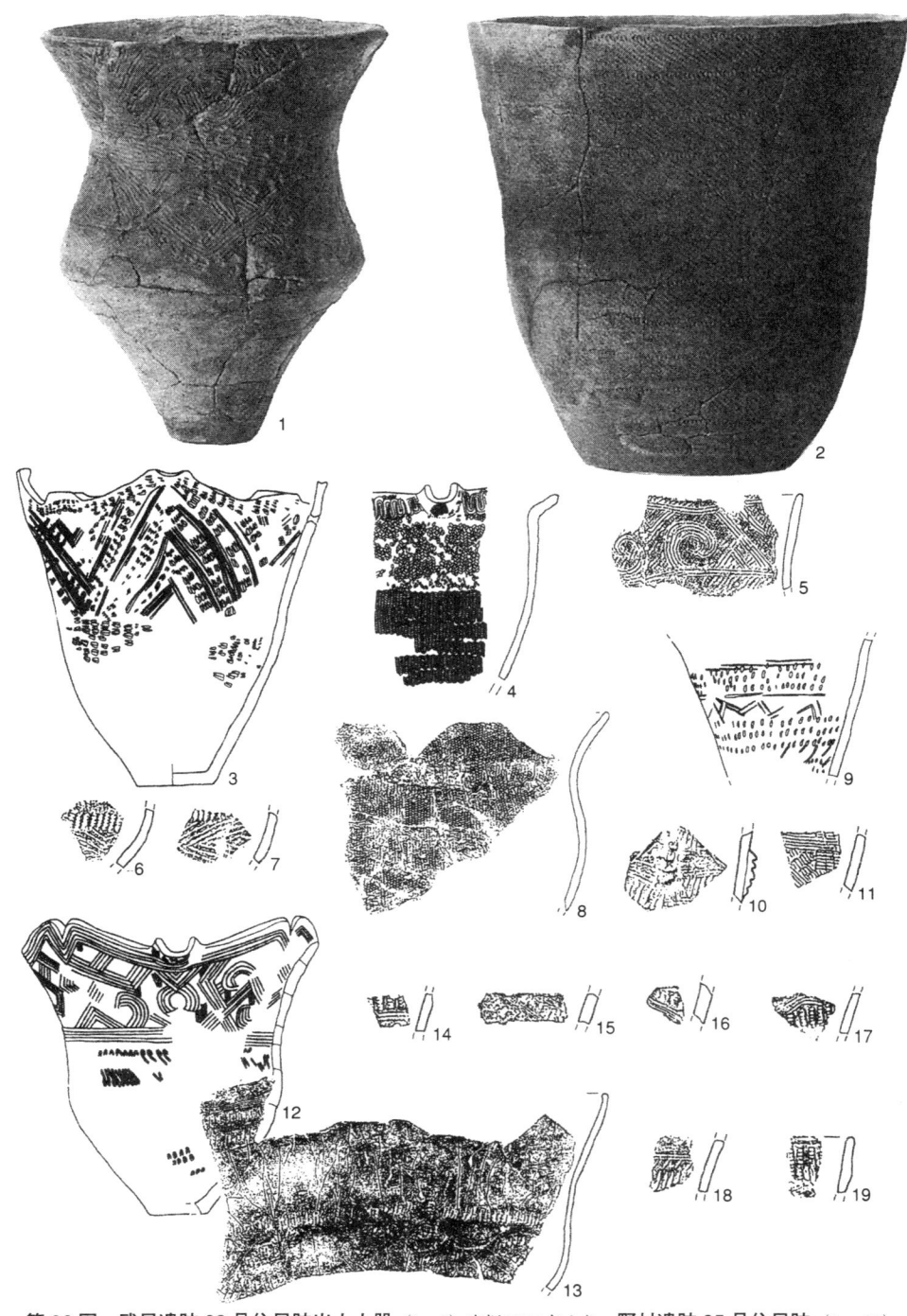

第3節 神ノ木式土器の動態 273

第32図 武居遺跡28号住居跡出土土器（1，2）宮坂1997年より 野村遺跡35号住居跡（3～11）
同6号住居跡出土土器（12～19）千田ほか2003年より

3 神ノ木式土器の新段階

(1) 神奈川県三枚町遺跡第1号住居跡出土土器[24] (第33図1～15)

あまり引きずらない櫛歯状連続刺突で新段階の神ノ木式土器（第33図1）。大波状口縁と胴部の境に隆帯を付け，×状と蕨手状など櫛歯状工具を連点状に施す有尾式土器（第33図2）。口縁部に斜位の爪形刺突が2段横位に巡る上の房式土器[25]（第33図8）。関山Ⅱ式（第33図5）や片口の上の房式土器（第33図7）も出土した。新段階の神ノ木式土器と古段階の有尾式土器，上の房式土器，関山Ⅱ式土器が伴っている。

(2) 長野県舅屋敷遺跡第11号住居跡出土土器[26] (第33図16～51)

口縁部と胴部の間の隆帯に櫛歯状連続刺突の新段階の神ノ木式土器（第33図16，17）。口縁部文様帯に刺突風の櫛歯状連続刺突の新段階の神ノ木式土器（第33図23～25，30，31）。連点状刺突で菱形や三角を付けた有尾式土器（第33図37，48～51）。横位の連点状刺突の有尾式土器（第33図39，46，47）などがあり，刺突風の櫛歯状連続刺突で新段階の神ノ木式土器と連点状刺突の古段階の有尾式土器が伴っている。

4 神ノ木式土器の新旧の分類（結語）

神ノ木式古段階の土器は，堂之上遺跡第18号住居跡（第28図1～15)[27]，中越遺跡第2号住居跡（第29図1～23・第30図1～5），お供平遺跡第25号住居跡（第31図1～18），城之腰遺跡第1号住居跡（第31図28～35），武居遺跡第28号住居跡（第32図1），野村遺跡第35号住居跡（第32図3，6，7，10，11），野村遺跡第6号住居跡（第32図13～19）から出土している。神ノ木式古段階土器の特徴を次にあげておく。

a 垂下粘土紐や吊り輪状粘土紐に櫛歯状刺突を付けたり，環状突起や断面三角の隆帯を施す（第28図1，3・第29図10，13，14，16・第31図12～14，29，30・第32図10）。

b 口縁部から胴部上半に櫛歯状連続刺突と櫛歯状条線を付けて，胴部下半を無文にする。これは清水ノ上Ⅱ式の無文部と関連する（第29図12，13，23・第32図1，3，13）。

c 櫛歯状連続刺突とコンパス文を付ける（第28図6・第29図7，8・第31図5）。

d 櫛歯状連続刺突と櫛歯状条線の渦巻きや蕨手，菱形を口縁部から胴部にかけて幅広に付けたりボタン状突起をつける（第29図1，2，5，6，9・第31図6，29，31・第32図1）。

e 口縁部を有段口縁にして，櫛歯状連続刺突と櫛歯状条線による直前段合撚を模倣した文様を付ける。これは新段階にも残存する。神ノ木式の有段口縁は羽島下層式や清水ノ上Ⅱ式との関連であろう（第28図2，4，5，8，11・第29図11，12，15，18・第31図7）。

f 有段口縁に櫛歯状連続刺突を何段も付ける（第28図12・第31図28，33）。

g 有段口縁や無段の口縁に櫛歯状連続刺突や束の縄文を付け，以下に束の縄文や直前段合撚，附加条，組紐などを付ける。ただし，縄の束は新段階にも残存する（第28図10・第29図21，22・第30図1・第31図4・第32図6，7）。

神ノ木式新段階は，櫛歯状連続刺突文を連点状刺突風に付け，口縁部直下より連点状刺突で菱形，三角，横位文，縄文や束の縄文などを施すことが特徴となる一群の土器である。

この時期の住居跡は三枚町第1号住居跡，舅屋敷第11号住居跡，三後沢第5号住居跡などで，有尾式古段階の土器や上の房式土器が伴う場合が多い。この状況は神ノ木式土器の新段階に有尾式土器古段階が発生しており，有尾式古段階へ系統的に続いている神ノ木式土器新段階の状況を顕現化するものと考えられる[28]。

なお，神ノ木式土器の型式細分について後日まとめる予定である。この論文を書くにあたり戸田哲也，谷藤保彦両氏にご教示いただいた。心から感謝したい。

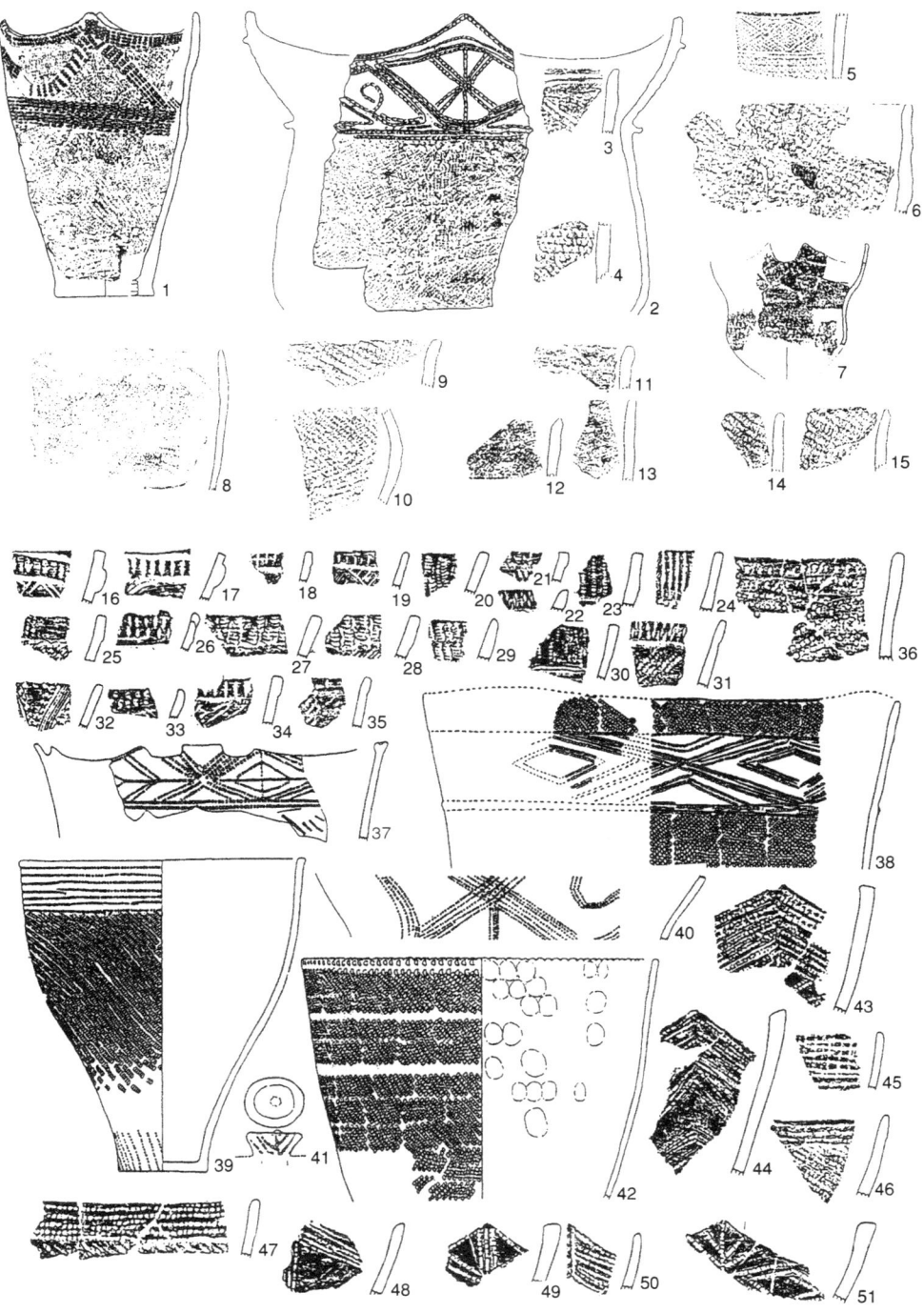

第3節　神ノ木式土器の動態　275

第33図　三枚町遺跡1号住居跡出土土器（1〜15）戸田1988年より
　　　　舅屋敷遺跡11号住居跡出土土器（16〜51）小林1982年より

第4節　関東・中部・北陸地方の大木2a式土器の研究
―土器型式から見た周辺地域との交流―

1　はじめに

　筆者は『いわき地方史研究』に「大木2a式土器と有尾式土器の検討」（澁谷1999a）を発表した。この論文は群馬県内からも大木2a式土器が出土している可能性が高いと考えて，佐藤典邦氏の「大木2a式土器研究ノート」（佐藤1989）や『綱取貝塚―第1・2次調査報告』（佐藤1996）の研究を参考にして，同県内の出土資料を検討したものであった。概略は下記のとおりである。

　群馬県利根郡昭和村糸井宮前遺跡第116号住居跡，同村中棚遺跡第12号住居跡，山田郡大間々町瀬戸ヶ原遺跡第1号住居跡，前橋市芳賀東部団地遺跡第18号住居跡などから，大木2a式土器と思われる資料が出土しており，有尾式土器と伴出する例が多い。大木2a式土器の古い段階，関山式土器の新しい段階，有尾式土器の比較的古い段階，植房式土器などが編年的に併行関係にあったと考えることができる。北陸地方にも大木2a式土器と考えられる資料が出土しており，そうした遺跡として，新潟県の清水上遺跡，福井県の深坂小縄遺跡，石川県の小牧大杉谷内遺跡，大津遺跡，富山県の朝日貝塚，小泉遺跡，南太閤山Ⅰ遺跡などをあげた。そのうえで舟を中心とした日本海側の交易ルートも注目されることも述べた。

　その後，筆者は『民俗と考古の世界』に「大木2a式土器と周辺地域の様相」（澁谷2000a）を発表した。その概略も下記しておく。

　福島県内出土の大木2a式土器と関東地方や北陸地方出土の大木2a式土器を比較検討する場合には，横位のコンパス文，波状文，横位の沈線文などの施文具，施文本数，施文単位への注意が必要である。福島県内の獅子内遺跡，下ノ平D遺跡，下ノ平E遺跡などの大木2a式土器には，3本や4本単位の櫛歯状工具による横位コンパス文，横位の波状文，口縁部の横位沈線文が圧倒的に多い。しかし，少量の2本単位の波状沈線や横位沈線も存在することから2本単位の土器群は大木2a式土器と一応区別した。北陸地方では新潟県豊原遺跡，同県清水上遺跡，同県室谷洞窟，富山県朝日貝塚，石川県寺家遺跡などから少量であるが大木2a式土器が出土している。群馬県の昭和村糸井宮前遺跡第116号住居跡より，大木2a式と思われる土器と有尾式土器，関山式の新しい段階か黒浜式の古い段階の土器が出土しており，併行関係にある可能性がある。同県瀬戸ヶ原遺跡第1号住居跡からは，3本ないし4本単位の櫛歯状工具で刺突とコンパス文を付けた大木2a式土器と有尾式土器が出土しており，併行関係にあると思われる。同県中棚遺跡第12号住居跡からは大木2a式に近い土器と有尾式土器が，同県瀬戸ヶ原遺跡第1号住居跡からは有尾式土器と大木2a式土器が出土し，これらが併行関係にあると思われる。千葉県飯塚貝塚第7号住居から関山式の新しい段階か黒浜式の古い段階の土器，植房式土器，黒浜式土器，大木2a式土器などが出土しており併行関係にある。

　その後筆者は，『いわき地方史研究』に「大木2a式土器の周辺―千葉県・茨城県・栃木県の状況―」（澁谷2000b）を発表した。概略は下記のとおりである。

　千葉県鴻ノ巣遺跡第19号住居跡では，格子状沈線の黒浜式土器，櫛歯状工具で縦に波状沈線を付けた植房式土器，網目状撚糸文の大木2a式土器が出土し，これらが併行関係にある。茨城県北前遺跡第25号住居跡では，格子状沈線の黒浜式土器，櫛歯状工具で波状を描いた大木2a式土器，網目状撚糸文の大木2a式土器，連続爪形文の黒浜式土器が出土し，併行関係にある。同遺跡第26号住居跡では，縄文の上に半截竹管状工具で渦と×の沈線を付けた土器，網目状撚糸文を施した大木2a式土器，半截竹管状工具の連続爪形の黒浜式土器などが出土しており，黒浜式土器と大木2a式土器が併行関係にある。茨城県富士ノ上遺跡から

は，半截竹管状の沈線文と網目状撚糸文の大木 2a 式土器や網目状撚糸文の大木 2a 式土器などが多数出土した。栃木県下都賀郡藤岡町篠山遺跡第 1 号住居跡からは，黒浜式土器，結束の 2 種の縄文と刺突の大木 2a 式と思われる土器，刺突と縄文を組み合わせた大木 2a 式土器，網目状撚糸文を施した大木 2a 式土器などが出土した。栃木県小山市宮内北遺跡からは単軸絡条体第 4 類（葺瓦状撚糸文）の大木 2a 式土器，櫛歯状工具で刺突した大木 2a 式土器などが出土している点を記し，これらは福島県宇和台遺跡第 7 号住居跡，同県獅子内遺跡，同県胄宮西遺跡出土の大木 2a 式土器との関連がある。

　大木 2a 式土器について，筆者は上記のような検討を加え，見解を発表してきた。本論文では，大木 2a 式土器が関東地方，中部地方，北陸地方でどのように出土しているかを再度検討し，あわせて有尾式土器や黒浜式土器などを使用する集団と，大木 2a 式土器を使用する集団との交流がどのようになされていたかを土器型式をとおして若干の考察を試みることにする。しかし，手元にある報告書をはじめとする各種の文献資料が限られているうえに，大木 2a 式土器そのものおよび関連資料の見落としも多いのではないかと思う。そのために至らない点があるならば，ご寛恕を請うとともに今後補足あるいは訂正を加えていきたい。

2　大木 2a 式土器について

　大木 2a 式は，山内清男氏が昭和のはじめ宮城県宮城郡七ヶ浜町大木囲貝塚の調査をして型式設定された。氏は「斜行縄文に関する二三の観察」（山内 1930）で，陸前の大木 1，2 式，室浜式と関東地方の蓮田式，陸奥の円筒土器下層式を編年的に併行関係に置いておられる。氏はその後「縄文土器型式の細別と大別」（『先史考古学』　山内 1932）を発表され，大木 2a，2b 式と黒浜式が編年的に併行関係にあることを示された。

　興野義一氏は「大木式土器理解のために（Ⅱ）」（興野 1968）で，大木 2a 式土器を検討された。氏は宮城県登米郡迫町糠塚貝塚の発掘調査の知見を踏まえ，大木囲貝塚採集の土器より，大木 2a 式土器を紹介し，次のように分類された。1. 縄文が残るグループ。2. 正整な撚糸文のグループ。A. 間隔のある撚糸文（イ. 斜行撚糸文　ロ. 羽状撚糸文　ハ. 木目状撚糸文　ニ. 交差撚糸文　ホ. 屈曲撚糸文）。B. 間隔のない撚糸文（葺瓦状撚糸文）。C. 網目状撚糸文。3. 不整撚糸文のグループ。4. 体部に竹管文のあるグループの 4 分類であった。

　その後，東北地方から中部地方にかけて，大木 2a 式土器，黒浜式土器，有尾式土器などの出土資料の集成作業をおこなったのは，埼玉考古学会であった（埼玉考古学会 1990）。1990 年に埼玉考古学会は「大木，有尾，そして黒浜」をテーマとするシンポジウムを開催し，その資料集として『埼玉考古別冊 3，シンポジウム，大木，有尾，そして黒浜』をまとめ，各地方から出土した膨大な量の土器群の集成をおこなったのである。このシンポジウムでは，縄文前期中葉土器群にみる系統と交流の実態の中で，大木 2a 式土器，黒浜式土器，有尾式土器の型式学的検討があまり活発になされず，「大形菱形文系土器群」変遷の検討などに終始した。しかし，この資料集が刊行されたことは重要であり，現在もこの時期の研究の基本文献として研究者の拠り所となっている。

　また，興野義一氏は「山内清男先生供与の大木式土器写真セットについて」（興野 1996）で，山内清男氏から供与された大木式土器の写真資料を説明されている。この中の「大木 2a・2b 式」では，山内氏の大木囲貝塚の発掘調査資料を紹介しており重要である。

　さらに縄文セミナーの会は，1997 年に第 10 回目のシンポジウムを開催し，その成果を『第 10 回縄文セミナー　前期中葉の諸様相』と『第 10 回縄文セミナー　前期中葉の諸様相—記録集—』（縄文セミナーの会 1997）としてそれぞれ出版した。この中では大木 2a 式土器の研究史と縄文原体の分析をおこなった「福島県の様相」（芳賀・植村 1997），群馬県善上遺跡での大木式土器の出土を指摘した「関東北部の様相」（谷藤

1997）も重要であった。

　本論文では，上記した先学の研究を踏まえ「単軸絡条体第1類」，「単軸絡条体第1A類の木目状撚糸文」，「単軸絡条体第3類」，「単軸絡条体第4類の葺瓦状撚糸文」，「単軸絡条体第5類の網目状撚糸文」のほか「3～5本単位の櫛歯状工具でコンパス文や波状沈線」[29]などを施した土器を「大木2a式土器」あるいは「大木2a式土器に近い資料」として集成し，検討することにしたい。

3　茨城県の大木2a式土器

　茨城県は大木2a式土器の出土が多い地域である。そうした遺跡の立地は，利根川と強い関係がある遺跡と，那珂川と強い関係がある遺跡に大きく分かれる。猿島郡三和町の上片田C遺跡（小松崎1989）は，栃木県との県境に近く，大川が利根川と合流する地点にある。筑波郡豊里町大境遺跡は常総台地の南西部にあたり，西谷川と小貝川に挟まれた地点に立地する。岩井市北前遺跡は利根川と鬼怒川とも関係がある。

　鬼怒川水系にある水海道市大生郷遺跡第1号住居跡からは，単軸絡条体第1A類と思われる大木2a式土器，黒浜式土器が出土している。同遺跡第11号住居跡からは，単軸絡条体第1類，第1A類と思われる大木2a式土器が出土した。つくば市境松遺跡第7号住居跡（久野1987）から単軸絡条体第5類の網目状撚糸文を付けた大木2a式土器などが出土している。

　那珂川流域の那珂湊市富士ノ上遺跡（井上1967，澁谷2000b）からは，単軸絡条体第1類，第5類網目状撚糸文と思われる大木2a式土器が出土している。同じく富士ノ上貝塚（藤本1977）からは，単軸絡条体第4類，単軸絡条体第5類の大木2a式などが出土している。大木2a式土器を携えた集団が舟を使い，頻繁に交流をしていたことがわかる。このような視点で考えると，那珂湊市の富士ノ上貝塚などは代表的な遺跡であり，茨城県那珂湊と福島県小名浜などを拠点に互いに交易をしたのであろう。この点は富士ノ上貝塚出土土器の構成と，福島県いわき市弘源寺貝塚や同市綱取貝塚出土土器の構成が近しい状況[30]からも考えられる。

猿島郡三和町上片田C遺跡第1号住居跡出土土器（第34図1～29・第35図1～27）

　口縁部に2本一対の単軸絡条体第1類（山内1979）を施したと思われる大木2a式土器（第34図1～8）。ことに単軸絡条体を交差[31]させたと思われる土器（第34図3，6）などもある。胴部破片で2本一対の単軸絡条体第1A類を施していると思われる大木2a式土器（第34図10）。1本単位のまばらな単軸絡条体第1A類を施したと思われる大木2a式土器（第34図9，11，12）。連鎖状撚糸文と報告されている大木2a式土器（第34図20，21）。末端に環付縄のループを付けた土器（第34図22～24，27～29）。波状口縁の下に無文帯を作り，環付縄を横位に重ねて施文している土器（第34図22，24，28，29）。口縁が大きく外反して，口縁部と胴部の境が膨らみ，底部が上げ底を呈した羽状縄文の施された黒浜式土器（第34図26）。縄文を付け，口縁に沿って円形の刺突を横位に1列施した土器（第35図1，2）。この類例は千葉県柏市花前遺跡第119号住居跡（田中1984），山形県山形市大森A遺跡（保角1977）などにある。口唇に刺突を施し，大波状口縁の一部を無文にして，以下に縄文を施す土器（第35図4）。無節の縄文土器（第35図6，7）。単節縄文のLRとRLで菱形の羽状縄文を付け，ミミズ腫れ状になっている土器（第35図8）。LRとRの羽状縄文（第35図9）。波状口縁の頂点から粘土紐を垂下し，口縁に沿って半截竹管状工具で沈線を施した土器（第35図11）。波状口縁に断面三角の粘土紐の渦巻文を貼り付け，これに沿って半截竹管で刺突を施している土器（第35図12）。口縁部に太い1本描きの集合沈線が横位に施される土器（第35図13）。この文様の土器は埼玉県蓮田市宿上貝塚第1号住居跡（細田1987）や福島県いわき市弘源寺貝塚などから出土しており，集合沈線として黒浜式土器（奥野1989）とされている。この種の土器は福島県内にも多く，宿上貝塚から出土したことを理由に黒浜式土器として良いかは検討の余地があろう。櫛歯状工具の平行線や小波状を交互に入れた土器（第35図16～

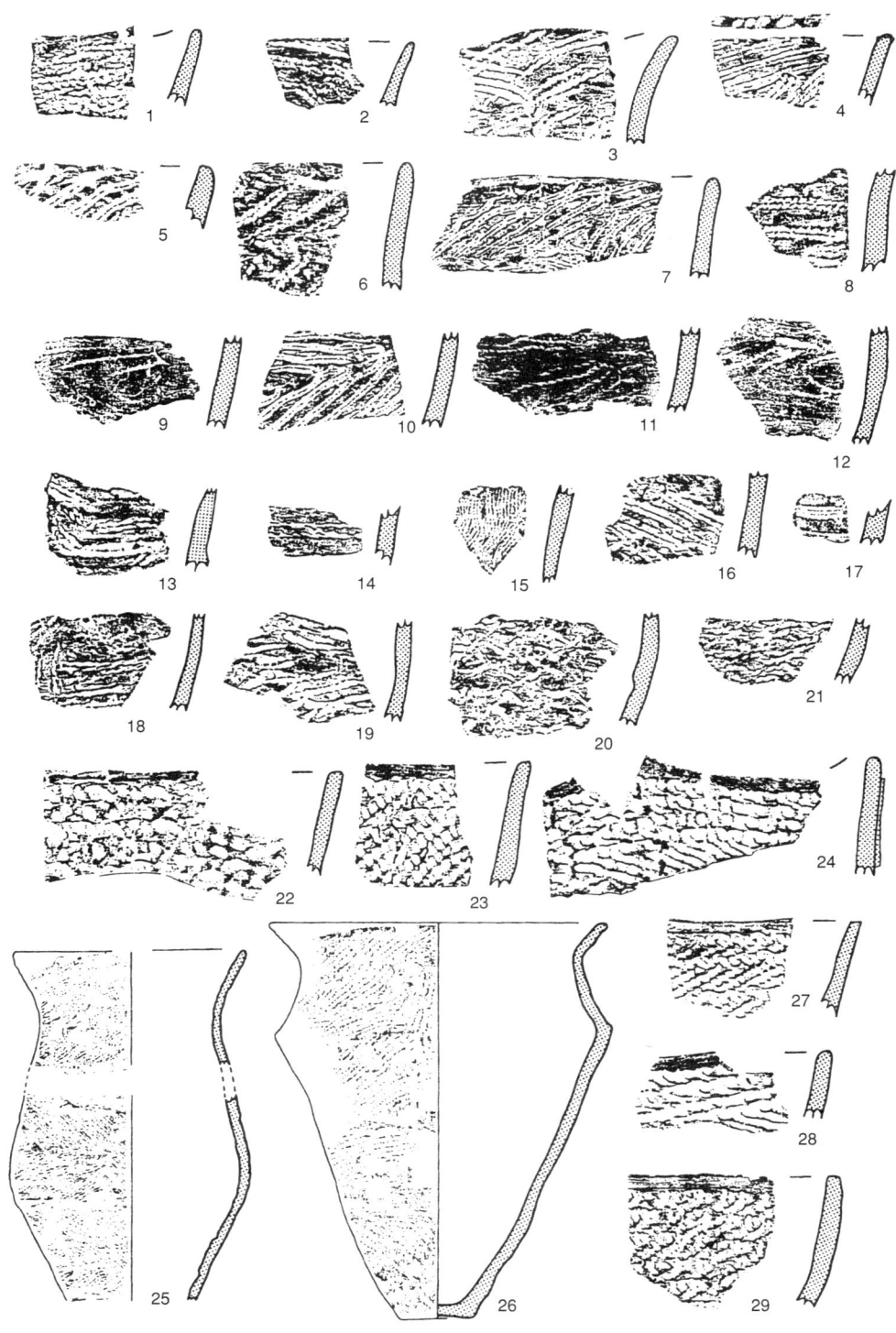

第4節　関東・中部・北陸地方の大木2a式土器の研究　279

第34図　上片田C遺跡1号住居跡出土土器 (1) (1〜29)

280　第3章　縄文時代前期中葉土器

第35図　上片田C遺跡1号住居跡出土土器 (2) (1〜27)

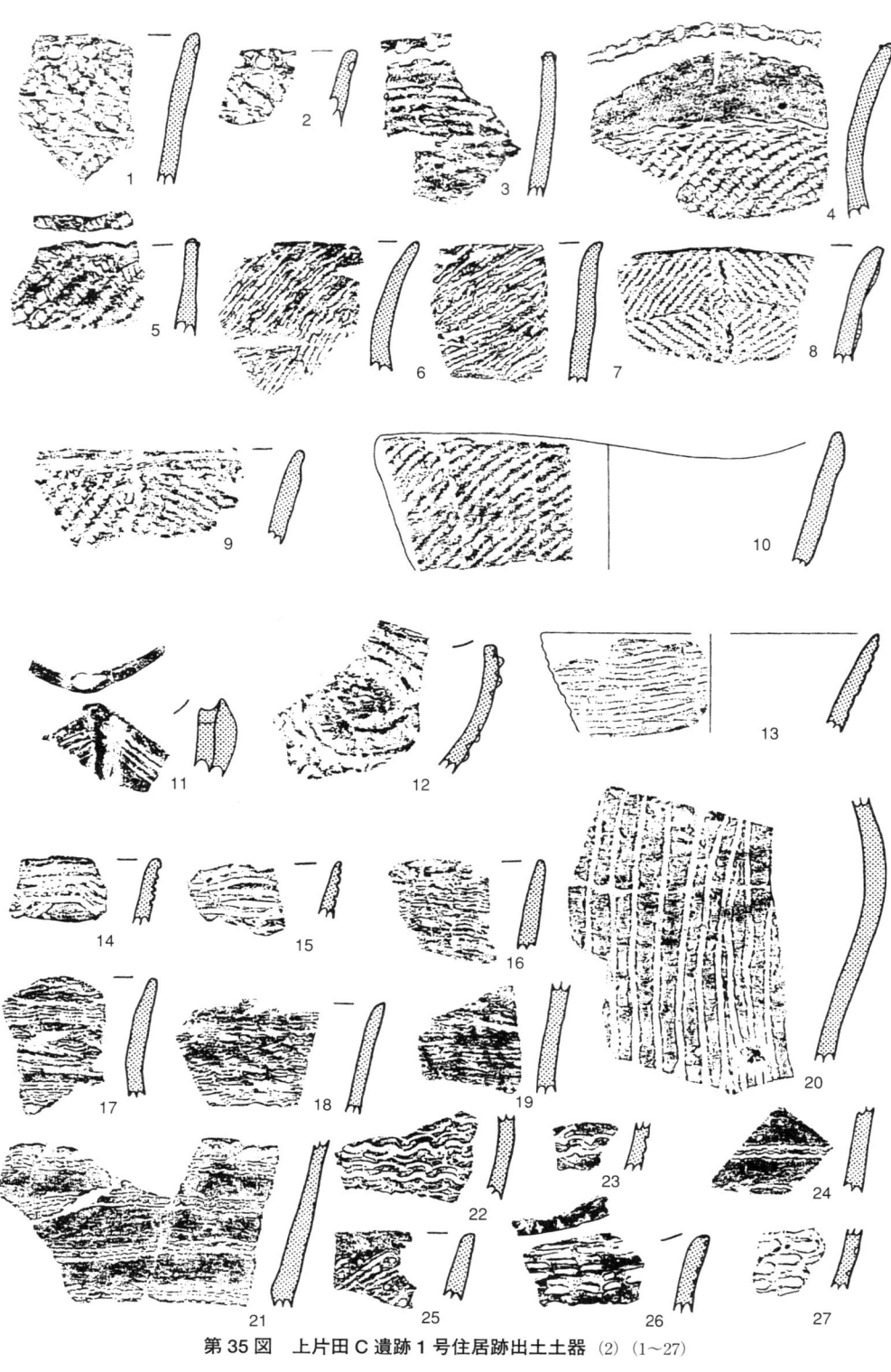

19）。4本単位の櫛歯状工具で沈線を施した土器はやはり福島県内でも多量に出土している。櫛歯状工具で沈線を入れた大木2a式土器（第35図16, 17）。有節平行線文と報告される土器（第35図21）。波状沈線かコンパス文が施された土器（第35図22, 23）。棒状工具で押引き刺突文が施される土器（第35図26, 27）。この土器の類例は宿上貝塚第3号住居跡（金子1987）や福島県いわき市弘源寺貝塚などから出土している。以上から単軸絡条体第1類，第1A類の大木2a式土器と，黒浜式土器が編年学的に併行関係にあると思われる。

猿島郡三和町上片田C遺跡第2号住居跡出土土器の一部（第36図1～24）

単軸絡条体第5類の網目状撚糸文を施した大木2a式と思われる土器（第36図1, 2）。単軸絡条体第1類で2本一対の撚糸文を施した大木2a式と思われる土器（第36図3, 4, 6）。単軸絡条体第1類で，崩れた格子状の撚糸文を施した大木2a式と思われる土器（第36図5, 7）。ループ文を施した土器（第36図16～20）。附加条縄文と報告された土器（第36図21）。粗い単節のLRの縄文が横位に施文と報告される土器（第36図22）。丸棒状の施文具で器面に直角に刺突した土器（第36図24）。沈線が横位に施された土器（第36図23）などがある。これらは福島県大沼郡会津高田町青宮西遺跡第2号住居跡出土土器（芳賀1984）の一部に似ている。また，ループ文の施された土器は，宮城県仙台市三神峯遺跡第Ⅱ層出土土器（白鳥1974）にも近い。

つくば市豊里町大境遺跡第2号住居跡出土土器（第37図1～25）（川井1986）

横位のまばらな単軸絡条体第1A類の木目状撚糸文を施した大木2a式土器（第37図13～15）。おそらく，単軸絡条体を横位に付けた撚糸文を施した大木2a式と思われる土器（第37図16, 17）。波状口縁に半截竹管状工具で波状沈線を施した土器（第37図22）。報告書によると沈線で格子状を施した土器（第37図23）などが出土している。まばらな横位の木目状撚糸文は福島県青宮西遺跡遺構外出土土器（芳賀1984）の中にもあり，宮城県名取市今熊野遺跡第23号住居跡（小川ほか1986）からも出土している。また，沈線の格子文とされる土器（第37図23）は，黒浜式土器（奥野1989）の可能性もある。したがって，単軸絡条体第1類，単軸絡条体第1A類の大木2a式土器と黒浜式土器が編年的に併行関係にあると思われる。

岩井市北前遺跡第25号住居跡出土土器（第38図1～36・第39図1～23）（大森1993）

本遺跡出土土器について筆者はかつて検討したことがある（澁谷2000b）。口縁部に単軸絡条体第5類の網目状撚糸文を施す大木2a式土器（第38図24～26）。単軸絡条体第1類の撚糸文が施された土器（第38図27）。2本一組の撚糸文とされ，おそらく絡条体第1類が施された大木2a式に近い土器（第38図30～35）。口縁部に縄文を付け，短い沈線を施す土器（第38図1）。押し引き刺突文が付けられた土器（第38図2・第39図23）。沈線で格子状を施した黒浜式土器（第38図6～8）。報告によると撚糸文に斜位の沈線を施した土器（第38図9）。竹管による横位の粗雑な波状沈線文が付けられた土器（第38図12～17）。この土器の類例は茨城県水海道市大生郷遺跡第4号住居跡（桜井1981），群馬県中棚遺跡J12号住居跡（富沢1985），千葉県香取郡植房貝塚（西村1957），福島県いわき市綱取貝塚（佐藤1989・1996），同県いわき市弘源寺貝塚（渡辺・佐藤1986）などから出土している。3本単位の櫛歯状工具で波状沈線を描く土器（第38図18, 19）。コンパス文と横位沈線を交互に付ける土器（第38図20）。竹管状工具で少し間延びした連続の爪形を付け，縄文を施している黒浜式か有尾式で，大木2a式に伴う資料と考えられる土器（第38図21）。棒状工具による刺突を施した土器（第38図22）。この種の土器は福島県福島市下ノ平D遺跡（堀江1995），同県いわき市弘源寺貝塚などから出土している。Lのループの縄文を何段も施した土器（第39図14）。この類例は宮城県仙台市三神峯遺跡（佐藤1980）などにある。櫛歯状工具で波状やコンパス文を施す大木2a式土器（第39図20～22）。この類例は施文順序が異なるが，福島県青宮西遺跡1次第1号住居跡，第2号住居跡（芳賀1984）などから出土している。したがって，単軸絡条体第1類の撚糸文，単軸絡条体第5類の網目状撚糸文の大木2a式土器と黒浜式土器が編年的に併行関係と思われる。

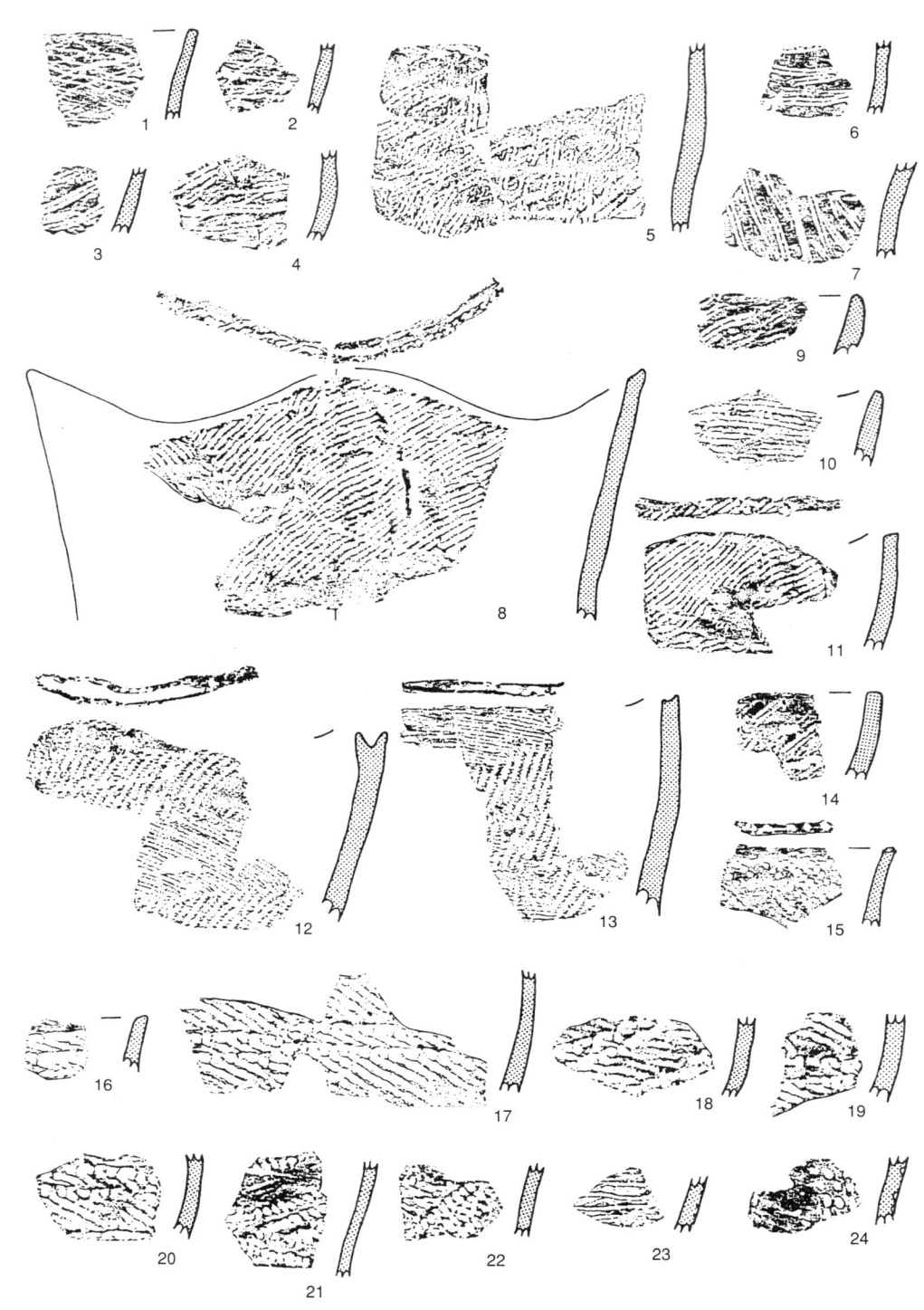

282 第3章 縄文時代前期中葉土器

第36図 上片田C遺跡2号住居跡出土土器 (1〜24)

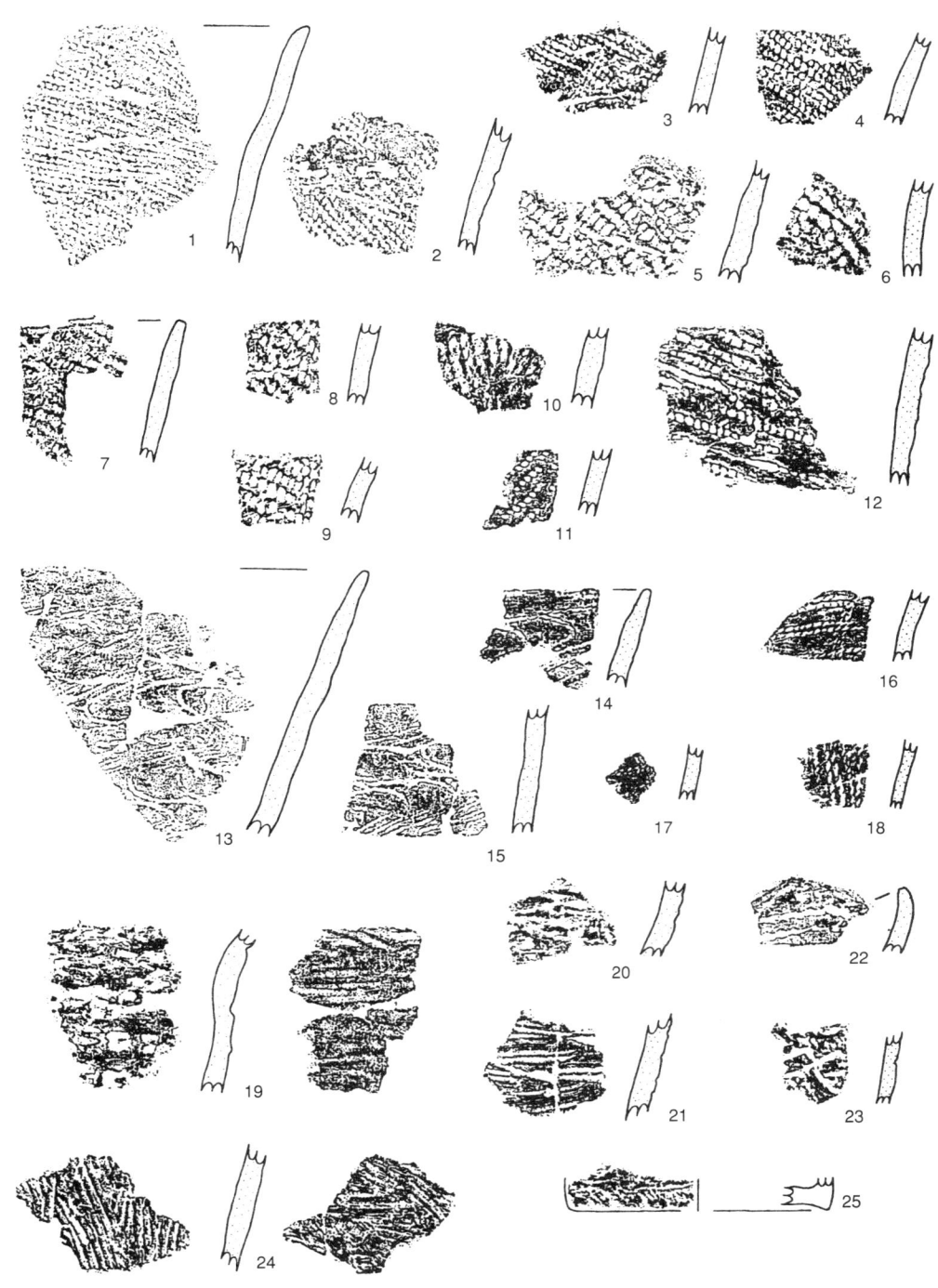

第4節　関東・中部・北陸地方の大木2a式土器の研究　283

第37図　大境遺跡2号住居跡出土土器（1〜25）

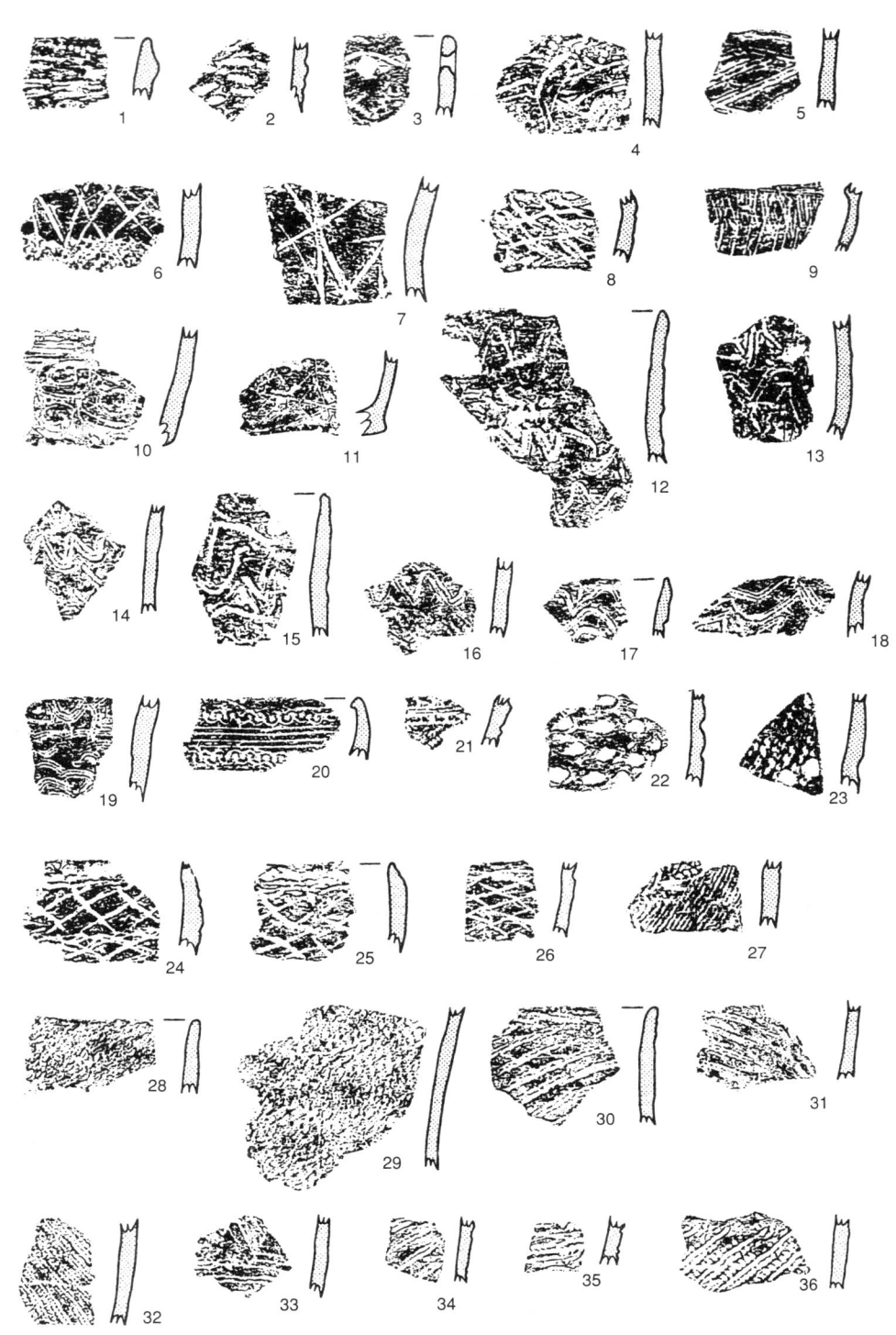

284　第3章　縄文時代前期中葉土器

第 38 図　北前遺跡 25 号住居跡出土土器（1）（1〜36）

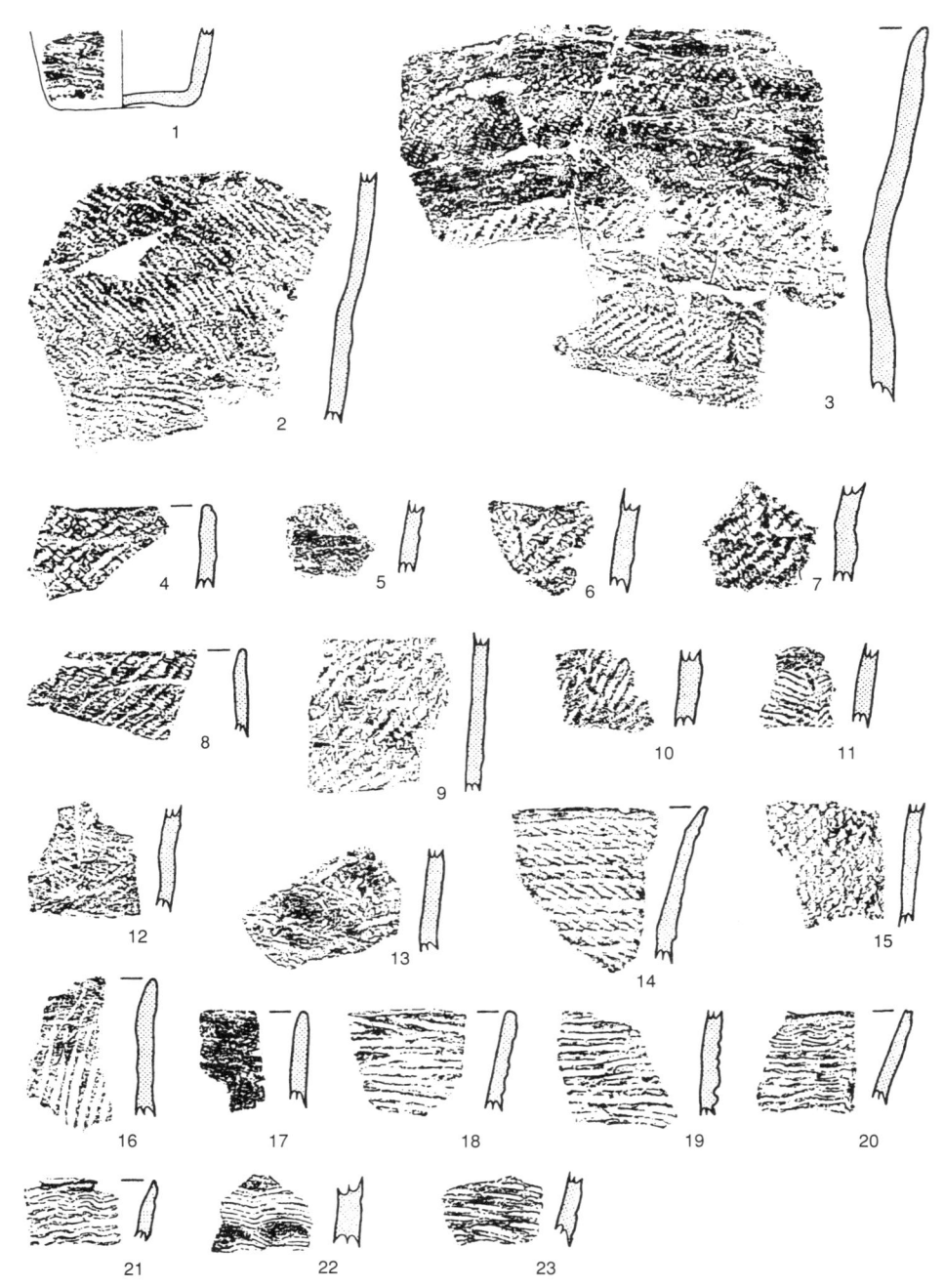

第 39 図　北前遺跡 25 号住居跡出土土器 (2) (1～23)

岩井市北前遺跡第 26 号住居跡出土土器（第 40 図 1～33）

　単軸絡条体第 1 類を口縁部に沿って施し，口縁横位に半截竹管状工具で波状沈線を入れた大木 2a 式に近い土器（第 40 図 1～5）。単軸絡条体第 1 類で大木 2a 式に近い土器（第 40 図 9～11）。単軸絡条体第 5 類の網目状撚糸文の大木 2a 式土器（第 40 図 13～15）。組紐が付けられた土器（第 40 図 17）。竹管による円形の刺突文が施される土器（第 40 図 19）。異方向斜縄文を地文に半截竹管状工具で連続爪形を施した黒浜式土器（第 40 図 25）。LR と RL の羽状縄文を地文として，半截竹管状工具の間延びした刺突が二条付けられた大木 2a 式土器に伴う黒浜式土器（第 40 図 26）。類例は福島県原町市赤沼遺跡（長島 1983），同県宇輪台遺跡（丸山

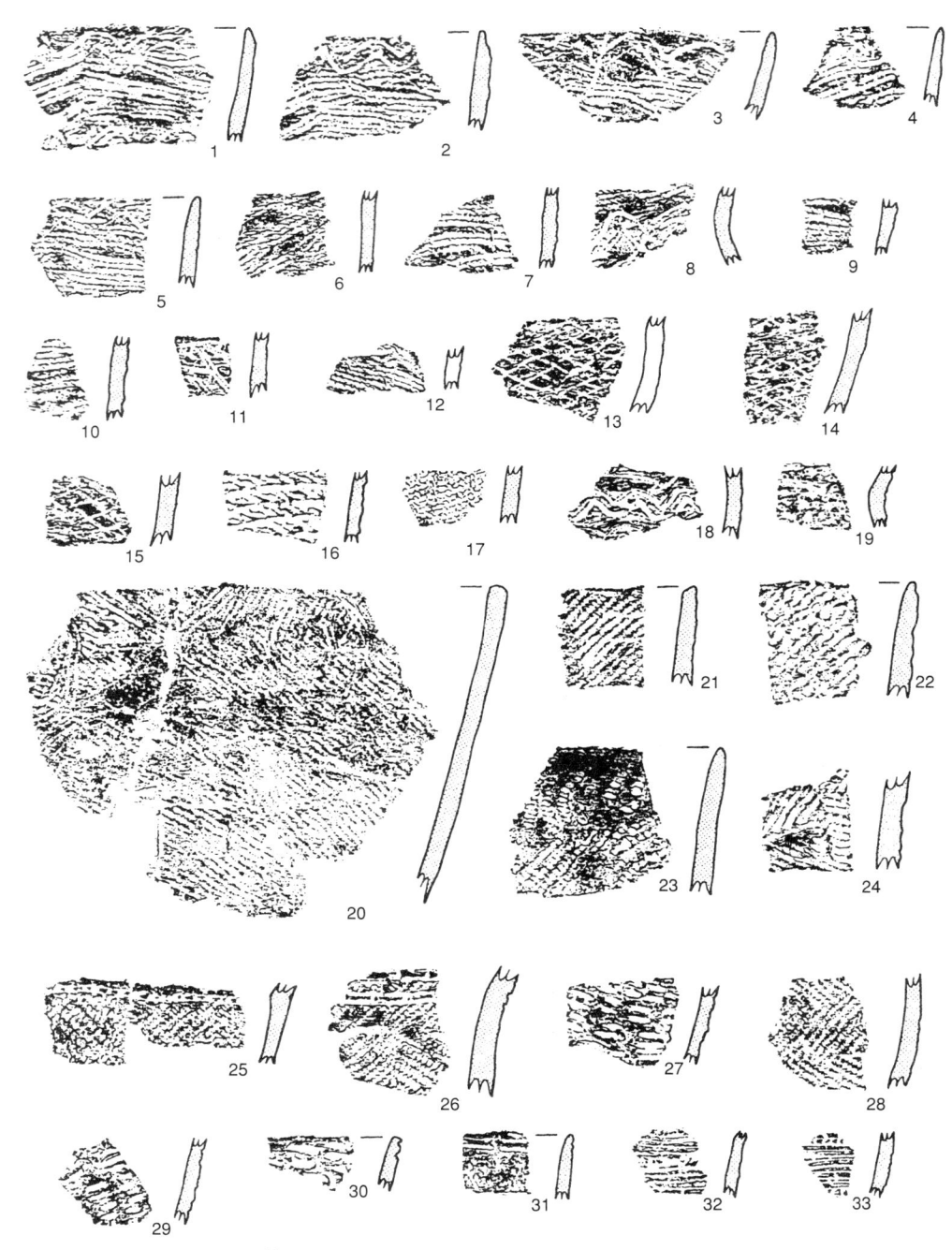

286　第3章　縄文時代前期中葉土器

第40図　北前遺跡26号住居跡出土土器（1～33）

1993），同県いわき市綱取貝塚などにある。半截竹管状工具で横位に短い沈線を施す大木2a式に関係のありそうな土器（第40図30，31）などが出土している。以上から単軸絡条体第1類と単軸絡条体第5類の網目状撚糸文を付けた大木2a式土器，半截竹管状工具の連続爪形を付けた黒浜式土器が併行関係と思われる。

4　栃木県の大木2a式土器

　栃木県は大木2a式土器の出土資料が多い地域である。ことに，利根川流域の小山市や那珂川水系の各地域に大木2a式土器が運び込まれる。下都賀郡藤岡町篠山遺跡第1号住居跡（竹澤1974）から，波状口縁に

縦位の櫛歯状刺突が付き，下に縄文が施される大木2a式土器（澁谷2000b）が出土している。類例は福島県いわき市弘源寺貝塚や福島市獅子内遺跡（鈴鹿1996）にある。また，小山市宮内北遺跡（鈴木1985）からは，単軸絡条体第4類の葺瓦状撚糸文や櫛歯状工具による大木2a式土器（澁谷2000b）が出土している。さらに，小山市横倉宮ノ内遺跡第40号住居跡（亀田・斎藤1995）からは，単軸絡条体第1類で2本一組の大木2a式土器，単軸絡条体第1類で3本一組の大木2a式土器，単軸絡条体第1類の大木2a式土器，櫛歯状工具で刺突した大木2a式土器，黒浜式の古い段階の格子状沈線を付けた土器，円形竹管の刺突を付けた土器などが出土している。小山市田間東道北遺跡第10号住居跡（亀田ほか1994）からは，櫛歯状工具で刺突とコンパス文を付けた大木2a式土器，単軸絡条体第1類の3本一組や2本一組を羽状に付けた大木2a式土器，単軸絡条体第1類の大木2a式土器などが出土している。

矢板市山苗代C遺跡第8号住居跡出土土器（第41図1～31）（進藤1996）

単軸絡条体第1類で，LとRを施した大木2a式に近い土器（第41図1，5，6）。単軸絡条体第1類で，報告書によるとRの縄を3本一組にした土器（第41図2～4）。単軸絡条体第1類でLの縄を3本一組にし，まばらに巻いた撚糸文の大木2a式土器（第41図7～10）。単軸絡条体第5類の網目状撚糸文が施された波状口縁の土器で，下にループ文の見られる大木2a式土器（第41図11）。波状口縁に単軸絡条体第5類を施した大木2a式土器（第41図12）。単軸絡条体第5類を施した大木2a式土器（第41図13～15）。半截竹管状工具による横位の波状沈線やコンパス文が施された土器（第41図25，26）。コンパス文が施された土器（第41図27～31）などが出土している。以上から単軸絡条体第1類，単軸絡条体第5類の網目状撚糸文の大木2a式土器，波状沈線やコンパス文の付いた土器が編年的に併行関係と思われる。

5　群馬県の大木2a式土器

群馬県は有尾式土器（谷藤1988），黒浜式土器，大木2a式土器（澁谷昌彦1999a・2000a）が出土しており，編年学的に型式間の併行関係を考える場合にきわめて重要な地域である。県北部は片品川流域の昭和村糸井宮前遺跡，中棚遺跡などがある。県東部では利根川流域の前橋市芳賀東部団地遺跡群（富沢1990）など，渡良瀬川流域の大間々町瀬戸ヶ原遺跡（竹内1994，澁谷2000a）などの存在が注目される。筆者は利根郡昭和村糸井宮前遺跡第116号住居跡（関根・谷藤1987），同郡同村中棚遺跡第12号住居跡，同遺跡遺構外出土，同県前橋市芳賀東部団地遺跡群第18号住居跡，同県山田郡大間々町瀬戸ヶ原遺跡第1号住居跡出土土器（澁谷2000a）などを検討した。大木2a式土器は利根川水系の遺跡に頻繁に入る傾向がある。こうした状況は利根川を中心に有尾式土器や黒浜式土器を使用する集団の中に，大木2a式土器が持ち込まれ，相互に交流していたことを物語っている。

利根郡昭和村糸井宮前遺跡第63号住居跡出土土器（第42図1～31）

単軸絡条体第4類をまばらに施した大木2a式土器（第42図1）。単軸絡条体第5類の網目状撚糸文を付け，半截竹管の平行沈線状の爪形文を施した大木2a式土器（第42図2）。単軸絡条体第1類と半截竹管状工具の沈線が施された土器（第42図3）。波状口縁に櫛歯状工具の刺突を縦と横に付け，半截竹管状工具の連続爪形を施した有尾式土器（第42図15，19）。波状口縁に半截竹管状工具で連続爪形を付けた有尾式土器（第42図16）。波状口縁に半截竹管状工具で爪形や刺突を施した土器（第42図17）。この類例は福島県福島市下ノ平D遺跡などにある。半截竹管状工具による平行沈線状の爪形と羽状縄文を付けた土器（第42図20）。半截竹管状工具でまばらに爪形を施す土器（第42図18）。横位の刺突とコンパス文が付けられた土器（第42図28～31）。口唇に凹凸があり，半截竹管状工具の沈線で菱形や横位施文をした土器（第42図21～26）。小波状沈線が付けられた土器（第42図27）などが出土している。以上から単軸絡条体第4類の葺瓦状撚糸文や

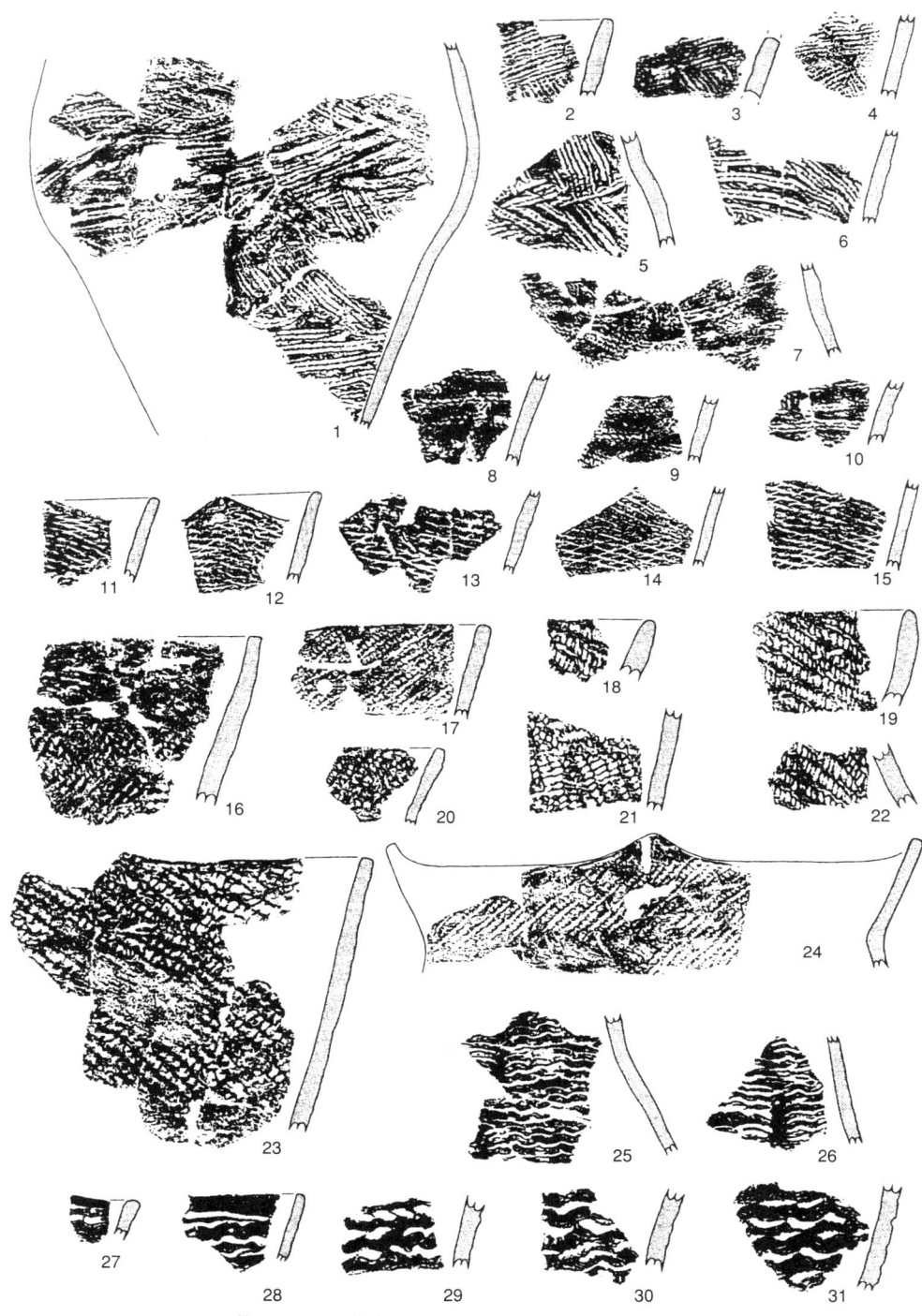

288 第3章 縄文時代前期中葉土器

第41図　山苗代C遺跡8号住居跡出土土器 (1〜31)

第 4 節　関東・中部・北陸地方の大木 2a 式土器の研究　289

第 42 図　糸井宮前遺跡 63 号住居跡出土土器 （1〜31）

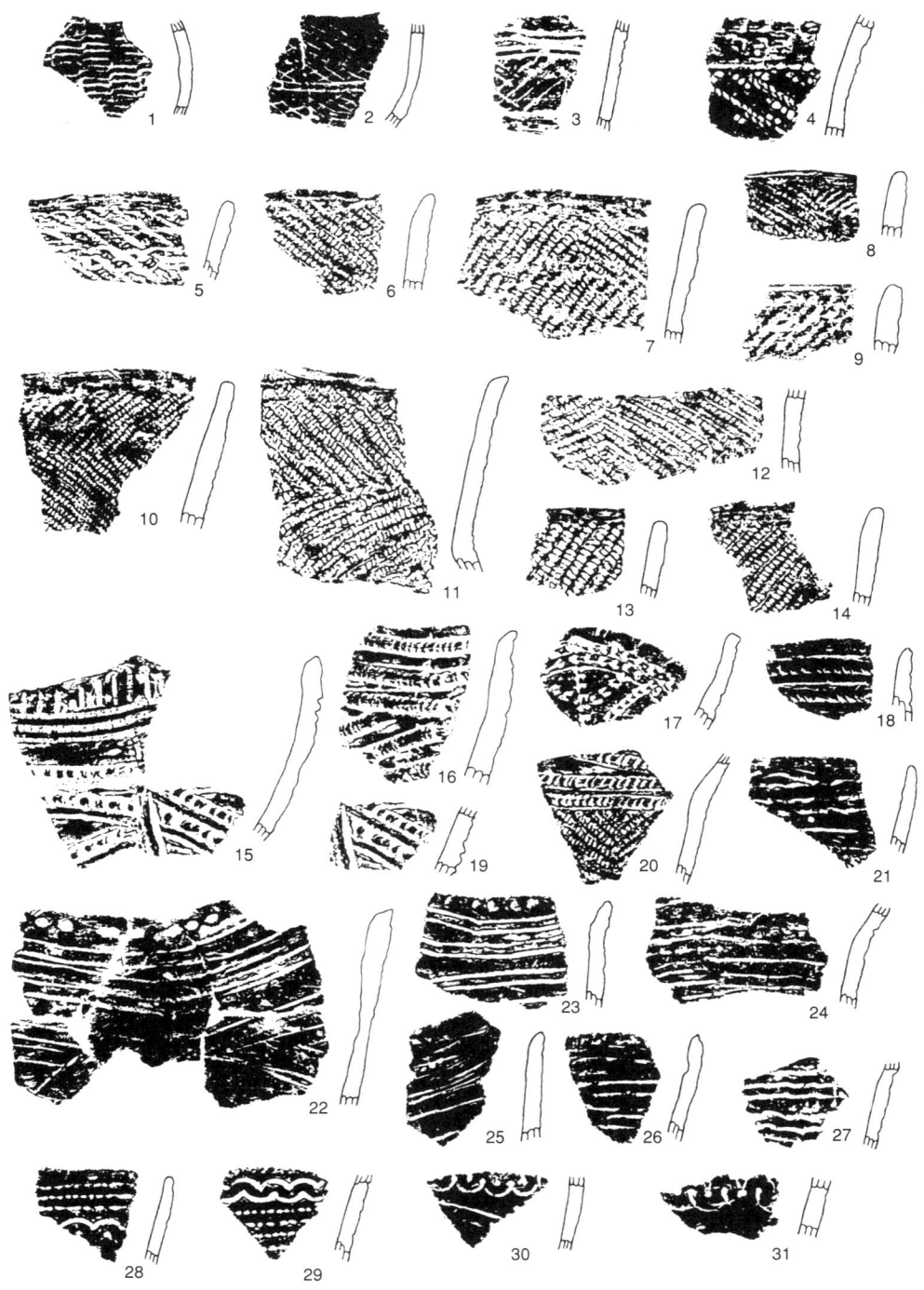

単軸絡条体第5類の網目状撚糸文を付けた大木2a式土器，有尾式土器，横位の刺突とコンパス文を付けた土器が編年的に併行関係にあると思われる。

利根郡昭和村糸井宮前遺跡第116号住居跡出土土器（第43図1～22・第44図1～37）（澁谷1999a・2000a）

　半截竹管状工具の平行沈線で菱形を構成し，胴部に無節の斜行縄文を施した有尾式土器（第43図1，2）。ゆるい波状口縁に半截竹管状工具でコンパス文を付け，以下は羽状縄文により菱形を構成する大木2a式に近い土器（第43図3）。半截竹管状工具で弧線や斜線の沈線を施した関山式の新しい段階と思われる土器（第43図5・第44図1）。原体不明とされるが，もし単軸絡条体第1類の2本単位の撚糸であれば大木2a式に近い土器（第43図7）。附加条の羽状縄文で菱形を構成する土器（第43図6）。4単位の波状口縁に単節羽状縄文を施した土器（第43図8）。単軸絡条体第5類の網目状撚糸文と半截竹管の平行沈線状の爪形を施した大木2a式土器（第43図9）。おそらく，単軸絡条体第1類の撚糸文を施したと思われる大木2a式に近い土器（第43図12～15）。おそらく，短軸絡条体第3類の不整撚糸文を施した大木2a式土器（第43図20～22）。櫛歯状原体による波状沈線を施した関山Ⅱ式土器（第44図2）。櫛歯状工具で縦位と横位に刺突を施した有尾式古段階の土器（第44図3～5，7）。口縁に沿って櫛歯状工具による横位の刺突を付け，半截竹管状工具で爪形を相互刺突文的に施した土器（第44図8，9）。半截竹管状工具で刺突を施した有尾式土器（第44図11）。半截竹管状工具による横位と波状の沈線を交互に施した土器（第44図12）。波状口縁に沿って櫛歯状工具で横位に刺突を付け，半截竹管状工具で山形に沈線を施し，波頂部から粘土紐を垂下した土器（第44図13，18）。半截竹管で弧状や横位沈線を施す土器（第44図15，17）。口縁に沿って半截竹管状工具によるコンパス文が施され，胴部に羽状縄文が付いた土器（第44図20～22，28）。口縁に沿って棒状工具で刺突を付け，波状の沈線を施す土器（第44図24，25）。口縁に沿って羽状縄文を施し，横位に沈線を付けた土器（第44図29，30）などが出土している。以上から半截竹管状工具の沈線で菱形を構成した有尾式土器，櫛歯状工具の刺突を付けた有尾式古段階の土器，関山Ⅱ式土器，単軸絡条体第5類の網目状撚糸文と単軸絡条体第3類の不整撚糸文の大木2a式土器が併行関係と思われる。

利根郡月夜野町善上遺跡第11号住居跡出土土器（第45図1～26）（中村1986）

　単軸絡条体第5類と単節の羽状縄文を施した大木2a式土器（第45図1）。単軸絡条体第1類を施した大木2a式に近い土器（第45図3～5）。単軸絡条体第1類で2本単位となる大木2a式に近い土器（第45図7～12）。単軸絡条体第1類で3本単位となる大木2a式に近い土器（第45図6）。櫛歯状工具で平行沈線とコンパス文を交互に付けた大木2a式に近い土器（第45図14）。櫛歯状工具の連続刺突とコンパス文を施した土器（第45図15）。コンパス文と円形刺突を付けた土器（第45図16，17）。半截竹管状工具で連続爪形を付け，菱形構成になると思われる有尾式土器（第45図18～20）。口縁に無節縄文を付け，平行沈線内に連続爪形文を付ける土器（第45図13）。平行沈線で横位に区画し，区画内を菱形と三角に沈線を施した有尾式土器（第45図21）などが出土している。以上から単軸絡条体第5類と羽状縄文の大木2a式土器，半截竹管状工具の連続爪形で菱形構成の有尾式土器，平行沈線の菱形と三角構成の有尾式土器などが併行関係にあると思われる。

利根郡月夜野町善上遺跡第42号土坑跡出土土器（第45図27～29）

　口縁下部に3本単位の沈線を付け，胴部に単軸絡条体第4類の粗の撚糸文を施した大木2a式土器（第45図29）。羽状縄文を施した土器（第45図28）。沈線を付けた土器（第45図27）が出土している。

利根郡昭和村中棚遺跡遺構外出土土器（第45図30）（富沢1985，澁谷2000a）

　波状口縁の口縁部に4本単位の横位の刺突とコンパス文を付け，胴部に単軸絡条体第5類の網目状撚糸文を施した大木2a式土器である。

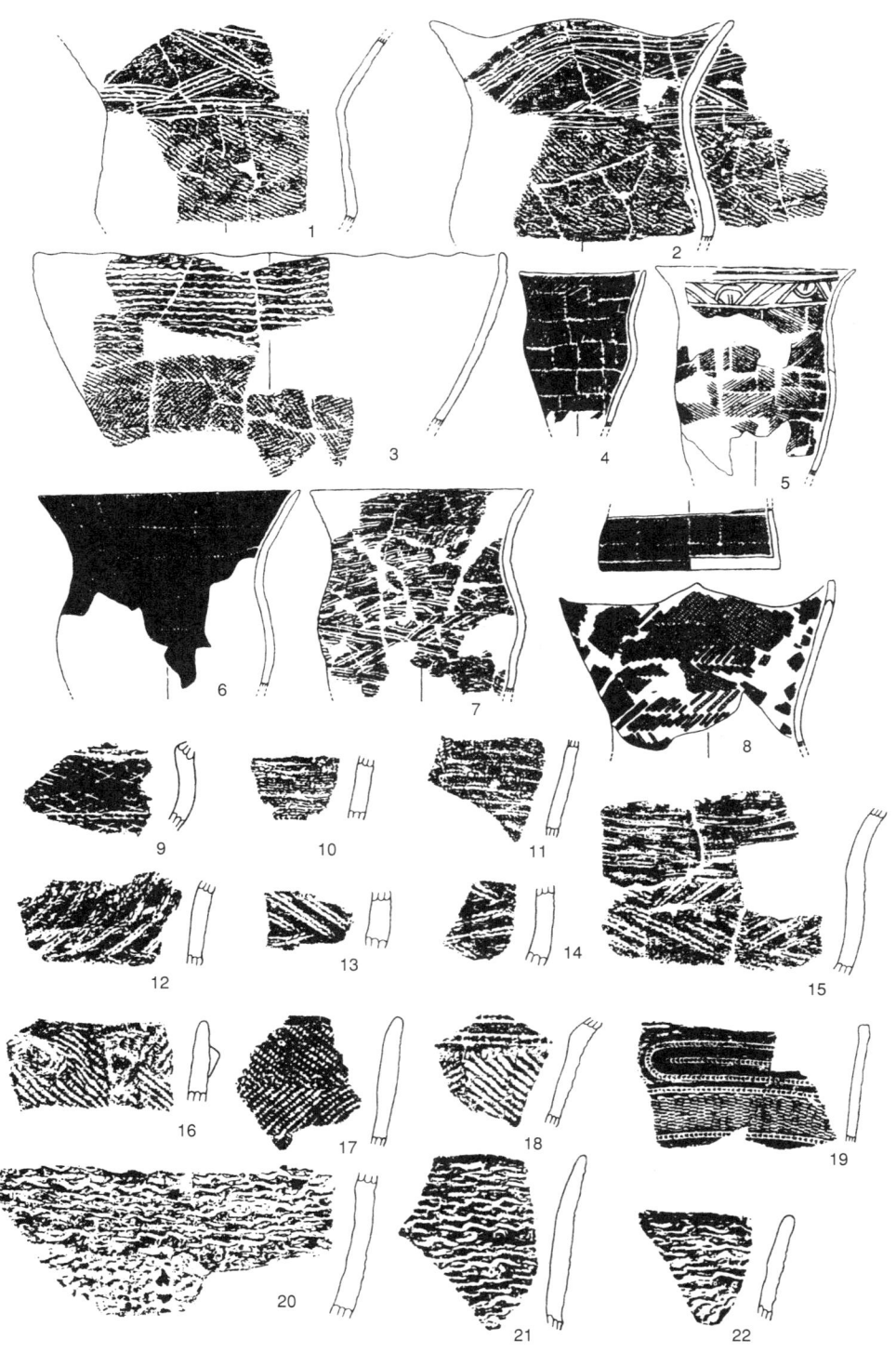

第4節 関東・中部・北陸地方の大木2a式土器の研究　291

第43図　糸井宮前遺跡116号住居跡出土土器 (1) (1～22)

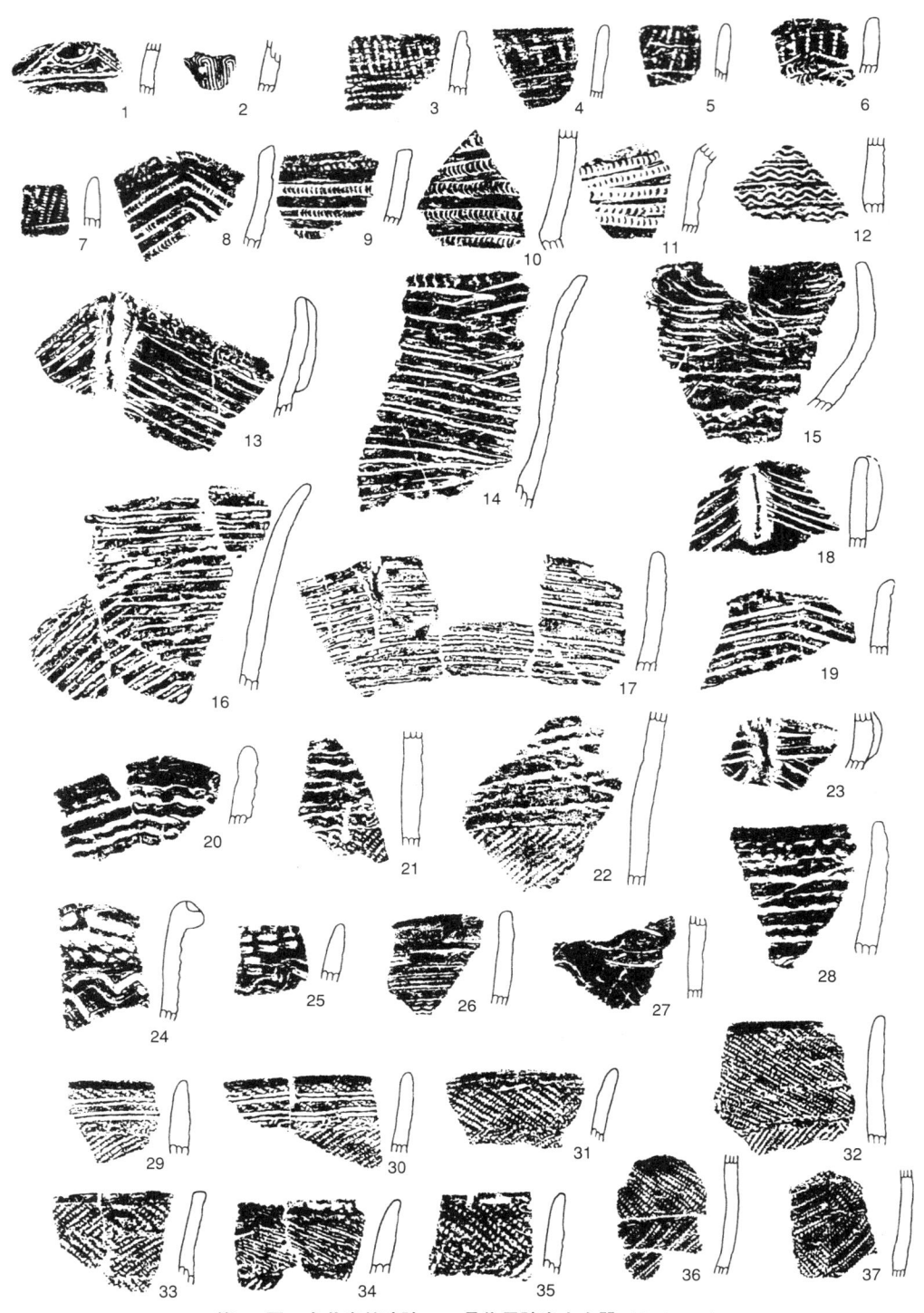

292　第3章　縄文時代前期中葉土器

第44図　糸井宮前遺跡116号住居跡出土土器 (2) (1〜37)

6　千葉県の大木 2a 式土器

　千葉県の大木 2a 式土器は，利根川の沖積支谷に立地する香取郡神埼町植房貝塚（西村 1957）より出土している。また，海老川の支流に立地する船橋市飯山満東遺跡第 1 号住居跡からは，不整撚糸文や単軸絡条体第 1 類の大木 2a 式土器と，黒浜式土器（清藤ほか 1975）が伴出している。さらに，手賀沼に連続する支谷で利根川水系に立地する柏市鴻ノ巣遺跡第 19 号住居跡（古内 1974，澁谷 2000b）からは，単軸絡条体第 5 類の網目状撚糸文の大木 2a 式土器が出土している。東葛飾郡関宿町飯塚貝塚第 7 号住居跡，同貝塚第 13 号住居跡（岡田 1989，澁谷 2000a）からは，沈線の格子とされるが，もし単軸絡条体第 5 類の網目状撚糸文なら大木 2a 式土器となり，これと黒浜式土器が伴出していることになる。グリット内からは網目状撚糸文が 2 片出土している。このように大木 2a 式土器は千葉県内の多くの遺跡から出土しており，利根川を中心として大木 2a 式土器を持つ集団と黒浜式土器を持つ集団との頻繁な交流が窺える。

香取郡神埼町植房貝塚出土土器（第 46 図 1 〜 21）（西村 1957）

　単軸絡条体第 5 類の網目状撚糸文を施し，口縁部と胴部の境に隆帯を付け，半截竹管状工具で爪形を押し引きした大木 2a 式土器（第 46 図 1）。類例は福島県いわき市弘源寺貝塚などに存在する。2 本単位の単軸絡条体第 1 類を付けた大木 2a 式土器（第 46 図 2 〜 4）。波状口縁に大字状に粘土紐を貼り，コンパス文を付ける大木 2a 式土器に近い土器（第 46 図 5）。この土器を西村正衛氏は植房式土器とされているが，筆者はむしろ大木 2a 式土器との関係を重視したい。類例は宮城県名取市今熊野遺跡第 1 号住居出土土器（小川ほか 1986）などにある。波状口縁で地文に羽状縄文を付け，円形刺突と半截竹管状工具で刺突を施す土器（第 46 図 6）。羽状縄文を地文として，半截竹管状工具で押し引きを横位に入れる土器（第 46 図 7）。半截竹管状工具で波状沈線を付けた植房式土器（第 46 図 9）。箆状工具で三角や横位に雑な沈線を付けた植房式土器（第 46 図 11）。3 本単位の櫛歯状工具で雑な鋸歯状文を付けた植房式土器（第 46 図 10）。櫛歯状工具で刺突や波状を付けた植房式とされる土器（第 46 図 13）。この土器は福島県いわき市弘源寺貝塚などの出土例と関連が考えられる。櫛歯状工具で小波状の沈線を付け，胴部下半の一部に鋸歯状の沈線を入れる植房式土器（第 46 図 15）。地文に縄文を付け，櫛状工具でコンパス文を施した関山 II 式土器か，黒浜式の古段階の土器（第 46 図 16）などが出土している。以上，単軸絡条体第 5 類の網目状撚糸文の大木 2a 式土器，単軸絡条体第 1 類の大木 2a 式土器，雑な三角や横位沈線の植房式土器，雑な鋸歯文の植房式土器，櫛歯状工具の横位沈線と鋸歯の植房式土器，関山 II 式土器などが出土しており，あまり時間差のない資料と思われる。

柏市鴻ノ巣遺跡第 19 号住居跡出土土器（第 47 図 1 〜 27）（古内 1974）

　本住居跡出土土器は，かつて検討したことがある（澁谷 2000b）。口縁部と胴部の境に横位の沈線を付け，胴部には単軸絡条体第 5 類の網目状撚糸文を施した大木 2a 式土器（第 47 図 18）。この土器は報告書（古内 1974）の中でも大木 2a 式に類似すると指摘された。さらに，単軸絡条体第 1 類を施した土器（第 47 図 12）。竹管状工具で粗い格子を付け，無節の縄文が施された黒浜式古段階の土器（第 47 図 1）。口縁部に突起を付け繊維束の太さの異なった撚りの縄文を付けた土器（第 47 図 10）。3 本単位の櫛歯状工具による縦位の波状沈線を付けた土器（第 47 図 2）。縄文が施されて，数段の結節縄文がある土器（第 47 図 3）。胴上半部が括れ，異条斜縄文を付けた土器（第 47 図 4, 13）。3 〜 4 本単位の櫛歯状工具で沈線を付けた土器（第 47 図 22）。格子状に沈線を施した黒浜式古段階の土器（第 47 図 16, 17, 19）。おそらく，不整撚糸文とされる大木 2a 式土器（第 47 図 23）。コンパス文のような沈線を縦位に付けた土器（第 47 図 26）。竹管状工具による刺突を付けた土器（第 47 図 27）などが出土している。以上から単軸絡条体第 5 類の網目状撚糸文と不整撚糸文の大木 2a 式土器，格子状沈線を付けた黒浜式古段階土器が編年的に併行関係にあると思われる。

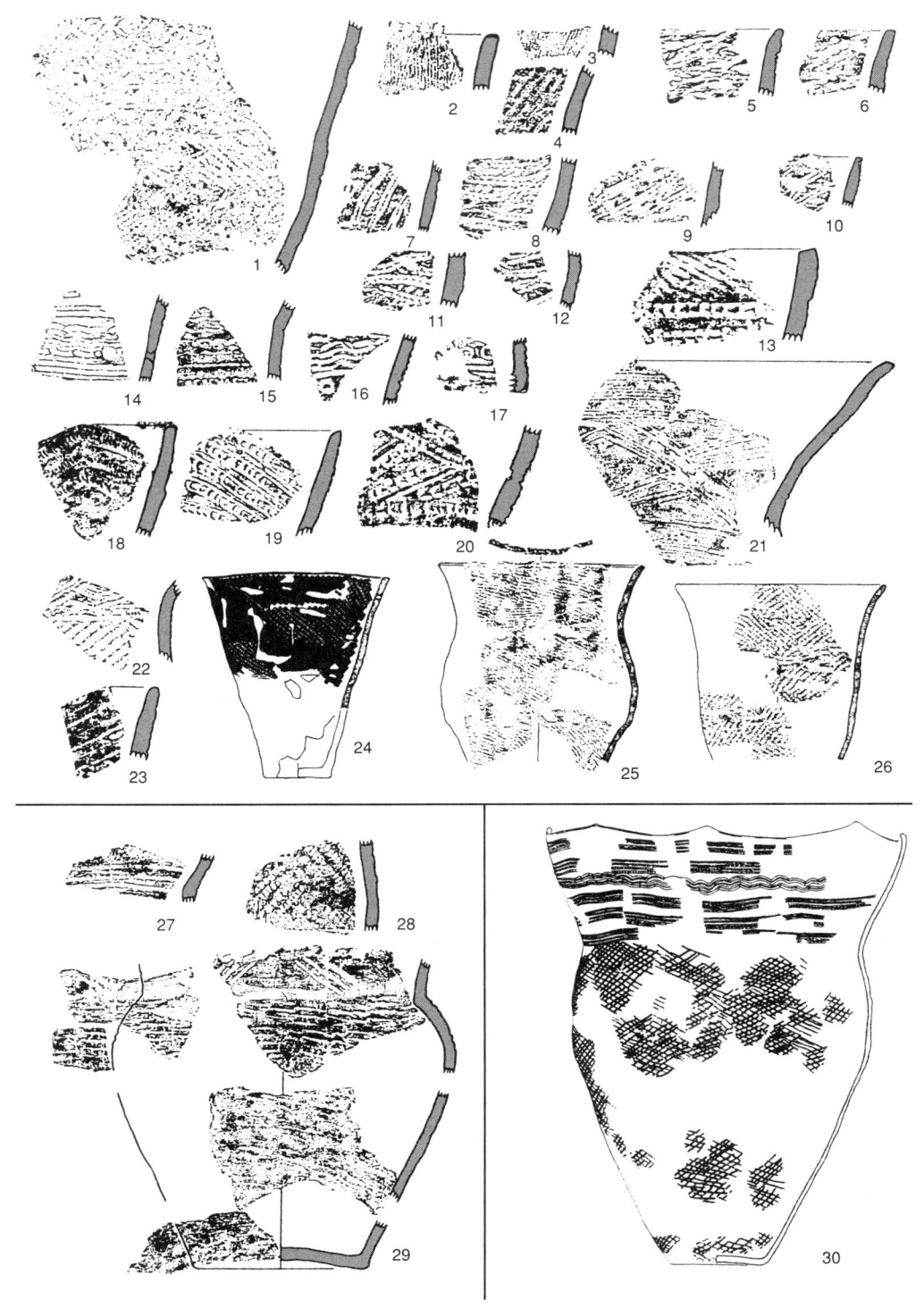

294 第3章 縄文時代前期中葉土器

第45図　善上遺跡出土土器　（1〜26）11号住居跡　（27〜29）42号土坑　**中棚遺跡出土土器**　（30）遺構外

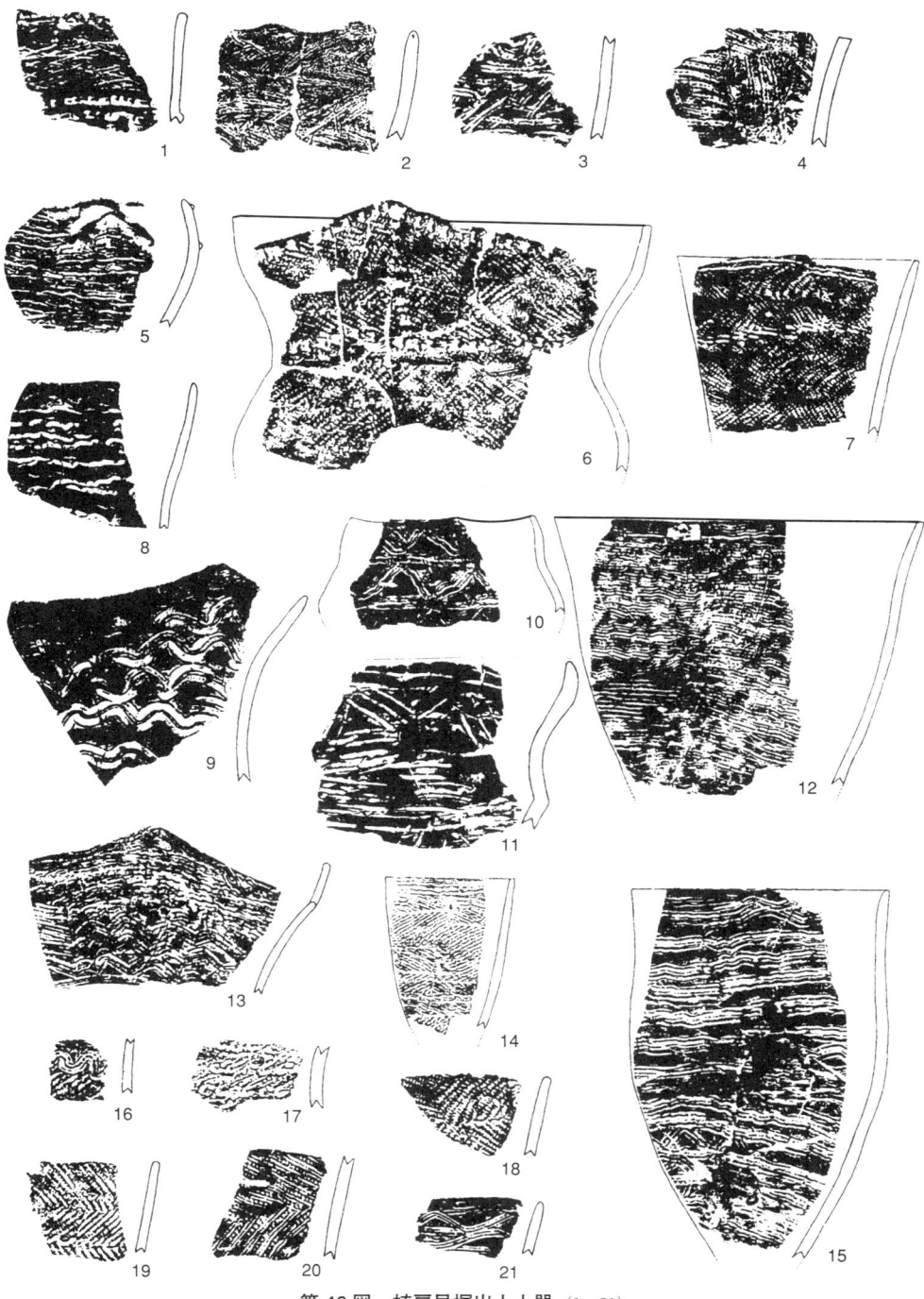

第4節 関東・中部・北陸地方の大木2a式土器の研究　295

第46図　植房貝塚出土土器（1～21）

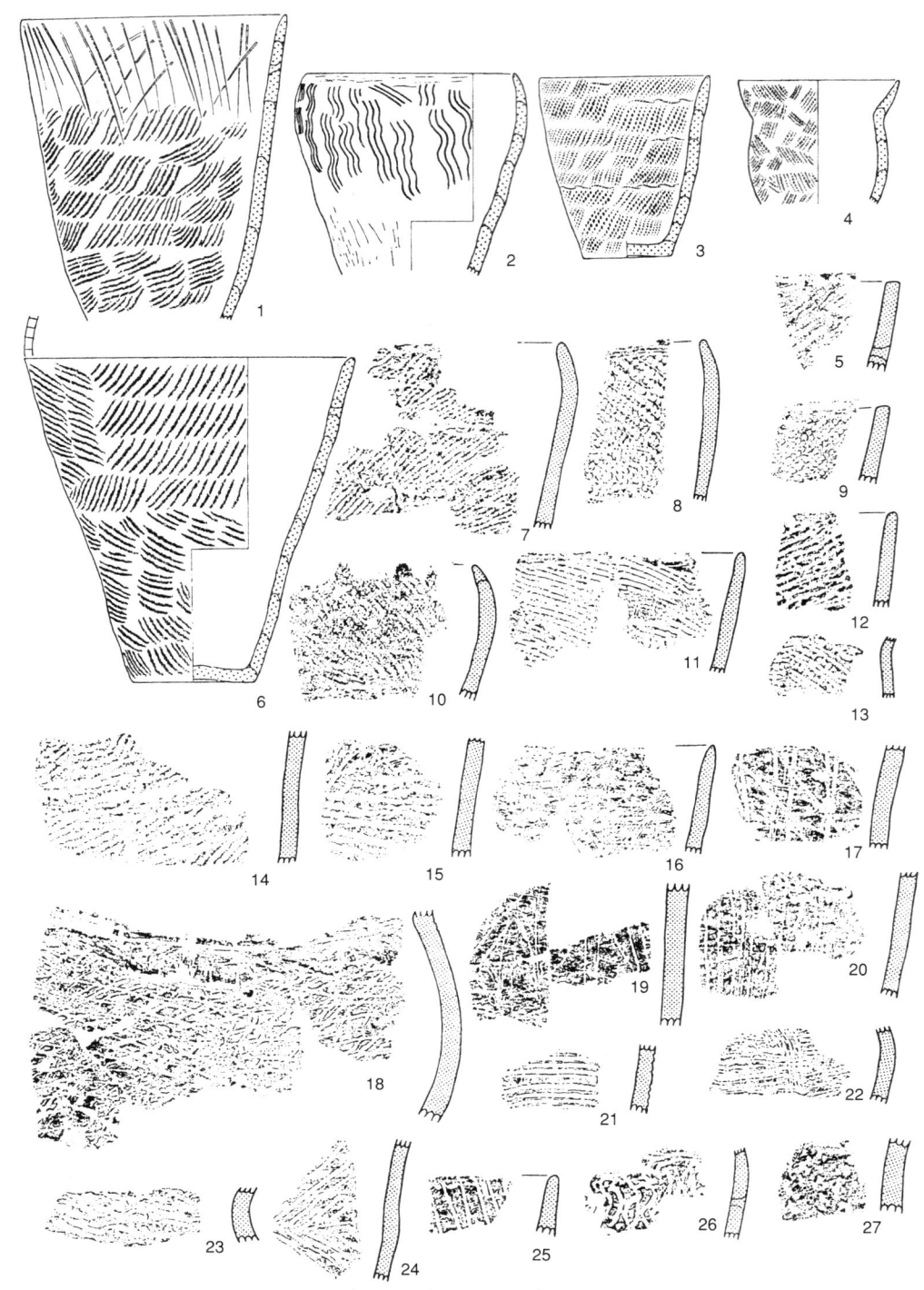

296　第3章　縄文時代前期中葉土器

第47図　鴻ノ巣遺跡19号住居跡出土土器（1〜27）

7　埼玉県の大木 2a 式土器

筆者の手元の資料を検討する限り埼玉県内には他県と比較して，あまり多くの大木 2a 式土器は入っていない。これは，筆者の資料が不足しているためでもあろうが，むしろ黒浜式土器や有尾式土器を中心に使用する集団が，大木 2a 式土器を持つ集団との交流を拒んだことが原因となったのかも知れない。大木 2a 式土器の出土例は，黒浜式期の海退が進行しながらも，いまだに海水に洗われていたと考えられる米島台地上に位置する北葛飾郡庄和町米島貝塚（小林ほか 1965）第 2 号住居跡出土の単軸絡条体第 5 類の網目状撚糸文土器がある。この土器について小林達雄氏（小林 1965）は，すでに大木 2a 式土器との関連を指摘されている。他には荒川の上流部に位置する比企郡嵐山町山根遺跡第 13 号住居跡出土（縄文セミナーの会 1997）の単軸絡条体第 5 類土器，庄和町尾ヶ崎遺跡 J 4 号住居跡出土土器（庄野 1984）の単軸絡条体第 5 類土器，大里郡寄居町貉塚Ⅱ遺跡第 21 号住居跡出土土器（埼玉考古学会 1990）などがある。江戸川や利根川沿い，荒川沿いに大木 2a 式土器を携えた集団との交流が考えられる。

大里郡寄居町貉塚Ⅱ遺跡第 21 号住居跡出土土器（第 48 図 1 ～ 27）（埼玉考古学会 1990）

単軸絡条体第 5 類の網目状撚糸文の大木 2a 式土器（第 48 図 1，2）。おそらく，櫛歯状工具で横位の沈線を付けた土器（第 48 図 3）。半截竹管状工具の沈線で菱形や三角を付けた有尾式土器（第 48 図 4 ～ 9，11）。半截竹管状工具で連続爪形を付けた有尾式土器（第 48 図 12，17 ～ 19）。櫛歯状工具の沈線で菱形と三角を付けた有尾式土器（第 48 図 20，22）。縄文を地文に半截竹管状工具で連続爪形を付けた黒浜式土器（第 48 図 23 ～ 25）。縄文を地文に半截竹管状工具で横位沈線を付けた黒浜式土器（第 48 図 26）などが出土している。以上から単軸絡条体第 5 類の網目状撚糸文の大木 2a 式土器，半截竹管状工具の沈線で菱形や三角形を付けた有尾式土器，半截竹管状工具で連続爪形を付けた有尾式土器，連続爪形を付けた黒浜式土器，半截竹管状工具で横位沈線を付けた黒浜式土器が編年的に併行関係と思われる。

8　山梨県の大木 2a 式土器

山梨県は大木 2a 式土器の出土例が少ない地域である。東八代郡一宮町と東山梨郡勝沼町にまたがる釈迦堂遺跡は，京戸川扇状地の扇央部に立地している。どのような経路で大木 2a 式土器がこの地域に入るかは不明であるが，出土土器を見ると富士川に沿って入る経路。糸魚川から姫川へ，さらに，諏訪を経由して釈迦堂遺跡へ入る経路。奥多摩から入る経路などが，同時期に存在していたと考えられる。

東八代郡一宮町塚越北釈迦堂遺跡 S-1 区第 6 号住居跡出土土器（第 49 図 1 ～ 19）（小野 1986）

単軸絡条体第 5 類の網目状撚糸文を付けた大木 2a 式土器（第 49 図 1）。0 段多条の LR の縄文を付け，5 ～ 6 本単位の櫛歯状工具で横位沈線と波状沈線文を施した土器（第 49 図 2）。この類例は福島県福島市宇輪台遺跡などにある。口縁部に半截竹管による列点，頸部に刻み目の付いた北陸系土器（第 49 図 3）。縄文が付けられ，内面に条痕が施された北白川在地系土器（第 49 図 4）。近畿東海系の土器とされ，口唇部に刻み目を付け LR と RL の羽状縄文を付けた土器（第 49 図 10）。地文に LR の縄文を付け押し引き文を施した土器（第 49 図 17）。C 字状の刺突が付けられた北白川在地系土器（第 49 図 7）。木島 X 新式土器（澁谷 1982・1994）（第 49 図 6）。波状口縁に沿って平行沈線を付け，波頂部より縦の隆帯を施し，羽状縄文を付けた釈迦堂 Z3 式（小野 1986）とされる土器（第 49 図 5）。波状口縁に羽状縄文を付け，波頂部から隆帯を下ろし，横位と×状の沈線を施す釈迦堂 Z3 式とされる土器（第 49 図 9）。縄文を付け茎状工具で刺突を付ける釈迦堂 Z3 式とされる土器（第 49 図 12，13）。文様の類例は福島県栢久保遺跡第 2 号住居跡出土土器などにある。半截竹管状工具で三角形の波状沈線を付けた釈迦堂 Z3 式とされる土器（第 49 図 14）。地文縄文に押し引き文を付けた釈迦堂 Z3 式とされる土器（第 49 図 8，11）。半截竹管で爪形文を施した有尾式土器（第 49 図 15）。地文縄文

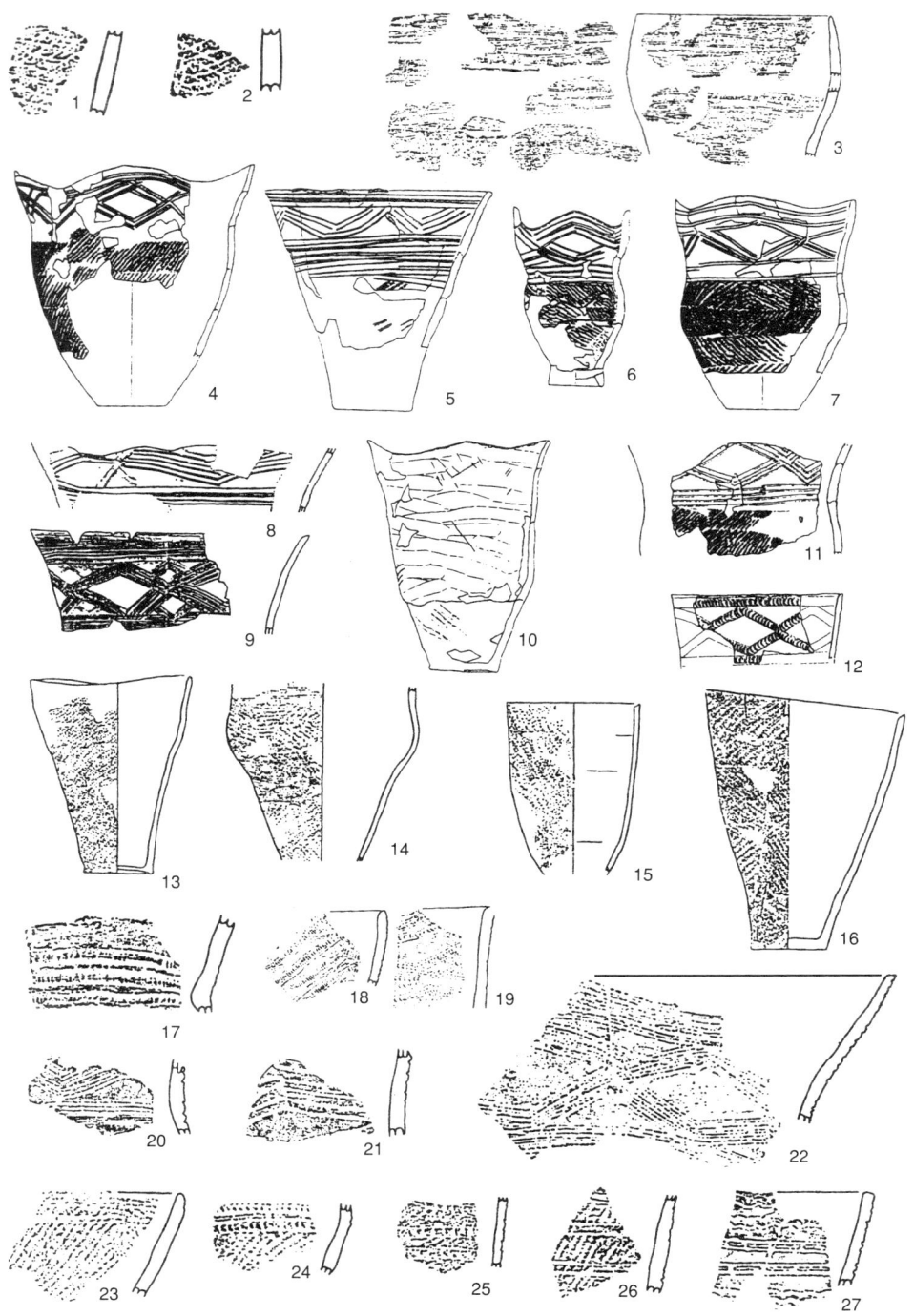

298 第3章 縄文時代前期中葉土器

第48図 貉塚Ⅱ遺跡21号住居跡出土土器（1〜27）

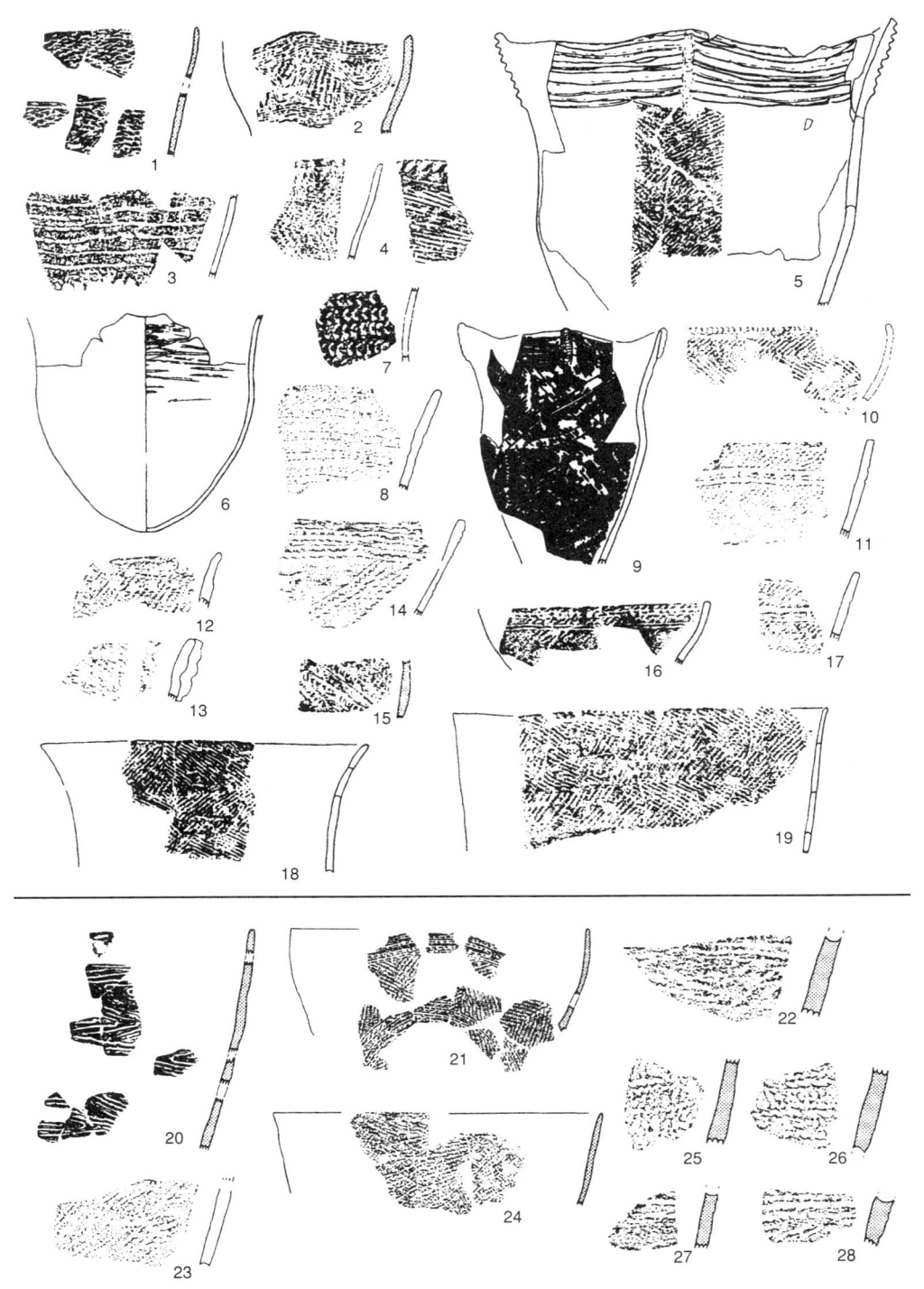

第4節 関東・中部・北陸地方の大木2a式土器の研究　299

第49図　釈迦堂遺跡出土土器　(1〜19) S-1区6号住居跡　(20〜28) S-1区39号住居跡

に爪形の横位刺突と横位沈線を付けた釈迦堂Z3式とされる土器（第49図16）などが出土している。この第6号住居跡出土土器によって、大木2a式土器、有尾式土器、木島X新式土器、北白川在地系土器、釈迦堂Z3式土器[32]が編年的に併行関係にあると思われる。

東八代郡一宮町塚越北釈迦堂遺跡S-1区第39号住居跡出土土器（第49図20～28）

単軸絡条体第1A類の木目状撚糸文を施した大木2a式土器（第49図20）。羽状縄文を地文に半截竹管状工具で押し引きを付けた黒浜式土器（第49図21）。縄を軸にRとLを並べて巻いたとされる土器（第49図25、26）。釈迦堂Z3式とされる土器（第49図23）などが出土した。第39号住居跡出土土器によって、大木2a式土器、黒浜式土器、釈迦堂Z3式土器が編年的に併行関係にあると思われる。

9　長野県の大木2a式土器

長野県の大木2a式土器は、諏訪市十二ノ后遺跡（樋口・宮沢ほか1976）のほか千鹿頭社遺跡（宮沢ほか1974）第2号住居跡からは単軸絡条体第5類と大木1式との関係がありそうな側面環の密接する土器（山内1979）が出土している。ほかに単軸絡条体第5類の大木2a式土器は、諏訪郡原村阿久遺跡（笹沢・福沢1982）第4号住居跡、同遺跡第33号住居跡、小県郡真田町四日市遺跡第7号住居跡や同第19号土坑（和根1997）、上水内郡信濃町日向林B遺跡（中村1995）、北安曇郡松川村有明山社遺跡（河西・大久保1969）、東筑摩郡山形村唐沢遺跡（大久保1971）などから出土している。さらに、犀川水系から千曲川、信濃川と関わりを持つ上水内郡信州新町お供平遺跡（塩入1989、澁谷1999b）第26号住居跡からは、半截竹管による菱形文を施した有尾式土器、単軸絡条体第5類の網目状撚糸文を付けた大木2a式土器、半截竹管状工具の黒浜式土器が出土し、これらの土器型式が編年学的に併行関係にあると思われる。

大木2a式土器がどのような経路で長野県諏訪地方に入るかが問題であるが、釜無川と富士川から、犀川と千曲川や信濃川から、糸魚川と姫川からなどの経路が考えられる。土器の出土状況からみると、北陸地方の糸魚川と姫川からの経路との強い関係があるように思われる。また、贄田明、谷藤保彦氏によると木曽郡大桑村万場遺跡第30号住居跡などから単軸絡条体第5類網目状撚糸文の大木2a式土器が出土している。

諏訪郡原村阿久遺跡第33号住居跡出土土器（第50図1～17）（笹沢・福沢1982）

口縁部に半截竹管状工具で沈線を付け、胴部に単軸絡条体第5類網目状撚糸文を施した大木2a式土器（第50図1）。口縁部に半截竹管状工具で波状沈線を付け、胴部に羽状縄文を施した土器（第50図2）。類例は信濃町日向林B遺跡にある。波状口縁に地文縄文を付け、口縁に沿って沈線と粘土の突起を垂下した黒浜式土器（第50図3）。半截竹管状工具で横位と波状の沈線を付けた土器（第50図7）。横位に沈線を付け、縄文を施した有尾式土器（第50図8、10）。ループを意識して付けた土器（第50図6）。北白川在地系土器（第50図11）。羽島下層式土器（第50図15、16）。箆状工具で矢羽根状の刺突を付けた土器（第50図17）などが出土している。以上から口縁部に半截竹管状工具で沈線を付け、胴部に単軸絡条体第5類の網目状撚糸文を施した大木2a式土器、黒浜式土器、北白川在地系土器、羽島下層式土器が併行関係にあると思われる。

諏訪郡原村阿久遺跡第12号住居跡出土土器（第50図18）

波状口縁の波頂部に粘土紐で隆帯文を付け、半截竹管状工具の沈線と刺突、円形の刺突を施しており、大木2a式と関係のありそうな土器である。

10　新潟県の大木2a式土器

筆者はかつて新潟県をはじめとして、北陸地方の大木2a式土器についても検討を加えたことがある（澁谷2000a）。しかし、この地方のこの時期の資料も充分とはいえない。大木2a式土器がこの地方に入る経路

第 4 節　関東・中部・北陸地方の大木 2a 式土器の研究　301

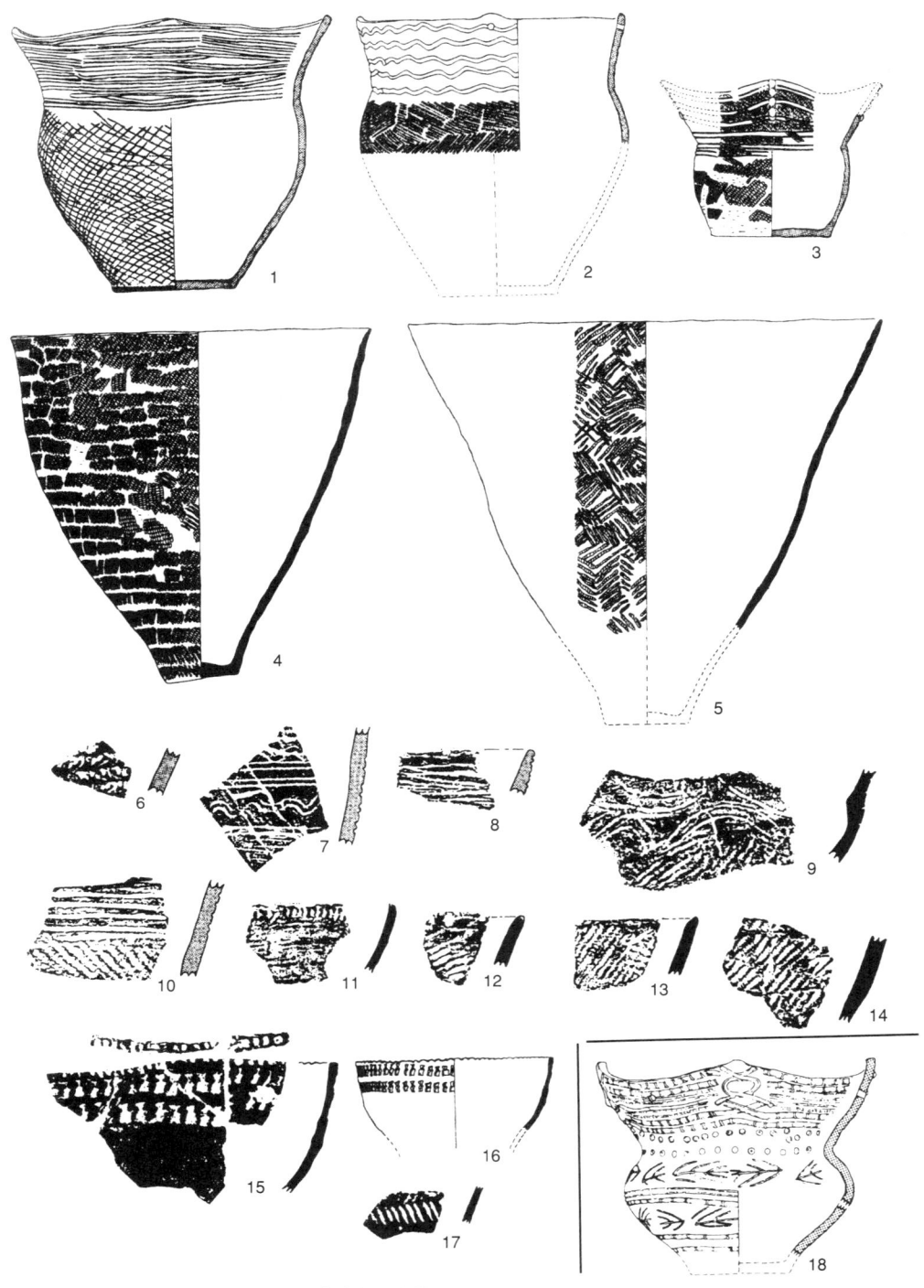

第 50 図　阿久遺跡出土土器　(1〜17) 33 号住居跡　(18) 12 号住居跡

ははっきりしていないが，おそらく舟を利用していたものと考えている（澁谷1999a・2000a）。

北魚沼郡堀之内町清水上遺跡（寺崎1997, 1999・澁谷2000a）

単軸絡条体第5類の網目状撚糸文を施した大木2a式土器（第51図1）。縄文を地文にして半截竹管状工具で菱形や三角の沈線を付けた土器（第51図2）。この類例は福島県福島市宇輪台遺跡などにある。櫛歯状工具で連点状刺突を付けた有尾式土器（第51図3）などが出土している。ことに有尾式土器の出土量は多い。

東蒲原郡上川村室谷洞窟（中村1964・澁谷2000a）

単軸絡条体第5類の網目状撚糸を付けた大木2a式土器（第51図4～6）が出土している。福島県側からの山越えルートで大木2a式土器が入るのであろう。

西蒲原郡巻町豊原遺跡出土土器（小野1994・澁谷2000a）

4本櫛でコンパス文と連点状刺突を付ける大木2a式に近い土器（第51図7）である。これは根小屋式土器（寺崎1997）とされるが，有尾式土器の連点状刺突と大木2a式土器の影響を受けている（澁谷2000a）と思われる。また，新潟県内には神ノ木式から有尾式併行に型式設定できる一群がある。たとえば，仮称新谷式土器（澁谷1999b）でも良いと思われる。こうした土器群に注意しなければならないであろう。

11　富山県の大木2a式土器

氷見市朝日貝塚出土土器（富山県1967・澁谷2000a）

沈線と単軸絡条体第5類の網目状撚糸文を施しており大木2a式土器（第51図8）である。おそらく大木2a式土器を持った集団が姫川の翡翠を目当てに，富山湾まで舟で来たものと思われる。

射水郡小杉町小泉遺跡出土土器（松井ほか1982・澁谷2000a）

小波状口縁の土器で大木2a式，有尾式，羽島下層式土器の影響下に成立したと思われる土器（第51図9）である。また，朝日C式土器の編年的位置については本多秀生氏（本多1997）が意見を述べておられる。谷藤保彦氏や筆者（澁谷2000a）は，やはり時期的に黒浜式土器の古い段階から新しい段階まで時間差があると考えている。小泉遺跡へも富山湾まで舟で来て上陸するのであろう。

12　石川県の大木2a式土器

鳳至郡能都町真脇遺跡出土土器（四柳ほか1986）

単軸絡条体第1類の大木2a式土器（第51図10, 11）。ループ文を意識した縄文が付いた大木1式にも関係ありそうな土器（第51図12, 13）などである。この真脇遺跡へは大木2a式土器を携えた人が，能登半島の九十九湾まで舟で来て上陸すると思われる。

羽咋市寺家遺跡出土土器（縄文セミナーの会1997, 澁谷2000a）

単軸絡条体第5類の網目状撚糸文にコンパス文を付けている大木2a式土器（第51図14）がある。類例は福島県二本松市八万館遺跡（中村・木本1995, 芳賀1997）や福島県会津高田町青宮西遺跡などにある。寺家遺跡からは半截竹管状工具で横位沈線やコンパス文を施した土器（第51図15）。北白川在地系土器（第51図16）などが出土している。この遺跡には大木2a式土器を携えた人たちが，やはり舟で来たと思われる。

13　福井県の大木2a式土器

福井市深坂小縄遺跡出土土器（木下・工藤1982, 澁谷2000a）

単軸絡条体第4類の葺瓦状撚糸文を施した大木2a式土器（第51図18）。半截竹管状工具で横位沈線とコンパス文などを付けた土器（第51図19）。波状口縁に縄文を付け，口縁に沿って半截竹管状工具で沈線を施

第4節 関東・中部・北陸地方の大木2a式土器の研究 303

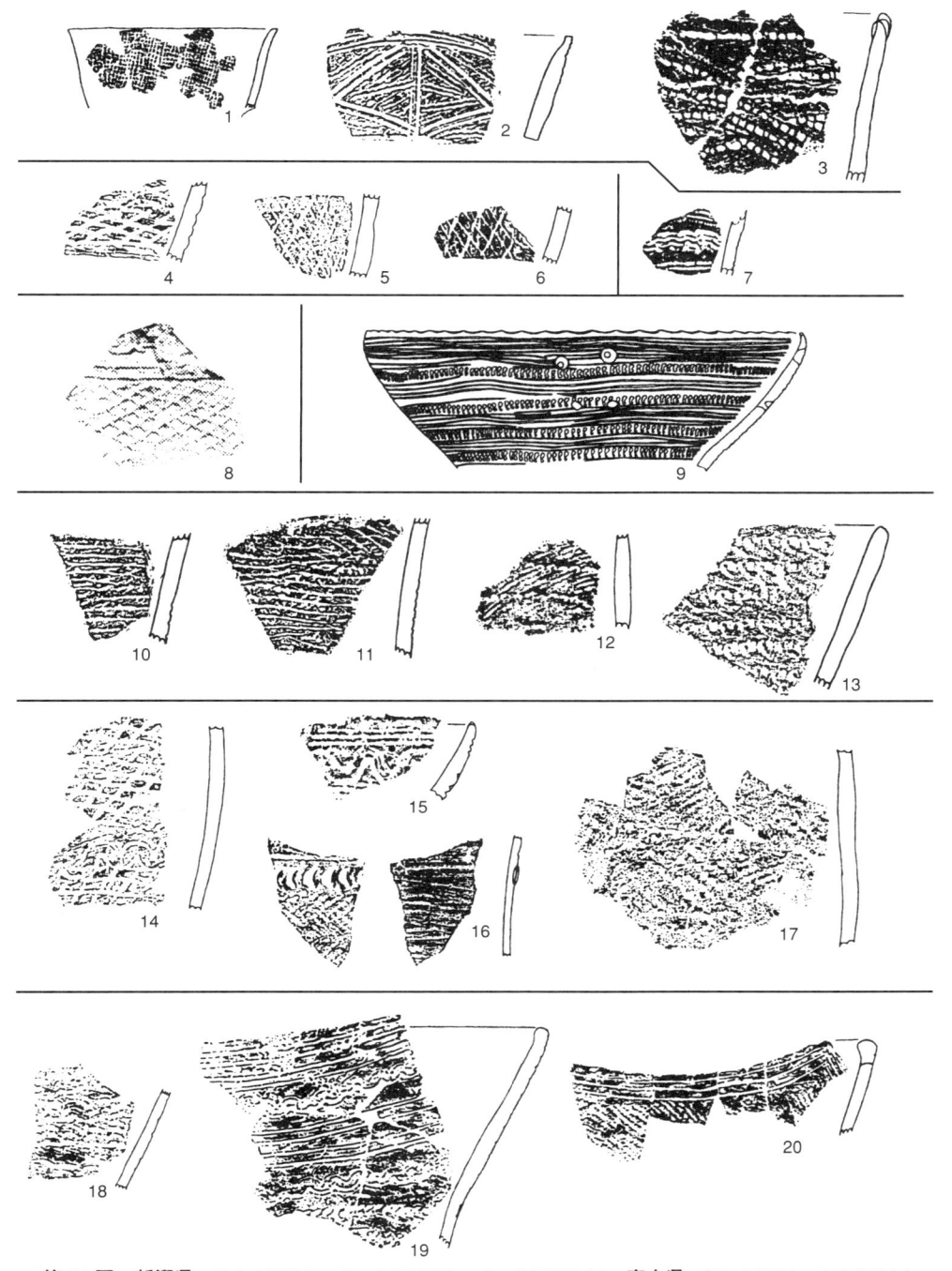

第51図 **新潟県** 清水上遺跡(1〜3) 室谷洞窟(4〜6) 豊原遺跡(7) **富山県** 朝日貝塚(8) 小泉遺跡(9)
石川県 真脇遺跡(10〜13) 寺家遺跡(14〜17) **福井県** 小縄遺跡(18〜20)

す土器（第51図20）などがある。この遺跡には大木2a式土器を携えた人が日本海側を舟で来ると思われる。

14　まとめ

　大木2a式土器の分布範囲は予想外に広いことがわかった。交易には舟を利用して，日本海側や太平洋側を行き来している。内陸部へは利根川や那珂川沿いに行き来する経路と山越えの経路などがあった。長野県諏訪郡原村阿久遺跡第33号住居跡の大木2a式土器（第50図1）や在地系羽島下層式土器（第50図15）。同遺跡第12号住居跡の大木2a式に近い土器（第50図18）がなぜ諏訪地方に入るかの問題は重要である。筆者は和田峠の黒曜石の交易のために干物の魚類や貝類を持って拠点的集落に来るのだと考えている。山梨県東八代郡一宮町釈迦堂遺跡第6号住居跡出土（第49図1～19）の大木2a式土器，木島X新式，北白川在地系土器は，東北地方，東海地方，北陸地方から人が交易に来ていたことを物語っている。釈迦堂遺跡の報告書で渡辺誠氏（渡辺1986）は，縄文時代早期の層出土のハマグリについて，伝播のルートとして駿河湾につながる富士川ルート[33]を考えておられる。魚類や貝類を木島X新式（第49図6）に入れて訪れ，見返りの品として水晶などを持ち帰ったのかも知れない。第6号住居跡から水晶が272g，黒曜石が385g出土している。また，こうした東北地方，東海地方，北陸地方の土器が一軒の住居跡から出土している事実は，この家が水晶や黒曜石の交易と関係の深い特殊な住居であった可能性が強いとも考えられる。今後，こうした点についても注意していきたい。筆者は群馬県や栃木県に入る大木2a式土器も魚や貝類などを入れて交易していた可能性があると考えている。

　土器型式の問題では，山梨県東八代郡一宮町釈迦堂遺跡第6号住居跡では，大木2a式土器，有尾式土器，木島X新式土器，北白川在地系土器，釈迦堂Z3式土器が共伴した。長野県諏訪郡原村阿久遺跡第33号住居跡からは大木2a式土器，黒浜式土器，有尾式土器，北白川在地系土器，羽島下層式土器などが出土している。このことから，これらの異型式の土器が編年学的に併行関係にあったと考えたい。

　本論文で筆者は，大木2a式土器，有尾式土器などを通して，それぞれの土器を作った集団や，土器を使用した集団，土器を運んだ集団，水晶や黒曜石，翡翠などを運んだ集団など，縄文前期中葉の人びとのたくましい交流の一端が窺えれば良いと考えた。その結果，予想外の広範囲で交流していたことがわかってきた。本論文を書くにあたり，常に筆者を励ましてくれた谷藤保彦，大竹憲治両氏に心から感謝したい。筆者は中学生の頃に神ノ木遺跡で土器を採集していた。採集した土器は尖石考古館前館長の宮坂英弌，宮坂虎次先生に見ていただき神ノ木式土器や有尾式土器を知った。筆者は神ノ木式土器や有尾式土器を谷藤保彦，戸田哲也氏と追い掛けていくうちに，いつしか，大木2a式土器に迷い込んでしまったことになる。小学生の頃から考古学への手ほどきをしてくださった宮坂英弌，宮坂虎次先生。さらに，御教示をいただいた名古屋大学渡辺誠先生，縄文原体の研究や大木2a式土器などの研究をされた山内清男先生に感謝したい。

第5節　上の坊式土器と有尾式土器について

1　はじめに

　筆者は縄文時代早期末から前期中葉の土器型式を研究している。この時期の土器型式の中で「上の坊式土器」については，これまで検討する機会がなかったが，上の坊遺跡については『静岡県史・資料編1・考古1』「105　上の坊遺跡」（澁谷1990）の中で紹介したことがあった。その後も上の坊式土器について関心はあったが，報告資料の不足や遺構に伴う良好な出土例を見付けることができずにいた。こうした中で，平野吾郎先生の還暦記念論文集への寄稿依頼があり，筆者は上の坊式土器を検討してみることにした。上の坊式土器の良好な資料を探していた折り，2001年3月に静岡県駿東郡長泉町から『木戸遺跡・中身代遺跡・東野Ⅱ橋下遺跡』の発掘調査報告書（廣瀬・渡辺2001）が刊行され，中身代遺跡や東野Ⅱ橋下遺跡から上の坊式土器が住居跡に伴って出土している事例を知ることができた。本論文ではこうした資料を参考に上の坊式土器について考えることにする。本論文の目的は上の坊式土器の出土状況を検討し，他型式との関係についても若干の検討を加えることにある。今後は上の坊式土器の資料報告が増加する中で，再度この時期の土器型式について検討をしていきたい。

　さて，上の坊遺跡やその出土土器群が注目されるようになったのは，『考古学』第10巻8号に河邊壽榮・佐藤民雄・江藤千萬樹氏の「伊豆伊東町上の坊石器時代遺跡調査報告―伊豆半島縄紋式時代の研究　第3報―」（河邊・佐藤・江藤1939）が発表されたことによる。報告書によると上の坊遺跡は1938年5月に河邊壽榮・佐藤民雄・堀田美櫻男氏などにより一部の地区が発掘調査された。この報告には縄文時代早期から前期の豊富な土器類が提示された。その型式分類や類別の方向が研究史のうえにも重要で，現在も高く評価される。後述するが，現在上の坊式とされる土器は，報告の中で第1類土器として扱われたものである。この報告が今なお評価されている点について筆者は，江藤千萬樹氏などの土器型式研究への情熱と，報告を執筆するまで土器型式や土器分類へ助言や指導を惜しまなかった大場磐雄，山内清男，赤星直忠，藤森榮一氏などの協力が結集されたからと思う。ことに山内清男氏の激励や指導は重要であったと考えられる。

2　「上の坊式土器」の型式内容について

　この河邊・佐藤・江藤「伊豆伊東町上の坊石器時代遺跡調査報告」では，現在私たちが呼ぶ「上の坊式土器」が第1類土器（第52図1～8）として分類されている。以下，第1類土器について報告書の概要を記すことにする。

　第1類土器はすべて表面採集品で8個体である。土器の色調は黝黒色で，口頸部に羽状文が発達し，焼成があまり良くなく，胎土に石英の細末を多く含む。器厚は5mm程度が一般でむしろ薄手である。

　短斜線の羽状文帯を2段飾り，上縁に接して三角形に近い半円弧状の列点文が付けられ，胴腹部に左傾の平行短線が3段めぐる。この施文具は不明である。口径31cm，朝顔形で胴腹部は円筒形に近く丸底とみられる土器（第52図1）。口頸部文様帯が「く」の字に折れて外に広がる土器（第52図3）。色調が黒褐色で羽状文とならないで，間隔をおいて左傾の平行短線文がめぐる土器（第52図5）。施文具が爪形文に見えるとされる土器（第52図4，7）。別個体の土器（第52図2，6）である。

　本類土器は未だ何処にも類例がなかった土器であり，強いて類似品を求めれば南鮮東三洞貝塚の羽状集線文と一脈相通じる。本類土器の位置，型式上の独立，帰属は類品の増加を待って決定されねばならない。

　以上が第1類土器についての報告書の概要である。また，本類について報告書では「型式上の独立」とし

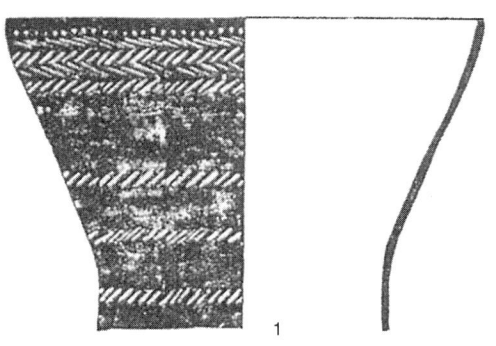

306　第3章　縄文時代前期中葉土器

第52図　上の坊遺跡出土の上の坊式土器

ているので，編年上の位置確定や類似資料の増加した時点で新型式が設定できると考えていたと思われる。

　岡本勇氏は『日本の考古学Ⅱ・縄文時代』「3　関東」(岡本1965)で，神奈川県茅ヶ崎市西方貝塚の発掘所見として，黒浜式土器に上の坊式土器（仮称）が伴出することを述べられた。ここで，仮称ではあるが上の坊式土器が型式設定され，編年的位置が黒浜式土器と併行関係にあることが明らかにされたのである。

　その後，岡本勇氏は『物質文化』の「尖底土器の終焉」(岡本1966)で，山内清男氏が「縄紋土器型式の細別と大別」(山内1937)の中で早期の土器について，「尖底を有する本格的に古い土器群」としていることに対し，「いわゆる尖底土器の終末は，同時に早期の終末ということの目印でもある。一体尖底土器が姿を消してゆく真相は，どのようなものであったのだろうか。そして，さらに早期と前期の区分は，現実にいかなる意味を有するのだろうか。」との疑問から，さらに，上の坊遺跡第1類土器は，「その特殊な性質の故に，縄文研究者の記憶から消え去ることはなかったといってよいであろう。今，この土器は黒浜式に共伴するという西方貝塚における厳然たる事実を後ろ盾としながら，再び浮かび上がってきたわけである。我々は今後この型式に属する土器を「上ノ坊式」の名で呼んでいきたいと思う。」として正式に上の坊式土器を型

第 5 節 上の坊式土器と有尾式土器について　307

第 53 図　西方貝塚出土の上の坊式土器

式設定[34]された。

　また，上の坊式土器の分布の中心は，恐らく伊豆以西にあると予測し，どのように成立したか正確に答えることは困難であるが，土質，薄手，分布などの面より推して細線文指痕薄手土器の名でも呼ばれる木島式土器とのつながりが考えられるとされた。岡本勇氏が上の坊式土器は木島式土器からの系統的な変化と考えている点は重要である。この上の坊式土器の型式設定は，江藤氏などによる報告が出てから 26 年後のことであった。

　さらに，岡本勇氏は神奈川県茅ヶ崎市西方貝塚出土（第 53 図 1 〜 19　岡本 1966）の上の坊式土器を写真で示している。写真からであるがこれらの資料について検討したい。

　平口縁の直下から横位に 3 段三角の点状刺突を付け，この間に左傾する刺突を施し，口頸部に「く」の字状に段の付いた土器（第 53 図 1）。平口縁に沿って横位に左傾する刺突を付け，口頸部に「く」の字状の段を付けた土器（第 53 図 2）。平口縁の直下から 2 段横位に左傾する刺突を付け，口頸部に「く」の字状の段を付けた土器（第 53 図 3，4）。これらの土器は文様効果として爪形の刺突に近い。波状口縁に沿って左傾する爪形に近い刺突と，横位の爪形に近い刺突を付け，口頸部に「く」の字状の段を付けた土器（第 53 図 5）。

308　第3章　縄文時代前期中葉土器

口唇部に刺突を付け，口縁に沿って3段左傾する刺突を施し，口頸部に「く」の字状の段を付けた土器（第53図6）。平口縁やわずかな波状口縁の直下を無文帯にして，左傾する刺突を2段付け，口頸部に「く」の字状の段を付けた土器（第53図7～10）。この中で文様効果として爪状の刺突に近い土器（第53図8）。平口縁直下から横位に左傾した刺突を付けた土器（第53図11）。平口縁の口唇に刺突を付けて，横位に角状の刺突を施した土器（第53図12）。平口縁に沿って左傾する爪形に近い刺突を付けた土器（第53図13）。平口縁の直下から2段左傾する刺突を付け，口頸部に「く」の字状の段を付けた土器（第53図14）。胴部の破片と思われるが横位に右傾する刺突を施し，「く」の字の段を付けた土器（第53図15）。波状口縁で「く」の字状の段が付き，無文となるが薄く擦痕状の整形痕を残した土器（第53図16）。わずかに波状になる口縁の無文土器（第53図17）。口唇に刺突を付けた無文土器（第53図19）。無文の尖底部（第53図18）などである。このうち横位に角状の刺突を施した土器（第53図12）も上の坊式土器に含めている点を注意しておきたい。

3　中見代遺跡と東野Ⅱ橋下遺跡について

静岡県駿東郡長泉町の中見代遺跡と東野Ⅱ遺跡（廣瀬・渡辺2001）は，駿東郡長泉町下長窪に所在する。愛鷹山南東山麓の地域は黄瀬川支流の桃沢川，谷津川，梅の木沢川など多くの河川により開析され，いくつもの丘陵が作られている。両遺跡は谷津川と藤生川に挟まれた幅広い丘陵に位置し，藤生川に続く支谷の西側に中見代遺跡，東に東野Ⅱ橋下遺跡が立地している。発掘調査は（仮称）「総合運動場」の造成予定地と（仮称）「静岡県がんセンター」の建設に伴い，1995年から1998年にかけて長泉町教育委員会により実施された。この発掘調査で上の坊式土器と有尾式土器などの貴重な資料が出土した。

4　中見代遺跡住居跡出土土器について

第1号住居跡出土土器（第54図1～8）

本住居跡は東西方向に長軸をもつ不正円形の住居であり，長軸3.24m，短軸2.92mであった。

口縁部に粘土の貼り付け痕を薄く残し，縄文を付けた無繊維土器（第54図1）。胴部に縦走する縄文を付けた繊維土器で石英を含む（第54図2，4）。羽状縄文を付けた繊維土器で石英を含む（第54図3）。口唇部と口縁部に向かって左傾の刺突を箆状工具などで施した，少し厚手の上の坊式と思われる土器（第54図5）。口縁部と胴部の境に左傾の刺突を箆状工具で施し，表面に薄い擦痕がある上の坊式土器（第54図6）。薄手の胴部破片で表面が無文となり薄く擦痕が入り，裏面に条痕を付けた土器（第54図7）。薄手の胴部破片で無文土器（第54図8）などが出土し同時期と思われる。縄文を付けて口縁に薄く段を施した土器（第54図1）は技法的に注意を要する。

第2号住居跡出土土器（第54図9～21）

本住居跡は南北に長軸をもつ六角形に近い住居であり，長軸4m，短軸3.9mであった。

半截竹管状工具による爪で菱形の中に渦巻き文を施し，胴部に縄文を付けた繊維を含む有尾式土器（第54図9～11）。縄文を付けた土器（第54図12）。口縁に沿って左傾する植物の棒状工具の刺突を2段付けた上の坊式土器（第54図13）。口縁に沿って植物質の棒状工具と思われるもので，左傾する刺突を横位に1段付けた上の坊式土器（第54図14）。口縁に沿って横位に2段，縦位の刺突を付けた上の坊式土器（第54図15）。口唇に刺突を付け，口縁に左傾する爪状の刺突を付けた上の坊式土器（第54図16）。胴部に植物質と思われる棒状工具で左傾する刺突を付けた上の坊式土器（第54図17，18）。薄手で口縁部を無文にしているが，胎土からするとおそらく上の坊式土器と思われるもの（第54図19）。縄文を付けた平底の底部で繊維を含む有尾式と思われる土器（第54図21）などが出土した。

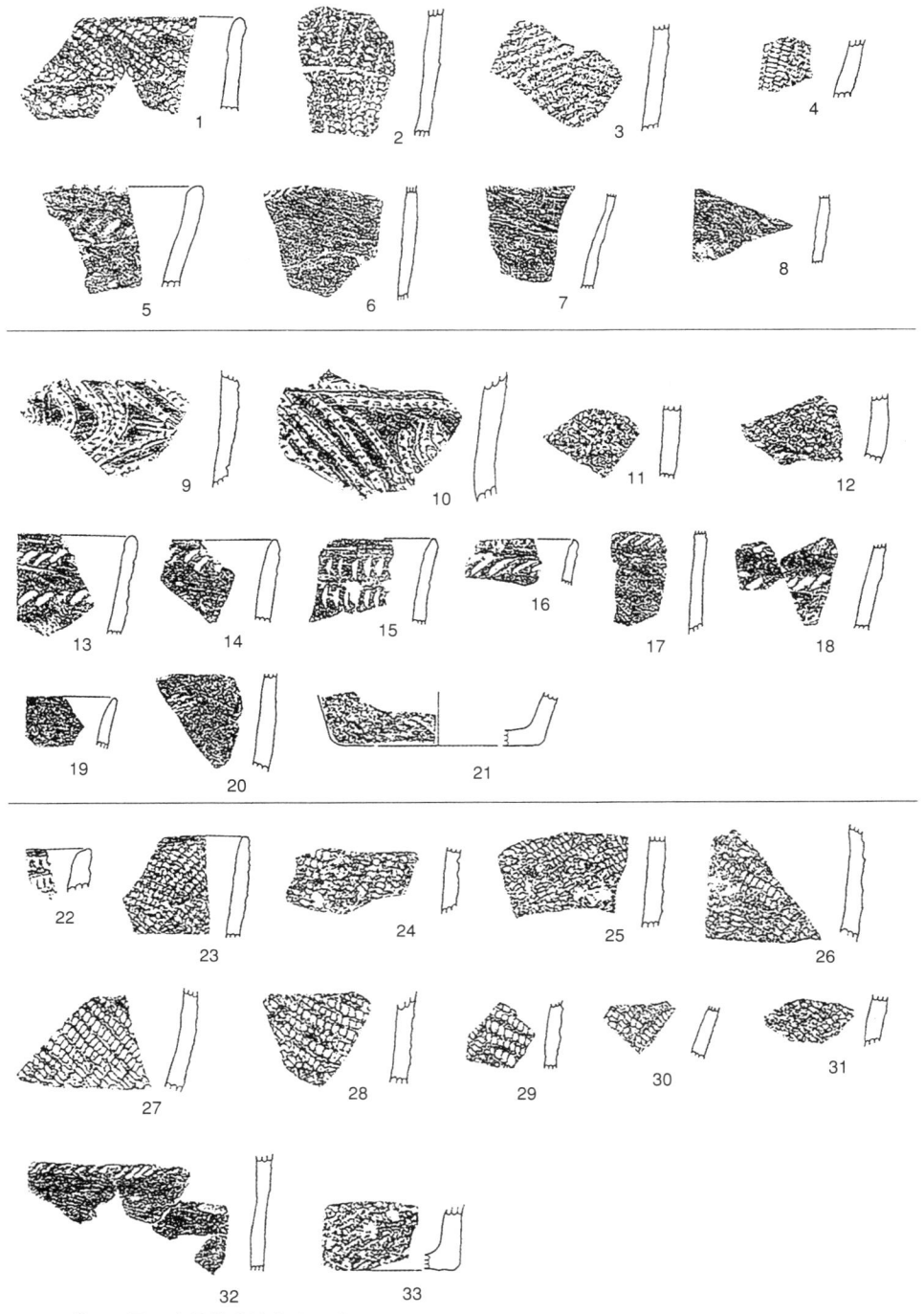

第5節　上の坊式土器と有尾式土器について　309

第54図　中見代遺跡出土土器　(1〜8) 1号住居跡　(9〜21) 2号住居跡　(22〜33) 3号住居跡

本住居跡出土土器により，半截竹管状工具の爪形刺突の有尾式土器，植物質の棒状工具で刺突の上の坊式土器，爪状の刺突の上の坊式土器などが同時期と思われる。

第3号住居跡出土土器（第54図22～33）

本住居跡は南北方向に長軸をもつ長楕円形の住居であり長軸3.4m，短軸2.66mであった。住居は掘り込みの深さが4cmで，柱穴は検出されなかった。

口縁に沿って半截竹管状工具で爪形を刺突した有尾式土器（第54図22）。口縁部から羽状縄文を施し，繊維，石英を多く含む土器（第54図23）。胴部に羽状縄文を付けた土器（第54図24～30）。斜縄文を付けた土器（第54図31）。胴部に植物質の棒状工具と思われるもので，左傾する刺突を付け，胎土に白色粒子を多く含んだ上の坊式土器（第54図32）。底部を上げ底風にして無節の縄文を施したと思われる土器（第54図33）などが出土した。

この出土状況により半截竹管状工具の有尾式土器と棒状工具の刺突の上の坊式土器が同時期と思われる。

第4号住居跡出土土器（第55図1～19・第56図20～36）

本住居跡は南北に長軸をもつ長楕円形の住居であり長軸13.2m，短軸7.2mであった。住居の掘り込みの深さは15cmであり，柱穴は検出されなかった。

口唇部に沿って半截竹管状工具の刺突を付け，器面に縦位の格子状の沈線を付けた木島X新式土器（第55図1　澁谷1982・1983）。竹管状工具で格子状の沈線を付け，裏面に擦痕を施し，少し厚めの木島X新式土器（第55図2）。口縁部を肥厚させ横位に貝殻腹縁文を施した土器（第55図3）。口縁部より縄文を付けた土器（第55図4，7，8）で波状口縁土器（第55図7）。注口土器で波状口縁の頂点から隆起線を垂下し，隆起線の先端に小形の注口を付け，縄文を施し繊維を含む黒浜式の古い段階の土器（第55図6）。口縁部をわずかに肥厚させ，口縁に沿って横位に植物質の棒状工具で刺突を付けた上の坊式土器（第55図14）。わずかに肥厚させた波状口縁部に植物質の工具で，横位に三角状の刺突を付けた上の坊式土器（第55図15）。波状口縁に沿っておそらく植物質の棒状工具により刺突列を横位に4段付けて，口縁部と胴部の境に先端扁平な植物質の工具で刺突列を横位に付けた上の坊式土器（第55図16）。この刺突列は有尾式土器の櫛歯状工具の横位の列点状刺突文とも関係があると思われる。さらに，口縁に沿って横位に植物質の棒状工具で円形の刺突を付けた上の坊式土器（第55図18）。大波状口縁の胴部で括れ，口縁部文様帯に半截竹管状工具の連続爪形で，菱形文や三角文を付け，胴部以下に羽状縄文を施した繊維を含む有尾式土器（第55図19　戸田・澁谷1977）。口縁に沿って左傾した爪形を3段刺突している上の坊式土器（第56図20）。この土器について報告者は施文原体を太い竹管の外皮側を使用したと考えている。さらに，口縁に沿って先端が扁平な幅広の箆状工具で左傾する爪形の刺突を3段付けた上の坊式土器（第56図21）。口縁に沿って横位に2段植物質の工具で刺突を施した上の坊式土器（第56図22）。口縁に沿って横位に植物質の棒状の先端に凹凸がある原体で爪形の刺突を施した上の坊式土器（第56図23，25，26）。箆状工具で左傾する刺突を付けた上の坊式土器（第56図24）。口縁に沿って三角の竹管状工具による刺突を2段付け，その間に箆状工具による矢羽根状の刺突を施した上の坊式土器（第56図27）。報告書では前期後半（第56図28～35）とされているが，口縁部から縄文を施した無繊維の土器で有尾式に伴うと思われる土器（第56図28，29）。口縁から無節の縄文を施した無繊維の土器で有尾式に伴うと思われる土器（第56図30，32）。無繊維で胴部に無節縄文と単節縄文を交互に羽状に施文した有尾式に伴うと思われる土器（第56図33）などが出土している。底部に縄文が付いており，底面にも縄文と木葉の圧痕が施された土器（第56図35）。口縁に沿って竹管状工具の刺突を横位に施した上の坊式土器（第56図36）などが出土している。

この出土状況より木島X新式土器，半截竹管状工具で刺突を付けた有尾式土器，注口の黒浜式土器，植物

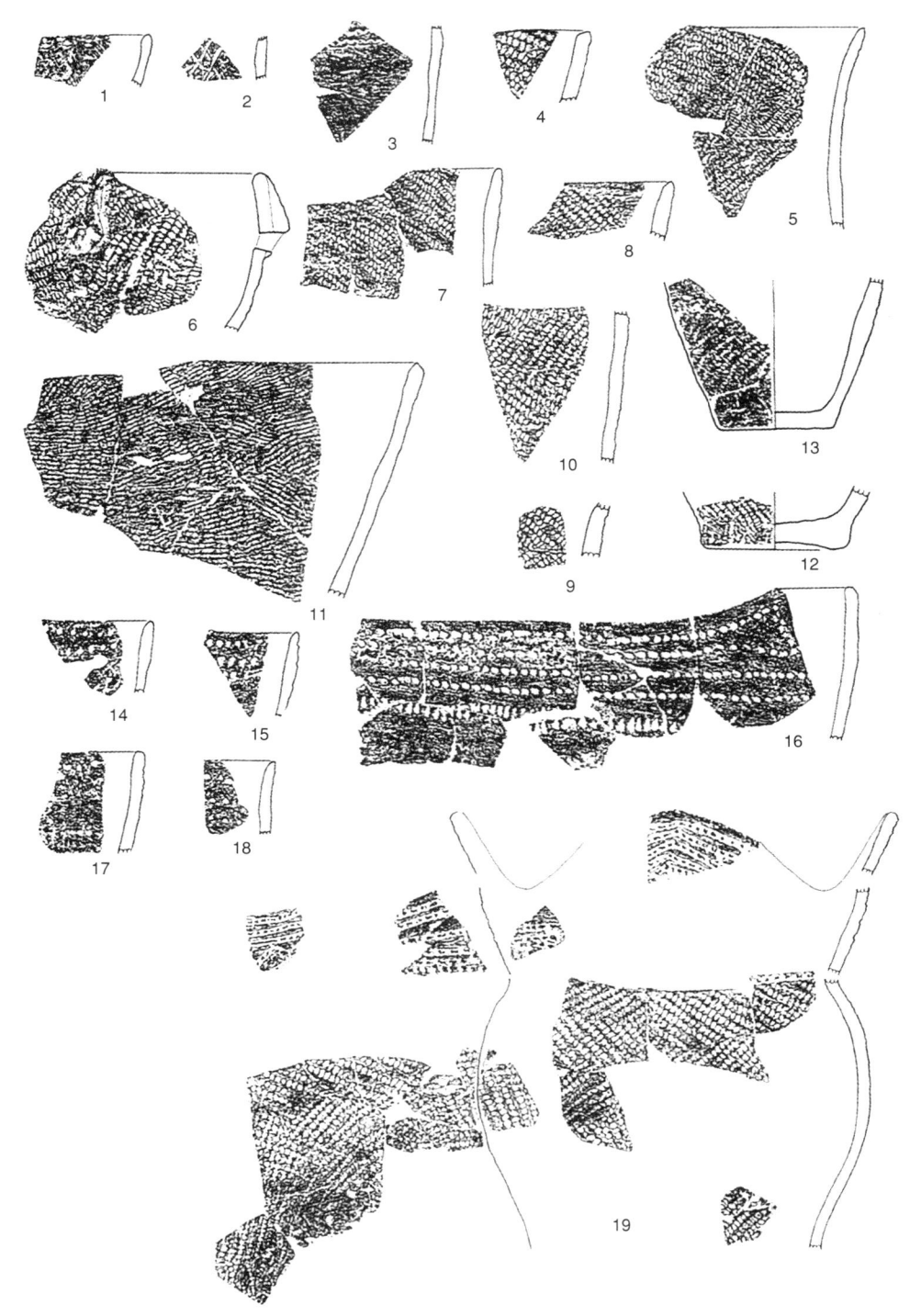

第5節　上の坊式土器と有尾式土器について　311

第55図　中見代遺跡出土土器　4号住居跡(1)

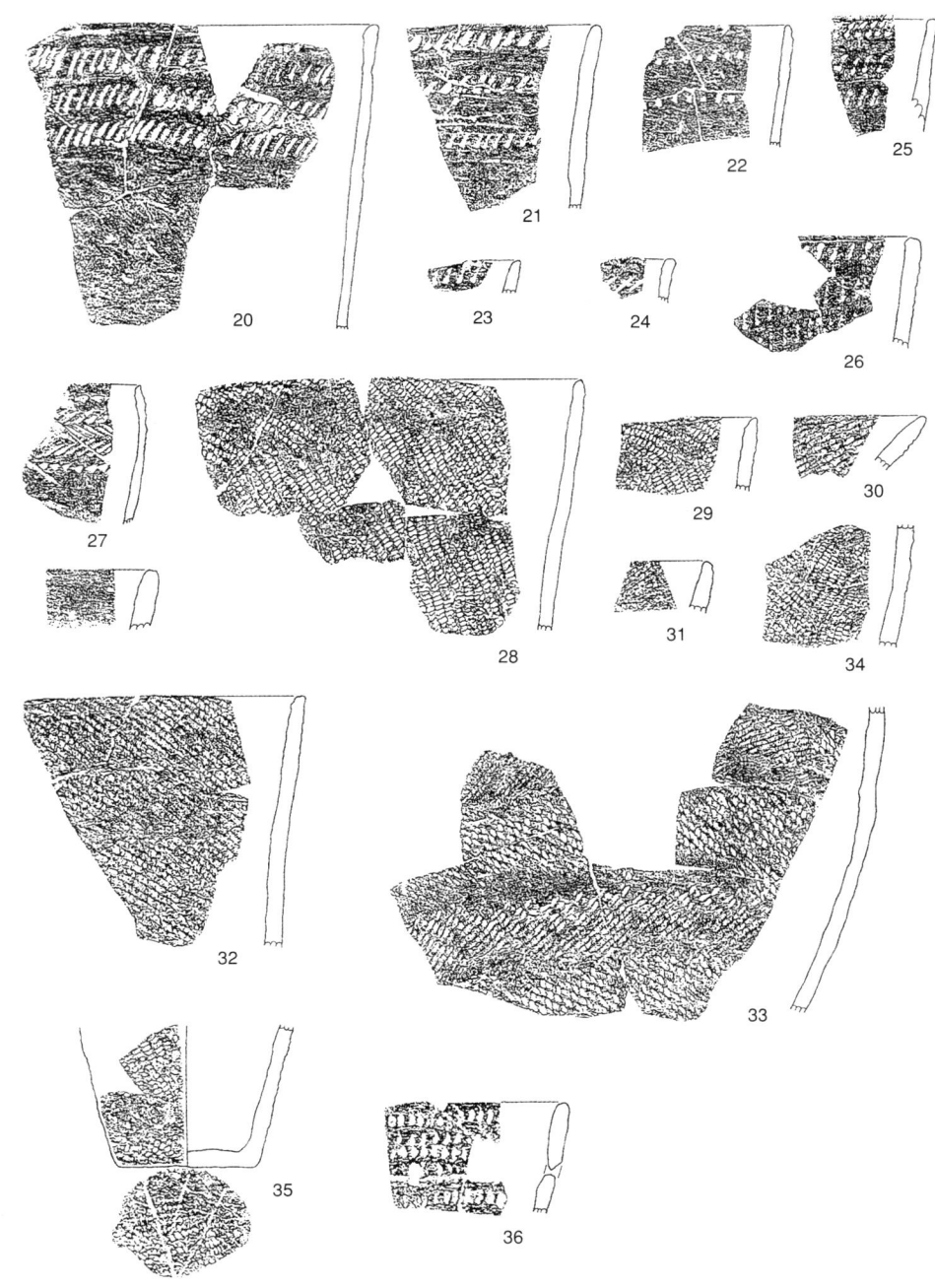

312　第3章　縄文時代前期中葉土器

第56図　中見代遺跡出土土器　4号住居跡(2)

質の工具で刺突を付けた上の坊式土器，矢羽根状の刺突と植物質の工具で刺突を付けた上の坊式土器，横位に点状の刺突を付けた上の坊式土器などが同時期と思われる。

5　東野Ⅱ橋下遺跡住居跡出土土器について

第 10 号住居跡出土土器（第 57 図 1 ～ 33）

本住居跡は南北方向に長軸をもつ隅丸方形住居で，長軸 4.7 m，短軸 4.2 mであった。

波状口縁から隆帯を垂下し，隆帯から櫛歯状工具で沈線を「ハ」状に付けた木島Ⅹ新式土器（第 57 図 1）。口縁に櫛歯状工具で沈線を施した木島Ⅹ新式土器（第 57 図 3，4）。口縁部から胴部にかけて櫛歯状工具で沈線を施した木島Ⅹ新式土器（第 57 図 2，5 ～ 8）。丸底の尖底部（第 57 図 9）。ループ文を施した関山Ⅱ式土器（第 57 図 10）。組紐の縄文を施した関山Ⅱ式土器（第 57 図 11）。口縁部から胴部にかけて羽状縄文，ループ文，コンパス文を施した関山Ⅱ式土器（第 57 図 12）。口縁部から縄文を施した土器（第 57 図 13）。胴部に羽状縄文を施した土器（第 57 図 14）。底部を上げ底にして縄文を施した関山Ⅱ式土器（第 57 図 15）。口縁部を表裏両面に擦痕で調整し，胎土に繊維を含む中越Ⅲ式の新しい段階の可能性のある土器（第 57 図 16，17）。口唇部を外側から削いだようにして，擦痕を付けた無文の繊維土器（第 57 図 18）。口唇部を内側から削いだような形で，擦痕を付けた無文の繊維土器（第 57 図 20）。口唇部から擦痕を施した無文で繊維を含む中越Ⅲ式の新しい段階の可能性のある土器（第 57 図 21）。擦痕を施した無文の繊維の土器（第 57 図 22）。胴部破片で斜位に擦痕を付けた無文の繊維土器（第 57 図 29）。口縁に沿って横位に 2 本単位の三角刺突を 2 段施した上の坊式土器（第 57 図 23，24，26）。口縁の直下を無文にして横位に刺突を施した上の坊式土器（第 57 図 25）。2 本単位の三角刺突を横位に付けた上の坊式土器（第 57 図 27）。横位に刺突を 1 列付けた上の坊式土器（第 57 図 28）。口縁部と胴部の境におそらく植物質の工具で刺突を 1 列施した上の坊式土器（第 57 図 30 ～ 33）などが出土している。

この出土状況から木島Ⅹ新式土器，関山Ⅱ式土器，無文の擦痕の中越Ⅲ新式土器，横位に刺突を施した上の坊式土器などが同時期と思われる。

第 13 号住居跡出土土器（第 58 図 1 ～ 28・第 59 図 1 ～ 5）

本住居跡は東西方向に長軸をもつ隅丸方形住居で，長軸 4.96 m，短軸 4.04 mであった。

丸底の尖底の無文繊維土器（第 58 図 1，2）。口縁からループ文を付けた在地の黒浜式土器（第 58 図 3）。口縁から縄文が付いた繊維土器（第 58 図 4）。口縁からまばらに縄文を付けた土器（第 58 図 6）。口縁から無節の縄文を付けた薄手の繊維土器（第 58 図 5，7，11）。口縁部に横方向で胴部に斜方向の擦痕を施した繊維を含む無文の中越Ⅲ新式土器（第 58 図 12）。口縁から横位に植物質の工具で刺突を付けた上の坊式土器（第 58 図 14）。口縁に沿って植物質の工具で横位に 2 段刺突を付けた上の坊式土器（第 58 図 15）。口縁に沿って先端が 2 つに割れた施文具で横位に 3 段刺突を付けた上の坊式土器（第 58 図 16）。口縁を肥厚させて平口縁に沿って 3 段の角棒状工具で横位刺突を付けた上の坊式土器（第 58 図 17）。口縁に沿って棒状工具により横位に 4 段刺突を施した上の坊式土器（第 58 図 18）。口縁から先端が 2 つに割れた施文具で刺突を付けた上の坊式土器（第 58 図 19）。口縁に沿って横位に先端が平坦な工具で刺突を 2 段付けた上の坊式土器（第 58 図 20 ～ 22）。胴部に半截竹管状工具で刺突を付けた上の坊式土器（第 58 図 23，24）。口縁に沿って先端のばらけた竹や植物質の工具により，ずらしながら縦位の刺突を横位に 3 段付けた土器（第 58 図 25 ～ 28）は手法的に神ノ木式土器（澁谷 1991・1999）[35]に近い。さらに，口縁に沿って横位に矢羽根状刺突を付け，直下に棒状工具の刺突が施された上の坊式土器（第 59 図 1）。口縁部に沿って横位に矢羽根状の連続刺突を横位に 2 段施した上の坊式土器（第 59 図 2）。口縁部の直下より矢羽根状の連続刺突を付け，以下に棒状工具の刺突を施し

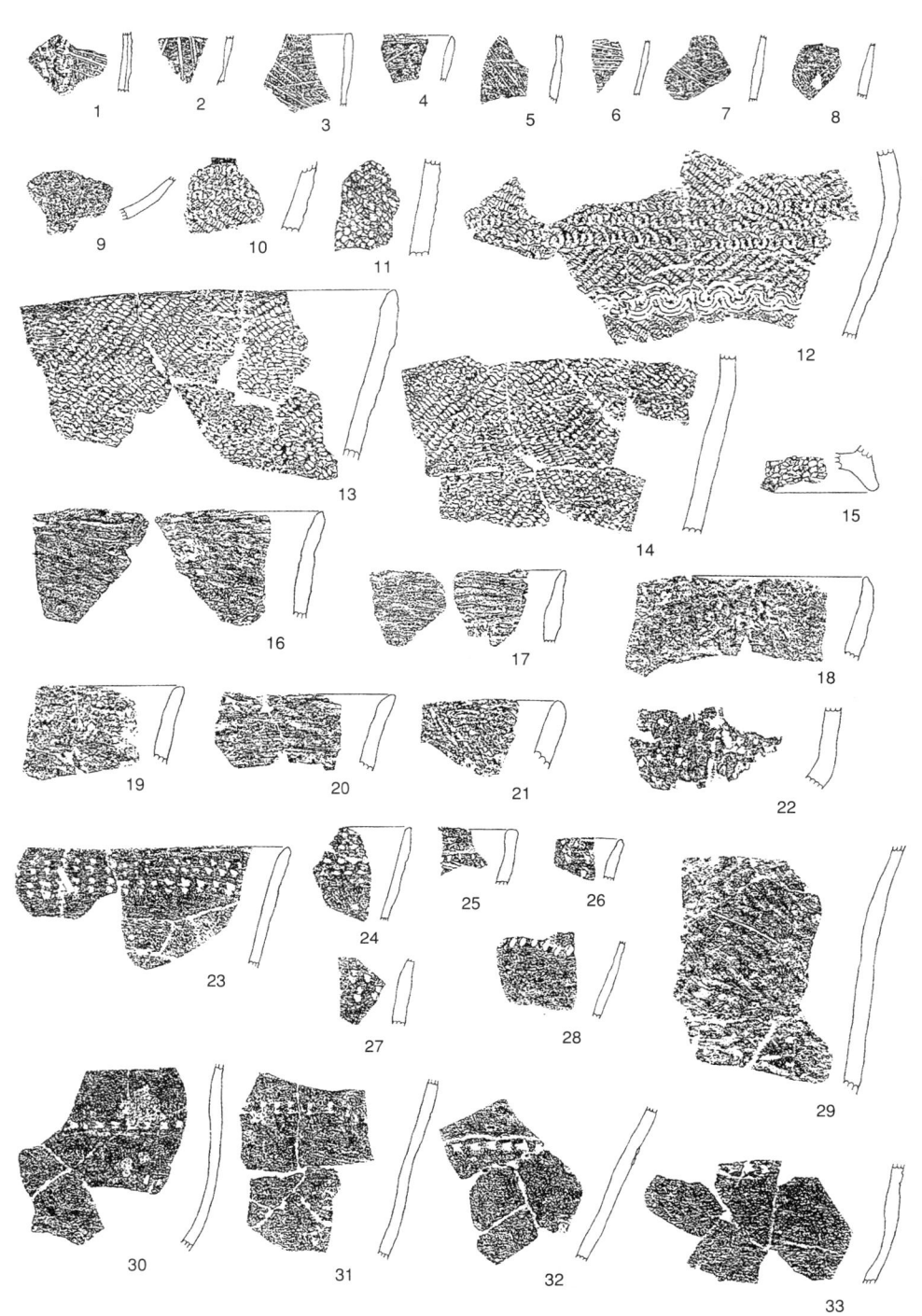

314　第3章　縄文時代前期中葉土器

第 57 図　東野Ⅱ橋下遺跡出土土器　10 号住居跡

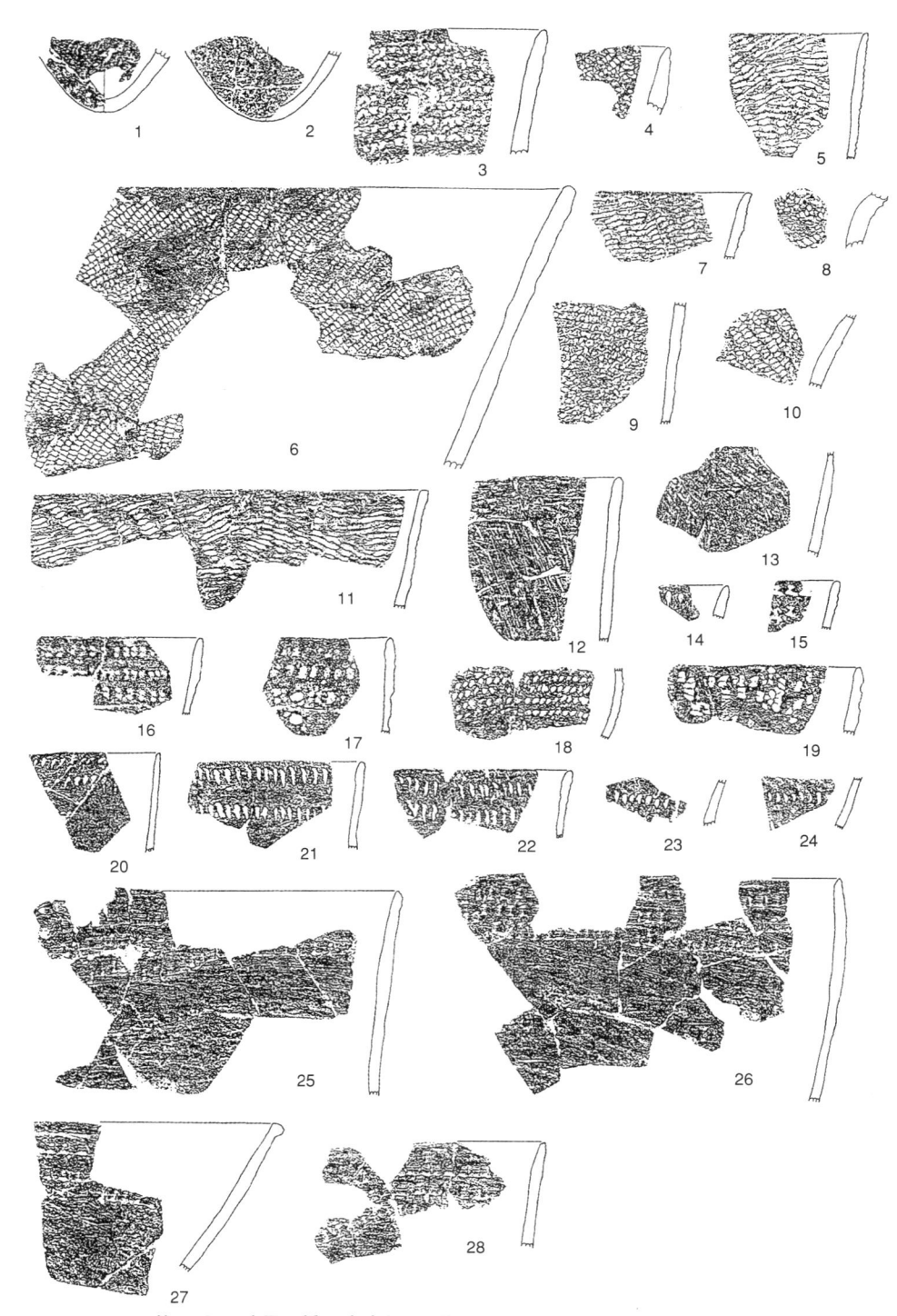

第5節　上の坊式土器と有尾式土器について　315

第58図　東野Ⅱ橋下遺跡出土土器　13号住居跡出土土器（第59図に続く）

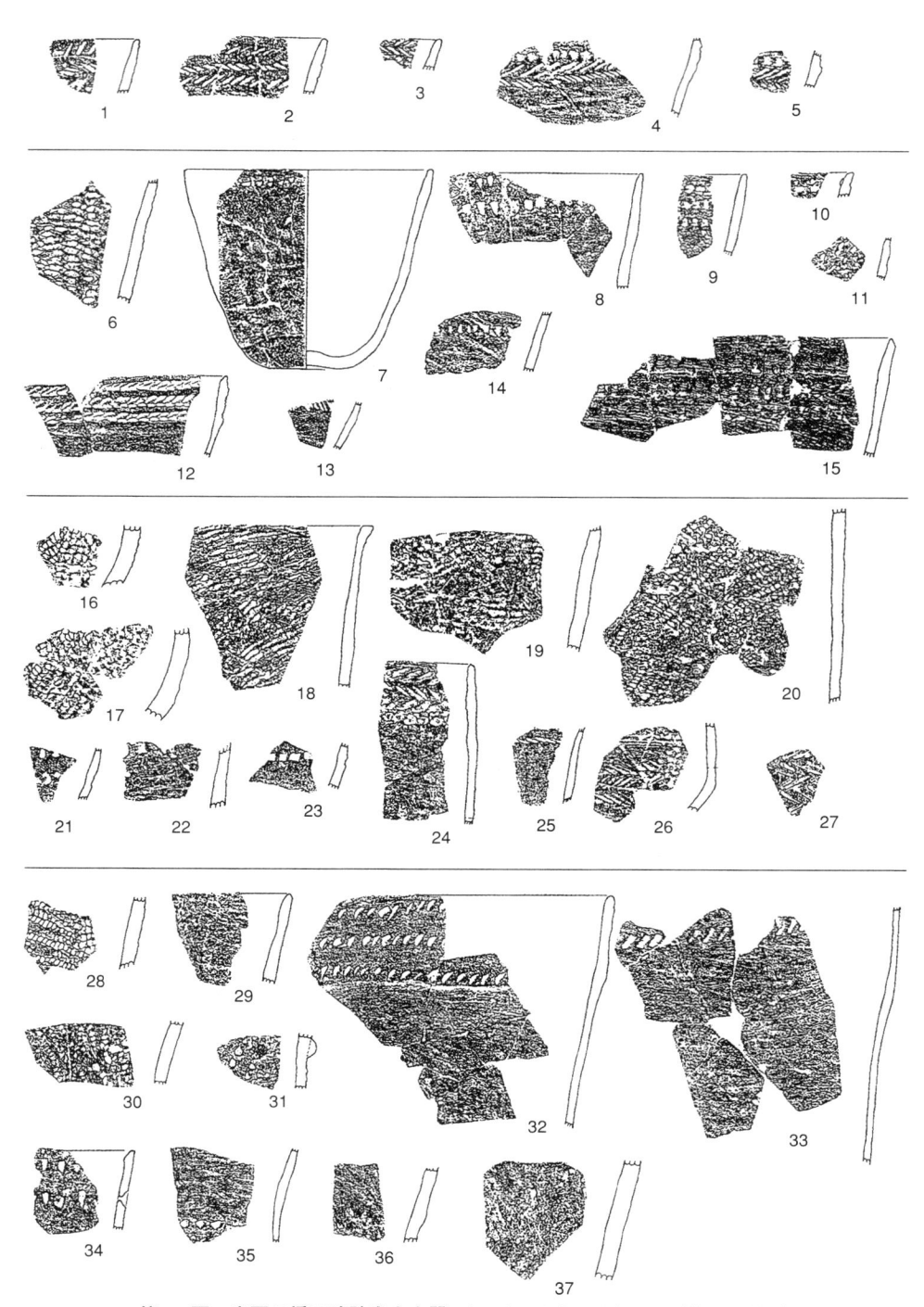

316　第3章　縄文時代前期中葉土器

第59図　東野Ⅱ橋下遺跡出土土器　（1〜5）13号住居跡出土土器（第58図続き）
　（6〜15）18号住居跡　　（16〜27）12号住居跡　　（28〜37）16号住居跡

た上の坊式土器（第59図3）。胴部と口縁部の境に横位の棒状工具の刺突を付け，下に矢羽根状の連続刺突を施している上の坊式土器（第59図4，5）などが出土している。

この出土状況から厚手で無文尖底の中越Ⅲ新式土器，ループの縄文を付けた在地の黒浜式土器，無節の縄文の薄手繊維土器，擦痕を付けた無文の中越Ⅲ新式土器，横位の刺突を付けた薄手土器，竹状や植物質の工具でずらしながら縦位刺突を付けた土器，矢羽根状の上の坊式土器などが同時期と思われる。

第18号住居跡出土土器（第59図6～15）

本住居跡は第13号住居跡に切られていた。

胴部に無節の縄文を付けた繊維土器（第59図6）。器高が11cm，口縁部の1辺が約12cmの上げ底の小形土器で，底部を丸底状に作った後，指で丸底部を押し上げ，上げ底風に作っている。口唇部に刻みを施し，口縁横位にささくれた植物質の施文具で1段の刺突を付け，内面に条痕を施文した土器（第59図7）[36]。口縁に沿って横位に2段の角頭状工具の刺突を付けた上の坊式土器（第59図8）。口縁に沿って横位に3段の角頭状工具の刺突を付けた上の坊式土器（第59図9）。口縁に沿って横位に棒状工具の刺突を施した上の坊式土器（第59図10）。胴部に竹管状工具による刺突を施した上の坊式土器（第59図11）。胴部に1段の横位の刺突を施した上の坊式土器（第59図14）。口縁に沿って横位に矢羽根状の刺突を3段施した上の坊式土器（第59図12）。胴部におそらく矢羽根状の連続刺突を付けた上の坊式土器（第59図13）。口縁に沿って縦位にずらすように3段，先端のばらけた竹状や植物質の工具で刺突を施した文様手法が神ノ木式に近い土器（第59図15）などが出土している。

この出土土器の状況から無節の縄文土器，底部を丸底状に作った後，指で押し上げて上げ底風に作った刺突文土器，刺突文を横位に付けた上の坊式土器，矢羽根状の上の坊式土器，口縁にばらけた竹状や植物質の工具でずらすように刺突を施した土器などが同時期と思われる。

第12号住居跡出土土器（第59図16～27）

本住居跡は南北に長軸をもつ隅丸方形住居で長軸が2.6m，短軸が2.2mであった。

縄文が施された後，刺突を付けた繊維土器（第59図16，17）。口縁から無節の縄文を施した繊維土器（第59図18）。同じく無節の縄文を施した繊維土器（第59図19）。縄文を施した繊維土器（第59図20）。棒状工具の刺突を横位に施した上の坊式土器（第59図21～23）。口縁に沿って貝殻腹縁により矢羽根状の刺突を付け，直下に竹管状工具による刺突を施した上の坊式土器（第59図24）。篦状工具で矢羽根状の刺突を施した上の坊式土器（第59図25～27）などが出土している。

この出土土器の状況から縄文の施された土器，無節の縄文土器，棒状工具で刺突を横位に施した上の坊式土器，矢羽根状の上の坊式土器などが同時期と思われる。

第16号住居跡出土土器（第59図28～37）

本住居跡は東西方向に長軸を持つ隅丸方形住居で，長軸4.56m，短軸4.46mであった。

羽状縄文を施す繊維土器（第59図28）。無文で擦痕の繊維土器（第59図29）。前期後半の縄文土器とされるもの（第59図30）。隆起状粘土紐を貼付し刺突を付けた土器（第59図31）。口縁部帯をわずかに肥厚させ，口縁部に沿って横位に3段爪状の刺突を施した上の坊式土器（第59図32）。口縁部と胴部の境に植物質の棒状工具か篦状工具で刺突を施した上の坊式土器（第59図33）。口縁に沿って横位に刺突を2段付けた上の坊式土器（第59図34）。横位に刺突を付けた上の坊式土器（第59図35）。表面と裏面に擦痕を付け，胎土に繊維を含む無文土器（第59図36，37）などが出土している。

この出土土器の状況から羽状縄文の土器，無文の擦痕土器，刺突が横位に付いた上の坊式土器，点状の刺突が横位に付いた上の坊式土器などが同時期と思われる。

第17号住居跡出土土器（第60図1～23）

本住居跡は東西に長軸を持つ隅丸長方形住居で，長軸7.08m，短軸5.30mであった。

口縁から縄文を施した土器（第60図1）。口縁から縄文を付けた繊維土器（第60図2）。異方向縄文で羽状縄文を付けた繊維土器（第60図5）。無節の縄文を付けた繊維土器（第60図6，7）。無文で擦痕を施した中越Ⅲ新式土器（第60図8，9）。口縁に沿って横位に先端のばらけた工具で刺突を施した土器（第60図12）。口縁部帯を肥厚させ，植物質の棒状工具で横位にずらしながら2段刺突を付けた土器（第60図13）。波状口縁に沿って縦位に2段箆状工具で刺突を付けた上の坊式土器（第60図14）。口縁部文様帯との境を肥厚させ，横位に3段爪状の刺突を付けた上の坊式土器（第60図15）。口縁に沿って横位に箆状工具で2段刺突を付けた上の坊式土器（第60図16）。胴部に箆状工具で刺突を付けた上の坊式土器（第60図17）。貝殻状工具で刺突を施した上の坊式土器（第60図18）。箆状工具で矢羽根状の刺突を施した上の坊式土器（第60図19）。口縁部に矢羽根状の刺突を付け，下に棒状工具の刺突を付けた上の坊式土器（第60図20）。口縁から矢羽根状の刺突を付け，胴部との境におそらく植物質の茎状工具で円形刺突を付けた上の坊式土器（第60図21，22）。矢羽根状の刺突を横位に上下に付けて，間に植物質の工具で横位に1列刺突を付けた上の坊式土器（第60図23）などが出土している。

この出土土器の状況から縄文の施された土器，無節の縄文が施された土器，擦痕が施された中越Ⅲ新式土器，植物質の工具でずらしながら2段刺突を付けた土器，爪状の刺突を付けた上の坊式土器，矢羽根状の刺突を付けた上の坊式土器などが同時期と思われる。

6 「上の坊式土器」，「有尾式土器」，「清水ノ上Ⅱ式土器」などについて

前述したように岡本勇氏は上の坊式土器を神奈川県茅ヶ崎市西方貝塚の出土状況から，黒浜式土器に併行する時期（岡本1995）と考えられた。各土器型式との編年関係は，静岡県駿東郡長泉町の中見代遺跡と東野Ⅱ橋下遺跡の住居跡での共伴関係から，以下の点が指摘できよう。

静岡県駿東郡長泉町中見代遺跡

第2号住居跡出土土器（第54図9～21）と第3号住居跡出土土器（第54図22～33）から，上の坊式土器に有尾式土器が伴出しており，上の坊式土器と有尾式土器が同時期と思われる。

第4号住居跡出土土器（第55図1～19・第56図20～36）の状況から，木島Ⅹ新式土器（澁谷1982），有尾式土器，黒浜式土器，矢羽根状の上の坊式土器，箆状刺突の上の坊式土器，貝殻腹縁を横位に付けた土器，横位刺突の薄手土器などが同時期になる可能性もある。

静岡県駿東郡長泉町東野Ⅱ橋下遺跡

第10号住居跡出土土器（第57図1～33）の状況から，木島Ⅹ新式土器，関山Ⅱ式土器，繊維を含む無文の擦痕文土器，刺突列を横位に付けた中越Ⅲ新式土器などが同時期と思われる。

第13号住居跡出土土器（第58図1～28・第59図1～5）の状況から，ループの縄文を付けた在地系の黒浜式土器，無節の縄文の土器，無文の厚手尖底の中越Ⅲ新式土器，無節の縄文を付けた薄手土器，横位に刺突を付けた薄手土器，先端が平坦な工具で刺突を付けた上の坊式土器，先端のばらけた植物質の工具でずらしながら刺突を付けた土器，矢羽根状の刺突を付けた上の坊式土器，矢羽根状の刺突と棒状の刺突を付けた上の坊式土器などが同時期と思われる。

第18号住居跡出土土器（第59図6～15）の状況から無節の縄文土器，口唇部に刺突を付けて口縁部に刺突を施した上げ底風の土器，横位に刺突を付けた土器，矢羽根状の刺突を付けた上の坊式土器，先端のささくれた植物質の工具でずらすように刺突を付けた土器などが同時期と思われる。

第5節　上の坊式土器と有尾式土器について　319

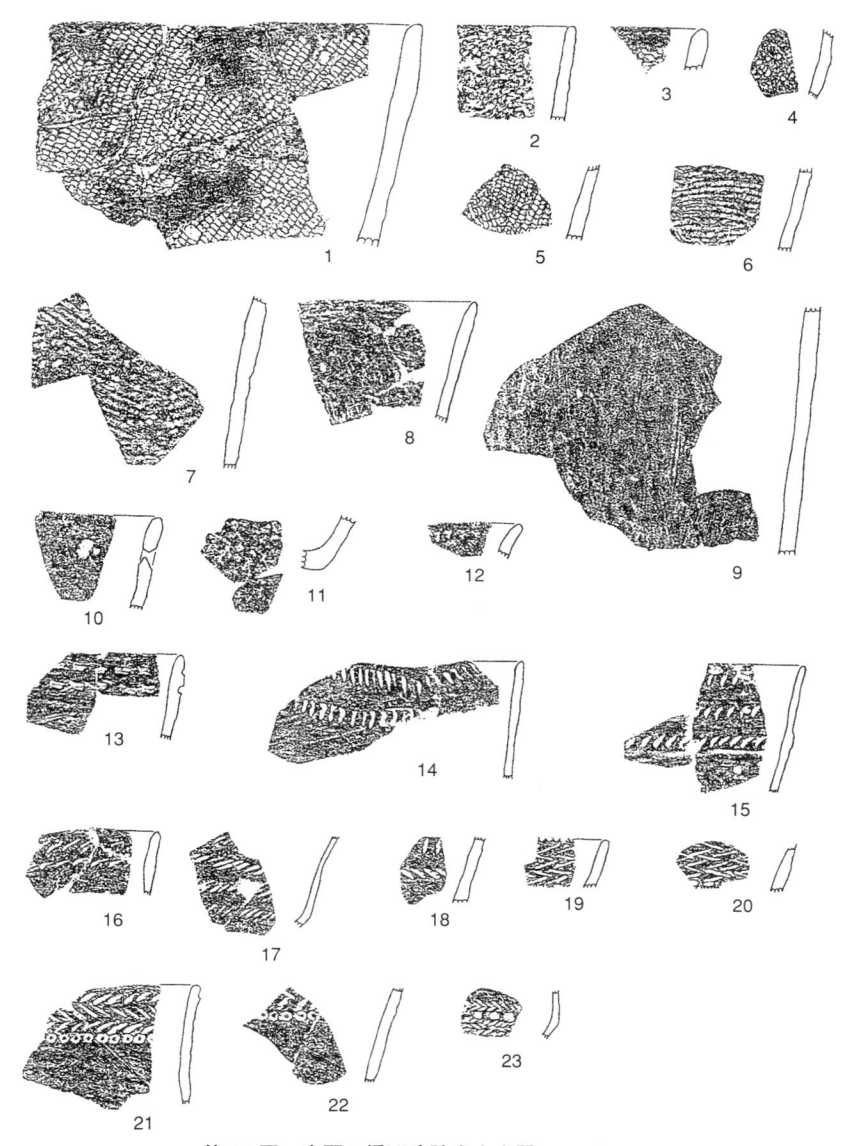

第60図　東野Ⅱ橋下遺跡出土土器　17号住居跡

　第12号住居跡出土土器（第59図16〜27）の状況から縄文と刺突が施された繊維土器，無節の縄文を付けた繊維土器，横位に刺突を付けた上の坊式土器，矢羽根と横位の刺突が付いた上の坊式土器，矢羽根状刺突の上の坊式土器などが同時期と思われる。

　第16号住居跡出土土器（第59図28〜37）の状況から羽状縄文の繊維土器，無文で擦痕の繊維土器の中越Ⅲ新式土器，隆起状粘土紐を貼り付けて刺突を施した薄手土器，爪状の刺突を付けた上の坊式土器，植物質の棒状工具か箆状工具で刺突を施した上の坊式土器，横位に刺突を付けた上の坊式土器，擦痕を付けた中越Ⅲ新式土器などが同時期と思われる。

　第17号住居跡出土土器（第60図1〜23）の状況から縄文を施した土器，異方向縄文で羽状縄文の繊維土器，無節縄文の繊維土器，無文で擦痕を施した繊維土器の中越Ⅲ新式土器，植物質の棒状工具でずらすように刺突を付けた土器，箆状工具で刺突を付けた上の坊式土器，爪状の刺突を付けた上の坊式土器，貝殻状工具で刺突を付けた上の坊式土器，矢羽根状に刺突を付けた上の坊式土器，矢羽根と円形刺突を付けた上の坊

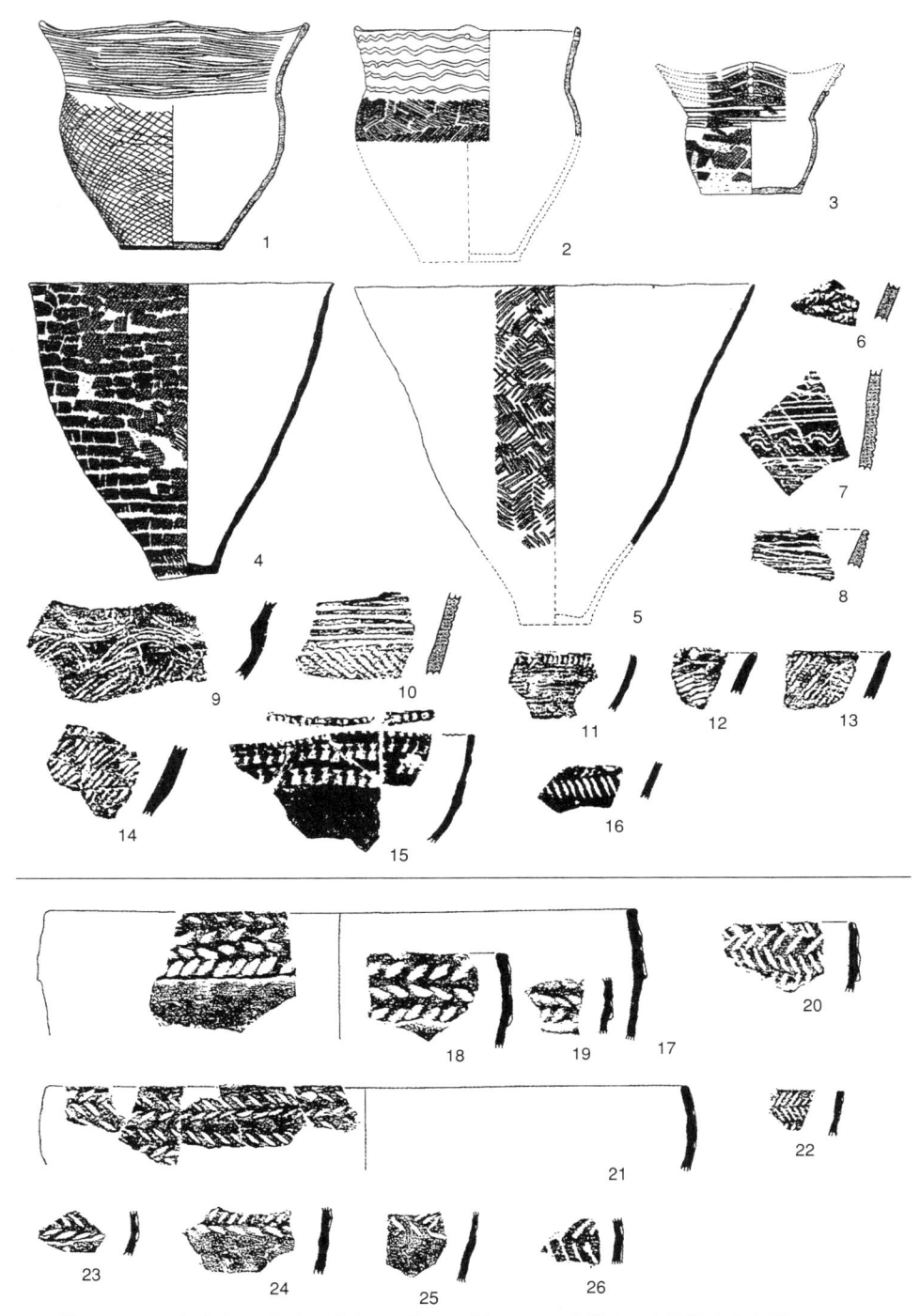

320　第3章　縄文時代前期中葉土器

第61図　阿久遺跡33号住居跡出土土器の一部（1〜16）と清水ノ上貝塚出土土器（17〜26）

式土器などが同時期と思われる。

　無文で繊維を含み表面と裏面に擦痕を付けた土器（第57図16～21・第60図8～10）が東野Ⅱ橋下遺跡などから多く出土している。この資料は中越Ⅲ新式土器で，今後検討していく必要がある。また，中見代遺跡の遺構外から出土している櫛歯状工具の列点状刺突文の有尾式は有尾式土器の中でも古い。中見代遺跡第4号住居跡出土の有尾式土器（第55図19）も有尾式土器の中で意外に古いと考えている。

　次に他遺跡での上の坊式土器とその関連資料について検討を加えよう。

長野県諏訪郡原村阿久遺跡第33号住居跡出土土器（第61図1～16）（笹沢・福沢1969，澁谷2001）

　口縁部に半截竹管状工具で沈線を付け，胴部に短軸絡条体第5類の網目状撚糸文を施した大木2a式土器（第61図1）。口縁に半截竹管状工具で波状沈線を付け，胴部に羽状縄文を施した土器（第61図2）。波状口縁の地文に縄文を付け，口縁に沿って沈線と，粘土の突起を垂下した黒浜式土器（第61図3）。半截竹管状工具で横位と波状沈線を付けた土器（第61図7）。横位に沈線を付けて縄文を施した有尾式土器（第61図8，10）。ループの縄文を付けた土器（第61図6）。縄文の上に沈線で弧状を付けた土器（第61図9）。北白川在地系土器と思われるもの（第61図11）。羽島下層式土器（澁谷2001）としたが，おそらく先端のばらけた植物質の工具で刺突した上の坊式土器（第61図15）。矢羽根状の刺突を施した上の坊式土器（第61図16）などが出土している。

　この出土状況から大木2a式土器，黒浜式土器，有尾式土器，北白川在地系土器と思われるもの，先端のばらけた植物質の工具で刺突を付けた上の坊式土器，矢羽根状の刺突を付けた上の坊式土器などが同時期と思われる。

愛知県知多郡南知多町清水ノ上貝塚出土土器（第61図17～26）（山下・磯部1976）

　清水ノ上Ⅱ式第2類Fとする矢羽根状の刺突文土器の中に，上の坊式土器にきわめて近似する資料（第61図20～26）がある。清水ノ上Ⅱ式土器とされるものは古と新に分かれる可能性もあるが，古段階と新段階の違いを指摘するのは難しい。ただ，強いて区別するならば，清水ノ上Ⅱ式土器と神ノ木式土器が伴出した岐阜県大野郡久々野町堂之上遺跡第18号住居跡出土（戸田1997）の清水ノ上Ⅱ式土器は口縁部を縁帯状に肥厚させ，口縁部を内湾させている資料が多い。清水ノ上貝塚の清水ノ上Ⅱ式第2F土器（第61図17，18）は縁帯状に肥厚させやはり内湾している。これに対し，上の坊遺跡出土の上の坊式土器（第52図）は口縁部が縁帯状にならず，あまり内湾していない。清水ノ上貝塚の第2類F土器（第61図20，22）などは内湾していない。また，黒浜式土器や有尾式土器が伴出した中見代遺跡第4号住居跡出土の上の坊式土器（第56図20～26）は，矢羽根でなく刺突であるが，文様が雑になり口縁部が外反するか直に立っている。矢羽根と点状刺突の上の坊式土器（第56図27）は口縁部を縁帯状に肥厚せずに内湾させている。

静岡県富士宮市箕輪B遺跡第1号住居跡出土土器（馬飼野1993）

　口縁部を肥厚させず横位に刺突を付けた上の坊式土器。口縁部を肥厚させずに直口する矢羽根状の刺突の上の坊式土器。口縁を外反させて口縁部と胴部の境を隆起状にし，口縁部文様帯に篦状の刺突を3段横位施文した上の坊式土器などと，縄文が付けられた土器が伴出している。

　このように傾向としては口縁部を内湾させ，肥厚する縁帯状に作る方が古く，口縁部を肥厚させずに外反させたり直口させ，文様も雑になる方が新しい傾向であると思われる。

　以上のように口縁部を内湾させ，肥厚する縁帯状に作る方が古く，口縁部を肥厚させずに外反させたり直口させ，文様も雑になる方が新しい傾向と思われる。いずれにしても，清水ノ上貝塚の清水ノ上Ⅰ式土器や清水ノ上Ⅱ式土器の型式内容と編年関係には疑問もあり，今後再度検討する必要があろう。上の坊式土器の文様は加藤賢二氏の御教示によるとバリエーションが多いようであり資料の増加を待って検討したい。

註・参考文献

1) この「垂下粘土紐」の用語を説明する必要がある。この文様の呼称として林茂樹（林 1966）では「粘土紐による隆帯」と呼び，樋口昇一（樋口 1982）は「粘土紐貼付文」とした。また，友野良一（友野 1983）は「垂紐貼付文」とした。現在は垂紐貼付文の用語使用が多いようである。この「たれひも」は呼びにくい点があり，また，すぐに意味がわかる用語でもない。筆者は戸田，谷藤氏と協議し「垂下粘土紐（すいかねんどひも）」と呼ぶことにした。垂下という用語は文様などを表す時にしばしば使用される用語である。したがって，垂下した粘土紐という意味である。

2) 戸田哲也・大矢（澁谷）昌彦 1979「神ノ木式・有尾式土器の研究（前）―茅野市神ノ木遺跡表採の資料を中心として―」『長野県考古学会誌』34
   澁谷昌彦 1999「前期中葉の土器編年について―中越式土器と神ノ木式土器を中心として―」『縄文土器論集』縄文セミナーの会

3) 戸田哲也 1997「18号住居址」『堂之上遺跡―縄文時代集落跡の調査記録―』岐阜県大野郡久々野町教育委員会

4) 千田茂雄・関根慎二 2003『東上秋間遺跡群発掘調査報告書』安中市教育委員会
   谷藤保彦 2004「群馬県出土の神ノ木式土器」『研究紀要』22　群馬県埋蔵文化財調査事業団

5) 前出 3) に同じ

6) 神ノ木式土器の特徴の櫛歯状工具による連続刺突文と条線文が関山Ⅰ式土器の異条斜縄文（正反の合）の模倣である可能性が高い点は，1979 年に述べている（戸田・澁谷 1979）。この文様について筆者は，今後「櫛歯状工具による直前段合撚の模倣」とか，「櫛歯状工具による正反の合の模倣」との用語で表現していきたい。

7) 澁谷昌彦 1991「中越式土器の研究―中越遺跡，阿久遺跡出土土器を中心として―」『縄文時代』第2号
   および前出 2) 澁谷 1999 に同じ
   筆者は中越式土器を3段階に型式細分し，中越Ⅲ式土器，神ノ木式土器，関山Ⅱ式土器，堂之上Z式土器，木島X式土器，清水ノ上Ⅱ式土器，新潟県新谷遺跡段階土器などが編年的に併行関係になることを述べた。

8) 友野良一ほか 1990『中越遺跡発掘調査報告書』宮田村教育委員会
   中越遺跡住居跡出土土器をみると時期の異なる土器が混入している場合が多い。それは長い期間一定の場所に縄文人が住んでいたからである。このため，住居跡出土土器を1時期かどうか冷静に分析しないと，この呪縛から逃れることはできない。

9) 澁谷昌彦 1984「澁谷発表・頁 79」『神奈川考古第 18 号　シンポジウム・縄文時代早期末・前期初頭の諸問題・記録論考集』
   この花積下層式土器の撚糸側面圧痕による，渦巻き文は同時期の下吉井式土器にも模倣されるが，二ツ木式段階の蕨手や関山Ⅰ式土器の蕨手にも残存する。そして，神ノ木式土器や有尾式土器まで残る息の長いモチーフである。渦巻き文は縄文人の信仰や重要なイメージを秘めた文様と考えられる。

10) この手法について，関山Ⅱ式土器の片口土器を文様に取り込んだものと考えたが（戸田・澁谷 1979），垂下粘土紐の吊り輪状の装飾と同様に，二ツ木式土器の円形隆帯の装飾からの文様の残存の可能性もある。

11) 山内清男 1979「3　末端に環（Loop）の付いた縄」『日本先史土器の縄紋』先史考古学会
    山内清男氏は「関東の関山式で環付末端が最も盛行する。信濃国の神ノ木式土器にも普通である」と述べておられる。

12) 前出 11) に同じ

13) 前出 11) に同じ

14) 前出 2) 澁谷 1999 および前出 7) 澁谷 1991 に同じ

15) 山下勝年・杉崎　章 1976『清水ノ上貝塚』

16) 澁谷昌彦 1995「花積下層式土器研究史と福島県内資料の型式分類」『みちのく発掘―菅原文也先生還暦記念論集―』

17) 塩入清嗣・坂戸由美・松永満夫 1989『お供平遺跡Ⅱ―長野県犀峡高等学校グラウンド造成に伴う埋蔵文化財発掘調査報告書―』

18） 前出11） に同じ
19） 贄田　明 1992「城之腰遺跡 J-1号住居址出土の神ノ木式土器について」『城之腰遺跡』長野県御代田町教育委員会
　　この住居出土土器は繊維を含んだ神ノ木式土器が多いが，関東地方の関山Ⅰ式，Ⅱ式土器との関連と考えられる。
20） 宮坂清 1997『武居遺跡』長野県下諏訪町教育委員会
21） 前出4） 千田・関根 2003に同じ
22） 前出4） 千田・関根 2003に同じ
23） 前出2） 澁谷 1999および前出7） 澁谷 1991に同じ
24） 戸田哲也 1988『三枚町遺跡発掘調査報告書』
25） 河邊壽榮・佐藤民雄・江藤千萬樹 1939「伊豆伊東町上の房石器時代遺蹟調査報告―伊豆半島前期縄文式文化の研究第3報―」『考古学』第10巻第8号
　　岡本　勇 1996「尖底土器の終焉」『物質文化』8
　　澁谷昌彦 2002「上の房式土器と有尾式土器について」『考古学論文集　東海の路―平野吾郎先生還暦記念―』
26） 小林康男 1982『舅屋敷』塩尻市教育委員会
27） 堂之上遺跡第18号住居跡出土の神ノ木式の古段階土器は，器壁の薄い傾向があり，内面に条痕を付ける土器（第1図16・30）もある。清水ノ上Ⅱ式や羽島下層式土器などとの関連を示す。堂之上Z式土器の爪形文も西日本の土器との関連が考えられる。
28） 神ノ木式土器新段階と有尾式土器古段階のように系統的にスムーズに連続する土器型式間においては，住居跡出土土器でこうした状況があり得る。まさに神ノ木式土器新段階と有尾式土器古段階の動態が示されている。
29） 大木2a式土器の中に櫛歯状工具によるコンパス文，波状沈線，横位沈線を含めるかどうかには問題がある。筆者は3～5本単位の櫛歯状工具で丁寧につけた沈線の土器群については，大木2a式土器の範疇に入れて（澁谷昌彦 2000a）考えた。もし，この一群について大木2a式土器から除外する場合は，福島県を中心に新型式を作る必要があると思われる。
30） 富士ノ上遺跡では，2本や3本単位のコンパス文や波状文，円形の刺突文，単軸絡条体第5類の網目状撚糸文などが出土しており，いわき市弘源寺貝塚からも近似した内容の土器群が出土している。これは，那珂湊と小名浜などの間で相互の交易があったことを物語るものと思われる。
31） 単軸絡条体第1類を交差させた土器は，単軸絡条体第1A類の木目状撚糸文を意識したものであろう。また，短軸絡条体第1類を格子のように交差させたものは，短軸絡条体第5類の網目状撚糸文を意識していると思われる。黒浜式古段階の沈線の格子については，大木2a式土器の網目状撚糸文の施文具の転換と，中越Ⅲ式土器の格子状沈線の影響（澁谷 1991・1999b）などが考えられる。
32） 釈迦堂Z3式土器の型式設定については，有尾式土器の型式内容との違いを明確にしておく必要があろう。筆者は両型式が今後混乱を招く恐れがあると思っている。
33） この点について渡辺誠先生から魚類などは籠に入れて運んだ可能性があること，水系に沿って点在するのはサケを追って行き来している可能性があること。冬場は山越えで来る可能性がある点など御教示をいただいた。
34） 「上ノ坊式土器」と「上の坊式土器」の標記がある。岡本勇氏は「上ノ坊式土器」としており，地点名を考慮すると遺跡名は「上の坊遺跡」が正確である。『静岡県史』の時点でもこの点が話題となり，統一見解として「上の坊式土器」を使用した。この論文では「上の坊式土器」と記載することにした。
35） 神ノ木式土器は櫛歯状工具の連続刺突を縦位などに付けて，胴部に縄文が施文されることが多い。この土器の文様で注目したいのは，植物質の工具と思われるが縦位にずらしながら刺突を3段施文して，胴部にはやはり植物質の擦痕が入っている。大変興味のある資料である。
36） 東野Ⅱ橋下遺跡第18号住居跡出土の上げ底風の小形土器は，まず丸底に作り，その丸底を親指などで内側に押し上げて上げ底風に作っている。筆者は加藤賢二氏とこの土器を観察している。技法的にも特色があり，今後この類例に注意する必要がある。

第3章　縄文時代前期中葉土器

主要参考文献

磯部幸男・山下勝年　1976『清水ノ上貝塚―南知多町文化財調査報告書第1集―』

井上義安　1967「那珂湊市富士ノ上遺跡」『那珂川の先史遺跡』第1集

大久保知巳ほか　1971『唐沢・洞』原嘉藤・藤沢宗平編　長野県考古学会研究報告書10

大森雅之　1993『原口遺跡・北前遺跡』茨城県自然博物館（仮称）建設用地内埋蔵文化財調査報告書Ⅰ　茨城県教育財団

岡本　勇　1966「尖底土器の終焉」『物質文化』8

岡本　勇　1988「第3章縄文土器の研究」『縄文と弥生―日本文化の土台にあるもの―』未来社

岡本　勇・戸沢充則　1965「3　関東」『日本の考古学Ⅱ縄文時代』河出書房

小川　出ほか　1986『今熊野遺跡Ⅱ』宮城県文化財調査報告書第114集　宮城県教育委員会

岡田光広ほか　1989『関宿町飯塚貝塚』茨城県道路公社

奥野麦生　1989「黒浜式土器の系統性とその変遷」『土曜考古』第13号　土曜考古学研究会

小野　昭　1994「豊原遺跡」『巻町史』資料編1　考古　巻町

小野正文　1986「塚越北A地区」『釈迦堂Ⅰ』山梨県埋蔵文化財センター調査報告第17集　山梨県教育委員会

河西清光・大久保知巳　1969『有明山社』長野県考古学会研究報告9

和根崎剛　1997『四日市遺跡Ⅲ』真田町教育委員会

金子直行　1987「第3号住居跡出土土器」『黒浜貝塚群宿上貝塚，御林遺跡』埼玉県埋蔵文化財調査報告第16集　埼玉県教育委員会

亀田幸久・斎藤　弘　1995『横倉宮ノ内遺跡一般国道4号（新4号国道）改築に伴う埋蔵文化財発掘調査』栃木県教育委員会

河邊壽榮・佐藤民雄・江藤千萬樹　1939「伊豆伊東町上の坊石器時代遺蹟調査報告―伊豆半島前期縄紋式文化の研究第3報―」『考古学』第10巻第8号

川井正一　1986『研究学園都市計画王手子生工業団地造成事業地内埋蔵文化財調査報告書，大境遺跡』茨城県教育財団

気賀沢進ほか　1976『なかこしNo.25―特集第5次発掘調査を終えて―』

木下哲夫・工藤俊樹　1982「福井県深坂町小縄遺跡試掘調査略報」『古代』第73号　早稲田大学考古学会

興野義一　1968「大木式土器理解のために（Ⅱ）」『考古学ジャーナル』No.16

興野義一　1996「山内清男先生供与の大木式土器写真セットについて」『画龍点睛―山内清男先生没後25年記念論集―』山内先生没後25年記念論集刊行会

久野俊度　1987『主要地方道取手筑波線道路改良工事地内埋蔵文化財発掘調査報告書，境松遺跡』茨城県教育財団文化財調査報告第41集

桑山龍進　1980『菊名貝塚の研究』

向坂鋼二　1972「駿東郡長泉町山岸遺跡採集の早・前期縄文土器」『森町考古』4

後藤敏雄　1996「山苗代A・C遺跡」『小丸山古墳群，山苗代A・C遺跡』矢板市矢板南地区工業用地造成事業に伴う埋蔵文化財発掘調査　栃木県教育委員会

小林正春・宮沢恒之・田畑辰雄・ほか1974「千鹿頭社遺跡」『中央道報告諏訪市その3』長野県教育委員会

小林達雄ほか　1965『米島貝塚』庄和町文化財調査報告第1集

小松崎猛彦　1989「上片田A・B・C遺跡」『一般国道4号改築工事地内埋蔵文化財調査報告書3（3和地区）』茨城県教育財団

埼玉考古学会　1990「狢塚遺跡第21号住」『埼玉考古別冊3　シンポジウム大木，有尾，そして黒浜―縄文前期中葉土器群の系統と交流の実態―』

酒井幸則　1974「遺構と遺物」『田村原』下伊那郡豊丘村教育委員会

桜井二郎　1981『大生郷工業団地内埋蔵文化財調査報告書―大生郷遺跡―』茨城県教育財団

笹沢　浩・福沢幸一ほか　1982「阿久遺跡」『長野県中央道埋蔵文化財包蔵地発掘調査報告書―原村その5―』長野県教育委員会

佐藤典邦　1980『三神峯遺跡発掘調査報告書』仙台市文化財調査報告第25集　仙台市教育委員会

佐藤信之ほか　1982『長野県中央道埋蔵文化財包蔵地発掘調査報告書（原村その5）阿久遺跡』長野県教育委員会

佐藤典邦　1989「大木2a式土器研究ノート」『史峰』第14号　新進考古学同人会

佐藤典邦　1996『綱取貝塚―第1・2次調査報告』いわき市埋蔵文化財調査報告第45冊

塩入清嗣・坂戸由美・松永満夫　1989『お供平遺跡Ⅱ　長野県犀峡高等学校グラウンド造成に伴う埋蔵文化財発掘調査報告書』

篠崎健一郎・勝野恒雄・小穴　耕　1997『濁橋付近―縄文時代前期集落址』松川村教育委員会

澁谷昌彦ほか　1981『木島―静岡県富士川町木島遺跡第4次調査報告書―』富士川町教育委員会

澁谷昌彦　1982「木島式土器の研究―木島式土器の型式細分について―」『静岡県考古学研究』11

澁谷昌彦　1983「神之木台・下吉井式土器の研究―その型式内容と編年的位置について―」『小田原考古学研究会々報』11

澁谷昌彦　1984「花積下層式土器の研究―側面圧痕文土器を中心として―」『丘陵』11号

澁谷昌彦　1990「105　上の坊遺跡」『静岡県史，資料編1　考古1』

澁谷昌彦　1991「中越式土器の研究―中越遺跡，阿久遺跡出土土器を中心として―」『縄文時代』第2号

澁谷昌彦　1994「土器型式より見た縄文早期と前期との境について―関東・中部・東海地方からの検討―」『第7回縄文セミナー　早期終末・前期初頭の諸様相』縄文セミナーの会

澁谷昌彦　1999「神ノ木式土器　有尾式土器研究史」『縄文時代』第10号

澁谷昌彦　1999「大木2a式土器と有尾式土器の検討」『いわき地方史研究』第36号　いわき地方史研究会

澁谷昌彦　1999「前期中葉の土器編年について―中越式土器と神ノ木式土器を中心として―」『縄文土器論集―縄文セミナー10周年記念論文集―』六一書房

澁谷昌彦　1999a「大木2a式土器と有尾式土器の検討」『いわき地方史研究』第36号　いわき地方史研究会

澁谷昌彦　1999b「前期中葉の土器編年について―中越式土器と神ノ木式土器を中心として―」『縄文土器論集―縄文セミナー10周年記念論文集―』六一書房

澁谷昌彦　2000a「大木2a式土器と周辺地域の様相」『民俗と考古の世界』和田文夫先生頌寿記念献呈論文集

澁谷昌彦　2000b「大木2a式土器の周辺―千葉県・茨城県・栃木県の状況―」『いわき地方史研究』第37号　いわき地方史研究会

澁谷昌彦　2001「関東・中部・北陸地方の大木2a式土器の研究―土器型式から見た周辺地域との交流―」『縄文時代』第12号

澁谷昌彦　2001「縄文時代前期土器群の出土土器の状況―信州新町お供平遺跡を中心として―」『いわき地方史研究』第38号　いわき地方史研究会

下平博之・贄田　明　1997「長野県の様相」『第10回縄文セミナー　前期中葉の諸様相』縄文セミナーの会

庄野靖寿　1984『尾ヶ崎遺跡』埼玉県庄和町尾ヶ崎遺跡調査会

縄文セミナーの会　1997「日向林B遺跡」『第10回縄文セミナー　前期中葉の諸様相』縄文セミナーの会

縄文セミナーの会　1997「埼玉嵐山町山根遺跡」『第10回縄文セミナー　前期中葉の諸様相』縄文セミナーの会

白鳥良一　1974「仙台三神峯遺跡の調査」『東北の考古・歴史論集』平重道先生還暦記念会編　宝文社

進藤敏雄　1996「山苗代C遺跡」『小丸山古墳群，山苗代A・C遺跡』栃木県教育委員会

鈴鹿良一　1996「獅子内遺跡（第1次調査）」『摺上川ダム遺跡発掘調査報告』福島県文化財報告書第320集　福島県教育委員会

鈴木一男　1985『宮内北遺跡緊急発掘調査報告書』小山市文化財調査報告書第16集　小山市教育委員会

清藤順一ほか　1975『飯山満東遺跡』千葉県房総考古学資料刊行会

関根慎一・谷藤保彦　1987『糸井宮前遺跡Ⅱ』群馬県埋蔵文化財調査事業団

竹内　寛　1994『瀬戸ヶ原遺跡』大間々町教育委員会

竹澤　謙　1974「篠山遺跡」『東北新幹線埋蔵文化財調査報告書』

田中　豪　1984「花前Ⅰ遺跡」『常磐自動車道埋蔵文化財調査報告書』千葉県文化財センター

谷藤保彦 1997「関東北部の様相」『第10回縄文セミナー　前期中葉の諸様相』縄文セミナーの会

谷藤保彦 1988「二ツ木式土器―群馬の考古学創立10周年記念論集―」『群馬の考古学―創立10周年記念論集―』群馬県埋蔵文化財調査事業団

谷藤保彦 1998「北関東における有尾式土器の変遷」『考古学叢考』下巻

寺崎裕助 1997「新潟県の様相」『第10回縄文セミナー　前期中葉の諸様相』縄文セミナーの会

寺崎裕助 1999「新潟県における縄文前期の土器―その標識資料と編年―」『縄文土器論集―縄文セミナー10周年記念論文集―』六一書房

戸田哲也 1997『堂之上遺跡―縄文時代集落跡の調査記録―』岐阜県大野郡久々野町教育委員会

戸田哲也・大矢昌彦 1979「神ノ木式・有尾式土器の研究（前）―茅野市神ノ木遺跡採集の資料を中心として―」『長野県考古学会誌』第34号

富沢敏弘 1985『中棚遺跡・長井坂遺跡』昭和村教育委員会

富沢敏弘 1990『芳賀東部団地遺跡』前橋市教育委員会

友野良一 1983『長野県史考古資料編全1巻（3）主要遺跡（中・南信）』長野県史刊行会

友野良一・小池孝ほか 1990『中越遺跡発掘調査報告書』宮田村教育委員会

富山県 1967『富山県史考古編』

中村孝三郎 1964『室谷洞窟』長岡市立科学博物館

中村真由美・木元元治 1995『八幡館遺跡』二本松市教育委員会

中村富夫 1986『善上・三峰神社裏・大友館址』月夜野町教育委員会

中村由克 1995『貫ノ木遺跡・日向林B遺跡』信濃町教育委員会

長島一雄 1983『赤沼遺跡試掘調査報告』原町市埋蔵文化財調査報告書　原町市教育委員会

西村正衛 1957「千葉県香取郡植房貝塚出土土器」『早稲田大学教育学部学術研究』6

野崎　進 1997『一ノ沢遺跡―第7・8次調査―』境川村教育委員会

芳賀英一 1984『冑宮西遺跡』会津高田町文化財調査報告書第5集　会津高田町教育委員会

芳賀英一・植村泰徳 1997「福島県の様相」『第10回縄文セミナー　前期中葉の諸様相―記録集―』縄文セミナーの会

林　茂樹 1966『上伊那の考古学的調査』総括編

樋口昇一ほか 1952『信濃史料』第1巻　信濃史料刊行会

樋口昇一ほか 1976「十二ノ后遺跡」『中央道報告・諏訪市その4』長野県中央道遺跡調査団

樋口昇一ほか 1982『縄紋土器大成1―早・前期―』講談社

廣瀬高文・渡辺康広 2001『木戸遺跡・中見代遺跡・東野II橋下遺跡―静岡県がんセンター〔仮称〕建設に伴う埋蔵文化財調査報告書』長泉町教育委員会

藤本弥城 1977「富士ノ上貝塚」『那珂川下流域の石器時代研究』1

藤澤宗平 1957「宮田村中越西原遺跡について」『伊那路』

古内　茂ほか 1974『柏市鴻ノ巣遺跡』千葉県都市公社

細田　勝 1987「第1号住居跡出土土器」『埼玉県埋蔵文化財調査報告第16集，黒浜貝塚，宿上貝塚，御林遺跡』埼玉県教育委員会

保角里志 1997「山形市大森A遺跡の縄文前期前葉の土器について」『さあべい』第2巻第4号　さあべい同人会

堀江　格 1995「下ノ平D遺跡・弓手原A遺跡（第1次）」『摺上川ダム埋蔵文化財報告書第61集』福島市教育委員会

本田秀生 1997「北陸の様相」『第10回縄文セミナー　前期中葉の諸様相』縄文セミナーの会

馬飼野行雄 1993「4　箕輪（みのわ）B遺跡」『富士宮の遺跡―富士宮市遺跡詳細分布調査報告書―』富士宮市教育委員会

松井正信 1982『小泉遺跡』大門町教育委員会

間庭　稔 1986『善上遺跡・三峰神社裏・大友館址遺跡』月夜野町教育委員会

丸山泰徳ほか 1993「宇輪台遺跡」『第3期山村振興農林漁業対策事業水原小谷地区農道改良工事関連遺跡発掘調査報告』福島市教育委員会

宮下健司 1989「―薄手無文土器様式中越式―」『縄紋土器大観』1 小学館
宮坂虎次 1983「神ノ木遺跡」『長野県史』考古資料編主要遺跡（中・南信）
武藤雄六・杉本　充 1993『山梨県北巨摩郡白州町上北田遺跡』
山内清男 1930「斜行縄紋に関する二三の観察」『史前学雑誌』第2巻第3号
山内清男 1932「縄紋土器型式の細別と大別」『先史考古学会』第1巻第1号
山内清男 1979『日本先史土器の縄紋』先史考古学会
四柳嘉章ほか 1986『眞脇遺跡』能都町教育委員会　眞脇遺跡発掘調査団
渡辺　誠 1986「第10章　付編」『釈迦堂Ⅰ』山梨県埋蔵文化財センター調査報告第17　山梨県教育委員会
渡辺一雄・佐藤典邦 1986『弘源寺貝塚』いわき市埋蔵文化財調査報告第13冊　いわき市教育委員会

終　章

　筆者は土器型式分類の問題，異型式の同時性の問題，土器型式の分布範囲の問題などの研究を続けてきた。筆者が土器型式研究に着手したのは，1979年に戸田哲也氏と発表した「神ノ木式土器・有尾式土器の研究（前）―茅野市神ノ木遺跡採集の資料を中心として―」[1]がはじめであった。この中で，研究史，土器文様の分類，文様分類表，編年表を作成した。

　この論文をまとめる過程で，1個体の土器に先行する古い型式である神ノ木式土器の文様要素と，後続する新しい型式の有尾式土器の文様要素が混在して施文される実体に遭遇した。古い文様要素の残存と，新しい文様要素との結合現象ともいうべきこの状況は生物進化の系統樹を彷彿させる実体であった。このことは神ノ木式土器から有尾式土器へと系統的に移行する土器型式に，折衷的文様の存在する土器群があることを発見させることになった。

　さらにこの点は，なぜそのような状況が，土器文様に起きるかの問題へと繋がった。この問題への疑問と発見は筆者のその後の土器研究への方向付けとなった。そして，こうした土器観察をもとに多くの土器型式を設定してきた。

　さらに，筆者は縄文時代早期と前期の境をどこで区切るか[2]について考えてきた。その中で，山内清男氏が1949年7月1日の人類学会講演[3]で，花積下層式土器と木島式土器をもって前期とされている事実を見出した。土器型式で時期区分をする時は，広域に分布する型式で区切ることが望ましい。筆者は花積下層式土器の成立をもって前期のスタートとすることがベストと考えた。そして，花積下層Ⅰ式土器・木島Ⅲ式土器・下吉井Ⅰ式土器[4]の成立をもって縄文時代前期がスタートするという考えを発表してきた。こうした筆者の考え方に対し，下吉井式土器を早期最終末に位置付ける見解[5]もあり，また埼玉県春日部市花積貝塚第7号住居跡出土土器[6]の解釈についても，一部の研究者との間では相違がある。

　また，筆者の土器型式学研究，編年学研究は，一時期に一括廃棄した可能性のきわめて高い住居跡出土土器群の中より，他地域から持ち込まれた搬入土器，異型式土器の存在を探し，異型式土器間での編年的な併行関係を考える方法を採用している。各時代において，同一土器型式出土の空間的分布の範囲も大きく変化する。時期を前後して同時期の異型式土器が集落内や住居内に持ち込まれた状況があり，この状況は刻々と変化している。この分布の空間的変化は生き物さながら収縮と拡大が自在である。この土器型式に現われる分布の空間的変化が，婚姻圏の変化によるものか，贈与交換によるものかは，現在のところ不明である。しかし，当時の部族間の交易網と深く関係することは確かだと思われる。こうした状況が，筆者の研究する縄文時代早期末・前期初頭[7]の木島式土器・神之木台式土器・花積下層式土器・下吉井式土器等の分布圏の攻防や変動に現われていると考えている。

　ことに花積下層式土器[8]の分布範囲は函館周辺から滋賀県大津市晴嵐地先粟津湖底遺跡[9]まで及ぶ。中部地方，北陸地方，東海地方，近畿地方にはそれぞれ同時期の異なる型式の土器があるにも関わらず，花積下層式土器が広域に分布する理由をどう考えるのか重要な問題である。こうした現象は木島式土器[10]にもある。木島式は，静岡県を中心に北方は群馬県勢多郡赤城村三原田城遺跡4号住居[11]，南方が島根県松江市西川津遺跡[12]より出土している。この時期の東海地方の人びとは薄手丸底の深鉢土器を作るのに意欲を示している。一方において，関東地方や東北地方では別型式の厚手尖底土器や厚手平底土器を使用している。木島

遺跡第1号住居跡[13]からは，厚手で関東地方や東北地方を中心に分布する花積下層式土器が搬入品として入るが，主体をなす土器はご当地の木島式土器であった。この場合木島遺跡第1号住居跡の人びとは厚手の関東系土器と，薄手の東海系土器を使用していたことになる。

　この状況がさらに複雑になり活発化するのが，縄文時代前期中葉の土器型式群の分布圏である。この状況を筆者は和田峠産の黒曜石や鷹山産の黒曜石交易，黒曜石の貢物交易と深く関係するものと考えている。これは長野県諏訪地方を中心として，同県南信地方，中信地方，北信地方，長野県境に接する山梨県北巨摩郡白州町北田遺跡，同じく群馬県安中市野村遺跡[14]，岐阜県大野郡久々野町堂之上遺跡[15]に分布する中越式土器[16]や神ノ木式土器などと関係があると思われる。ことに神ノ木式土器の分布圏は東西に直線距離で約300 kmを測る。

　この土器型式の分布がさらに複雑に拡大するのが，前期中葉で神ノ木式土器の次の段階の有尾式土器[17]の時期や，東北地方の大木2a式土器の段階[18]である。有尾式土器は長野県，埼玉県，群馬県，新潟県，神奈川県，静岡県頭部などに広く分布するが，この分布圏も諏訪地方産出の黒曜石交易と深く関わる可能性が強い。同時期の東北地方に分布した大木2a式土器[19]はさらに分布圏が広く，東北地方から関東地方の一部，北陸地方，西は愛知県の一部にまで入ってくる。

　東北地方の人びととの交易目的はいろいろあると思われるが，長野県諏訪郡原村阿久遺跡第33号住居跡出土の搬入品としての大木2a式土器の存在は，貢物として東北地方から何かがもたらされ，諏訪地方からは何かが贈られたのであろう。諏訪地方から贈られたものが黒曜石である可能性が高いと思われる。

　また，山梨県東八代郡釈迦堂遺跡[20]の早期層よりハマグリが出土した。この状況から「焼きハマグリ」や「煮貝」の状態で集落に持ち込まれた可能性が高い。同遺跡第6号住居跡より，大木2a式土器，木島X新式土器，北白川在地系土器と魚骨が出土しており，魚の干物を運んだ可能性もある。縄文時代前期中葉には贈与と交換システムが大きく発達すると思われる。

　レヴィ＝ストロースの[21]

　　　彼にとって文化とはモノ，コトバ，オンナを媒体とする互酬的交換＝コミュニケーションのネットワークに他ならない。

とか，安斎正人氏[22]の言う《よその人びと》の概念

　　　筆者がとりわけ注意したいのは，地縁集団には正規の団員のほか，anumutari（よその人びと）と呼ばれる居住者を伴っていたという事実がある。このよそ者には大別して2種類あり，その第1類はその地縁集団の成員の誰かを頼って訪れ，いわばその客分として滞在生活する人びとで，普通は家族を伴い，4～5年にわたる長期滞在の例もある。しかしこの人びとはいずれは元の住地に帰る。第2の類はその地縁集団と何の縁故もなく，種々の事情からその地に逃れ，あるいは助けを求めてきた人びとである。未婚者の場合には事情が許せば結婚によってその地縁集団員となることもある。

　このような「互酬的交換」や「よその人びと」の概念は，今後の土器研究の中でも考慮されるべきだと考える。

　筆者は土器型式研究を進める中で，モンテリウス[23]，チャイルド[24]，山内清男[25]，佐藤達夫氏の「文様体系統論」[26]を学んだ。また，戸田哲也氏からは「石棒の基礎的研究」[27]の中で「分類学」の重要性を学んだ。さらに，考古学の中での「学史研究」の重要性について斎藤忠先生から大正大学の授業などで教えを受けた。こうした多くの書物と諸先学のご指導が，その後の筆者の土器型式研究等に大きな影響を与えており，心より感謝している。

註・参考文献

1) 戸田哲也・澁谷昌彦 1979「神ノ木式・有尾式土器の研究（前）―茅野市神ノ木遺跡表採の資料を中心として―」『長野県考古学会誌』34　長野県考古学会
2) 澁谷昌彦 1982「木島式土器の研究―木島式土器の型式細分について―」『静岡県考古学研究』11　静岡県考古学会
   澁谷昌彦 1983「神之木台・下吉井式土器の研究―その型式内容と編年的位置について―」『小田原考古学研究会一報』11　小田原考古学研究会
3) 江坂輝彌 1951「縄文文化について（その7）―縄文式文化前期―」『歴史評論』第5巻3号
   坪井清足ほか 1956『石山貝塚』
   岡本　勇 1959「三浦郡葉山町馬の背山遺跡」『横須賀市立博物館報告』第3号　横須賀市立博物館
   澁谷昌彦 1995「花積下層式土器研究史と福島県内資料の型式分類」『みちのく発掘―菅原文也先生還暦記念論集』菅原文也先生還暦記念論集刊行会
4) 澁谷昌彦 2004「下吉井式土器・木島式土器・花積下層式土器」『帝京大学山梨文化財研究所研究報告』第12集
   および前出2）に同じ
5) 岡本　勇 1970「下吉井遺跡」『埋蔵文化財調査報告』1　神奈川県教育委員会
   高橋雄三・吉田哲夫 1977「横浜市神之木台遺跡出土の縄文時代遺物―とくに早期末前期初頭の土器を中心として―」『調査研究集録』第2冊
6) 下村克彦ほか 1970『花積貝塚発掘調査報告書』埼玉県遺跡調査報告第15集
7) 前出2）に同じ
8) 前出3）澁谷 1995に同じ
9) 前出3）澁谷 1995に同じ
10) 澁谷昌彦 2002「山陰・近畿・北陸地方を中心とする木島式土器の研究」『地域と考古学の展開』村田文夫先生還暦記念論集刊行会
11) 谷藤保彦 1987「4号住居址出土土器」『三原田城遺跡・八崎城址・八崎塚・上青梨子古墳―関越自動車道（新鴻線）地域埋蔵文化財発掘調査報告書第13章―』群馬県教育委員会
12) 内田律雄 1987「(4) 縄文土器」『朝酌川河川改修工事に伴う西川津遺跡発掘調査報告書Ⅲ（海崎地区1）』島根県教育委員会
   および前出10）に同じ
13) 澁谷昌彦 1981「第Ⅳ章遺物　2節土器・第Ⅴ章木島遺跡出土土器について」『木島・静岡県富士川町木島遺跡第4次調査報告書・昭和55年度』富士川町教育委員会
14) 千田茂雄・関根慎二 2003『東上秋間遺跡群発掘調査報告書』安中市教育委員会
   谷藤保彦 2004「群馬県出土の神ノ木式土器」『研究紀要』22　群馬県埋蔵文化財調査事業団
   澁谷昌彦 2005「神ノ木式土器の動態―その新旧の型式分類―」『歴史智の構想―歴史哲学者鯨岡勝成先生追悼論文集―』鯨岡勝成先生追悼論文集刊行会
15) 戸田哲也 1997「18号住居址」『堂之上遺跡―縄文時代集落跡の調査記録―』岐阜県大野郡久々野町教育委員会
16) 前出14）澁谷 2005に同じ
17) 縄文セミナーの会 1997『第10回縄文セミナー　前期中葉の諸様相』
   谷藤保彦 1988「北関東における有尾式土器の変遷」『考古学叢考』下巻　吉川弘文館
   澁谷昌彦 2002「上の坊式土器と有尾式土器について」『考古学論文集東海の路』
18) 澁谷昌彦 2001「関東・中部・北陸地方の大木2a式土器の研究―土器型式から見た周辺地域との交流―」『縄文時代』第12号　縄文時代文化研究会
19) 前出18）に同じ
20) 渡辺　誠 1986「第10章付編」『釈迦堂Ⅰ』山梨県埋蔵文化財センター調査報告第17　山梨県教育委員会
   小野正文 1986「塚越北A地区」『釈迦堂Ⅰ』山梨県埋蔵文化財センター調査報告第17　山梨県教育委員会
21) C. レヴィ＝ストロース・大橋保夫訳 1976「変換の体系」『野生の思考』みすず書房

22) 安斎正人 1995『無文字社会の考古学』六一書房
23) O. モンテリウス・浜田耕作訳 1932『考古学研究法』岡書院
24) V. G. チャイルド・近藤義郎訳 1972『考古学の方法』河出書房
25) 山内清男 1930「所謂亀ヶ岡土器の分布と縄文式土器の終末」『考古学』1巻3号
26) 佐藤達夫 1974「土器型式の実態—五領ヶ台式と勝坂式土器の間—」『日本考古学の現状と課題』吉川弘文館
27) 大矢(澁谷)昌彦 1977「石棒の基礎的研究」『長野県考古学会誌』第28号

第Ⅱ部　縄文時代の出土遺物からみた祭祀の研究

序　章

　筆者が縄文時代の祭祀を学ぶきっかけとなったのは，1975年に大正大学文学部史学科に「中部地方出土の石棒の研究について―主として長野県諏訪地方を中心として―」と題する卒業論文を提出したことによる。ここでは，信仰に関係する道具としての石棒について以下の諸点をまとめた。

　1　石棒の研究史をまとめる。
　2　石棒自体を実測し観察しながら，石棒に残された祭祀の痕跡を読みとる。
　3　石棒の出土状態からその祭祀について考える。

　この卒業論文の内容を発展させて1977年には「石棒の基礎的研究」[1]を『長野県考古学会誌』第28号に発表した。筆者にとってこの2つの論文が，縄文時代の祭祀に大きな関心を寄せてきた原点となったのである。その後，1995年には「石棒研究史と今後の問題点」[2]を『飛騨宮川シンポジウム・石棒の謎をさぐる』に発表した。

　筆者の縄文時代の祭祀の研究は石棒が始まりであるが，それ以外の多くの道具にも関心を払ってきた。そうしたものの1つに石剣・石刀がある。

　石剣・石刀は，打ち砕かれて出土する場合と，ほぼ完形品のまま出土する場合がある。こうした出土状況が何に起因するのか以前から関心を寄せていた。この疑問に迫るものとして1998年に「"汝，砕かれしもの，免れしもの"石剣・石刀」[3]を発表した。

　さらに筆者は子供の頃より，尖石考古館で縄文時代中期の土器にふれ，宮坂英弌先生や宮坂虎次先生にその土器文様の話を伺いながら育った。このため中期（だけではないが）の土器を飾る文様にも興味を持っていた。その後，渡辺誠氏の『よみがえる縄文人』[4]を読み，その解釈や視点に学ぶべき点が多かった。

　筆者はこうした「人体形象文」とか「物語文様土器」と呼ばれる一群の土器を博物館で展示したいと考えて，1997年1月に静岡県島田市立博物館の第14回企画展で「縄文の土器展―縄文人からのメッセージ―」[5]を開催した。この企画展では筆者が以前から興味を持っていた，長野県諏訪地方や山梨県下で出土した縄文時代中期の「人体形象文」や「物語文様土器」と呼ばれる一群の土器を集めて展示した。

　また，猪俣喜彦氏が釈迦堂遺跡博物館で企画した「縄文の舞い～土器に描かれた人体形象文の世界～」[6]を見学し，視点の重要性と資料の増加を知った。さらに，井戸尻博物館では，藤内遺跡第33号住居跡出土の「神像筒形土器」や小林公明氏の提唱する「半人半蛙文土器」の概念に触れ，この視点の斬新さも理解できた。

　ここで小林公明氏の「半人半蛙文」の概念について説明する必要がある。小林公明「月神話の発掘」[7]では，「まえがき」と「一　蛙と人のあいだ」で，

　　縄文中期の土器に表されている幾種類かの象形的な文様の中に，三本指の手をもつ人とも蛙の様な動物ともつかない奇妙な図文がある。

　　　しばしばその本体がよく分からないのに，三本指の手や腕だけが意味あり気に描かれてもいる。

とされて，この種の図文は時と場所を超えて汎世界的にみられるとされた。さらに，こうした図文の代表的研究として，江上波夫「勝坂系土器の動物意匠について」（『国華』72-6）とネリー・ナウマン「縄文時代の若干の宗教的観念について」を紹介された。そして，小林氏は江上氏論文の特徴として，次の点を指摘さ

れている。
1　蛇と三本指の前肢をもつ蛙や蛙に類する動物文を，西アジア・アメリカ・中国の文様に対比して類似性を指摘した。
2　生活環境の著しい共通性と，それに基づく心的状態の驚異的な同似性を指摘した。
3　勝坂系縄文土器文化の担い手は原始的農耕を営み，農耕や土地に特別な関係があるものとして蛇や蛙，異様な人類形象的な神的存在に日常深い関心を懐いていた。

さらに，ネリー・ナウマン「縄文時代の若干の宗教的観念について」で小林氏は，その論文の概略として，
1　月に関する神話を考察の基底にして土偶と蛇，三本指の腕をもつ像を中国・西アジア，アメリカと対比させ，月神話の表象をみた。そこにある中心的主題は，「死と再生である」。
2　新石器時代ないし初期青銅器時代の中国と勝坂式文化との符合が見いだされる。
3　勝坂式文化への中国の領域からの伝播の可能性がある。

などの説を紹介された。そして，小林氏はこれらの論文を評価し，図像学的に

　　蛙と蛙形人物もしくは半人半蛙の図像は，藤内I式土器において最も整った。

とされた。また，この「半人半蛙図像」，「半人半蛙文」について氏は，三本指の手足を有する図文は狢沢式土器に初現するとされ，井戸尻遺跡出土例や町田市木曽中学校遺跡出土例をあげられた。そして，青梅市千ヶ瀬出土の新道式期の土器の文様にあり，藤内I式土器へと発展するとされた。

さらに，「6　一つの複合体」[8]の中で氏は，

　　それが具象的姿で初現する狢沢式期から新道式期をへて，一個のまとまりある鮮明な図像として確立している藤内I式期を中心に，個々の作例をみてきた。この種の図文は藤内II式以降，井戸尻式期をへて曽利I式期まで見ることができる。総じて藤内II式以降は別の要素も加わりつつ，具象性を離れて抽象化し，三本指の手や蛙の胴体あるいは頭がそれぞれ分離して他の図文と結合したりして抽象的に描かれている。その辺の様態は藤内I式期の図文を手本にして相互を対照比較することによって明らかにし得る。

とされ，半人半蛙図像の発生について，狢沢式より一段階前の九兵衛尾根II式にきざしがみられ，狢沢・新道期は混沌としているとされ，さらに，

　　以上を要するに，蛙，半人半蛙の精霊，それらと深いつながりをもつ神人，女性性器，赤子の手，朔の月，酒，といったものが渾然一如となってひとつの意識文化を構成している状態にいま手が届いただろう。

とされた。

こうした半人半蛙文は縄文時代中期の中部山岳地帯を中心に分布する重要な文様と考えられる。筆者は「半人半蛙文」の他に，信仰に関わる重要な文様として，「半人半蛇文」と「半人半鳥文」[9]があると考えている。「半人半蛇文」は蛇と蛇形人物的な文様で，「半人半鳥文」は鳥と鳥形人物的な文様であり，それに関する論文[10]を2002年に発表した。

また，「半人半蛙」と「半人半蛇」の概念をもとに，釣手土器の文様の変遷について女神信仰の観点からの論文[11]を発表した。この釣手土器でもやはり，月信仰との関係が想定される。土器文様における蛇と蛙との関係とは別に，「半人半鳥の図像」[12]もあり，フクロウのような鳥も信仰の対象と考えられる。この視点は中国の信仰思想とも関連すると思われ，鳥と太陽信仰の可能性が考えられる。縄文期の大陸との思想的関係や祭祀の状況についても考えていく必要がある。

さらに、土器文様とは異なるが、福島県内より「アワビの特殊遺構」が検出され報告[13]されている。この特殊遺構については、大竹憲治[14]、角田学[15]両氏の研究がある。筆者も石棒とアワビの関係について大畑貝塚報告書[16]が刊行されて以来関心を持ってきた。石棒祭祀とアワビなど出土遺物の関係について論文[17]を発表している。

卒業論文を提出して以来、縄文時代の祭祀に関心を持ち続け、上記したようにいくつかの論考を発表してきた。第Ⅱ部では「石棒・石剣・石刀の祭祀」「土器・アワビの祭祀」「縄文土器文様からみた祭祀」のテーマで縄文時代の祭祀のあり方に迫ってみたい。

註・参考文献

1) 澁谷昌彦 1977年「石棒の基礎的研究」『長野県考古学会誌』第28号
2) 澁谷昌彦ほか 1995年「石棒研究史と今後の問題点」『飛騨宮川シンポジウム・石棒の謎をさぐる』
3) 澁谷昌彦 1998年「第二編 "汝、砕かれしもの、免れしもの" 石剣・石刀—七社宮遺跡と山梨県金生遺跡等の出土状況—」『七社宮 福島県浪江町七社宮における縄文時代晩期の動物祭祀遺跡』
4) 渡辺 誠 1996年『よみがえる縄文人』学習研究社
5) 澁谷昌彦 1997年「土器に表現された祈りの姿」『第14回企画展・縄文の土器展—縄文人からのメッセージ—』
6) 猪俣喜彦 1996年『第八回特別展縄文の舞い〜土器に描かれた人体形象文の世界〜』釈迦堂遺跡博物館
7) 小林公明 1984年「月神話の発掘」『山麓考古』第16号
8) 前出7)に同じ
9) 前出5)に同じ
10) 澁谷昌彦 1998「「踊る」・「抱える」・「平伏す」土器—半人半蛙文・半人半蛇文・半人半鳥文—」『列島の考古学・渡辺誠先生還暦記念論集』
10) 澁谷昌彦 2002「鳥型文様の縄文土器」『いわき地方史研究』第39号
11) 澁谷昌彦 2003「縄文時代中期の釣手土器における女神信仰の様相について」『大塚初重先生還暦記念論集・新世紀の考古学』
12) 澁谷昌彦 2002「鳥形文様の縄文土器」『いわき地方史研究』第39号
13) 小野美代子 1975「5 E地点」『大畑貝塚調査報告』
14) 大竹憲治 1982「いわき地方のアワビ祭儀についての覚書」『いわき地方史研究』第19号
15) 角田 学 1994「浜通り地方の縄文貝塚における土偶祭儀とアワビ祭儀について—縄文貝塚集落における土偶祭儀とアワビ祭儀併存の意義とアワビ祭儀の本来的意義—」『いわき地方史研究』第31号
16) 前出13)に同じ
17) 澁谷昌彦 1998「アワビ特殊遺構の検討—大畑貝塚E地点の場合—」『いわき地方史研究』第35号

第1章　石棒・石剣・石刀の祭祀

第1節　石棒の基礎的研究

1　はじめに

　石棒について注意されたのは案外古く，その名称について江戸時代の木内石亭は『雲根誌』において「異志都々伊」と呼んだ。その著述に民衆は「雷太鼓の撥」とも呼んでいたことが記載されている。

　神田孝平氏は『日本大古石器考』(1886年)で「雷槌」と記されているが，若林勝邦氏は「石棒の比較研究」(1886年)で「石棒」という名称を使用され，それが現在に至っている。

　石棒は形態が特異であるが故に，さまざまな機能が考えられてきたのである。しかるに近年の発掘調査により石棒に関する資料の増加も著しい。こうした中で石棒の研究をふりかえると，明治以降の研究の域を出たとはいいがたいのが現状である。

　本稿では，石棒の研究史を振り返ることにより，今後の研究の方向付けをおこなうことを目的とした。

2　石棒研究史

　石棒研究は今日に至るまで多くの先学によって進められてきた。こうした多くの研究の中で筆者は，以下の3点について問題としたい。

(1)　石棒を他の石器類から区別した基準
(2)　石棒の型の分類
(3)　石棒の用途

　この3点が石棒研究の中でいかにあつかわれてきたかを考えなければならない。なぜなら，それにより先学の研究を整理することができるし，これを土台に今後の研究方向を摘出できると考えるからである。

(1)　石棒を他の石器類から区別した基準

　石棒の定義とも関連するが，石器類の中から石棒を区別する基準は何かという問題は重要である。そこで考えなければならないのは，石棒自体の分類と，石棒を他の石器類から区別した基準の問題である。しかし，石棒自体の分類については後述するのであまり触れないこととする。

　羽柴雄輔氏は「石棒の用法　上篇」(1888年)で，石棒を石で作った棒の総称とされた。大野延太郎氏は「常陸国霞カ浦沿岸旅行談」(1896年)で石棒とは横断面が丸く，あるいは扁平で全体が太く長いものと記載された。大野氏の断面形を考慮したこの基準は他の石器類と石棒を区別する場合に有効である。しかし，石棒の型の分類で後記するが，当時の若林勝邦氏，羽柴雄輔氏，大野延太郎氏の研究では，石棒・石剣・石刀を分離して規定するには至らなかった点が注意を要するし，初期の石棒研究の混沌とした点はここにも原因がある。

　そうした混迷の中で，石棒・石剣を分離して定義付けようと努力したのが鳥居龍蔵氏の『諏訪史　第1巻』(1924年)と『先史及原始時代の上伊那』(1926年)である。ことに『諏訪史　第1巻』で鳥居氏は，従来の研究をまとめ，石棒に広義と狭義があるとした。広義は石の棒状を呈したものであり，さらに製作の精

粗，用法の相違から精製石棒，粗製石棒に分類をした。狭義はそのうちの粗製石棒をさすとされ，精製石棒に石剣という名称があたえられているのを理由に粗製石棒を区別された。要するに，若林氏，羽柴氏，大野氏が石棒という枠内で石剣を石質の違い，製作の違いと考えたのに対し，鳥居氏は石棒と石剣を区別する立場をとったのであり，重要な見解である。

また鳥居氏は石棒の基準を『諏訪史 第1巻』で「石棒は一般に大形で，横断面は円形又は楕円形を呈し，石質は安山岩，花崗岩，緑泥片岩等が多く，石質の関係上外面が幾分平滑を欠き，頭部に瘤をもつもの，外に装飾らしいものは見あたらない」とされている。細かく検討するならば，この基準には問題点もなくはないが，現在でもなお有効な方法であるといえよう。

鳥居氏の研究方向は，諏訪，上伊那両地域の調査に同行した八幡一郎氏に受け継がれた。さらに，八幡氏は鳥居氏の石棒と石剣との分離の方向を進めた。八幡氏は『南佐久郡の考古学的調査』(1928年)，『北佐久郡の考古学的調査』(1929年)を著された。ことに『北佐久郡の考古学的調査』では，石棒・石剣・石刀の分離を徹底することに重点をおき，従来の石棒と石剣との区分の基準が不徹底であるとされ「石棒は形の大小を問わず体部断面が正円及至之に近い楕円形をなし，原則としては一端又は他端に頭部を有する」と述べ，石棒が断面形態で刃の様に薄くなっていない点で石剣・石刀と区別をされたのである。その後は八幡氏の定義にしたがってとらえられて今日に至っている。

石棒を他の石器類から区別する基準でもう1つの問題がある。つまり研究史の中で石棒と石剣・石刀との系統についてどう考えてきたかである。この点に関しては下記の2つの見解がある。

①石棒から石剣・石刀は発生してくるとする見解で，石棒と石剣・石刀を一系統であり同一線上の変化とする見方

②石棒と石剣・石刀は発生から異なるとする見解で，別系統のものだとする見方

同一線上の分化とする見解は小林行雄氏の『日本考古学概説』(1957年版)と『図解考古学辞典』(1970年版)の中で示されている一貫した見解である。ことに『図解考古学辞典』では石棒について，「後期の石棒は概して小型になり，そのかわり頭部の彫刻が複雑になる。すなわち，頭部を亀頭状に作ったものや，ここに文様を陰刻したものが多くなる。加工に適した粘板岩などを用いたものがふえる。断面形もしだいに扁平になる傾向があって，晩期にはこれから石刀が分化する」との見解を述べられた。

吉田富夫氏は「石棒・石剣・石刀」(1941年)で粗製太形石棒と精製細形石棒とは，発生的，系統的に1つのものと考えることを疑問視し，精製細形石棒に先行するものとして木製棍棒の存在を仮定した。精製細形石棒と粗製太形石棒は別系統のものと考え，石剣・石刀も精製細形石棒から発達したものではないとの考えを述べられたのである。この問題は重要であり，石棒と石剣・石刀の集成にもとづく型式学的研究によって考えられなければならない。

(2) 石棒の型の分類

石棒の型の分類は，石棒の型式学的研究に直接関係する問題であり，その分類は石棒の両先端（頭部）の型による分類に重点がおかれてなされてきた。

神田孝平氏の『Notes on Ancient Stone Implements of Japan』(1885年)とその抄訳『日本大古石器考』(1886年)は石棒の型の分類を最初に示したものであり，4種に分類している。すなわち「其類分ッ三四種トス，其一ハ石棍ニシテ中部程太ク両端ニ頭ヲ具スル者，其二ハ前ト略同形ニシテ一端ニ頭ヲ具シ他ノ一端ハ円錐状ヲ為ス者，其三ハ一端ニ頭ヲ具シ他ノ一端ハ木状ヲ為ス者，其四ハ両端倶ニ頭ヲ具セサル者ナリ」と類別し，1種の例として美濃不破郡出土の石棒，2種には佐渡鮎川村出土の石棒，3種に飛騨出土の石棒を図示している。ここで神田氏の集成した石棒は29点をかぞえ，大きさ，石質，所蔵者名などを記している。

この4種の分類が集成のうえになされている点は重要である。

その後の研究には，若林勝邦氏の「日本鹿製石棒」（1887年），羽柴雄輔氏の「石棒の用法　上編・下編」（1888年），大野延太郎氏の「常陸国霞カ浦沿岸旅行談（続）」（1896年）がある。

ことに羽柴氏の「石棒の用法　上編・下編」は粗製石棒と精製石棒に分類し，粗製石棒は粗質の秩父石で作られるものが多く，長さ3尺から4尺が普通である。頭部は無頭と有頭に分けられ，有頭のものには一頭と両頭があると識別する。これに対し，精製石棒は石盤石・緑泥石など緻密な石材を琢磨し，長さ7寸から2尺3寸の範囲で作られ，頭部は粗製石棒と同様である。横断面は扁平のものが加わり，それには片刃・両刃の刀部を有するものがある。装飾として彫刻を有すると述べておられる。

羽柴氏の研究をもう一段階進めたのは鳥居氏の『諏訪史　第1巻』（1924年）と『先史及原史時代の上伊那』（1926年）における研究であった。『諏訪史　第1巻』において鳥居氏は神田氏，羽柴氏の分類をまとめて図示し3段階に分類した。つまり1段階では有頭・無頭に区分した。2段階では有頭をさらに単頭，両頭に，無頭を円端・平端とに分けた。3段階では単頭石棒をさらに二段笠形・笠形・逆サ鉢形・鍔形の4分類に区分されたのである。つまり諏訪地方の石棒を7型式に分け，本地方は笠形が多いと結論された。また，長地村横川早出向発見の石棒を石剣式石棒として記されている。

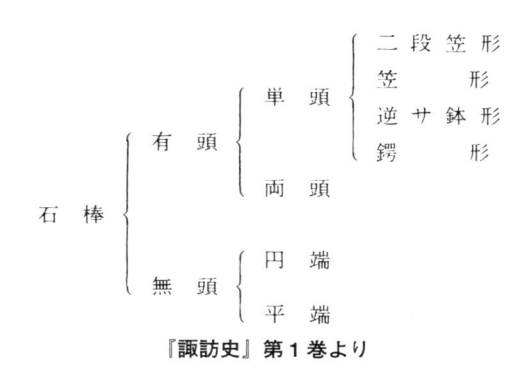

```
              ┌ 単 頭 ┌ 二 段 笠 形
        ┌ 有 頭 ┤       ├ 笠   形
        │      │       ├ 逆 サ 鉢 形
石 棒 ┤      │       └ 鍔   形
        │      └ 両 頭
        │      ┌ 円 端
        └ 無 頭 ┤
                └ 平 端
```

『諏訪史』第1巻より

鳥居氏は『先史及原史時代の上伊那』でもう一歩進められた。2段階までは『諏訪史　第1巻』の分類と同じであるが，単頭石棒をさらに7分類する。

（Ⅱ）　頭部僅かに躰より縊れ出るもの
（Ⅲ）　頭部が発達して躰と全く離るもの
（Ⅳ）　頭部の形は次第に形を整えられて宛然茸の如き形となるもの
（Ⅴ）　更に進んで頭頂は平らに戴られ頭部円形となるもの
（Ⅵ）　Ⅳを進めて頭部2段となるもの
（Ⅶ）　更にそれを整えたもの
（Ⅷ）　Ⅳの頭部を4分し南瓜の如きもの

この分類においてもⅣ型に属する石棒が全数の半分以上を占めて，諏訪地方と同様な傾向であると記載されている。こうした鳥居氏の研究は類別を主としているが，実際の集成作業から，それを型式分類したものであり，羽柴氏の研究と同様高く評価されよう。

このような一貫した研究方法は，八幡一郎氏の『南佐久郡の考古学的調査』（1928年），『北佐久郡の考古学的調査』（1929年）に受け継がれる。ことに『北佐久郡の考古学的調査』では単頭石棒を10類に分け，Ⅰ型を笠形，Ⅳ型を笠二段重ねとし，Ⅱ・Ⅴ～Ⅶ型の石棒を1系列のものであるとされている。

その後，石棒の型式分類をとりあげた論文はみられず約40年のブランクの後，小島俊彰氏の「加越能飛における縄文中期の石棒」(1976年)によって石棒の型式分類が試みられた。

小島氏は彫刻石棒を中心に論じ，加賀・越中・能登・飛騨の集成石棒を8型式に分類された。

　第Ⅰ型式：石棒本体の上端に鍔を巡らせ，鍔の上下に玉抱三叉文を彫刻するグループ

　第Ⅱ型式：1ないし2本の鍔と三叉文の彫刻を特徴とするグループ

　第Ⅲ型式：上端を巡る鍔が，一面でV字状に垂れ下がるもの，あるいは一周した鍔にV字状隆帯を加えたもの

　第Ⅳ型式：上端部に鍔を巡らすだけのもので，鍔は1重と2重がある

　第Ⅴ型式：上端部に円柱あるいは臼状の頭部を造り出すもの

　第Ⅵ型式：上端部に亀頭状の突出を造り出すもの

　第Ⅶ型式：Ⅳ型式と同様に上端部に亀頭状の表現をするが，凹線を巡らすことによって見た目の突出を造り出しているもの

　第Ⅷ型式：鍔や隆帯あるいは彫刻などを有せぬもの

このような小島氏の集成をもとにした研究は，地域的研究として大きな功績をもつものである。しかし，この型式分類には以下のような問題点もある。

1) 彫刻石棒と呼ばれる石棒は小島氏が記されているように，石棒のなかでもきわめて限られた地域と限られた時期に発生するものである。その根底にもっと広い相対的な視野があり，その総体性に基づく石棒の型式学的研究の立場から彫刻石棒の組み込まれる位置を明確にすべきであろう。

2) 石棒集成をしてはいるものの，型式分類の基準に一貫性と統一性を欠き矛盾がある。すなわち，第Ⅰ型式から第Ⅲ型式までは彫刻文様を主体にし，第Ⅳ形式は鍔の有無，第Ⅴ型式から第Ⅶ型式は頭部の型，第Ⅷ形式は鍔を有さぬもの，という基準で分類をおこなっている。これは，個々の遺物に対して一貫した等質な基準をもって検討を加えなければならないという，型式分類をおこなう際の必須条件にもとるもの，といわざるを得ない。また，従来呼ばれてきた無頭石棒と単頭石棒とを同一線上であつかっていることにも大きな問題がある。

3) 確実な遺構からの出土例の少ない地域を対象として石棒の編年を論じていることに問題がある。その意味において小島氏の使用した岐阜県堂之上遺跡の例は重要である[1]。小島氏の第Ⅲ型式の石棒は，長野県諏訪の藤内遺跡7号住居跡より出土したもので，井戸尻Ⅰ・Ⅱ式期に比定されている。したがって，小島氏の推論よりいささか古くなると思われる。

以上，型式もしくは型の分類について振り返ってみた。次に石棒の用途について検討を加えよう。

(3) 石棒の用途

石棒の用途に対する見解は3つに大別される。

　1) 石棒は男性器を形どったもので，男性生殖器崇拝が存在したとの見解

　2) 上の1)の見方に対してあくまでも慎重に用途を決定すべきだとの見解

　3) 石棒に実用的機能があったとし，そうした観点から用途を導き出す見解

次にそれぞれの見解に関する研究史を振り返ってみよう。

1) 石棒は男性器を形どったものとする見解

石棒を非実用的な石器とし，男根崇拝の存在を想定している研究には，男性生殖器と単頭石棒中のある種の形状が類似しているという観点からの論述がほとんどである。

大野延太郎氏は「常陸国霞ヵ浦沿岸旅行談（続）」(1896年)で，神社に石神として祭られている石棒に注

目し，その石神信仰について男女下部の病を治す信仰であるとされて『古語拾遺』を引用し，男根形を作り神を祭ることは古代にもあったと想定をされた。これをもとに陸平貝塚，武蔵国荏原郡下目黒不動堂裏の出土品と各地の石神の形状と大差がないことに注目され，石器時代人民にも同様なものがあったとされた。

　大野氏が石神信仰の面より考えたのにつづき，鳥居龍蔵氏は「吾人祖先有史以前の男根尊拝」(1937年)で和泉国賓寺附近八池の貝塚出土土製品をもとに，弥生時代にも男根崇拝が存在したとされ，大野氏の男根崇拝説を採用してエルセイ川流域にも石製男根形の遺物があるとされた。鳥居氏の研究は考古学的な資料と民族例を引用しての論述であった。

　こうした見解は谷川（大場）磐雄氏も「石器時代宗教思想の一端（3）」(1937年)で肯定し，石棒の形状からリンガを表わしたものとされた。そして，越後国三島郡大積村・同郡関原村三十稲場の石棒を例にして，頭部の脈線を亀頭の表現と記された。

　また，武藤一郎氏の「石棒に現れたる割札の痕跡に就て」(1938年)，清野謙次氏の「男女生殖器を示し且同時に交接を意味せる日本石器時代土製品」(1939年)の発表によって石棒の男根崇拝的用途論はさらに補強された。武藤氏は，石棒自体の観察から出発して，側面に細長い磨砥痕や大きな凹穴がある石棒8例を図示し，石棒のあるものには性崇拝に使用されたものがあるとの考えから，磨砥痕は割礼を示すものと考えられた。論文に掲載されている写真を見る限り，石冠に類似した土製品を例に，清野氏は土製品が男女生殖器の結合を表わしていると紹介した。

　石黒松吉氏は「石棒物語」(1936年)で飛騨の彫刻ある石棒について記し，越中の彫刻ある石棒と比較して，江名子の泉水の石棒を「突帯の下の褌元の如き彫刻は，まさにヨニの形を示すものである」とされ，石棒終末期型式は1個の石棒にリンガとヨニを示す様になったと記された。

　根本忠孝氏は「「重石平」縄文式遺跡と発見の石棒に就て」(1957年)で福島県双葉郡川内村大字上川内出土の石棒を紹介し，磨研痕については女子の陰門を模したものであり，1個の石棒に陰陽両形を具備した「Coitūus」を意味していると説明された。

　以上のような，集成した石棒の形状と男性生殖器の形の類似による用途論に並行して，藤森栄一氏による「日本原始陸耕の諸問題」(1950年)以降，石棒の生殖器崇拝を前提条件に，石棒の用途研究も異なる意味あいを有するようになり，農耕論，共同祭式論という方向で論じられるようになった。

　藤森氏は前記の論文で宮坂英弌氏の与助尾根発掘に注目し，石棒に農耕的要素があるとし，地面に立てられるペニス状の石棒は，地母神信仰の表現であるとされた。この見解は同氏の『縄文農耕』(1970年)の中でも主張されている。

　水野正好氏は「縄文式文化期における集落構造と宗教構造」(1963年)で長野県茅野市与助尾根の発掘をもとに，石棒，石柱，土偶などの出土と，集落の関係により祭式構造を考えた。つまり，宗教構造として対象を広場祭式，石柱，土偶，石棒祭式などに分け，石棒祭式については，小群の1住居跡隅にあって，性神，成育神であると考えた。

　この研究の方向性は，宮坂光昭氏の「縄文中期における宗教的遺物の推移―八ヶ岳山麓の住居跡を中心として―」(1965年)，桐原健氏の「縄文中期にみられる室内祭記の一姿相」(1969年)，長崎元広氏の「八ヶ岳西南麓の縄文中期集落における共同祭式のありかたとその意義(上)(下)」(1973年)などに受け継がれていった。

　ことに長崎氏は「八ヶ岳西南麓の縄文中期集落における共同祭式のありかたとその意義（上）（下）」で石柱・石棒祭式として，石柱・石棒・石壇が住居内，住居外のどの地点より出土しているかに注目された。住居内出土の石柱・石棒・石壇の出土状況は，出入口部・炉辺部・奥壁部の3型がある。こうした3型の施設における社会的意義にも言及され，炉辺部型は炉辺と「火」と強く結びついた性格。出入口部の型は頻繁に

使用する日常空間の位置から、出入口部出土の埋甕と共通する性格をもっていた。奥壁部は非日常性を帯びた場所に作られた。石棒祭式の意義に関して水野正好氏の考えを引用して、動物の供犠に関連する、狩猟的、男性的要素の強いものとされた。

また、長崎氏は「石棒祭祀と集団構成―縄文中期の八ヶ岳山麓と天竜川流域―」(1976年)で、石棒祭祀の出入口型については「この出入口の型は、近世以降にみられる家の神「門神」の習俗に相通ずる面をもち、その家屋内に忍び寄る悪霊を追い払う役割をはたしたとも考えられるが定かでない」とされた。炉辺型と奥壁型については「出入口型が日常的な「俗」の空間であるのとは反対に、非日常的な「聖」の空間につくられているところに大きな意味がある」とされ、さらに「そのように各種の供物が供献され、いったい何が祀られたのだろうか。物質資料しか持ち合わせていない考古学では、そうした問題に立入ることは困難であり、民俗学の成果を借りてきて復元するならば、奥壁型や炉辺型は、自然界に宿る精霊（神）が降臨する依り代としての祭壇で、人々は動植物の増殖と集団の繁栄をその精霊に祈願したのだろうと思われる」と述べておられる。しかし、こうした長崎氏の手法は考古学の研究方法を逸脱したもので、研究者としての姿勢を疑わざるをえない。以下、いくつかの問題点を示しておきたい。

第一に石棒を論じるのに、諸先学による長い研究史を顧みることなしに独断的な解釈を加えている。考古学には型式学的研究と編年学的研究という方法論が存在するのである。しかるに長崎氏の一連の論文は、資料の集成に基づく型式分類による考察という考古学的方法を無視して、いきなり民俗学の断片的な類似例を安易に利用している。その研究態度は考古学としての学から逸脱しているとともに、先学が積み重ね、磨き込んできた考古学の独自性を危うくするものといわざるを得ない。また、引用されている民俗事例及び、使用されている民俗学用語と思われるいくつかの名称は、その用語についての定義、背景に対する配慮などがまったくみられない。この点は、考古学者のみならず、民俗学、民族学、宗教史学者からの批判も当然考えられよう。

近隣諸科学との提携・学術交流は、現代の科学者として当然考え、おこなわれなければならない問題である。しかし、安易な近隣諸科学の援用は先述したとおり、考古学独自の立場および方法論すら他の科学者に対して誤解を与えることとなろう。また、石棒の時期認定と機能に関して、遺跡出土の石棒が実際にそこで使われたものか、あるいは覆土に廃棄された石棒であるか、出土状態のうえで厳密な観察が必要である。長崎氏の研究では石棒の出土位置と、石棒の機能を直接結びつけ、出土位置による機能論に終始している点にも問題がある。

その後小島俊彰氏は「加越能飛における縄文中期の石棒」(1976年)で加賀・越中・能登・飛騨の玉抱三叉文の彫刻が施された石棒について、清野謙次氏が発表された「男女生殖器を示し且同時に交接を意味せる日本石器時代土製品」の論文中に示されている玉抱三叉文に、彫刻石棒の玉抱三叉文が似ている点を指摘された。小島氏は、第Ⅰ型式に分類した玉抱三叉文を有する石棒について、男女両生殖器が一体になったよう、との見解を述べておられる。

2) 慎重に用途を決定すべきだとする見解

これは主に石棒が男性器を表現した、との見解に対する批判である。

八幡一郎氏は「日本先史人の信仰の問題」(1939年)で従来の石棒研究史のうえに立って、石棒の一部に男根を表わすものもあるとしながらも、「而して石棒を男根崇拝の対象物なりと断ずる為には、一方その型式研究を徹底せしめて男根を表すものになることを証明するとともに、他方石棒の発見状態に就き確実なる資料を蒐集して、そのあり方から信仰関係のものなりや否やを判断することに努めなければならぬと思う。一個の物、一例の状況だけで、全般的な事を論議することは、先史学の場合甚だ危険だからである」と述べ

られた。八幡氏のこの見解は，石棒集成の経験，石棒研究に通じた氏自身の石棒研究の方向付けであり重要な指摘である。

中谷治宇二郎氏は「校訂日本石器時代提要」（1944年）で江戸時代の金勢明神やおしゃもじ様などをあげ，石器時代の石棒と同形のものもあるとしながら「然し原始的信仰中，特に生殖器崇拝の研究に興味を持つ人が，路傍の一樹一石をも，ともすればその目的のものと牽強する傾向があり，一般人士が異常な興味を感じて，無反省にこの問題を扱いがちであるから，特に説を立てる前に細心な反省を加へて見る必要がある」と指摘され，石棒の用途についての研究に慎重さを要請された。中谷氏のこの指摘は，ともすれば安易な用途論に陥りがちであった石棒研究に貴重な示唆をあたえたもので，われわれ現代の研究者も肝に銘ずるべき見解である。

3） 石棒に実用的機能があったとし，そうした観点から用途を導き出す見解

石棒研究の初期においては，石棒は粗製石棒，精製石棒の2つに分けて考えられ，後者の精製石棒に石剣・石刀も含められていた。このように石棒に含められた範囲が広かったこともあり，さまざまな用途が考えられたのである。

木内石亭は『雲根志』（享和元年）で異志都々伊（石棒）について上代の神宝で，『日本書記』の神武天皇の異志都々伊と関連させている。

神田孝平氏は『日本大古石器考』（1886年）で雷槌（石棒）を武器ないし武威を示すものと考えた。

若林勝邦氏は「日本鹿製石棒」（1887年）で軽いものは武器，猟器，威を示す。重いものは祭器，宝物であろうとされた。

その後，羽柴雄輔氏は「石棒の用法 上編，下編」（1888年）で粗製石棒は台湾の杵と形が似ているので，杵であるとされ，精製石棒を武器であるとされた。

坪井正五郎氏は「パリー通信，石棒の用途」（1889年）でトロカデロ宮での博覧会に出席し，ニカラグワでの発掘品をみて，石棒との形状の類似から石棒が麺棒のように使用されたと考えられた。

鳥居龍蔵氏は『武蔵野話』の著書と「有史前の石棒に就いて」（1922年）で「這は即ち彼の武蔵野学者として尊敬すべき鶴磔先生であって，其の文化十二出版『武蔵野話』附録中に之を記して居られます」と述べ，石棒の用途について鶴磔先生が，蝦夷（アイヌ）のツツウチと比較し，ウカリと対照していることを紹介された。

寺田貞次氏は「石冠の用途に就て」（1923年）で石棒について南方の民俗例をひき，忍び棒という木製の棒との関連を考えられた。

大場磐雄氏は『考古学』（1935年）で定説がないと記しながらも，あるものは杵のような什器に使用し，大形両頭のものなどは，「一種の寶品又は儀仗的性質を有する非実用品ではあるまいか。従来一部ではその形状の類似から生殖器崇拝（Phalicism）の対象と考えられたこともあるが，右は後世石棒が道祖神その他の祭神とされている点から類推したものであって，信ずるべき説とはなし難い」とされた。これは大場氏が「石器時代宗教思想の一端（3）」で述べた自説を否定する立場に立っている。

柴田常恵氏は「日本原始時代の宗教」（1937年）で男根崇拝説に反対し，杵のように用いたもので日用の器具であるとされた。その理由として以下の点を挙げておられる。

(1) 一方がよく磨滅しており，ものを搗いた様子が見られ，片減りの工合を示している点。

(2) 石棒には発火の為と解される凹穴も存し，厨房の近くに置かれた点。

(3) 1頭の石棒は男根に似ていても，無頭や両頭のものはどう説明するべきかについて，「中には杵としては餘りに大型にして使用に堪へざるを云ふものがあるが，必ずしも一人の膂力を以て為さず，数

人の合同に依るも差し支へなきことで，頭部を有するは縄を掛くるに便にせしと見られ…」と説明し，杵としての機能を主張されたのである。

柴田氏が男根崇拝説に対して，無頭石棒，両頭石棒をどう説明するのかとの問題を指摘されたのは重要である。

以上，石棒の用途に関する3つの見解についての研究史を振り返ってみた。その内容は研究者によって様々に分かれている。筆者は，安易に石棒の用途を決めるべきでないし，また，用途を決めるに際しては慎重でなければならないと考えている。

3　石棒の定義

ここであつかう石棒とは，縄文時代の磨製石器で，大小の柱状もしくは棍棒状の石器である。頭部や鍔の有無によって，無頭石棒，有頭石棒があり，有頭石棒には単頭石棒，両頭石棒がある。石質は安山岩，緑泥片岩，花崗岩などを用いている。あらかじめ石棒に作りやすい石を利用して，それを打ちかいたり，磨いたり，削ったりしながら作られる。胴部（体部）断面は，円形ないし，楕円形もしくは，これに近い不定形を示すものである。これに対し立石は自然石をそのままに利用する。また，石剣・石刀は刃を有する点により石棒とは区別される。この観点をもとにして諏訪地方の石棒の集成を試み，「諏訪地方石棒集成一覧表」を作成した。

4　諏訪地方石棒集成一覧表について

「諏訪地方石棒集成一覧表」を作成するにあたってはいくつかの基準と前提を設けている。それを下記するとともに第1図から第3図に示した。一覧表を検討される際はこれらに留意されたい。

○一覧表の番号と石棒の図版番号は同一の遺物を指す。

○遺跡名の欄については，出土遺跡，出土住居の明らかな遺物はそれを記し，出土遺跡の不明なものは，所蔵機関名を記した。

○重量については使用した計器の関係により，重量2kg未満の石棒は，10g単位で測り，2kg以上50kgでは0.5kg単位で測った。

計測と計測の位置について（第1図参照）

○説明図(1)に示すように，図に向かって左側より，正面図，中間を側面図，右側の図を裏面図と便宜的に名付けた。

○Aは説明図(1)に示した如く，石棒の長さを示し，破片の資料も同様に測った。

○Bは説明図(1)と説明図(2)に示したように頭部長であり，これは（図面で見ると，正面図をみても，左右二ヵ所あるが長い方を取り）正面図，側面図の場合と長さが異なるので，正面図はB，側面図はbとして計測した。

○Cは説明図(1)と説明図(2)に示したように頭部幅であり，これは正面図，側面図の場合と長さが異なるので，正面図はCと側面図はcとして計測した。

○Dは説明図(1)と説明図(2)に示したように，Aを二等分した点を取り，その点の幅を示すもので，中間部の幅である。これは正面図の場合と側面図の場合と長さが異なるので，正面図はD，側面図はdとして計測した。

○Eは説明図(1)と説明図(2)に示したように，底部幅であり，これは正面図と側面図の長さが異なるので正面図はE，側面図はeとして計測した。

諏訪地方石棒集成一覧表

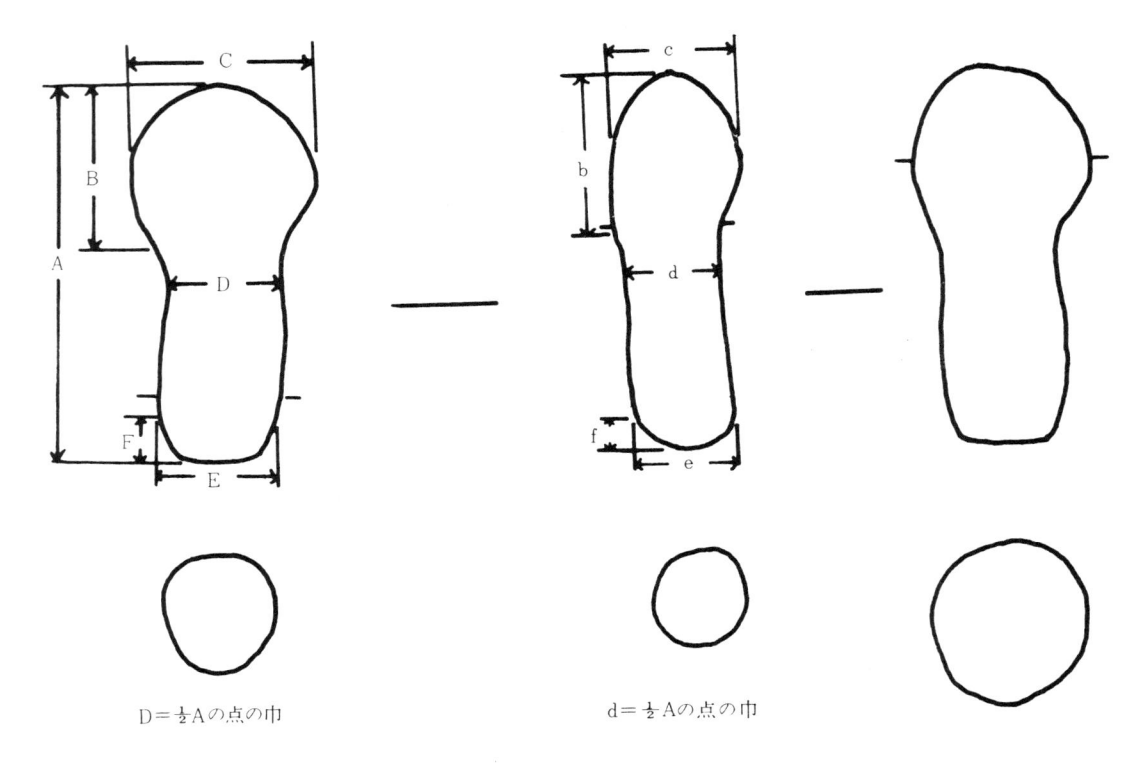

348　第1章　石棒・石剣・石刀の祭祀

D＝½Aの点の巾　　　　d＝½Aの点の巾

説 明 図 1

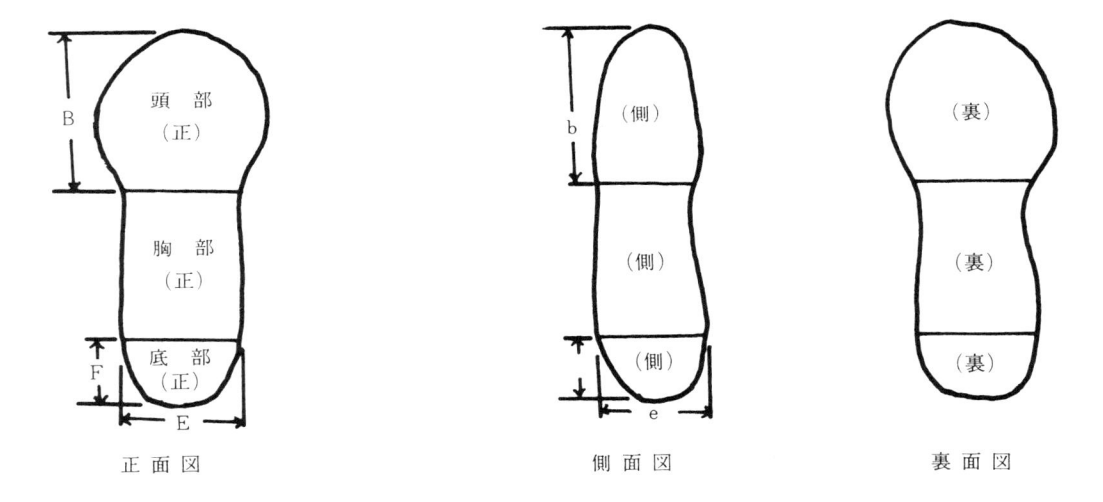

頭部（正）
胸部（正）
底部（正）
正面図

（側）（側）（側）
側面図

（裏）（裏）（裏）
裏面図

説 明 図 2

第1図　石棒型測模式図

第1節　石棒の基礎的研究　349

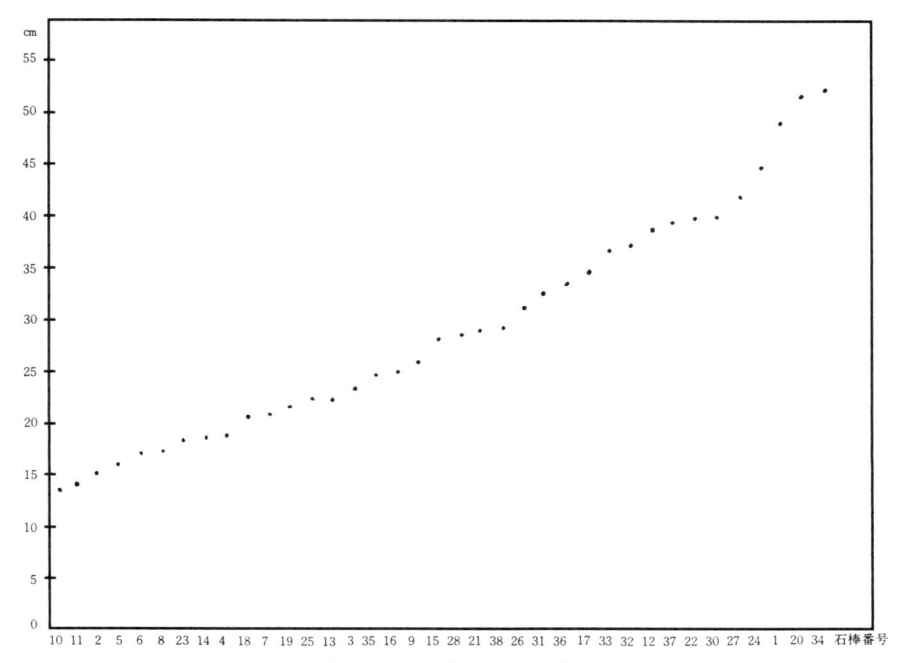

第2図　全長計測値分布図

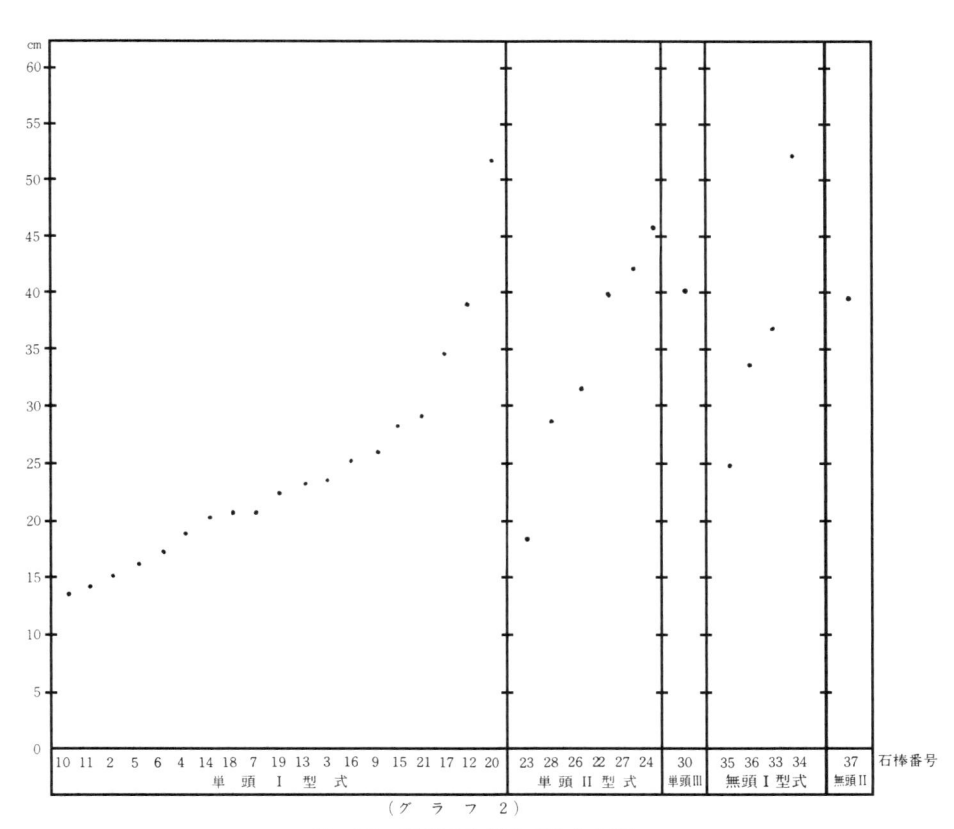

（グラフ 2）

第3図　型式別全長計測値分布図

○Fは説明図(1)と説明図(2)に示したように，底部の長さであり，これは（図面で見ると，正面図をみても左右二カ所あるが，長さの長い方を取り）正面図と側面の長さが異なるので，正面図はF，側面図はfとして計測した。

5 石棒の型式学的研究

前項の２の「石棒研究史」において先学がどのような基準をもって，石棒の型式分類をおこなってきたかに注目して研究史を振り返った。その結果，型式学的研究をおこなう場合その基準が個々の遺物に対して常に等質であり，一貫していなければならないという必須な条件に適合しているかどうかを問題とした。その観点から，小島氏の型式分類は，分類の基準に一貫性を欠いている点を明らかにした。こうした観点から，筆者は諏訪地方の集成石棒の観察と個々の検討をおこない，羽柴氏・鳥居氏の示された型式分類[2]の方法が妥当であるとの結論に至った。

そこでまず石棒を両頭石棒・単頭石棒・無頭石棒に三分類し，その分類の基準を，

両頭石棒：石棒の両端に鍔もしくは頭部を造り出すもの

単頭石棒：両頭石棒にも無頭石棒にも入らないもので，石棒の一端に鍔あるいは，頭部を造り出すもの

無頭石棒：石棒の両端に鍔もしくは，頭部を造り出さないもの

として単頭石棒の型式分類を主に，無頭石棒の型式分類も，それに準拠しておこなうこととした。

両頭石棒（第４図１）

両頭石棒の諏訪地方集成品としては１点あるのみである。石棒の頭部の作風に注目し，両頭石棒Ｉ型式として両端に鍔のあるものと把握した。今後類例の増加により作風の相異が判明すれば型式がさらに分化するであろう。また，Ｉ型式の中で頭部の差と型の相違が摘出されればⅠ型式はさらにアルファベットにより類別されていくであろう。

単頭石棒（第４図２，３～第12図30）

単頭石棒は両頭石棒，無頭石棒に入らないもので一端に鍔あるいは頭部を造り出すものである。これは羽柴・鳥居氏の型式分類法[3]でも記したが研究者の間で両頭石棒の一端が折れたもの，または頭部を有さず一端が粗雑であまり磨いていない，この２点から単頭石棒の破損品と見なされてきた。もちろん破損品もあるが，従来破損品としてあつかわれてきたものの中には完形品が多いことに注意したい。そしてこの単頭石棒が実は石棒形式の中でかなりの割合を占め，変化に富むものであることが明確になった。そこで筆者はこのような単頭石棒の作風の差を型式として把握し，単頭石棒をⅠ型～Ⅲ型式に分類した。

単頭石棒Ｉ型式：頭部を作るもの

単頭石棒Ⅱ型式：溝もしくは段を有するもの

単頭石棒Ⅲ型式：前ダレを有するもの

さらにそれぞれの型式内の頭部形態の差をアルファベットによって表わした。

単頭石棒Ｉ型式

ａ類 頭部が丸い：（第４図２～第６図13）

ｂ類 頭部が三角形のもの：（第６図14～第７図16・第８図20）

ただ（第８図20）の石棒は頭部にキザミを有する。これは分類上，類別の下にくるもので，加飾として分類されていくべきものである。この点で小島氏の指摘した彫刻石棒などもまず，鍔ないし段を有するものの中でくくられ，その頭部の彫刻は加飾として類別の下に細分されるべきである。

ｃ類 頭部が四角形のもの：（第７図17～19）

第1節 石棒の基礎的研究 351

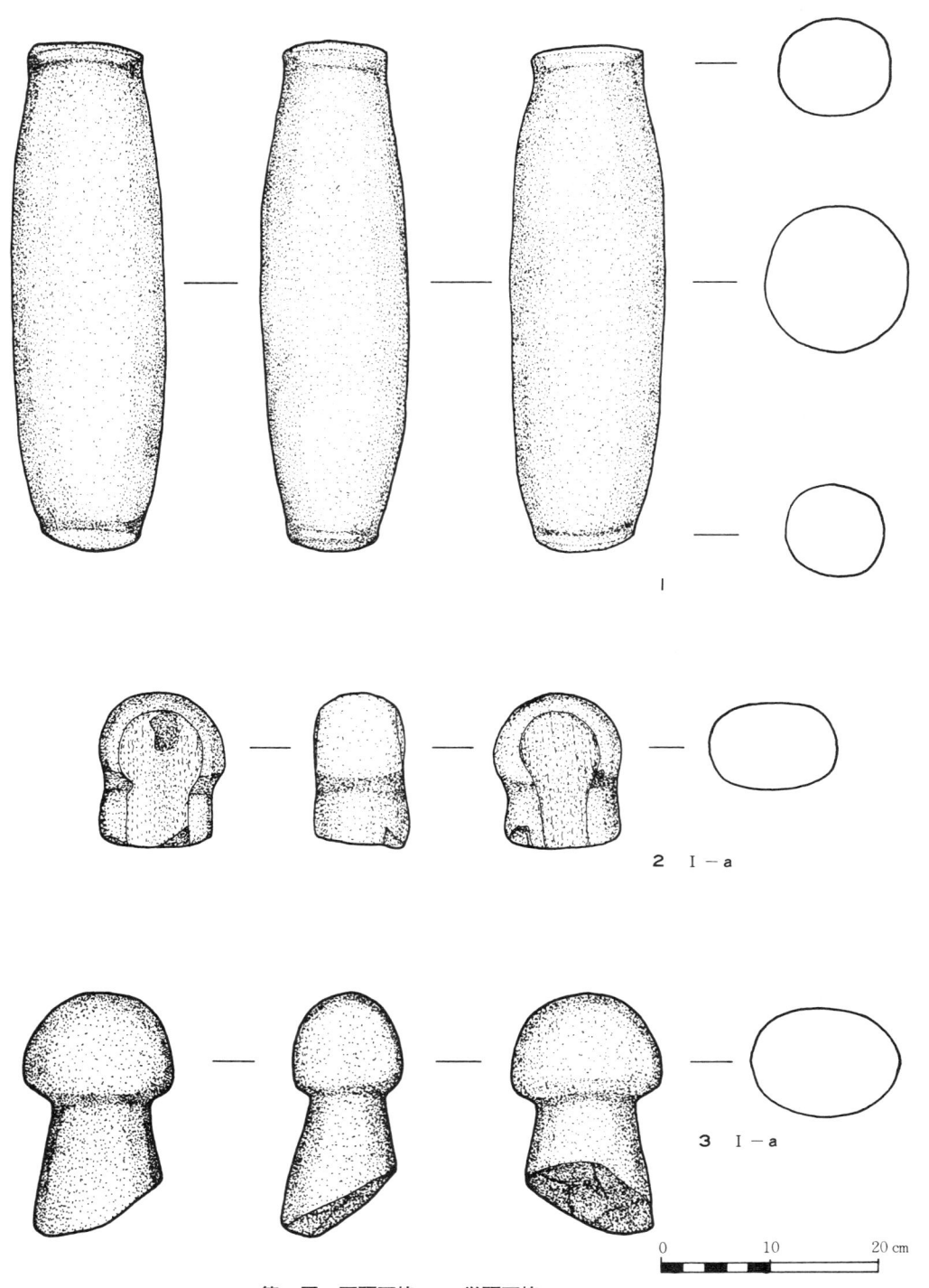

第4図 両頭石棒 (1) 単頭石棒 (2、3) (1：6)

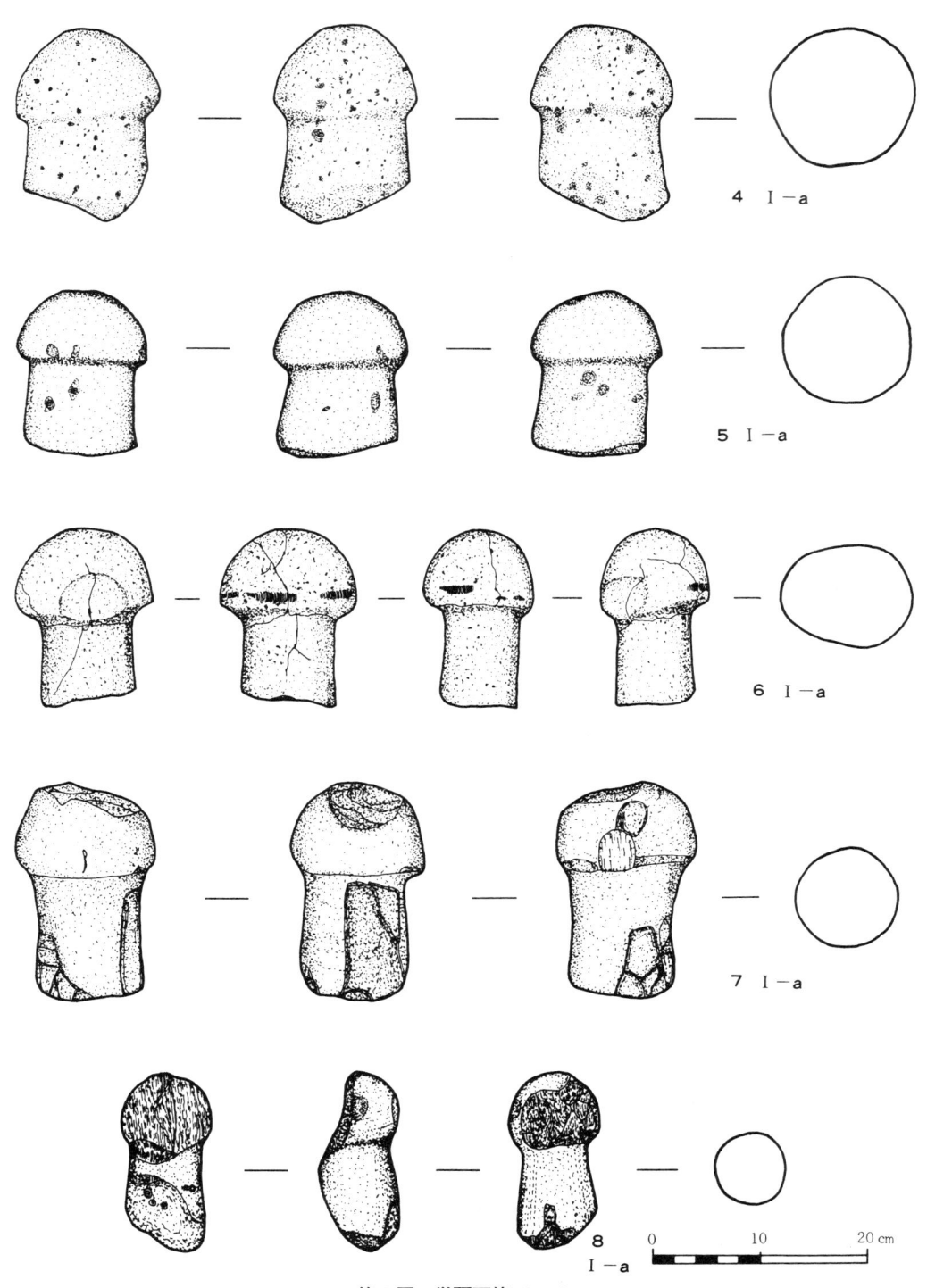

352　第1章　石棒・石剣・石刀の祭祀

4　I－a

5　I－a

6　I－a

7　I－a

8　I－a

第5図　単頭石棒（1：6）

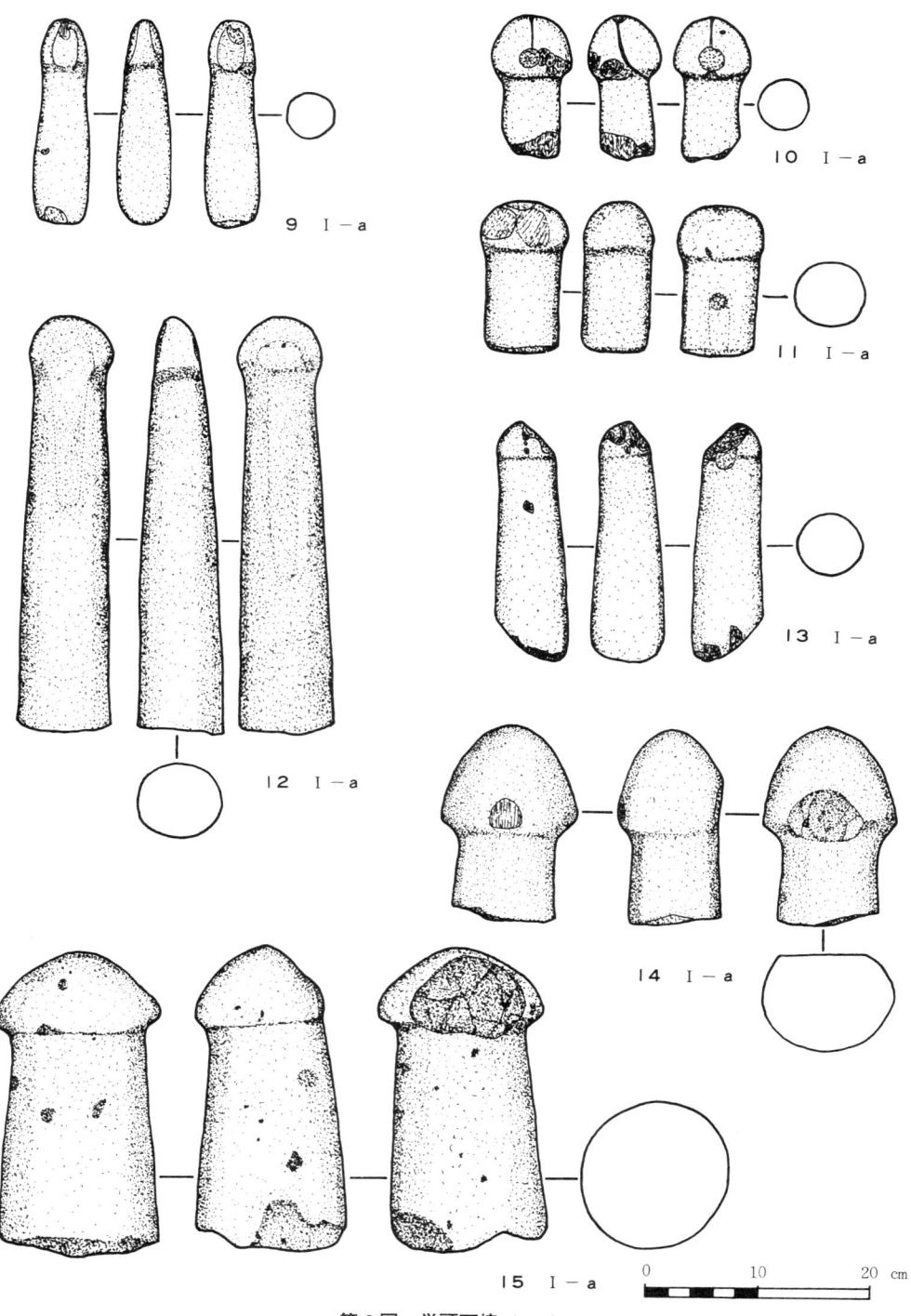

第1節　石棒の基礎的研究　353

第6図　単頭石棒 (1:6)

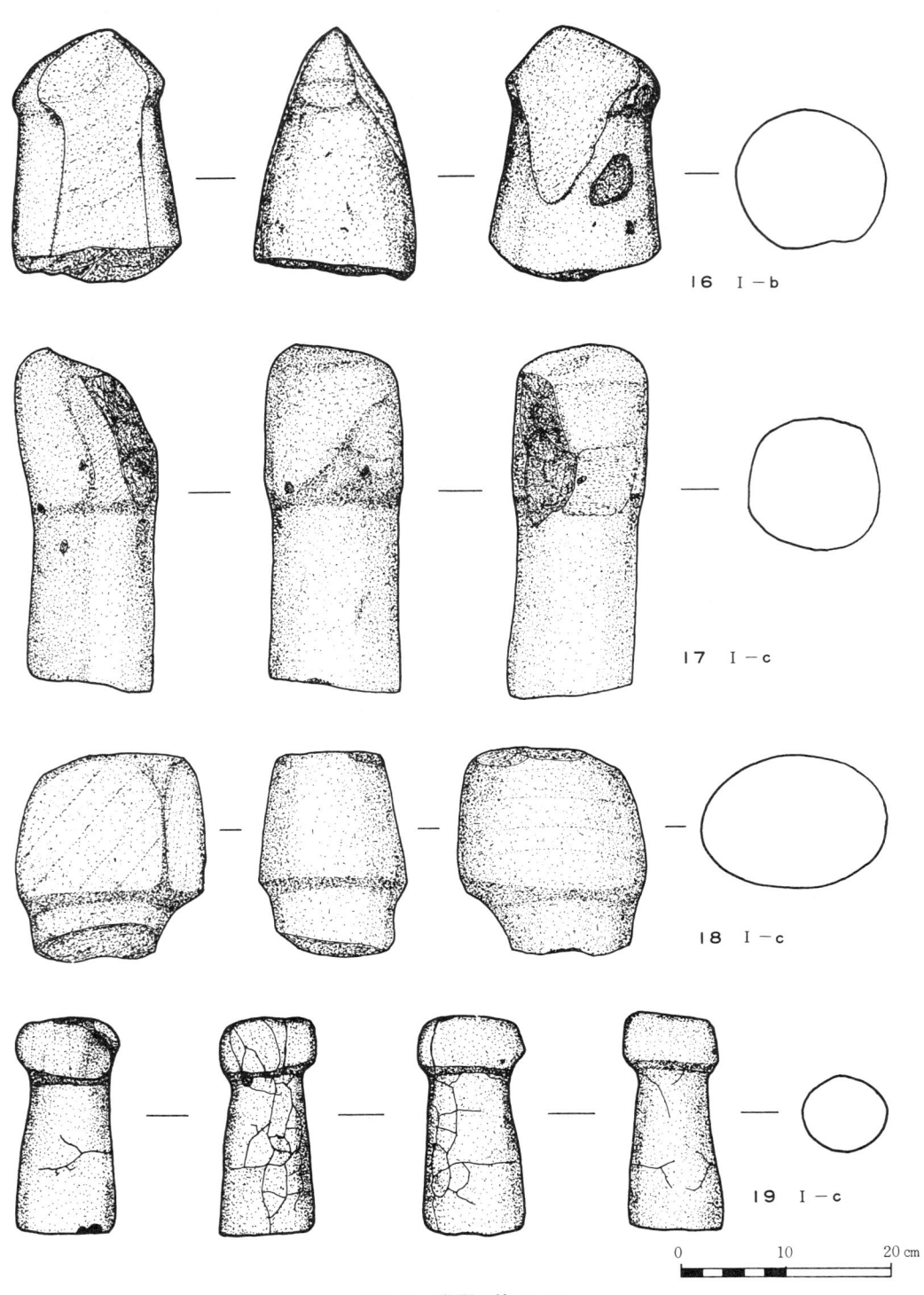

354　第1章　石棒・石剣・石刀の祭祀

16 Ⅰ-b

17 Ⅰ-c

18 Ⅰ-c

19 Ⅰ-c

第7図　単頭石棒（1：6）

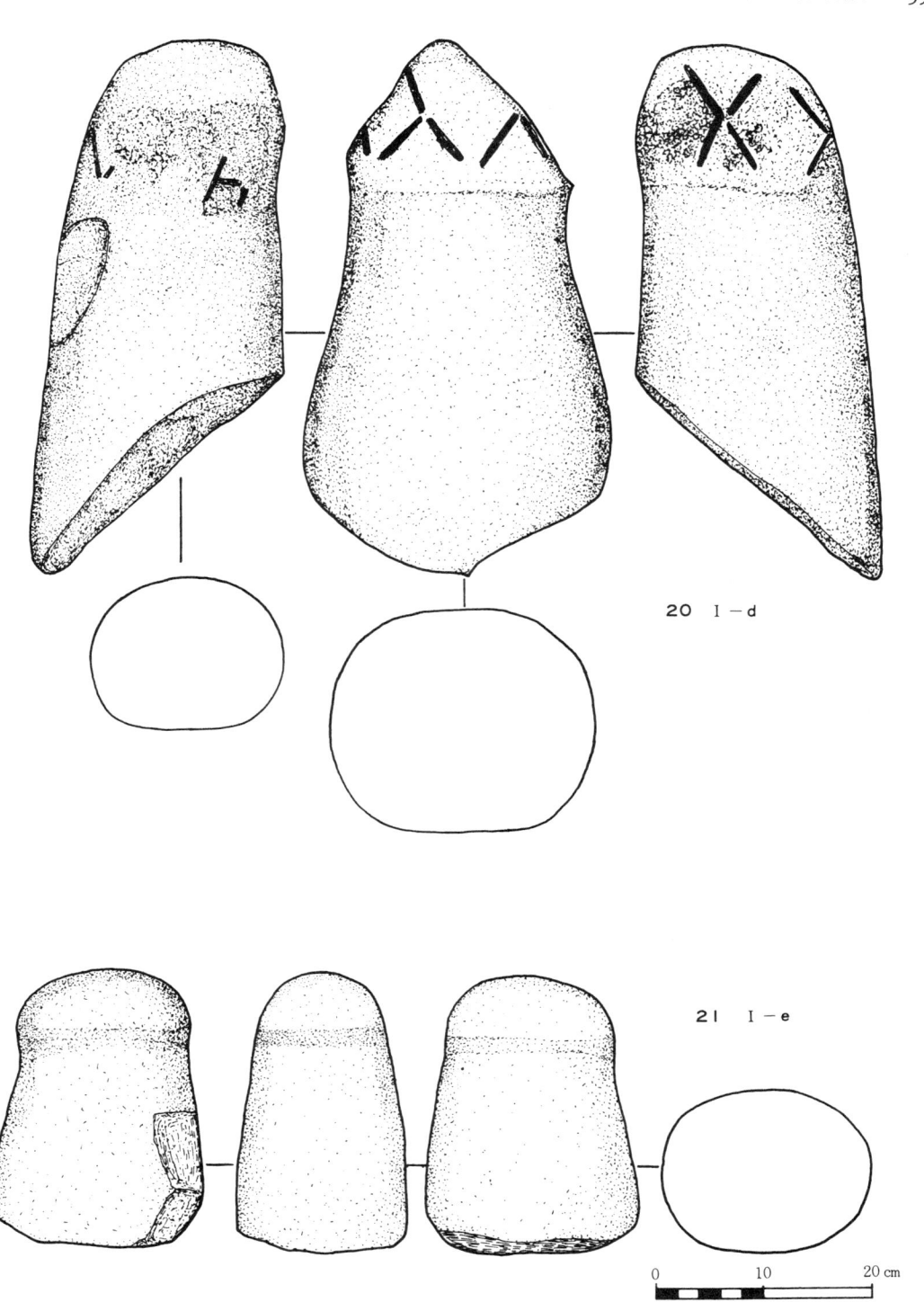

第1節　石棒の基礎的研究　355

20　I-d

21　I-e

第8図　単頭石棒 (1:6)

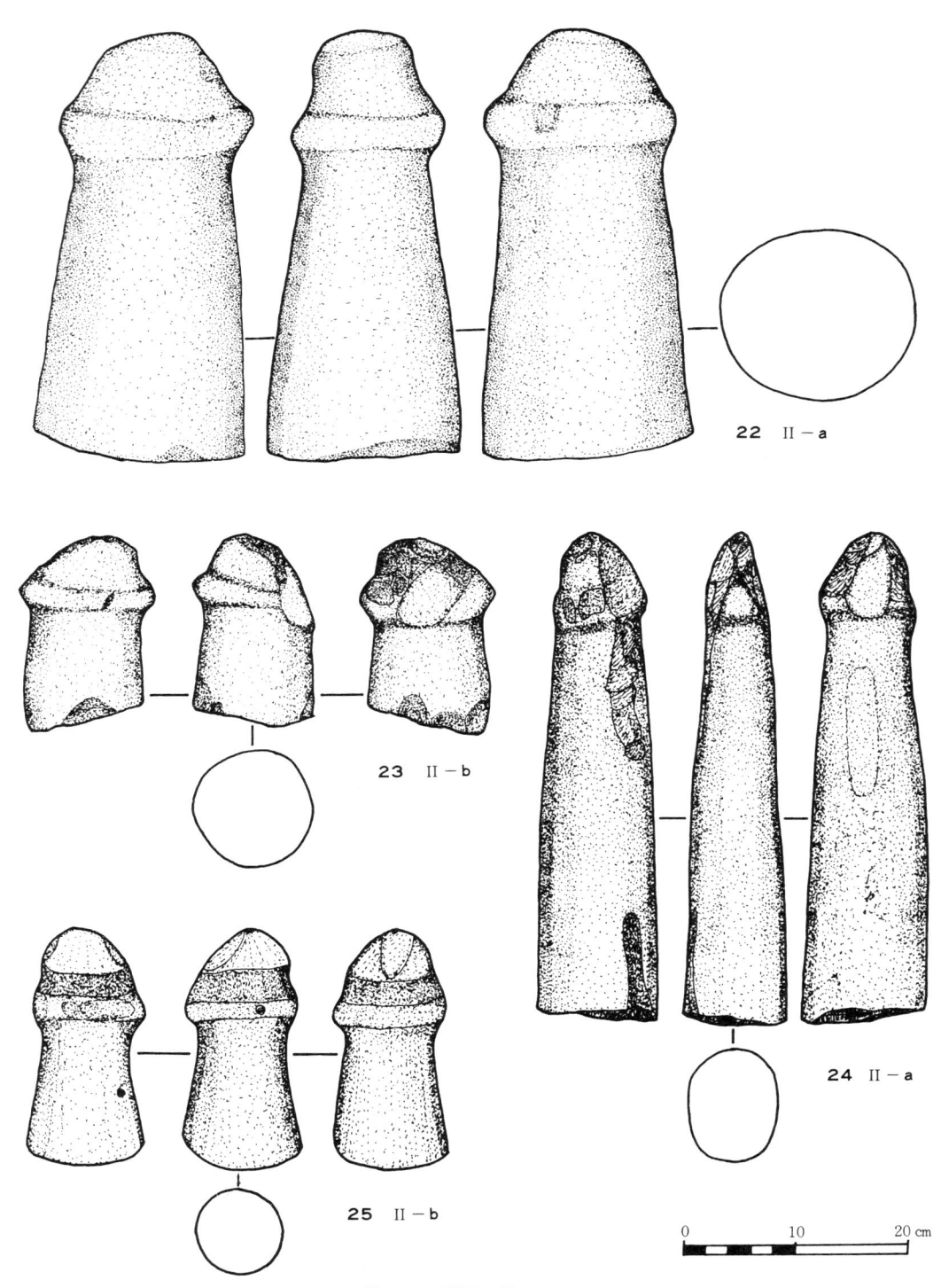

356　第1章　石棒・石剣・石刀の祭祀

22　II-a

23　II-b

24　II-a

25　II-b

第9図　単頭石棒 (1:6)

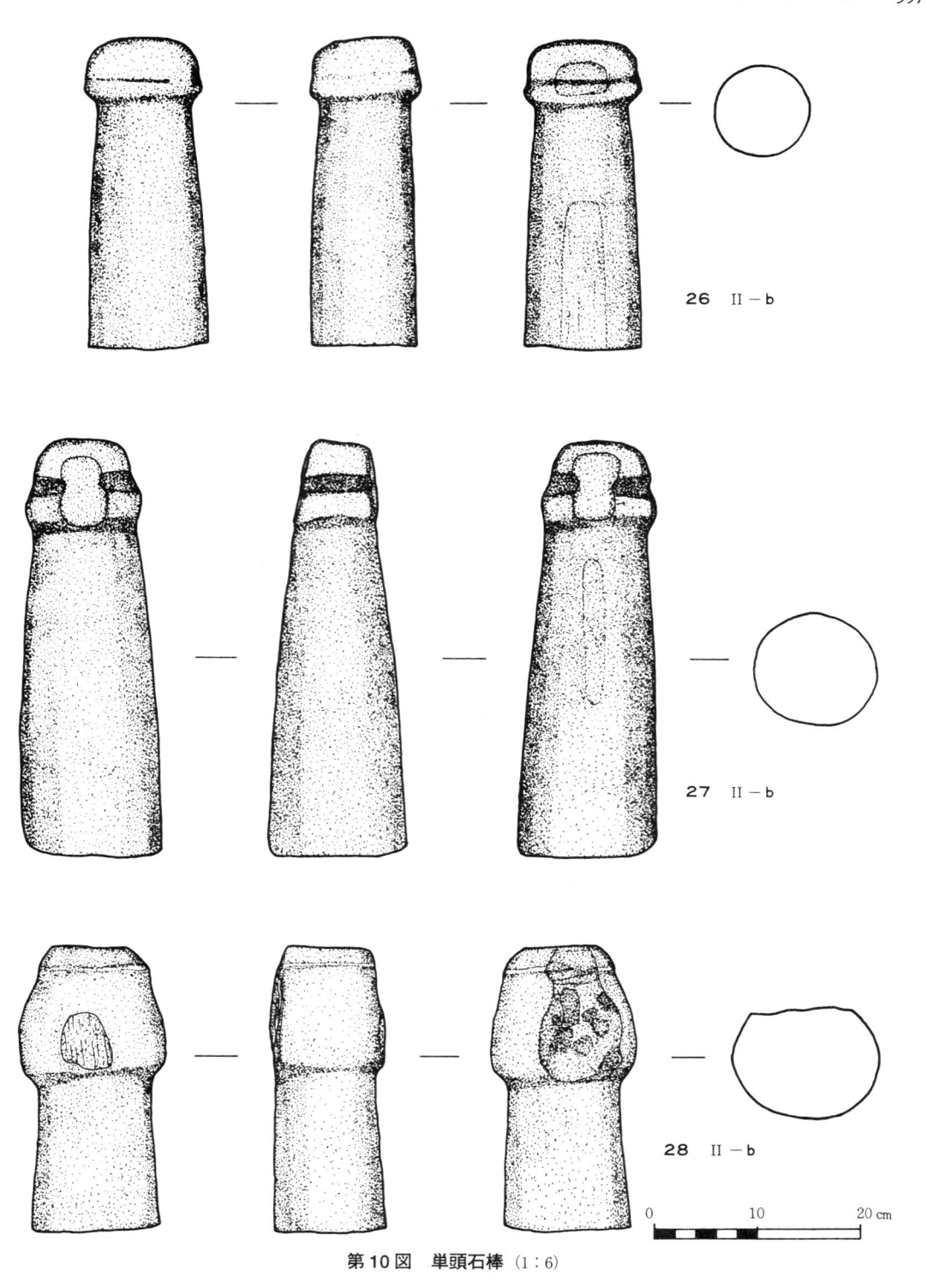

第1節　石棒の基礎的研究　357

26　Ⅱ-b

27　Ⅱ-b

28　Ⅱ-b

第10図　単頭石棒（1:6）

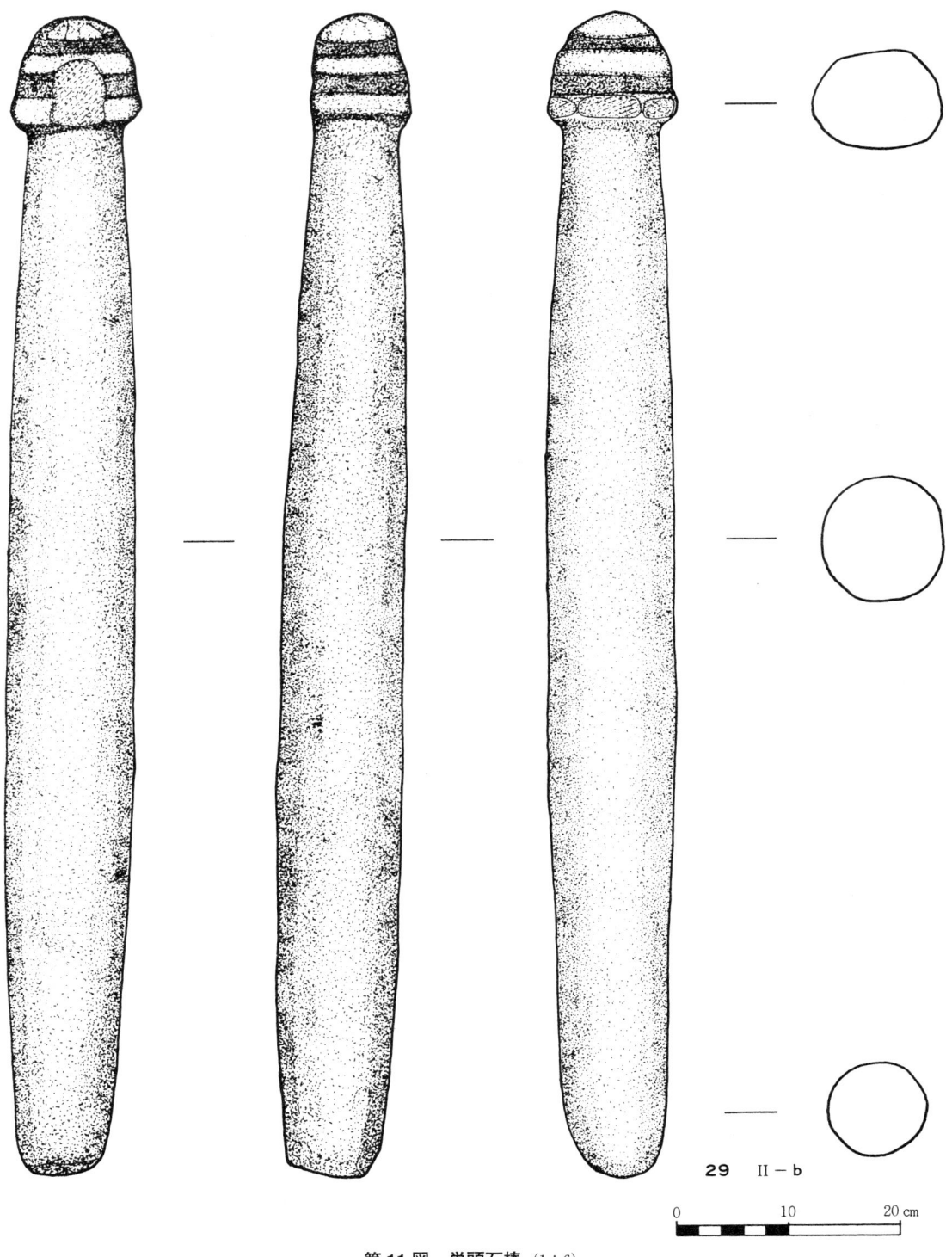

358   第1章 石棒・石剣・石刀の祭祀

29 Ⅱ-b

第11図 単頭石棒 (1:6)

第1節 石棒の基礎的研究　359

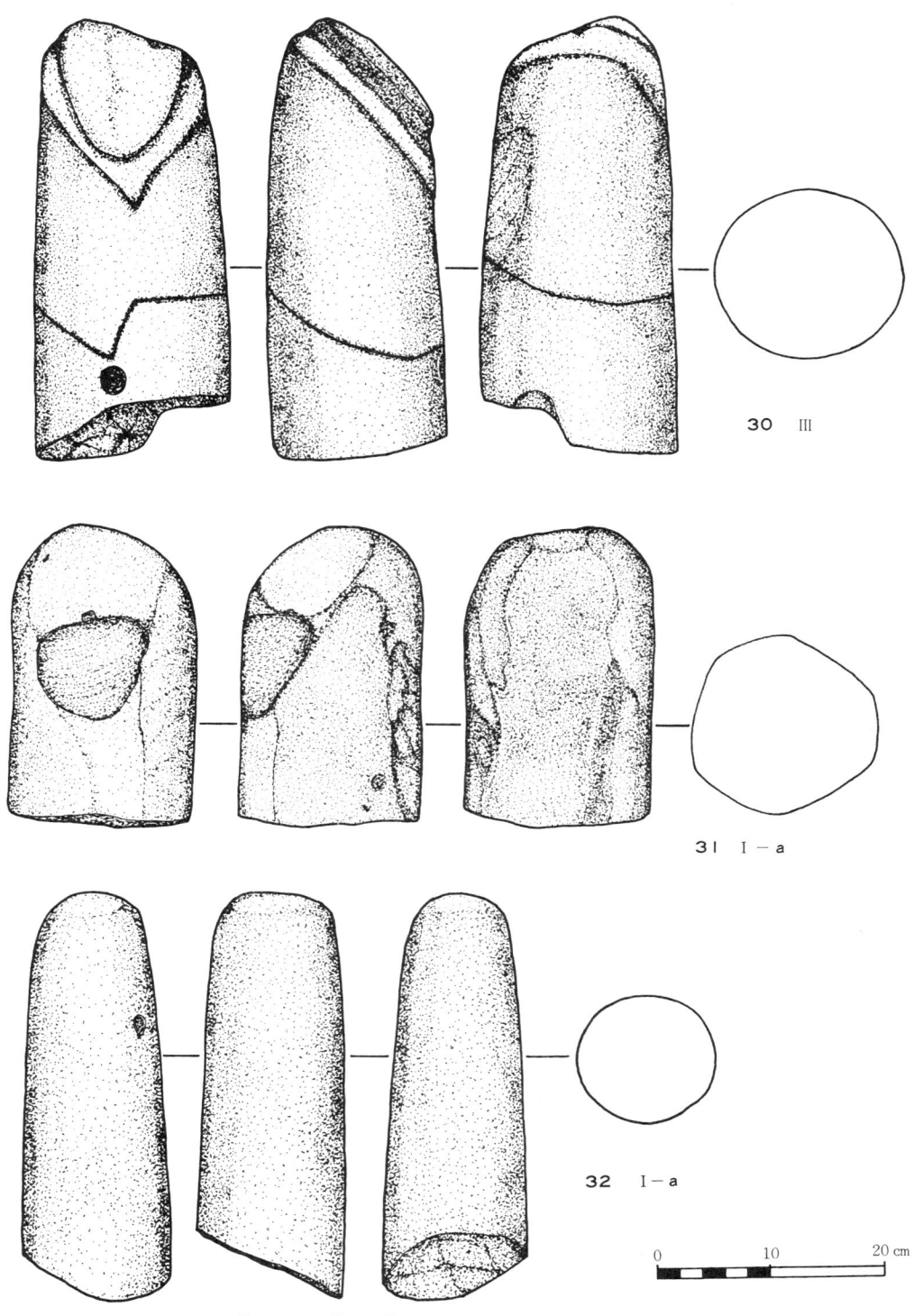

30　Ⅲ

31　Ⅰ-a

32　Ⅰ-a

第12図　単頭石棒 (30)　無頭石棒 (31, 32) (1:6)

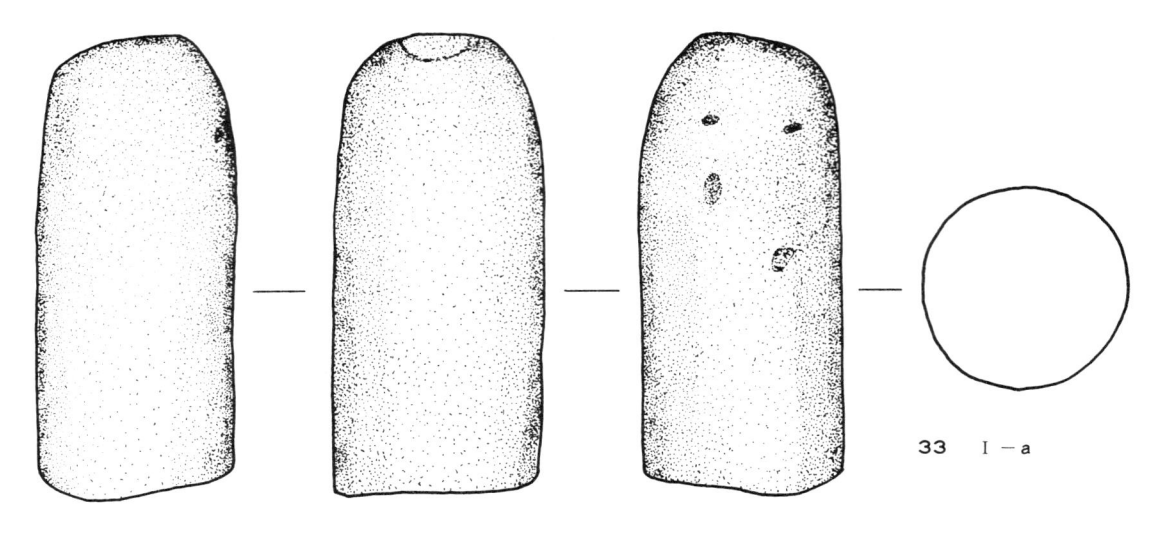

360　第1章　石棒・石剣・石刀の祭祀

33　I−a

34　I−b

第13図　無頭石棒（1:6）

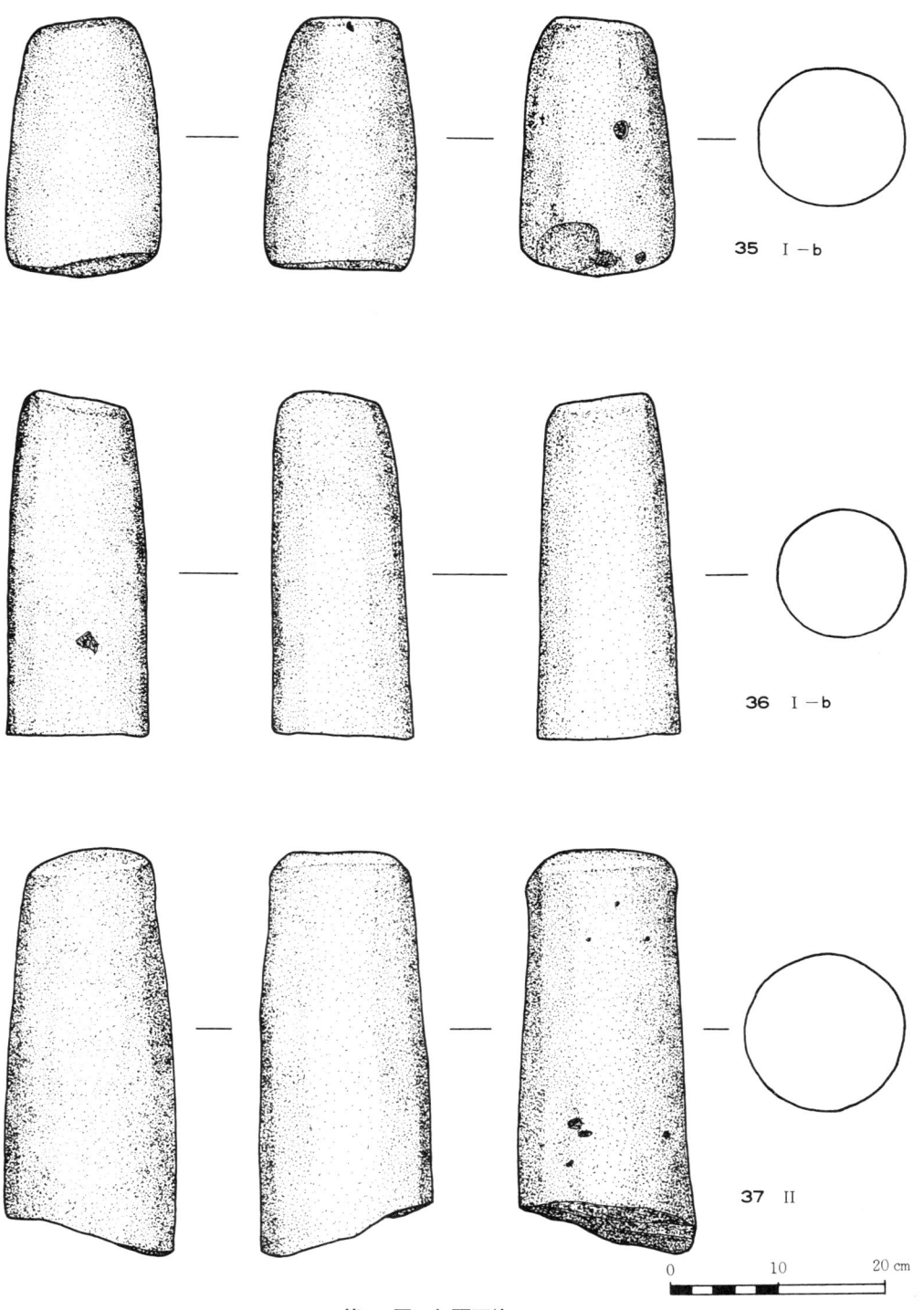

第1節 石棒の基礎的研究　361

35　I-b

36　I-b

37　II

第14図　無頭石棒 (1:6)

d類 頭部の造り出しが明確でないため，型式分類に難があるもの：（第8図21）

これはⅠ型式の類の一種として考えることも可能であるが，明瞭な段を有しない例として将来資料が増加すれば1つの類として考えられる。

単頭石棒Ⅱ型式

溝もしくは段を有するものである。頭部の差によってa類（第9図22～24）の段もしくは鍔を有するものと，b類（第9図25～第11図）の鍔を作る溝の明確なものに類別される。

単頭石棒Ⅲ型式

（第12図30）はⅤ字状の前ダレを有するもので，段の一方がタレた例として将来その特徴からⅡ型式の1例になるかもしれない。小島氏の分類の第Ⅲ型式にあたる。

無頭石棒（第12図31～第14図）

無頭石棒は石棒の両端に鍔もしくは頭部を造り出さないもので，これも従来単頭石棒の頭部がなく一端が折れたものと考えられたこともあった。しかし，単頭石棒とは明瞭に区別できるものである。筆者は無頭石棒の作風の差を型式として把握しⅠ型・Ⅱ型に分類した。

無頭石棒Ⅰ型式：無頭石棒の典型的なもの

無頭石棒Ⅱ型式：わずかに括れがあるもの

さらにそれぞれ型式内の頭部の差をアルファベットによってあらわした。

無頭石棒Ⅰ型式

a類 先端のまるいもの：（第12図31～第13図33）

b類 先端が平らのもの：（第13図34～第14図36）

無頭石棒Ⅱ型式

（第14図37）は先端にわずかに括れのあるもので，これは単頭石棒第Ⅰ型式の変形の一例として将来その特色で単頭第Ⅰ型に入るかも知れない。

以上，石棒の型式分類とその基準について記した。これを示すと下表のとおりである。

もう1つの大きな問題として，石棒の長さ（全長）が大形，中形，小形というように分類できるかどうかということである。そこで（第2図）に示すように縦軸に石棒の全長をとり，横軸には集成した石棒を短いものから，長いものに並べて計測値分布図を作ってみた。しかし，計測した資料からは特に集中する数値や

諏訪地方石棒集成一覧表

	種類	特徴	型式・作風	頭部による類別
石棒	両頭石棒	両端に鍔もしくは頭部を有する	Ⅰ型式：両端に鍔を有する	
	単頭石棒	両頭石棒にも無頭石棒にも入らないもの	Ⅰ型式：頭部を作るもの	a類：丸
				b類：三角
				c類：四角
				d類：造り出しが明瞭でない
			Ⅱ型式：溝もしくは段を有する	a類：段、鍔を有する
				b類：鍔を作るために溝を明確にする
			Ⅲ型式：前ダレを有する	
	無頭石棒	両端に鍔もしくは頭部を有しないもの	Ⅰ型式：無頭石棒の典型	a類：丸
				b類：平
			Ⅱ型式：わずかに括れのあるもの	

極端な長短の違いはみられず，長さを基準とした分類は不可能ということがわかった。次に型式別に長さを表わしてみると，（第3図）に示したように諏訪地方では無頭石棒Ⅰ型式は25cm以下がないのに対し，単頭石棒Ⅰ型式では25cm以下のものが15例あって多いことがわかる。

以上石棒の型式分類をおこなった。将来はこの型式分類に地域的な要素などを加味した研究や資料の増加により新たな型式や類別が加えられることを期待する。また，製作時期の確認による石棒の編年学的研究も進められなければならないと考えるのである。

6　今後の課題

石棒研究の今後の課題として，次の4点を述べておきたい。

(1)　石棒機能の問題

石棒の機能は，用途の問題として扱われることが多い。それがどのような方法で研究され，結論が導き出されてきたのかは前述の研究史で明らかになったと思う。ただ，筆者は何に使われたかは，現在断定しえないでいる。石棒の機能の問題は，非常に重要でありかつ大きい。しかし，そのためには正確な出土状況の吟味，石棒自体の観察など，様々な角度から検討を加える必要がある。そしてそれは型式学的研究のうえに立脚して考えられなければならない。鳥居龍蔵氏は『諏訪史　第1巻』で石の片面が平らに研磨されている点に注意され，研磨して扁平になった面を何かに立て掛けて祈ったと述べておられる。このように石棒自体の観察が必要である。諏訪地方石棒集成一覧表に示した如く，凹穴・磨痕・火熱・剥落・破損を受けた石棒があり，それぞれがどの型式のどの部分に多いかということも機能問題の追及に重要な手掛りとなる。石棒の機能は，型式学的な側面からの研究と正確な出土状態の確認のうえに立脚しておこなわなければ，安易な用途論に陥ることとなり，進展しないであろう。

(2)　石棒の発生と終末の問題

発生期の石棒として町田市田中谷遺跡出土のものが最近報告された。実測図，写真で見るかぎり自然石に加工したというが，その部分が少な過ぎる。また，断面形についても石棒が円形や楕円形，もしくはそれに近い不定形との定義に合致しない。さらに頭部の線刻についても石の目とも考えられることから，現時点では石棒と認めがたい。

また，山形県岡山遺跡からも前期の石棒が出土したと報告されている。この遺跡は縄文前期，中期の複合遺跡であり中期の石棒の混入という可能性もあろう。とにかく現在のところ時期認定の可能な遺構に伴った出土例の上限としては，長野県藤内遺跡7号住居跡出土の石棒が井戸尻Ⅰ・Ⅱ式期に属するものであり，筆者の集成した中では一番古いものである。

石棒の終末については，前述したように小林行雄氏，吉田富夫氏らの見解がある。東京都町田市田端遺跡からは環状積石遺構に伴って無頭石棒，単頭石棒が出土しており，少なくとも後期後半以降となる。

晩期の出土例としては，調布市下布田遺跡において長径175cm，短径約135cmの5角形のプランの特殊遺構から単頭石棒と無頭石棒の破片が10数個発見されている。報告者はこれらの石棒を縄文中期末から後期初頭のものと考えている。仮にこれらの石棒が製作された時期はそのころであったとしても，晩期の特殊遺構においてこのような状態で出土したことは事実である。この例より考えると，石棒の終末は晩期にまで下る可能性がある。

(3)　石棒の地域差の問題

石棒の地域差については，小島氏の研究が公にされたことにより諏訪地方の前ダレの石棒と他地域との関連が明瞭になってきた。また，東北地方には特殊な石棒がある。今後集成が進み，各地域間の関係が明らか

になることを期待したい。

次に石棒の分布状況については、鋳方貞亮氏が『日本石器時代地名表』の1928年版と、1930年に刊行された「補遺」を利用して1967年に発表した「石棒・石剣考」で以下の合計1040点を数えあげている。

常陸30，羽後38，羽前38，陸中61，陸前20，岩代18，磐城20，武蔵140，相模25，下総31，上総76，安房8，上野34，下野40，常陸33，駿河9，遠江6，三河16，尾張5，美濃25，飛騨26，伊豆18，甲斐51，信濃177，越後35，越中20，佐渡7，加賀1，能登1，越前3，近江6，山城4，大和6，伊勢2，但馬3，播磨1，安芸1，出雲3，石見1，伯耆0，伊豫0，讃岐1

さらに「昭和5年までの発掘調査によって作製したものであるが、例えば、武蔵・信濃等のように、特に調査が綿密におこなわれた地方があるので、それらの地域に出土箇所が多いのは当然のことと思われる」と記されている。1930年時までの調査であってもこのデータは非常に重要である。分布については、北海道石狩町出土の資料が紹介されているほか、東北地方では秋田県、山形県を中心に多数が、関東地方、中部地方、北陸地方、東海地方はもとより兵庫県からもそれぞれ報告されている。今後分布においても地域研究の必要性が強く感じられるのである。

(4) 単頭石棒についての問題

石棒の中で単頭石棒の占める割合が多いことは前述した。多くの研究者の間で単頭石棒は両頭石棒の破損品と考えられたり、底部の観察によりあまり研磨されていないことから無頭石棒の破損品とする考え方がある。もちろん破損品も多く存するのであるが、すべて破損品とするのは行き過ぎのように思われる。また、全長については一部の概説書が強調するような単頭石棒の完形品ならもっと長さが長くなるはずだと、頭から信じることは多くの問題がある。

7 まとめ

筆者は石棒の研究史をひも解いていく過程で、その型式学的分類の必要性を強く感じた。そして長野県諏訪地方の石棒の集成をおこない、それを基に石棒が両頭石棒、単頭石棒、無頭石棒と3型式に分類できることを明らかにした。

3型式の石棒はさらに以下に示した型式に細分した。すなわち、両頭石棒は両頭石棒Ⅰ型式に、単頭石棒は単頭石棒Ⅰ型式、単頭石棒Ⅱ型式、単頭石棒Ⅲ型式に、無頭石棒は無頭石棒Ⅰ型式、無頭石棒Ⅱ型式にである。この細分型式の中にはさらに類別が可能なものがあり、以下のように分類した。すなわち単頭石棒Ⅰ型式はa～d類に、単頭石棒Ⅱ型式はa～b類に、無頭石棒Ⅰ型式はa～b類に類別した。

石棒の機能については出土状況の吟味に立ち戻る必要があり、安易な近隣科学の援用は強く戒めるべきことを指摘した。しかし、本論では機能そのものについてはふれることはできなかった。

石棒の編年については、筆者のおこなった型式分類に基づきながら、共伴した遺物に検討を加えることが必要であろう。この場合、土器型式の編年研究との強い連携が必要なことはいうまでもないであろう。石棒の発生と終末の問題も今後の研究課題である。これについては、集成した資料の検討を重ねたうえで結論が得られるであろう。

石棒の分布及び地域差に関しては、小島氏の研究にみるべきものがある。今後多くの地域研究の展開が望まれる。筆者は、本論で地域研究の一環として諏訪地方の検討を試みたのである。

明治時代以来の石棒研究を振り返り、評価すべき点、反省すべき点を明らかにした。本稿が今後の石棒研究の一助となれば幸いである。

第2節 "汝，砕かれしもの，免れしもの"石刀・石剣
―福島県七社宮遺跡と山梨県金生遺跡などの出土状況―

1 砕かれしもの，免れしもの

筆者は大竹憲治氏から贈呈された『七社宮遺跡試掘調査報告書』[4]を読んで，そこに掲載されている人面装飾付壺形注口土器の出土や，獣骨などを土器に収納する動物祭祀遺構群が存在したことに驚いた。また，折れた石刀や精製石棒（棍棒形石棒）などの出土品が多いのにも注意を要すると考えた。

その後の七社宮遺跡の本調査では，精製石棒，石刀類が86点出土した。しかも，この多くが火熱を受け，折れていた。石剣（第16図1）は折れており頭部を下にして石組みに立てられた状態で出土していた。福島県内ではかつて，大熊町道平遺跡[5]でやはり，精製石棒，石刀，石剣などが21点出土しており，そのほとんどが，火熱を受けて折れていた。

さて，縄文時代後期後半より晩期の遺跡から出土する精製石棒（棍棒形石棒，彫刻石棒），石刀，石剣を観察すると，破損した資料の量の多さに気付くのである。筆者はむしろ，こうした点を考慮すると，折れることがすなわち，この石器の機能や用途に秘められたある種の行為の結果であり，これらの石器の使用形態の最終段階の使用状況を示しているのではないかと考えるようになった。つまり，この折れた状況は精製石棒，石刀，石剣の祭具としての使用形態の最終段階が，どのようであったかを私たちに伝えていると思われる。したがって，この石器類には，祭具としての機能に「破壊されしものと，破壊を免れしもの」という，用途の最終段階における両極があることを示している。

また，これらの石器は集団の長のような人や，シャーマン的な人たちの祭具として身辺に置かれた。さらに，神聖なものとして正装した時の持ち物としたり，祭祀の時にシャーマンや長の権威を示すものとして使用されるなどの一次的な使用形態がある。もう一方では祭祀の祭具としての最終の使用段階で「砕かれ廃棄されしもの」と，墓などに「納められしもの」という使用形態の両極がある。

こうした使用形態の差を認識することは，精製石棒，石刀，石剣などに付与された性格を理解するうえできわめて重要である。そのためにはさらに，その製作過程から最終使用過程までの，変遷をも考える必要があり，それによって，これらの石器の性格がより明確に理解されるのである。

精製石棒，石刀，石剣が製作され，使用され，最終的に廃棄にいたるまでの過程には次のような段階が考えられよう。まず素材選びの過程。打製石器のように大まかに形を調整する過程。砥石で入念に磨く過程。彫刻などを施す過程。磨き込む過程。丹や漆で彩色をする過程。皮などを巻きつける装飾の過程。そして，祭具で聖なるものとして使用される過程。さらに使用の最終過程として，多くの精製石棒，石刀，石剣のように火に焙られたり，破壊されたりする段階である。

しかし，一部にはこうした破壊から免れたものもある。前述したように，祭具として入念に製作された石剣と石刀の多くは最終的に破壊されている。この状況は，この石器類の祭具としての用途からくる運命といえるのかもしれない。しかし，破壊から免れたものも比率的には少ないが存在している。この「汝，破壊されしもの」と「汝，破壊を免れしもの」の視点から，祭具としての精製石棒（棍棒形石棒），石刀，石剣を解釈しようとするのが本稿の目的である。

このため，本稿では七社宮遺跡出土の石剣や石刀などを中心に，福島県大熊町道平遺跡，山梨県北巨摩郡大泉村谷戸字金生遺跡[6]，長野県飯田市中村中平遺跡[7]などの出土状況にも検討を加えながら，これらの祭具の機能について考えることにする。

2 石棒・石刀・石剣の区別

学史の中でいうと石棒[8]は，粗製石棒と精製石棒に分類された。神田孝平氏は『日本大古石器考』[9]で雷槌（精製石棒など）を武器や武威を示すものと考えられた。鳥居龍蔵氏，八幡一郎氏は石棒と石剣を区別しようと努力された。

ことに，八幡氏は『北佐久郡の考古学的調査』[10]の中で，石棒は形の大小を問わず断面形が正円形か楕円形で，原則として一端または他端に頭部を有するとされた。筆者はやはり断面形と形態の違いで精製石棒（棍棒形石棒や彫刻石棒）と，石剣・石刀を区別すべきと考える。

精製石棒は，無頭形精製石棒，単頭形精製石棒，両頭形精製石棒に分類できる。石質は粘板岩，結晶片岩，緑泥片岩などで作られる。断面形は円形か楕円形で刃を示す部分がない。断面の径は5cm以下が多いようである。

石刀は断面形が片刃となり，形は内反りの刀状や反りのない刀状を示すもある。また，是川遺跡[11]出土例や道平遺跡出土例では打製のものもある。石質は粘板岩が多いが凝灰岩，輝石安山岩などもある。

石剣は断面形が両刃となり，扁平な菱形となる。もちろん，石刀と石剣との区別ができない場合も多いが，分離できるものは分離すべきである。

石刀と石剣の分布を考えると，いちがいには言えないが，北海道や東北など東日本に精巧な内反りの石刀の出土が多い傾向がある。しかし，一部近畿からも出土している。それに対して，戈のような形状の石刀が九州地方に分布する。

また，石剣はこれもいちがいには言えないが，中部高地から西側に多く分布する傾向にある。しかし，是川遺跡にも確かにあるから例外もまた存在する。

精製石棒は彫刻石棒とも呼ばれており，棍棒形で単頭形石棒，両頭形石棒，無頭形石棒がある。北海道，東北，北陸，関東，中部，四国，九州地方と日本列島に広く分布している。

上記の3つの石器は時として混同される場合が少なくない。ことに，石刀と石剣の分類が曖昧である。石刀をふくめて石剣としたり，逆に石剣を含めて石刀としていることも多い。筆者は中国の西周，春秋，戦国時代の武具である青銅刀子や剣と，日本の石刀や石剣とが関係を持っていると考えている。大陸との文化交流や影響を考える場合にこの石刀や石剣の分類が重要となると思われる。この点については，別にまとめてみたい。

3 使用痕と出土状況

七社宮遺跡（写真1・第15図1～5）

本遺跡での精製石棒や石刀の出土状況（写真1）は，自然石を置いた祭壇と考えられる配石遺構でおこなわれたまつりの状況を物語っている。双頭熊形石製品が倒れており，その周りに祭具に使用された精製石棒（棍棒形石棒）や石刀が焼かれたうえに敲き割られていたり，突かれて割られた状態で雑然と散らばっていた。私達はその出土状況から最終的に砕かれた精製石棒と石刀の，祭具としての役割や機能の一面を知ることができる。

（第15図1,4）は割られた石刀である。これは割れ方から，割れたというよりも敲き割ったか砕いたことがわかる。この状況は砕け飛んだと思われる石刃（第15図2,3）の存在からも明確である。報告者の鈴木源氏[12]は，（第15図4）について，強い火熱を受けて粘板岩が灰色に変色していると報告されている。

精製石棒や石剣，石刀で火熱を受けていることを示す破片は実際に多いのである。この場合は石刀の祭具としての最終使用の段階で，石刀を火に焙り，敲き，砕いたことがわかる。

写真1　七社宮遺跡の配石を伴うマウンド状祭祀遺構における石棒・石刀・石剣（中央部には熊形石製品が見られる）

（第15図5）は単頭型精製石棒である。やはり火熱を受けており，祭祀の祭具として最終段階の状況で，精製石棒の使用方法として火に焙った後，棍棒状に使用して何かを突くかして破壊している。

（第16図1～5）は本調査時に出土した石刀と石剣である。（第16図1）は形態と断面形から石剣である。粘板岩製でやはり火熱を受けている。縄文晩期の大洞C1式期のもので，A地点C-6グリッドより頭部を下にして石組みに立てられた状態で出土した。筆者は石剣が立てられたまま出土した例を他には知らない。頭部には網目状の彫刻が見られる。一部破損しており，石剣の刃の部分で折られている。この資料も祭具としての最終段階で，意識的に砕かれたことがわかる。

（第16図2）は形から石刀であることがわかる。これも把の部分で折られており，祭具の最終使用段階で故意に砕かれたことになる。

（第16図3）の石刀はA地点A-1グリットから出土しており，双頭熊形石製品の近くから出土した。「熊まつり」のような祭祀のおり，石刀を使用し火で焙り，その時点で石刀を砕き，把の部分と把頭の部分がその場に残り，砕かれた刃の部分は祭祀終了後に別地点に廃棄された可能性がある。

（第16図4，5）も石刀の砕かれたものの可能性がある。把の部分で砕け散った状況には生々しいものがある。

ここで注目したいのは（写真1）のように倒れた双頭熊形石製品とその周辺に散乱していた精製石棒の状況から，配石状の祭壇で壮絶な「熊まつり」がおこなわれた可能性である。もっとも，この祭祀を熊まつりとするか，別の目的の祭祀で供犠として熊を供えたのかは不明ではある。また，この石刀で何を敲いたのかも不明であるが，供犠に使用した可能性を考えたい。

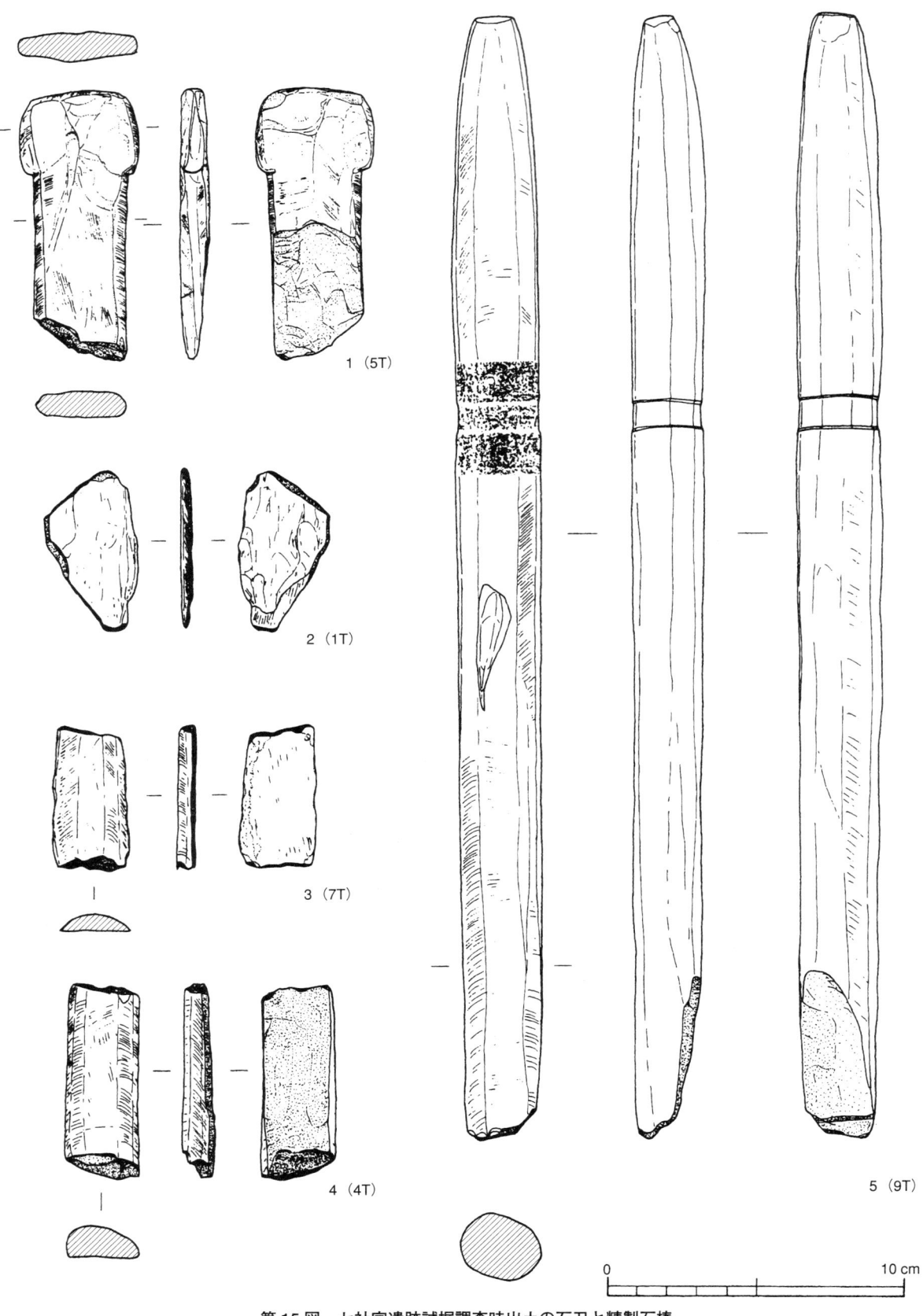

368　第1章　石棒・石剣・石刀の祭祀

第15図　七社宮遺跡試掘調査時出土の石刀と精製石棒

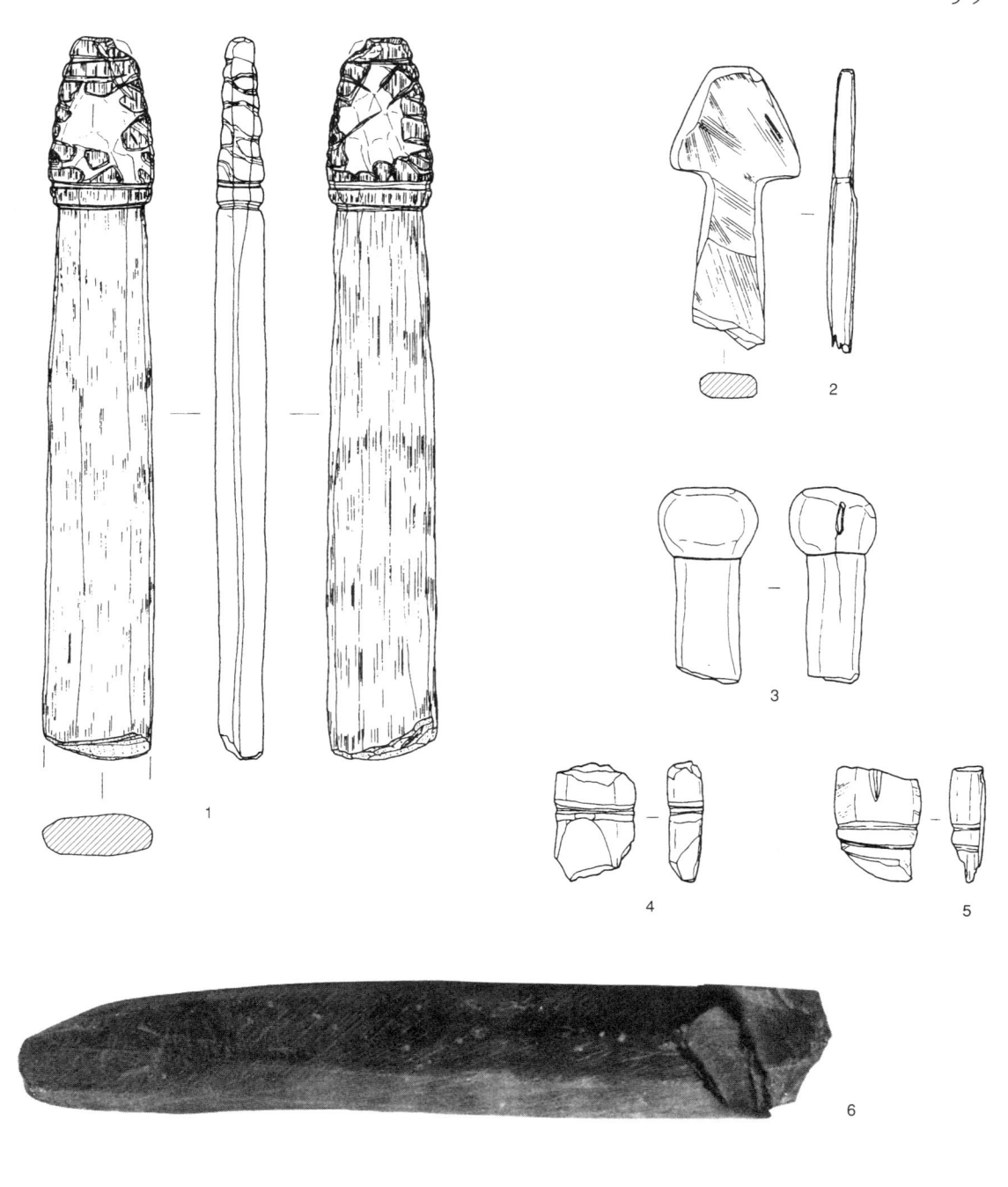

第2節 "汝，砕かれしもの，免れしもの"石刀・石剣　369

第16図　七社宮遺跡本調査時出土の石刀と石剣 (1〜5)　道平遺跡出土の石刀 (6, 7) (S=不統一)

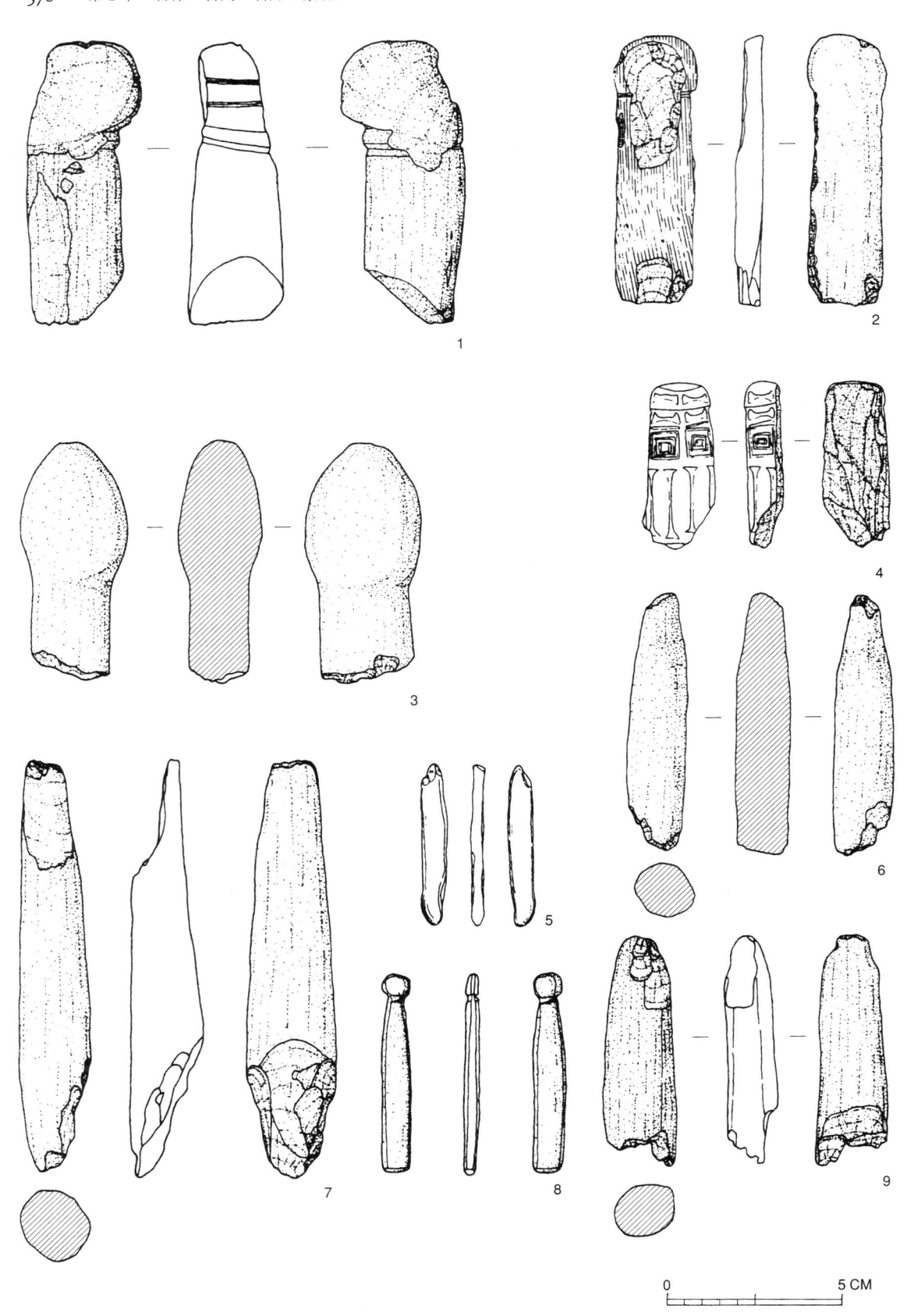

370　第1章　石棒・石剣・石刀の祭祀

第17図　道平遺跡出土の精製石棒と石刀（大竹1983年より作図）

第2節 "汝，砕かれしもの，免れしもの" 石刀・石剣　371

第18図　道平遺跡出土の石刀・石剣・精製石棒

大熊町道平遺跡（第16図6，7・第17図1～9・第18図1～17・第19図1～12・第20図1～4）

（第16図6，7）は石刀である。刀の刀身の部分が出土したが，把の部分は出土していない。この砕き方は石刀を台状のものの上に置き，おそらくその上から石などを落とし砕いたのではないかと思われる。祭祀の最後に二度と使用しないために，また，霊抜きとして石などで敲き割ったと考えられる。

（第17図1・第18図14）は精製石棒か石刀かは不明であるが，頭部は削ぎ取るように砕かれており，把の部分も折られている。こうした割り方は不自然であり，祭祀の最後にこのように故意に砕かれたことがわかる。

（第17図3・第18図12）は石剣か石刀かは不明であるが，やはり把の部分で折られている。

（第17図2・第18図13）は石刀か石剣か不明であるが，把頭の部分を石などに敲き付けており，縦に割れている。把の部分を残して激しく砕かれたことがわかる。

（第17図4・第20図3）は，石刀か石剣か不明であるが，やはり把の彫刻の部分で折られ，しかも，縦に砕かれている。これも，無理矢理に砕いていることがわかる。

（第17図6，7，9・第18図15～17）はやはり砕かれている。このうち，（第17図7，9・第18図16，17）は折られるとともに先端を突いた痕があることがわかる。

（第17図8）は小形石刀で完形品である。これは，祭具ではあるが砕かれることを免れている。

（第19図1～7，9～12）は石刀と石剣の一部であるが，ことごとく打ち砕かれ祭具としての最終使用の後の祭祀で，激しく打ち砕いた状況がわかる。

なお，本遺跡のSI22，SI23，SJ22，SJ23グリッドは，後に示すように動物祭祀がおこなわれた跡である。

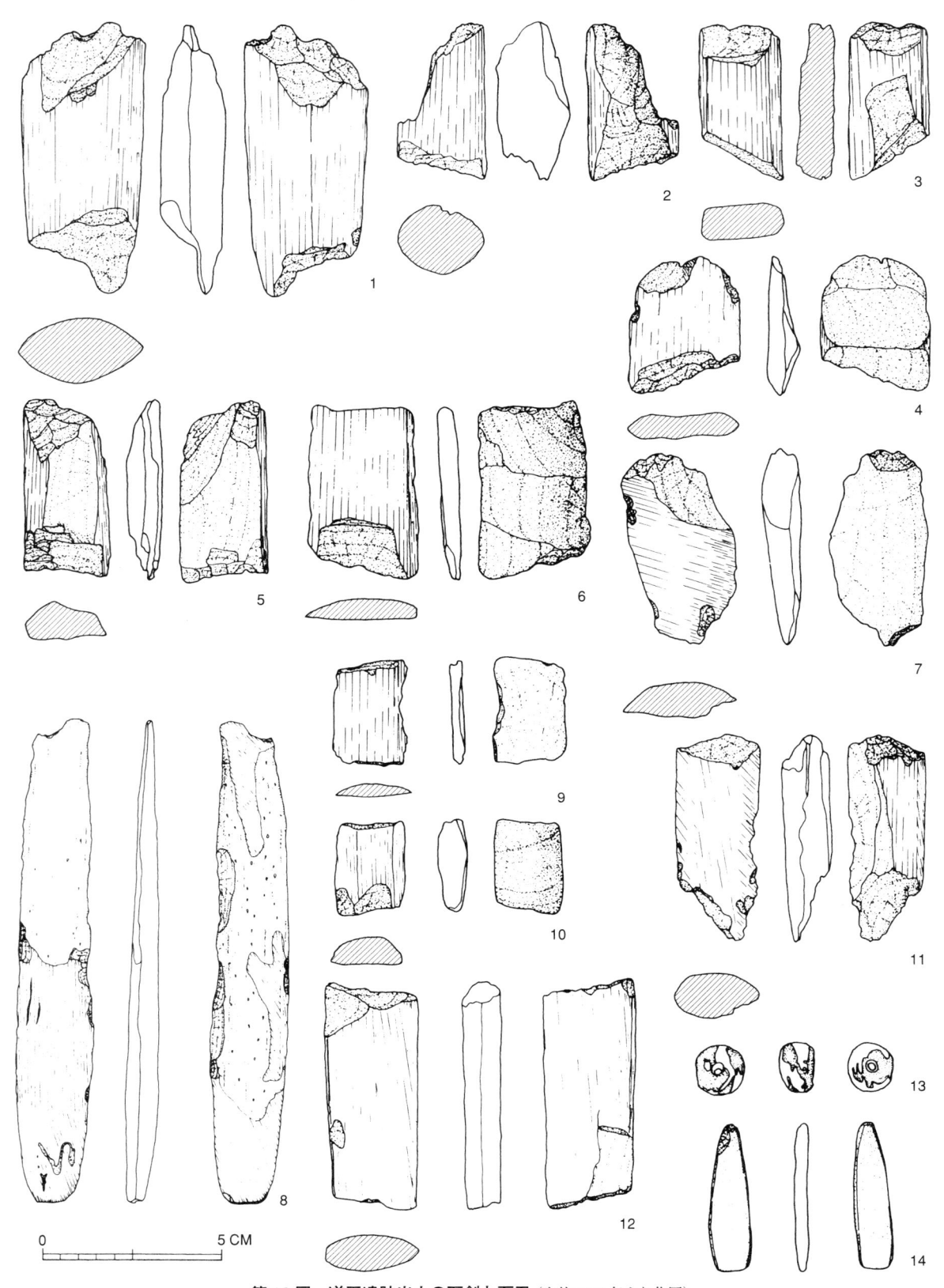

372 第1章 石棒・石剣・石刀の祭祀

第19図 道平遺跡出土の石剣と石刀（大竹1983年より作図）

第 20 図　道平遺跡出土の石刀・精製石棒

　（第19図1, 2）はこの第Ⅳ層から出土している。大竹憲治氏の研究[13]によると、イノシシやシカの焼成骨を埋設した獣骨蔵土器群があることから、この遺跡では動物祭祀をおこなっていたという。この獣骨蔵土器群付近から、幼獣のイノシシを模したイノシシ型土製品や、砕かれた石剣などの破片が出土し、さらに、その周辺からも（第21図）のように、香炉形土器、配石遺構も検出された。

　配石遺構は祭祀の祭壇的な役目をしており、そこで、火を使い供犠としてイノシシやシカをそなえる。あるいはその時に焼いた石刀、石剣、精製石棒で撲殺し、その肉を直会で「神人共食」した。その際、集団で神聖な霊的交流を図ったり、再生を願ったと思われる。その後、骨を拾い獣骨蔵土器に納める祭祀をおこなっていることがわかる。

　このように、祭祀の場で祭具として精製石棒、石刀、石剣が使用される場合がある。また、これとは別に遺構に伴わないで精製石棒や石刀、石剣が出土する場合も多い。

　石刀と棍棒形石棒が多数出土している七社宮遺跡や大熊遺跡では、配石状の祭壇をつくり供物を供進して、再生を願うまつりをおこなったと考えられる。この場合の祭壇はある期間継続的に使用する場合と、一度だけの祭壇として使用した後破壊する場合がある。祭祀の場ではイノシシ、シカ、クマなどの動物を犠牲にする場合があり、その供犠物としてこれらを供える。石刀、石剣、棍棒形の精製石棒は、その際に火に焙り、供犠の動物を撲殺したり、突いたりした後に砕かれた可能性が高い。

　こうした祭祀がおこなわれた類例については大竹憲治氏がすでに、『道平遺跡の研究』[14]の中で述べておられるように、山梨県北巨摩郡大和泉村谷戸字金生遺跡にもあり、長野県飯田市伊賀良中村の中村中平遺跡にも存在する。

山梨県金生遺跡

　本遺跡では、祭祀の場が第5配石跡（第22図）に見られる。黒色土を除去した段階でA・B・Cの3カ所の石のない空間が認められた。Aは約180 × 80 cmの長円形で、長軸状の北端の石群中から、完全な形状の

石剣（第23図5・第24図2）が出土している。石質は緑色片岩である。内部からは鹿角片が出土しており供儀をしている。さらに、Cは約170×70cmの規模で、北の石群中から完形の壺（第23図2）と皿形土器（第23図1）が出土した。さらに、土器から約40cm離れた北側から、小形の磨製石斧（第23図3）を枕にした状態で石剣（第23図6）が出土した。石剣と磨製石斧がセットで納められている。この遺構は縄文晩期前葉の石棺状の埋葬遺構と考えられている。

第5号配石跡Aから出土した石剣（第23図5・第24図2）は完形品で、砕かれる過程から免れた石剣である。この石剣は祭具として使用された後の、最終段階で砕かれず、砕く祭祀的行為から「免れて」おり「納められしもの」という使用形態がとられた。つまり、墓に納められたり、長やシャーマンの墓前に供えられるという最終の使用形態がとられている。

これは、一部砕かれてはいるが完形品やそれに近い状態で出土した第5号配石C出土の石剣（第22図C・第23図6・第24図3）についても言える。この石剣は把の部分で折られているが、剣の刃の部分はあまり砕かれず残されていた。ここでは、磨製の石斧を枕に石剣が供えられ、他に小形壺形土器（第23図2）が供えられていた。壊されていないことから、酒などの液体を供えたと思われる。ほかに皿形土器（第23図1）が出土しており、食物を死者に供えたことがわかる。

このように、完形で出土した石剣、石刀、精製石棒の出土の多くは、最後の祭りの後に「砕かれることから免れしもの」である。「納めしもの」という形態をとり、墓に完形品のまま納められたり、特殊な住居や祭壇に納められる形態をとると考えられる。

この金生遺跡からは、ほかに石棒、精製石棒、石剣、石刀が破片を含めて133点出土している。第29号住居跡のほぼ床面から完形の石剣（第24図1）が出土している。この住居跡は南東辺に石列がやや直線的に並んでおり、炉が中心部にある。床下の第8号土壙から焼けたイノシシの下顎骨が大量に出土している。住居跡内外からは土偶や耳飾りも出土している。この住居跡について、筆者は祭祀用の住居であり祭壇を備えていたと考えている。この場合の完形の石剣は、供えたり納められたため、砕かれるのを免れたと考えられる。この石剣は縄文晩期中頃から後半にかけての時期のものと思われる。

（第24図4）の石剣は、第10号住居跡と第17号住居跡の覆土より出土した破片が接合した。先端部分が黒く変色しているので、火などを受けた可能性がある。祭具として石剣を使用し、折った後、別々に廃棄した可能性があり、廃屋に再生を願って撒くという行為も考えられる。

（第24図5）は石剣の完形品で頭部に彫刻があり、第28号住居跡付近北側から出土している。この石剣も砕かれるのを免れており、供えられたか納められたものと考えられる。

（第24図6）の石剣は第31号住居跡の床面より出土している。住居跡は縄文晩期前半の時期で、この石剣も半分に折られており磨製石斧とともに出土した。石斧と石剣が祭祀のとき、祭具としてセット関係で使用されたことがわかる。

（第24図8, 9）などは、火熱を受けて赤化している。ことに（第24図9）は、祭祀で火に焙られ、砕かれた後、それぞれ別々に撒くように廃棄されている。

（第24図10〜12, 16）は石刀である。それぞれ砕かれている。本遺跡は祭祀を長い間繰り返しおこなった特殊な遺跡である。さらにここからは砕かれた石剣や石刀類も多く出土している。筆者はイノシシなどを供儀にしておこなう祭祀に、石剣や石刀なども祭具として使用していると考えている。

長野県飯田市伊賀良中村中平遺跡

本遺跡からも多くの精製石棒、石剣、石刀が出土している。この中で第9号配石墓（第25図）は、大形の焼けた礫が多く、馬場保之氏によるとここから17体以上の焼けた人骨が出土している。この中から、小形

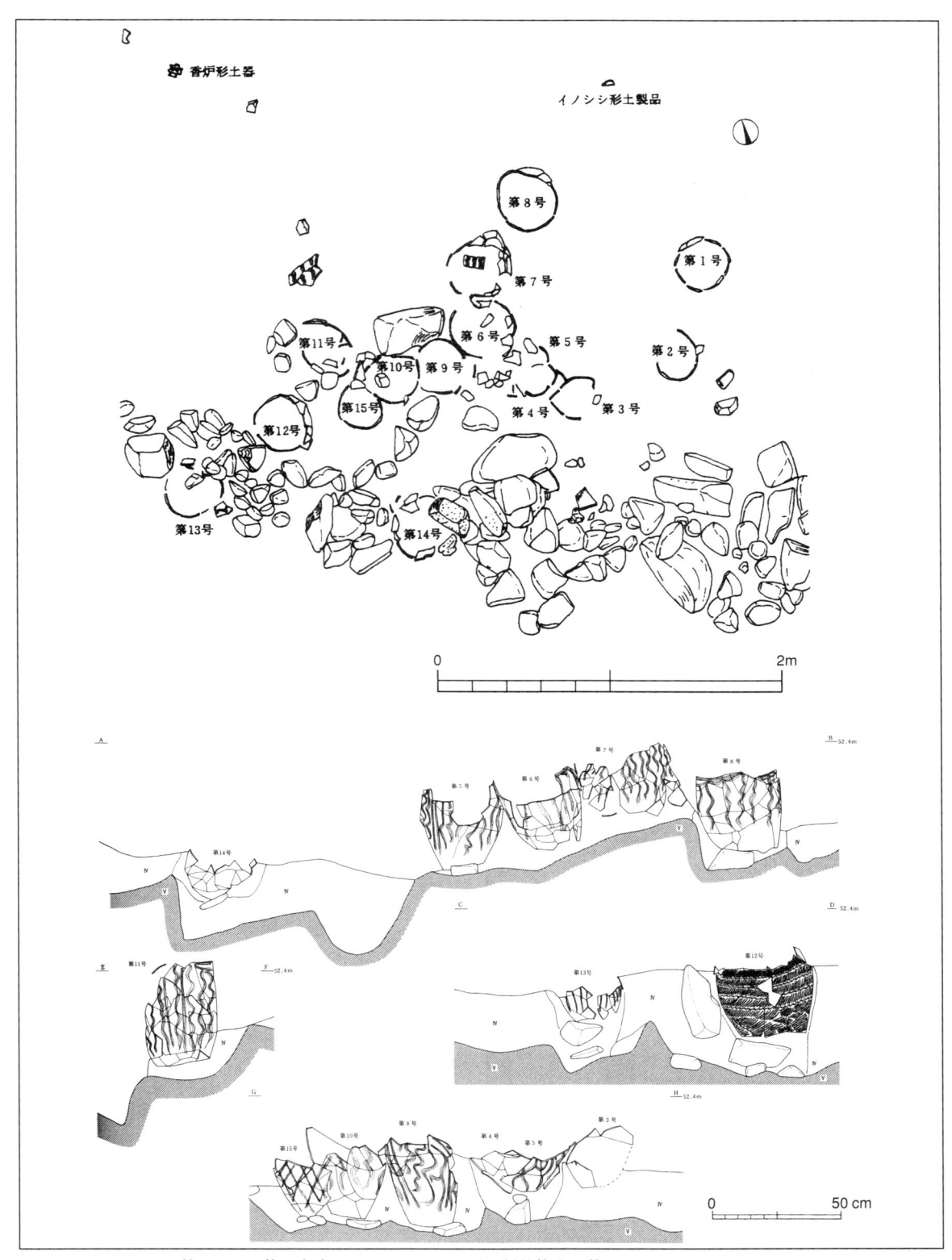

第2節 "汝，砕かれしもの，免れしもの"石刀・石剣　375

第21図　道平遺跡におけるイノシシ形土製品等出土状況（大竹 1983 年より作図）

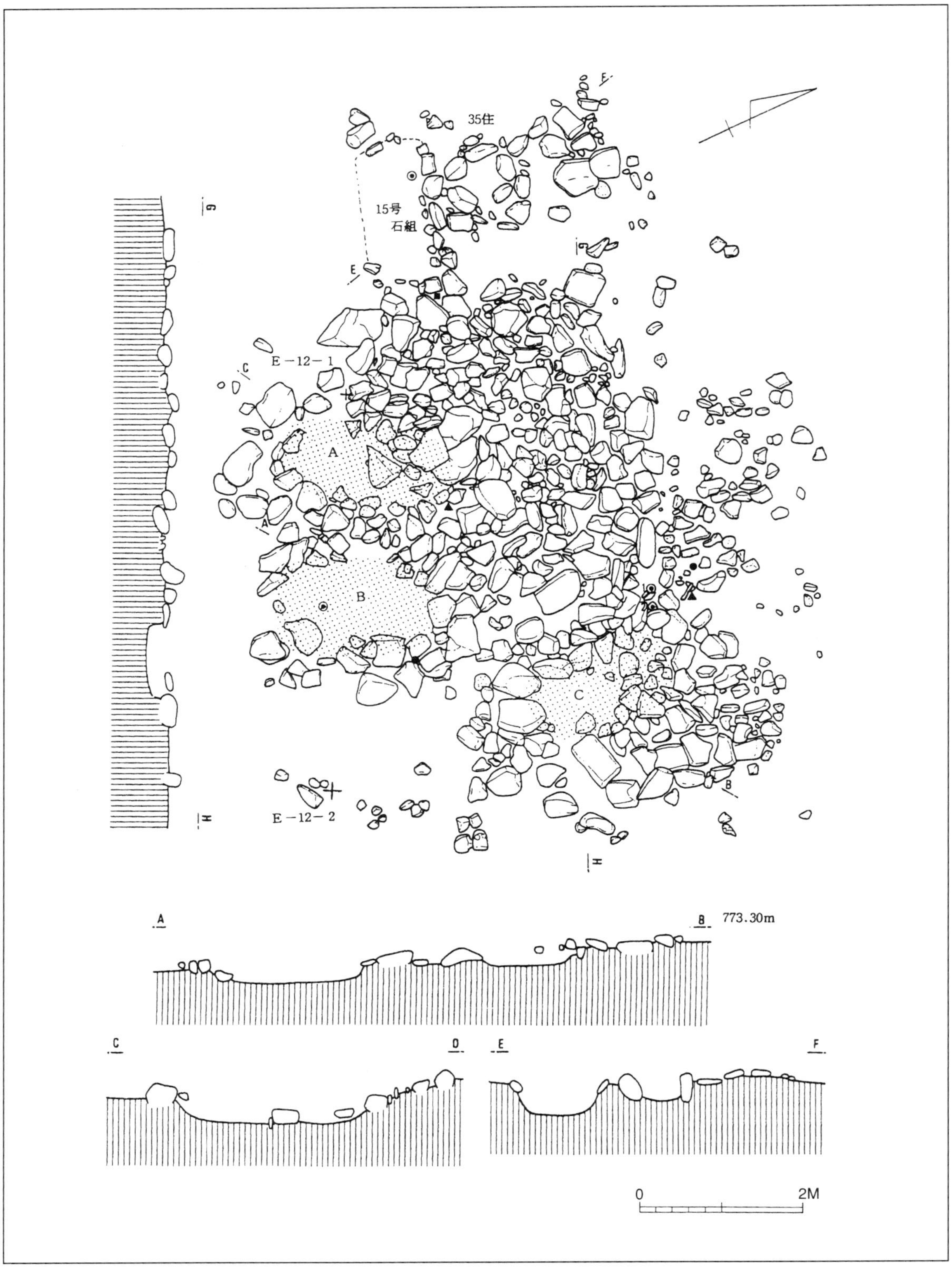

376　第1章　石棒・石剣・石刀の祭祀

第22図　金生遺跡第5号配石(1)

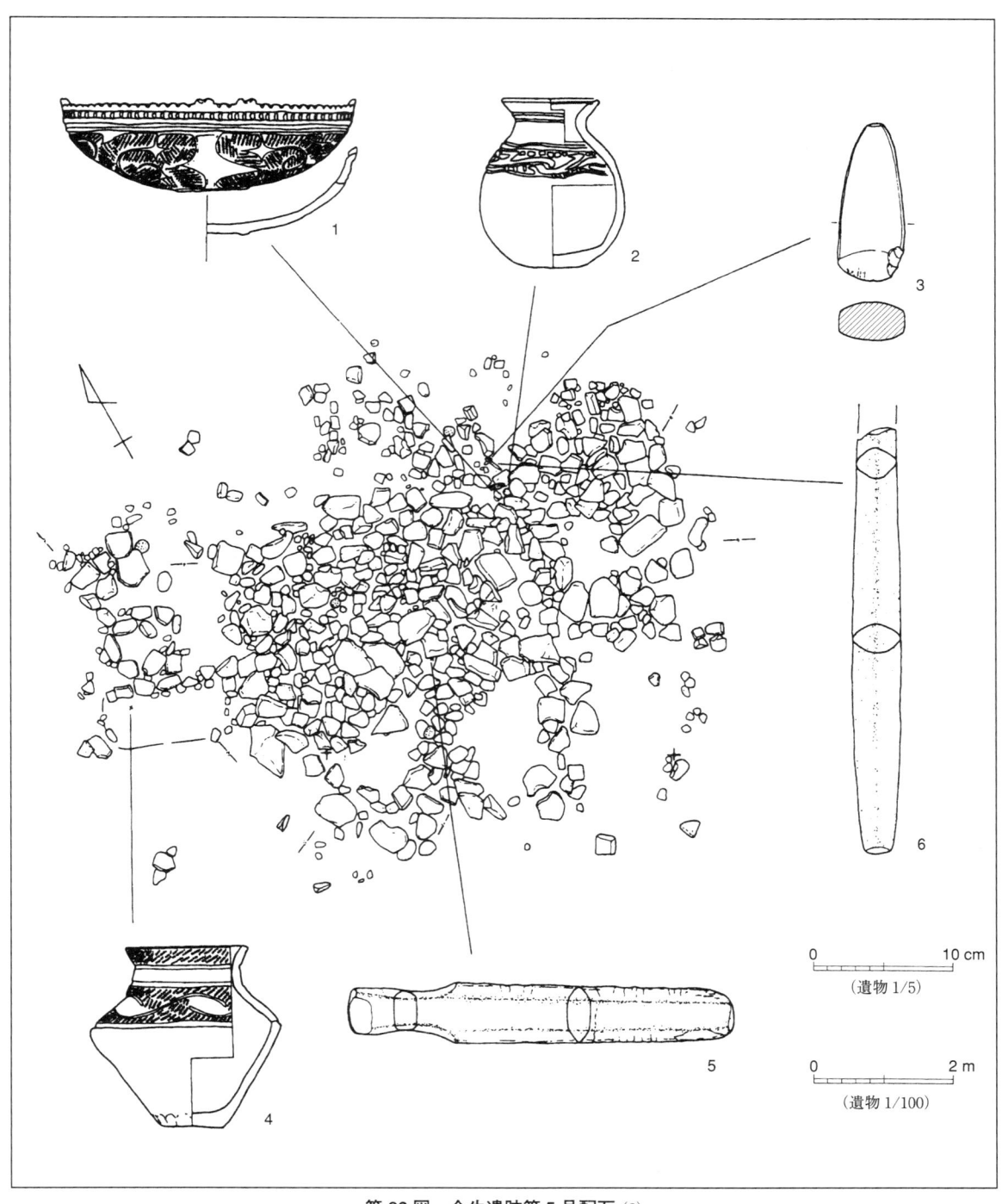

第2節 "汝，砕かれしもの，免れしもの"石刀・石剣　377

第23図　金生遺跡第5号配石(2)

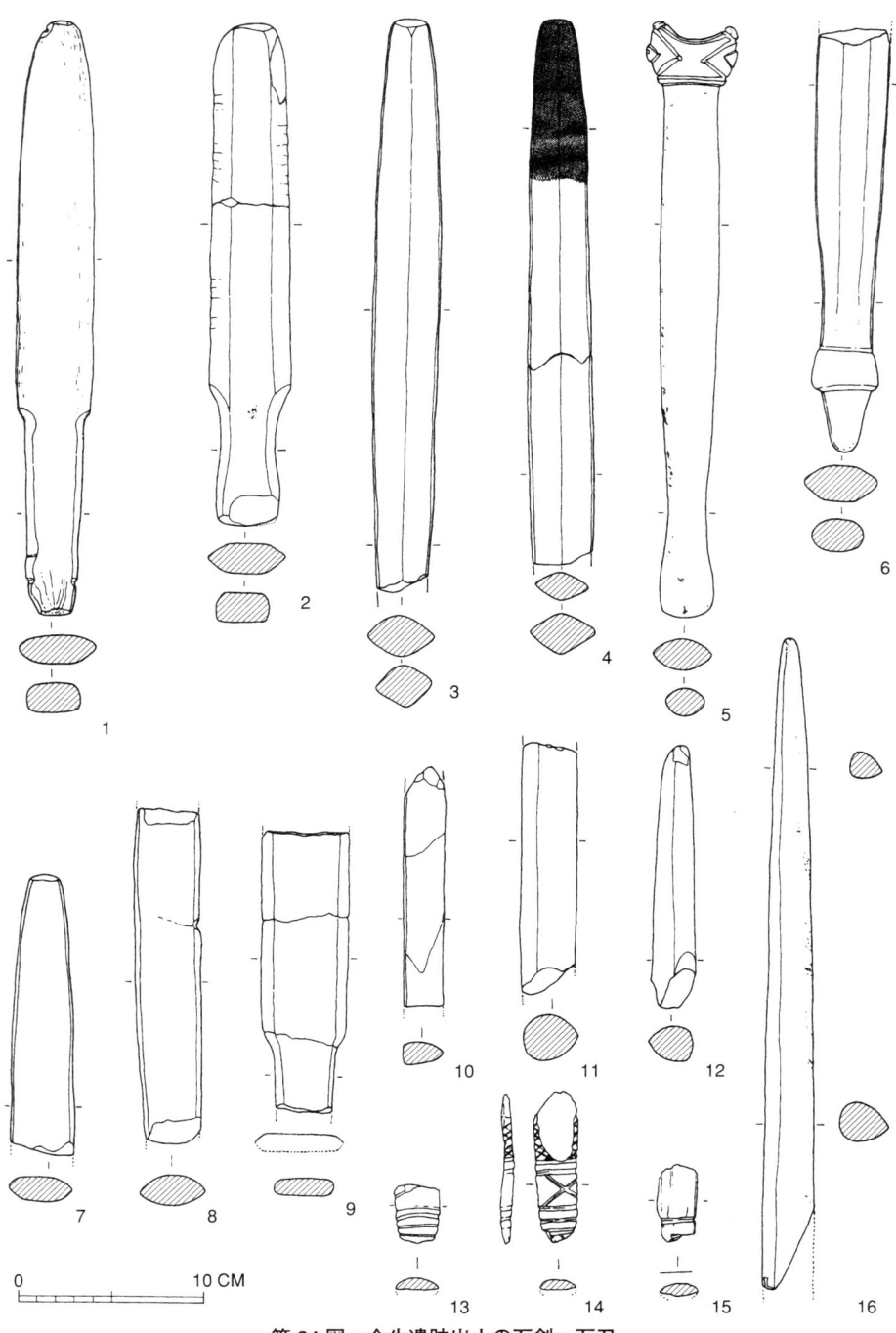

378　第1章　石棒・石剣・石刀の祭祀

第24図　金生遺跡出土の石剣・石刀

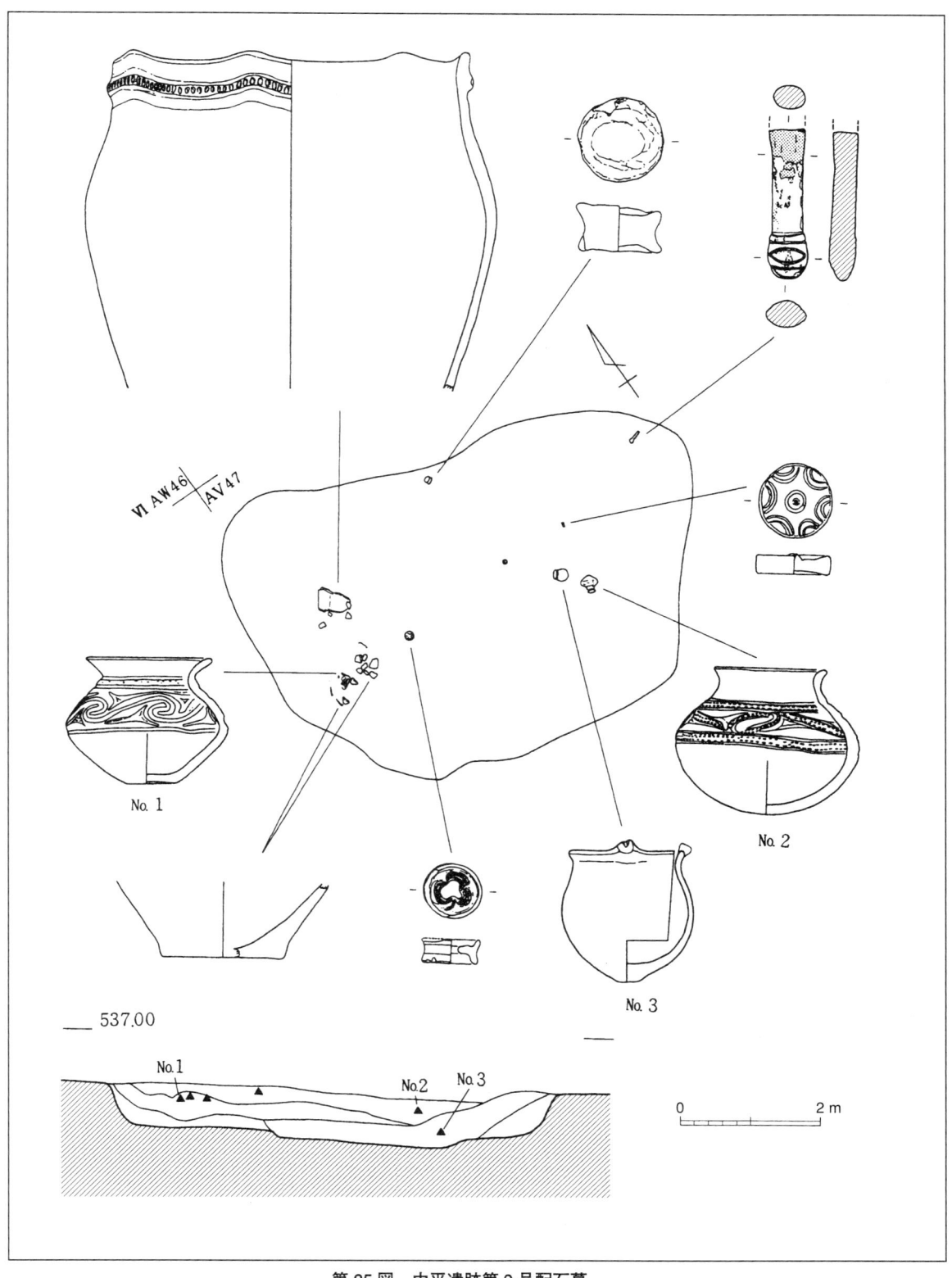

第2節 "汝，砕かれしもの，免れしもの" 石刀・石剣　379

第25図　中平遺跡第9号配石墓

380　第1章　石棒・石剣・石刀の祭祀

壺4点，蓋1点，深鉢2点，石剣3点，定角磨製石斧2点，磨製石斧4点，石錘1点，死者が身に着けていた土製耳飾り7点，丸小玉4点などが出土している。これら出土遺物は二次火熱を受けているものと，そうでないものがあり，小形壺の土器棺や多量の焼骨の存在から，馬場保之氏は縄文晩期前葉の再葬墓と考えている。この場合の砕かれた石剣は，霊抜きをして墓に納められたことになる。馬場保之氏は石棒，石剣，石刀の大部分が細片で，叩く，突くという行為で砕かれたり，その後再び擦られたりして再利用されたものもあるとしている。この第9号配石墓は再葬墓という葬制の中で，シャーマン的な人の死により，霊抜きし砕かれた石剣をどのように納めたか知るうえでも重要な資料である。

4　祭具としての石剣，石刀，精製石棒

　七社宮遺跡や道平遺跡出土の精製石棒，石剣，石刀などの出土資料から出発して，縄文時代後期や晩期のこれらの遺物の出土状況について考えてきた。まず，これらの遺物の分析には祭具であるという観点が重要だと思う。石剣，石刀，精製石棒の使用痕と出土状態を検討してみると，祭具として長年使用してきた最終段階で火に焙られたり，砕かれたものが多いことが指摘できる。この状況を認識したうえで，さらに，どのような祭祀をおこなっていたかが問題となってくる。

　七社宮遺跡ではアイヌのイオマンテ[15]のような熊の祭祀を配石状の祭壇でおこなった可能性がある。儀器に石剣，石刀などを使用したのではないだろうかと考えた。さらに，大熊町道平遺跡での，石剣，石刀などの砕かれた出土状態を検討すると，イノシシやシカを納めた獣骨蔵土器群の出土があった。その状況から，祭祀としてイノシシやシカを供えるために，石刀や石剣などで撲殺し，「供儀」や「神人共食」をして再生を願った可能性を否定できない。そして，毎年おこなってきた最後の祭祀の後，祭具としての石刀や石剣を砕いて霊抜きをするのではないかと考えられる。こうしたまつりを冬至の頃おこなったのかもしれない。さらに，山梨県金生遺跡では石棺状の埋葬遺構に完形品の石剣が伴っており，「砕かれる行為から免れた石剣」が存在した。この「免れしもの」は，墓などに納める使用形態などに多いものと考えられる。

　今後，「砕かれしもの」と「免れしもの」の観点を中心に，祭具としての精製石棒，石剣，石刀を検討していきたい。

註・参考文献

1)　小島論文（第15図20）の石棒は岐阜県久々野町堂之上遺跡出土のもので，堂之上遺跡の調査は1973年以来つづけられている。筆者は昨年来この調査に参加し，調査団長大野政雄氏，戸田哲也氏の御好意により実見し，注目していた次第である。
2)　型式学上あるいは分類学上より羽柴氏，鳥居氏の分類を考えると，きわめて妥当なものとしてとらえられよう。しかし，後述するように単頭石棒が実は，石棒型式の中でかなり多い。この現状に立って，より細分類をおこなっていくうえで，鳥居氏の分類は繁雑なものになるきらいがある。したがって両頭石棒・単頭石棒・無頭石棒と筆者は大きく分類する。さらに大きい項目で分類するとすれば，両頭石棒・単頭石棒と無頭石棒とのあいだに分類基準が存在することを理解いただきたい。
3)　前出2)に同じ
4)　大竹憲治・渡辺誠・鈴木　源ほか　1997『七社宮遺跡試掘調査報告書』福島県浪江町教育委員会
5)　吉田健司　1983「第6編　道平遺跡出土の線刻意匠を持つ石棒について」『道平遺跡の研究』福島県大熊町教育委員会
6)　新津健ほか　1989『金生遺跡Ⅱ（縄文時代編）』山梨県教育委員会
7)　下平博行・馬場保之ほか　1994『中村中平遺跡』飯田市教育委員会
8)　大矢（澁谷）昌彦　1977「石棒の基礎的研究」『長野県考古学会誌』28号

第2節 "汝，砕かれしもの，免れしもの" 石刀・石剣　381

9) 神田孝平 1886『日本大古石器考』
10) 八幡一郎 1934『北佐久郡の考古学的調査』
11) 保坂三郎 1972『是川遺跡』中央公論美術出版
12) 鈴木　源 1997「第4節　石器」『七社宮遺跡試掘調査報告書』福島県浪江町教育委員会
13) 大竹憲治 1983「第10編　縄文時代における動物祭祀遺構に関する二つの様相―東北地方南部の資料を中心として―」『道平遺跡の研究』福島県大熊町教育委員会
14) 前出13) に同じ
15) 秋野茂樹 1998「イオマンテ―アイヌの送り儀礼―」『月刊文化財』

主要参考文献

浅川利一・戸田哲也・笹村省三 1965『田端遺跡調査概報第1次』町田市教育委員会
安孫子昭二ほか 1976『田中谷戸遺跡』町田市田中谷戸遺跡調査会
鋳方貞亮 1967「石棒・石剣考」『高橋先生還暦記念東洋学論集』
石黒松吉 1936「石棒物語」『ひだびと』第4年・第5号
小笠原迷宮 1924「男根形の珍しき土製品」『人類学雑誌』第39巻3号
小笠原迷宮 1924「岩手県に於ける性的製作品の一二」『考古学雑誌』第14巻第14号
大野延太郎 1896「常陸国霞ヵ浦沿岸旅行談（続）」『東京人類学会雑誌』11巻123号
谷川（大場）磐雄 1923「石器時代宗教思想の一端（3）」『考古学雑誌』第13巻8号
大場磐雄 1935『考古学』現代哲学全集　第18巻
柏倉亮吉ほか 1972『岡山―山形県における原始住居跡と立石遺構―』山形県教育委員会
川崎義雄・能登　健 1969「調布市下布田遺跡の特殊遺構」『考古学ジャーナル』No.34
神田孝平 1885『Notes on Ancient Stone Implements of Japan』
神田孝平 1886『日本大古石器考』
木内石亭『雲根志』
桐原健 1969「縄文中期にみられる室内祭祀の一姿相」『古代文化』第21巻3・4号
清野謙次 1925「男女生殖器を示し且同時に交接を意味せる日本石器時代土製品」『考古学雑誌』第15巻3号
小島俊彰 1976「加越能飛における縄文中期の石棒」『金沢美術工芸大学学報』第20号
小林行雄 1957『日本考古学概説』
斎藤　忠 1962『木内石亭』人物叢書
斎藤　忠 1974『日本考古学史』
柴田常恵 1971「日本原始時代の宗教」（大場磐雄編「日本考古学選集」『柴田常恵集』所収）
坪井正五郎 1888「貝塚とは何であるか」『東京人類学会雑誌』3巻29号
坪井正五郎 1889「パリー通信石棒の用法」『東京人類学会雑誌』第5巻44号
寺田貞次 1923「石冠の用途に就て」『考古学雑誌』13巻10号
戸田哲也 1971「縄文時代における宗教意識について―田端環状積石遺構を中心として―」『下総考古学』4号
鳥居龍蔵 1922「『武蔵野話』の著者と有史前の石棒に就て」『武蔵野』5巻1号
鳥居龍蔵 1923「吾人祖先有史以前の男根尊拝」『人類学雑誌』38巻3号
鳥居龍蔵 1924『諏訪史　第1巻』
鳥居龍蔵 1926『先史及原史時代の上伊那』
長崎元広 1973「八ヶ岳西南麓の縄文中期集落における共同祭式のあり方とその意義（上・下）」『信濃』25巻4号・5号
長崎元広 1976「石棒祭式と集団構成―縄文中期の八ヶ岳山麓と天竜川流域―」『どめるん』8号
中谷治宇二郎 1935『日本先史学序史』
中谷治宇二郎 1944『校訂　日本石器時代提要』

樽崎彰一ほか 1972『岐阜県史　通史編原始』
根本忠孝 1957「「重石平」縄文遺跡と発見の石棒に就て」『磐城考古』第6号
羽柴雄輔 1888「石棒の用法　上編・下編」『東京人類学会雑誌』4巻31号
藤森栄一 1950「日本原始陸耕の諸問題—日本中期縄文時代の一生産形態について—」『歴史評論』4巻4号
藤森栄一編 1965『井戸尻』
藤森栄一 1970『縄文農耕』
水野清一・小林行雄編 1970『図解　考古学辞典』
水野正好 1963「縄文式文化期における集落構造と宗教構造」「日本考古学協会第29回総会研究発表要旨」
湊　昆・小島俊彰ほか 1972『富山県史　考古編』
宮坂英弌 1957『尖石』茅野町教育委員会
宮坂英弌・藤森栄一・小玉司農武ほか 1970『茅野和田遺跡緊急発掘調査報告書』茅野市教育委員会
宮坂光昭 1965「縄文中期における宗教的遺物の推移—八ヶ岳山麓の住居址内を中心として—」『信濃』17巻5号
武藤一郎 1924「石棒に現れたる割礼の痕跡に就て」『考古学雑誌』14巻6号
八幡一郎 1928『南佐久郡の考古学的調査』
八幡一郎 1934『北佐久郡の考古学的調査』
八幡一郎 1939「日本先史人の信仰の問題」『人類学・先史学講座』13巻
吉田富夫 1941「石棒・石剣・石刃」『ひだびと』第9年・第10号
若林勝邦 1886「石棒の比較研究」『東京人類学会報告』1巻8号
若林勝邦 1886「石棒の比較に就きて」『東京人類学会報告』1巻10号
若林勝邦 1887「日本鹿製石棒」『東京人類学会報告』2巻19号

第2章　土器・アワビの祭祀

第1節　釣手土器・石棒・石柱などの出土状況について

1　はじめに

　筆者は釣手土器に関する綿田弘実氏[1]や新津健氏[2]などの論文に触れ，この土器の不可思議な世界に魅せられた。そして，『大塚初重先生喜寿論文集』に釣手土器における女神信仰についての論文[3]を発表した。その内容は釣手土器が火を灯したもので，火への信仰とも関係がある。別の視点で釣手土器のイノヘビ文[4]・ヘビ文・カエル文・女神文・女神の抽象文・渦巻文などを検討すると，カエルや女神の様相から月への信仰が表わされている可能性があるというものであった。

　この女神信仰の祭具は当然のことであるが釣手土器だけが単独に使用されたのでない。また，信仰として女神信仰だけが存在しているわけでもない。この女神信仰は石棒や立石など他の呪具や信仰とも複雑に結合しておこなわれたものであろう。こうした祭祀は集落内の特別な神殿的建物の中で執りおこなわれ，集落の繁栄と再生を願ったものと考えられる。

　さらに，月信仰の祭具として釣手土器と伴出する遺物を検討すると石棒，立石，土偶，石皿，顔面把手付土器，埋甕などがあり，遺構として土壇や配石などを伴う例がある。しかし，当然のことながらこれらの遺物や遺構が常に共伴するわけではない。したがって，単純には釣手土器と特殊遺物や特殊遺構との関係を明らかにすることができないのである。

　本稿ではこうした点を踏まえて，釣手土器と石棒・立石・石皿などの遺物の伴出例について，共通する点を見いだせるかどうかについて考察を加えるとともに，遺物の出土状況からどんな祭祀がおこなわれたかについて検討することを目的にした。

2　釣手土器・石棒・石柱・丸石などの出土状況

長野県諏訪郡富士見町藤内遺跡第7号住居跡[5]

　本住居跡（第1図1a）は井戸尻Ⅰ式期と考えられる。この建物の北側半分が第6号住居跡の下層となり，南西部が赤土の貼床で構築されていた。

　炉跡は石囲炉1カ所，地床炉2カ所である。石囲炉の北側に石皿を使用していた。炉跡の南側には盤状石を据え，石囲炉に南接する床面に倒置した埋甕（第1図1f）があり，内部に球石が1点入れられていた。南西隅には有頭石棒が1点直立し，途中から折れて頭部が基部の根本に転落していた。石棒の基部には無文の大形鉢形土器が遺存し，東南にも円柱の自然石の石柱が直立しており，遺物の多くが炉跡の北東部に散乱して出土した。

　復元可能な土器は8点（第1図1b〜1i）出土しており，深鉢形土器4点（第1図1c〜1f），浅埦形土器1点（第1図1h），両耳壺形土器1点（第1図1i），コップ形土器1点（第1図1g），釣手土器1点（第1図1b）で井戸尻Ⅰ式土器である。石囲炉の北側で石皿が出土し，他に顔面把手1点，磨製石斧2点，打製石斧35点，石匙6点，凹石8点，石鏃1点，北壁の裾に黒曜石塊27点などが出土した。

釣手土器正面（第1図1b）[6]の文様は浅鉢部と橋部の境に耳を付ける。橋部の頂点を三角にして星状の彫刻を施し，橋部に2本単位の沈線と三叉文の彫刻を付けている。側面の文様は三叉文と円形の窓を彫刻している。三叉文は女性器に関係がある。また，星座や月などを表わしているとも思われ，橋の頂点のすぐ下にも耳を付けている。正面頂点の三叉文はやはり女性器や火，月などを表わすと考えられる。

この住居跡は出土遺物から神殿的なものと思われる。おそらく建てられた当初からから南西隅に有頭石棒を直立させ，南東にも石柱を立て，石囲炉の北側で石皿を使用したと考えられる。

月の信仰と関係ある釣手土器（第1図1b）[7]。女神信仰を表わし神人共食[8]に使用したと思われる顔面把手付土器。供え物の器として使用したと思われる胴部に渦巻き文のある両耳壺形土器（第1図1i）。酒などの液体を飲んだコップ形土器（第1図1g）。食品を盛るか捏ねた浅鉢（第1図1h）。半人半蛇[9]的な文様で2本指の両手を挙げ，胴部に垂下させ渦巻文様にした土器（第1図1c）。石囲炉に南接した埋甕で，内部に球石が入れられていた土器（第1図1f）。なお，球石は男性的である。石器では玉斧的な磨製石斧2点。

石囲炉の火に照らし出される女性器の石皿。地床炉の光に照らされ南西隅に直立した男性器の有頭石棒。やはり男性器や生命生殖崇拝[10]，祖先のシンボルである男性的な直立した石柱などがこの神殿でおこなわれた祭祀の最終段階で使用されたのであろう。

ここでは，月信仰を中心とする火や男女生殖崇拝などを併せておこなった。生命の再生や食物の再生，霊送りや子孫の繁栄を願う祭祀をしたものと思われる。そして，この毎年おこなわれてきた祭祀の最後に有頭石棒に祈り，顔面把手付土器を破壊したものと考えられる。

長野県諏訪郡富士見町井戸尻遺跡第3号住居跡[11]

本住居跡（第1図2a）は，第2号住居跡の南半分を切っており，床面が第2号住居跡の床面より15cm低い。東西6.3mで南北5.7mの円形プランであった。

この住居跡からは釣手土器（第1図2q）を含む半完形の井戸尻Ⅲ式土器20点，顔面把手2点，土偶破片2点，打製石斧40点，石鏃15点，石匙14点，凹石10点，石錐5点，石皿完形品3点と破片1点，磨製石斧4点，擦切石斧2点，無頭石棒完形1点，石棒破片1点などの遺物が出土した。

住居跡の北東部から出土した上げ底釣手土器（第1図2q）[12]は，正面が無文の浅鉢に双環状の耳を付けてカエルを表わし，三角形の頂点を三叉状の中空にし，斜位やU字状の沈線を入れて女性器的な表現をしている。裏面は頂点に双環状のカエル[13]がのり，耳部のカエルから3本か4本指の足が出て泳ぐカエルを表わしている。正面の頂点の三叉状の文様は女性器を表わし，月信仰から満月を表現している可能性がある。裏面の頂点の双環状のカエルと泳ぐカエルは朔月を暗示[14]していると思われ，女神・カエル・月への信仰を表わしていると考えられる。

また，有孔鍔付土器（第1図2m, 2s）が出土しており，樽形の有孔鍔付土器（第1図2s）は胴部上半の文様が石皿状の女性器[15]で下半が雲状になる。この2点の有孔鍔付土器の酒造器[16]とセットをなす台付杯（第1図2n）や，食物を入れるか酒坏に適した埦形土器（第1図2u）が出土している。また，食物を盛ったと思われる台付土器（第1図2o, 2r, 2t）が出土しており，この中には口縁に両耳をもち，胴部に2本指の人体文か半人半蛙文が付いている台付土器（第1図2t）がある。やはり，図像的に人体文とイノヘビなどを付けた台付土器（第1図2r）。小形の台付土器（第1図2o）で胴部に結紐状文が付けられたものがある。四方眉月文深鉢（第1図2h）[17]は口を円形に作り口縁を方形にして，その角に上下に蕨手状の文様が印刻される。波状口縁の部分だけ左右から蕨手状に立ち上がり，ヘビ頭形と十字花形文が描かれ，小林公明氏が太陰暦と関連付けている土器である。また，キャリパー形で胴部に十字花形文がある土器（第1図2l）。さらに，顔面把手2点や土偶破片2点が出土しており女神・月信仰を表わしている。

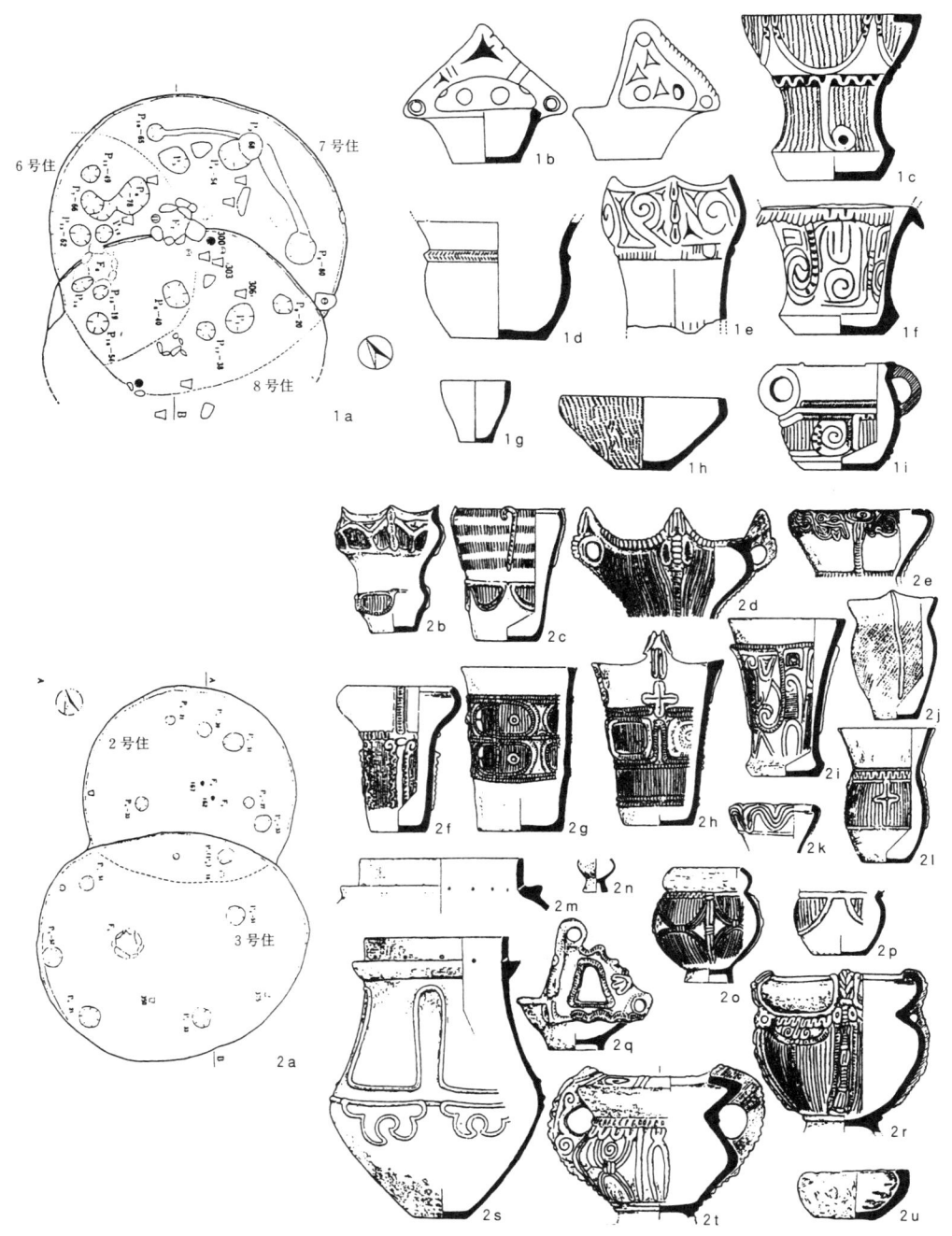

第1節 釣手土器・石棒・石柱などの出土状況について

第1図 藤内遺跡7号住居跡と出土遺物（1a〜1i） 井戸尻遺跡3号住居跡と出土遺物（2a〜2u）

この建物は出土遺物から神殿的なものであったと思われる。上げ底の釣手土器（第1図2q），土偶，顔面把手付土器。十字花形文が付き呪術的な四方眉月文深鉢（第1図2h）。双環状の把手が付き，胴部に半人半蛙文か人体文が付く台付土器（第1図2t）。完形で女性器的石皿3点などが出土した。

この建物では豊饒や女神を祈り，月の信仰をおこなった。無頭石棒で男根崇拝や生命生殖崇拝をして繁栄を願っている。そして，神殿が廃絶する最後の祭祀では有孔鍔付土器の酒造器（第1図2m，2s）の酒を杯（第1図2n）で酌み交わし，顔面把手付土器で煮た食物を小形の椀形土器（第1図2u）で神人共食をした。その後，顔面把手付土器は磨製石斧などで破壊された可能性[18]があり，土偶も壊された。このように神殿では女神信仰や月信仰による再生や，男性神である石棒信仰による増殖や生命生殖崇拝による活力により，集団の再生を願い繁栄を祈った祭祀がおこなわれたと考えられる。女神の月信仰と男神の信仰が混沌と同じ神殿でおこなわれた。

長野県諏訪市穴場遺跡第18号住居跡[19]

本住居跡（第2図1a）は井戸尻Ⅲ式期と考えられる。第16号住居跡と重複し，西半分は発掘区外となり，東北部の4分の1が調査された。この建物も神殿的なものであったと思われる。

ここより出土した石皿（第2図1f）はピットNo.4の西側の壁に接するように，ピット内に5cm差し込んだ状態で埋めて固定してあり，石皿のかき出し口を天に向けて直立していた。この石皿に向かって土で固定し横たわる無頭石棒（第2図1e）と，石棒をくわえるように伏せられた釣手土器[20]（第2図1b-1～1b-4）が出土した。その近くから石碗（第2図1g）と凹石，小形の深鉢土器（第2図1c，1d）などが出土している。石皿，石棒，石碗などは火熱を受け，これらが焼土から1mの範囲から検出された。

釣手土器（第2図1b-1～1b-4）[21]は，浅鉢の部分に縦位の沈線や隆線を入れ，3カ所に星状の印刻を付け，女性器を暗示させる。2カ所に環状の把手が付き，カエルを表現しトグロヘビ型[22]のイノヘビ[23]が2匹這い上がり，さらにブリッジを這い上がる3匹のイノヘビが付いている。双環状把手のカエル[24]よりもイノヘビの方が高い位置に付けられている。この土器はカエルよりもイノヘビの方が上位に置かれたことがわかる。この裏面（第2図1b-4）は，メガネ状の副窓を両眼に見立てると，下部のカエルの双環状把手が鼻になり，全体的にカエルの頭部を意識していると思われる。また，上面（第2図1b-2）から見ると双環状把手のカエルが上部にあり，副窓が両眼で，主窓が口，イノヘビの頭部[25]が歯のようになり，マンガのパーマン状である。この釣手土器は見る角度によってデザインが三重にも四重にも重なる多重構造の表現になっていることが理解できる。活力を与えるトグロ型のイノヘビと，双環状のカエルが共存して表現されている。

こうした各遺物の出土状況から，この建物は神殿的な施設であったと考えられる。男性器の石棒と女性器の石皿を対峙させ，集団内の生命生殖の増強や繁栄と，再生を祈る祭祀をおこなったものと思われる。そして，この祭祀の最後に火をかけたものと考えられる。このように祭祀の最終状況を忠実に残し廃棄したのは，霊や生命の再生を願うため[26]と思われる。出土遺物は井戸尻3号住居跡とも似ており，無頭石棒が出土している。

長野県諏訪郡富士見町曽利遺跡第29号住居跡[27]

本住居跡（第2図2a）は曽利Ⅰ式期の建物で径約5m，北壁の一部に高さ15cmの土壇があり，その部分が角状に突きだしているが円形に近い形状である。

この北側の土壇の中央には千枚岩質変輝岩の柱状立石（第2図2k）があり，その立石に3個の凹穴が並んでいる。石囲炉の北側には釣手土器2個（第2図2b-1～2b-3，2c）が置かれて出土し，火と釣手土器の関係が強いことがわかる。

出土土器は台付土器（第2図2d）で高台部と口縁部を打欠いていた。住居跡の東側に埋甕として使用した

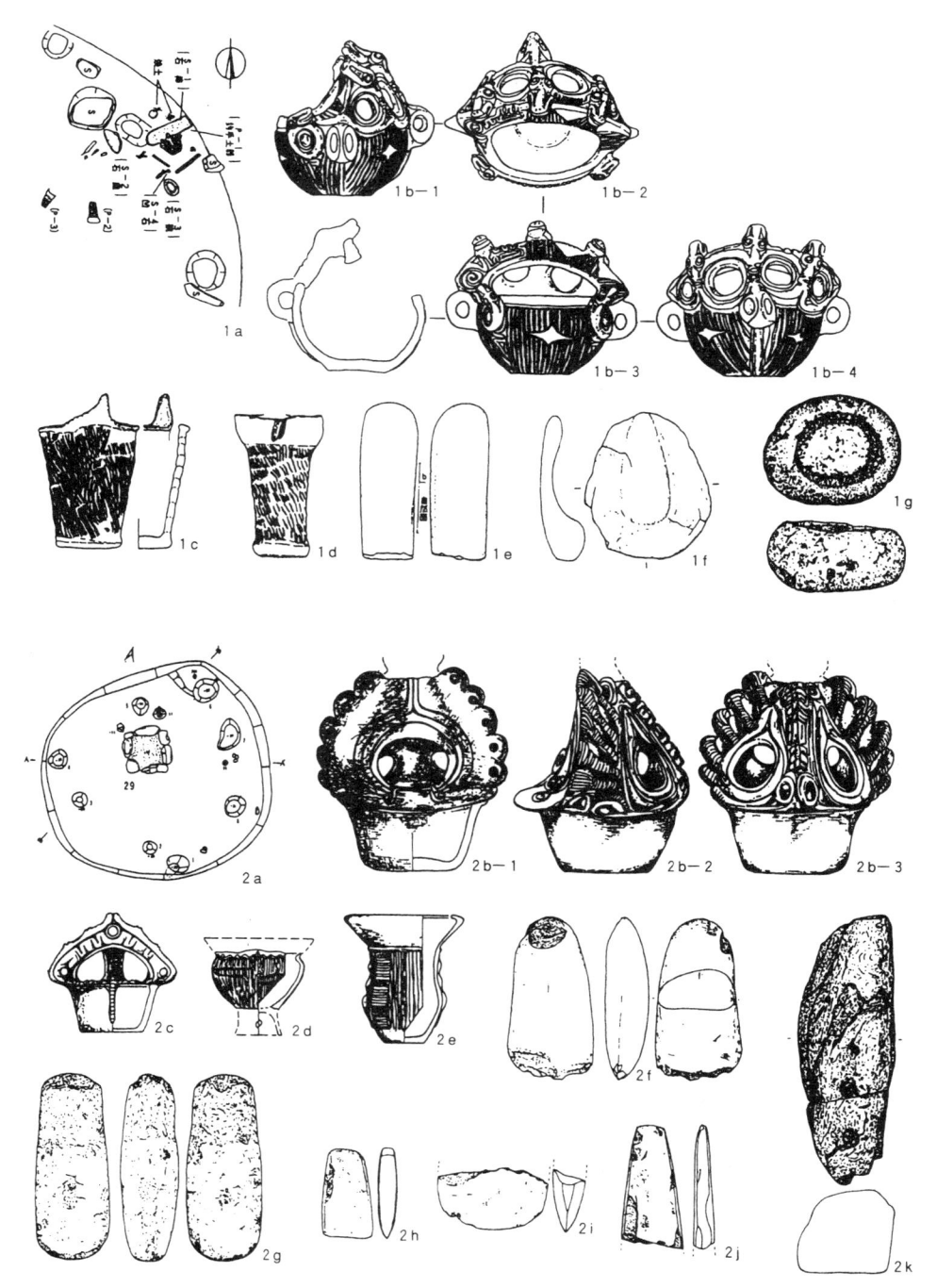

第１節 釣手土器・石棒・石柱などの出土状況について 387

第２図 穴場遺跡18号住居跡と出土遺物（1a〜1g） 曽利遺跡29号住居跡と出土遺物（2a〜2k）

土器や，口縁部を無文にしたキャリパー形の深鉢土器（第2図2e）もある。石器は石鏃形とされる打製石斧8点，横形の打製石斧2点，凹石と磨石7点，乳棒状石斧か石槌（第2図2g），定角式磨製石斧（第2図2h〜2j）が出土した。ことに定角式磨製石斧（第2図2i）は暗灰青色の翡翠製の玉斧であった。この神殿的な建物は北側の土壇に石柱が立てられ，石囲炉の北側に釣手土器2個が置かれていた。

釣手土器（第2図2b-1〜2b-3）は，長野県伊那市御殿場遺跡第12号住居跡出土の女神の顔面付き釣手土器[28]と同様に，橋部の頂点に女神の顔があったと思われるが人為的に欠損させている。正面部（第2図2b-1）は主窓に沿って宝珠形に沈線を入れて女性器を表現し，外側を左右5個の半円形の襞状にしてそこに円形の凹穴を付ける。そして頂点に女神の顔を付けるが，これは満月を意味させている可能性がある。頂点に満月の女神1個，左右5個ずつ計11個の月を意味している可能性がある。さらに，これらの月は裏面のカエルの怒髪状の生命の樹[29]で支えられていることになる。

東南アジアの神話[30]にあるように，縄文時代中期に多くの月の存在が考えられていた可能性や，月の運行を多くの月で表わしていた可能性が考えられる。この造形は御殿場遺跡第12号住居跡出土の顔面付釣手土器にも同様に見られる。その裏面部[31]（第2図2b-3）の頭部は欠損しているがカエルや蟾蜍の頭部を表わしていた可能性がある。両眼にあたる副窓が宝珠形に作られ，その両眼から左右5本の樹枝が指のように怒髪状に出て，それぞれ正面の襞に繋がり円形の月状の凹穴を支えたかたちをとる。ジョイントの部分は浅鉢のすぐ上に双環状の把手を付けて背骨状に作り，女神の後頭部のカエルを支える造形になっていたと考えられる。

女神の顔が満月だとすると，後頭部は満月の裏側にあたり朔月を意味していると思われる。女神の頭部を破壊する行為は女神殺しを意味している。通常の祭祀で繰り返された女神の再生や月の再生のまつりと異なり，祭祀の最後に女神を殺し[32]再生を否定したことになる。破壊された女神の頭部が出土していないのは，女神の頭部が別の場所に移されたか，磨製の玉斧などで砕かれた可能性[33]があると思われる。

もう1点出土した釣手土器の正面（第2図2c）[34]は，浅鉢部に尾のような隆帯が垂下され，橋の部分に上下の鋸歯がかみ合うような文様が付けられている。両方の耳部には丸い穴が付き三叉状の文様となり，橋の頂上部にも円形の孔があり三叉状になる。この三叉状の文様は女性器を暗示させる文様であり，これらの円形文や三叉文は女神や月の運行を表わしているとも考えられる。裏面部は頂上部に双環状のカエルが付き，朔月を表わすものと思われる。

この神殿的建物（第2図2a）は石囲炉を中心に2個の釣手土器が置かれていた。土壇に石柱が立てられており，埋甕（第2図2d）や磨製石斧の玉斧（第2図2h）も出土している。石柱は火の信仰や祖先崇拝とも関係が深い。3個の凹穴が付けられていて男根的で陽的なものに陰的な性格も付加し，生命生殖崇拝がなされている。この石柱（第2図2k）はおそらく祭祀の最後に人為的に割られ，霊抜きがおこなわれたと思われる。また，2個の釣手土器の出土状況から石囲炉の前で女神崇拝と月信仰の祭祀をおこない再生を祈ったと考えられる。最終の祭祀の終了後に磨製石斧などで釣手土器の女神（第2図2b）の頭部を破壊し，女神を惨殺[35]したと思われる。

長野県南佐久郡川上村大深山遺跡第25号住居跡[36]

本住居跡（第3図1a）は曽利Ⅱ式期から曽利Ⅲ式期で，南北3.9m，東西3.75mの隅丸方形の比較的小形の建物であった。

この建物の石囲炉は中心より西側に作られており，南側に大形の石（第3図1a）が密集していた。花崗岩製の立石（第3図1e）は高さ70cm，幅約26cm，厚さ約15cmで，上部左右に突出部があり約20cm床面に埋め込み，南側に倒したように立てられていた。立石の東側に径85cm×径95cmの丸石があり，隣に割られた

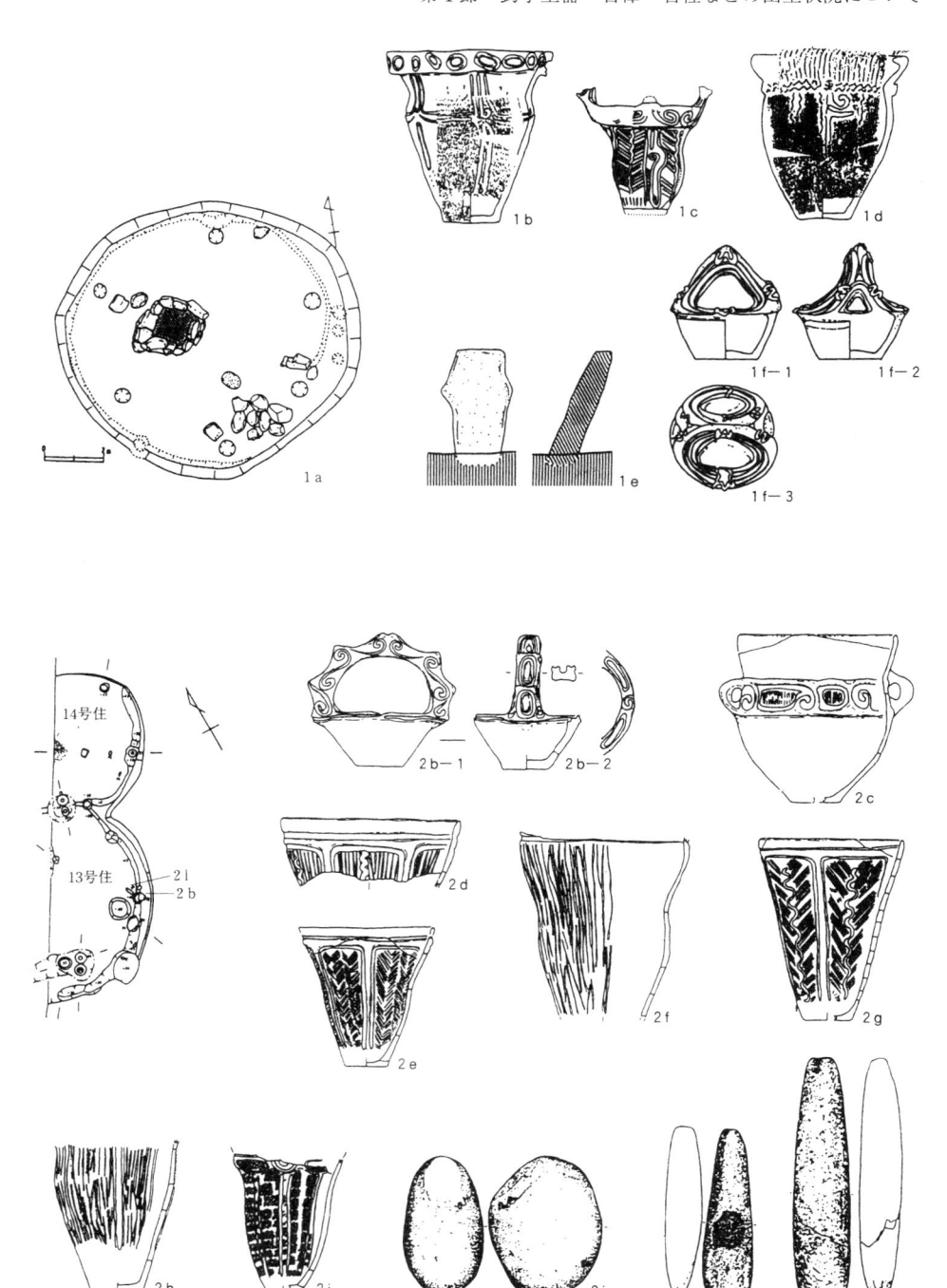

第1節　釣手土器・石棒・石柱などの出土状況について　389

第3図　大深山遺跡25号住居跡と出土遺物（1a～1f-3）　居平遺跡13号住居跡と出土遺物（2a～2l）

390　第2章　土器・アワビの祭祀

大石が据えられていて、石の祭壇だった可能性が高い。

　釣手土器（第3図1f-1～1f-3）は、床面西寄りのピット内から正位の状態で出土した。住居跡から大小2本の乳棒状磨製石斧も出土している。さらに、粘土紐で抽象的な渦巻き文様を付けた土器（第3図1d）。床面から出土し口縁の鍔部に楕円形や円形の凹み文を施し、胴部に沈線で抽象的な渦巻文と縦横沈線文を付けた土器（第3図1b）などが出土した。

　釣手土器の正面（第3図1f-1）[37]は、浅鉢の上に三角状の橋を作り、角の丸い三角の主窓にする。鍔の部分に粘土紐による変形したW状か、変形した羊角文の隆線を付けている。橋部の頂点にはW状の粘土紐を付け、桁部と対応する部分（第3図1f-2）にもW字状の粘土紐を貼付けている。釣手土器のW字状の文様は飯田市大門原遺跡第24号住居跡出土の釣手土器[38]などを例に考えると、女神の顔やカエルの抽象文[39]と思われ、月の祭祀と関係がある文様と考えられる。

　この建物は神殿的なもので南側に立石や石壇があり、釣手土器や乳棒状石斧も出土している。おそらく立石などで祖霊や男性器の陽的な生命生殖崇拝をおこない、釣手土器で女神や月の信仰、食料や生命などの再生を祈る祭祀をおこなった。この神殿での祭祀の最後に釣手土器をピット内に埋め、さらなる再生を願ったと思われる。

岐阜県大野郡久々野町堂之上遺跡第6号住居跡[40]

　本住居跡（第4図1a）は、隅丸方形で東西5.35m、南北5.3mで、壁高が平均50cmであった。中央からやや西寄りの大形石囲炉4隅に立石や石棒があり、北東隅には大形石棒（第4図1c）が立っている。筆者もこの住居跡を実見している。

　この建物は神殿的なものと思われ、曽利Ⅱ式期から曽利Ⅲ式期と考えている。建物の東側には大形の埋甕（第4図1f）があり、台付土器（第4図1e）と釣手土器（第4図1d-1～1d-3）が覆土中から出土した。炉の四隅に埋め込まれた立石や石棒（第4図1c）は、彫刻石棒（第4図1g）、頭部のある板状石、無頭石棒などが使用されている。このうち、彫刻石棒（第4図1g）は、頭部との境に段を有し、4単位の三叉文を縦に陰刻し、頭頂部にも線刻があり火熱を受けていた。炉の火の周りで男根崇拝と生命生殖崇拝、祖先崇拝などをしたものと思われる。石棒が火と関係が深いことが分かる。

　釣手土器の正面（第4図1d-1）は浅鉢部に鍔を有し、橋部と鍔部に4個の円形凸帯を付け、円形凸帯を繋ぐように長円文を施している。これは月などの運行を表現している可能性がある。橋の頂点は2本の紐状の隆帯を撚ったように付けるが、頂点を正面から見ると僅かに三叉状の刻みとなり、釣手土器の頂点に表現される女性器的な文様と思われる。側面（第4図1d-2）は、鍔の部分が足状になり、縦に尾が付いたような形に作られ、紐通しの桁の部分がメガネ状の両眼になり、頂部が口状に造形されている可能性がある。つまり、側面は沖津実氏[41]が指摘されたカエルの観察のようにトノサマガエルのオタマジャクシの変態に似ており、シッポと両足や頭を表わしていると思われる。この釣手土器は図像にカエル（オタマジャクシ）、女性器、月の運行などの要素が組み込まれており、月神への信仰に使用されたものと考えられる。

　台付土器（第4図1e）は台の部分が欠損していた。口縁部に2単位の環状の把手が付き、胴部上半に粘土紐で女神やカエルの抽象文の羊角状文と縦位の波状隆線の尾のような文様を付けている。この台付土器に近似した例は井戸尻遺跡第3号住居跡出土の台付土器（第1図2t, 2r）があり、同じく台の部分を破壊している。大形の埋甕（第4図1f）は建物の東側の壁寄りから検出され口縁部を欠いており、胴部に粘土紐の波状隆帯と粗い条線を付けている。大形の砥石（第4図1h）は、大形礫を平坦に研磨しており、扁平石皿の可能性もある。さらに、この建物跡では壁面などに厚い焼土が堆積していた。

　この神殿的な建物では、石囲炉の4隅に立てた石棒や立石が炉の火により照らされる中で、男根崇拝や祖

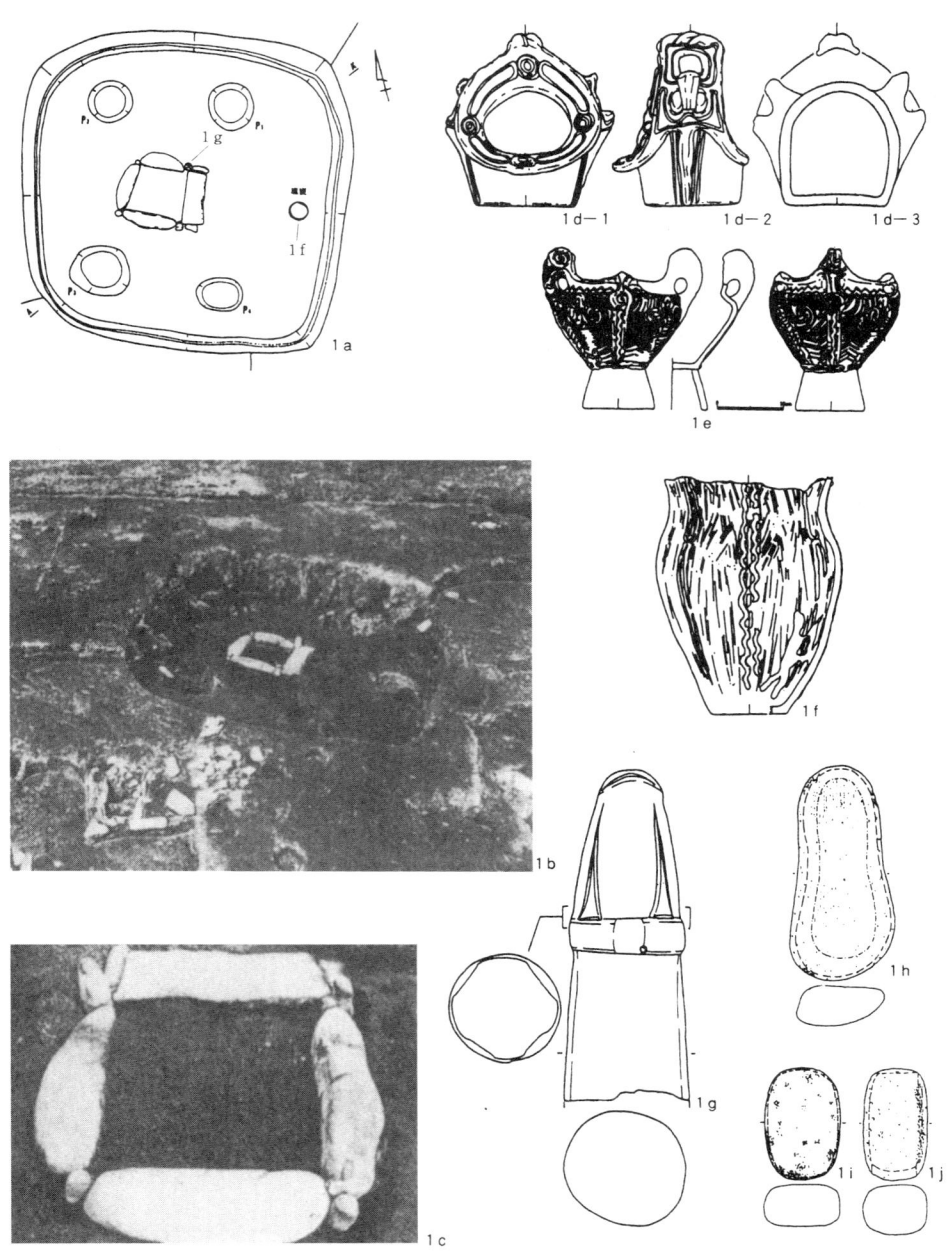

第1節　釣手土器・石棒・石柱などの出土状況について　391

第4図　堂之上遺跡6号住居跡と出土遺物

先崇拝，生命生殖崇拝などの祭祀がおこなわれた。また，大形砥石が扁平石皿だとすると，ここでも男性器の石棒と女性器の石皿がセットとなっていた。さらに，釣手土器により月の女神信仰がなされ再生が祈られたと思われる。この神殿での最後の祭祀に，台付土器の台の部分が破壊され，神殿に火を付けて焼失させたと考えられる。

長野県諏訪郡富士見町居平遺跡第13号住居跡[42]

本住居跡（第3図2a）は曽利Ⅳ式期と考えられ，北西半分が道路により失われているが，径が約5mの規模になると思われる。

東南の側壁と柱穴の間に釣手土器（第3図2b-1，2b-2）が横転している。この釣手土器の近くから折れた大形乳棒状石斧（第3図2l），少し離れて丸石（第3図2j）と乳棒状石斧（第3図2k）が出土した。また，1つのピットより埋甕3個（第3図2c，2d，2f）が出土している。まず沈線を縦位に付け底部が抜かれた埋甕（第3図2f）が正位で出土した。これに接して床面下4cmに口縁部の一部を残して打ち欠き，内面と外壁の一部に黒い漆様の塗料が付着した両耳把手付土器（第3図2c）が，底部を抜かれ正位で出土した。さらに，左側に接して床面下18cmに口縁部に煮こぼれ痕のある逆位の埋甕（第3図2d）が出土している。

釣手土器（第3図2b-1）は浅鉢の上面に大きな橋を付けているが頂部周辺は欠損していた。多角形の橋部の両面と口唇部にはS字文・渦巻文・長円文を付け，底部に浅い網代痕が施されている。この釣手土器のS字文・渦巻文・長円文などの組み合わせは，動きのある文様で生と死，月，水など再生の表象[43]を感じさせる。この釣手土器の横から下半部が折れ，刃先の潰してある上質の淡緑色輝岩製で長さ30.3cmの大形乳棒状石斧（第3図2l）が出土した。さらに，近くから良質で濃緑色輝岩製の乳棒状石斧（第3図2k）も出土しており，片方の腹面に二次的な円形の敲打痕が付いている。この近くから，天然石に少し手を加えて磨き出した径約35cmの重い安山岩製の丸石（第3図2j）が出土しており，この男性的な丸石は床面で立つようになっていた。

この神殿的な建物の内部には丸石状の立石（第3図2j）を置き，その横に釣手土器（第3図2b-1，2b-2）と神宝のような大形乳棒状石斧（第3図2l）と乳棒状石斧（第3図2k）を供えていた。さらに，西側に約2m離れた1つのピットには，埋甕3点（第3図2c，2f，2d）が置かれていた。このような出土状況から，祭祀の最後で丸石の立石に祈り，生命や食物の再生に関わる祭祀をおこなった。その後，釣手土器の橋の頂部を欠き，神宝の大形乳棒状石斧を割り，乳棒状石斧に敲打痕を付け，霊抜きをしたものと考えられる。

3　まとめ

石棒・立石・釣手土器などが出土している建物跡について検討してきた。その結果をまとめると以下のようになる。

(a)　石棒か立石・釣手土器・埋甕……藤内遺跡第7号住居跡・曽利遺跡第29号住居跡・堂之上遺跡第6号住居跡・居平遺跡第13号住居跡

(b)　石棒か立石・釣手土器・台付土器……井戸尻第3号住居跡・曽利遺跡第29号住居跡・堂之上遺跡第6号住居跡

(c)　石棒か立石・釣手土器・顔面把手……藤内第7号住居跡・井戸尻第3号住居跡

(d)　石棒か立石・釣手土器・有孔鍔付土器・杯……井戸尻遺跡第3号住居跡・藤内遺跡第7号住居跡（杯だけ）

(e)　石棒か立石・釣手土器・磨製石斧か乳棒状石斧……藤内第7号住居跡・井戸尻第3号住居跡・大深山遺跡第25号住居跡・居平遺跡第13号住居跡

(f) 石棒か立石・釣手土器・石皿……藤内遺跡第7号住居跡・井戸尻遺跡第3号住居跡・穴場遺跡第18号住居跡・堂之上遺跡第6号住居跡（大形砥石が石皿ならば）

(g) 石棒か立石・釣手土器・土壇や配石……曽利遺跡第29号住居跡・大深山遺跡第25号住居跡

さらに，祭祀の後に神殿に火を付けて焼失させたと思われる例は，穴場遺跡第18号住居跡と堂之上遺跡第6号住居跡であった。

呪具の種類が豊富な時期は，井戸尻Ⅰ式期の藤内遺跡第7号住居跡出土の石棒・釣手土器・埋甕・顔面把手・酒杯形土器・磨製石斧・石皿。井戸尻Ⅲ式期の井戸尻遺跡第3号住居跡出土の石棒・釣手土器・台付土器・有孔鍔付土器・酒杯形土器・顔面把手付形土器・乳棒状石斧・土偶・石皿であった。

そして，曽利Ⅱ式期から曽利Ⅲ式期の堂之上遺跡第6号住居跡では，石囲炉の4隅に立石や石棒が立てられ，この内の1点は彫刻石棒で，大形埋甕があり釣手土器と台付土器が覆土から出土した。また，石棒と石皿が出土している住居跡に釣手土器がセットとして出土している例も重要である。

曽利Ⅳ式期の居平遺跡第13号住居跡は約半分が道路となって調査できないが，丸石の立石・釣手土器・折れた大形の乳棒状石斧・乳棒状石斧・1基の土坑から3点の埋甕の出土などがあった。曽利Ⅲ式期になると呪具の組み合わせの種類が減少していく傾向にあり，釣手土器・石棒・埋甕などが祭祀の中心になっていくように思われる。

次に女神祭祀の内容であるが，前述したように釣手土器だけが独立しているのでなく，いくつかの呪具の中の1つである。釣手土器は火を灯すもので，火との関係が深いことは確かである。筆者は釣手土器を使用する祭祀が月と関係する夜間におこなわれたと考えている。釣手土器の文様にはイノヘビ文・ヘビ文・女神の抽象文・渦巻文などが使用された。中でもカエル文（蟾蜍）・女神文・女神の抽象文については月の信仰と女神神話に関係が深く[44・45]，生命や食物の再生，霊の再生への信仰がなされ，やがて水との関係が深い渦巻文[46]へ結集していくと考えられる。

また，石棒や立石は男根崇拝や祖先崇拝，生命生殖崇拝であり，これらが釣手土器の再生や月の信仰などと並行しておこなわれたと思われる。

こうした石棒・立石・釣手土器など呪具が出土している住居跡は，神殿的な性格を持つ建物であり，呪術者がいたものと思われる。祭祀を執りおこなう際に神殿的な建物の中に入れた人の数は面積的な点を考慮すると5人から6人であったと考えられる。こうした祭祀が村や集団の中でどのようにおこなわれたのかは不明な点が多い。

この神殿的な建物でおこなわれた再生への信仰も最後の段階に至る。そうした祭祀の最後の段階でおこなわれたのが，「破壊の行為」であったと思われ，藤内遺跡第7号住居跡の有頭石棒の破壊，顔面把手付土器の破壊。井戸尻遺跡第3号住居跡の石棒1点の破壊，台付土器3点の台部の破壊，有孔鍔付土器1点の破壊，顔面把手付土器の破壊，土偶の破壊などがある。また，曽利遺跡第29号住居跡の顔面把手付土器の女神の顔面の破壊，立石の破壊，磨製石斧2点の破壊。大深山遺跡第25号住居跡の石の祭壇と思われる遺構の破壊もある。堂之上遺跡第6号住居跡の台付土器台部の破壊や居平遺跡第13号住居跡の大形乳棒状石斧の破壊と乳棒状石斧の敲打などもある。さらに，穴場遺跡第18号住居跡と堂之上遺跡第6号住居跡は人為的に神殿が焼かれた可能性が高い。

こうした破壊行為は一見して再生行為と相反する行為と思われるが，逆にさらなる再生行為[47]とも考えられる。田中基氏はこの再生行為を女神像土器（顔面把手付土器）で説明されている。同じような視点で破壊されたものを考えると，破壊行為は惨殺であり，さらなる再生への願いを意味し，霊抜きや霊を送る行為と再生は関係が深いと思われる。今後も釣手土器の深淵な世界について学んでゆきたい。

第2節　縄文時代中期の釣手土器における女神信仰の様相について

1　はじめに

釣手土器について述べるにあたり研究史にふれておく必要があるが，紙数に限度があるので別の機会にし，本稿では主要な研究を簡単に紹介するにとどめたい。

釣手土器の研究史や型式分類，資料集成，使用痕の研究は，宮城孝之氏[48]の見解を近年の先駆とする。最近では綿田弘実氏[49]，新津健氏[50]などの論文があり，より緻密な内容になっている。

釣手土器の研究を年代順に列挙すると，まず，鳥居龍蔵氏[51]は『諏訪史』の中で「釣手ある土器」と紹介された。八幡一郎氏[52]は，釣手土器の型式分類を初めて試み，用途として燈火器，籠台，防虫香炉などを考えられた。その後，藤森栄一氏[53]は「釣手土器論」の中で，釣手土器の型式分類と編年的位置を示された。さらに，ヘビやカエルなどが冬眠から覚めて，春の新しい土の中から「あらたま」の生命を迎える。その永い暗い祈りの冬に，この土器が呪術の道具として特定の家で使用されるのに，うってつけであったのではないか，とされて縄文中期農耕肯定論の一資料に位置付けられた。また，藤森氏[54]は，釣手土器を縄文のランプとしている。その後，宮城孝之氏[55]は，釣手土器の研究史，全国の資料集成，型式分類，用途を論じられた。さらに，綿田弘実氏[56]は「長野県富士見町札沢遺跡出土の釣手土器」，「Ⅲ，長野県の釣手土器」の中で，長野県を中心に資料集成や型式分類，編年研究，伴出遺物，燈火実験などをおこなわれた。新津健氏[57]は「縄文中期釣手土器考」，「縄文中期釣手土器考②」を発表され，山梨県内の釣手土器の集成，出土状況，使用痕跡などについて精緻に分析されている。

本稿では宮城孝之，綿田弘実，新津健氏の研究をもとに，釣手土器の文様を図像学的に分析・検討し，文様変遷の意義について若干の考察をおこなうことにした。

2　イノヘビ，カエル，マムシ文様の釣手土器

長野県諏訪郡富士見町札沢遺跡出土の釣手土器[58]（第5図1a〜1d）

本土器は，藤内Ⅱ式期と考えられ，正面（第5図1c）の浅鉢部分と耳が欠損している。縄文を付けた浅鉢に2本の橋（第5図1a）を架け，桁状[59]の部分に蛭のような寸詰まりの突起（第5図1a, 1b）を付けている。藤森栄一氏[60]は蛇体表現により親マムシと仔マムシと考えた。筆者はヒルのような文様と，釣手土器の橋のジョイント部副窓の車輪状（第5図1b）文様により，イノシシとヘビの折衷のイノヘビ[61]と考えておきたい。この土器の鉢部と橋部の間にある耳は，メガネ状の双環状把手になりカエルを暗示[62]していると思われる。この釣手土器は耳部のカエルよりイノヘビの方が上位に付けられている。

長野県東筑摩郡朝日村熊久保遺跡出土の釣手土器[63]（第5図2a〜2c）

本土器は，井戸尻Ⅰ式期とされ，住居跡から出土した。耳の部分に双環状のカエルを模した把手が付く。把手を正面から見るとカエルが泳いでいる姿になる。釣手土器の主窓と副窓には連続爪形の刺突を施して，橋の上部と中間に3匹（第5図2b）のイノヘビの頭部を付けている。裏面（第5図2a）は，メガネ状の副窓がカエルの両眼に見え，双環状の把手がカエルの口の部分にある。この土器はカエル状把手の上位にイノヘビが位置付けられている。また，このカエル状把手は泳ぎながら浮遊し，三方を守護するかたちとなる。さらに，副窓を這うイノヘビには地母神的な要素がある。カエルは顔面把手付土器や有孔鍔付土器[64]から見ても女神と関係が強く，月信仰を暗示させている。この釣手土器は図像的にみると，地母神や月信仰の要素が強く，朔月の夜に月信仰の祭祀をおこない，その道具として使用したものと思われる。

長野県諏訪市穴場遺跡第18号住居跡出土の釣手土器[65]（第5図3a～3e）

本土器の出土状況は，神殿的な第18号住居跡を廃棄する直前の祭祀の状況を物語っている。男性シンボルの無頭石棒（第5図3d, 3e）を横倒して，さらに，石棒を這い上がるように釣手土器を据え付けている。この出土状況は釣手土器のイノヘビが石棒をくわえ，巻き上がる状態である。また，石棒と対峙する立てた石皿，石碗，凹石，焼土などが1mの範囲から出土している。この釣手土器（第5図3a～3c）は井戸尻Ⅲ式とされ，浅鉢の部分に縦位の隆線と沈線を施し，3カ所に星状の印刻を入れ，女性器を暗示させる。この土器には2カ所に双環状の把手が付きカエルを表わし，トグロヘビ型のイノヘビが2匹這い上がり，さらに，ブリッジを上がる3匹のイノヘビが付いている。双環状把手のカエルより高い位置にイノヘビが付き，カエルよりイノヘビが上位に位置付けられている。この土器裏面のメガネ状の副窓（第5図3a）を両眼に見立てると，下部のカエル状の双環状把手が鼻となり，全体的にヒトとカエルの頭部を意識して作られたと思われる。出土状況から穴場遺跡第18号住居跡は，祭祀が終了した最後の状態のまま放置したと考えられる。この男性器の石棒，そこに絡まるイノヘビとカエルのモチーフの釣手土器，女性器を表わす立った石皿などは性的である。この祭祀は月神に集団の繁栄を願い，精霊を送り再生を願うものであったと思われる。

山梨県北巨摩郡大泉村小林第4遺跡第14号住居跡出土の釣手土器[66]（第5図4a, 4b）

本土器は住居床面から出土した。新津健氏[67]はこの土器が藤内式に遡る可能性を指摘されている。正面（第5図4a）は，浅鉢から鍔状の部分に刺突状の文様があり，双環状の把手が付いてカエルの頭部状になっている。裏面（第5図4b）には，副窓があり円形と三角状となり，4本足の動物が貼り付いたようであるが頭部が欠損している。側面は双環状の耳が斜めにあり，泳ぐカエルとなっている。副窓にヘビを思わせる車輪文もあり顔にも見える。新津氏は天蓋部の内面などに炭化物の付着があり煤の痕跡もあることを指摘されている。この土器は耳部の双環状のカエルの上部にイノシシかイノヘビなどが付き，地母神信仰的である。やはり，月信仰の文様が描かれ，祭祀の最終段階に月のシンボルの釣手土器の頭部を破壊したものと思われる。器形は下平遺跡例（第6図1a, 1b）に似ている。

山梨県北巨摩郡須玉町下平遺跡住居跡出土の釣手土器[68]（第6図1a, 1b）

本土器は，藤内期の資料と考えられている。正面天井部と橋部が破損しており，浅鉢部に縄文が施されている。裏面（第6図1a）には，円形と三角形の副窓が付けられ，ジョイントの部分にイノヘビと思われる背に刺突が施されたものが3匹付いている。円形や三角の副窓の周りにも刺突が施されており蛇体文様になり，文様からすると地母神的な性格が強い。新津氏の観察で見込みなどに黒変がある。天井部と正面鉢部の欠損は，地母神的な祭祀の最後の破壊行為によるものと思われる。

山梨県塩山市北原遺跡出土の釣手土器[69]（第6図2a～2d）

本土器は井戸尻式とされ，カエル文の有孔鍔付土器や人面装飾付深鉢形土器[70]と出土している。釣手土器を正面（第6図2b）から見ると無文の浅鉢の上部側面に把手を付けて，三角の橋の中間と頂点にイノヘビ形の突起が付けられている。この釣手土器を裏面（第6図2d）から見ると橋がヘビ状となり，トグロヘビ型に作られ，側面（第6図2c）は釣手の頂点にイノヘビが据え付けられている。この釣手土器を上部から眺めると（第6図2a），主窓が口で副窓が両眼にも見える。イノヘビが付いていることから地母神や女神的な要素があり，やはり，月の祭祀に使用したものと思われる。

長野県南佐久郡川上村大深山遺跡第4号住居跡出土の釣手土器[71]（第6図3a～3c）

本土器は井戸尻Ⅲ式とされる。釣手土器は浅鉢部の耳にカエルを模した双環状把手（第6図3c）が付き，裏面（第6図3a）の橋部の頂点にもカエルの頭部状の双環状把手が付いている。裏面橋部左右には3本から4本の指状の突起が付き，正面の3カ所の窪みと連続している。釣手土器のジョイント部に背骨状の文様が

396　第2章　土器・アワビの祭祀

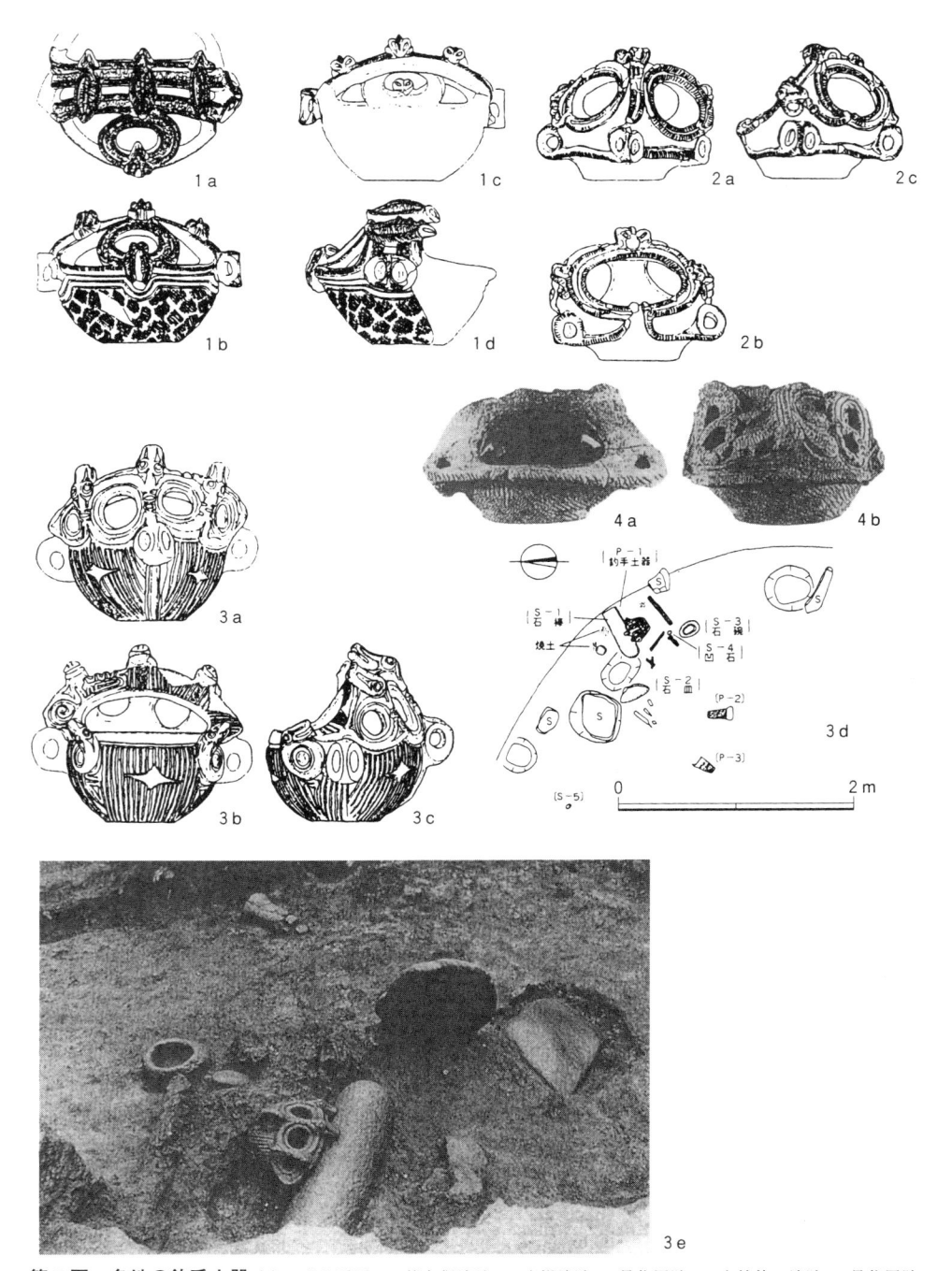

第5図　各地の釣手土器(1)　1 札沢遺跡　2 熊久保遺跡　3 穴場遺跡18号住居跡　4 小林第4遺跡14号住居跡

あり，正面（第6図3b）は橋部の中央に女神の顔状の文様と月の周期か月の数を表わす円形の窪みがある。裏面部（第6図3a）全体を見ると副窓がカエルの両眼のようになり，頂点に双環状把手のカエルがいる。正面について八幡一郎氏[72]は，頂点の表現が顔面把手の女神の顔面を打ち抜いたようであると指摘された。この釣手土器はヘビの表現が消え，正面の女神と裏面頂点のカエルや，裏面全体のカエルの表現が色濃くなっている。やはり，カエル，女神，月の信仰を表わしたものと思われる。住居跡からは土偶も出土した。

山梨県南都留郡西桂町宮の前遺跡第5号住居跡出土の釣手土器[73]　（第6図5a～5c）

本土器は，住居跡の炉と奥壁との中間の床面から正位に出土した。この住居跡は曽利Ⅱ式と考えられてい

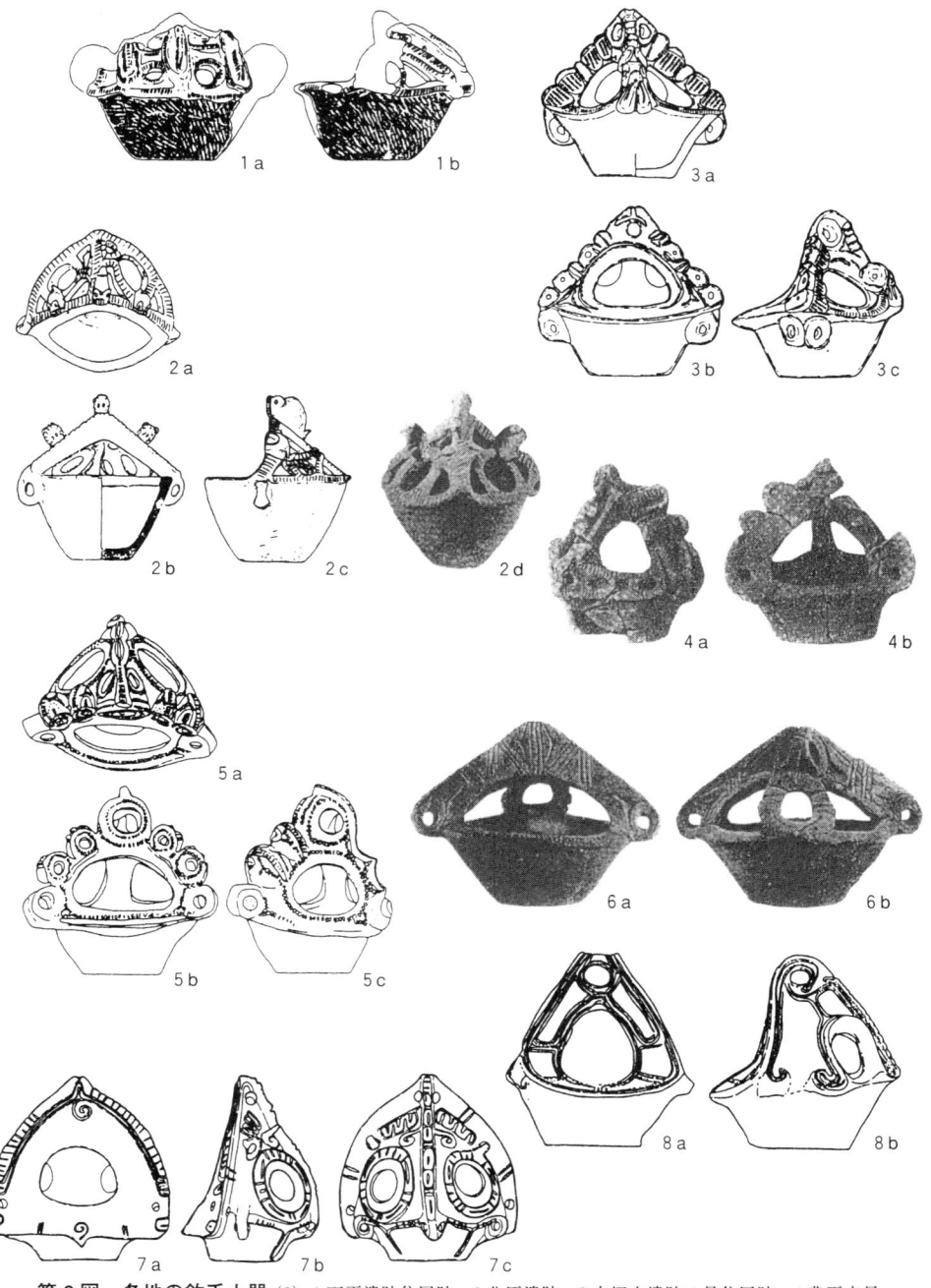

第2節　縄文時代中期の釣手土器における女神信仰の様相について　397

第6図　各地の釣手土器(2)　1 下平遺跡住居跡　2 北原遺跡　3 大深山遺跡4号住居跡　4 豊平広見　5 宮の前遺跡5号住居跡　6 中ツ原遺跡　7 大深山遺跡15号住居跡　8 向井原遺跡2号住居跡

る。釣手土器の上面（第6図5b）は浅鉢上部の橋に，小形の円筒状のイノヘビ状の頭部が左右に2匹付き，それぞれに耳か眼が表現されている。頂点のイノヘビは大きな環状の中空突起が付いて，双環状の眼となり，釣手土器のジョイント部に尾が下がり端部は渦巻になる。イノヘビの頭部を正面（第6図5b）から見ると，円形の窪みと周りに刺突が施され，月の周期や月の数を表わしている。この頂点の双環状の把手は，顔面把手付土器に付く双環状の把手や，有孔鍔付土器などに付く双環状の把手と共通の表現で，両眼が陰陽関係になっている。上面（第6図5a）から見ると，副窓が両眼で主窓が口，ジョイント部と頂点の突起が鼻に見える。この釣手土器の表現も，縄文中期の特有な形態をとり，見る角度により二重，三重のモティーフが

重なる立体的な表現となっている。新津氏の観察によると，釣手部下面と鉢部内面が黒く変色しており，火を灯した可能性があるという。この土器で火を灯し，祭祀をおこなったことがわかる。土器の文様にイノヘビやカエルの表現が強い。この土器を使用して地母神的な月への信仰と祭祀をおこなったものと思われる。

長野県茅野市豊平広見出土とされる釣手土器[74]（第6図4a，4b）

本土器は，鳥居龍蔵氏が『諏訪史』[75]に報告した資料で，正面部（第6図4b）の浅鉢状の上に耳を付け，橋部に左右2匹のイノヘビを施している。この左右2匹のイノヘビの正面は平らで，そこに円形の窪みを付けている。天井部の一部は破損しているが，中空の双環状の把手になり，陰陽のカエルの頭になっていたと思われる。側面（第6図4a）は後方の釣手の耳がカエル状になる。ジョイントの部分の頂点には何かの文様が付いていた可能性がある。橋部側面の2匹の円筒状のイノヘビは背の部分に渦巻や点状の文様が付いている。この土器の裏面は，おそらく2つの副窓がカエルの両眼になり，ジョイント部から耳の部分が鼻に表現されていると思われる。この土器もカエル，イノヘビの文様を施しており，地母神的な様相が強い。やはり，月神への信仰を表わしているものと思われる。

長野県茅野市中ッ原遺跡出土の釣手土器[76]（第6図6a，6b）

本土器の正面（第6図6a）は，耳の部分に環状の把手を中心に三叉文を付けてカエルを暗示させる。橋の頂点に菱形を割る縦の沈線を入れ，橋の中間部分にはN状の沈線を入れる。裏面部（第6図6b）は橋の頂点にカエルの頭部の双環状把手を付け，この把手を中心に両側に三角の刻み目と沈線を入れ，三叉状の文様にしている。頂点のカエル状の双環把手の下には環状のジョイントが付き，沈線が施されている。裏面（第6図6b）の双環状のカエルは月を，円環は朔月か満月を表わすものと考えられる。

長野県南佐久郡川上村大深山遺跡第15号住居跡出土の釣手土器[77]（第6図7a～7c）

本土器は井戸尻Ⅲ式とされ，竪穴外の奥壁上から出土した。この土器は浅鉢の面積が小さく，橋部とジョイント部の面積が大きい。正面（第6図7a）は橋の頂点に刻みを入れ，ハンガー状に隆線を付け，隆線と縁の間に沈線を入れる。この頂点は女性器を暗示させる文様となる。耳部の穴が小さく下に「ヨ」の字状の沈線を付け，耳を眼に「ヨ」の字部を口に見立てることもできる。裏面（第6図7c）は副窓が比較的小さく，これを両眼に見立てると全体に人の顔かカエルの頭部にも見える。副窓とその外円を眼球に見ると，外側の円が瞼の表現で，カエルの眼玉の縁取りにもなり，女神の睫の表現にもなる。橋の頂点からジョイント部の中心に隆帯を垂下するイノヘビかヘビにも見える。垂下隆帯の上部の左右に，W字状を連ねたような隆線があり渦巻とともに翼状になっている。この垂下隆帯は全体的に見ると鼻状となる。鼻から左右に分かれた顎状の刻み隆帯は途中から斜めに垂下し，渦巻状の耳飾りになり，斜めの線が首筋の線となる。頭部から首筋までの表現は，側面（第6図7b）でも同様で，眼と鼻の関係を示すと思われる。この釣手土器の裏面と側面の表現は，カエルの頭部や女神の顔を表現したと思われる。この土器に火をともすと正面の主窓が満月を，裏面は副窓の両眼だけが輝き朔月を表わすと考えられる。

東京都八王寺市向井原遺跡第2号住居跡の釣手土器[78]（第6図8a，8b）

本土器の正面（第6図8a）は，耳部の双環状のカエルと思われる把手は欠損しており，橋部の頂点に円形の頭部を描き，主窓を腹と見立てると前の両足が頭部に伸び，後ろの両足であぐらをかいたカエル像となる。また，実見していないが裏面は，恐らく副窓が両眼になり，カエルの頭部を暗示すると思われる。正面はカエルで満月を表わし，裏面は朔月を暗示するものと考えられる。本住居跡からはほかに有孔鍔付土器と土鈴が出土している。夜の祭祀の最後に有孔鍔付土器の酒[79]を飲み，土鈴を鳴らし，釣手土器に火を灯し，再生を願ったと思われる。

長野県諏訪郡富士見町井戸尻遺跡第3号住居跡出土の釣手土器[80]（第7図1a～1c）

　本土器は，井戸尻Ⅲ式期とされる。釣手土器の正面（第7図1a）は無文の浅鉢に双環状の耳を付けてカエルを表わし，三角形の橋の頂点を三叉状に中空にし，斜めやU状沈線を入れて女性器的な施文をしている。耳の上部に円形の孔をあけ沈線を入れる。裏面（第7図1c）は角の丸い三角状の副窓と幅の広いジョイントが付き，頂点に双環状のカエルがのる。耳のカエルの頭上から3本か4本指の足が付き，頭の下から左右に足が出て泳ぐカエルが描かれる。側面（第7図1b）は，双環状の把手から伸びた3本の足指が出ている。正面（第7図1a）は頂点の女性器的文様により満月を意味する。裏面は頂点のカエルと使者として泳ぐカエルにより，朔月を暗示していると考えられる。この住居跡は他に男性的な石棒2本が祭られ，さらに，女性的な顔面把手や土偶2点，酒造具の有孔鍔付土器なども出土している。この点から建物では，女性的な女神や月の祭祀と男性的な生殖器崇拝や火の祭祀とを混然とおこなった可能性があり，神殿的な性格を有していた可能性が強い。

3　顔面付き釣手土器

長野県伊那市御殿場遺跡第12号住居跡出土の釣手土器[81]（第7図4a～4c）

　本土器は曽利Ⅰ式期とされ，柱穴の横から横転して出土した。正面（第7図4a）は，橋部の縁などを一部人為的に欠いている。橋部の縁には左右5個の指状の円形窪みがあり，月の周期や月の数を表わしている。主窓に沿って沈線で弧状に囲み，左右の弧線を2本の横線で止め，弧線の下部も鍵状にして間に縦沈線を入れる。この文様は主窓と合わせて女性器を暗示すると思われる。橋部の頂点の女神の顔は，小さな口，丸い鼻，切れ長の眼，眉毛から額を三叉状にして月を意味し，耳飾りを付けている。顔の下には弧状の隆線が2条付けられる。裏面（第7図4c）は副窓を両眼状に作り，副窓の外側に隆線と沈線で三叉状に隈取りし，怒髪状に5本の隆帯が出る。頭部は波状隆帯と渦巻状の隆帯などで，毛髪や髪飾り，生命力などを表現すると思われる。浅鉢部より這い上がる脊椎状は上部が一部欠損するが，双環状のカエルの把手となった可能性があり，翼の付いたイノヘビの表現とも思われる。下部の耳は双環状のカエル把手となる。釣手土器の正面部（第7図4a）は女神の顔と女性器を広げたような図像で，中で火を灯して満月を表現する。裏面（第7図4c）は副窓を眼とすると，大きなカエルの頭で灯火により両眼が輝き，朔月を表わすと思われる。この月の女神の釣手土器は置いて使用したと考えられる。

長野県諏訪郡富士見町曽利遺跡第29号住居跡出土の釣手土器[82]（第7図2b～2d，3a，3b）

　本住居跡（第7図2a）からは釣手土器2点が出土している。この住居跡には石柱，土壇，口縁部を破壊した台付土器の埋甕があり，集落内で祭祀を司る神殿的な建物と考えられる。

　釣手土器（第7図2b～2d）は曽利Ⅰ式とされ，炉の北東部に据えられ，他の釣手土器（第7図3a，3b）が炉の北西部手前に置かれていた。正面（第7図2b）は，橋状の頂点の頭部を人為的に欠損させている。この部分には御殿場遺跡の例（第7図4a）から女神の顔があったと思われる。祭祀の最後の段階で女神の顔を打ち欠いている。橋部の縁に左右5個の半円形のひだを付け，中心部に指状の窪みがある。この円形の窪みは月の周期や月の数を表現しているかも知れない。主窓を宝珠文などで囲み二重の線を描き，女性器を暗示する文様を付ける。裏面（第7図2d）は，副窓と沈線で宝珠状のカエルの両眼を作る。左右の副窓の眼の上から5本の怒髪状の指が伸びて正面の窪みに繋がっている。ジョイント部は脊椎やイノヘビ状となり上部が欠損している。下部の耳は双環状のカエル把手となっている。本例（第7図2d）は御殿場遺跡例（第7図4c）に比ベジョイント部の幅が狭い。裏面（第7図2d）は全体的にカエルの頭状となり，正面（第7図2b）は女神とその性器を広げたようになる。この釣手土器は夜の暗い中で火を灯すように作られ，満月を暗示すると

思われる。裏面は副窓がカエルの頭状になり、暗い中で両眼が輝き、朔月を暗示していると考えられる。

　もう1点の釣手土器は曽利Ⅰ式とされ、正面（第7図3a）は、浅鉢に鍔状の縁が付くが、縁から隆帯状の尾が垂下している。耳状の円形の丸い穴が付き、三叉状の文様となる。橋部の頂点は円形の穴があり、頂点が割れたような三叉状になる。橋部は波状が組み合う文様になる。裏面（第7図3b）は橋の頂点に双環状のカエルが付く。ジョイントの部分が破損しているが、橋部の上部に耳があり、途中に2本一組の紐状の隆帯が付いている。正面は頂点に二重円の満月、耳の部分に円と三叉文が付き、月の周期や数などを表わす。裏面は頂点に双環状のカエルが付き、朔月を表わしていると考えられる。月への信仰を示すと思われる。

山梨県東八代郡境川村金山遺跡第1号住居跡出土の釣手土器[83]　（第7図5a、5b）

　本土器は、推定高49cm、最大幅40cmの大形である。正面（第7図5a）は橋部の頂点に女神の顔が付けられた可能性があるが、祭祀の最後の段階で打ち抜かれ、故意に破壊された可能性が強い。耳部が桁状に2カ所付き、橋部の縁に隆帯の波状文や渦巻文が付いて女性器を暗示する。裏面（第7図5b）は、頂点が不明であるが簡素な文様になるらしい。橋部は主窓を中心に隆帯で三重の円が描かれ、外側に隆帯による波状と渦巻や梯子状文が付き、外縁に隆帯の波状文が施される。正面は満月の女神を表わし、裏面は朔月を暗示していると思われる。この釣手土器は祭祀の最後に頭部から底部にかけて故意に破壊されたと考えられる。

長野県小県郡長門町中道遺跡第4号住居跡出土の釣手土器[84]　（第7図6a、6b）

　本土器は井戸尻Ⅲ式とされ、綿田弘実氏より正面（第7図6a）頭部の女神の顔が復元であることをご教示いただいた。正面の浅鉢と橋の境の耳部に双環状のカエル把手が付く。橋部はひだ状になり左右に小形の女神が付く。頭部は欠損しているが女神の顔が付いていたと考えられる。裏面部は副窓があり、これが全体的にカエルの眼玉状になっていると思われる。側面（第7図6b）は、ジョイント部に脊椎状の登るイノヘビが付いて、正面の女神と側面のイノヘビが繋がっていたと考えられる。イノヘビと女神は表裏の関係にある。この釣手土器の正面は女神と小形の女神を表わし、満月と月の周期の変化や、月の数を意味し、月神を暗示していると思われる。裏面部はイノヘビとカエル状になり朔月を意味する。祭祀の終了段階で女神の頭部を破壊した可能性がある。

長野県飯田市垣外遺跡第30号住居跡出土の釣手土器[85]　（第7図7a、7b）

　本土器は、浅鉢部を欠いている。正面（第7図7a）の橋部の頂点に女神の顔面を付ける。女神の顔面は眉、眼、鼻、口を付け、渦巻で飾りを施している。左右の橋部の中間に円形の粘土板を貼り、中に渦巻文を入れ羊角文で抱える。頭部の裏面[86]はカエル状の把手となり、正面の橋部中間の渦巻の裏は桁状になる。裏面部に副窓を作り、中間のジョイント部に輪の連続文を垂下する。この釣手土器を全体的に見ると正面（第7図7a）は頂点に女神を戴き満月を意味する。橋の中間に女神の抽象文の渦巻を抱く羊角文を付けて、月の周期の変化や月の数を暗示する。裏面のカエル状の突起は朔月を表わし、月神への信仰を表わしている。この住居跡からは他に、有孔鍔付土器と土偶が出土している。

東京都杉並区新町井草八幡所蔵とされる釣手土器[87]　（第8図1a〜1c）

　本土器は、正面（第8図1c）は浅鉢に把手を付け、橋状の頂点に呪術的な眼の女神を付ける。女神の頭上はヘビ状のものがあるようだが一部欠損している。橋の主窓には環を付け、橋部にヘビと環や渦巻を付ける。裏面（第8図1a）は耳の上にヘビの頭、環、渦巻などを付けている。全体的に見ると正面（第8図1c）は女神、環、ヘビ、渦巻などで、満月と月の周期を表わすと思われる。裏面（第8図1a）は、ヘビ、環、カエル、渦巻などで朔月を表わしていると考えられる。長野県や山梨県の顔面付釣手土器と少し趣を異にしている。正面（第8図1a）、裏面（第8図1c）とすることもできる。

第2節　縄文時代中期の釣手土器における女神信仰の様相について　401

第7図　各地の釣手土器(3)　1 井戸尻遺跡3号住居跡　2～3 曽利遺跡29号住居跡　4 御殿場遺跡12号住居跡　5 金山遺跡1号住居跡　6 中道遺跡第4号住居跡　7 垣外遺跡30号住居跡

長野県諏訪郡原村前尾根遺跡第 27 号住居跡出土の釣手土器[88]

本土器は，曽利Ⅱ式から曽利Ⅲ式とされ，正面（第 8 図 2a）は，浅鉢にカエルを抽象したような耳を付ける。橋部の頂点に円形の女神の顔を作り，鼻や眉毛を隆帯で付け，眼尻の上がった両眼，口を開いた女神の顔を付ける。橋部の中間には女神の顔やカエルの抽象文と思われる羊角文と，円形の刺突を交互に付け，月の周期や月の個数を暗示させる。楕円形に近い主窓に沿って沈線で外円が描かれ，鍔の中心に刻みを入れる。これは女性器を暗示するものと思われる。この土器の正面は，満月の女神と羊角文で月の周期を表わし，主窓は女性器を暗示していると考えられる。

長野県諏訪市穴場遺跡第 30 号住居跡出土の釣手土器[89]（第 8 図 3a～3c）

本土器は唐草文Ⅰ期とされる。正面（第 8 図 3a）は，橋部の頂点を盃状にして，女神の顔を描き，口の部分に渦巻を施し，橋の上方にも渦巻を入れる。裏面（第 8 図 3c）は盃状の下に眼と思われるものを入れる。この土器は祭祀の終わりの段階で人為的な破壊を受けたと思われ，下部が欠損し不明である。正面の女神は満月を，渦巻が月の周期を表わしている。裏面は朔月を暗示すると思われる。

長野県飯田市箱川原 B 遺跡第 2 号住居跡出土の釣手土器[90]（第 8 図 4a～4c）

本土器は唐草文Ⅰ期とされ，住居跡の北壁床面から正位で出土し，他に有孔鍔付土器も出土している。正面（第 8 図 4a）は，浅鉢から方形に近い橋を作り渦巻文を入れる。橋の頂点は盃状にして小さな女神の顔を付ける。側面（第 8 図 4b）は橋の部分に紐通し状の穴があり，吊るして使用したと思われる。女神の小さな横顔がある。裏面（第 8 図 4c）はジョイントがタスキ状に交差し，3 つの三角の副窓を持つ。ジョイントには流れるような渦巻を施し，頂点の盃部にも月のような渦巻を付ける。鍔の上の三角の一対の副窓は両眼と見ることができ，鼻状の渦と口状の沈線が付き，カエルの頭部の抽象形とも思われる。この土器は文様の主題がすでに月の女神から月の抽象文の渦巻に移り始めていることを物語る。表面（第 8 図 4a）が女神，満月，月の周期を表わし，裏面（第 8 図 4c）が朔月を意味している。月の周期や月の数，再生への願いを暗示していると思われる。

長野県飯田市北田遺跡第 23 号住居跡出土の釣手土器[91]（第 8 図 5）

本土器は，浅鉢部の鍔と橋部に爪状刺突の隆帯渦巻を付け，橋部の頂点は盃状にしていると思われ，女神の顔を戴いている。この女神はもはや口の表現がなく，顔の抽象化が進んでいる。顔と渦の中間に爪状刺突の隆帯直線を 2 本貼っている。裏面も橋の頂点の盃部は欠損しているが，2 本の爪状刺突の垂下隆帯が付いている。浅鉢の鍔部や橋の左右にも同様な 2 本の直線隆帯と，1 本の渦巻隆帯が左右に付いている。正面は抽象化された女神の満月と月の周期を意味すると思われる。裏面部は顔の表現がなくなるが渦巻などで朔月を暗示すると考えられる。

長野県佐久市寄山遺跡 H3 号住居跡出土の釣手土器[92]（第 8 図 6a，6b）

本土器は，唐草文Ⅲ期とされる。半分以上が欠損しており，最後の祭祀の終了後に故意に破壊した可能性がある。正面（第 8 図 6a）は橋部の頂点に女神の顔を付け，桁（第 8 図 6a）に対応する箇所に月の抽象文の渦巻が付く。右巻きと左巻きの隆帯を施している。橋部に紐通し状の穴があり，吊るして使用したと思われる。正面の女神の顔は満月と月の運行を意味すると思われる。

長野県上田市八千原遺跡 A18 号住居跡の釣手土器[93]（第 8 図 7a，7b）

本土器は浅鉢部が欠損しており，正面（第 8 図 7a）の橋の頂点に鼻を隆帯で大きく入れ，両眼をわずかに窪めた女神の顔が表現されている。この女神の両眼は省略化が進み，口は描かれていない。裏面（第 8 図 7b）は，橋の頂点に 2 本の縦隆帯を付けている。橋部に紐通し状の穴があり，吊るして使用したと思われる。月神を表わしていると思われるが正面の女神の顔の抽象化がさらに進んでいる。祭祀の終了後の故意の

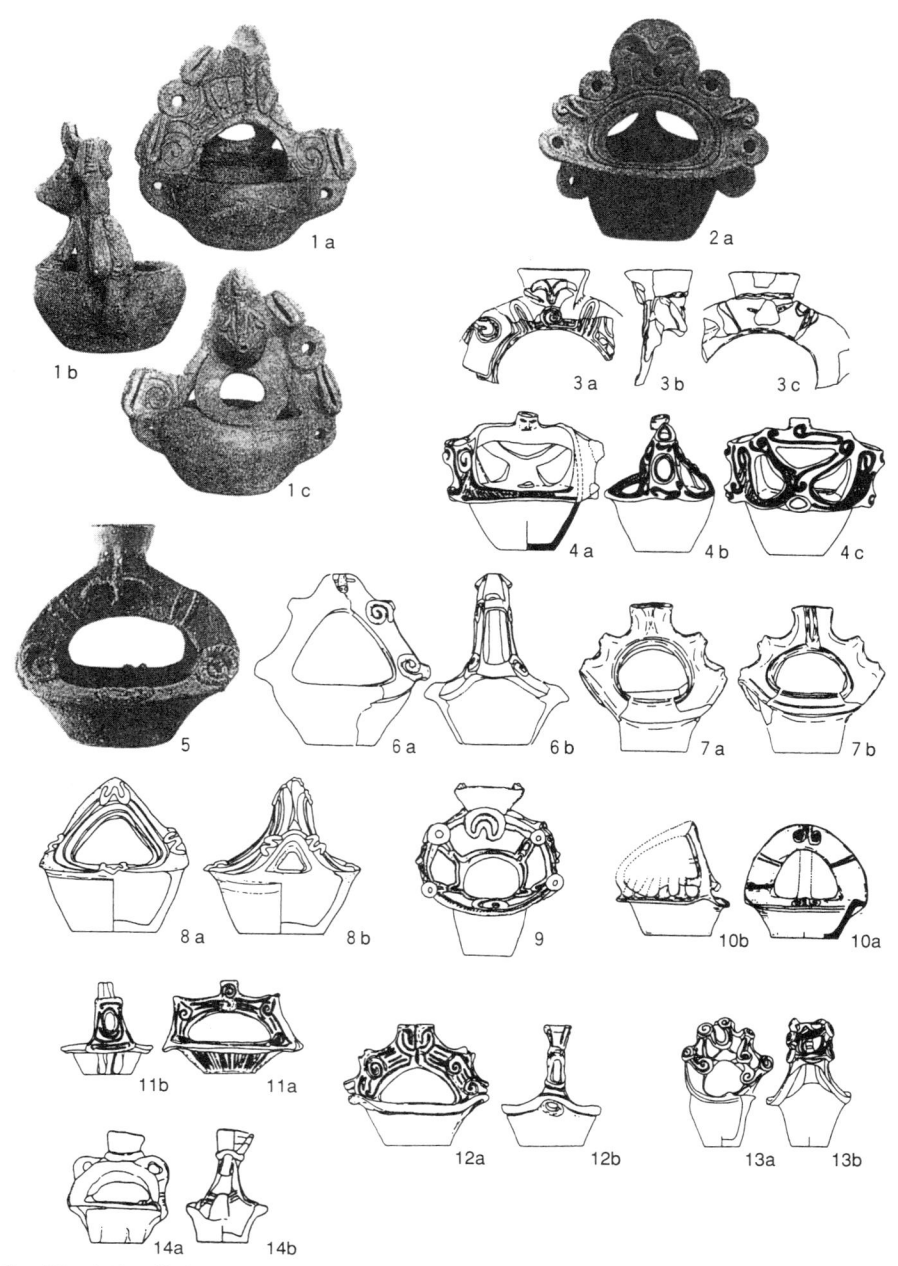

第 2 節　縄文時代中期の釣手土器における女神信仰の様相について　403

第 8 図　**各地の釣手土器**（4）　1 杉並区井草八幡所蔵　2 前尾根遺跡 27 号住居跡　3 穴場遺跡 30 号住居跡
4 箱川原 B 遺跡 2 号住居跡　5 北田遺跡 23 号住居跡　6 寄山遺跡 H3 号住居跡
7 八千原遺跡 A18 号住居跡　8 大深山遺跡 25 号住居跡　9 姐原遺跡 70 号住居跡
10 正木原 I 遺跡 3 号住居跡　11 辻沢南遺跡 80 号住居跡　12 的場遺跡 11 号住居跡
13 棚畑遺跡 20 号住居跡　14 与助尾根遺跡 8 号住居跡

破壊の可能性がある。本住居跡からは，他に埋甕3点が出土している。

4　抽象化する女神の顔と渦巻文の台頭

長野県南佐久郡川上村大深山遺跡第25号住居跡出土の釣手土器[94]（第8図8a, 8b）

本土器は曽利Ⅱ式期とされ，ピット内から正位の状態で出土した。住居跡内からは他に立石と配石が検出された。正面（第8図8a）は三角の主窓をもち，鍔部や橋部と頂点にW状の月の女神やカエルの抽象文を付ける。側面（第8図8b）は桁に対応する部分にW状の抽象文がある。橋部に紐通し状の穴があり，吊るして使用したと思われる。W状の女神の抽象文やカエルの抽象文が付くことから，月への信仰を表わしたと思われる。この神聖な住居では，祭祀の最後にこの釣手土器を穴に埋めて再生を願った可能性がある。

長野県塩尻市俎原遺跡第70号住居跡出土の釣手土器[95]（第8図9）

本土器は，住居東壁の床面から正位で出土した。正面（第8図9a）は浅鉢の上に主窓を囲んだ幅広い橋部がある。橋部の頂点は盃状となり女神の顔の抽象文と思われる三日月文が付いている。橋部に紐通し状の穴があり，吊るして使用したと思われる。橋部の周囲には主窓を中心に環状と渦巻文様とが連結している。橋部の円形文は月を表わし，月の周期や月の個数を暗示させ，満月の月神への信仰を表わしていると思われる。この住居からは他に有孔鍔付土器が出土している。

長野県下伊那郡高森町正木原Ⅰ遺跡第3号住居跡出土の釣手土器[96]（第8図10a, 10b）

本土器は，床面正位で出土し裏面が欠損している。最後の祭祀の終了後に故意に破壊した可能性がある。正面（第8図10a）は，橋部の頂点と鍔部の中心に羊角文を付け女神やカエルの抽象文にしていると思われる。カエルや女神の顔の抽象文は月神の信仰を暗示していると考えられる。

長野県駒ヶ根市辻沢南遺跡第80号住居跡出土の釣手土器[97]（第8図11a, 11b）

本土器は唐草文Ⅲ期とされ，炉の西床面に伏臥の状態で出土した。正面（第8図11a）は浅鉢に縦に連続爪形で線を入れ，鍔の部分に連続爪形で渦巻とそれを繋ぐ線を入れる。主窓は半円形となり，橋部が角の尖る台形状になる。橋部に紐通し状の穴があり，吊るして使用したと思われる。橋の頂点は欠損しているが連続爪形の渦巻が施され，下に隆帯の渦巻が付く。文様は渦巻文が支配的となり，混沌としており，流動性があり循環的となる。もはや女神や月神の託宣をとらえ難くなり，月への信仰から生命や水，渦巻主体の循環や再生への信仰[98]に移行しつつあると考えられる。

長野県駒ヶ根市的場遺跡第11号住居跡出土の釣手土器[99]（第8図12a, 12b）

本土器は唐草文Ⅲ期とされる。正面（第8図12a）は橋の頂点に連続爪形でカエルや女神の顔の抽象文と思われるものを入れ，橋の連続爪形の渦巻を横線で繋いでいる。側面（第8図12b）は紐通し状の穴と桁があり，そこに対応して渦巻が付く。カエルや女神の顔の抽象文が残り，渦巻が流動的に繋がり生命や水が循環する。渦巻文が優勢になるが月信仰を暗示していると思われる。他に埋甕が2点出土した。

長野県茅野市棚畑遺跡第20号住居跡出土の釣手土器[100]（第8図13a, 13b）

本土器は曽利Ⅲ式とされる。正面（第8図13a）は浅鉢の上に幅広い橋を付け，橋をベースに粘土を貼り，上部に爪形の連続刺突で渦巻と，これを繋ぐ点線を入れる。橋部に紐通し状の穴があり，吊るして使用したと思われる。橋の上は渦巻が流動しており不安定になる。この渦巻は月の数や周期を表わすのだろうが，月神の託宣をとらえ難くなり，むしろ生命や水の再生への信仰に変化していると考えられる。

長野県茅野市与助尾根遺跡第8号住居跡出土の釣手土器[101]（第8図14a, 14b）

本土器は曽利Ⅲ式とされ，器高が13.1cmと小形である。釣手土器の小形化が進み，正面（第8図14a）は橋部の頂点が盃状になり，下に隆帯を横位に貼り，橋の上側に環状の把手を付ける。この土器には渦巻文が

なく，渦巻文様もやがて退化する傾向にあると思われる。吊手を眼，主窓を口とみると，口を開いたカエルの顔にもなる。他に埋甕，土偶が出土している。

5　まとめ

以上，釣手土器の女神信仰的な要素を図像学的に検討し，文様の変遷の意義について若干の考察を加えた。

釣手土器の文様の変化を概観するとイノヘビやマムシとカエルが同居する文様から，カエル文様が中心的位置を占めるようになった。その後次第に，正面に女神文，裏面全体の表現がカエル文様へと変化していく。そしてさらに，女神文やカエル文が抽象化し，全体を渦巻文が席巻する。最終的には小形化が進み，渦巻文も退化の傾向をたどる。

筆者は釣手土器が月信仰の祭祀に重要な道具であったと考えている。この月信仰の初期には，すでに朔月から満月への月の周期や女神信仰，生命の再生の考え方や月神話が根底にあった。やがて，月の抽象である渦巻文主体に変遷する中で，渦巻文にカエルや月，水の象徴，生命の再生，食物再生，霊送りなどの願いが託され，より強調されていったと思われる。そうした観点から，釣手土器の女神の口に注目[102]すると，初期には口を円形に表現していたが，続く時期には横線となり，最終的には顔から口がなくなる。この変化は，集団の祭祀の中で最初は女神や月神から神託を受けることができた。しかし，やがて自然環境の変化に対して，女神や月神から神託をとらえ難くなる縄文人の姿を彷彿させる。さらに，大深山遺跡第25号住居跡や山梨県北都留郡上野原町南大浜遺跡第20号住居跡[103]ではピット内から釣手土器が出土しており，最後の祭祀の後に再生を願い釣手土器を埋めるという行為が考えられ重要である。

また，釣手土器の出土状況や伴出する遺物，遺構を検討すると単純でないことがわかる。たとえば，筆者は男性的な性格の強い遺物として石棒，立石を，女性的な性格の強い遺物として土偶，石皿，顔面把手付土器，埋甕を，その他の遺物として有孔鍔付土器を仮定してみた。釣手土器との関係を中心に考えると，穴場遺跡第18号住居跡は釣手土器と男性的な石棒や女性的な石皿が供伴した。井戸尻遺跡第3号住居跡では，釣手土器の他に男性的な石棒2点，女性的な土偶2点や顔面把手，酒造器の有孔鍔付土器などが出土している。この点から井戸尻Ⅲ式期には特殊住居か神殿的な施設で最後の祭祀の段階で，男性的な祭祀と女性的な祭祀とが混然とおこなわれる場面があったことがわかる。

釣手土器と酒造器の有孔鍔付土器も関係が深く，古くは井戸尻Ⅰ式期の松本市山影遺跡第2号住居跡[104]で，有孔鍔付土器とミニチュア土器が出土している。月の祭祀の中でミニチュア土器の盃で月の若水の酒を飲んだと想像される。しかし，釣手土器に有孔鍔付土器が伴う例が圧倒的に多いのは唐草文Ⅱ期，唐草文Ⅲ期であった。

さらに当然のことであるが，女性的な埋甕と釣手土器も関係が強く，唐草文Ⅱ期から唐草文Ⅲ期に圧倒的に多い。上田市八千原遺跡A18号住居跡や東筑摩郡山形村殿村遺跡第22号住居跡からは，それぞれ埋甕3点が出土している。埋甕と釣手土器の接点は生命の再生への祈りにありそうだ。

この他に釣手土器と女性的な土偶も関係があり，曽利Ⅱ式や曽利Ⅲ式，唐草文Ⅱ期から唐草文Ⅲ期に多い。女性的な釣手土器と男性的な石柱や石棒との関係は，井戸尻Ⅰ式や曽利Ⅰ式期にもあるが，曽利Ⅱ式や曽利Ⅲ式，唐草文Ⅱ期や唐草文Ⅲ期に強い。こうした出土状況の中で，意識的に祭祀の最後の状況のままこうした祭具を放置したと思われる出土例も多い。この点について筆者は霊送りや再生を願うために，祭祀の終了状態のまま故意に放置することが重要との考えが，中期中葉から中期末の縄文人の宗教観の中にあったためと考えている。

第3節　アワビ特殊遺構の検討―大畑貝塚E地点の場合―

1　はじめに

いわき市泉町下川字大畑所在の大畑貝塚E地点[105]より検出されたアワビ特殊遺構（第9図）は，E地点最下層より巨大なアワビ72個と石棒，イノシシ頭骨，シカの下顎骨，復元可能な土器約15点などが出土して注目されてきた。このアワビを中心とする豊富な出土遺物群と遺構の性格は不明な点が多い。

まず，この施設の目的について研究史を振り返ることとしたい。

E地点の特殊遺構を報告された小野美代子氏[106]は，アワビに象徴される女性性，石棒に象徴される男性性との関係から，「物送り」的行事を通じての，生殖関係による豊漁・豊猟を祈願した遺構ではないかとされた。さらに，大竹憲治氏[107]は薄磯貝塚の大型アワビの出土も検討しながら，この祭祀について，いわきの外洋性漁業文化を支えてきた「海の民」の間でおこなわれていた豊漁・豊猟を祈る信仰や祭儀である。これは主役に女性のシンボルの意を具備したアワビに対する特殊な祭祀や行為であるとされた。また，角田学氏[108]は，志賀敏行氏[109]の土偶出土量の分析を踏まえて，アワビ祭儀の本来的意義が鹹水産外洋湾性貝塚での，夏季中心におこなわれる漁の豊漁・安全祈願であり，同時に多産も祈願した祭祀形態であったとされた。

さて，筆者は本稿でこのアワビ特殊遺構について遺物の出土状況や配置などを考え，形成や目的について検討を試みることとしたい。

2　アワビ特殊遺構の各ブロック分類と出土遺物の検討

発掘調査で検出されたアワビ特殊遺構と出土遺物（第9図）は，私たちにこの祭祀の最後の状況がどうあったかを示していると思われる。まず，石棒，石皿，イノシシ頭骨，鯨椎骨，ヒト下顎骨，アワビなどの出土遺物の内容と，遺物の出土位置の関係を観察する。観察の結果，この雑然として出土したように見える特殊遺物や遺構に，あるまとまりと配置の秩序があることがわかる。したがってこの遺構や遺物はブロック的に分類することが可能と思われる。出土遺物群のまとまりを検討すると，祭壇的な空間を設け，そこに計画的に配置していたと考えられる。まず，この特殊遺構をブロック分類（第10図）して検討したい。図の同心円は石棒から他の遺物までの距離を表わすため，石棒を中心に1mごと3mまで引いた。これにより，石棒を中心とした各ブロックや遺物の位置関係が理解できる。

a　Ⓐブロックについて（第10図）

落ち込みⓐ～ⓒと石棒ⓓ，石皿ⓔをそれぞれ結ぶと菱形ができる。アワビの分布にしたがって線で囲むと，楕円形のⒶブロックとなる。石棒を中心として落ち込みⓐ～ⓒと石皿ⓔを結んだラインは整った菱形を形成し，その中心に石棒が配置されていた。この祭壇に整然と計画的に配置されたことがわかる。このほかにアワビの出土数が多く，円形を意識して配置している。アワビの出土状況を観察すると1個と2個単位に配置している場合が多いことがわかる。器形復元の可能な土器（第11図44，55）が石棒の近くから出土している。ことに，土器（第11図44）は栃木県湯坂遺跡出土資料とも関連が深く，関東地方の阿玉台Ⅱ・Ⅲ式と勝坂式の折衷的な要素を持っている。これに接して朱塗り土器も出土している。これらの土器は祭祀に使用されたことがわかる。石棒のすぐ横からはクジラの骨が出土し，落ち込みⓐからは土器（第11図55）が出土し，落ち込みⓒからは2個のアワビが出土した。

この石棒，石皿，朱塗り土器，アワビなどが出土しているⒶブロックは祭壇の中心的施設で初期に作られ

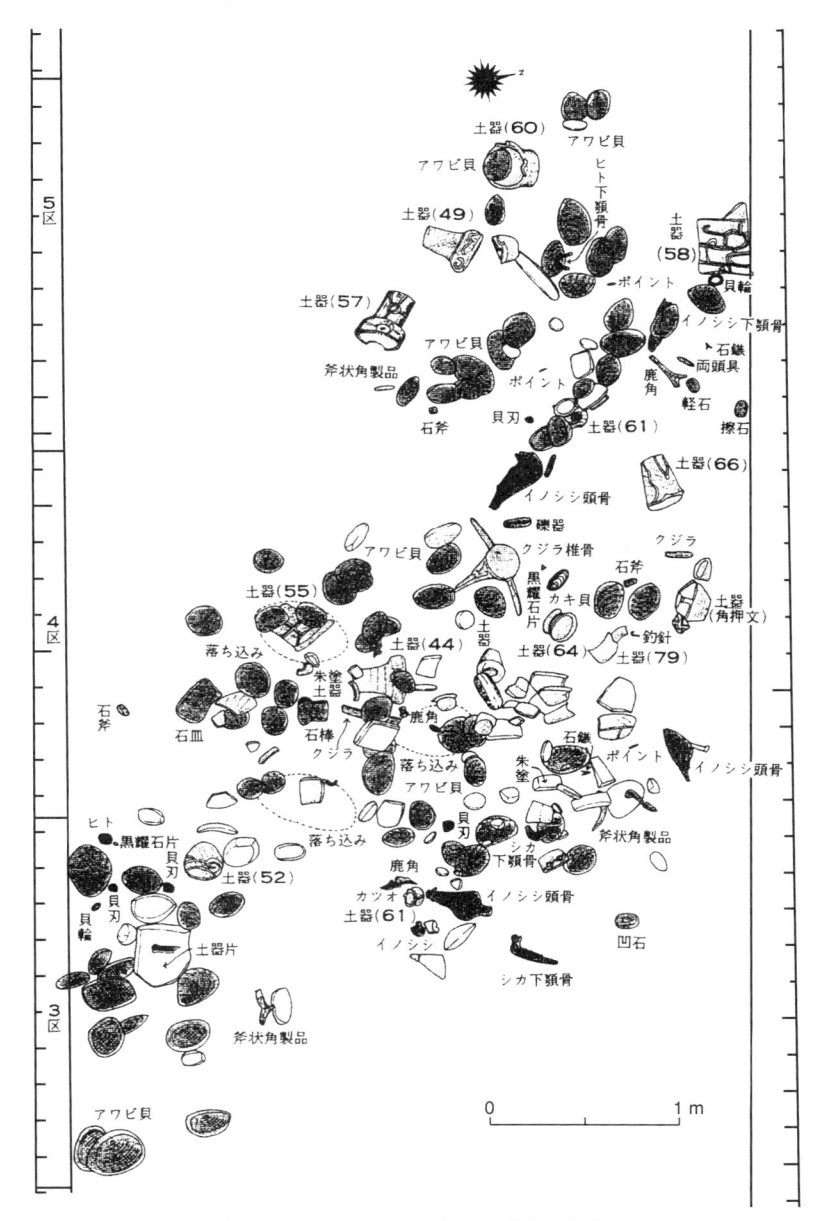

第9図　大畑貝塚E地点アワビ特殊遺構図

たと考えたい。石皿やアワビを女性の象徴とすると，男性的な象徴として，石棒やシカ角などが出土している。そして，女性の象徴としてのアワビが石棒を囲んでおり，石皿も出土していることから豊饒と子孫繁栄を祈り，合わせて再生を願う祭壇の中心的部分と思われる。

b　Ⓑブロックについて（第10図）

Ⓐブロックの石皿ⓔ，石棒ⓓ，落ち込みⓒ，アワビの交点をさらに延長すると，イノシシ頭骨ⓕと直線で交わる。このイノシシ頭骨ⓕは石棒から2m離れている。このⒷブロックはアワビがあまり配置されていないが，アワビの横から石鏃，ポイント，シカ下顎骨，斧状角製品，朱塗などの遺物が出土している。アワビの他は狩猟に関わる遺物の出土が多いブロックである。イノシシ頭骨ⓕが，Ⓑブロックの中で北東の位置に配置されている点は，人びとのイノシシへの信仰を物語るもので，イノシシが多産な動物であり，狩猟の豊

408　第2章　土器・アワビの祭祀

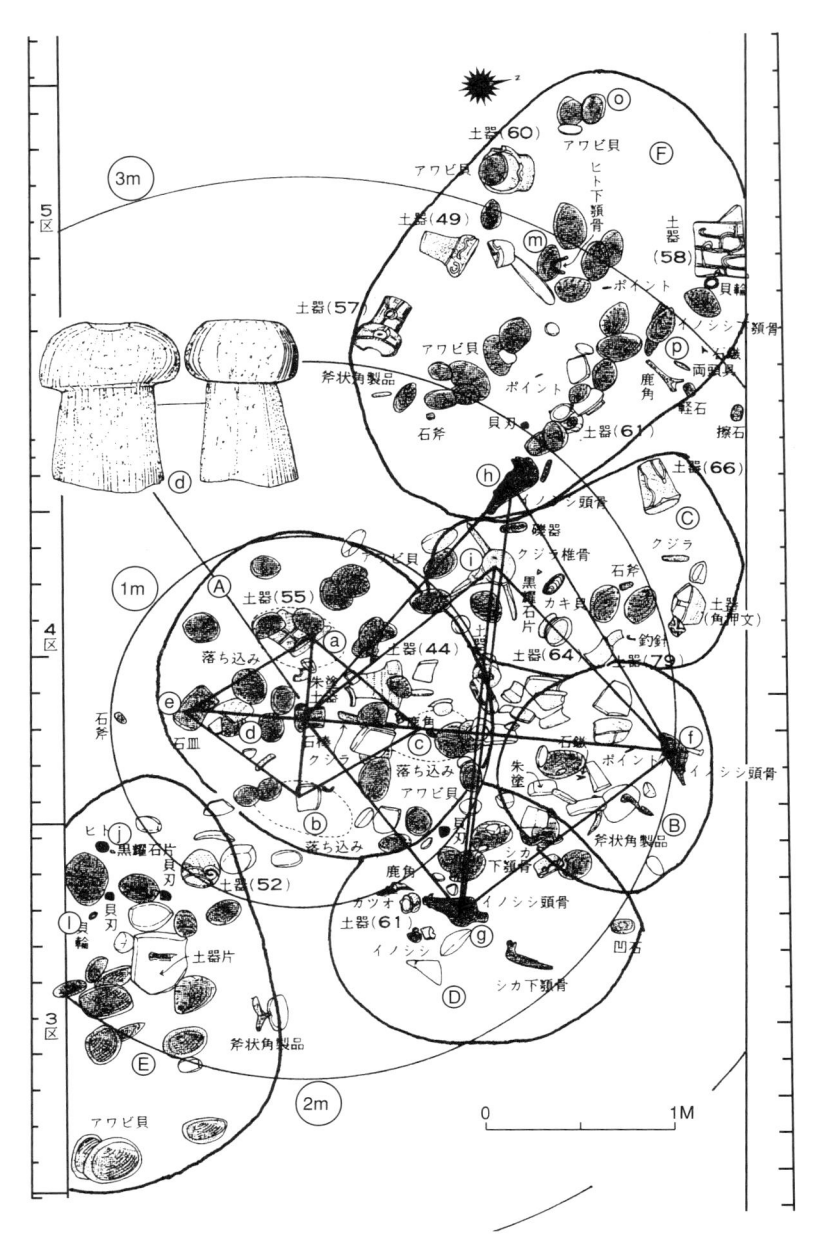

第10図　アワビ特殊遺構ブロック図（馬目1975年に加筆）

猟を祈願していると思われる。しかも，付近からはアワビやシカ角製品が出土した。

　このⒷブロックは狩猟の豊猟祈願とイノシシ，シカ，アワビなどの再生を願う祭祀の様相が強いと思われる。また，石鏃やポイントの出土は木製ではないが，アイヌのイオマンテの花矢のようなものや飾り槍，イノシシを仕留めた矢などを祭壇に供え狩猟の豊猟などの祭祀をした可能性がある。

　c　Ⓒブロックについて（第10図）

　クジラの椎骨ⓘ，クジラ骨，カキ，釣針，アワビ4点，大木7b式から8a式土器（第11図64, 66, 79），礫器，石斧，黒曜石片などが出土している。このブロックの特色は，大形のクジラの椎骨が出土しており，アワビ，カキ，釣針など漁猟関係の遺物の出土が多いことである。石棒ⓓ，イノシシ頭骨ⓖ，イノシシ頭骨ⓕ，クジラ椎骨ⓘを結ぶと菱形ができる。アワビを南西から北東に1列に配置し，アワビの間にカキやクジ

第 11 図　アワビ特殊遺構出土土器図

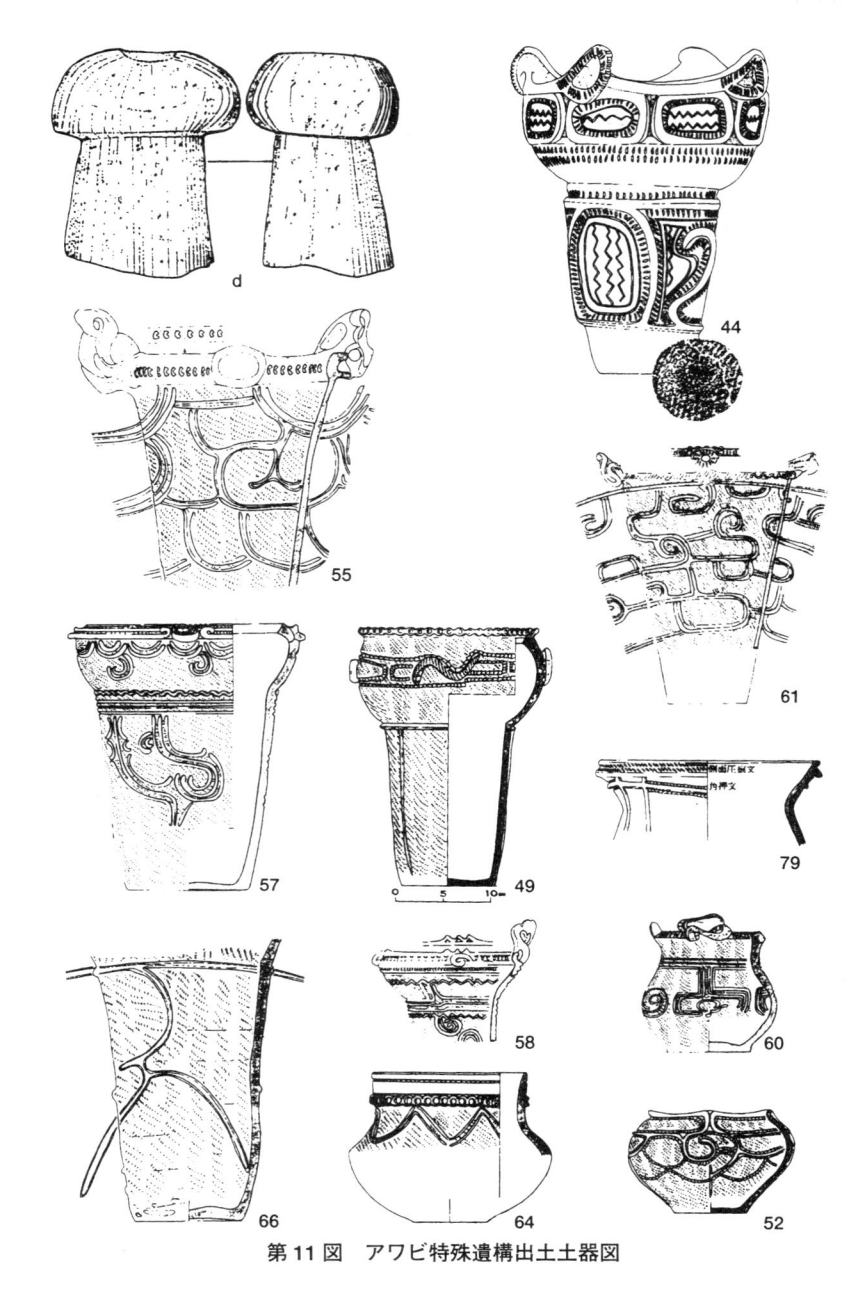

ラの椎骨などを挟んで配置している。このブロックでは男性的な石棒ⓓに対して，クジラの椎骨ⓘや女性器に似た生のアワビなどを供えて，漁猟の豊猟とその呪力で再生を願う儀礼をおこなったと思われる。

　d　Ⓓブロックについて（第10図）

　Ⓓブロックではイノシシ頭骨ⓖが中心的な位置に配置された。その近くにシカ下顎骨2点，捕りたてのアワビ，カツオ，貝刃，シカ角，イノシシ骨，凹石，大木7b新から大木8a式の土器（第11図61）などが供えられた。この祭壇の特色は狩猟や漁猟関係の遺物が配置されている点にある。また，主な遺物の配置を検討すると，石棒ⓓとイノシシ頭骨ⓖ，イノシシ頭骨ⓕを結ぶと三角形となり，さらに，イノシシ頭骨ⓖとイノシシ頭骨ⓕ，イノシシ頭骨ⓗ，クジラ椎骨ⓘを結ぶと三角形になる。おそらく，捕りたてのアワビの近くにイノシシ頭骨ⓖを配置したり，生のアワビの上にシカの下顎骨を置いたと思われる。この出土状況は，女

性器のアワビやイノシシと，これに対する位置に男性器の石棒ⓓが対峙して配置されていたことになる。こうした配置は偶然とは考えられず，男性的な石棒に対し，多産なイノシシや，生アワビの女性的な呪力により，海の幸と山の幸に恵まれることを祈願し，さらに狩猟や漁猟の豊猟などのための再生を願う祭祀をおこなっていたと考えられる。

e Ｅブロックについて（第10図）

Ⓐブロックの南東に接する位置にある。ここからはアワビが約15点出土している。アワビの配置を検討すると東西2列に配置したように見える。このブロックの特色は西側の隅に人骨ⓙが出土し，これに接してアワビが置かれている点である。おそらく，ヒトの遺骸ⓙの上に捕りたての生アワビを置いたと思われる。また，アワビに囲まれるように貝刃2点，貝輪ⓘ，黒曜石片が出土しているが，これらも生アワビに載せられていた可能性がある。近くから土器（第11図52）が出土しており大木7b式から8a式と思われる。また，北東部には斧状角製品も出土した。アワビⓚのように2個のアワビを一単位として組み合わせた配置が目立つようだ。

このⒺブロックではヒトの骨と貝輪が生アワビに接するように出土している。死者は貝輪を着け，おそらくシャーマンである。生アワビの殻口の部分と人骨と接して，生アワビの女性器の呪力によるヒトの再生と漁猟の豊猟を願った祭祀をおこなったと思われる。

f Ｆブロックについて（第10図）

Ⓐブロックの北西に位置する。このブロックは北西から南東にかけて2列にアワビが配置されている。ブロックの配置や出土遺物の内容はⒺブロックに近似している。さらに重要な点は北西部に出土したアワビの上に載せた形でヒト下顎骨ⓜが出土している点である。これは，女性器の象徴としての生アワビの上に死者の下顎骨を載せることで，女性器的な生アワビの呪力によりシャーマン的な死者の再生を願う信仰があったと考えられる。また，東側にイノシシ頭骨ⓗが出土しており，北側からはイノシシ下顎骨ⓟに生アワビを載せた状態で出土した。この女性的な生アワビの殻口とイノシシ下顎骨の接触したかたちでの出土状況も，女神的なイノシシの再生や豊猟を願う祭祀の状況を物語るものと思われる。付近から貝輪ⓝ，大木8a古式の土器（第11図58），アワビ，石鏃，両頭具，シカ角，軽石などがまとまって出土した。貝輪ⓝも生アワビの上に載せられたものが下に落ちたと思われる。また，北西部から南東部にかけて並べられた2列単位のアワビの列の間からは，ポイント2点，貝刃が出土している。石鏃やポイントはイノシシⓗを仕留めた花矢的なものかも知れない。アワビ貝列の西側からは，アワビと大木8a新式の土器（第11図60）が出土し，土器にアワビで蓋をしたようなかたちで使用したことがわかる。その他に土器（第11図49, 57）が倒れた形で出土している。北西の隅には2個単位のアワビ（♀）が出土している。

このⒻブロックはヒトの骨，貝輪，貝刃，シカ角，アワビの2列の配置など，Ⓔブロックのありかたと近似している。シャーマン的な死者や女神的なイノシシの再生・豊猟を願った祭祀の祭壇跡と考えられる。

3 生アワビと生命の再生儀礼

前述したように大畑貝塚Ｅ地点最下層のアワビ特殊遺構は，大畑貝塚に住んだ人びとがアワビ祭壇を形成したことを物語っている。筆者は，この遺構が生アワビの殻口の女性器の呪力による再生の儀礼と豊猟を願う祭壇であり，大畑貝塚に住んだ人びとが逞しく生きるためおこなった祭祀の場であったと考えた。

ここでおこなわれた祭祀は，報告書に焼土の記載がないことから，祭壇であまり「火」を使用していないようであり，この点も他の祭祀の場合と異なる特色であろう。

また，大畑貝塚を形成する初期の段階に，石棒や生アワビなどの呪力による再生の祭祀を計画的におこな

っていた。このことは，貝塚形成の視点からも重要な点である。さらに，アワビ特殊遺構は，いくつかのブロックに分けることが可能で，筆者はⒶ～Ⓕブロックまで6分類した。おそらく，この特殊遺構は一度に全部完成したのではなく，ある程度の時間と年数をかけて形成されたと思われる。その理由として貝長が30cm前後もある巨大サイズの生アワビを一時に72個も採取できるだろうかとの疑問や，イノシシを3頭，クジラの骨などを祭祀のために一気に準備できたのかどうか。漁労と狩猟で調達した動物や魚介類の季節が若干ずれると思われること。遺物の出土分布も約20㎡の範囲に計画的に配置している点などがある。筆者は秋から冬頃に祭祀をおこない，そのたびに計画的に祭壇として整備されたと考えている。

石棒は男性器の象徴で石皿が女性器の象徴でもあり，漁労による生アワビも女性器の象徴であろう。しかも，海女のように潜水捕採にも女性が関わっていたとすると，生アワビと女性器の関係はさらに強いこととなる。アワビ貝殻2個単位の配置も目立つので，生アワビ2個の殻口を合わせて配置した可能性がある。生アワビは女性器を表わすから，中心に男性器の石棒があり，その呪力により生アワビに囲まれるものは再生される可能性がある。こうした生と再生・豊猟の信仰があったと考えられる。

さらに，狩猟と関係のあるイノシシ頭骨がⒷ・Ⓓ・Ⓕブロックから供えものとして出土している。これは，前述したようにイノシシが多産系の動物であり，山の神や豊穣，豊猟と関係があると考えられる。女神的なイノシシは生アワビと接触して再生と豊漁，繁殖の力を増すことを意味するものと思われる。

Ⓔブロックのアワビの近くからヒトの骨ⓙが出土しており，死者の上に生アワビが載せられていた可能性もある。Ⓕブロックからも男性で熟年のものと報告されているヒト下顎骨ⓜが生アワビに載せたられた状態で出土している。シャーマンか村長の可能性がある。女性器の象徴としての生アワビに載せることによって，その呪力で再生を願ったと考えられる。

このアワビ特殊遺構からは，男性3点，女性2点の人骨が計5点出土している。この人骨は，おそらくシャーマンもしくは村長といった特殊な立場にいるものではなかったかと推測される。そしてこの祭壇では，これらのシャーマンや村長の再生や豊猟を祈ったことになる。

この遺構では，石棒と石皿，石棒とアワビ，石棒とイノシシ頭骨，石棒とクジラ椎骨，石棒とアワビとヒトの骨など，一見すると対立関係にみえる遺物が出土している。これらは対立関係というより生アワビに象徴される，女性器を媒体としての再生を願う祭祀の遺物と祭壇跡と理解すべきであると筆者は考える。また，石棒を中心とする三角形や菱形空間，各ブロック（第10図）は，再生を祈るための聖なる空間であり，一連の祭祀での中心的な領域であったと思われる。

最後に，出土した石棒ⓓは，単頭石棒で頭部の丸型の典型であり，筆者の石棒型式分類[110]のⅠ-a型式に該当する。頭頂部に凹みを削りだしている点は，ペニスの機能と共通性があり石棒型式としても貴重な資料である。この遺構出土土器は戸田哲也氏の御教示によると，大木7b式から大木8a式まで出土しており時間幅がある。今後こうした特殊遺構と遺物の関係やその祭祀の復元についてさらに研究していきたい。

註・参考文献

1) 綿田弘実 1999「長野県富士見町札沢遺跡出土の釣手土器」『長野県立歴史博物館研究紀要』第5号
   綿田弘実 1999「Ⅲ 長野県の釣手土器」『縄文土器のふしぎな世界—中部高地の釣手土器展—展示図録』諏訪市博物館

2) 新津 健 1999「縄文中期釣手土器考—山梨県内出土例からみた分類と使用痕—」『山梨県史研究』第7号
   新津 健 2002「縄文中期釣手土器考②」『研究紀要』18 山梨県立考古博物館

3) 澁谷昌彦 2003「縄文時代中期の釣手土器における女神信仰の様相について」『新世紀の考古学』大塚初重先生喜寿記念論文集

412　第2章　土器・アワビの祭祀

 4) 渡辺　誠 1982「縄文土器の形と心」『双葉町歴史民俗資料館紀要』1
　　 小野正文 1984「縄文時代における猪飼養問題」『甲府盆地―その歴史と地域性』雄山閣
　　 小野正文 1989「土器文様解読の一研究法」『甲斐の成立と地方的展開』角川書店
 5) 宮坂英弌・武藤雄六・小平辰夫 1965「6　烏帽子・藤内遺跡」『井戸尻』藤森榮一編　中央公論美術出版
　　 藤森栄一 1965「吊手土器の出現」『井戸尻』藤森榮一編　中央公論美術出版
 6) 前出3) に同じ
 7) 前出3) に同じ
 8) 澁谷昌彦 1998「「踊る」・「抱える」・「平伏す」土器―半人半蛙文・半人半蛇文・半人半鳥文―」『列島の考古学渡辺誠先生還暦記念論集』渡辺誠先生還暦記念論集刊行会
 9) 前出8) に同じ
10) 陸思賢著・岡田陽一訳 2001『中国の神話考古』言叢社
　　 靳之林著・岡田陽一訳 1998『中国の生命の樹』言叢社
11) 宮坂英弌 1965「池袋・井戸尻遺跡」『井戸尻』藤森榮一編　中央公論美術出版
　　 藤森栄一 1965「井戸尻Ⅲ式の標式資料」『井戸尻』藤森榮一編　中央公論美術出版
12) 前出3) に同じ
13) 小林公明 1984「月神話の発掘」『山麓考古』16　山麓考古同好会
14) 前出3) に同じ
15) 前出13) に同じ
16) 長沢宏昌・渡辺　誠・武藤雄六 1984『第2回特別展，縄文時代の酒造具，有孔鍔付土器展』山梨県立考古博物館
17) 小林公明 1991「暦と天文」『長野県富士見町史』上巻　富士見町教育委員会
18) 田中　基 1995「新石器文化の神観念と原罪意識と―縄文中期の女神像土器と原イザナミ神話をめぐって―」『山麓考古』18　山麓考古同好会
19) 三上徹也 1983「3　18号住居跡」『穴場Ⅰ―長野県諏訪市穴場遺跡第五次発掘調査報告書』諏訪市教育委員会
20) 前出3) に同じ
21) 前出3) に同じ
22) 澁谷昌彦 1997「4　ヘビとイノシシ，カエルの信仰」「5　ヘビ神と神官の祈り」『第14回企画展・縄文土器展―縄文人からのメッセージ―』島田市博物館
23) 前出4) に同じ
24) 前出3) に同じ
25) 前出18) に同じ
26) 前出3) に同じ
27) 宮坂光昭・武藤雄六 1978「曽利Ⅰ式土器」『曽利　第3，4，5次発掘調査報告書』富士見町教育委員会
28) 前出3) に同じ
29) 前出10) に同じ
30) 松前　健 1983「第2章月と水」『日本民俗文化体系2　太陽と月―古代人の宇宙観と死生観』小学館
31) 前出3) に同じ
32) 前出18) に同じ
33) 前出18) に同じ
34) 前出3) に同じ
35) 前出18) に同じ
36) 八幡一郎 1976『信濃大深山遺跡』川上村教育委員会
37) 前出3) に同じ
38) 綿田弘実 2002「縄文中期の釣手土器―長野県の事例―」『土器から探る縄文社会―2002年度研究集会資料集』山梨県考古学協会

39) 前出3) に同じ
40) 戸田哲也 1997「6号住居址」『堂之上遺跡—縄文時代集落跡の調査記録—』岐阜県大野郡久々野町教育委員会
41) 沖津　実 1995「月からの使者」『山麓考古』18　山麓考古同好会
42) 小林公明・樋口誠司 1988「第5章　居平遺跡」『唐渡宮—八ヶ岳南麓における曽利文化期の遺跡群発掘報告—』長野県富士見町教育委員会
43) 猪俣喜彦 1997「収縮する渦と膨張する渦」『第9回特別展，渦巻きの神秘』釈迦堂遺跡博物館
44) 前出3) に同じ
45) 前出13) に同じ
46) 前出3) に同じ
47) 前出18) に同じ
48) 宮城孝之 1983「縄文時代中期の釣手土器」『中部高地の考古学』Ⅱ
49) 前出1) に同じ　なお，釣手土器の時期的なものは，綿田氏の見解を参考にさせていただいた。
50) 前出2) に同じ
51) 鳥居龍蔵 1924『諏訪史』
52) 八幡一郎 1937「釣手土器の型式」『人類学雑誌』52-3
53) 藤森栄一 1965「釣手土器論」『文化財』41（1970『縄文農耕』「3　釣手土器論」『縄文農耕』学生社再録）
54) 藤森栄一 1973「縄文人のお産—縄文農耕の存在を信じて—」『季刊どるめん創刊号　特集縄文列島』萩書房
55) 前出48) に同じ
56) 前出1) に同じ
57) 前出2) に同じ
58) 前出2) に同じ
59) 釣手土器の各部分の名称については，48) に掲げた宮城孝之氏の文献の各部呼称にしたがうことにした。
60) 前出54) に同じ
61) 渡辺　誠 1982「縄文土器の形と心」『双葉町歴史民俗資料館紀要』1
　　渡辺　誠 1989「神々の交合」『人間の美術』学習研究社
　　小野正文 1989「土器文様解読の一研究方法」『甲斐の成立と地方的展開』角川書店
　　小野正文 1992「イノヘビ」『考古学ジャーナル』No.346
62) 双環状把手がなぜカエルかについては，簡単に説明できないので，13)，18)，および41) を参照されたい。
63) 前出1) に同じ
64) 前出62) に同じ
65) 前出19) に同じ
66) 前出2) に同じ
67) 前出2) に同じ
68) 前出2) に同じ
69) 前出2) に同じ
70) 前出18) に同じ
71) 前出36) に同じ
72) 前出36) に同じ
73) 前出2) に同じ
74) 前出51) に同じ
75) 前出51) に同じ
76) 前出1) に同じ
77) 前出36) に同じ
78) 前出48) に同じ

414　第 2 章　土器・アワビの祭祀

79) 筆者は有孔鍔付土器の用途を太鼓と考えていたが，今後酒造具と考えたい。
　　長沢宏昌・渡辺　誠・武藤雄六 1984『第 2 回特別展　縄文時代の酒造具，有孔鍔付土器展』山梨県立考古博物館
80) 前出 11) 藤森 1965 に同じ
81) 林　茂樹 1983「御殿場遺跡」『長野県史考古資料編』主要遺跡（中・南信）
　　澁谷昌彦 1997「2　女神の存在」『第 14 回企画展縄文土器展―縄文人からのメッセージ―』島田市博物館
82) 前出 27) に同じ
83) 前出 1) および前出 2) に同じ
84) 前出 1) に同じ
85) 前出 1) に同じ
86) 前出 81) 澁谷 1997 に同じ
87) 山内清男編 1967「勝坂式」『日本先史土器図譜』
88) 前出 1) に同じ
89) 前出 2) に同じ
90) 前出 1) および前出 81) 澁谷 1997 に同じ
91) 前出 1) および前出 81) 澁谷 1997 に同じ
92) 前出 1) に同じ
93) 久保田敦子・中沢徳士 1991『林之郷・八千原，林之郷遺跡ほか緊急発掘調査報告書』
94) 前出 36) に同じ
95) 前出 1) に同じ
96) 前出 1) に同じ
97) 前出 1) および前出 81) 澁谷 1997 に同じ
98) 前出 43) に同じ
　　この中で猪俣氏は，渦巻に終点と起点という相反する動きがあり，それが死であり生であるとして，再生の表象とするジル・パースの説を引用している。
99) 前出 1) および前出 81) 澁谷 1997 に同じ
100) 前出 1) および前出 81) 澁谷 1997 に同じ
101) 前出 1) に同じ
102) この口の表現の方法の変遷について澁谷賢太郎氏よりご教示いただいた。
103) 前出 1) に同じ
104) 前出 1) に同じ
105) 馬目順一ほか 1975『大畑貝塚調査報告』
106) 小野美代子 1975「5　E 地点」『大畑貝塚調査報告』いわき市教育委員会
107) 大竹憲治 1982「いわき地方のアワビ祭儀についての覚書」『いわき地方史研究』第 19 号
108) 角田　学 1994「浜通り地方の縄文貝塚におけるアワビ祭儀について―縄文貝塚集落における土偶祭儀とアワビ祭儀併存の意義とアワビ祭儀の本来的意義―」『いわき地方史研究』第 31 号
109) 志賀敏行 1983「第八編道平遺跡出土の土偶小考―遺跡の立地からみた土偶出土率の意義―」『道平遺跡の研究』
110) 大矢（澁谷）昌彦 1977「石棒の基礎的研究」『長野県考古学会誌』第 28 号

主要参考文献

　　大竹憲治 1988「縄文時代の石棒祭祀形態覚書」『Shell Mound』第 3 号

第3章　縄文土器文様からみた祭祀

第1節　「踊る」・「抱える」・「平伏す」土器―半人半蛙文・半人半蛇文・半人半鳥文―

1　はじめに

　島田市博物館では，1997年1月18日より同年3月17日まで第14回企画展「縄文土器展―縄文人からのメッセージ―」[1]を開催した。この企画の目的は物語性のある文様の土器を集めて，図像学的に土器に表現された縄文人の祈りの姿について考えようとするものであった。筆者は渡辺誠氏の『よみがえる縄文人』[2]に接して，氏の独創的な見解と関係資料の増加を知った。また，資料借用のお願いで訪れた井戸尻博物館では，藤内遺跡第32号住居跡出土の「神像筒形土器」[3]（第6図17）や，『縄文図像学Ⅱ』[4]を知り，さらにK. ヘンツェ，N. ナウマン氏などの論文を読むことができた。さらに，釈迦堂遺跡博物館では猪俣喜彦氏が企画された，第8回特別展「土器に描かれた人体形象文の世界―縄文の舞―」[5]が開催されており，この展示も見学し，大きな衝撃を受けた。こうした体験は筆者の抱いてきた縄文人への観念を完全にうち砕く結果となった。

　さて，この論文では，勝坂式期の物語性のある土器文様を中心に，資料を比較しながら文様にある「言葉」や「意味」的なものに若干の検討を加えてみたい。論を進めるにあたって今までご教示を賜ってきた渡辺誠，小林公明，猪俣喜彦，小野正文，樋口誠司，大竹憲治，今福利恵氏など多くの方々に心より感謝したい。本稿の図版の多くは釈迦堂博物館刊行の『第8回特別展，土器に描かれた人体形象文の世界―縄文の舞―』の写真図版を使用させていただいた。また，写真図版の内の展開写真は小川忠博氏の撮影によるもので，同氏のご了解を得て掲載させていただいた。

2　土器文様とその主題

　ここでは，井戸尻考古館を中心に土器文様に物語や神話的要素を見いだし，それを解読しようとする研究をされてきた武藤雄六，小林公明氏の研究方向などに注目したい。

　武藤雄六氏は1978年に刊行された『曽利　第3, 4, 5次発掘調査報告書』[6]の中の「第5節　文様の解読」で，すでに土器の文様は，その制作者の考えやその時点での流行・掟・日常生活の状態などが表われている。そして，制作者の手先を通じて，文様という「形」で意識の有無に関わらずそうしたものを表現していると説明されている。さらに，縄文土器の文様を整理してA，Bの二大別に分類されている。

　A 基本形態の文様：それ自体では何等意味をもたないが，連続したり他との結合により性格が発生する
　B 複合形態の文様：基本形態の文様が連続したり結合して組立てられたもの，および，器壁を意図的に調整して表現した調整手法などである

　そして，文様はその施文された位置「場」によって意味が変化し，中期の土器は5つの「基本体」に分割して考えることが可能であるとされた。

　a 底部から下胴部：自分・作者・複数の人びと・聚落・大地などもっとも身近のものを表わす場
　b 胴部：日常生活のうち，生産活動の場，人や動物の胴部などを表わす

c　上胴部から頸部：生活領域の外，遠景であり，目的や目的地および自然神への道程を示す山や川をはじめ，地上と空，宇宙・神域との境界を示す地平線である。また，これらと反対の意味をもつ雨・雪・雷・風・播種などを表現する場
　d　口縁部から口唇〜把手：願望・疑問をはじめ空・宇宙・雲などの他，総合的な神域を示す最高の場
　e　内壁：浅鉢などのように施文範囲の限定されている器の場合に限りdと同一の意味を表わす場

そして，具体的には「区劃文装飾深鉢」として曽利遺跡32号住居跡出土の藤内Ⅰ式土器を，「抽象文装飾甕」として同遺跡76号住居跡の炉中に置かれたカエル文の土器を検討されている。さらに，『唐渡宮—八ヶ岳南麓における曽利文化期の遺跡群発掘報告』[7]の「第4節　坂上遺跡出土の土偶の画像について」で，この図像が「神前の祈り」の場面であるとして，具体的に土偶の図像分析をされている。

　また，小林公明氏は武藤氏の見解をさらに発展させている。小林氏は『唐渡宮—八ヶ岳南麓における曽利文化期の遺跡発掘報告』[8]の「5，両耳壺の性格」などで「カエル」に注目されている。氏は縄文中期の物語性のある文様の土器を，藤森栄一氏の「縄文農耕論」と，小林氏独自の「土器図像論」に基づき，中国，日本，東南アジアを中心に，オーストラリア，北西アメリカインディアンの「神話」などを考慮しながら，新たな方向での「縄文中期中部高地の人びとの神話」の復元に挑戦されている。ことに小林氏の提言された「半人半蛙文」[9]と月への信仰の視点は，中部高地の縄文中期の人びとの信仰としてきわめて重要な見解である。この両氏の見解は樋口誠司氏の「第5節，敷石地上絵の性格について」[10]や，島亨氏の「〈土器身体〉の理論像」[11]，沖津実氏の「月からの使者」[12]などの研究者に受け継がれている。

3　「踊り型文様」の土器

「踊り文様」[13]の土器は藤内式の深鉢形土器に多い。土器の底部から口縁部にかけて土器面の縦にパネル状に描かれた文様で構成する例が多い。それは以下のように2分類できる。
　(a)　底部から口縁部までを使用して絵画的に表現する
　(b)　把手が独立して作られ，把手の近くは無文にして，胴部上半から底部にかけて人物的な主題を描く
そして，人物的な文様に動きがあり図像的に「踊り文様」や「物語り文様」に見える文様を総称して(b)類に入れることにした。なお，(第5図14, 15)は，「踊る土器」ではなく「土器身体」としての例である。

山梨県東八代郡一宮町釈迦堂遺跡出土の藤内式の深鉢形土器（第1図1）

口唇部から底部にかけて4人の踊る人物が描かれており，1-bは宝塚歌劇団のレビューのように肩を組んでいる。1-aはバレエのように回転しているようにも見える。円形とメガネ状の頭部の表現があり，女神や月の祭りの時に少女や巫女，神官がトランス状態になり夜通し踊る情景を表わしていると思われる。頭の形状の違いは男女を区別している可能性もある。男女で踊る祭りの表現とも考えられる。

山梨県北巨摩郡長坂町酒呑場遺跡出土の藤内式の深鉢形土器（第1図2）

器高が60.5cm，口径37.0cmと大形土器である。口唇部には「とぐろヘビ型」[14]の把手を付ける。2-aは巫女が土器の胴部に両手を頭上に挙げて手のひらを合わせるポーズをとっている。また，この頭部文様は女性器にも見える。2-bは手のひらを頭上で合わせて踊る人物に囲まれて，頭部の状況は円形に表現した別の人物が描かれている。別の人物は男性かもしれない。月や女神の祭りのとき踊る男女の姿を表わしていると思われ，「とぐろヘビ型」の把手があることから，「半人半蛇」[15]の祭りとも関係があると考えられる。

山梨県塩山市西田A遺跡出土の藤内式の深鉢型土器（第1図3）

口縁部は無文で胴部から底部にかけて，人物が太鼓などビートのきいたリズムに合わせて，踊り，跳び上

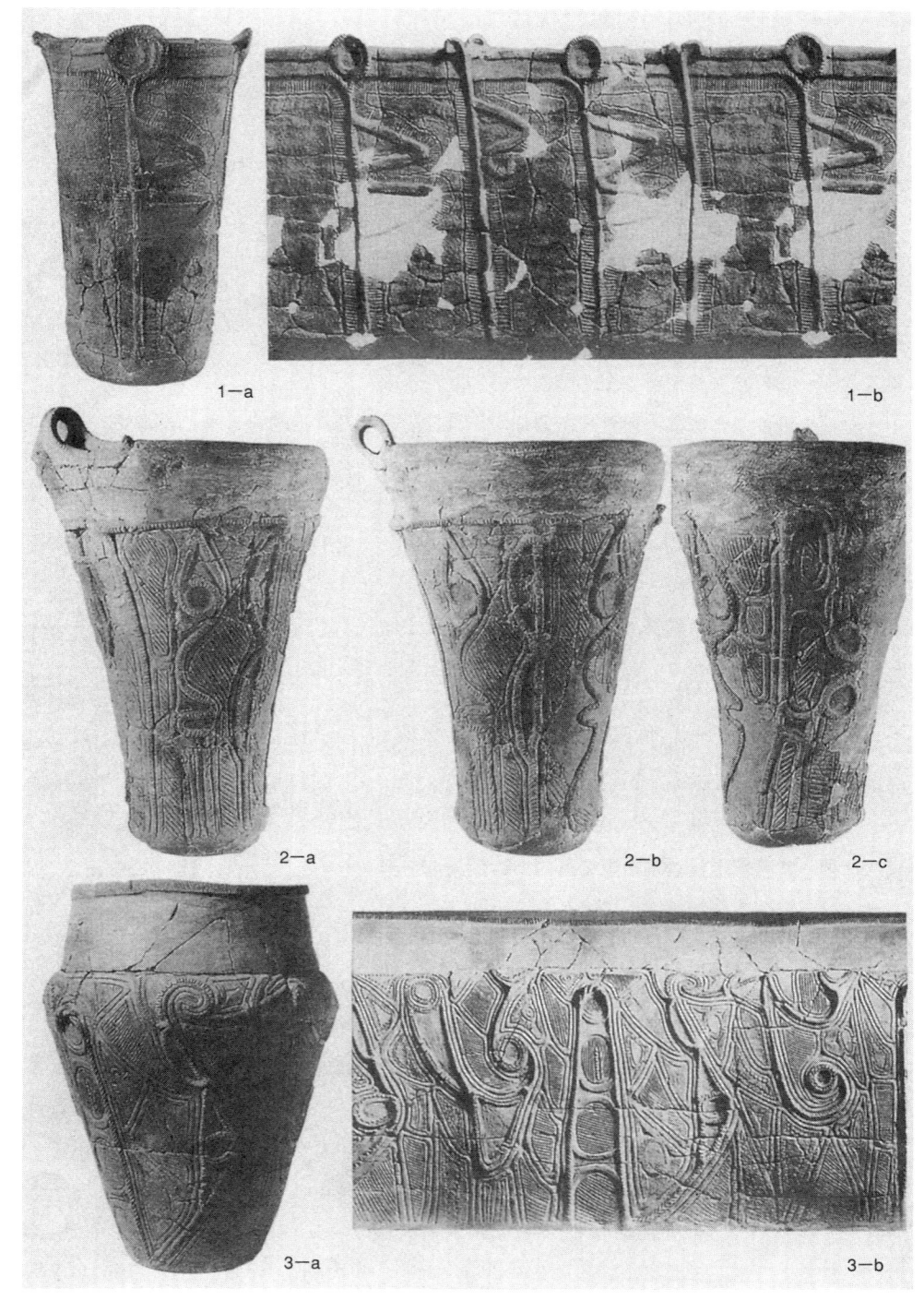

第1節 「踊る」・「抱える」・「平伏す」土器　417

第1図 「踊り文様」の土器　1 釈迦堂遺跡　2 酒呑場遺跡　3 西田A遺跡

がり，回転している。人物の頭部の表現には渦巻き状と円形がある。3-aは渦巻き状の頭部や手足がクネクネした表現となっている。この人物は人間とヘビを合わせた「半人半蛇」を意味する図像とも考えられる。器高が63cm，口径34cmと大形の深鉢形土器である。3-bのように夜通し踊り明かし，祭りもトランス状態となっているようにも思える。このような踊りは女性が踊ると思われるが，男女の踊りかも知れない。

山梨県東八代郡一宮町釈迦堂遺跡出土の藤内式の深鉢形土器（第2図4）

胴部から底部にかけて文様を付ける。4-aは頭部を円形に表現した人物で左手を頬にあて，右手を腰にあてているように見える。4-bの頭部を嘴状に表現した「半人半鳥」的な人物は鳥の翼や鳥に関係がありそうで，両手を腰にあてがったようなポーズである。頭部の円形に表現された人物が女性を表わし，嘴状が男性を表わしているかも知れない。月や太陽の神話を表現していると思われる。

山梨県東八代郡一宮町釈迦堂遺跡出土の藤内式の深鉢形土器（第2図5）

口唇に把手が付き胴部から底部にかけて，頭部を円形に表現した女性的な人物と，頭部を三角に表現したカマキリ状の人物が描かれている。5-aの把手の下の頭部円形の人物は，左手を後頭部にあて，右手を腰に置くようなポーズをとる。月や女神の祭りの中で女性か巫女的[16]な人が踊るしぐさを表わしているとも思われる。また，5-bの頭を三角に描いているカマキリ状の人物は，左手を挙げたり，足の部分を棒状に3本描いている。土器の図は「半人半蛇」の踊りとも考えられる。

山梨県東八代郡一宮町釈迦堂遺跡出土の藤内式の深鉢形土器（第2図6）

胴部から底部にかけて描かれている。6-aは頭部を円形にして右手を頭の上部にまわし，左手を首にまわしており，腰を菱形に表わして足の部分は3本に表現している。やはり女性や巫女が月の祭りにこのようなスタイルで踊ると考えられる。6-bは頭部を粘土紐で撚って縄状に作っている。これを4-bのように嘴とすると鳥と関係がありそうであるが，一方ヘビと関係があるようにも思われ，男性の「半人半蛇人」で太陽信仰を表わしているかも知れない。

山梨県東八代郡一宮町釈迦堂遺跡出土の藤内式の深鉢形土器（第2図7）

口縁部を無文にして顔の部分を円形に表わし，巫女が鳥のように跳び上がり，両手を翼のように上下させて羽ばたくしぐさを表現していると思われる。足もジャンプしているかのように折り曲げている。祭りの中に鳥をまねて跳び上がる舞があったと考えられる。鳥神や鳥の踊りを表現していると思われる。

山梨県東八代郡境川村一ノ沢西遺跡出土の藤内式の深鉢形土器（第3図8）

口唇部の把手は「とぐろヘビ型」のメガネ状で，ヘビの頭部が上に付く。メガネの部分はカエルやミミズクを表わしているとの見方もできる。猪俣喜彦氏[17]はメガネ状の把手の部分が陰陽になっている点を指摘されている。筆者は仮面とも見られると考えている。8-bの胴部に4人が描かれており，頭部を三角の嘴状に描いている人物は，仮面の半分で陰と陽を表わすか，ヘビや鳥を表現しているようにも見える。また，頭部を円形に表現した巫女のような人物がある。8-aは三角の嘴形の頭部の人物で，「とぐろヘビ型」把手に対する位置に作られている。ヘビ形に頭部と足を表わし，両手もヘビ形に曲げる。8-bは「とぐろヘビ型」把手のすぐ下に1人が，両手を腰にあてたポーズで両足も曲げている。顔は仮面を付けているようにも見え，男女が仮面を付けて踊っている表現の可能性もある。その横の人物は頭部を円形に表現し，腹部を半円形にまるくして妊娠した女性のように表現した横向きの像である。もう一体向き合った姿の人物は腰の部分にペニスを表現しており男性のシャーマンであると思われる。この顔を円形に表現した像は，腕を斜めに挙げている。頭部を嘴や仮面状に表現した二体の間に挟まれる。また，「とぐろヘビ型」把手と向かい合う位置に，顔を嘴形にして，両腕を広げて丸めるポーズの神官風の人物が立っている。このポーズは神話の場面や「踊り」の姿とも，「抱える」ポーズや「威厳を示す姿」ともとれる。「とぐろヘビ型」把手は，メガネ状の部分

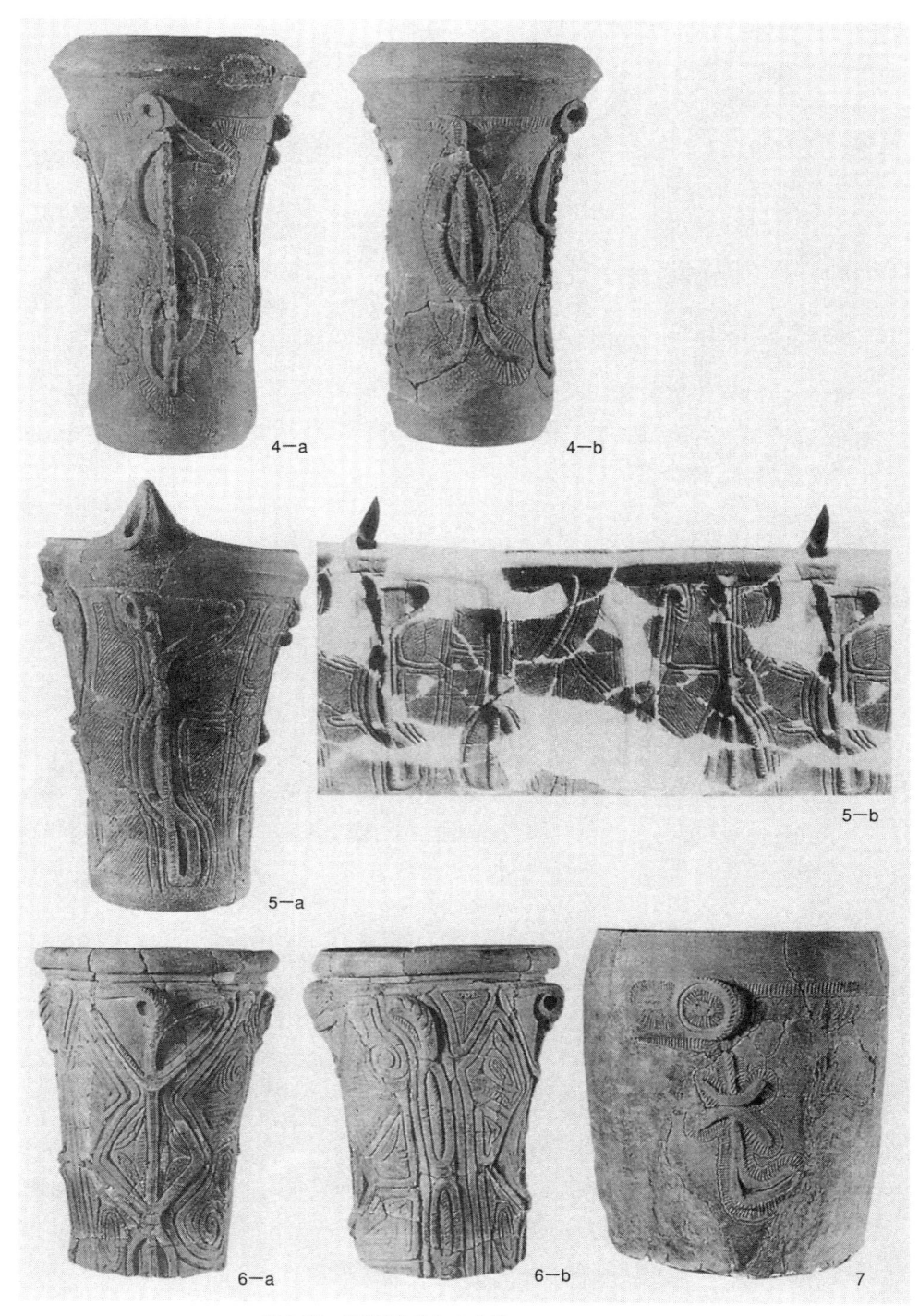

第1節 「踊る」・「抱える」・「平伏す」土器　419

第2図 「踊り文様」の土器　4～7釈迦堂遺跡

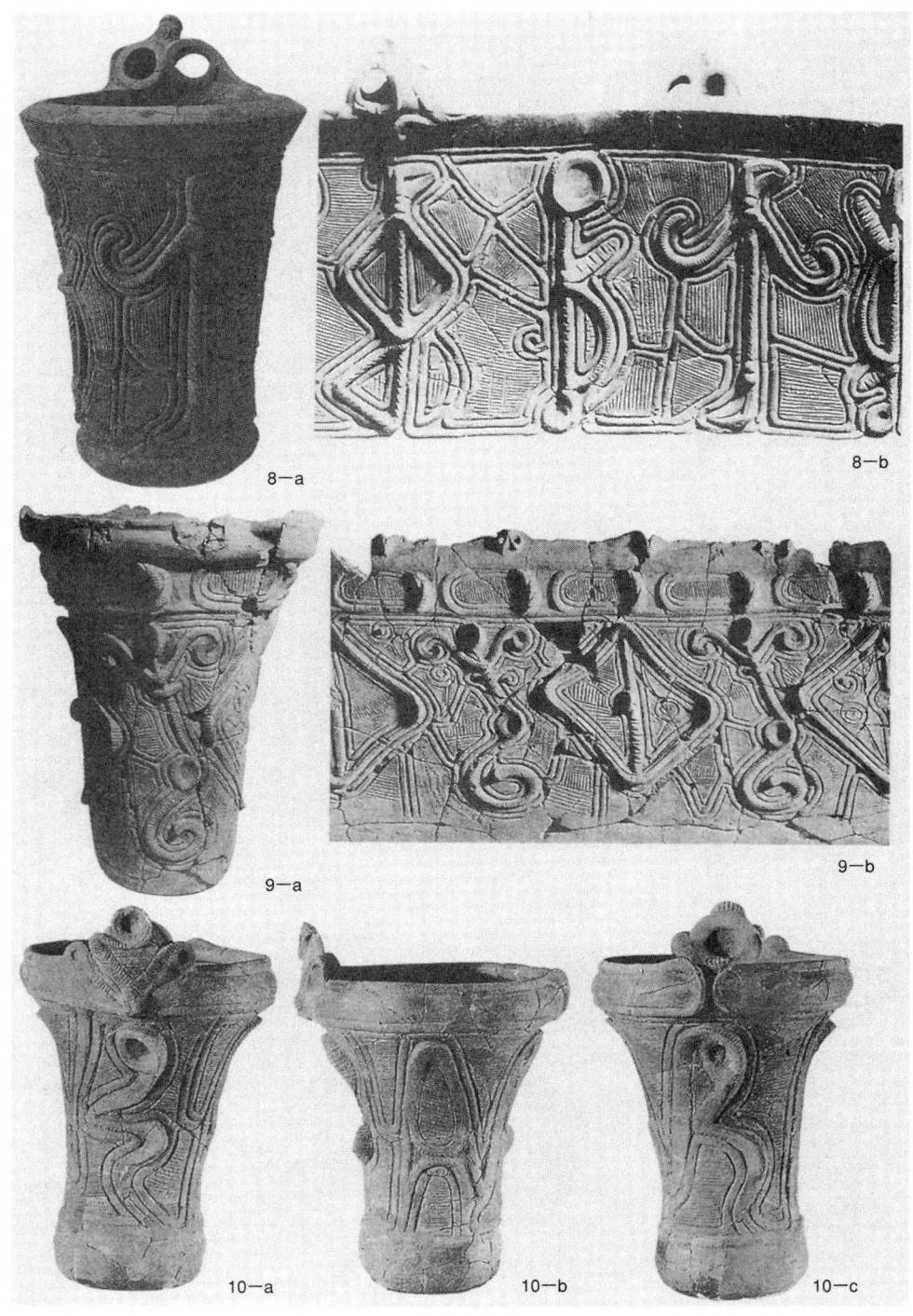

420　第3章　縄文土器文様からみた祭祀

第3図　「踊り文様」の土器　8 一の沢西遺跡　9 重郎原遺跡　10 釈迦堂遺跡

が陰陽になりカエルの顔状に表現したとも思われ，神話やヘビ神，カエル神，鳥神，月の祭りとの関係が考えられる。嘴状の顔をした人物は，「半人半蛇文」や「半人半鳥文」の姿ともいえる。また，顔や頭部を円形に表現している人物の中に，眼や鼻を具体的に表現しない習慣があることも重要である。

山梨県塩山市重郎原遺跡出土の藤内式の深鉢形土器 (第3図9)

器高 55 cm，口径 36 cmである。深鉢形土器の口唇部にメガネ状のカエル把手とV字状の装飾が付き，カエル神やヘビ神を表わす可能性がある。口縁部に楕円形に縁どられた条線の文様がある。9-a は楕円文の下に前屈みに両腕を挙げて指を巻き込み，腰を円形に表現し，足の部分も1本で渦巻き状に巻いた「半人半蛇」の姿の人物が描かれている。胸の部分の表現から男性と思われる。9-b は「半人半蛇」のヘビ踊りの巫女の間に隆帯による菱形状の文様があり，この中は条線文と三叉文に分けられている。これは陰と陽を表現しており月と太陽，季節の区別を表わしている可能性がある。また，女性器を暗示する文様かも知れない。この土器の文様もヘビ神やカエル神，出産などに関係があり，月の祭りや神話を表わしていると思われる。

山梨県東八代郡一宮町釈迦堂遺跡出土の藤内式の深鉢形土器 (第3図10)

口縁部に「とぐろヘビ型」の把手状の装飾を付ける。紋章のようにも見えるが，満月やヘビを表わすと思われる。10-a は把手状の装飾の下に，顔を円形にして身体をオタマジャクシ状にクネクネさせた巫女のような人物を表現している。10-b は楕円形の隆線の中に条線を施した文様がある。卵状であり女性器状の文様である。10-c は把手状の装飾の裏側にも月か女性器があり，満月状の裏側に凹面で表現されているから，朔月を表わしている可能性もある。この下部は，頭を円形に表わし2匹のヘビかオタマジャクシが合体したような「半人半蛙」のカエル踊りが表現されているようでもある。月の祭りでの巫女の踊りと思われる。

山梨県塩山市町田遺跡出土の藤内式の深鉢形土器 (第4図11)

口縁部に「とぐろヘビ型」の把手が付いている。そのまま頭部となり，人とヘビの中間的な「半人半蛇」の人物が横向きと，正面の向きで描かれている。11-a の「とぐろヘビ型」の把手の人物は，立って手招きをするように渦巻きに作られている。11-b は渦巻きの眼玉状の人物と，「手招き型」の人物が膝を曲げて腰を突き出す。他の人物は「上りヘビ型」の文様で，立って手招きをしたように描かれている。巫女の「半人半蛇」の踊りのポーズを描いていると思われる。頭部の表現の違いは踊り手の男女の違いとも考えられる。

山梨県東山梨郡勝沼町釈迦堂遺跡出土の藤内式の深鉢形土器 (第4図12)

口縁部にメガネ状の把手が付き，「とぐろヘビ」ともカエルの眼 (12-c) とも見える。口縁部から胴部の人物は，12-a〜e のように頭部を円形に表現しており，両手と胴部，頭の動きが激しい文様である。猪俣氏[18] は体操の床運動のような回転を考えておられ，筆者にも新体操のようなポーズに見える。「半人半蛙」の祭りの踊の中の巫女の曲芸的なものだったと思われる。

山梨県東山梨郡勝沼町宮ノ上遺跡出土の藤内式の深鉢形土器 (第4図13)

器高 59 cm，口径 33 cmである。13-a は「とぐろヘビ型」の把手を付けている。ヘビ把手の端部と円形の人物の頭部がつながっている。人物は手を広げ，それを下方に巻き込むポーズをとっている。この人物は把手や手の状況からおそらく「半人半蛇」を表現している。13-b 右端のたてに楕円形を3つ重ねた文様は女性器とも思われる。向かって右側の人物はペニス状の表現をしているので神官とも考えられる。

山梨県北巨摩郡明野村諏訪原遺跡出土の新道式土器 (第5図14)

腰の丸みや女性器的な切れ目は女性の身体を表現している。巫女の身体を土器の中に封じ込めた「土器身体」的な図像となっている。土器に表わされている女性的な表現である。

山梨県北巨摩郡大泉村寺所第2遺跡出土の狢沢式の深鉢形土器 (第5図15)

器高 53 cm，口径 33 cmである。これは，踊る土器とは関係ないが「土器身体」の例である。口縁部にハー

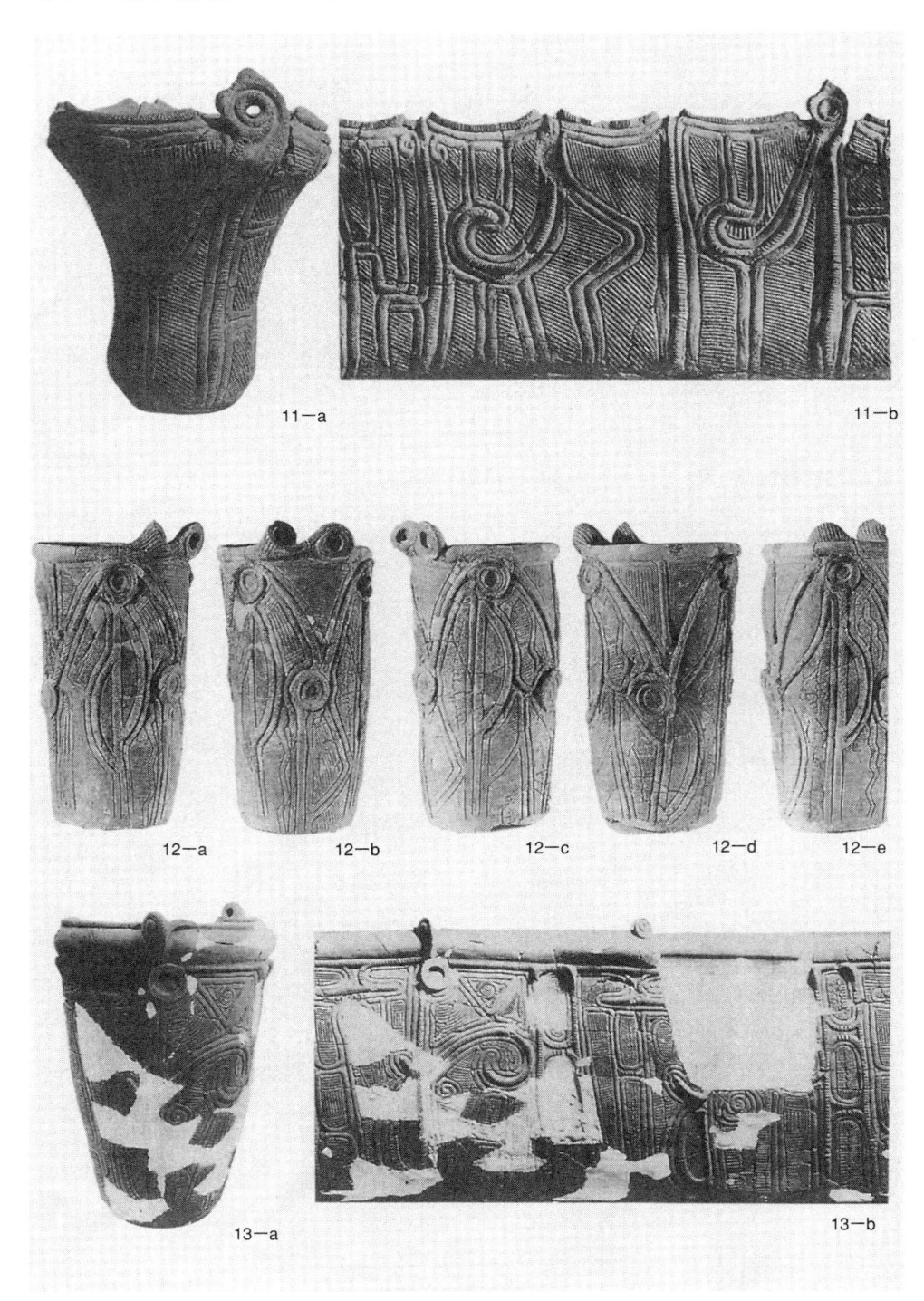

422　第3章　縄文土器文様からみた祭祀

第4図 「踊り文様」の土器　11町田遺跡　12釈迦堂遺跡　13宮ノ上遺跡

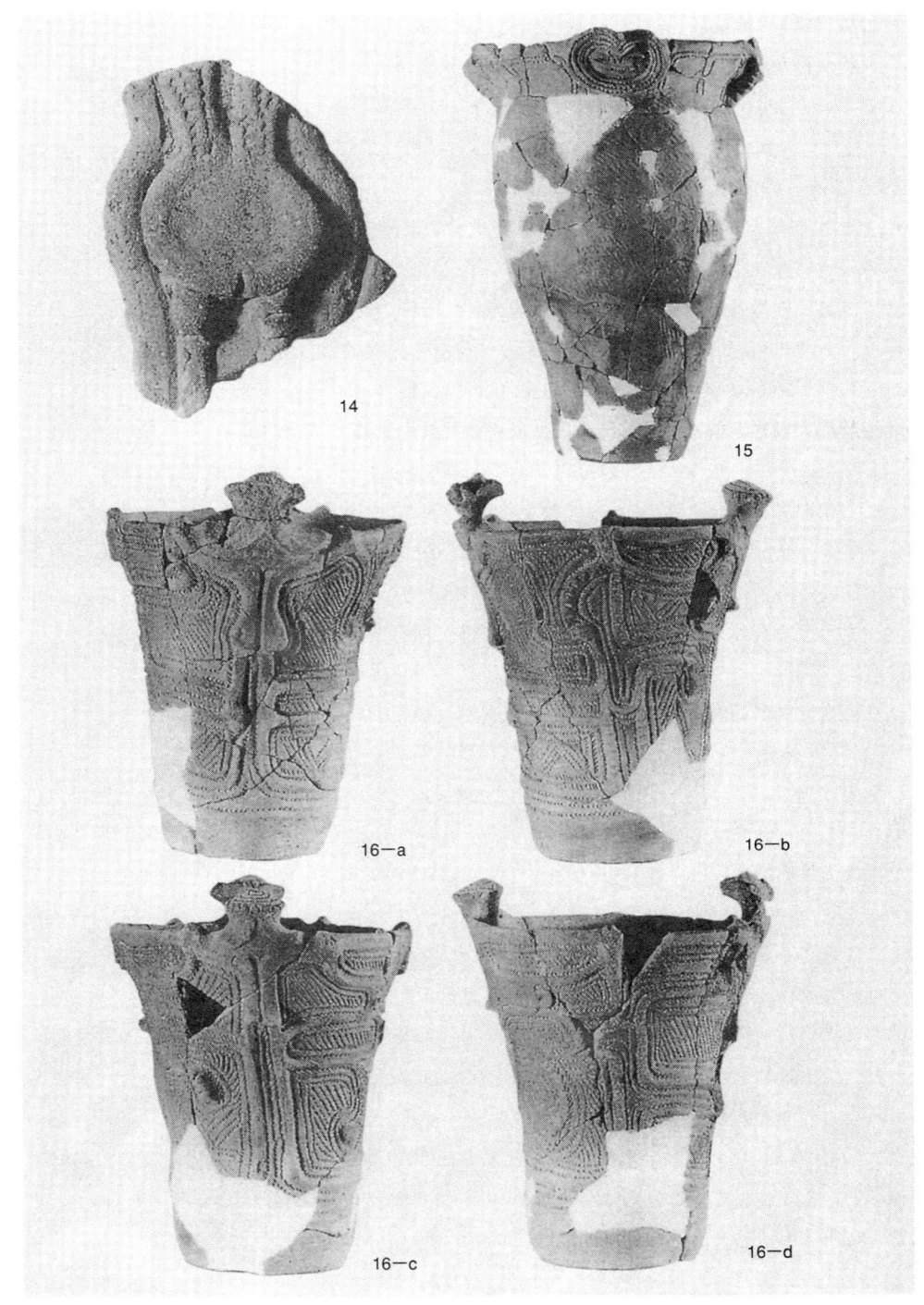

第1節 「踊る」・「抱える」・「平伏す」土器 423

第5図 「土器身体」の土器　14 諏訪原遺跡　15 寺所第2遺跡　「抱え型文様」の土器　16 寺所第2遺跡

ト形の人物の顔が2面ついている。「土器身体」的な表現がなされており，肩を怒らせ，腕に力の入っているポーズの人物が描かれている。猪俣氏[19]は笑う顔と怒る顔を表現していると考えておられる。土器の胴部の曲線がまるくふくよかに作られていることから，月神であると考えられる。

4 「抱え型文様」の土器

この種の土器文様は基本的に人物や神官，神が筒形の土器を抱え込む形を典型（第6図17，18）とする。神話の世界のように威風堂々としており，頭部が口縁部に把手状に付き，両手が渦巻き状になって土器自体を抱え込むようにはり付く。腰から下の両足は省略される場合がある。厳密に分類すると（第5図16・第6図19，20・第7図21）は「抱え型文様」と「踊り文様」の中間的な表現があり，「抱え文様」から排除した方が良いかもしれない。「神人共食」や神話の主人公的な響きのある土器である。

山梨県北巨摩郡大泉村寺所第2遺跡出土の新道式の深鉢形土器（第5図16）

土器を抱え込むように，二体の人をはり付かせた文様である。頭部の部分が把手状に付いており，腰をまるく表現した女神や巫女的な人物16-aと，腰を4角に表現した男巫な人物16-cが描かれている。頸から肩にかけて，鎧状のものが表現（16-a, c）されている。(16-b, d) は足や手が表現されており，男女の神像とも思えるし，「半人半蛙像」や神話の情景，男女の巫の「踊る像」とも解釈ができそうである。藤内式期になると神話はより具象化する傾向があり，「抱え型文様の像」もより完成する傾向にあると考えられる。ここでは，「抱え土器」の中で扱った。

長野県諏訪郡富士見町藤内遺跡出土の藤内式土器（第6図17）

第32号住居跡出土で，器高56cmの焼成良好な土器である。小林公明氏は「神像筒形土器」[20]と命名されている。小林氏は北西アメリカインディアン，中央オーストラリア原住民，アフリカのある種族の神話を紹介されている。この神話では神の腋の下に太陽と月の2つの天体がかくされており，そこから光明がとき放たれるまで，この世界は闇にとざされていたとあり，この神話との共通性を氏は指摘している。筆者はこの神像の頭部は，「とぐろヘビ型」の把手状であるが顔になっており，「半人半蛇」の神や太陽神，月神を表わしているように思える。この像の首から肩には卵形の鎧状のものをまとっており，両腕は器を抱えるように巻き付いている。腰から足にかけては上りヘビ形の渦巻きと，さらにその下に剣菱形の文様が付いている。土器下半部のこうした文様は，神や神官盛装のときの着物のデザインを表現しているとも思える。剣菱はペニスを表わし，子孫繁栄を願う文様で祭りの時に，神に酒などを供える用途の器であった可能性も否定できない。なんとなく「神人共食」，「神話主人公」的な響きと凛とした緊迫感があり，こうした土器の成立する背景に縄文人のもつ神的なものへの信仰や神話を考えなければならない。「半人半蛇」の太陽神や「半人半蛙」の月神の信仰を表わしているのではないか。「抱え型文様土器」の典型的な資料である。

埼玉県寄居町北塚屋遺跡[21]出土の深鉢形土器（第6図18）

器高が34.9cmである。口縁部に「とぐろヘビ型」の把手が付く。頸から肩にかけての卵形で渦巻きの鎧状の部分がカエルの眼にも見える。肩から腰にかけては（第6図17）同様に逆三角形の鎧状になっている。腰の部分は流線型に作られ，その中にさらに円形の玉状の文様をほどこしている。女性器的な文様にも見える。腕から手にかけての表現も，渦巻き状にまいており，藤内遺跡の「神像筒形土器」（第6図17）と共通している点が多い。神話の主人公の「半人半蛇」にも「半人半蛙」にも見える土器である。冬至の頃おこなう祭りの時に供えたと思われる。

山梨県北巨摩郡大泉村古林第4遺跡出土の筒形の藤内式土器（第6図19）

器高は23.5cm，口径9.5cmである。人物の頭部が口唇部に把手状に付いていないことから，「踊り文様」

第1節 「踊る」・「抱える」・「平伏す」土器　425

第6図 「抱え型文様」の土器　17 藤内遺跡　18 北塚屋遺跡　19 古林第4遺跡　20 南養寺遺跡

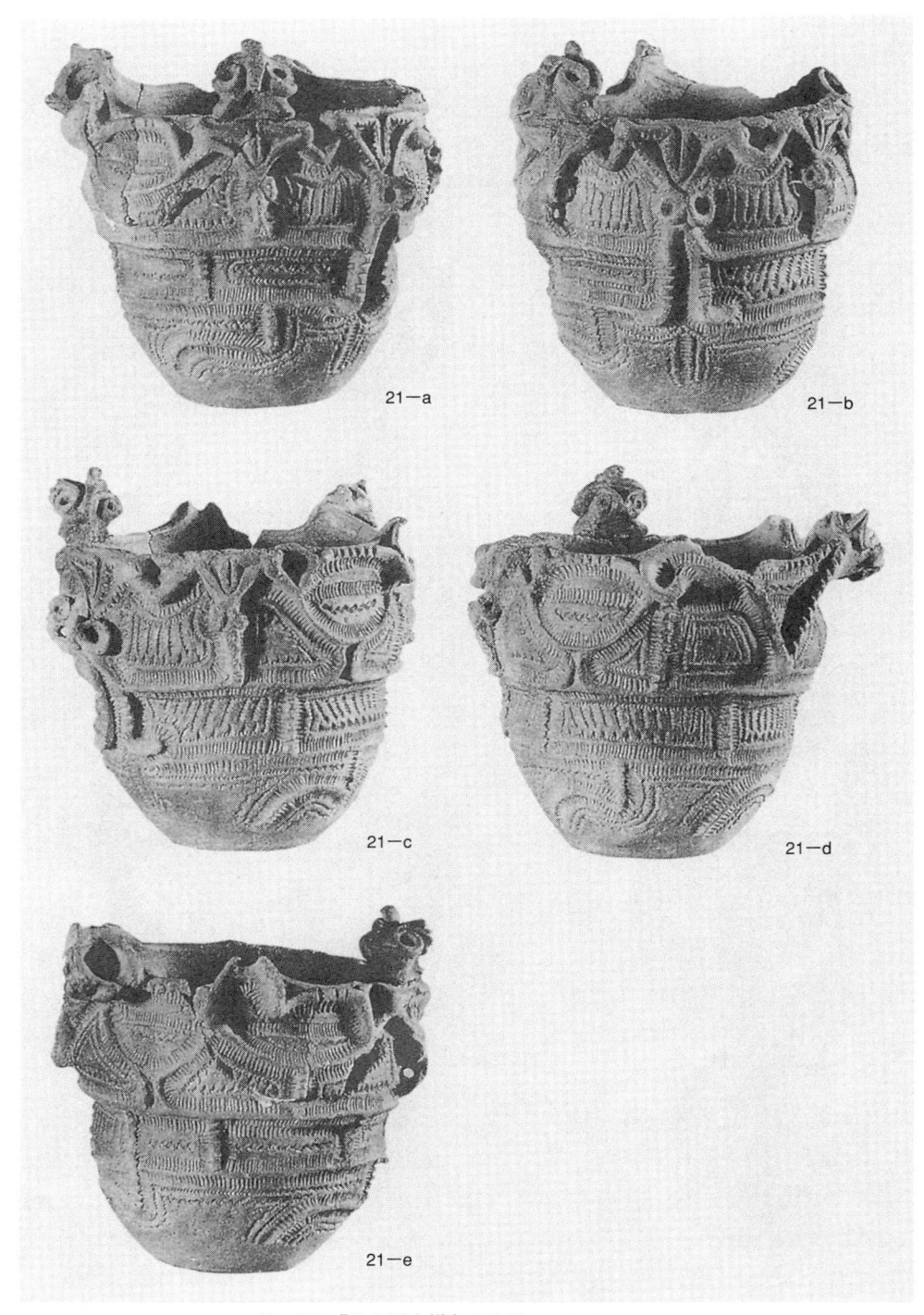

426　第3章　縄文土器文様からみた祭祀

第7図　「抱え型文様」の土器　21 寺所第2遺跡

第1節　「踊る」・「抱える」・「平伏す」土器　427

の土器とも考えられる。両手を広げている人物文様から「抱え型土器」に含めた。足の部分は明確に表現していない。神話の神も抽象化し「抱え型土器」と「踊り土器」との中間的な資料とも考えられる。

東京都国立市南養寺遺跡[22]出土の深鉢形土器（第6図20）

口縁部に（第6図17, 18）のような「とぐろヘビ型」の把手が付くものと思われる。口縁部に右巻きと左巻きの渦巻きを付け，背中の部分には逆三角の鎧状のものを描いている。また，両手は渦巻き状に表現せずに指を表わしており，開きぎみに立った両足を表現している。やはり月神神話の主人公的で，「抱え型土器」と「踊り文様土器」の中間的な資料とも考えられる。

山梨県北巨摩郡大泉村寺所第2遺跡出土の新道式の深鉢形土器（第7図21）

口縁部に5体の人物の頭部が把手状に付く。「半人半蛙」的な巫女で土器を抱えるか，手をつないでいるように見える。21-a は，頸の部分に袋状または鎧状のものを付け，肩から腰にかけて，逆三角形に表現している。この形は（第6図18, 20）と共通する表現である。両足は開いており，頭部は内側にも外側にも顔があるようだ。両手は曲げてつないでいるようにも見える。背中に縦位の割目があり，腰の部分はメガネ状になる。21-b の人物は，頭部が破損しているが手をつないで立っている状況を表わしている。腰の部分をメガネ状に表現しており，カエルの顔状になっている。向かって左側の21-c の把手の人物は，深鉢の内側と外側に顔がついており，内側と外側を守っているように見える。向かって左側の21-e の人物は驚くほどカエルの顔によく似ている。この土器は5体の「半人半蛙」的な女神や巫女が，土器である月を抱えて守っているような状況を表現している。月神話との関係が考えられる。

5　「威風堂堂型文様」・「バンザイ型文様」・「平伏し型文様」の土器

この種の土器は権威を誇示する「バンザイ型文様」（威風堂堂型の文様）と，その権威の誇示に対して額づく「平伏し型文様」がある。ことに「平伏し型文様」は礼拝するようなしぐさで描かれており，月神話の主人公である月の女神の姿や，や当時の巫女の祈りの姿を表現していると考えられ重要である。

東京都国立市南養寺遺跡[23]出土の鍔付形土器（第8図22）

器高16cmと小形である。鍔の部分の下は両腕を広げ，力瘤を作るようなポーズの月神話の主人公的な人物が描かれている。頭をU字状に作り，2本の指をV字状に表わして，腕と顔の間に右巻きと左巻きの渦巻き状を作る。神や勇者をたたえるような姿であり，この人物の両手は力を誇示するような「威風堂堂型文様」の人物となっている。

神奈川県平塚市上ノ入B遺跡[24]出土の有孔鍔付土器（第8図23）

器高は41.5cmである。文様は有孔鍔付土器の胴部から底部にかけて「半人半蛙像」が描かれている。頭部はメガネ状のカエルの把手が作られ，この部分は光の当たり方によって陰と陽になり三日月状にも見える。胴部円形を作り，その中を左右に分ける中軸線で区切る。区切られた区画には右巻きと左巻きの渦巻きがめぐる。この渦巻きは乳房を表わしている可能性もあるが，月神の生命などを表わし呪術的な意味が強いと思われる。胴部の渦巻も光の当たり方によって左右が陰陽になるように表現されている。両手はカエルの手状に作られていることからカエル神を表わしており，神話的で月の女神のと関係があるものと思われる。「威風堂堂型文様」の土器といえる。

神奈川県厚木市林王寺遺跡[25]出土の有孔鍔付土器（第8図24）

器高は27.5cmである。胴部に「半人半蛙」の女神か巫女が作られている。女神の頭部にはカエル状の把手が冠状に付き，その下に女神の髪飾りと顔が作られ，女神はほほえんでいるように見える。挙げた両手の下には，下げた両手が作られていることから，手を上から下におろしながら平付していく動作の流れを表わ

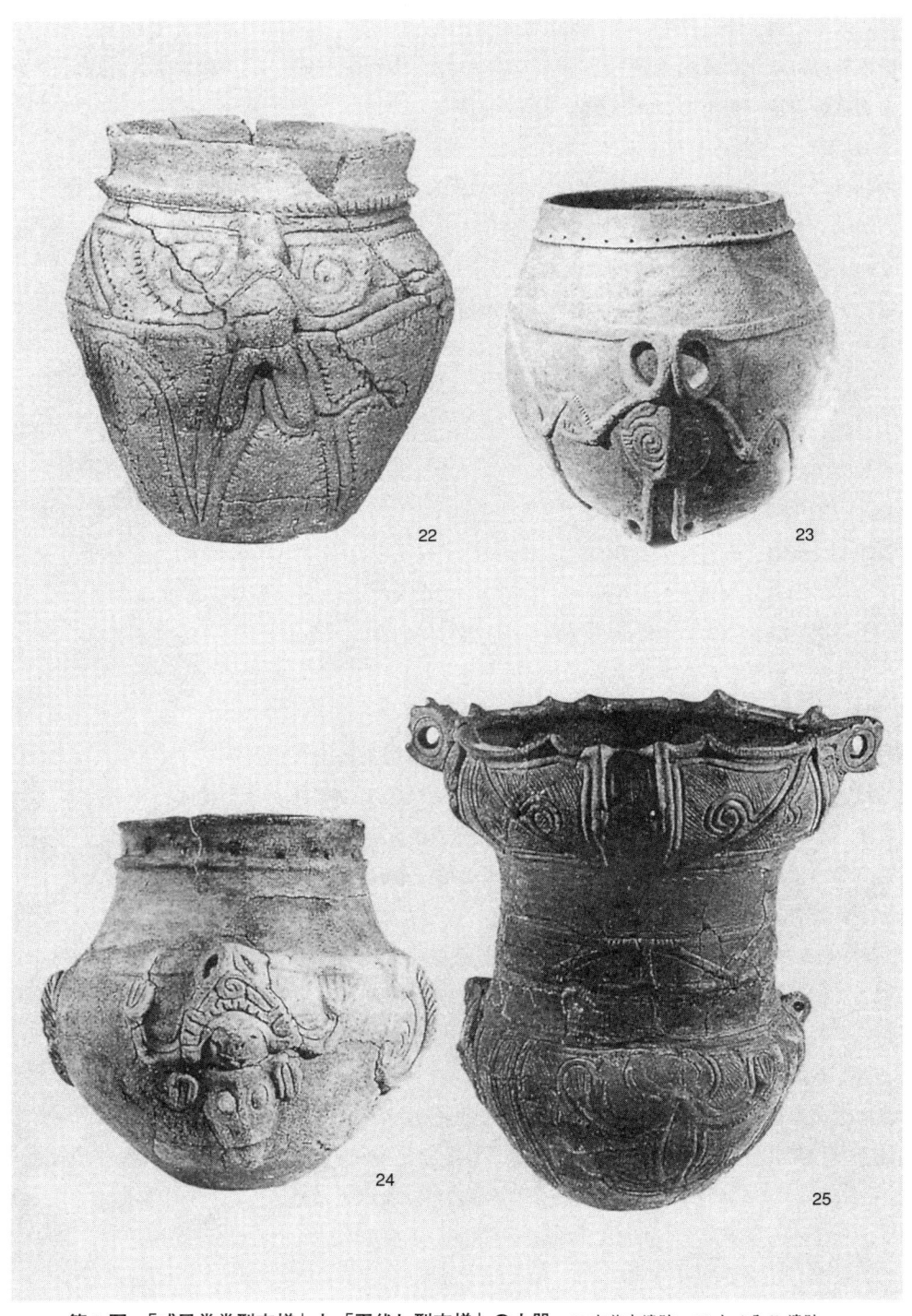

428　第3章　縄文土器文様からみた祭祀

第8図　「威風堂堂型文様」と「平伏し型文様」の土器　22 南養寺遺跡　23 上ノ入B遺跡
　　　　24 林王寺遺跡　25 塚越北A遺跡

しているように思える。胸には乳房が作られており，胴部には三角錐状に作り縦に1本生命線が作られている。半人半蛙の形で巫女か女神が礼拝的文様で表現されている。やはり月の女神の神話を表わしている。

山梨県東八代郡一宮町塚越北A遺跡[26]出土の深鉢形土器（第8図25）

器高は53cmである。口縁部にメガネ状の把手が付き，カエルの顔を表わしているとも思われる。口縁の他の部分は隆帯で四角に区画し，中を斜めに隆帯と渦巻き文で区切る。この条線の中の渦巻きは両眼を描いているようにも見える。さらに重要なのは，胴部下部の括れ部から底部にかけての人物である。円形の顔に目鼻がないカエル状の人物は，両手を挙げて両足を「あぐら座」にして，「平伏す」状態となっている。施文されている位置からして，祭りの時の仕草や礼拝と思われる。この土器は女神，月信仰や半人半蛙など勝坂期の人びとの月神話や宇宙観が表現されていると考えられる。

6　抽象化する「半人半蛙文」と「半人半蛇文」

この種の土器文様は「バンザイ型」・「威風堂堂型文様」の土器が抽象的に変化したと考えられる。曽利式の時期になると，藤内式期から変化して抽象的な文様でカエル神やヘビ神を表わすようになり，文様も紋章化する傾向が強くなる。この点はこの地方で縄文中期後半の「カエル神」と「ヘビ神」の信仰や月神の神話が，その後の縄文後期や晩期にどのように受け継がれるかという大きな問題とも関連している。

山梨県北巨摩郡長坂町酒呑場遺跡出土の井戸尻式の深鉢形土器（第9図26）

器高は53cmである。胴部上半と下半を分ける区画として横位にジグザグの文様を付けており，上半と下半の表現している世界が異なっている可能性もある。26-aは胴部の上半部から口縁部に「上りヘビ型」の装飾を付け，手で月か太陽などの卵状のものを抱えている。また，卵状のものから両手が出ているようにも見える。これは縄文中期の人が時々表現する目鼻を付けない人物や女性器，陰・陽の表現とも共通する。胴部下半は楕円形を縦に割って，半楕円の中を縦の沈線で覆っている。26-bは胴部上半から口縁部に「上りヘビ型」の装飾を付け，「半人半蛇」的なものから片手で月か太陽などの卵状の世界を抱える。「上りヘビ型」の把手のスタートは，胴部下半の楕円形の世界からで，片方の半楕円は左右の渦巻きを組み合わせ，光や陽を表わす。もう一方の半楕円は縦沈線で埋め尽くした闇の陰の朔月を表わしているとも考えられる。26-cは「上りヘビ型」の「半人半蛇」が玉抱き状に月か太陽を抱えているように見える。月や太陽の神話を表わしていると思われる。

山梨県東八代郡境川村一ノ沢西遺跡出土の井戸尻式の深鉢形土器（第9図27）

口縁部に把手が付いていたが，残念ながら破損しているためにヘビ型かメガネ状のカエル型把手かはっきりしない。胴部は「バンザイ型」の人物が4人描かれ神話的で，四季や季節とも関係ありそうだ。27-aは半楕円形の中に渦巻きを2つ施し，胴体も円形の渦巻きで表わす。両足は開き，威風堂堂な人物に見える。27-bの横区画にはめ込まれた人物は，頭部に鳥の翼か角状のものを付け両手を挙げている。

山梨県北巨摩郡大泉村甲ツ原遺跡出土の曽利式の深鉢形土器（第9図28）

器高が66cm以上と大形である。口縁部文様帯の部分は破損しているので不明である。28-aは胴部上半に渦巻き状の把手が付いており，隆線で尾のある「半人半蛙」のカエルの変態的な人物が「バンザイ型」に描かれている。頭には角か羽根状のものが付き，中に条線を施している。28-bはカエルの抽象文のように渦巻き状の把手があり，口にあたる部分に「バンザイ型」の人物の手が集まり，曲線による菱形に近い文様を構成する。「踊る文様」というよりはむしろ，「紋章」的で神話的な「威風堂堂」とした抽象文と思われ，「半人半蛙」の月神を表現しているのかも知れない。尾がある点に特色がある。条線部と無文部で陰陽の関係を表わしているとも思われるし，条線の部分が水を表わしている可能性もある。

430　第3章　縄文土器文様からみた祭祀

第9図　「半人半蛙文」と「半人半蛇文」の土器　26 酒呑場遺跡　27 一ノ沢西遺跡　28 甲ツ原遺跡

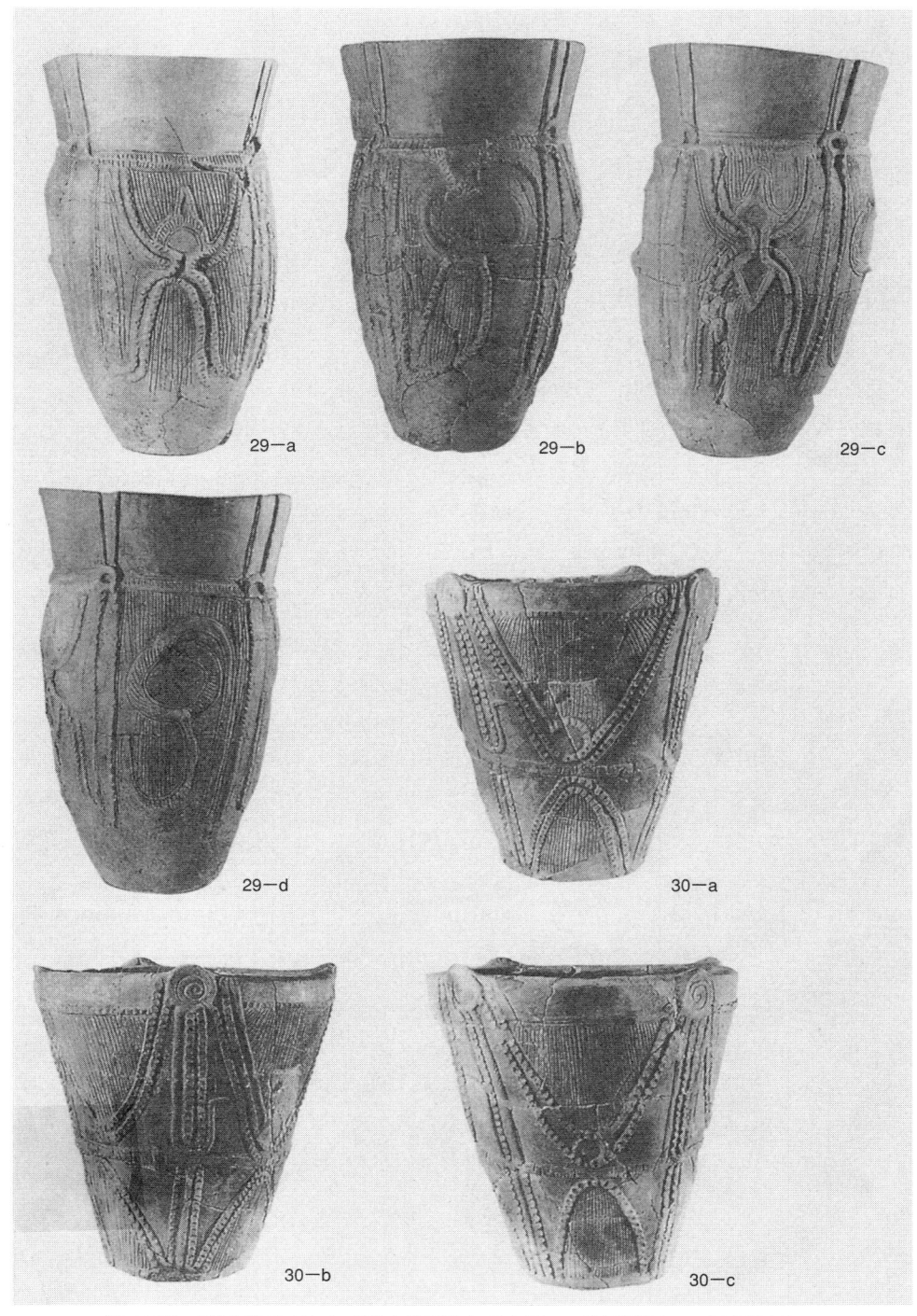

第1節 「踊る」・「抱える」・「平伏す」土器　431

第10図 「半人半蛙文」と「半人半蛇文」の土器　29 駒飼場遺跡　30 酒呑場遺跡

山梨県北巨摩郡明野村駒飼馬遺跡出土の曽利式の深鉢形土器（第10図29）

器高は62cmである。口縁部は破損しておりこの部分に何が描かれたかは不明である。29-aは条線を地文にして頭に角か羽根状のある「バンザイ型」の「半人半蛙」的な人物が描かれている。開いた足が表現されており29-cのような突起がないことから，女神の可能性がある。29-bはカエルが卵から孵ってオタマジャクシになり，ゆっくり動いている様にも見える。29-cはやはり「バンザイ型」の神のようにもみえる。広げた両足の間に三角形状の突起が描かれていることから，男神ともカエルの尾のある段階とも見える。猪俣氏は出産の様子を表わしていると考えられている。また，口縁部と胴部の境に円形の突起が付いている。29-dはやはりカエルの卵から孵化したばかりの様子にも見える。条線部は水を表わしているとも思われるが，他の無文部との関係が陰と陽になっている可能性もある。神話の内容を表現したと思われる。

山梨県北巨摩郡長坂町酒呑場遺跡出土の曽利式の深鉢形土器（第10図30）

口縁部に幅の狭い無文帯を作り，円形の渦巻きを4カ所作る。30-aは胴部の中間に頭と腕が「バンザイ型」になり，指も描かれている。頭部と足を広げた区画の中に条線をほどこしている。30-bは口縁部の渦巻きを挟むように，「バンザイ型」の手がきて，渦巻きの下から3本の隆帯が胴部中心に向かって下り，押引文のない隆帯が「下りヘビ型」になり鎌首状に上がる。「半人半蛇」的な人物とも見ることができる。この部分には条線が施されず，陰陽の陽の表現とも考えられる。30-cはやはり，「バンザイ型」の人物が描かれている。口縁部の円形の渦巻きは月か太陽を表わしているとも思われ，神話的である。

7　まとめ

中部高地縄文時代中期中葉の藤内式土器を中心に，図像学的にみて物語性のある資料の一部を検討してきた。検討の方法は，土器文様のモチーフから想像されるテーマを膨らめて考えるというものである。

ここで筆者自身お詫びし，訂正しなければならない点がある。かつて，筆者は「石棒の基礎的研究」[27]の中で，民俗例や想像からの考察を否定し，型式学的な方法と分析こそ正しい研究方法と述べた。しかし現在は，考古学的データを積み上げるばかりでは宗教儀礼や信仰などの精神的な部分の復元は無理で，民俗学，民族学，宗教学，心理学，神話学などのあらゆる科学の方法を援用しなければ核心に迫れないと考えている。筆者の研究方向の修正について，かつて批判を加えた方々に心よりお詫びし，訂正したい。

本稿では物語性のある月や太陽，女神や神話を描いたような土器文様について「踊り型文様」や「抱え型文様」，「威風堂堂型文様」，「バンザイ型文様」，「平伏し型文様」に分類した。土器に表現された絵画的文様は，現代に生きる我々に縄文中期の人びとが残してくれたメッセージであり「言葉」の主語や名詞のようなものである。文様で語られた物語や月神話的部分には共通性があり，こうした物語や神話にも土器型式の変遷のように変化がある。ことに，物語性のある土器は中期末まで系統的に変化するが，後期初頭には系統的にはっきりしなくなるように思われる。「半人半蛙」や「半人半蛇」，「半人半鳥」的な文様は縄文後期の土器文様に直接には受け継がれないようであり，そこにある種の断絶や宗教形態の変化も考えられる。また，同じ中期中葉でも東北地方や北陸地方では物語性のある土器がどのように展開するのかなど，地方的な検討課題も多い。もし，まったく異なる物語性のある土器が多く存在するならば，そこに宗教儀礼の差や神話の違いが見いだせるかも知れない。また，祭りについても各集落単位の祭り，各集落からの代表者が神殿的な[28]場所に集まっておこなう祭りなど，色々なひらきかたがあったと思われる。祭りの背景には集団の維持と結束がある。季節の移り変わりの中で毎年おこなう祭りや特別な場合におこなう祭りがあったと思われる。上記した様々なタイプの土器は，寒くなり草木が枯れる冬至の頃に生命の再生を願って毎年おこなわれる太陽や月の祭りの場で使用されたと考えたい。この問題も不明な点が多く今後の課題としていきたい。

第2節　鳥形文様の縄文土器

1　はじめに

筆者はかつて縄文土器に表現された人物文様，ヘビ，カエル，サンショウウオ，ミズチ，フクロウ，ミミズク，月，太陽などの文様[29]について検討したことがあった。こうした図像学的分析は，井戸尻考古館の武藤雄六[30]，小林公明[31]氏を中心に，渡辺誠[32]，小野正文[33]，猪股喜彦[34]氏などがそれぞれの立場と視点で進められている。

筆者は樫村友延，木幡成雄氏のご教示により福島県いわき市平上平窪横山B遺跡第178号土坑出土の特殊な文様のある土器（第11図）[35]の存在を知ることができた。これは縄文時代中期の東北地方の人物文様が描かれた土器として重要な資料と思われる。本論文ではこの深鉢土器の文様を図像学的に検討し，他地域や海を越えた中国も加えて，こうした文様が付された土器を比較し，その重要性について考えてみたい。

2　横山B遺跡第178号土坑出土土器について（第11図）

この土器は，報告書[36]によると，口径28cm，器高41cm，底径13.4cmで，一対の把手をもつ完形品である。報告者の猪狩忠雄氏は「口唇部には顔から足まで表現した突起一対とV字状の隆帯一対が付される。1つの突起には土器内面をのぞき込むかのような人面が表出されている」と記され，器形について口縁部はやや平縁に近く，「く」の字状に外反し，上胴部が丸く膨らみ，下胴部を直線的なキャリパーにしていると説明されている。次にこの土器に描かれた文様に検討を加えよう。

口縁部に突起あるいは把手[37]が向かい合うように2個（第11図1a，1b）付いている。一方の把手（第11図1a）は頭頂部の上面を杯状に窪め，その縁の部分に棒状工具で刺突を付けている。この頭部は土器の外側を向くように作り，正面から見ると嘴か鼻状（第11図2）に粘土を尖らせて，さらに顔面嘴部を囲むように，棒状工具による押圧と有節沈線の連続刺突で，ゴーグル状の模様を施し，眼の部分は描き入れず窪めている。嘴の表現も明瞭でないが，突出させた下部に棒状工具による有節沈線を横位に施している。喉から胸の部分は明瞭に表現されず，1本足状に把手を付け，足状の把手に5本の指か爪状の表現をしていると思われる。

筆者はこの把手の表現を鳥形[38]と考えている。したがって，この把手は「半人半鳥文」[39]的表現と理解できる。また，この把手の部分を横面（第11図3）よりみると，正面から観察した時の鳥形の頭部から嘴にかけての部分が冠状に見える。把手の部分に穿孔した穴は眼のように見え，その先端が嘴のように表現されている。

この土器のキャリパー形器形の口縁部の丸い膨らみは，ミミズクなど鳥の喉から胸にかけての膨らんだ曲線とも一致した造形と思われる。さらに，この部分には縦位の帯状縄文を付け，棒状工具の有節沈線によって，ホッチキスの針形状の文様を入れ，翼か足を表現した可能性もある。そして，このホッチキスの針形状の文様を受けるように，U字形の有節沈線が付き，鳥の足の毛のある部分か足の部分を支えるように，1本の有節沈線が縦位波状に描かれている。

その下部は口縁部と胴部との境になるが，Y字状に隆帯を垂下し，有節沈線で囲むように文様を付け，枝にとまった鳥のような，人物のようなものが描かれている。この胴部文様を観察すると，シャーマンが鳥状の仮面を頭にかぶり，翼を広げて空を舞うポーズか，祭りの踊りや神話を表現した（第11図7）と思われ

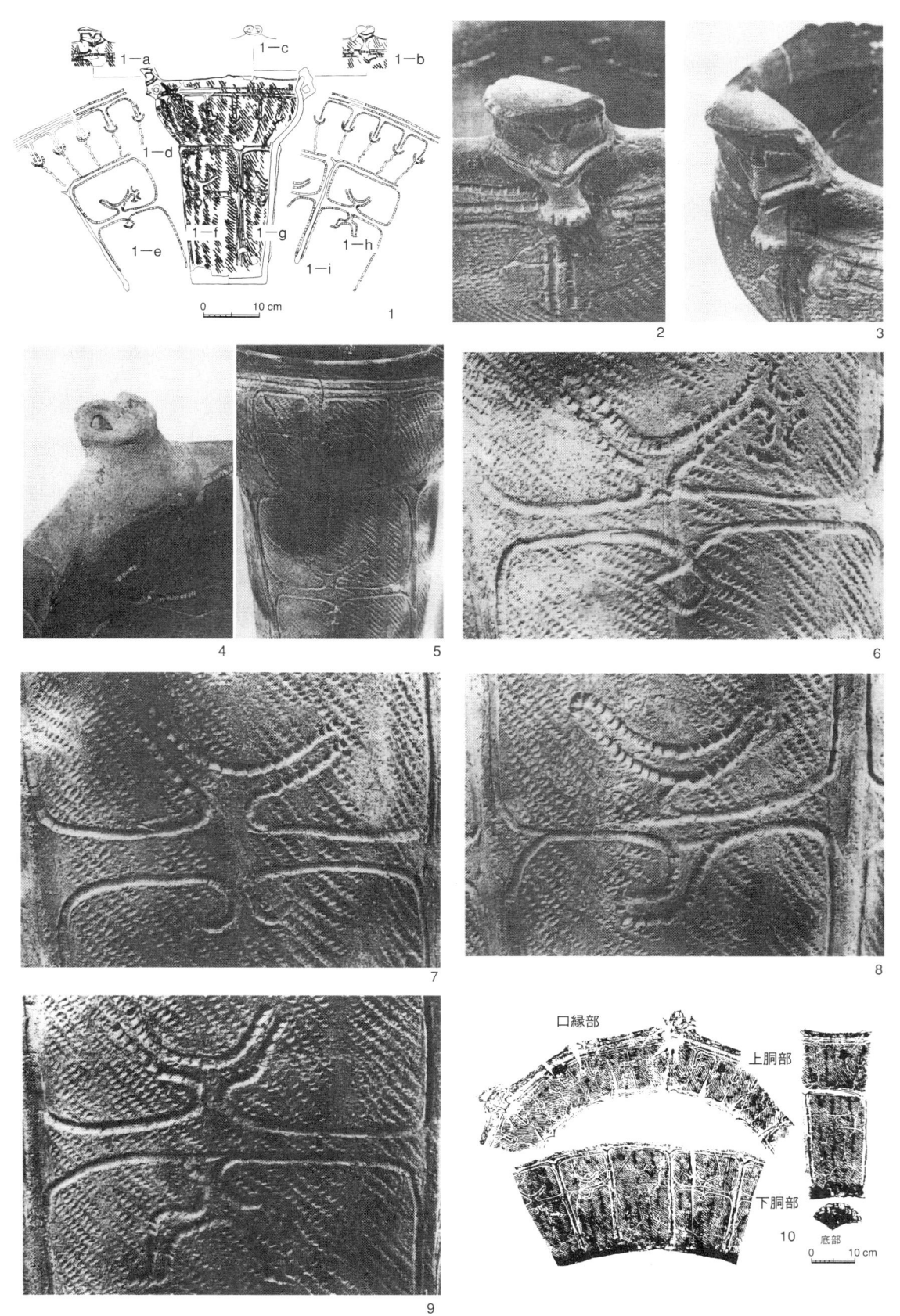

434　第3章　縄文土器文様からみた祭祀

第11図　横山B遺跡第178号土坑出土土器

る文様がある。土器に向かって左側の区画（第11図6）は，半人半鳥文で頭部を下に，両足を逆さに描かれている文様か，または，鳥が羽ばたきながら玉状のものを抱えている文様と思われる。

別の把手（第11図1c，4）は，土器の内側を見るようにハート形の頭部（第11図4）と切れ長の三角眼の頭，嘴状のものが表現されており，半人半鳥文と考えられる。把手の外側（第11図1b）は有節沈線が弧とV字状に付けられており，先述の把手（第11図1a）にほぼ近いらしい。口縁部から胴部にかけて丸く膨らみ，有節沈線でホッチキスの針状の文様を付け，U字形と縦位の波状が有節沈線で描かれている。口縁部と胴部の境から胴部下半にかけて，Y字状に隆帯（第11図1i）を樹木状に貼り付けている。この隆帯とほかの隆帯との間に有節沈線で区画し，胴部の中間（第11図1g，8）に，別の文様が描かれており，鳥が横向きにとまった状態の文様か，逆さになった半人半鳥文を描いたようにも見える。

また，別の区画（第11図9）では，有節沈線により鳥状の仮面を付けたシャーマンが，両足を大きく開いて，両手を翼状に広げたように描かれている。この威厳のあるポーズは半人半鳥の神と，神話の主人公を表現したのかも知れない。

上述したように，この土器（第11図1，10）には把手や文様の描き方から「半人半鳥」の神への祭りや神話の主人公が描かれていると思われる。把手の部分は鳥の中でも「フクロウ」，「ミミズク」，「ワシ」，「タカ」などの猛禽類を表現していると考えたい。また，胴部下半に描かれている人物は半人半鳥の信仰を表わしていると思われる。筆者はこの鳥文様が単なる鳥の表現ではなく，後述するように，縄文人の太陽への信仰が秘められている可能性があると考えている。

3　鳥形把手の縄文土器
石川県鳳至群能都町真脇遺跡[40]　（第12図1～6）

鳥形把手の付いた中期前葉前半の新保式土器の浅鉢形土器（第12図上段）は，正面から見た展開図（第12図1b）が，ハート形の頭部に鳥の眼と嘴が表現され，胸の部分に円形の文様が付いている。眼は赤く塗られ三角状の切れ長の隅に円形に表現している。器形，頭部，眼，嘴の表現（第12図1c）から水鳥やカラスなどを表現しているとも思える。また，注目したいのは鳥形の胸の部分（第12図1a，1b）に，円形の表現がある点で，これは太陽などを表わした可能性がある。

真脇遺跡からは，他に5点の鳥形把手（第12図2～6）が出土している。鳥形把手の正面から撮影されたもの（第12図2）は胸の部分に粘土を付けた後，半截竹管状工具の連続爪形文で円形の文様を付けている。切れ長の眼と嘴を付けている鳥形把手（第12図3）。切れ長の眼と嘴，後頭部に円形の刺突を付けた鳥形把手（第12図4）。眼の部分を三角に表現した鳥形把手（第12図5）。玉抱三叉文状に眼と嘴を表現した鳥形把手（第12図6）などがある。真脇遺跡の縄文時代中期前葉前半の新保式期の人びとは鳥神や太陽への強い信仰や神話があったと考えられる。

山梨県東八代郡一宮町釈迦堂遺跡[41]　（第12図7）

深鉢形で，口に玉をくわえたような鳥（第12図7a）と天空を見上げる鳥（第12図7a）の2羽が表わされている。別の角度（第12図2b）から見るとこちらにも外側を向いた2羽の鳥が表現されている。それぞれ鳥の頭の鶏冠，眼，嘴，円形の玉をくわえたかたちが表わされている。この鳥のくわえた玉は後述するが，中国などの例から太陽を表わす可能性があり，釈迦堂遺跡の縄文中期の勝坂式期に太陽と鳥への信仰や神話があったと思われる。

群馬県勢多郡北橘村房谷戸遺跡第214号土壙[42]　（第12図8）

ミミズク状の把手で，頭部正面（第12図8a）から見るとオオコノハズクやフクロウに似ており，丸い眼と

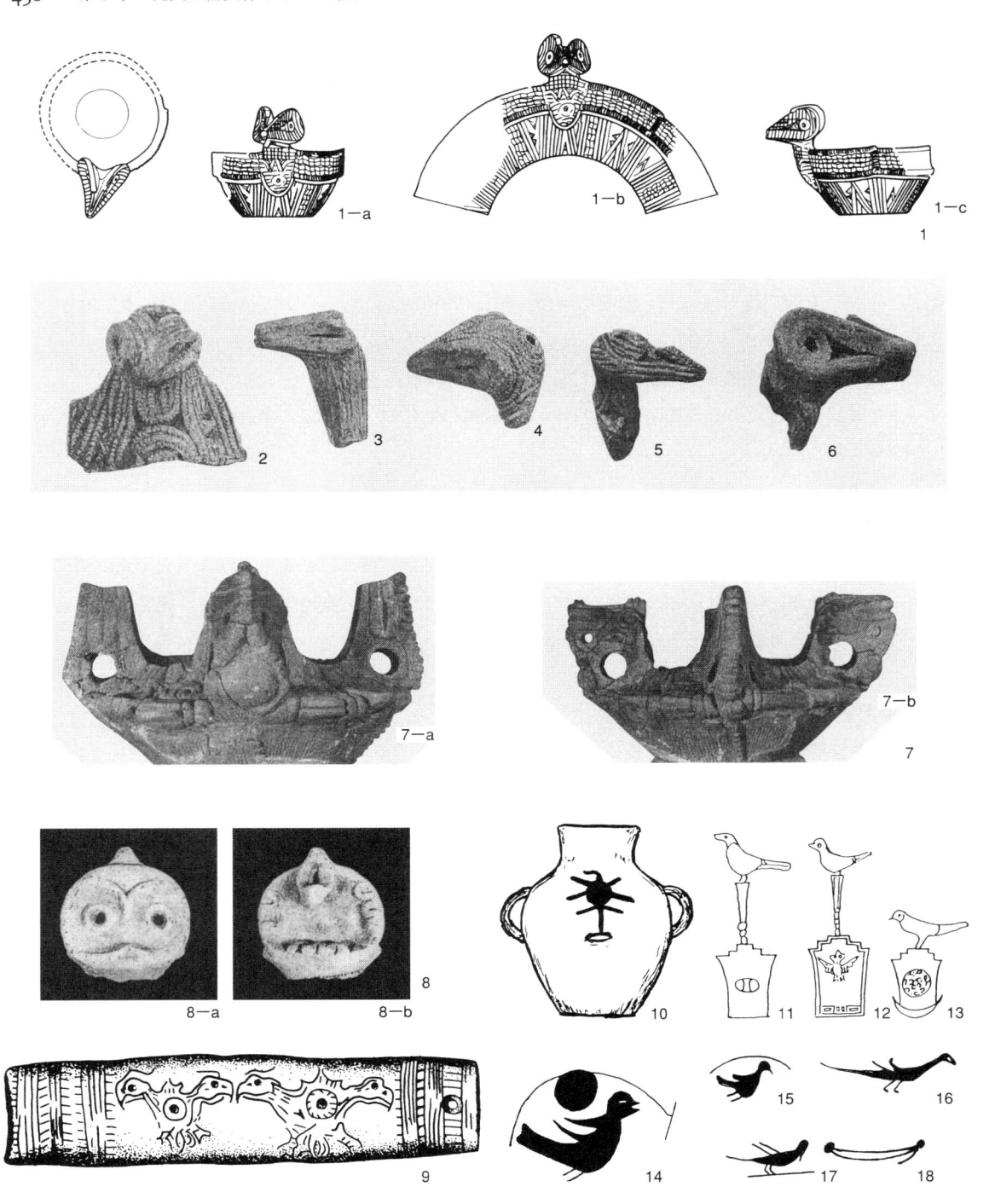

436 第3章 縄文土器文様からみた祭祀

第12図 鳥形把手と中国の鳥形文様 1~6 石川県鳳至郡能都町真脇遺跡出土　7 山梨県東八千郡一宮町釈迦堂遺跡出土
8 群馬県勢多郡北橘村房谷戸遺跡第214号土坑出土　9 中国浙江省余姚河姆渡文化遺跡出土　10 中国山東省泰安大汶口文化墓地出土
11~13 中国良渚文化玉璧　14~18 中国仰韶文化廟底溝型の彩陶器

メガネ状の顔部，嘴や鶏冠などが表現されている。頭部裏面（第12図8b）の鶏冠に付いている文様は，女性器を模したような文様であり，鳥神話，安産や子孫繁栄の願いも込められていると思われる。

4　中国の鳥形文様とその解釈について

　前述したように，縄文時代中期を中心に鳥神話や鳥神への信仰が一部に存在したことは明らかで，それらの鳥神が太陽への信仰と関係があったと考えられる。中国の浙江省余姚河姆渡文化遺跡出土の双鳥文「蝶形器」（第12図9）[43]は，陸思賢氏によると骨匕上の双鳥文とされ，「中心の円の外周に火焔文を刻み，太陽が人魂の燃え盛る火であることを表わし，太陽文両側にのびる2つの鳥頭は，長い喙が湾曲し，向かい合って首を巡らす形に作った7000年前の芸術品であり，刻画されたものは河姆渡文化の先民のトーテムとする説がある。」とされて，「蝶形器」から河姆渡文化の人びとの太陽信仰と鳥トーテムの関係について論じておられる。

　また，中国山東省泰安大汶口文化墓地第75号墓出土の壺（第12図10）[44]は，朱で図案を描いたもので，陸思賢氏は「図案の中心に大きな円点を1つ描いて鳥の体を表わし，また太陽を象徴する。頂点からのびて左側を向く長い嘴の鳥の頭，両側の芒刺文で対称にひろげた翼を表わし，下部は2つに分かれた尾である。これは羽ばたいて飛ぼうとする鳥であり，しかも左右を見張り，雄鷹が翼を広げる意味をもち，これを「太陽鳥」という。」とされて，下部の符合は立柱を表わし，太陽鳥は立柱の頂端に止まり，立柱はさらに横木の上に挿して地面に固定する。トーテム柱の形象としては比較的整ったものとされている。

　また，中国良渚文化の鳥柱と鳥（第12図11〜13）では，良渚文化の玉璧の図像として陸思賢氏[45]は，基礎が階梯状の虎面形高台（第12図11，12）で，高台に翼を広げて飛ぶ鳥文がある。高台の中央に上が太く下が細い花柱が1本立ち，上部に1羽の尾を少し上げて飛び立とうとする鳥（第12図12）があり，高台に扁円形の明かり窓様の図案があり，上部に尾の長い鳥（第12図11）がある。さらに，花柱が欠けており，鳥トーテム柱に入れることはできないが，階梯状の虎面形高台の底部に新月文を，高台に円穴状の太陽文を描き，台頂中央に1羽の尾の長い鳥（第12図13）が立つとされた。そして，トーテム柱は天象や気象の観察の必要にもとづいて，屋上や屋根の棟に立てた可能性を指摘されている。

　さらに，陸思賢氏[46]は「太陽がトーテム柱にまつわるように揺れ上がることがある。「皆な鳥に載る」は，日出の扶桑の神樹が鳥柱であることにもとづいており，太陽の鳥トーテム柱を通した投影が地面にあり，烏有の物（虚なる物）であるから「烏」といった。郭璞の注に「三足烏」とあるのは，「帝俊は三身を生む」と同義である。これが先民が十日・十烏神話を編んだ根拠である。仰韶文化廟底溝類型の彩陶器には，鳥文図案が比較的に豊富にあり，しかも鳥が太陽を背負っている図案がある（第12図14，15）」とされて，蘇秉琦氏の「鳥文の発展の序列」の図を例示されている。

　したがって，中国の河姆渡文化の「双鳳朝陽文」とか「双鳥文の蝶形図案」（第12図9）と呼ばれる文様は，陸思賢氏[47]によると鳥トーテムと関係する。太陽は鳥に背負われて空に上昇し，鳥の両翼が太陽の天を巡る動力で，しかも，太陽自身も鳥であり，「太陽鳥」ということができるとされている。また，山東省泰安の大汶口文化墓地第75号墓から出土した壺（第12図10）には，朱彩で雄鷹が翼を広げる「太陽鳥」と立柱が表わされ，太陽鳥が立柱の頂端に止まり，トーテム柱の形象が描かれているとされている。さらに，仰韶文化廟底溝類型の彩陶器の図案には，鳥文図案が比較的豊富で鳥が太陽を背負っている図案（第12図14，15）がある。これらについて，陸思賢氏[48]は十烏神話がかなり古く，また先史時代に広く伝わっていたことを物語るとされている。

5 まとめ

前述したように筆者は，福島県いわき市横山B遺跡178号土坑出土土器（第11図）を，その把手の状況から鳥形の把手（第11図2～4）と思っている。また，内側に向いた把手（第11図1b, 4）のハート形の頭部と三角形の切れ長の眼も鳥神を表現していると考えた。

この土器の胴部にある人体文様（第11図1, 6～9）は，鳥神話や神像的文様で半人半鳥文の模様が描かれていると思われる。まず，半人半鳥の神人の代表的な図像（第11図9）があり，鳥信仰の祭祀にあたり，神官的な人が鳥状の仮面か冠をかぶり，翼状のものを両手に広げる。この鳥は太陽信仰と関係するものと思われ，両手を大の字にひろげるポーズの踊りがあるらしい。他の胴部に描かれている文様（第11図6）は，半人半鳥の神官が翼を広げて，頭部を下に両足を上に逆さになり，下方に鳥が飛ぶポーズを表わしていると解釈するか，別に鳥が翼を広げ，その下に隆線型の玉状のものが付いている文様と解釈するかどちらとも判断が付かない。別の胴部文様（第11図7）は，鳥が翼を広げて羽ばたいているポーズか神話を描いた可能性がある。さらに別の胴部文様（第11図8）は，鳥が枝状のものにとまっていると解釈するか，別に半人半鳥の神が頭部を下に両足を上に横向きで逆さまに描かれていると解釈するかどちらとも判断が付かない。筆者はこの土器の把手や文様に半人半鳥の神と鳥トーテム的な信仰神話が描かれていると考えており，この半人半鳥の神は太陽信仰との関係を表わしていると思っている。

また，縄文土器に鳥神を表わした資料として，石川県鳳至郡能都町真脇遺跡の出土土器（第12図1a～1c）があり，鳥の頭に眼と嘴などを描いており，胸の部分に円形の文様がある。この円形状の文様を太陽とみると，この土器は太陽を抱えて翼を広げて飛んでいる鳥を表わしていると思われる。

山梨県東八代郡一宮町釈迦堂遺跡からは，玉をくわえた鳥の文様の土器（第12図7a, 7b）が出土している。この玉の文様は，中国浙江省余姚河姆渡文化遺跡出土の双鳥文の「蝶形器」（第12図9）の点と円形で描かれた太陽文や，仰韶文化廟底溝類型の鳥文図案（第12図14, 15）の円形の太陽を鳥が背負って天を巡る図像に類似性がある。

筆者は縄文時代の鳥文様が太陽信仰ときわめて関係が強いものと考えている。さらに，群馬県勢多郡北橘村房谷戸遺跡第214号土壙出土のミミズク状の把手（第12図8a, 8b）は，やはり，鳥神の信仰を表現したものと思われる。この場合は，鳥の鶏冠の裏側に女性器を模したような文様があり，鳥の信仰や鳥神話と安産，子孫繁栄の願いが込められていると思われる。

このように，筆者は縄文時代中期に一部の地域で鳥への信仰や鳥神話がすでにあったと考えている。それは鳥が太陽を口にくわえたり，胸に抱えたりしながら天空を運行するとの神話であり，縄文人がただ気まぐれに鳥文様を土器に付けたのではない。おそらく，この鳥と太陽信仰は中国などに源流があり，その影響で縄文時代に「太陽鳥」[49]や半人半鳥のような信仰が導入されたものと思われる。こうした点を考えると，石川県鳳至郡能都町真脇遺跡が能登半島の日本海に面して立地し，ここから中期前葉前半の新保式期に鳥形文様の把手の付く土器（第12図1～6）が多数出土している点は注目される。また，カエル，ミミズク，マムシなどのトーテムが存在した可能性もある。

今後，縄文時代の鳥形文様などについて注意していく必要があると考えている。

註・参考文献

1) 澁谷昌彦 1997a「1 土器に表現された祈りの姿」『第14回企画展縄文の土器展―縄文人からのメッセージ―』島田市博物館
   澁谷昌彦 1997b「縄文人の祈りとかたち」『目の眼』3月号No.246 里文出版
2) 渡辺 誠 1996『よみがえる縄文人』学習研究社
3) 小林公明 1997「美をたずねて 井戸尻考古館 13, 腋（わき）の下に隠された光―神像筒形土器」『週間すわ』第109号 信濃毎日新聞社
3) 武藤雄六・小林公明ほか 1990『長野県富士見町史』上巻 長野県諏訪郡富士見町
4) 縄文造形研究会 1989『縄文図像学Ⅱ 仮面と身体像』言叢社
5) 猪俣喜彦 1996『第8回特別展 土器に描かれた人体形象文の世界, 縄文の舞』釈迦堂遺跡博物館
6) 武藤雄六 1978「第5節 文様の解読」『曽利 第3, 4, 5次発掘調査報告書』富士見町教育委員会
7) 武藤雄六 1988「第4節 坂上遺跡出土の土偶の画像について」『唐渡宮―八ヶ岳南麓における曽利文化期の遺跡群発掘報告』富士見町教育委員会
8) 小林公明 1988「5 両耳壺の性格」『唐渡宮―八ヶ岳南麓における曽利文化期の遺跡群発掘報告』富士見町教育委員会
9) 小林公明氏は「半人半蛙文」という用語で「人とも蛙ともつかぬ」文様を呼んでおられる。この概念は，縄文中期の中部高地から西南関東地方の人びとの信仰と宗教，神話を考えるうえで重要な視点だと考えられる。
10) 樋口誠司 1988「第5節 敷石地上絵の性格について」『唐渡宮―八ヶ岳南麓における曽利文化期の遺跡群発掘報告』富士見町教育委員会
11) 島 亨 1989「〈土器身体〉の理論像―縄文論（1）」『縄文図像学Ⅱ』言叢社
12) 沖津 実 1995「月からの使者」『山麓考古』18 山麓考古同好会
13) 祭りの踊りには踊り手，観客，衣装，楽器，照明，舞台的なものも必要で，酒や香りも欲しい。踊り手は巫女や神官的な人で，観客は祭りに参加した各村の長や村人である。衣装は盛装をして，蛙や蛇神などの仮面を付けることもあろう。楽器は太鼓，土笛，土鈴，木，竹などを叩き，歌も歌う。照明はやはり火であり，舞台は神殿的なものや特殊な敷石住居，野外広場などであると思われる。
14) 前出1) で澁谷は蛇文様について「上りヘビ型」，「横ばいヘビ型」，「とぐろヘビ型」などの用語を使用した。もちろん「下りヘビ型」もある。これは縄文人が蛇文様をただ単純に付けたのではなく，文様に「言葉」や神話的なものがあり，それぞれの意味合いが多少異なると考えるからである。
15) 土器を見ていると「半人半蛙文」や「蛙文」のほかに，「半人半蛇文」（はんじんはんじゃもん）が存在することに気付いた。これは蛇と人の中間的形態である。また，「半人半鳥文」（はんじんはんちょうもん）もあるらしいことに気付くのである。それぞれの地域や集団に神話があり，トーテムがある。人間とも蛇ともつかない文様を「半人半蛇文」，人とも鳥ともつかない文様を「半人半鳥文」と命名したい。
16) 前出1) に同じ
17) 猪俣喜彦氏のご教示による
18) 前出5) に同じ
19) 前出5) に同じ
20) 前出3) に同じであるが，（第5図17）の図版は『長野県富士見町史，上巻』から引用させていただいた。小林公明氏は「神像筒形土器」について，「美をたずねて，井戸尻考古館 13, 腋の下に隠された光―神像筒形土器」で説明されている。
21) 大貫秀明 1996『勝坂の民 農耕の民』相模原市立博物館より図版を使用させていただいた。
22) 前出21) に同じ
23) 前出21) に同じ
24) 前出21) に同じ
25) 前出21) に同じ

26）前出21）に同じ
27）大矢（澁谷）昌彦 1977「石棒の基礎的研究」『長野県考古学会誌』第28号　長野県考古学会
28）前出1）に同じ。これらの論文では神殿的な性格の中心遺跡として，富士見町の井戸尻遺跡，藤内遺跡，十日町の笹山遺跡など可能性があると記した。
29）澁谷昌彦 1998「「踊る」・「抱える」・「平伏す」土器—半人半蛙文・半人半蛇文・半人半鳥文—」『列島の考古学渡辺誠先生還暦記念論集』
　　澁谷昌彦 1998「静岡県内の物語文様土器—長野県富士見町出土土器等との比較から—」『史峰』第25号
　　および前出1）に同じ
30）前出6）および前出7）に同じ
31）小林公明 1984「月神話の発掘」『山麓考古』第16号
　　および前出8）に同じ
32）前出2）に同じ
33）小野正文 1998「縄文中期の人体形象文について」『列島の考古学渡辺誠先生還暦記念論集』
34）猪俣喜彦 1997『第9回特別展　土器にあふれる縄文のエネルギー渦巻の神秘』釈迦堂遺跡博物館
　　および前出5）に同じ
35）猪狩忠雄 2001「第178号土坑」『常磐自動車道遺跡調査報告17 横山B遺跡』いわき市教育委員会
36）前出35）に同じ
37）猪狩忠雄氏は報告書の中で「突起」と説明されている。筆者は学史的用語を尊重して「把手」と呼ぶことにした。
38）筆者はこの把手を検討してみたが，通常の顔面把手で表現される人の顔面の眼や鼻，そして口の表現がない。頭頂部の鶏冠か冠状の表現（第11図2・3），眼の部分のゴーグル的表現，嘴状の表現などより，ミミズクなどの鳥を表現したものと考えている。
39）「半人半鳥文」について筆者は，1997年に発表した「1　土器に表現された祈りの姿」で「鳥の神と祈り」とした。また1998年の「「踊る」・「抱える」・「平伏す」土器—半人半蛙文・半人半蛇文・半人半鳥文—」の「Ⅶ　まとめ」でそれぞれ触れたことがある。さらに1998年の「静岡県内の物語文様土器—長野県富士見町出土土器等との比較から—」で「5　天体に関する文様」として太陽，月，季節を表わした文様として注目している。
40）渡辺　誠 1996「鳥の装飾をもつ鉢形土器」『よみがえる縄文人』学習研究社
　　加藤三千雄 1986「第8群土器　神保式期」『石川県能都町真脇遺跡』能都町教育委員会
41）前出1）澁谷 1997年a および前出5）に同じ
42）真下高幸・小野和幸ほか 1990『房谷戸遺跡1』群馬県教育委員会
42）このミミズク把手については，谷藤保彦，関根慎二氏から1997年にご教示をいただいた。
　　および前出1）澁谷 1997年aに同じ
43）陸思賢『神話考古』1998年（第二次印刷）文物出版社
　　陸思賢著・岡田陽一訳 2001『中国の神話考古』言叢社
44）前出43）に同じ
45）前出43）に同じ
46）前出43）に同じ
47）前出43）に同じ
48）前出43）に同じ
49）前出43）に同じ

終　章

　前述したように筆者は，第Ⅱ部で縄文時代の祭祀や信仰に関係する遺物などの研究を続けてきた。そして第Ⅱ部では「縄文時代の出土遺物からみた祭祀」について論じた。

　「第1章　石棒・石剣・石刀の祭祀」は，石棒研究史，石棒型式分類，石棒用途研究などを論じた[1]。この石棒研究は中期の石棒を例にしても，全国的に膨大な出土資料がある。そうした点を考慮すると集成作業1つを例にとっても，個人レベルでの研究にはもはや限界があるものと思っている。しかし，縄文時代の祭祀や信仰を考える上で，今後とも筆者は石棒研究をしなければならないと考えている。石剣・石刀祭祀[2]についても祭具として土偶と並んで重要である。縄文時代後・晩期の石剣・石刀の使用法を考える時，その多くが打ち砕かれた状況で出土しており，火にくべられたと考えられる痕跡を有する場合も多い。これは，後・晩期の人々が，祭祀の時点で石剣・石刀の使用法として打ち砕くとか，集落を移動する時点で一種の魂抜きや魂送りのために砕くとも考えられる。こうした石剣・石刀に残された廃棄時の行動も祭祀の一環として重要であろう。そうした石剣・石刀祭祀で火にくべたり，砕いたりする儀礼があったことが想定される。

　「第2章　土器・アワビの祭祀」では，「釣手土器・石棒・石柱などの出土状況について」[3]で，縄文時代中期の石棒祭式と釣手土器について出土状況も含めて検討した。これらの遺物が長野県や山梨県を中心に，拠点的な集落や特殊な住居跡からしばしば出土する。石棒・石柱が火と関係した男性の祭祀で，土偶や釣手土器は女性の祭祀に使用し，ことに釣手土器は夜の祭祀との関係を考えた。また，釣手土器については，女神信仰との関係を考えて論じた[4]。この論文では釣手土器の文様変遷をたどった。初期の釣手土器は文様の主体がヘビとカエルでその中心に女神の顔が表現されている。この女神の顔が退化して，女神の目，鼻，口の表現が顔からなくなる。そして，のっぺらぼうとなり，最終的に渦巻の表現に変化していく過程を示した。この釣手土器は女神信仰でカエル，月との関係から再生を願った夜の祭祀の祭具と考えた。さらに，筆者は福島県いわき市大畑貝塚E地点[5]より検出されているアワビの特殊遺構についても長年関心をもってきた。このアワビ特殊遺構についても言及した[6]。大畑貝塚E地点出土の巨大アワビ72個，石棒，石皿，イノシシの頭骨，シカの下顎骨，復元土器15点，人骨などの出土品に注目して，出土状況から6ブロックに分けた。石棒と石皿，石棒とアワビ，石棒とイノシシの頭骨，石棒とクジラ椎骨，石棒とアワビと人骨などによる対峙する二極の関係が読みとれる。こうした点から筆者は男性器と女性器を媒体とする再生の祭祀と考え，この遺構が祭壇であり，ある時間をかけて形成していったと考えた。

　第3章「縄文土器文様からみた祭祀」では，縄文時代中期中葉から中期末にかけて，物語文様と呼ばれる文様が描かれた土器について論じた。この土器群についても筆者は関心を持ってきた。そして，これらの土器については「「踊る」・「抱える」・「平伏す」土器─半人半蛙文・半人半蛇文・半人半鳥文─」[7]で扱った。これは，小林公明氏の示した「半人半蛙文」[8]の概念に接しての学問的刺激によるところが大きい。筆者は半人半蛙文の他に，「半人半蛇文」と「半人半鳥文」があると考える。半人半蛙文は女性的で月信仰と再生に関係する。「半人半蛇文」は男性的な文様であり，「半人半鳥文」も男性的で，ミミズクやフクロウなどに象徴されていると考えた。また，物語文様土器に「踊り型文様」，「抱え型文様」，「威風堂堂型文様」・「バンザイ型文様」と「平伏し型文様」があると考えている。こうした一部の土器に表現された絵画文様は，物語や神話を語っており，共通点があり，変遷のような変化があるとした。物語文様のある土器は中期末まで系

統的に変化するが，後期初頭に系統的にはっきりしなくなり受け継がれない。そこにある種の断絶がある。宗教形態の変化も考えられる。また，同じ中期中葉でも東北地方や北陸地方に物語性のある土器がどのように展開するのか不明な点が多い。もし，まったく違った物語性のある土器が多く存在するとすれば，そこに，宗教儀礼の差や神話の差が見いだせるかも知れないとした。さらに，前述した「半人半鳥文」の存在について，フクロウ・ミミズク・カラスなどの鳥文様に関心を持っており，鳥形文様についてもふれた[9]。この論文では鳥形文様の縄文土器が中期前葉前半から存在する。その分布を見ると北陸地方の日本海側に出土例が多い事などから，縄文時代中期を中心に鳥神への信仰が活発化した。この鳥形土器の存在は，中国浙江省余姚河姆渡文化遺跡出土の双鳥文，蝶形器などと関係しており，「太陽鳥」の信仰が縄文中期にあったことを示す。この信仰は中国大陸から北陸地方などに伝わり，中部地方，北関東地方の一部，東北地方の一部では，縄文時代中期中葉から後半にかけて土器文様に鳥が出現した。したがって鳥形文様土器は太陽鳥，太陽信仰が盛んになったことを表すとの仮説を提示した。

　筆者はこれらの遺物に関する研究を今後続けていく所存である。

註・参考文献

1) 澁谷昌彦 1979「石棒の基礎的研究」『長野県考古学会誌』第 28 号
2) 澁谷昌彦 1998「"汝，砕かれしもの，免れしもの"，石刀・石剣―福島県七社宮遺跡と山梨県金生遺跡等の状況―」『七社宮遺跡　福島県浪江町七社宮における縄文晩期の動物祭祀遺跡』
3) 澁谷昌彦 2003「釣手土器・石棒・立石などの出土状況について」『史峰―創刊 30 周記念号』第 30 号
4) 澁谷昌彦 2003「縄文時代中期の釣手土器における女神信仰の様相について」『新世紀の考古学』大塚初重先生喜寿記念論文集
5) 小野美代子 1975「5　E 地点」『大畑貝塚調査報告』いわき市教育委員会
6) 澁谷昌彦 1998「アワビ特殊遺構の検討―大畑貝塚 E 地点の場合―」『いわき地方史研究』第 35 号
7) 澁谷昌彦 1998「「踊る」・「抱える」・「平伏す」土器―半人半蛙文・半人半蛇文・半人半鳥文―」『列島の考古学』渡辺誠先生還暦記念論集
8) 澁谷昌彦 2002「鳥形文様の縄文土器」『いわき地方史研究』第 39 号
9) 前出 8) に同じ

結　語

　第Ⅰ部「縄文土器型式学と編年学からみる交易の問題」では，土器型式の細分と編年学的な併行関係についての研究をまとめた。こうした研究により，一部の土器型式の設定や型式細分と，編年的併行関係をわずかながらではあるが，明らかにすることができたと思っている。

　一方，それとは別に基本的な問題として，土器型式の交流システムがどのようになっていたかの問題が生じてくる。或る土器型式が分布の中心圏からはずれて，遠隔地の異なる型式分布圏内の集落に入り，この住居跡から出土する状況は何を語っているかの疑問である。この異型式土器の出土について「婚姻圏」を考える場合があり，「交易圏」を考える場合もある。たとえば，第Ⅰ部の「まとめ」にも書いたが，東北地方に分布の中心を持つ大木2a式土器を例にとると，分布圏の中心から大きく離れた，長野県諏訪郡原村阿久遺跡第33号住居跡[1]からも出土している。この住居跡からはさらに関東地方の黒浜式土器，長野県や北関東に分布する有尾式土器，北陸地方や近畿地方に分布する北白川式を模した北白川在地系土器，四国から近畿地方に分布する羽島下層在地系土器等が出土している。この状況は集落内の他の住居跡の出土土器と比べて，かなり特殊な状況である。この地域は本来，有尾式土器の分布圏内に入るからである。また，山梨県東八代郡一宮町釈迦堂遺跡第6号住居跡では，本来この地域に分布する有尾式土器や，これに併行する在地系土器の釈迦堂Z3式土器[2]と大木2a式土器，北陸系土器，北白川在地系土器，木島X新式土器などが出土した。この住居跡出土土器は，集落内の他の住居跡出土土器と比較すると，数多くの同時期異型式土器が共存しており，土器型式の出土状況は異型式に対して排他的でない。こうした異型式土器が多く共伴する住居跡を筆者は，集落内でも特別な住居で「ゲストハウス」や「交易を担当する人々が宿泊する家屋」であったと考えられる。さらに，この釈迦堂遺跡第6号住居跡床面から水晶272ｇ，黒曜石385ｇが出土しており，水晶も黒曜石も交易品である点を注意したい。また，長野県茅野市駒形遺跡はすぐ近くに黒曜石の産出地がある。駒形遺跡では縄文時代前期初頭から中葉にかけて，ここで産出する黒曜石の原石を加工して多くの石器を作った工房跡が検出されている。この工房跡は住居を兼ねたような施設であった。こうした「住居兼工房跡」から土器が出土しており，在地の土器型式とは別な，他の分布圏の異型式土器も伴出[3]している。また，この状況は長野県茅野市北山湯川高風呂遺跡[4]にもあり，高風呂遺跡では縄文時代前期初頭の木島Ⅲ式，塚田式土器の時期に，和田峠や霧ケ峰産の黒曜石を搬出する拠点的集落であったことが，コンテナ4個分の黒曜石[5]の出土から考えられる。

　こうした，異型式土器が集落内に入る理由は，前述したように単純ではないと思われる。そうした中で筆者は1つの可能性として，レヴィ＝ストロースの「モノ，コトバ，オンナを媒体とする互酬的交換＝コミュニケーションのネットワークに他ならない。」[6]とする贈物交換や交易網，貢物交易などとの関係が重要と思っている。今後，こうした視点で異型式土器の共存問題や他地域からの貢物が何であったかも考えていきたい。

　第Ⅱ部「縄文時代の出土遺物から観た祭祀の研究」では，石棒，立石，石剣，石刀の祭祀について考えをまとめた。この方面の資料は出土例が膨大であり，祭祀を考えるうえでも遺物自体に残された使用痕などの観察，石棒工房と流通システムの研究，石棒・石刀・石剣祭祀の構造的な研究などが必要である。こうした方向で地域を限って今後研究をしていきたいと考えている。縄文時代の集落や社会の中で，石棒，石剣，石刀が独立して存在するのではなく祭具の1つであり，こうした遺物をいかに構造的にとらえて位置付けるか

が今後の問題となろう。

　さらに，土器にも当時の人々の精神性や信仰，神話が表わされていると思われる重要な文様が付けられた例がある。この傾向が強まる時期は諸磯b式土器のイノシシ状把手からであり，それ以後中期中葉から後葉の時期に盛行する。中でも有孔鍔付土器の胴部文様や釣手土器の釣手附近の文様，顔面把手付土器の文様などである。特に勝坂式土器や長野県諏訪地方から山梨県にかけて分布する藤内Ⅰ式土器から曽利Ⅰ式土器への変遷の中での「人体形象文」や「物語文様」を持つ土器などに端的に表われている。これらの土器群についてもさらに注意すべきである。そして土器の出土状況にもいくつかのパターンがあり，祭祀の最終段階での破壊を思わせる出土例も多い。こうした遺物の出土状況のパターン化と，集落内でどのような位置から出土しているか，集落間のネットワークの分析が必要である。

　次には，この物語文様の背景や意味について考えていく必要があり，この場合にはただ単に中部地方のみでなく日本全体，ひいては，中国，韓国はもとより，広く東南アジアの中で考えることも必要となると思われる。こうした中で井戸尻考古館を中心とする人たちで，筆者が「井戸尻学派」と呼んでいる武藤雄六，小林公明，沖津実，田中基[7]氏等の研究が注目される。これらの研究は多少かたよりがあるかも知れないが，研究の視点が鋭利で一地方にとらわれずに広い視野でなされている。また，民俗学と考古学の接点でこの部分を追究する渡辺誠氏[8]の業績も大きい。筆者は小林公明氏の「半人半蛙文」の視点の重要性を強く感じており，釣手土器の文様の変遷から，この土器が女神信仰の祭具のひとつで，月信仰が根底にある夜の祭祀と考えている。筆者は中部地方でこうした祭祀がおこなわれていた同時期に，地域を異にする北陸地方や東北地方では，別系統の祭祀があったと想定しており，祭祀の形態がこの時期全国的に一様でない[9]と考えている。今後こうした点もさらに研究していかなければならないと思う。

註・参考文献

1) 澁谷昌彦 2001「関東・中部・北陸地方の大木2a式土器の研究―土器型式から見た周辺地域との交流―」『縄文時代』第12号
2) 小野正文 1986「塚越北A地区」『釈迦堂Ⅰ』山梨県埋蔵文化財センター調査報告第17集
3) 長野県埋蔵文化財センターの贄田明氏が担当で，平成16年度と平成17年度に調査され，筆者も発掘調査中に現地を見学している。
4) 鵜飼幸雄 1986「7　霧ケ峰南麓における高風呂遺跡の位置」『高風呂遺跡―昭和59年度県営圃場事業湯川地区内埋蔵文化財発掘調査報告』高風呂遺跡調査委員会
5) 前出4) に同じ
6) C. レヴィ＝ストロース・大橋保夫訳 1976「変換の体系」『野生の思考』みすず書房
　　安斎正人 1995「2　先史時代の交換・交易網」『無文字社会の考古学』六一書房
7) 武藤雄六 1978「第5節　文様の解読」『曽利　第3・4・5次発掘調査報告書』富士見町教育委員会
　　武藤雄六 1988「第4節　坂上遺跡出土の土偶の画像について」『唐渡宮―八ヶ岳南麓における曽利文化期の遺跡発掘報告』富士見町教育委員会
　　小林公明 1984「月神話の発掘」『山麓考古』16
　　沖津　実 1995「月からの使者」『山麓考古』18
　　田中　基 1995「新石器文化の神観念と原罪意識と―縄文中期の女神像土器と原イザナミ神話をめぐって―」『山麓考古』18号
8) 渡辺　誠 1996『よみがえる縄文人』学習研究社
9) 澁谷昌彦 2003「縄文時代中期の釣手土器における女神信仰の様相について」『新世紀の考古学・大塚初重先生喜寿記念論文集』

あとがき

　筆者が考古学を学ぶきっかけとなったのは，生家である心光寺の前に旧尖石考古館があり，子供の頃から尖石遺跡・神ノ木遺跡・上ノ段遺跡で表面採集をしては，拾った土器片や石器を持って尖石考古館へ行き宮坂英弌，宮坂虎次両先生に遺物名，用途，土器型式名などを教えていただいたことによる。

　初めての発掘調査は中学3年生の時で，尖石考古館が実施した茅野市北山湯川村での調査であった。高校時代は県立岡谷南高校考古学部で茅野市と岡谷市の分布調査をおこない，茅野市玉川村の上御前遺跡を発見した。この上御前遺跡は岡谷南高校考古学部員で夏休みに自費の発掘調査を3年間実施した。その中間の報告はガリ版刷りの雑誌『縄』にまとめている。また，茅野市和田遺跡，岡谷市後田原遺跡，富士見町井戸尻遺跡などの発掘調査にも参加した。

　当時は「諏訪考古学研究会」があり，社会人や諏訪地区の考古学部のある高校生も参加していた。この会は藤森栄一先生が指導されており，私も学校の帰りに顔を出した。会では藤森先生から「縄文農耕」について，しばしばお話を伺うことができた。

　大正大学に入学して斎藤忠先生から学問としての考古学について学んだ。先生は考古学史や研究史の重要性と，自分の足で実物資料を見て歩く努力をするように教えて下さった。学部の卒業論文には石棒を研究して提出した。その後，成城大学大学院で講義をされていた佐藤達夫先生に，大正大学考古学研究会で表面採集した茨城県霞ヶ浦の縄文土器の型式分類について教えていただいた。佐藤先生のご縁で成城大学の大学院生だった戸田哲也氏から土器型式分類や，その研究法についての指導を受けた。こうして，筆者の関心は次第に石棒から神ノ木式土器などの土器型式研究に移っていった。中でも戸田氏が調査担当をされた岐阜県大野郡久々野町堂之上遺跡の発掘調査に参加できたことは，その後の土器編年や土器型式研究を進めるのに良い勉強となった。

　また，八幡一郎先生と宮坂英弌先生がご懇意であり，宮坂先生のお宅で八幡先生が尖石遺跡など史跡整備への情熱を語られ，このお話を拝聴することができたのも貴重な経験であった。お二人の先生を今となってはなつかしく思い出す。

　子供の頃お世話になった宮坂英弌先生，宮坂虎次先生はすでに亡くなられている。宮坂先生父子を思うときに寂しさを禁じ得ない。大学卒業後，現在に至るまで斎藤忠先生や戸田哲也氏，谷藤保彦氏など多くの先生方や同学諸氏から変わらぬご指導を賜っている。

　さて，本書は大正大学に提出した学位請求論文『縄文時代の交易と祭祀の研究―主に出土遺物観察を中心として―』が基礎となっている。論文提出の機会を与えてくださったのは黒川高明先生，宇高良哲先生，小此木輝之先生であり，論文の審査には斎藤忠先生，上野佳也先生，安藤孝一先生があたってくださった。先生方には一方ならぬご恩とお世話をいただき，心よりお礼申し上げます。さらに，斎藤先生は巻頭に「序」を寄せてくださいました。かさねてお礼を申し上げます。

　このほか本書をまとめるにあたり河合修さん，大竹憲治さん，寺崎裕助さん，関根慎一さん，綿田弘実さん，佐藤雅一さん，漆畑幸さん，父の澁谷賢応上人，兄の澁谷康海ほか，お名前は省略させていていただくが，実に多くの方々から暖かい御支援をいただきました。また，小川忠博氏は土器の展開写真の掲載を快諾してくださいました。皆様にあつくお礼を申し上げます。

あとがき

　出版にあたっては大部の原稿量にもかかわらず，こころよくお引き受けいただいた，六一書房の八木環一社長，ならびに本書の編集を引き受けていただいた吉田哲夫さんにあつくお礼を申し上げます。

　これまで，多くの方々の御指導で研究をしてきました。本書の刊行を機会として，今後も縄文時代の交易や祭祀について学び，さらに研究を深めていかなければならないと思っております。

初出一覧

第Ⅰ部　縄文土器型式学と編年学からみる交易の問題
　第1章　縄文時代草創期土器
　　第1節　静岡県仲道A遺跡出土草創期土器における回転押捺方向の研究　『丘陵』12　1984年
　　第2節　仲道A遺跡草創期土器の編年学的研究　『斎藤忠先生頌壽記念論文集考古学叢考』下　1988年
　第2章　縄文時代早期末・前期初頭土器
　　第1節　木島式土器の研究　『静岡県考古学研究』11　1982年
　　第2節　山陰・近畿・北陸地方を中心とする木島式土器の研究　『村田文夫先生還暦記念論文集・地域考古学の展開』　2002年
　　第3節　神之木台・下吉井式土器の研究　『小田原考古学研究会々報』11　1983年
　　第4節　花積下層式土器の研究　『丘陵』11　1984年
　　第5節　花積下層式土器研究史と福島県内資料の型式分類　『みちのく発掘―菅原文也先生還暦記念論文集―』　1995年
　　第6節　下吉井式土器・木島式土器・花積下層式土器　『帝京大学山梨文化財研究所研究報告』第12集　2004年
　第3章　縄文時代前期中葉土器
　　第1節　中越式土器の研究　『縄文時代』第2号　1991年
　　第2節　前期中葉の土器編年について　『縄文土器論集』　1999年
　　第3節　神ノ木式土器の動態　『歴史智の構想・歴史哲学者鯨岡勝成先生追悼論文集』　2005年
　　第4節　関東・中部・北陸地方の大木2a式土器の研究　『縄文時代』第12号　2001年
　　第5節　上の坊式土器と有尾式土器について　『平野吾郎先生還暦記念論文集・東海の路』　2002年

第Ⅱ部　縄文時代の出土遺物からみた祭祀の研究
　第1章　石棒・石剣・石刀の祭祀
　　第1節　石棒の基礎的研究　『長野県考古学会誌』第28号　1977年
　　第2節　"汝、砕かれしもの、免れしもの"石刀・石剣　『七社宮遺跡・福島県浪江町七社宮における縄文晩期の動物祭祀遺跡』　1998年
　第2章　土器・アワビの祭祀
　　第1節　釣手土器・石棒・石柱などの出土状況について　『史峰―「史峰」創刊30周年記念号―』第30号　2003年
　　第2節　縄文時代中期の釣手土器における女神信仰の様相について　『大塚初重先生喜寿記念論文集・新世紀の考古学』　2003年
　　第3節　アワビ特殊遺構の検討　『いわき地方史研究』第35号　1998年
　第3章　縄文土器文様からみた祭祀
　　第1節　「踊る」・「抱える」・「平伏す」土器　『列島の考古学・渡辺誠先生還暦記念論集』　1998年
　　第2節　鳥形文様の縄文土器　『いわき地方史研究』第39号　2002年

著者略歴

澁谷昌彦（しぶや・まさひこ）

1953年　長野県生まれ
1975年　大正大学文学部史学科卒業
現　在　大正大学歴史文化学科非常勤講師　文学博士
専　攻　縄文時代および古代・中世陶磁

本書掲載論文以外の主要編著書
『木島遺跡』　富士川町教育委員会　1981年　共著
「旗指古窯陶器生産の年代について」『静岡県考古学研究』13　1982年
『仲道A遺跡』　大仁町教育委員会　1986年　共著
「旗指古窯6地点を中心とする工房の復原」『静岡県の窯業遺跡』　1989年
「「段付山皿」の検討―中国製白磁皿模倣の意義―」『陶磁器の社会史』　2006年
「石棒の型式分類と石剣・石刀の問題」『列島の考古学』Ⅱ　2007年
「五目牛新田遺跡草創期土器の型式学的検討」『縄文時代』19号　2008年
「塩屋式・木島式・中越式土器」『総覧　縄文土器』2008年

縄文時代の交易と祭祀の研究 ―主に出土遺物観察を中心として―

2009年5月20日　初版発行

著　者　澁谷昌彦

発行者　八木環一

発行所　株式会社　六一書房
　　　　〒101-0051　東京都千代田区神田神保町2-2-22
　　　　TEL　03-5213-6161　　　FAX　03-5213-6160
　　　　http://www.book61.co.jp　　E-mail info@book61.co.jp
　　　　振替　00160-7-35346

印　刷　株式会社　三陽社

ISBN978-4-947743-74-9 C3021　　Ⓒ Masahiko Shibuya 2009　　Printed in Japan